TESI GREGORIANA
Serie Spiritualità

———————— 9 ————————

GIUSEPPE BUCCELLATO

ALLA PRESENZA DI DIO

Ruolo dell'orazione mentale
nel carisma di fondazione
di San Giovanni Bosco

EDITRICE PONTIFICIA UNIVERSITÀ GREGORIANA
Roma 2004

Vidimus et approbamus ad normam Statutorum Universitatis

Romae, ex Pontificia Universitate Gregoriana
die 24 mensis ianuarii anni 2000

                    R.P. Prof. MANUEL RUIZ JURADO, S.J.
                    R.P. Prof. ANTON WITWER, S.J.

ISBN 88-7652-984-5
© Iura editionis et versionis reservantur
PRINTED IN ITALY

GREGORIAN UNIVERSITY PRESS
Piazza della Pilotta, 35 - 00187 Rome, Italy

PRESENTAZIONE

Nella *Prefazione* alla prima edizione del *Don Bosco con Dio* di Don Eugenio Ceria, pubblicato nel 1929, anno della beatificazione del fondatore dei salesiani, l'autore, con intensità di sentimenti, affermava: «No, non si illuda di comprendere Don Bosco chiunque non sappia quanto egli fosse uomo di orazione; frutto ben scarso ritrarrebbe dalla sua mirabile vita, chi corresse troppo dietro ai fatti biografici, senza penetrarne a dovere i movimenti intimi e abituali»[1].

La genesi di questo nostro studio ci pare vada ricercata innanzi tutto nel semplice, filiale desiderio di accostarci in modo più vivo e personale all'esperienza spirituale di Don Bosco, sulla scia di alcune intuizioni di questo conosciuto interprete della storia delle origini della Società di San Francesco di Sales, ma con l'ausilio del corredo scientifico attuale della ricerca in teologia spirituale.

Il panorama bibliografico su Don Bosco di questi ultimi quarant'anni presenta, a parer nostro, una notevole sproporzione tra i numerosi studi pedagogici e storici e le poche pubblicazioni e articoli che possono essere collocati nell'ambito contenutistico e metodologico della teologia spirituale.

Già nel 1973 lo storico salesiano Don Pietro Stella notava: «La ricerca sulla spiritualità di Don Bosco e dei Salesiani oggi forse non è così avanzata come è quella sul sistema educativo. Questo fatto si impone allo studio dello storico e di chi voglia pronosticare sui possibili prossimi sviluppi del fatto salesiano»[2].

Accanto a questo rilievo di carattere più generale, ci sembra poi di dover constatare che alcuni dei più recenti studi biografici sul fondatore dei salesiani siano stati più preoccupati di spazzare il campo da ogni

---

[1] E. CERIA, *Don Bosco con Dio*, 8.
[2] P. STELLA, «Don Bosco e le trasformazioni sociali», 167.

esagerazione agiografica, che di tentare di penetrare nel santuario della sua vita intima, di rileggerne le mozioni interiori, i principi animatori della fervente attività, lo spirito di preghiera, i tratti spirituali e significanti del progetto di vita religiosa proposto alla congregazione salesiana; progetto che si manifesta, ma non si esaurisce nella sua missione apostolica.

L'ausilio della *critica storica* ha permesso di «demitizzare» la storia delle origini; ma il tentativo di rileggere la vita dei santi «a prescindere dalla santità», cioè a partire soltanto da categorie psicologiche o sociologiche, ha reso più profonda la frattura tra *biografia* e *vita spirituale*, tra *storia* ed *agiografia*.

Le scienze teologiche possono avere un approccio differente, nei contenuti e nel metodo, alla storia dei santi, perché differenti sono il quadro di riferimento e i presupposti epistemologici. In questo ambito la vita di questi uomini e di queste donne può essere letta come *esistenza teologica, missione ricevuta, esperienza comunicata* nello Spirito e dallo Spirito, e, in ultima analisi, come vera e propria *esegesi* del mistero di Cristo[3]. Nel santo si attua, infatti, la «pacificazione» oggettiva tra *santità* e *teologia*, tra *teologia spirituale* e *teologia dogmatica*, in quanto la santità, come accoglimento vissuto, «mariano» del mistero divino, è esegesi della Rivelazione. Pertanto essa può divenire il *luogo teologico* in cui può alimentarsi e *riformularsi*, in coerenza al mistero della *incarnazione*, quel tipo di teologia riflessa che è la scienza dei teologi.

Quando abbiamo intrapreso questo studio intuivamo che una ricerca sul tema della preghiera, in particolare della preghiera *mentale*, avrebbe potuto aprire una prospettiva privilegiata sul tentativo di «intravedere» l'esperienza spirituale del fondatore dei salesiani e la sua «missione teologica»[4].

Il compito, però, è apparso quasi subito arduo. Nonostante la grande mole di scritti editi e inediti del santo torinese, infatti, non è possibile reperire né un *trattatello* sulla preghiera (Don Bosco non è un teorico, non gli interessa) né un *diario spirituale* che ci «sveli» il santuario della sua vita interiore. Dai suoi scritti, persino da quelli che possiamo classificare *autobiografici* o dalle migliaia di lettere del suo epistolario non è

---

[3] Si vedano, su questo tema, le riflessioni di Hans urs von Balthasar sul ruolo della *agiografia* nella ricerca teologica; una sintesi del suo pensiero e la necessaria bibliografia si trovano in G. BUCCELLATO, «Agiografia, dogmatica e teologia spirituale».

[4] L'espressione è di von Balthasar. I santi realizzano il «compito» di consegnare alla Chiesa la loro *interpretazione e spiegazione della Sacra Scrittura*, realizzata non attraverso le loro riflessioni teologiche, ma attraverso la loro esistenza.

possibile ricavare direttamente degli elementi che riguardino la sua personale vita di preghiera; Don Bosco racconta, insegna, ammonisce, domanda aiuti per le sue opere, ringrazia, benedice; ma del suo vissuto profondo è geloso custode.

È stato indispensabile, allora allargare il campo ad un notevole numero di testi che, almeno indirettamente, ci restituissero il suo «sentire» sul tema della preghiera; questa necessità motiva e «giustifica» l'ampio spazio dedicato alla parte analitica.

Scartata dunque la possibilità di una qualsiasi *scorciatoia* per conoscere il ruolo dell'orazione mentale nell'esperienza spirituale e nel carisma di fondazione del santo educatore piemontese, non rimaneva che «rassegnarsi» ad un approccio *indiretto* ma *complessivo* con il sovrabbondante patrimonio delle *fonti* edite ed inedite. Si trattava in particolare di attingere ad alcune differenti *risorse*: gli scritti del fondatore, gli elementi che ci consentono di ricostruire la sua vita e la formazione ricevuta e impartita in relazione alla *preghiera mentale,* la storia delle origini della congregazione e il primo magistero salesiano e, infine, il *sentire* e, per quanto possibile, il vissuto del *primo gruppo di discepoli,* primi autorevoli interpreti del carisma di fondazione.

Le domande che abbiamo posto alle *fonti*, comunque, non riguardano soltanto *l'orazione mentale formale* o *meditazione,* bensì anche ogni altra forma di preghiera che *actibus internis intellectus et voluntatis absolvitur*. La semplice abitudine al *costante pensiero di Dio,* l'insistenza sulla preghiera vocale *consapevole,* il rilievo dato alla *adorazione* e alle forme devozionali di preghiera intima ed affettiva, la preghiera notturna, l'importanza data alla stessa *meditazione* quotidiana e alle sue modalità, il ruolo assegnato ad alcuni tempi privilegiati per la preghiera personale come i *ritiri periodici* o gli *esercizi spirituali*[5], e, finalmente, il sentire espresso sull'*orazione contemplativa* in genere e sui *doni straordinari* della contemplazione passiva.

Siamo entrati, così, nel grande «castello» delle *fonti salesiane* (ci esprimeremo, per breve tratto, confortati dalla suggestione di una metafora); senza *guide specializzate*, senza percorsi privilegiati.

Ci avevano assicurato che questo immenso maniero, forse uno dei più sovrabbondanti di ambienti tra quelli che abbelliscono fino ad oggi il paesaggio della storia della spiritualità, non possedesse molti locali originali e degni dell'interesse di uno studioso. Mobili di dubbio gusto,

---

[5] Per uno studio sistematico sul tema degli esercizi nella vita di Don Bosco e nella tradizione salesiana delle origini si veda G. BUCCELLATO, «Gli esercizi spirituali».

arredamenti fuori moda e «presi in prestito», pochi quadri «d'autore». La scelta più saggia poteva essere quella di trasferirsi subito in quell'unica stanza veramente speciale, quella chiamata *sistema preventivo*, e abitare lì per tutto il tempo della visita.

In realtà, da parte nostra, ci sentivamo mossi più che dall'interesse per l'arte, dal desiderio di conoscere le *strutture portanti* del castello, quelle che rendono ragione della sua solidità, della sua rapida e armonica espansione, e, attraverso di esse, di riconoscere la mente, il cuore, i *gusti* del *progettista*. Da questo punto di vista, dunque, anche gli ambienti meno *originali* del castello e gli arredamenti *presi in prestito*, acquistavano la loro preziosità nella capacità che avevano di restituirci, in modo trasparente, il mondo interiore del suo ideatore.

In questa prospettiva anche il problema della discussa, o meglio, accertata *non originalità* di una certa parte della produzione letteraria di Don Bosco si presentava secondario rispetto all'obiettivo di conoscere il «sentire» del fondatore. Persino le eventuali *esagerazioni edificanti*, legate in particolare agli unici «libri scritti senza altri libri» (l'espressione è di Don Caviglia), esagerazioni che rappresentano un *disturbo* per le ricostruzioni dello storico, lasciano emergere, talvolta in modo eminente, il particolare *modello di santità* costantemente presentato da Don Bosco ai suoi e, più in particolare, il ruolo che in tale modello è «assegnato» alla preghiera.

Anticipando le conclusioni del nostro studio, potremmo dire che l'esame analitico delle *fonti* in relazione al ruolo dell'*orazione mentale diffusa e formale* nel carisma di fondazione di San Giovanni Bosco ha lasciato emergere un'ampia convergenza ad alcuni differenti livelli.

- Innanzi tutto è possibile osservare una vitale armonia tra la *formazione* ricevuta da Don Bosco, e i tratti della *esperienza spirituale* che ci è dato di intravedere attraverso i suoi scritti, autobiografici e non, la storia della sua vita e le testimonianze di quanti condivisero con lui, in modo significativo, un periodo della sua vicenda umana.

- In secondo luogo la medesima coerenza può essere osservata nei suoi numerosi *scritti spirituali* che, pur non essendo dei *trattati* di teologia ma, piuttosto, degli scritti popolari o edificanti, rivelano, lungo tutto l'arco della sua vita, il suo giudizio costantemente positivo sul valore della orazione mentale nella vita cristiana e religiosa

- Un altro importante indicatore di continuità è ricavabile dalla lunga esperienza pastorale di Don Bosco e, in particolare, dal «progetto» di *educazione dei giovani alla preghiera* che è possibile ricostruire a partire dalla prassi educativa, dall'analisi di qualche diffuso *manuale* e di alcune biografie.

– Un ultimo indicatore di continuità, il più importante in relazione al fine di mettere a fuoco il *carisma di fondazione,* è costituito dalla coerenza che guida la manifestazione graduale e lo sviluppo del progetto di fondazione, così come emerge, in particolare, dalle prime costituzioni, dai testi che ne accompagnano la pubblicazione e ne favoriscono la corretta ermeneutica, dal magistero che guida il consolidamento della fondazione, dagli insegnamenti del primo noviziato ed anche da alcuni tratti dell'esperienza spirituale dei primi salesiani, i più autorevoli «interpreti» del carisma del fondatore.

Questi quattro complementari aspetti convergono poi verso una coerente unità di pensiero e di prassi, che ci consente di interpretare alcuni *frammenti* della sua esperienza spirituale, la sua produzione letteraria e le testimonianze sulla sua vita di preghiera all'interno di una *totalità complessiva* che ci avvicina alla *conoscenza* del fondatore e ritorna poi ad illuminare ogni singolo frammento, restituendocelo come la *parte* di un *tutto* ordinato e coerente.

L'ampia analisi orienta verso una valorizzazione della *dimensione contemplativa* nell'esperienza spirituale di San Giovanni Bosco e nel carisma di fondazione della congregazione salesiana.

Ben oltre la essenzialità di alcuni *obblighi* formalizzati nel dettato costituzionale, emerge la proposta del fondatore, che si muove verso una concezione della vita cristiana e religiosa vissuta alla continua *presenza di Dio.* Al di là dell'orazione mentale *formale,* peraltro fortemente raccomandata, la spiritualità del fondatore dei salesiani incoraggia l'orazione mentale *diffusa,* il continuo pensiero di Dio, l'orazione affettiva e silenziosa «senza limiti di tempo», e non esclude l'orizzonte dell'esperienza contemplativa; fatto, questo, ancor più rilevante nel contesto della spiritualità dell'ottocento piemontese, non particolarmente incline alle manifestazioni della vita mistica.

Il carisma del fondatore dei salesiani e il progetto da lui proposto al *movimento spirituale* a cui diede vita, non contrappone la *vita attiva* alla *vita contemplativa,* ma, semmai, le coniuga ambedue come differenti manifestazioni della medesima *carità verso Dio* che Don Bosco stesso, secondo quanto la Chiesa ha dichiarato canonizzandolo, ha vissuto in modo *eroico.*

Si celebra, quest'anno, il cinquantesimo anniversario della beatificazione di Domenico Savio, alunno dell'oratorio, morto nel 1857. È il tempo in cui Don Bosco si accinge a comporre la prima bozza di costituzioni per la nascente congregazione. Due anni dopo, nel 1959, egli stesso scrive, nella *Vita del giovanetto Savio Domenico*: «Il suo ringraziamento era senza limite. Per lo più, se non era chiamato, dimenticava la colazione, la ricreazione, e talvolta fino la scuola, standosi in orazione, o meglio in contemplazione della divina bontà»[6]. «L'innocenza della vita, l'amor verso Dio, il desiderio delle cose celesti avevano portato la mente di Domenico a tale stato che si poteva dire abitualmente assorto in Dio»[7].

Esagerazioni agiografiche? In ogni caso questi scritti ci rendono ragione del «clima» spirituale di quegli anni: è questo il modello di santità continuamente proposto, senza distinzioni, ai giovani come pure a quel primo, singolare gruppo di religiosi, molti dei quali erano ancora adolescenti.

È questo ambiente educativo, fatto di emulazione e di amore alla preghiera, che costituisce il luogo ermeneutico per interpretare il primo dettato costituzionale, ma anche la rapida espansione della congregazione: una sola pietà per tutti, giovani e salesiani, verso una «misura alta» della vita cristiana.

Diamo alle stampe questo studio alcuni anni dopo la sua conclusione, lasciandolo invariato per la sua particolare natura e secondo le esigenze della collana in cui trova la sua naturale collocazione.

Il nostro personale e più intimo ringraziamento va, a conclusione di questa nostra *esperienza,* al moderatore, il Padre Manuel Ruiz Jurado S.I., la cui attenta guida ed il cui costante sostegno hanno reso possibile la conclusione di questo lavoro. Un pensiero profondamente grato rivolgiamo anche a Don Giuseppe Troina, nostro precedente provinciale, ai confratelli Don Salvatore Mangiapane e Don Biagio Lazzara, per la paziente rilettura, ai confratelli dell'Archivio Centrale Salesiano e a Don Cosimo Semeraro, direttore del *Centro Studi Don Bosco*, per la disponibilità manifestataci durante la fase di consultazione delle fonti.

Dedico queste pagine a mia madre e a mio fratello, ma anche a tutti quei giovani salesiani che sentono l'urgenza di *prendere il largo* nel nuovo millennio senza considerare un'inutile zavorra la storia spirituale delle nostre origini.

Ancora un ricordo, infine, a tutti quanti mi sono stati compagni di viaggio nelle difficoltà e nella sofferenza, ma anche tra le gioiose scoperte di questi anni.

Roma 31 gennaio 2004 *Don Giuseppe Buccellato*

---

[6] G. BOSCO, *Vita del giovanetto Savio Domenico*, 71.
[7] G. BOSCO, *Vita del giovanetto Savio Domenico*, 97.

PARTE INTRODUTTIVA

CAPITOLO I

L'orazione mentale nel contesto ecclesiale attuale e nell'ambito della ricerca in spiritualità salesiana

1. Presupposti e motivazioni

L'esortazione apostolica post-sinodale *Vita Consecrata* del Santo Padre Giovanni Paolo II *circa la Vita Consacrata e la sua missione nella Chiesa e nel mondo* dedica la quarta parte del primo capitolo, dal titolo *Confessio Trinitatis*, al tema della chiamata dei consacrati alla *santità*, frutto della *presenza viva dell'azione dello Spirito* lungo la storia della Chiesa[1].

Sanctitatis Spiritu ducti[2], i consacrati hanno il compito di *riproporre con coraggio la santità dei fondatori e delle fondatrici* come risposta ai segni dei tempi emergenti nel mondo di oggi[3].

In questo contesto due paragrafi vengono dedicati dall'esortazione alla *fedeltà al carisma del fondatore* che, in definitiva, deve prendere le mosse da una *conformazione sempre più piena al Signore*[4]; il successivo paragrafo, dal titolo *Precatio et ascesis*, indica poi nel *silenzio dell'adorazione* dinanzi *all'infinita trascendenza di Dio* l'unico «luogo» dove questa chiamata alla santità può essere *accolta* e *coltivata*:

> Recipitur ad sanctitatem vocatio atque percoli potest tantummodo *in adorationis silentio* coram infinita Dei transcendentia: «Fatendum est nos omnes hoc silentio indigere, adorata praesentia imbuto [...]. Omnibus nempe, credentibus et non credentibus, discendum est silentium, quo Alter sinatur lo-

---

[1] Cf. *Vita Consecrata* 35.
[2] *Vita Consecrata* I. IV [*AAS* 88 (1996) 408]. Si tratta del titolo della quarta parte del primo capitolo della esortazione.
[3] Cf. *Vita Consecrata* 37.
[4] Cf. *Vita Consecrata* 37.

qui, quando et quomodo volet, nobis vero verbum illud intellegere liceat»[5]. Re autem ipsa permagnam hoc prae se fert fidelitatem liturgicae precationi atque privatae, spatiis orationi mentali contemplationique destinatis, recessibus menstruis nec non spiritalibus exercitationibus[6].

Questa considerazione del Santo Padre Giovanni Paolo II, si colloca «prima» di ogni distinzione tra istituti di vita attiva e di vita contemplativa.

Molti altri pronunciamenti del magistero sulla vita religiosa manifestano la medesima consapevolezza[7]. La stessa *missione* della Chiesa, a cui in modo loro peculiare partecipano sia i religiosi di vita attiva che quelli di vita contemplativa, non consiste *in un'attività di vita esteriore*, ma è la missione stessa di Cristo che, in obbedienza al Padre, continua a *offrire se stesso* per la vita del mondo[8].

Prius enim quam missio ad exteriora opera sese describant — afferma ancora a questo proposito l'esortazione post-sinodale — iam explicatur in Christo mundo proponendo per personalem testificationem inter homines. Haec quidem est provocatio, hoc principale vitae consacratae officium! Quo amplius quis sinit se Christo configurari, tanto magis Illum praesentem refert operantemque in mundo ad hominum salutem[9].

Questo *culto spirituale* che ha come *fonte* e *culmine* la celebrazione eucaristica trova nel silenzio adorante, nella *preghiera mentale*, la condizione previa per una partecipazione autentica[10]. Affermava già nel 1966 Paolo VI nelle norme di attuazione del decreto conciliare per i

---

[5] *Orientale lumen* 16 [*AAS* 87 (1995) 762].

[6] *Vita Consecrata* 38 [*AAS* 88 (1996) 411-412].

[7] Si vedano, a titolo di esempio, i seguenti documenti: *Mutuae Relationes* 4. 15. 16; *Ecclesiae Sanctae* 21; *Evangelica testificatio* 42. 45. 46; *Orientale Lumen* 16; *CIC* 663. In una circolare di Don Egidio Viganò, Rettor Maggiore della Congregazione Salesiana dal 1978 al 1995, troviamo espresso il medesimo concetto: «Per riflettere sulla preghiera — scrive Don Viganò nella lettera dal titolo *Carisma e preghiera* del 1991 — dobbiamo trasferirci prima e più in là dei carismi. Ad ogni modo, sarà bene fare subito alcune affermazioni riferentisi al rilancio del nostro carisma; esse ci scuotono nel profondo: senza preghiera non c'è, per nessuno, reciprocità tra evangelizzazione ed educazione; non c'è unità tra consacrazione e professionalità; non c'è corrispondenza tra interiorità e operosità. Ossia, senza respiro orante: il lavoro non è santificante; la competenza umana non è testimonianza evangelica; gli impegni educativi non sono pastorali; il vivere quotidiano non è religioso» (E. VIGANÒ, *Lettere circolari*, III, 1176-1177).

[8] Cf. *Mutuae Relationes* 15.

[9] *Vita Consecrata* 72 [*AAS* 88 (1996) 448].

[10] Cf. E. VIGANÒ, *Lettere circolari*, III, 1182.

religiosi *Perfectae Caritatis*:

> Quo intimius ac fructuosius religiosi sacrosanctum Eucharistiae mysterium et publicam Ecclesiae orationem participent, ac tota spiritualis eorum vita abundantius nutriatur, prae multitudinem precum amplior locus orationi mentali tribuatur, servatis tamen piis exercitiis communiter in Ecclesia receptis, necnon debita adhibita cura ut sodales in vita spirituali ducenda diligenter instruantur[11].

Una certa contrapposizione tra *pietà soggettiva* e *pietà oggettiva*, ha caratterizzato talvolta il dibattito teologico postconciliare.
Scriveva a questo proposito Padre Euloghio Pacho già nel 1975, dopo aver presentato le differenti prospettive e i termini di questo dibattito, nel *Dizionario degli Istituti di Perfezione*:

> Chiarite le posizioni e le dottrine, da ambedue le parti si è registrato un graduale orientamento verso una linea di convergenza [...].
> L'enciclica *Mediator Dei* [...] ha dichiarato apertamente che non esiste opposizione alcuna tra pietà soggettiva e pietà oggettiva; che la superiorità o maggiore dignità della preghiera liturgica, norma suprema per le altre, non implica deprezzamento delle forme di preghiera e di pietà della Chiesa nell'epoca moderna [...]. In questo contesto è andato scomparendo progressivamente e insensibilmente il contrasto tra culto liturgico e preghiera intima, personale e individuale, sia meditativa che devozionale, mentre si è capito meglio come risulti possibile una integrazione a livello personale e comunitario[12].

La consapevolezza della soluzione, almeno teorica, di questo contrasto e la convinzione che, come ha affermato Paolo VI, «la religione personale è condizione indispensabile alla autentica partecipazione liturgica»[13] costituisce uno dei principali presupposti del nostro studio.
Lo stesso pontefice affermava nel 1970:

> Sarà la vita liturgica, bene curata, bene assorbita nelle coscienze e nelle abitudini del popolo cristiano quella che terrà vigile e operante il senso religioso del nostro tempo, così profano e così dissacrato, e che darà alla Chiesa una nuova primavera di vita religiosa e cristiana.
> Ma dobbiamo nello stesso tempo lamentare che la preghiera personale diminuisce, minacciando così la liturgia stessa di impoverimento interiore, di ritualismo esteriore, di pratica puramente formale. Il sentimento religioso

---

[11] *Ecclesiae Sanctae* 21 [*AAS* 58 (1966) 779].
[12] E. PACHO, «Preghiera», 689-690.
[13] *Insegnamenti di Paolo VI*, VII, 1013.

stesso può venir meno per la mancanza di un duplice carattere indispesabile all'orazione: l'interiorità e l'individualità. Bisogna che ciascuno impari a pregare anche dentro di sé e da sé. Il cristiano deve avere una sua preghiera personale. Ogni anima è un tempio[14].

La convinzione della attualità di quest'analisi e, dunque, la constatazione del permanere di questa caduta di tensione della *preghiera personale* e del conseguente rischio di quel *formalismo liturgico* che è prodotto da ogni *perdita di interiorità*, ha costituito per noi uno stimolo verso una ricerca che tentasse di comprendere più in profondità il ruolo della *preghiera mentale* nel carisma del fondatore dei salesiani e nel progetto di vita proposto al movimento spirituale che da lui ha tratto origine.

2. Uno sguardo alla ricerca attuale su Don Bosco nell'ambito della teologia spirituale

Il panorama bibliografico su Don Bosco di questi ultimi quaranta anni[15], presenta, a parer nostro, una certa sproporzione tra le pubblicazioni e gli articoli che si collocano nell'ambito contenutistico e metodologico della teologia spirituale e gli studi pedagogici e storici[16].

Già nel 1973 lo storico salesiano Don Pietro Stella notava:

> La ricerca sulla spiritualità di Don Bosco e dei Salesiani oggi forse non è così avanzata come è quella sul sistema educativo. Questo fatto si impone allo studio dello storico e di chi voglia pronosticare sui possibili prossimi sviluppi del fatto salesiano [...].
>
> Nonostante le lettere circolari dei successori di Don Bosco e gli scritti di salesiani come mons. Giacomo Costamagna, D. Andrea Beltrami, D. Giulio Barberis, D. Eugenio Ceria, D. Alberto Caviglia, non si può dire che la riflessione spirituale abbia prodotto qualcosa di grande spicco paragonabile alle opere di Alfonso Rodríguez, Lallemant, Bérulle, Álvarez de Paz, Teresa d'Avila, Luís de la Puente, Alfonso de' Liguori: opere di grande risonanza per tutta l'età moderna. Né i salesiani hanno avuto teologi paragonabili ai grandi degli ordini mendicanti o a Vásquez, Suárez, Molina, Lessio,

---

[14] *Insegnamenti di Paolo VI*, VIII, 341.

[15] Per un panorama della ricerca su Don Bosco, aggiornato sino agli inizi degli anni '90, si vedano i tre contributi: P. STELLA, «Le ricerche su Don Bosco», 373-396; P. BRAIDO, «Prospettive di ricerca», 253-267; P. STELLA, «Bilancio delle forme di conoscenza», 21-36.

[16] Intendiamo qui fare riferimento esclusivamente alle pubblicazioni di carattere scientifico e non ai numerosi scritti di carattere divulgativo.

de Lugo del cinque e seicento gesuita. Certo è che la riflessione teologica e spirituale nei nostri tempi ha una funzione diversa da quella riscontrabile tre o quattro secoli or sono. Nondimeno si potrebbe asserire che l'emergere o il non emergere di una riflessione spirituale, interna o contigua al movimento salesiano, potrà assumersi come sintomo di quel che sarà la Famiglia salesiana tra i raggruppamenti ecclesiali dello stesso tipo, fioriti nel corso della storia[17].

Una certa reazione all'abbondante letteratura agiografica, edificante ma non sempre adeguatamente documentata, e la crescita di consapevolezza della modesta *originalità* della produzione spirituale del fondatore dei salesiani e dei suoi primi discepoli hanno, a parer nostro, contribuito ad una certa caduta di interesse della ricerca nell'ambito della teologia spirituale. La necessità di riflettere sul vissuto dell'esperienza educativa ha invece, al contrario, stimolato l'interesse degli studiosi di pedagogia e di teologia pastorale[18]; non è mancato, inoltre, come positivo effetto della consapevolezza dell'importanza di un maggiore rigore nell'ambito della ricerca storica, la cura di alcune edizioni critiche e lo sforzo costante di ricostruire la storia del fondatore e della *esperienza fondante* liberandola dagli eccessi di una interpretazione *soprannaturalista* o apologetica.

Questi importanti progressi della ricerca possono contribuire ad una agiografia documentata e costituiscono una premessa indispensabile per la ricerca in teologia spirituale, ricerca che esige, comunque, di svilupparsi con il proprio metodo.

Don Pietro Braido, esperto di storia e pedagogia salesiana, nel suo articolo *Prospettive di ricerca su Don Bosco* del 1990, segnalava nove

---

[17] P. STELLA, «Don Bosco e le trasformazioni sociali», 167-168.

[18] In realtà, comunque, come diremo più avanti parlando di Don Bosco come *autore spirituale*, neanche in ambito pedagogico o pastorale è possibile considerare il fondatore dei salesiani come un *teorico*, un autore originale o sistematico. Ha scritto Don Stella: «Con maggiore nitidezza e con metodo storico appare evidente innanzi tutto la fascia di cultura ecclesiastica entro cui si colloca Don Bosco. La cultura e il linguaggio del santo piemontese appaiono dai suoi medesimi scritti come il prodotto e il segno culturale di un clero medio, pastoralmente impegnato, nel periodo di lunga crisi degli studi ecclesiastici tra rivoluzione francese e primo novecento. Nulla c'è tra gli scritti di Don Bosco che possa paragonarsi con quelli di un Giambattista Vasco, il domenicano piemontese che auspicava la libertà dei grani; e nemmeno nulla c'è di paragonabile o alle speculazioni del cardinale barnabita savoiardo Giacinto Sigismondo Gerdil o alle tesi fisiocratiche e liberiste proposte in Toscana da vari preti in cura d'anime nell'età delle riforme illuminate» (P. STELLA, «Le ricerche su Don Bosco», 387).

argomenti come meritevoli di approfondimento critico per la loro particolare problematicità, rilevanza o attualità: la storia degli «inizi» di Don Bosco e della sua opera, Don Bosco nel tessuto della chiesa locale e universale del suo tempo, i suoi rapporti con la società civile e con la cultura popolare, i problemi degli emigranti e delle missioni, la fondazione dei salesiani e delle Figlie di Maria Ausiliatrice, Don Bosco «sognatore» e taumaturgo, l'esplorazione degli archivi ecclesiastici e civili[19].

Questo elenco sembrerebbe confermare la perdita di interesse, nella ricerca, dei temi più caratteristici della teologia spirituale: la vita religiosa, i voti, la preghiera, l'ascesi, l'esperienza spirituale del fondatore e dei suoi primi discepoli; temi, questi, che esigono un continuo confronto con le mutate realtà storiche ed ecclesiali.

L'esperienza delle origini, poi, esige di essere affrontata nel suo complesso, senza «sconti» e con il rigore proprio della ricerca scientifica, in particolare quando si tratti di mettere a fuoco il *carisma del fondatore*, il dono caratteristico fatto da Dio al fondatore per la sua famiglia religiosa e per la Chiesa.

«Accomodata renovatio vitae religiosae — hanno affermato i padri conciliari nel decreto *Perfectae Caritatis* — simul complectitur et continuum reditum ad omnis vitae christianae fontes primigeniamque institutorum inspirationem et aptationem ipsorum ad mutatas temporum condiciones»[20].

Ci sono delle *domande* fondamentali che ogni congregazione deve continuare a porre alle sue *fonti*; prendere le mosse dalla *esperienza* che attualmente vive la congregazione, come diremo, e tornare alle fonti solo quando si cerca una sorta di conferma agli orientamenti attuali, può farci correre il rischio di *ridurre* il carisma, trascurandone la sua consistenza e la sua realtà totale e complessa[21].

Questa consapevolezza ci ha motivato a ritornare ad interrogare le fonti in relazione ad un tema avvertito da noi come rilevante nell'attuale contesto ecclesiale e sul quale non esistono studi specifici[22].

---

[19] P. BRAIDO, «Prospettive di ricerca», 263-267.
[20] *Perfectae Caritatis* 2 [EV I, 706].
[21] Cf. R. MAINKA, «Carisma e storia», 6.
[22] L'indice analitico per argomenti della *Bibliografia generale di Don Bosco*, curata da Don Saverio Gianotti, non contiene, tra le sue più di trecento voci, le parole *orazione, preghiera, meditazione, esercizi spirituali*,

3. Note sul metodo

Il nostro studio si colloca, dunque, nell'ambito proprio della *teologia spirituale* e, più in particolare, in quello della *storia della spiritualità*.

Alcune acquisizioni della teologia spirituale, pertanto, costituiranno il nostro quadro di riferimento iniziale; in particolare questa scienza ci fornirà i necessari riscontri contenutistici e semantici in relazione al tema della *orazione mentale* e alle sue differenti forme.

L'obiettivo di far chiarezza su di un aspetto del *carisma* di un fondatore rappresenta poi, come vedremo, come un particolare problema ermeneutico.

Assunti, sempre dall'ambito della teologia spirituale ma con l'ausilio dei metodi dell'ermeneutica filosofica, alcuni *criteri generali* di interpretazione per il *carisma di fondazione*, si procederà ad uno studio analitico e critico delle numerose *fonti*, che, sostanzialmente, possono essere classificate in quattro differenti categorie: gli scritti editi e inediti del fondatore, i documenti che permettono di ricostruire la sua vita e la sua esperienza spirituale oltre che il *milieu* nel quale l'una e l'altra si svilupparono, gli atti che riguardano la storia delle origini dell'Istituto e il primo «magistero» ufficiale della nascente congregazione e, infine, gli scritti e l'esperienza storica del primo gruppo di discepoli.

Nella successiva fase il *metodo induttivo* e quello che, nell'ermeneutica contemporanea, viene comunemente chiamato il *principio di totalità*, ci permetteranno di trarre alcune conclusioni in relazione al tema del nostro studio.

Questo *sguardo di insieme* che, coinvolgendo l'intero arco di vita del fondatore, ci permetterà di interpretare ogni *frammento* della nostra ricerca nel *tutto* del suo vissuto esperienziale, si è reso necessario principalmente per due ragioni:
– non esiste una trattazione teorico-sistematica di Don Bosco sul tema della orazione mentale nella vita religiosa;
– nonostante la copiosa quantità di scritti editi e inediti del fondatore dei salesiani, lo studioso si trova di fronte ad un'estrema indigenza di fonti autobiografiche sulla sua vita interiore; non esiste un *diario* spirituale, nelle sue lettere Don Bosco non si abbandona a confidenze personali e le diverse *memorie* scritte raccontano la cronaca di avvenimenti più che le *mozioni spirituali* dell'autore. Lo studio della *esperienza spirituale* del fondatore dei salesiani, studio che è alla base di una corretta interpretazione del *carisma di fondazione*, deve dunque avvalersi di alcuni strumenti *indiretti*.

Quest'ultima considerazione introduce, nel nostro particolare approccio metodologico, anche l'ausilio delle *scienze umane* e, in particolare, della *psicologia*. Questa scienza, che costituisce ordinariamente un importante supporto al *metodo* nello studio della teologia spirituale, potrà aiutarci anche a formulare delle ragionevoli ipotesi sul vissuto interiore del fondatore dei salesiani.

Notiamo infine che, sul piano concreto della *metodologia scientifica* adottata, abbiamo cercato di «ottimizzare» non la essenzialità ma la chiarezza, rendendo il più possibile agile allo studioso il riscontro dei riferimenti, riducendo al minimo le sigle e le abbreviazioni, ripetendo ad ogni riferimento il titolo degli studi e, all'inizio di ogni capitolo, le citazioni per intero anche di testi precedentemente citati.

4. L'orazione mentale: chiarimenti semantici

Prima di introdurre il piano generale del nostro studio, è indispensabile procedere ad alcuni chiarimenti terminologici.

Nel prossimo capitolo ci fermeremo più ampiamente sul significato che intendiamo attribuire alle espressioni *carisma, carisma del fondatore, carisma di fondazione, carisma dell'Istituto* e su alcuni criteri generali adatti alla *ermeneutica* del *carisma del fondatore*. Cercheremo qui invece di chiarire il valore semantico da noi attribuito all'espressione *orazione mentale*.

Nella sua accezione più comune e generale la specificazione *mentale* data al termine orazione[23], è antitetica alla specificazione *vocale*. Afferma il Padre Joseph de Guibert: «Solet dividi oratio in *vocalem* et *mentalem*: modo generali prior habetur quando actibus internis intellectus et voluntatis iungitur externa eorum expressio per locutionem; altera vero his actibus internis absolvitur»[24].

Scrive il carmelitano Padre Albino del Bambino Gesù, nel suo *Compendio di Teologia Spirituale*: «L'orazione si chiama mentale quando si svolge nelle potenze dell'anima senza alcuna manifestazione esterna. Ogni atto di fede, di speranza, di amore, ogni pensiero e affetto spirituale è orazione mentale, cioè un incontro con Dio»[25]. Analogamente il

---

[23] Per il significato del termine orazione si veda *DSp*, «Oraison», 831-846. Nonostante alcune necessarie distinzioni, che hanno riscontro nella storia della spiritualità, il termine *orazione* nell'uso corrente può essere considerato sinonimo del termine *preghiera* e sarà da noi adoperato in questa particolare accezione semantica.
[24] J. DE GUIBERT, *Theologia spiritualis*, 205.
[25] ALBINO DEL BAMBINO GESÙ, *Compendio di Teologia Spirituale*, 336.

CAP. I: L'ORAZIONE MENTALE NEL CONTESTO ECCLESIALE 21

Dictionnaire de Spiritualité specifica: «Plus communément mental et vocal sont opposée. En réaction contre la routine et le formalisme, dès l'antiquité, nombreux sont ceux qui rappelent que le désir du coeur import plus que le bruit de la voix»[26].

In questo senso più generale l'espressione *orazione mentale* può dunque essere identificata con quel *silentius adorata praesentia imbutus* cui fa riferimento la *Orientale Lumen* di Giovanni Paolo II[27].

Il Cardinale Giacomo Lercaro, nel suo testo *Metodi di orazione mentale*, attribuisce invece questo contenuto semantico all'espressione *orazione mentale diffusa*, che definisce dunque come «qualunque pio pensiero che abbia per oggetto Dio o le cose in rapporto a Dio»[28], distinguendola dalla *orazione mentale formale*, che è per lui «quel particolare esercizio della vita spirituale, con cui quotidianamente o con regolare frequenza consacriamo, con esclusione di ogni altra occupazione, un determinato spazio di tempo ad intrattenerci con Dio, senza l'uso di formule verbali prefisse»[29].

Questa distinzione del Lercaro ci consente di mettere a fuoco un significato più *ristretto* e particolare dell'espressione. Accanto al più generale contenuto di *preghiera non vocale*, l'espressione *orazione mentale*, infatti, è stata ed è tuttora adoperata per indicare quella particolare *pratica di pietà* che consiste nel consacrare un tempo particolare della giornata *con esclusione di ogni altra occupazione* alla preghiera non vocale, pratica che trova già riscontro nell'Antico Testamento e nella stessa preghiera di Gesù, poi testimoniata dai Padri, ma introdotta nella vita religiosa probabilmente dal monachesimo benedettino dopo il secolo VIII ed entrata a far parte, soprattutto nel secolo XVI, delle costituzioni di molti ordini religiosi[30].

In questo senso più ristretto l'orazione mentale viene anche detta *meditazione*[31].

---

[26] M. DUPUY, «Oraison», 837.
[27] Cf. *Orientale Lumen* 16.
[28] G. LERCARO, *Metodi di orazione mentale*, 3. Notiamo qui, comunque, che questa definizione del Lercaro non mette sufficientemente in evidenza, a parer nostro, la dimensione del *dialogo*, della *comunicazione*, dell'*intrattenimento con Dio* che sono connesse ad ogni autentica orazione; l'espressione *pio pensiero*, infatti, potrebbe dire riferimento anche ad una riflessione *discorsiva* o teologica. Non mettiamo comunque qui in dubbio la consapevolezza dell'autore ma, semmai, la proprietà dell'espressione.
[29] G. LERCARO, *Metodi di orazione mentale*, 3.
[30] Cf. A. GAUTHIER, «Pratiche di pietà».
[31] Anche il termine meditazione richiederebbe alcuni chiarimenti. Oltre che per indicare la *orazione mentale formale* esso è adoperato per designare un elemento della

Nella storia della spiritualità questi due termini *meditazione* e *orazione mentale* sono stati spesso adoperati promiscuamente[32] ed ambedue per indicare, secondo la terminologia del Lercaro, l'*orazione mentale formale*, cioè una particolare pratica di pietà. Con questa accezione li troveremo più spesso adoperati nei testi della tradizione salesiana; sarà il contesto particolare, poi, a farci comprendere il contenuto semantico dell'espressione.

Una esemplificazione può essere utile.

Nel primo testo italiano a stampa delle *Costituzioni della Società di S. Francesco di Sales*, definitivamente approvate nel 1874, si legge, nel capitolo dedicato alle *pratiche di pietà*: «Ciascheduno, oltre le orazioni vocali, farà ogni giorno non meno di mezz'ora di orazione mentale»[33]. Il contesto qui, non ci permette di dubitare che il testo intenda riferirsi alla *orazione mentale formale*.

In un foglio di appunti di Don Bosco, invece, databile intorno alla fine degli anni settanta e utilizzato per la predicazione dei primi esercizi spirituali della nascente congregazione, troviamo scritto: «Orazione vocale senza che intervenga la mentale è come un corpo senz'anima — Lamento del Signore: Populus hic labiis me honorat: cor autem eorum longe est a me (Marco 7,6)»[34].

Qui, evidentemente, l'espressione *orazione mentale* non è adoperata nel senso ristretto di *pratica di pietà*, ma nel senso più generale, visto prima; indica l'atto interno dell'intelletto e della volontà con cui l'orante è chiamato a rendere *vera* l'orazione vocale. È questo atto, infatti, che può trasformare la parola pronunciata con le labbra in dialogo interiore, in preghiera. Si tratta dunque qui di *orazione mentale diffusa*.

Il contesto, dunque, ci permetterà, volta per volta, una corretta attribuzione semantica.

---

stessa, cioè la sua parte discorsiva, riflessiva (come nel metodo classico della *Lectio divina*, dove si distingue la *lectio*, la *meditatio*, l'*oratio* e la *contemplatio*), in ambito filosofico (come ad esempio in Cartesio), in ambienti non cristiani, per designare alcuni metodi di interiorizzazione o la riflessione sui testi sacri dell'Islam, nella psicoterapia (cf. *DSp*, «Meditation», X, 906-914). Nel nostro studio il termine sarà adoperato quasi esclusivamente nel senso più ristretto e particolare di *orazione mentale formale*, pratica di pietà; il contesto generale, in ogni caso, servirà a fugare ogni dubbio.

[32] Cf. G. LERCARO, *Metodi di orazione mentale*, 3.

[33] G. BOSCO, *Costituzioni della Società [1858] -1875*, 185.

[34] Si tratta di un foglio ripiegato e scritto su quattro facciate, di cui torneremo a parlare, conservato nell'Archivio Centrale Salesiano di Roma (ACS A 225.04.03).

4.1 *Alcune distinzioni*

Qualche altro chiarimento terminologico può essere utile, prima di mettere a fuoco l'oggetto della nostra ricerca.

L'orazione mentale (formale) si dice comunemente *metodica* quando fa uso di un *metodo*[35]. Notiamo comunque qui che in qualche autore, come ad esempio nel Lercaro, la dizione *metodica* dice piuttosto riferimento alla *regolarità*, alla *quotidianità*, alla *abitudine* dell'orazione; mentre per fare riferimento al precedente contenuto semantico si preferisce dire estesamente *orazione con l'ausilio di un metodo*. Anche in questo caso, comunque, il particolare contesto ci permetterà di evitare ogni equivoco.

Un'altra utile distinzione terminologica è quella tra orazione mentale *attiva* o *ordinaria* e orazione mentale *passiva* o *straordinaria*, detta anche *mistica, infusa, contemplativa*... Nella prima è l'anima che si

---

[35] Il metodo costituisce uno strumento, un sussidio per la *meditazione*; il suo utilizzo entra nella logica del rispetto delle leggi proprie della natura di uno dei due protagonisti di quel particolare dialogo che è la preghiera; appartiene pertanto all'ordine dei *mezzi*, e non può essere dunque considerato *necessario* ma semmai *utile* per la preghiera; in qualche caso, però, potrebbe addirittura essere un *ostacolo*, un'inutile complicazione. Su questo tema si veda il paragrafo dal titolo *Carattere e valore di sussidio del metodo* del testo più volte citato del Cardinale Lercaro (cf. 36-39). I diversi *metodi* tradizionali per la *orazione mentale* sono sostanzialmente riconducibili ad una particolare *organizzazione o strutturazione* del tempo della preghiera, che facilita il lavoro delle *potenze* (intelletto, memoria, volontà, affetti, immaginazione...) al fine di favorire il *dialogo* e la crescita nelle *virtù teologali*. In tutta la tradizione ascetica orientale e occidentale (a partire da Cassiano) è possibile trovare tracce di metodo e consigli per la preghiera. A partire dal dodicesimo secolo la consapevolezza del ruolo della *meditazione* nella vita religiosa dà origine ad alcune elaborazioni più «strutturate»; tra queste la più nota è probabilmente quella della *Lectio divina*, cui abbiamo fatto riferimento in una nota precedente, e che risale al monaco cistercense Guglielmo di St. Thierry († 1150), discepolo di San Bernardo. Tra gli altri autori a cui fare riferimento citiamo Aelredo di Rievaux († 1166), Guigo II († 1193) probabilmente autore della *Scala claustralium*, Ugo di S. Vittore († 1141), San Bonaventura († 1274), Ludolfo di Sassonia († 1377) autore della celebre *Vita D. Jesu Christi* che contribuì alla conversione di Sant'Ignazio e dove troviamo, ad esempio, gli elementi del metodo ignaziano della *composizione vedendo il luogo* (cf. LUDOLPHE LE CHARTREUX, *La grande vie* I, XLVIII). Per altri dettagli e riferimenti sull'origine dei metodi di *meditazione* si veda G. LERCARO, *Metodi di orazione mentale*, 28-36. Alla luce di quanto abbiamo detto è dunque inesatto affermare, come fa qualche autore, che tali metodi hanno origine nel periodo della *devotio moderna* (cf. L. COGNET, *Introduction à la vie chrétienne*, III, 141-143). Nonostante il particolare sviluppo di questi metodi a partire dal XIV secolo è possibile infatti riscontrare una sostanziale continuità con la tradizione precedente (cf. *DSp*, «Méditation», X, 914).

dispone attivamente, «positivamente» ad una comunicazione con Dio; l'orazione mentale *passiva* è invece più immediatamente un dono dello Spirito, cui l'anima non partecipa che con una particolare *disposizione*, ma che non perde, per questo, il suo fondamentale aspetto di dono gratuito e incondizionato. «Lo Spirito Santo — afferma il Cardinale Lercaro — vi introduce l'anima se e quando vuole, senza che essa possa disporvisi se non negativamente con la rimozione degli ostacoli; nell'atto dell'Orazione Dio produce nell'anima conoscenza e amore; e l'anima, pur operando liberamente, si sente guidata, attuata e mossa da un principio superiore»[36].

L'orazione mentale *passiva* o *straordinaria* viene poi spesso distinta in quattro *gradi*, che corrispondono alle ultime quattro *dimore* del *Castello interiore* di Santa Teresa d'Avila: *orazione di quiete, unione semplice, estasi, matrimonio spirituale*[37].

Un'ultima precisazione terminologica può essere fatta distinguendo l'orazione mentale *discorsiva*, nella quale domina il ragionamento, l'*intelletto*, dall'orazione mentale *affettiva*, nella quale hanno un ruolo preponderante gli *affetti* e dunque la *volontà*.

4.2 *L'oggetto del nostro studio*

Al termine di questi chiarimenti semantici e delle necessarie distinzioni rimane da chiederci quale sia l'oggetto proprio del nostro studio. In quale direzione si intende indagare quando si fa riferimento al ruolo dell'*orazione mentale* nel carisma di fondazione di Don Bosco?

Diciamo subito che intendiamo qui assumere l'espressione nel suo significato più generale, sostanzialmente quello che emerge dalla citata definizione del De Guibert[38]. Tratteremo, dunque, non soltanto *dell'orazione mentale formale*, bensì anche di ogni altra forma di preghiera che *actibus internis intellectus et voluntatis absolvitur*.

L'attenzione data alla *preghiera vocale consapevole*, l'abitudine e l'educazione al costante ricordo della *presenza di Dio* e al *silenzio adorante*, l'importanza data al *ritiro* e agli *esercizi spirituali* in quanto «luoghi privilegiati» per la preghiera personale silenziosa, il giudizio espresso sull'*esperienza contemplativa* in genere o su alcune particolari esperienze o doni *straordinari*, il rilievo assegnato ad alcune forme particolari di preghiera come la *visita*, la *adorazione eucaristica*, la

---

[36] G. LERCARO, *Metodi di orazione mentale*, 4.
[37] Cf. A. POULAIN, *Delle grazie d'orazione*, 213-316.
[38] Cf. J. DE GUIBERT, *Theologia spiritualis*, 205.

preghiera notturna e, in modo eminente, la considerazione mostrata per la *meditazione quotidiana* nel progetto di vita religiosa trasmesso dal fondatore alla nascente congregazione salesiana: tutto questo sarà oggetto del nostro studio, sia in riferimento alla *esperienza spirituale* di Don Bosco che al *carisma di fondazione*[39] e alla vita della *Società di S. Francesco di Sales*, sino alla morte del fondatore.

Qualcuno potrebbe osservare che una indagine nell'ambito della *storia della spiritualità* dovrebbe piuttosto prendere le mosse dal contenuto semantico attribuito nell'ottocento alla espressione *orazione mentale*.

In realtà, come abbiamo già mostrato attraverso la esemplificazione fatta, l'utilizzo di questa espressione non è univoco neanche nel periodo da noi considerato e varia dal significato generale di *orazione mentale diffusa* a quello più particolare di *orazione mentale formale*.

In ogni caso, però, chiarito, secondo la accezione odierna, il nostro panorama semantico, è del tutto lecito indagare sul contenuto così definito anche in relazione ad un periodo storico in cui l'espressione ha un significato differente o, addirittura, non ne ha alcuno; è quanto si fa ordinariamente, ad esempio, quando si vuole conoscere la *ecclesiologia* del Concilio Vaticano I, la *storiografia* di Benedetto Croce o la *epistemologia* secondo Galileo Galilei. Nessuna di queste espressioni ha un corrispondente semantico nel rispettivo periodo della storia a cui è estesa l'indagine, ma rimane pur sempre lecito allo studioso, dopo aver chiarito l'oggetto della sua ricerca e dunque il suo patrimonio semantico, estendere la sua indagine ad un qualsiasi periodo storico.

Con maggiore precisione ma con eccessiva retorica il titolo del nostro studio potrebbe allora essere così completato: *Contributo per una valutazione del ruolo dell'orazione mentale diffusa e formale, regolare e metodica, attiva e passiva, discorsiva e affettiva ... nel carisma di fondazione di San Giovanni Bosco*.

5. Piano generale dello studio

Dopo avere specificato, in questo primo capitolo della parte introduttiva quale sia l'oggetto proprio della nostra ricerca, ci è apparso indi-

---

[39] Torneremo ampiamente sul significato da noi attribuito a questa espressione. Diciamo subito, comunque, che il suo contenuto semantico è per noi sostanzialmente equivalente a quello delle altre due: *carisma del fondatore* e *carisma dell'Istituto*. Tutte e tre le espressioni, in definitiva, si riferiscono per noi in senso stretto al particolare *dono* dato dallo Spirito alla persona del fondatore in vista della fondazione dell'Istituto e per l'utilità comune della Chiesa.

spensabile chiarire, nel successivo, i criteri generali che intendiamo seguire per l'ermeneutica del carisma di fondazione.

Il panorama teologico recente, infatti, presenta notevoli divergenze di prospettiva sia nei criteri di riferimento che nella stessa interpretazione dei documenti del magistero; accade allora che le medesime espressioni siano utilizzate con significati differenti. Sarà pertanto indispensabile chiarire il quadro semantico di riferimento e motivare la scelta di alcuni criteri ermeneutici.

Il corpo centrale del nostro studio sarà costituito dalla sua parte analitica, che si sviluppa in cinque differenti capitoli.

I primi quattro rispettano una nostra divisione cronologica della esperienza umana e spirituale del fondatore e della storia della fondazione.

Il primo periodo considerato va dalla nascita del fondatore sino al termine della esperienza formativa (1815-1844); il secondo abbraccia l'arco di storia che va dal primo impianto dell'opera salesiana alla prima bozza di costituzioni (1844-1858); il terzo include l'intero *iter* sino alla approvazione definitiva della *Società di S. Francesco di Sales* (1858-1874); il quarto è il tempo del consolidamento sino alla morte del fondatore.

Il primo periodo è, dunque, quello che va dalla nascita di Don Bosco al termine della sua esperienza formativa che, dopo l'ordinazione presbiterale (1841), prosegue con i tre anni di permanenza al Convitto Ecclesiastico Diocesano di Torino.

Il sorgere dell'esperienza religiosa, l'educazione alla preghiera, il ruolo della famiglia e dell'ambiente, i contenuti delle prime catechesi ricevute, le prime amicizie spirituali, i progetti formativi contenuti nei regolamenti del seminario e del Convitto e la risonanza soggettiva che ebbero nella coscienza riflessa di Don Bosco, l'influenza dei suoi formatori, i primi esercizi spirituali fatti al Santuario di Sant'Ignazio sopra Lanzo ed anche le sue prime esercitazioni omiletiche: questi alcuni dei riferimenti principali che ci consentiranno di accostarci ai primi trent'anni dell'esperienza umana e spirituale di Don Bosco, anni senz'altro decisivi dal punto di vista della sua maturazione, della formazione alla preghiera, del suo stesso orientamento apostolico.

Una figura, in particolare, è in evidenza tra i suoi formatori, quella di San Giuseppe Cafasso, che contribuì più volte a illuminare il discernimento personale di Don Bosco e che per circa vent'anni, sino alla morte avvenuta prematuramente nel 1860, fu suo confessore ebdomadario e direttore spirituale. Don Cafasso, nelle mani del quale Don Bosco ripose *ogni deliberazione, ogni studio, ogni azione della sua vita,* come egli stesso afferma nelle sue *Memorie dell'Oratorio di San Francesco*

CAP. I: L'ORAZIONE MENTALE NEL CONTESTO ECCLESIALE 27

di Sales, lo inizierà anche alla predicazione degli Esercizi Spirituali e all'apostolato sacerdotale tra i giovani.

Il secondo dei periodi storici considerati nella parte analitica ha come termine di arrivo la data probabile della prima bozza di costituzioni della Società Salesiana.

È il tempo dell'impianto dell'opera degli oratori, un periodo particolarmente importante per conoscere il clima educativo nel quale cresceranno i primi giovanissimi collaboratori di Don Bosco, che sottoscriveranno nel 1859 l'atto costitutivo della Società.

Quest'ultima considerazione ci spinge ad interrogarci anche sui contenuti della formazione dei giovani alla preghiera. L'abitudine al pensiero costante della presenza di Dio, la devozione eucaristica, i *ritiri* mensili e gli esercizi spirituali, l'educazione alla meditazione e al silenzio, l'insistenza nei confronti di una preghiera vocale *attenta* o della recita di *giaculatorie*: questi sono gli «indicatori» che cercheremo di osservare, tentando di ricostruire, in riferimento al nostro tema, non soltanto il pensiero e il *progetto formativo* di Don Bosco ma anche alcune consuetudini della sua prassi educativa.

Il sentire di Don Bosco sulla preghiera mentale può essere ricompreso a partire da questa analisi e soprattutto dal contenuto delle numerose biografie di giovani da lui scritte in questo periodo o pochi anni più tardi; questo potrà permetterci di superare le difficoltà derivanti dalla mancanza di una riflessione teorico-sistematica, di un vero e proprio «trattato» sull'argomento.

Il terzo capitolo della parte analitica entra nel vivo dell'esperienza fondante, abbracciando l'intero *iter* fino alla approvazione definitiva delle costituzioni.

Si tratta del periodo della maturità, un periodo di grande fecondità nella produzione letteraria; da alcuni di questi scritti, da appunti inediti e dall'epistolario cercheremo di ricavare altre indicazioni per ricostruire il pensiero di Don Bosco sulla preghiera mentale.

Con l'inizio del processo di *istituzionalizzazione*, i differenti testi costituzionali diventano un punto di riferimento obbligato per la nostra ricerca; in particolare l'attenzione si concentra sul capitolo riguardante le *pratiche di pietà* e l'orazione mentale *formale* o meditazione. I manoscritti conservati e l'edizione critica delle costituzioni ci permetteranno di porre le basi per una interpretazione del dettato costituzionale.

Un altro importante punto di riferimento, in relazione a questo terzo periodo, è costituito dall'inizio dell'esperienza degli esercizi spirituali per la nascente congregazione; questa particolare «risorsa» era stata costantemente valorizzata da Don Bosco fin dall'inizio del suo ministero tra i giovani. A partire dal 1866 gli esercizi annuali entreranno nella prassi ordinaria della Società di San Francesco di Sales; questa acquisizione sarà sottolineata come decisiva per lo sviluppo della congregazione nel decennio successivo, quando verrà celebrato il primo capitolo generale della Società.

Il sesto capitolo del nostro studio, quarto della parte analitica, abbraccia l'ultimo periodo della vita del santo e ci permetterà di accostare il progetto di Don Bosco, ormai libero da preoccupazioni istituzionali, e teso soltanto alla espansione, al consolidamento della Società e alla formazione, nei suoi, della coscienza di religiosi.

Un punto di riferimento obbligato per comprendere il ruolo dato all'orazione mentale e in particolare alla meditazione, è costituito dagli insegnamenti del primo noviziato canonico. Altri importanti risorse saranno l'introduzione e gli allegati voluti dallo stesso Don Bosco in aggiunta alle prime edizioni italiane delle costituzioni definitivamente approvate.

La nostra indagine sul carisma di fondazione e sul modello di vita religiosa proposto da Don Bosco alla congregazione salesiana si arricchirà anche dell'analisi di alcune delle prime biografie di salesiani defunti; dalla presentazione, certamente parenetica, di queste vite «realizzate», emergono infatti alcune indicazioni sul progetto di vita religiosa posto da Don Bosco alle origini della congregazione.

In quest'ultimo periodo della vita del fondatore si celebrarono, poi, i primi quattro Capitoli Generali della congregazione; dai documenti del primo e del terzo, in particolare, faremo emergere alcuni riscontri sul tema della formazione alla meditazione e degli esercizi spirituali.

Tutti e quattro questi capitoli «storici» della parte analitica saranno accompagnati da alcune brevi sintesi dei principali avvenimenti della storia delle origini, al fine di favorire la comprensione dei singoli elementi in un quadro più generale che ne agevoli l'interpretazione.

L'ultimo capitolo della parte analitica, il settimo del nostro studio, sarà invece dedicato più direttamente all'esperienza spirituale di Don Bosco, così come emerge dalle deposizioni della causa di beatificazione e canonizzazione, dalle testimonianze di alcuni altri che conobbero Don Bosco «da vicino».

Il capitolo ottavo costituisce un tentativo di sintesi di tutta la parte analitica.

Applicando il cosiddetto principio ermeneutico della *totalità*, tenteremo innanzi tutto di trovare alcune costanti lungo l'intero arco della vita del fondatore e di ritornare a valorizzare, in una visione di insieme, ogni singolo *frammento* emerso nella parte analitica.

Nella seconda parte del capitolo, invece, si tenterà di ricostruire, per linee essenziali, una sorta di *trattatello* sulla orazione mentale formale, a partire dagli elementi raccolti nella parte analitica.

La conclusione, facendo riferimento a quanto era stato affermato a proposito dell'ermeneutica del carisma di fondazione, cercherà di sintetizzare alcuni dei contributi emersi, nella prospettiva di una valutazione del ruolo dell'orazione mentale nel carisma di fondazione di Don Bosco; l'esposizione di alcune possibili prospettive di ricerca e la individuazione di alcuni limiti concluderà il nostro studio.

CAPITOLO II

Il carisma di fondazione e la sua ermeneutica

1. La vita consacrata come carisma per la chiesa

La vita consacrata, radicata negli esempi e negli insegnamenti di Cristo, è un dono dello Spirito Santo di Dio alla sua Chiesa[1].

Questa consapevolezza, che inquadra la riflessione sui consigli evangelici in una prospettiva trinitaria ed ecclesiale e ribadisce l'iniziativa divina nel progetto di vita tracciato da molti fondatori, può essere considerata un dato ormai acquisito dal magistero ecclesiale sulla vita consacrata[2].

Durante la celebrazione del Concilio Vaticano II molti interventi dei padri conciliari testimoniarono, in particolare, la convinzione dell'origine *pneumatica* della vita religiosa[3]. Sottolinea il P. Ruiz Jurado, a proposito dell'elaborazione della *Lumen Gentium* e della *Perfectae Caritatis*:

> Il *punto di vista ecclesiologico* predominante porta a riconoscere nella vita religiosa, caratterizzata dalla professione dei consigli evangelici, un effetto dell'iniziativa dello Spirito Santo mediante il suo influsso in quegli uomini

---

[1] Cf. *Vita Consecrata* 1.

[2] Cf. A. ROMANO, *I fondatori profezia della storia*, 57-68. L'autore raccoglie in queste pagine alcuni brani del magistero (il primo dei quali risale al 1791 ed è di Pio VI) che affermano con chiarezza come alla base del progetto dei fondatori ci sia una ispirazione divina. La realtà della vita religiosa, vista come *dono* fatto a beneficio della comunità ecclesiale, emerge comunque con maggiore chiarezza, nella prospettiva ecclesiologica del Concilio Vaticano II. I doni di Dio, infatti, sono sovente presentati, secondo la dottrina paolina, come fatti alla Chiesa per la utilità comune (cf. *Lumen Gentium* 4).

[3] Cf. J.M. LOZANO, «Carisma», 150; M. RUIZ JURADO, «Vita consacrata», 1065-1069; A. ROMANO, «Carisma», 426.

o donne che si sentono chiamati a dedicarsi pienamente alla perfezione evangelica[4].

Il testo definitivo della costituzione dogmatica sulla Chiesa, nel capitolo sesto *De religiosis*, così si esprime:

> I consigli evangelici della castità dedicata a Dio, della povertà e dell'obbedienza, essendo fondati sulle parole e sugli esempi del Signore e raccomandati tanto dagli apostoli quanto dai Padri, dai dottori e dai pastori della Chiesa, sono un dono divino che la Chiesa ha ricevuto dal suo Signore e con la sua grazia sempre conserva[5].

Questa particolare prospettiva teologica, che emerge in alcuni altri testi del Concilio[6] e dell'immediato post-concilio[7], trova il suo fondamento e la sua forma espressiva più comune nella dottrina neotestamentaria di Paolo.

Il termine paolino di *carisma*, infatti, esprime un *dono particolare della grazia divina operato nel credente dallo Spirito Santo per la utilità comune della Chiesa*[8]. Si tratta di un neologismo creato probabilmente dallo stesso Paolo che lo adopera 16 volte nelle sue lettere[9].

Si noti che, nonostante l'utilizzo del termine possa considerarsi relativamente recente, la realtà profonda che il termine esprime può essere considerata un patrimonio costante della tradizione ecclesiale.

Osserva a questo proposito Fabio Ciardi:

> Se l'impiego del termine con questa precisa applicazione è relativamente recente, esso traduce, con novità di linguaggio, una profonda convinzione sempre presente lungo tutto l'arco della vita religiosa: quanti sono all'origine di un Ordine o di un Istituto sono stati guidati dallo Spirito. La loro

---

[4] M. RUIZ JURADO, «Vita consacrata», 1066.

[5] *Lumen Gentium* 43.

[6] Si vedano, ad esempio, i numeri 4. 12. 39. 42. 46 della *Lumen Gentium*, i numeri 1 e 8 della *Perfectae Caritatis* e il numero 23 della *Ad Gentes*.

[7] Cf. il *Motu Proprio* di Paolo VI *Ecclesiae Sanctae* del 1966 al 16 o l'istruzione *Renovationis Causam* della Sacra Congregazione per i Religiosi e gli Istituti Secolari (1969) al 2.

[8] Gli studi sull'uso del termine *carisma* in Paolo sono numerosissimi. Tra gli altri citiamo: A. GEORGE – P. GRELOT, «Charismes»; G. HASENHÜTTL, *Carisma*; CONZELMANN, «Charisma»; P.R. REGAMEY, «Carismi»; A. ROMANO, «Carisma»; A. VANHOYE, «I carismi nella comunità di Corinto»; L. SARTORI, «Carismi»; G. ROCCA, *Il carisma del fondatore*.

[9] Cf. Rm 1,11; 5,15.16; 6,23; 11,29; 12,6; 1Cor 1,7; 7,7; 12,4; 12,9.28.30.31; 2Cor 1,11; 1Tm 4,14; 2Tm 1,6. Nel Nuovo Testamento il termine è presente un'altra volta soltanto nella prima lettera di Pietro (1Pt 4,10).

iniziativa non è semplicemente umana, ma frutto di un progetto divino che lo Spirito, in qualche modo, ha loro manifestato[10].

1.1 *Carisma e vita religiosa nei documenti ufficiali*

Il termine *charisma* in relazione alla vita religiosa non compare nei testi ufficiali del Concilio Vaticano II[11].

Viene adoperato infatti per la prima volta in un documento ufficiale soltanto nel 1971, al numero 11 della Esortazione Apostolica *Evangelica Testificatio* di Paolo VI. Ribadendo la necessità espressa dalla *Perfectae Caritatis* di coniugare la contemplazione con l'amore apostolico, il Santo Padre affermava: «Solum hoc modo animos hominum ad veritatem amoremque divinum amplectendum erigere poteritis secundum charisma Fundatorum vestrorum, quos Deus in Ecclesia sua excitavit»[12].

Qualche anno più tardi la nota direttiva *Mutuae Relationes*, sui reciproci rapporti tra Vescovi e Religiosi nella Chiesa, assume la terminologia paolina e ne precisa il contenuto in relazione alla vita religiosa[13].

Da allora il termine *carisma* e le espressioni *carisma della vita religiosa, carisma del fondatore, carisma di fondatore, carisma fondazionale, carisma dell'Istituto, carisma originario, carisma istituzionale, carisma di una famiglia religiosa* sono divenute di uso corrente nei documenti ufficiali, oltre che nei discorsi del Santo Padre[14]. Questa

---

[10] F. CIARDI, *In ascolto dello Spirito*, 49.

[11] Il contributo già citato «Vita consacrata» del Padre Ruiz Jurado mostra comunque come sia possibile trovare traccia della problematica relativa al carattere *carismatico* della vita religiosa nel dibattito conciliare che accompagnò la elaborazione del capitolo sesto della *Lumen Gentium* e del decreto *Perfectae Caritatis* (cf. M. RUIZ JURADO, «Vita consacrata», 1065-1069).

[12] *Evangelica Testificatio*, 11 [in *AAS* 63 (1971) 503].

[13] In particolare al 11 troviamo la celebre definizione del *carisma dei fondatori* su cui ritorneremo in seguito [cf. *AAS* 70 (1978) 480]. Interessanti, ai fini del nostro tema, sono inoltre i numeri 12, 14 e 51 del medesimo documento.

[14] Tra i testi ufficiali della Sacra Congregazione per i Religiosi e gli Istituti Secolari si vedano, ad esempio, il documento *Optiones Evangelicae* su «Religiosi e promozione umana» del 1980 (cf. 29), il documento *Elementi essenziali dell'insegnamento della Chiesa sulla vita religiosa* del 1983 (cf. n 11.41) e la *Potissimum Institutioni* del 1990, che stabilisce alcune direttive sulla formazione negli istituti religiosi (cf. 17); tra i documenti pontifici l'Esortazione Apostolica *Redemptionis Donum* del 1984 (cf. 15); tra i discorsi e gli insegnamenti del Santo Padre Giovanni Paolo II il discorso ai membri del Capitolo dei Legionari di Cristo del 18/9/1992 apparso su *L'Osservatore Romano* del 25 dicembre dello stesso anno o il messaggio ai Francescani Cappuccini

categoria sembra oggi unificare le differenti prospettive teologiche sulla vita consacrata[15].

Difficulter quidem describitur — ha affermato ad esempio Giovanni Paolo II nell'enciclica *Redemptionis Donum* del 1984 — [...] immo etiam recensetur, quot variis modis personae Deo consacratae *per apostolatum* impleam *suum erga Ecclesiam amorem*. Hic semper ex peculiari illo Conditorum vestrorum dono est ortus, quod, *a Deo acceptum* et ab Ecclesia approbatum, totius communitatis charisma est factum. Quod donum variis respondet Ecclesiae necessitatibus et singulis mundi historiae temporibus[16].

Nei *Lineamenta* del Sinodo sulla vita consacrata, poi, il sostantivo *carisma* viene adoperato 67 volte[17]; l'aggettivo *carismatico* ricorre 11 volte. Scriveva nel 1993 Padre Fabio Ciardi:

Forse in nessun altro documento ecclesiale riguardante la vita consacrata si è fatto un impiego così massiccio del termine carisma. Le altre parole usate dal Concilio per designare la vita consacrata, sia nel suo insieme che nelle sue specifiche forme, sono quasi sommerse dalla terminologia del carisma. Incontriamo il termine *dono* — preferito dai documenti conciliari — solo una quindicina di volte [...]. Solo 6 volte si parla di *spirito* per designare la specificità di un Istituto, 3 volte di *spiritualità*, 5 volte di *indole*[18].

È ancora il Santo Padre ad affermare il 22 marzo del 1995 durante la udienza del mercoledì:

Da sempre nella Chiesa lo Spirito Santo concede ad alcuni il carisma di fondatori. Da sempre fa sì che attorno al fondatore o alla fondatrice si riuniscano persone che condividono l'orientamento della sua forma di vita consacrata [...]. Da sempre lo Spirito Santo crea e fa crescere l'armonia delle persone congregate e le aiuta a sviluppare una vita in comune animata dalla carità, secondo l'orientamento particolare del carisma del fondatore e dei suoi fedeli seguaci[19].

Anche l'*Instrumentum laboris* del Sinodo fa ampio uso del termine; tracciando, per linee generali, la storia del suo utilizzo nei documenti

---

su *L'osservatore Romano* del 2 luglio del 1994. Il *Codice di Diritto Canonico* del 1983, pur non adoperando il termine *carisma* a proposito della vita religiosa, recepisce la nuova prospettiva ecclesiale e pneumatologica sulla vita religiosa.

[15] Cf. M. MIDALI, «Carisma del fondatore», 33.
[16] *Redemptoris donum*, 15 [in *AAS* 76 (1984) 541-542].
[17] Cf. SINODO DEI VESCOVI, *La vita consacrata*.
[18] F. CIARDI, «Riscoperta del carisma dei fondatori», 660-661.
[19] GIOVANI PAOLO II, *L'influsso dello Spirito Santo*, 4.

ecclesiali, afferma al numero 42:

> Il Concilio Vaticano II non ha designato esplicitamente la vita consacrata con il termine «carisma» ma ha riconosciuto in essa il carattere di dono attribuito al celibato e ai consigli evangelici; la vita consacrata è frutto dell'azione dello Spirito [...].
> Paolo VI ha parlato esplicitamente del «carisma della vita religiosa [...] frutto dello Spirito Santo che sempre agisce nella Chiesa» e in modo specifico dei «carismi dei fondatori suscitati da Dio nella Chiesa», nonché dei carismi degli istituti (*ET* 11.32).

Ancora più ricco e articolato è l'uso che del termine *carisma* e dei suoi derivati fa l'esortazione apostolica post-sinodale *Vita consecrata* del 1996. A questo esame dedichiamo il prossimo paragrafo; cercheremo anche di sottolineare l'uso e il contenuto di alcune espressioni che, come vedremo successivamente, presentano alcuni problemi semantici.

1.2 *Il termine carisma nell'esortazione apostolica «Vita Consecrata»*

Il termine *charisma* e il suo plurale *charismata* figurano 72 volte nel testo della esortazione[20]; 5 volte troviamo anche la forma aggettivale *charismaticus*[21]. Le espressione *charisma fundatoris*, *charisma fundans* e *charisma fundationis* si incontrano 9 volte[22]; 10 volte si parla di *charisma instituti o institutorum*[23]; tre volte si adopera l'espressione generale *consacratae vitae charisma*[24].

L'origine *pneumatica* dei carismi è messa in evidenza esplicitamente 12 volte[25]; la prospettiva ecclesiologica (i carismi sono un dono per la chiesa) 7 volte[26]; la varietà, la diversità o la molteplicità dei carismi è sottolineata 17 volte[27].

In vario modo emerge la attenzione e il richiamo alla *fedeltà* al pro-

---

[20] Si tratta dei numeri 9. 10. 12. 16. 19. 25. 30. 31. 36 (7 volte). 37. 42. 45. 46. 47. 48 (2 volte). 49 (3 volte). 53. 54. 55. 59. 60 (2 volte). 61. 62 (4 volte). 63. 64. 65. 66. 67. 68 (2 volte). 71 (2 volte). 72. 73 (2 volte). 74. 77. 79 (2 volte). 80 (2 volte). 81. 82. 83 (3 volte). 93. 94 (2 volte). 96. 97. 98. 99. 101. 102. 108. 109. 111.
[21] Cf. 49. 56. 70. 85 (2 volte).
[22] Cf. 12. 36 (2 volte). 61. 73. 79. 80. 81.
[23] Cf. 19. 25. 36. 47. 65. 80. 83 (2 volte). 94. 99.
[24] Cf. 48. 49. 64.
[25] Cf. 1. 4. 5. 10. 19. 31. 36. 47. 64. 72. 85. 109.
[26] Cf. 1. 9. 19. 46. 48. 49. 60. Tale prospettiva ecclesiologica pervade comunque l'intero documento.
[27] Cf. 2. 4. 5. 10. 16. 31. 47. 48. 49. 53. 62. 70. 71. 74. 85. 98. 111.

prio carisma; oltre alla espressione *fidelitas fundationis (o fundatoris) charismati*[28], ma vi si fa riferimento implicitamente almeno altre 20 volte aggiungendo gli aggettivi *proprium, suum, singulum, ipsum*, in riferimento al sostantivo *charisma*[29]. Due volte figura l'espressione *discretio charismatum*[30] e una volta quella di *veritas charismatum*[31]. Al n. 97 si specifica *fideles charismati suisque traditionibus*[32].

Questa semplice analisi dei termini e delle espressioni adoperate ci rivela l'interesse costantemente espresso dal documento nei confronti della fedeltà all'originaria ispirazione del fondatore; tale attenzione manifesta anche la consapevolezza del compito che la Chiesa ha di custodire il patrimonio di ogni singolo Istituto.

Già il Concilio aveva affermato: «In ipsum Ecclesiae bonum cedit ut instituta peculiarem suam indolem ac munus habeant. Ideo fideliter agnoscantur et serventur Fundatorum spiritus propriaque proposita, necnon sanae traditiones, quae omnia cuiusque instituti patrimonium constituunt»[33]. «Competentis Ecclesiae auctoritatis est consilia evangelica interpretari, eorundem praxim legibus moderari atque stabiles inde vivendi formas canonica approbatione constituere itemque, pro parte sua, curare ut instituta secundum spiritum fundatorum et sanas traditiones crescant et floreant»[34].

---

[28] Cf. 36. 81.
[29] Cf. 9. 10. 19. 42 (2 volte). 46. 49. 53. 59. 60. 61. 63. 68. 79. 82. 83 (3 volte). 94. 101. 102.
[30] Cf. 62. 94.
[31] Cf. 62.
[32] Cf. 97.
[33] *Perfectae Caritatis* 2 [EV I, 708].
[34] *CIC* 576. A questo canone si richiama anche l'esortazione *Vitae Consecrata* al 48. Sul tema della responsabilità della gerarchia circa la *autenticità* del carisma dei singoli istituti esistono parecchi riscontri nei documenti ufficiali. La *Lumen Gentium* al 45 afferma: «(La Chiesa) con la sua volontà vigile e protettrice [...] viene pure in aiuto agli istituti, dovunque eretti per l'edificazione del corpo di Cristo, perché abbiano in ogni modo a crescere e a fiorire secondo lo spirito dei fondatori». A questo articolo si richiama anche il documento *Mutuae Relationes* al numero 8. Analogamente *Elementi essenziali dell'insegnamento della Chiesa sulla Vita Religiosa* afferma al numero 41: «In quanto esempio particolarmente significativo di questi molteplici doni, ogni istituto religioso dipende, per l'autentico riconoscimento del suo carisma originario, dal ministero affidato da Dio alla gerarchia». Per un approfondimento giuridico sull'argomento si veda l'articolo di G. GHIRLANDA, «Carisma di un istituto», 465-477; 554-562.

2. L'uso del termine carisma nel dibattito teologico sulla vita religiosa

Il consenso sul valore semantico del termine *carisma* e il giudizio di opportunità sul suo utilizzo per mettere in evidenza l'aspetto pneumatologico ed ecclesiale della vita consacrata si può considerare generale nell'odierno dibattito teologico. Più vario e articolato si presenta invece l'uso che i teologi fanno di alcune espressioni, già incontrate nei documenti ecclesiali[35].

«Le stesse espressioni — sottolinea opportunamente Giancarlo Rocca — sono state usate con significati diversi secondo i diversi autori, per cui il carisma *di* fondatore è per alcuni il carisma *del* fondatore o il carisma *di fondazione*, per altri il carisma *del fondatore* è il carisma *dell'Istituto*, per altri il carisma *dell'Istituto* è la sua *missione* o *fine*»[36].

Questa confusione semantica rende necessaria, per chiunque voglia esprimersi su questa materia, una previa *explicatio terminorum*. Il vero problema, comunque, rimane da un lato l'ermeneutica dei documenti ecclesiali, che vengono letti, talvolta, a partire da diversi riferimenti semantici, e dall'altro le differenti prospettive teologiche che sottostanno ad alcune di queste scelte[37]. In definitiva la vera questione si sposta sul rapporto tra *rinnovamento* e *fedeltà al carisma del fondatore* e sul procedimento ermeneutico per la determinazione del *proprium* di ogni famiglia religiosa; procedimento che è difficile oggettivizzare anche a causa delle grandi differenze storiche e carismatiche che caratterizzano i diversi fondatori[38].

---

[35] Una sintesi ricca e articolata delle differenti posizioni e scelte terminologiche nel panorama teologico di quest'ultimo trentennio si trova alle 35-63 del testo di Giancarlo Rocca già citato.

[36] G. ROCCA, *Il carisma del fondatore*, 64.

[37] La distinzione semantica tra carisma *del fondatore* e carisma *dell'istituto*, come diremo più avanti, può derivare ad esempio dalla scelta di considerare in continua evoluzione il carisma di una famiglia religiosa.

[38] La figura di un fondatore può essere analizzata sul piano istituzionale da diversi aspetti. Antonio Romano ne elenca cinque: storico-giuridico, storico-teologico, storico-sociologico, teologico-carismatico, carismatico-analogico (cf. A. ROMANO, *I fondatori profezia della storia*, 96-97). Mario Midali, nell'accostare la figura di Don Bosco fondatore, distingue ben 11 differenti possibilità di approccio: storico, storico-psicologico, storico-sociologico, storico-giuridico, storico-teologico, esperienziale-carismatico, teologico-spirituale, teorico-prassico, ascetico, liturgico, storico-comparativo; M. MIDALI, «Tipi di approccio a Don Bosco fondatore», 27-80. Si tratta degli atti di un simposio organizzato dal Dicastero per la Famiglia Salesiana dove si è presa in esame la figura di Don Bosco fondatore della Società di San Francesco di Sales,

Nel costruire il nostro particolare *lessico*, cercheremo di far emergere anche alcune di queste differenti opinioni teologiche.

2.1 *Carisma del fondatore*

È, nella nostra accezione, il dono personale e non trasmissibile che un uomo o una donna ricevono dallo Spirito e che li pone all'origine di una famiglia religiosa; si tratta del dono proprio che è stato dato al fondatore o alla fondatrice per fondare un Istituto. «Tale ispirazione — afferma il P. Regamey — comporta la percezione attraverso una particolare situazione storica, di un bisogno della Chiesa, al quale deve rispondere l'istituto con la sua vita evangelica e i suoi ministeri»[39].

Qualche autore, come Fabio Ciardi[40], preferisce distinguere l'espressione carisma del fondatore da quella di carisma di fondatore[41]; in quest'ultimo caso la preposizione di sarebbe dichiarativa, specificherebbe il tipo di carisma a cui si vuol fare riferimento e non il «contenuto» dello stesso.

Da parte nostra ci sembra poco utile moltiplicare le distinzioni, soprattutto se non aggiungono nulla al discorso teologico; distinguere il carisma di fondatore dal carisma del fondatore vuol dire pensare che si possa immaginare in questo caso una forma senza il corrispondente contenuto.

Il carisma di fondatore è, infatti, un dono specifico, concreto, orientato ad una particolare fondazione; qui come altrove ci sembra che vada sottolineato il contenuto teologico del termine carisma e, dunque, la sua origine divina[42]. Dio non fa ad un uomo o ad una donna il dono di esse-

---

della congregazione femminile delle Figlie di Maria Ausiliatrice e dell'associazione laicale dei Cooperatori Salesiani (M. MIDALI, ed., *Don Bosco fondatore*).

[39] P. REGAMEY, «Carismi», 98.

[40] A pagina 69 del suo *In ascolto dello Spirito*, Fabio Ciardi afferma. «Nel 1982 proposi la distinzione tra "carisma *di* fondatore" e "carisma *del* fondatore" [...] La formula continua ad essere usata anche oggi». La terminologia però, in realtà, non è concorde.

[41] L'espressione *carisma di fondatore*, comunque, risale probabilmente a Fr. Joseph Famerée che la utilizzò già nel 1966, come testimonia Giancarlo Rocca in *Il carisma del fondatore*, alle pagine 35-36. Fr. Famerée riconosceva la possibilità di questo carisma particolare da «aggiungere» all'elenco dei carismi fornito da Paolo.

[42] L'uso del termine nel suo significato abituale potrebbe portarci fuori strada. Si dice ad esempio: «Quel tale ha il carisma *di* leader». Qui la particella specifica effettivamente il tipo di carisma posseduto. Ma se sottolineiamo che il fatto che il carisma di fondazione è un dono particolare di Dio in vista di una specifica fondazione, la distinzione diviene superflua; il carisma *di* fondazione, visto come dono di Dio, è

re un fondatore se non in vista di quella particolare fondazione.

Differente è il contenuto semantico delle medesime espressioni in alcuni scritti del salesiano Don Joseph Aubry. Egli distingueva infatti il carisma di fondatore, che riguarda la sua persona ed è quindi intrasmissibile, dal carisma del fondatore che tocca il contenuto della sua esperienza spirituale trasmessa ai discepoli[43].

Qui la distinzione non è soltanto formale ma contenutistica. Nella nostra definizione, infatti, abbiamo sottolineato il fatto che il carisma del fondatore è per noi un dono personale, poiché questa è la caratteristica di tutti i doni di Dio, e per questa ragione non trasmissibile, anche se i suoi effetti e la prospettiva di bene che ne deriva sono permanenti per l'Istituto e nella Chiesa.

La specificazione del è per noi una sorta di possessivo assoluto; dice riferimento ad un particolare fondatore di un particolare istituto. Il singolare carisma, poi, non lascia spazio a possibili equivoci; non si sta qui parlando dei carismi del fondatore, che rappresentano quell'insieme di doni personali di natura e di grazia che caratterizzano la sua esperienza di uomo e di credente, ma di quel particolare dono che gli è stato fatto per, in vista, in rapporto al compito ricevuto di dare origine ad una nuova famiglia religiosa.

Le posizioni dei vari autori sono differenti[44] e, in alcuni casi, forse non del tutto coerenti[45]. In ogni caso, al di là delle differenti scelte se-

---

carisma *per una* fondazione. Anche nel caso di più fondazioni da parte dello stesso fondatore è sempre indispensabile, secondo noi, distinguere adeguatamente i diversi carismi.

43 Cf. J. AUBRY, «Teologia della vita consacrata», 142-143.

44 Una delle maggiori difficoltà verso una regolamentazione del vocabolario, auspicata da vari autori (cf. G. COSTA, «Il carisma del fondatore», 77), nasce dai differenti approcci che si sono resi a volte necessari di fronte alla grande varietà di figure di fondatori.

45 Scrive Padre Antonio Romano: «Il termine "cdf" (carisma del fondatore) designa nel suo significato generale quel dono dello Spirito offerto benevolmente da Dio ad alcuni fondatori, uomini o donne, per produrre in loro determinate capacità atte a far nascere nuove comunità di vita consacrata nella Chiesa» (A. ROMANO, «Carisma», 427). Questa definizione risponde piuttosto alla espressione carisma *di* fondatore di Fabio Ciardi. Lo stesso Romano poco più avanti scrive però: «Bisogna distinguere connotativamente il "carisma *di* fondatore" dal "carisma *del* fondatore" [...]. Con il termine "carisma del fondatore" si vuole indicare il contenuto più specifico del dono inerente in maniera singolare ad ogni fondatore per percepire, vivere e mostrare nella storia una peculiare esperienza del mistero di Cristo secondo originali note caratterizzanti». Questa seconda definizione ci appare, oltre che piuttosto ermetica, poco coerente con la precedente. Analogamente Juan Manuel Lozano definisce il

mantiche, esse possono indicare un differente approccio teologico alla ermeneutica del carisma del fondatore e, dunque, dare origine a differenti percezioni del mandato che la Chiesa consegna ad ogni famiglia religiosa di vivere in fedeltà a se stessa.

Per chiarire meglio la nostra particolare prospettiva prendiamo in esame alcune altre espressioni adoperate dal magistero ecclesiale o nella riflessione dei teologi.

2.2 *Carisma collettivo o permanente dell'Istituto, carisma dell'Istituto*

Il *carisma del fondatore* è dunque per noi quel dono personale che, essendo all'origine dell'esperienza della fondazione, traccia i lineamenti spirituali essenziali che caratterizzano l'identità propria dell'Istituto, la sua missione nella Chiesa, la sua peculiare spiritualità.

Giancarlo Ghirlanda ha introdotto nella riflessione teologica l'espressione *carisma collettivo dell'Istituto*. Egli afferma:

> All'origine di ogni istituto c'è il carisma del fondatore o della fondatrice, che comprende carismi personali e il carisma collettivo di fondatore o fondatrice. Anche se i carismi personali influiscono in qualche modo sul carisma collettivo di fondatore o fondatrice, essi, per il fatto che non appartengono a questo, in quanto sono carismi strettamente personali, speciali, spesso straordinari, non impegnano i membri dell'Istituto. Il carisma collettivo di fondatore o di fondatrice, invece, anche se si conforma sotto l'influsso dei carismi personali, tuttavia per sua natura è partecipato ad altri[46].

Il carisma collettivo dell'Istituto sarebbe dunque un dono trasmesso da Dio ad una *istituzione* o ad un *gruppo*; fatto questo, a parer nostro difficilmente comprensibile sul piano teologico e a volte contraddetto dalla storia di alcune fondazioni che hanno conosciuto, sin dall'inizio, difficoltà interne e controversie[47].

Questa perplessità si evidenzia nelle parole del Padre Ruiz Jurado quando afferma:

---

carisma de los fundadores come «aquel don del Espíritu ofrecido benévolamente por Dios a algunos fundadores, hombres o mujeres, para producir en ellos determinadas capacidades que les hacen aptos para alumbrar nuevas comunidades de vida consagrada en la iglesia» (J.M. LOZANO, «Carisma», 151). Si tratta qui, chiaramente, di quanto alcuni altri autori affermano del carisma *di* fondatore.

[46] G. GHIRLANDA, «Carisma di un istituto», 475. L'espressione *carisma collettivo* è stata utilizzata dall'*Instrumentum laboris* del Sinodo (cf. 42).

[47] Si pensi, tra tutte, alle difficili origini della famiglia francescana.

I teologi sono propensi a pensare che i carismi, in quanto doni dello Spirito, sono concessi a persone concrete e non a istituzioni; benché a queste possano essere attribuiti come propri in senso diverso che al fondatore. Questo modo di concepirli sembra più in consonanza con la dottrina neotestamentaria dei carismi e con la natura dell' «esperienza dello Spirito» con cui nelle *Mutuae Relationes* viene identificato il carisma dei fondatori. Sembra che si debba attribuire l'esperienza dello Spirito a persone e non ad istituzioni in quanto tali[48].

Di questa opinione sembra essere anche Laurier Labonté che proponeva nel 1976 di sostituire l'espressione *charisme de l'institut* con quella di *souci primordial de l'institut*[49]. Già nel 1970, poi, Padre De Candido denunciava come abuso teologico l'idea che il carisma di una persona potesse essere ereditato da una istituzione, attribuendo a questo errore fondamentale l'incapacità di dialogo che caratterizza talvolta i rapporti tra i religiosi[50].

Una possibile soluzione alla controversia ci sembra sia contenuta in un tentativo di Giancarlo Rocca di *regolamentazione del vocabolario*. Egli propone diversi livelli di interpretazione del termine carisma: in *senso stretto* il termine andrebbe riferito soltanto al fondatore, mentre *in senso largo* potrebbe essere riferito anche all'istituto.

> Quando è applicato alla esplicita funzione di fondare un istituto — afferma l'autore — carisma è preso nella sua accezione primordiale di dono particolare, personale, incomunicabile concesso da Dio ad una persona per il bene della Chiesa. Quando è applicato all'istituto, diventa sinonimo di fine-missione-compito apostolico, diventa cioè un contenuto, un programma[51].

L'espressione *carisma dell'Istituto*, dunque, può essere letta in senso largo, *analogico*; ma occorre non dimenticare, a parer nostro, che in senso proprio essa dice riferimento al dono concesso al fondatore *per* l'Istituto e *per* il bene della Chiesa, dono che deve essere *costantemente custodito, approfondito e sviluppato*[52] in continuità con la sua esperienza fondante.

---

[48] M. RUIZ JURADO, «Vita consacrata», 1078.
[49] Cf. L. LABONTE, «Charisme du fondateur», 373-399.
[50] L.M. DE CANDIDO, «Carisma dei religiosi», 813-814. Di tutt'altra opinione sembra essere il P. Galot che afferma con sicurezza: «In una congregazione religiosa tutti i membri partecipano al carisma comunitario» (J. GALOT, «Il carisma della vita religiosa», 509).
[51] G. ROCCA, *Il carisma del fondatore*, 76-77.
[52] Cf. *Mutuae Relationes* 11.

In questo senso pensiamo si debbano adoperare tutte quelle espressioni che dicono riferimento a *carismi* particolari, come *carisma francescano*, o *carisma salesiano* o *carisma lasalliano*; in senso stretto esse dicono riferimento al dono fatto a Francesco, a Giovanni Bosco, a Giovan Battista de la Salle *per, in vista di, a beneficio* della fondazione dei loro rispettivi istituti e della Chiesa. Nel linguaggio corrente, poi, esse dicono generalmente riferimento allo spirito, all'indole, alla natura, alla missione della famiglia religiosa, ma devono richiamare alla *responsabilità* che questi istituti hanno di *accogliere* il dono fatto al fondatore *per* l'istituto e di crescere *in continuità* con quello.

Anche l'uso dell'espressione *carisma dell'Istituto*, in alcuni casi, può destare qualche perplessità. Per alcuni la formula *dell'Istituto* sembra dire riferimento indistintamente al periodo delle origini; per altri essa si riferisce al carisma nel suo *sviluppo* storico; per altri ancora è il carisma dell'Istituto *oggi*, così com'è realizzato nelle mutate condizioni dei tempi dai suoi seguaci.

Tutto questo rischia di «sfumare» il necessario riferimento al *carisma del fondatore* come unico criterio di verifica della fedeltà di una istituzione al compito che è chiamata a svolgere nella Chiesa. Distinguere il *carisma dell'Istituto* dal *carisma del fondatore*, accentuare la possibilità di uno *sviluppo* dello stesso, dimenticandosi di sottolineare con maggior forza la necessaria *continuità*, può dar vita a quello che Fabio Ciardi stigmatizza come «il pericolo di sostituirsi al fondatore»[53].

Scrive ad esempio Don Mario Midali, che distingue il *carisma fondazionale* dallo *sviluppo del carisma originario* e dal *carisma dell'Istituto*[54]: «L'esperienza carismatica delle origini è destinata a perdurare nella storia, a svilupparsi e a progredire, pena il suo decadimento e persino la sua scomparsa dalla scena della storia»[55].

In un altro studio, meno recente, lo stesso Midali ha scritto:

> Il carisma di un Istituto è necessariamente congiunto con la vita e l'attività di tutti coloro che, a partire dal fondatore, ne hanno condiviso l'avventura

---

[53] Cf. F. CIARDI, *In ascolto dello Spirito*, 85.

[54] M. MIDALI, «Carisma del fondatore», 39-40. È il più recente studio di Don Midali, da noi conosciuto, su questo tema. L'espressione *carisma fondazionale* viene da lui riferita non solo al fondatore, bensì anche ai discepoli della prima generazione che hanno tramandato l'esperienza carismatica del fondatore alle generazioni successive; con l'espressione *sviluppo del carisma originario* Don Midali mira a sottolineare che l'esperienza carismatica delle origini è destinata a svilupparsi e a progredire. Infine l'espressione *carisma dell'istituto* direbbe riferimento al momento storico attuale.

[55] M. MIDALI, «Carisma del fondatore», 40.

CAP. II: IL CARISMA DI FONDAZIONE

seguendo la chiamata dello Spirito Santo. Non può quindi essere circoscritto ad un solo periodo, ancorché privilegiato come quello delle origini, e tanto meno ristretto ai più diretti responsabili della guida della rispettiva comunità religiosa. Esso ricopre l'intero arco della sua storia ed è presente in tutti i suoi membri, certamente in forme diverse secondo le doti umane e i doni spirituali di ognuno, e nella misura della corrispondenza di ciascuno alla vocazione ricevuta[56].

Sulla stessa linea sembra svilupparsi la riflessione di un altro salesiano, Don Joseph Aubry, che in uno dei suoi ultimi studi di teologia sulla vita consacrata, in un paragrafo dal titolo *Il «carisma del fondatore» sviluppato in «carisma dell'Istituto» (ET 32)*, scriveva:

La Chiesa oggi ha chiesto con forza ad ogni istituto due cose. La prima: rifiutare ogni genericismo, *ritrovare e riprecisare la sua vocazione e identità* [...]. Come? Chiarendo il suo «patrimonio», il quale include «lo spirito e le intenzioni proprie», ma anche le «sane tradizioni» della sua storia.

Seconda cosa: *non bloccare* a ieri e nemmeno al presente il carisma proprio, il quale non è una «cosa» da mantenere, ma una realtà viva insita nella coscienza e nel cuore di tutti i membri e da tradurre in scelte significative. Bisogna quindi accettare lo sforzo di *ri-attualizzare nell'oggi della Chiesa e del mondo* il dono fatto al fondatore [...].

La Chiesa invita ogni istituto a «convertirsi allo Spirito Santo», per ritrovare qualcosa della creatività più audace del fondatore, senza paura del rischio. Tale impresa tanto difficile quanto indispensabile è affidata a tutti i membri uniti in profonda comunione (tutti sono insieme i depositari e i portatori del carisma), aperti alla comunione con le altre famiglie carismatiche [...] e attenti a quanto oggi «lo Spirito dice alle Chiese»[57].

Nel numero 32 della *Evangelica Testificatio*, a cui si riferisce la riflessione di Don Aubry, riconosciamo però, in realtà, una differente preoccupazione del magistero:

Nimia enim cupiditas cuiusdam flexibilis mobilitatis et liberae facultatis effectricis inducere possunt, ut rigiditas accusetur etiam minima pars con-

---

[56] M. MIDALI, «Attuali correnti teologiche», 80. In un testo ancora più antico lo stesso autore scrive: «Alcuni aspetti carismatici di Don Bosco e delle origini sono scomparsi perché esclusivamente legati alla personalità del fondatore (= carisma di fondazione). Altri aspetti invece sono rimasti e costituiscono il carisma salesiano permanente» (M. MIDALI, *Il carisma permanente di Don Bosco*, 74). Si tratterebbe dunque di una sorta di «selezione naturale», che lascia sopravvivere solo alcuni aspetti, senza alcun riferimento oggettivo? Come interpretare, in questa prospettiva, i continui richiami alla *fedeltà* del magistero ecclesiastico?
[57] J. AUBRY, «La fondamentale dimensione carismatica», 144-145.

stantis ordinis in consuetudinibus servandis, quam vita Communitatis et sodalium perfectio pro more expostulant. Mentes intemperanter incitatae, quae ad caritatem fraternam provocant vel ad ea, quae afflatu Spiritus Sancti insinuari putantur, Instituta ad interitum possunt perducere[58].

Qui, come altrove, la vera preoccupazione del magistero sembra essere «l'eccessivo desiderio di flessibilità e di spontaneità creativa» che può «condurre le istituzioni allo sfacelo».

Afferma il Padre Ruiz Jurado, a proposito della distinzione introdotta da Midali: «Si è cercato di distinguere tra carisma del fondatore e carisma dell'Istituto in altri modi stabilendo la differenza tra il carisma delle origini dell'Istituto e quello attuale. Sono del parere che non si potrà trovare alcun fondamento valido per questa differenziazione negli orientamenti del magistero»[59].

La posizione del Padre Ruiz Jurado ci appare del tutto condivisibile alla luce della preoccupazione, costantemente dimostrata dal magistero della Chiesa, di un significativo ritorno alle *fonti* e *allo spirito primitivo degli istituti*[60], criterio questo che garantisce la autenticità di ogni eventuale tentativo di *riformulazione del carisma*[61] e la stessa possibilità di ratifica, da parte della Chiesa, di ogni proposta di variazione del dettato costituzionale formulato dal fondatore[62].

Nel panorama delle opinioni teologiche, comunque, non mancano alcune posizioni ancora più estreme. John C. Futrell, ad esempio, affer-

---

[58] *Evangelica Testificatio* 32 [*AAS* 68 (1971) 515].

[59] M. RUIZ JURADO, «Vita consacrata», 1076. La preoccupazione del magistero della Chiesa, come già osservato a proposito dei frequenti richiami del documento *Vita Consecrata*, sembra in effetti concentrata sulla *fedeltà* al carisma. In che senso si potrebbe parlare di fedeltà di fronte ad un carisma in continuo divenire? Quali sarebbero i criteri di confronto e di verifica della sua fedeltà?

[60] Cf. *Perfectae Caritatis* 2.

[61] L'espressione è di Lozano (cf. J.M. LOZANO, «Founder and Community», 214-236). Scrive a questo proposito Padre Ruiz Jurado nel contributo già citato: «A prescindere dai rischi che questa proposta implica, penso che la formulazione primitiva [del carisma di fondazione] va salvaguardata come punto di riferimento critico per potere provare la fedeltà o meno di una tale riformulazione. E, d'altra parte, una simile riformulazione dovrebbe passare per la autorità competente della Chiesa, che ne conferma la fedeltà all'Istituto nella sua formulazione originaria» (p. 1076).

[62] La responsabilità ultima della fedeltà delle costituzioni al carisma del fondatore è, come abbiamo detto, della gerarchia ecclesiastica. «Codex huismodi — afferma il Codice di Diritto Canonico a proposito delle costituzioni — a competenti auctoritate Ecclesiae approbatur et tantummodo cum eiusdem consensu mutari potest» (*CIC* 587).

mava nel 1971: «The carism of the founder of any religious community is this charism as it lived *now*»[63].

Replica Giancarlo Rocca:

> Se si accetta che il «carisma dell'Istituto» è quello dell'Istituto così come vive oggi, si ritiene del tutto corretta la sua attuale posizione. In questo caso l'istituto avrebbe un suo proprio carisma che svilupperebbe secondo i tempi e i luoghi e quello di oggi sarebbe sicuramente corretto. Il dire che quello di oggi è il corretto carisma dell'Istituto non è però una posizione metodologicamente sostenibile (in pratica, il carisma corretto sarebbe sempre l'ultimo, e le modalità del passato potrebbero essere tutte errate) [...].
>
> Se si accetta una evoluzione e sviluppo, in vista di una ri-acculturazione, si propone che il carisma dell'Istituto abbia in sé dei germi in continua gestazione. Se questa posizione è utile per avviare il necessario aggiornamento, essa però non precisa ancora a sufficienza quale sia il punto di riferimento concreto (non basta infatti parlare di discernimento), sul quale presente e futuro possono essere giudicati e legittimati[64].

Come sottolinea Rudolf Mainka il carisma di fondazione è certamente soggetto ad un naturale sviluppo e si arricchisce con una sempre nuova capacità creativa; ma tale crescita non è altro che la «manifestazione, il chiarimento e lo sviluppo di quella forza dello Spirito che il carisma, «dono di Dio», aveva in sé fin dalle origini e di cui neppure il fondatore e i suoi compagni erano pienamente consapevoli»[65].

Come diremo più avanti lo sviluppo del *carisma del fondatore* deve essere paragonato a quello di un organismo vivente che continua a crescere senza perdere la propria identità, rimanendo sostanzialmente uguale a se stesso. «Accomodatio enim — afferma infatti la *Evangelica Testificatio* — cuiusvis animantis ad ea, in quorum ambitu degit, non est in eo posita, ut veram suam dimittat identitatem, sed in eo, ut se confirmet vitali vigore sibi peculiari»[66].

2.3 *Carisma di fondazione o fondazionale, carisma originario*

L'esperienza spirituale del fondatore, comunicata ai primi discepoli e da essi condivisa dà vita ad una *esperienza fondante*[67] o *originaria*.

---

63 J.C. FUTRELL, «Discovering the founder's charism», 63.
64 G. ROCCA, *Il carisma del fondatore*, 73.
65 R. MAINKA, «Carisma e storia», 12.
66 *Evangelica Testificatio* 51 [*AAS* 63 (1971) 523].
67 L'espressione *esperienza fondante* è utilizzata da molti autori (Lozano, Ghirlanda, Romano, Ciardi). Antonio Romano così la definisce: «L'esperienza fondante è in

Le espressioni *carisma di fondazione* o *fondazionale* e *carisma originario* dicono riferimento alla esperienza delle origini dell'Istituto, alla sua forma perculiare di vita, alla sua natura, alla sua indole così come è stata «pensata» dal fondatore. Anche qui ci sembra non si possa parlare di *carisma* in senso stretto.

Il carisma di fondazione, fondazionale o originario sarebbe dunque, nel suo complesso, l'insieme dei doni spirituali comuni al fondatore e al primo gruppo di discepoli che sono all'origine dell'esperienza della fondazione, esperienza che traccia i lineamenti essenziali che caratterizzano l'identità propria dell'Istituto, la sua missione nella Chiesa, la sua peculiare spiritualità rispetto a quelle di altre famiglie religiose.

Si tratta, come dice bene il Lozano, di quel *proprium* che caratterizza la vita e la missione della prima comunità. «Un proprium — precisa l'autore — que deberá mantenerse siempre en continuidad dinámica con los orígenes, a pesar de y a través de toda discontinuidad de las formas contingentes, condicionantes psicológicos, ambientales y teológicos por medio de los cuales ha de expresarse en la historia»[68].

In realtà, a parer nostro anche il contenuto semantico di queste espressioni deve essere ricondotto a quella di *carisma del fondatore*, se non si vogliono evitare i rischi derivanti da una perdita del necessario *criterio* di riferimento.

Di questo parere è Santiago González Silva che attribuisce alle due espressioni *carisma del fondatore* e *carisma di fondazione* il medesimo significato, mettendo in evidenza così la responsabilità che ai discepoli compete di portare avanti il patrimonio ereditato dal fondatore[69].

---

pratica l'esperienza spirituale originante fondamentale ricapitolativa che si crea nell'impatto tra la vita del fondatore, con il suo originale carisma fondante, e la vita del primo gruppo di discepoli con i loro carismi personali. Questa *esperienza delle origini* lascia una profonda traccia sia sul periodo nel quale nasce la comunità, sia su tutto il suo futuro sviluppo, contrassegnando con i suoi lineamenti spirituali essenziali l'avvenire della comunità» (A. ROMANO, *I fondatori profezia della storia*, 149).

[68] J.M. LOZANO, «Carisma», 152. Il Lozano si esprime anche, in questa pagina, per la possibilità di una certa «trasmissione» del carisma ai discepoli. «La trasmisión del carisma a los discípulos […] comporta, en efecto, una profunda interacción con el carisma *de* y *del* discípulo, un don ofrecido a algunas personas para relacionarse fecundamente con la misma experiencia del espíritu fundador». Questa prospettiva, però, ci appare, ancora una volta, puramente *analogica*, perché se il carisma è un dono di Dio è soltanto il suo Spirito a poterlo trasmettere; meglio sarebbe parlare di *grazia della vocazione* data ai discepoli per seguire l'ispirazione di vita evangelica contenuta nel carisma concesso al fondatore.

[69] Cf. S. GONZALES SILVA, «Carisma de los fundatores», 309.

3. Tra fedeltà e rinnovamento

Come abbiamo già sottolineato parlando dell'uso del termine *carisma* nell'esortazione post-sinodale *Vita consecrata*, il magistero della Chiesa ha rivolto in questo, come già in altri documenti ufficiali, un insistente richiamo ai diversi istituti, congregazioni e ordini, alla *fedeltà al carisma del fondatore*.

Il numero 36 dell'esortazione, in particolare, porta il titolo *Fidelitas erga charisma*. Vi leggiamo:

> Ante omnia postulatum invenitur *fidelitatis ipsi fundationis charismati* ac propterea spiritali cuiusque Instituti patrimonio. Hac enim in ipsa fidelitate erga fundatorum ac fundatricum afflatum, Spiritus nempe Sancti donum, facilius deteguntur fervidiusque vivuntur necessaria vitae consecratae elementa[70].

Le espressioni *fedeltà al carisma di fondazione* e *fedeltà all'ispirazione dei fondatori* risultano dunque equivalenti. Un po' più avanti il documento afferma:

> Haec enim semper triplex necessitudo[71], licet cum distinctis variarum vitae formarum proprietatibus, in omni fundationis charismate emergit, eam ipsam ob causam quod dominatur ibi «profundum animi studium sese Christo configurandi ad aliquem Eius mysterii aspectum testificandum»; quae quidem ratio necesse est concorporetur atque enucleetur secundum verissimam Instituti traditionem eiusque ad Regulas Constitutiones et Statuta[72].

Al carisma di fondazione, considerato come dono dello Spirito ai fondatori, devono essere pertanto conformate le *regole*, le *costituzioni*, gli *statuti* propri di ogni istituto o famiglia religiosa.

Questa fedeltà, come afferma il numero seguente della medesima esortazione, dal titolo *Efficiens fidelitatis*, deve essere però *creativa*. «Admonentur ideo Instituta — afferma infatti il documento — ut magna cum rerum suscipiendarum audacia alacritatem revocent inventionis sanctitatemque fundatorum ac fundatricum ita sane signis temporum respondentes in orbe hodie exorientibus»[73].

La perseveranza nella tensione verso la santità rappresenta dunque la migliore espressione di questa *audacia* che caratterizzò il fondatore o la

---

[70] *Vita consecrata* 36 [*AAS* 88 (1996) 410]. Il corsivo è nel documento ufficiale.

[71] Il riferimento è alla triplice relazione o orientamento che la vita religiosa ha con il Padre, il Figlio e lo Spirito Santo.

[72] *Vita consecrata* 36 [*AAS* 88 (1996) 410].

[73] *Vita consecrata* 37 [*AAS* 88 (1996) 411].

fondatrice; inoltre questa fedeltà dinamica è chiamata ad essere docile sia alla ispirazione divina, data ai fondatori, che al giudizio della Chiesa[74].

La mancanza di un contatto vivo con l'esperienza del fondatore, poi, può trasformare il carisma di fondazione in un mucchio di ceneri spente[75]. Per scongiurare questo pericolo il Concilio aveva affermato: «Accomodata renovatio vitae religiosae simul complectitur et continuum reditum ad omnis vitae christianae fontes primigeniamque institutorum inspirationem et aptationem ipsorum ad mutatas temporum condiciones»[76].

Rimarrebbe da chiedersi se e come questo *continuo ritorno alle fonti*, a cui hanno esortato i padri conciliari, sia stato concretizzato, in questo trentennio, dalle diverse famiglie religiose.

Una verifica accurata sarebbe lunga e complessa ed esula evidentemente dai limiti del nostro studio, ma qualche esemplificazione è possibile.

Innanzi tutto ci sembra che in alcuni casi rimanga ancora da compiere una seria indagine storico-critica che permetta di conoscere gli scritti del fondatore, la storia della fondazione, la autentica tradizione spirituale dell'Istituto; forse non tutte le congregazioni hanno ancora investito in questo prezioso lavoro le sufficienti risorse. Questo potrebbe avere in parte compromesso, in alcuni casi, persino la piena corrispondenza delle *costituzioni rinnovate* al carisma originario del fondatore.

In altri casi, invece, questo percorso è stato fatto, con all'ausilio della critica storica o delle scienze umane, talvolta forse più allo scopo di «demitizzare» la storia delle origine e di liberarla dalle esagerazioni di una certa agiografia devozionalista che di ritrovare il cuore e il *proprium* dell'esperienza fondante e di dare così impulso alla vita spirituale dell'Istituto.

Purtroppo poche volte è avvenuto, ci sembra, che la storia del fondatore, anche se canonizzato dalla Chiesa, sia stata letta come «esistenza teologica», missione ricevuta, esperienza comunicata nello Spirito e dallo Spirito come vera e propria *esegesi* del mistero di Cristo. Ha scrit-

---

[74] Cf. *Vita consecrata* 37 [*AAS* 88 (1996) 411].
[75] Cf. C.M. WHYTLEY, «Revitalizing religious life», 74.
[76] *Perfectae Caritatis* 2 [EV I, 706]. Diversi altri documenti ecclesiali si sono espressi su questa necessità di un continuo ritorno alle fonti. Si osservino, ad esempio, *Ecclesiae Sanctae* 16, *Renovationis Causam* 15, *Ecclesiae Sanctae* 16.

to Padre Antonio Sicari:

> L'esistenza di un santo è infatti di per sé una «esistenza teologica», quanto più essa tende a identificarsi con la missione ricevuta dall'alto.
> Esistenza teologica vuol dire che nel santo si attua la riconciliazione oggettiva tra santità e teologia, tra teologia spirituale e dogmatica, in quanto la santità, come accoglimento vissuto, «mariano» del mistero divino, è esegesi della Rivelazione, quindi del mistero di Cristo. Perciò essa diventa il luogo reale in cui può alimentarsi e formularsi in autenticità anche quel tipo di teologia «riflessa» che è la scienza dei teologi[77].

Se da un lato, dunque, certi eccessi della agiografia devozionale hanno contribuito a creare una frattura tra *teologia* e *santità*, dall'altra una certa agiografia moderna ha reso questa frattura più profonda, rileggendo a volte l'esperienza fondante a partire soltanto da categorie psicologiche o sociologiche.

«La cosa più importante nel grande santo — scriveva alcuni anni fa Hans Urs von Balthasar — è la sua missione, il nuovo carisma donato dallo Spirito alla Chiesa»[78]. E questo *dono* da conoscere o, meglio, da riconoscere esige un particolare approccio, un *metodo* che tenga conto della natura dell'oggetto: tale metodo non può essere desunto da altre scienze, le cui conclusioni rimangono comunque una preziosa risorsa, ma deve essere il metodo proprio della teologia spirituale.

Da questo nostro particolare punto di vista ci sembra che il cammino da compiere, rispetto al *mandato* affidato dal Concilio alle diverse famiglie religiose, sia ancora lungo.

«Sembra che il rinnovamento iniziato con il Concilio Vaticano II — affermava più in generale nel 1994 il congresso dell'Unione dei Superiori Maggiori — continui ad essere un'alba eccessivamente lunga; non riesce mai a spuntare il giorno. Si intuiscono molte cose, ma le tenebre impediscono ancora di vedere il loro profilo»[79].

Può essere interessante notare, poi, che la vita religiosa in tutti questi secoli, ha sempre conosciuto delle *riforme*[80] e queste riforme sono state quasi sempre caratterizzate da un *ritorno al passato*, da un tentativo di rivitalizzare il carisma delle origini, di assumere come *norma* la regola

---

[77] A. SICARI, *La vita spirituale del cristiano*, 64.
[78] H.U. VON BALTHASAR, *Sorelle nello Spirito*, 28.
[79] J.M. ARNÁIZ – J. CRISTOREY GARCÍA PAREDES – C. MACCISE, «Come comprendere e presentare la Vita Consacrata», 204.
[80] Si vedano nel *Dizionario degli Istituti di Perfezione* le voci: «Riforme»; «Osservanza»; «Recollezione»; «Scalzatura».

originaria, *l'esperienza spirituale del fondatore*, e di rivivere, con la medesima radicalità, i tratti principali della *esperienza fondante*. L'importanza di questa *fedeltà al carisma del fondatore* è stata dunque avvertita nella Chiesa molto prima che il Concilio Vaticano II la indicasse come autentico criterio di rinnovamento.

La relazione che dovrebbe legare ogni istituto o congregazione al suo particolare *dono*, cioè al carisma del fondatore, ci sembra possa essere osservata, in modo dinamico, in quattro successivi momenti:
– un dono da *conoscere*;
– un dono da *discernere*;
– un dono da *custodire*;
– un dono da *sviluppare*.

3.1 *Un dono da conoscere*

La prima, fondamentale relazione, che caratterizza un'autentica accoglienza del dono *proprio* di ogni istituto, passa inevitabilmente da una adeguata, significativa conoscenza del fondatore, dei suoi scritti, delle principali *fonti* e della storia dell'esperienza fondante.

La responsabilità di garantire questo particolare aspetto della *formazione iniziale e permanente* dei membri di un istituto è affidata in modo speciale ai superiori e ai capitoli generali[81]; ciascuno, comunque, rimane corresponsabile in questo compito di mantenere vitale e significativa la conoscenza del proprio patrimonio spirituale.

«Per qualsiasi membro di comunità, allora — sottolinea opportunamente Antonio Romano —, l'ignoranza dei propri fondatori e dell'esperienza fondante delle origini è innanzi tutto ignoranza e mancanza di fedeltà a se stessi, alla propria vocazione e identità spirituale e mette in crisi ogni possibile autentico rinnovamento comunitario»[82]. Continua l'autore:

> Stimolo creativo in questo processo è l'ascolto amorevole del fondatore, la meditazione dei suoi scritti, che sono impatto carismatico all'interno di una comunità che si istituzionalizza, la cura dell'interiorità, lo studio, la preghiera, la riflessione, la comunione di vita. Se questo manca significa che le fibre carismatiche ed istituzionali del gruppo non hanno assorbito la potenzialità del carisma del fondatore e la vita comunitaria si avvia ad una sterile sopravvivenza con un cammino inesorabile verso la sua estinzione

---

[81] Cf. *CIC* 578. 631. 677.
[82] A. ROMANO, «Carisma dei fondatori», 97-98.

[...]. L'ancorarsi alle origini, come per la chiesa, non è nostalgico ritorno ad un passato ormai archiviato, ma è contatto ininterrotto con la sorgente che rende giovani[83].

3.2 *Un dono da discernere*

La rilettura delle fonti è condizione necessaria, ma non sufficiente, per essere fedeli al mandato del Concilio.

L'approccio storico va infatti accompagnato, come dicevamo, da un approccio *fenomenologico*, spirituale-esperienziale, teologico e, in definitiva, ermeneutico, che consenta soprattutto di ripensare la vita e le stesse costituzioni rinnovate dell'Istituto alla luce del carisma *del fondatore*; in particolare si tratta di riconoscere e distinguere le caratteristiche dell'esperienza fondante, che rappresentano il *proprium* dell'Istituto e che sono destinate a permanere, pur incarnandosi nelle mutate condizioni dei tempi, da quegli altri elementi transitori e legati alle particolari circostanze storiche e culturali dell'esperienza fondante.

Scrive a questo proposito Padre Fabio Ciardi:

> Occorre studiare se quella determinata devozione, ad esempio, era legata alla pietà personale del fondatore, se era ereditata dall'usanza comune del tempo, o se invece egli ha voluto inculcarla come elemento caratteristico per la sua famiglia religiosa in quanto frutto di una particolare esperienza legata al progetto della fondazione. Se tali componenti non fanno parte del patrimonio che il fondatore ha inteso consegnare, andranno eliminate dal nucleo carismatico permanente e trasmettibile[84].

Questo particolare *discernimento nello Spirito* trova dunque il suo luogo caratteristico ed un impulso vitale in quella *conformazione a Cristo*, che rappresenta la via più sicura per coniugare insieme *fedeltà* e *rinnovamento*.

«Utcumque tamen persuasio vigere debet — afferma ancora l'esortazione post-sinodale *Vita consecrata* — in qaerenda pleniore usque cum Domino confirmatione consistere ipsam sponsionem cuiusvis "renovationis" quae consilio pristino fidelis persistere vult»[85].

Sottolinea Giancarlo Ghirlanda:

> Lo Spirito non si contraddice; quindi ogni evoluzione storica di un istituto nelle sue forme istituzionali, perché sia autentica deve essere in continuità e

---

[83] A. ROMANO, «Carisma dei fondatori», 112.
[84] F. CIARDI, *In ascolto dello Spirito*, 99-100.
[85] *Vita consecrata* 37 [*AAS* 88 (1996) 411].

coerenza con il carisma di fondazione originario, altrimenti è da rigettarsi. È lo Spirito che suggerisce gli adattamenti necessari perché il carisma si mantenga vivo[86].

Questo particolare *discernimento*, dunque, non differisce, per quanto riguarda le sue caratteristiche generali, da ogni altro *discernimento spirituale*. Il suo particolare oggetto, comunque, ci permetterà di individuare, nell'ultima parte di questo capitolo, alcuni possibili approcci ermeneutici che ne rendano più fondata la sua definizione.

3.3 *Un dono da custodire*

L'esortazione a rimanere fedeli al dono ricevuto, come abbiamo già rilevato varie volte e, in particolare, a proposito della esortazione *Vita Consecrata*, è costantemente presente nel magistero della Chiesa. Ha detto Giovanni Paolo II:

> La chiave della realizzazione di ogni istituto è stata la sua fedeltà al carisma iniziale che Dio trovò nel fondatore e nella fondatrice per arricchire la Chiesa. Per questa ragione ripeto le parole di Paolo VI «Siate fedeli allo spirito dei vostri fondatori, alle loro intenzioni evangeliche, all'esempio della loro santità [...]. È precisamente qui che si trova il dinamismo proprio ad ogni famiglia religiosa»[87]. E questa fedeltà rimane un criterio certo per giudicare quali attività ecclesiali l'istituto e ciascun membro dovrebbero intraprendere per contribuire alla missione di Cristo[88].

Il documento *Mutuae Relationes*, citando il n. 11 della *Evangelica Testificatio* e lo stesso Concilio Vaticano II affermava nel 1978:

> Propterea *Ecclesia propriam indolem variorum Institutorum religiosorum tuetur et fovet.* Haec autem *propria indoles* illum secum fert peculiarem quoque stilum sanctificationis et apostolatus, qui suam definitam traditionem ita constituit, ut eius obiectiva elementa convenienter deprehendi possint. Necesse ergo est hoc tempore evolutionis culturalis et renovationis ecclesialis identitatem cuiscque Instituti adeo in tuto servari, ut vitari periculum possit non satis definitae cuiusdam condicionis, qua Religiosi in vitam Ecclesiae modo vago et ambiguo inserantur, cum in debita consideratione non habeantur definiti operandi modi eorum indolis proprii[89].

---

[86] G. GHIRLANDA, «Ecclesialità della vita consacrata», 44.
[87] Cf. *Evangelica Testificatio* 11-12.
[88] Il brano è tratto da un discorso del Santo Padre pronunziato il 4 ottobre 1979, in *Insegnamenti di Giovanni Paolo II*, II/2 (1979) 621-622.
[89] *Mutuae Relationes* 11, [*AAS* 70 (1978) 480].

«Fundatorum mens atque proposita — afferma ancora il *Codice di Diritto Canonico* del 1983 — a competenti auctoritate ecclesiastica sancita circa naturam, finem, spiritum et indolem instituti, necnon eius sanae traditiones, quae omnia patrimonium eiusdem instituti constituunt, ab omnibus fideliter servanda sunt»[90].

Il mandato affidato alle famiglie religiose dal Vaticano II, comunque, non implica un «archeologismo», una *restaurazione* statica. Affermava alcuni anni or sono Giovanni Paolo II:

> Il ritorno alle origini nella vita cristiana e religiosa non ha nulla di una retriva quanto impossibile reviviscenza di un passato ormai finito, ma al contrario è la capacità di riscoprire nel passato quelle sorgenti vive e zampillanti, quelle radici vigorose e nutrienti, che sono la ragione ultima delle nostre scelte di fondo, della nostra vita, della nostra storia presente e futura[91].

3.4 *Un dono da sviluppare*

Il numero 11 della nota direttiva *Mutuae Relationes* aveva definito così il *carisma del fondatore*: «Ipsum *Fundatorum charisma* videtur esse quaedam *Spiritus experientia*, propriis discipulis tradita, qui secundum eam viverent, eam custodirent altioremque redderent et constanter augerent simul cun Christi Corpore iugiter crescente»[92].

In questa prospettiva il *carisma del fondatore* si presenta come una realtà viva che prolunga i suoi effetti nella storia, attualizzando in modo creativo, nella fedeltà al dono ricevuto, l'esperienza fondante. Progresso e ritorno alle origini, rinnovamento e fedeltà sono realtà che vanno coniugate insieme. «È una fedeltà dinamica — sottolineava la *Optiones Evangelicae* nel 1980 — aperta all'impulso dello Spirito, che passa attraverso gli eventi ecclesiali e i segni dei tempi, di cui si fa portatrice la perseverante esortazione del magistero»[93].

È nel tentare di coniugare i due «poli» della fedeltà e del rinnovamento che i vari autori sembrano talvolta divergere, almeno in certi accenti o sottolineature. Afferma ad esempio Don Mario Midali, ponendo l'accento sulla necessità del progresso e del rinnovamento:

---

[90] *CIC* 578. Cf. anche il canone 677.
[91] Si tratta di un brano del discorso tenuto dal Santo Padre alle religiose di Maria Bambina il 30.10.1982, in *Insegnamenti di Giovanni Paolo II*, V/3 (1982) 881.
[92] *Mutuae Relationes* 11 [*AAS* 70 (1978) 480].
[93] *Optiones Evangelicae* 29.

Coerentemente a questo ordine di idee, si deve riconoscere che il carisma del Fondatore e delle origini non è una esperienza *fissa* ed *esclusiva* che, in un certo senso, racchiude in se stessa tutto ciò che è richiesto per alimentare la crescita di un Istituto. È invece una *realtà in movimento, aperta a sviluppi* anche considerevoli, con l'unica condizione che siano omogenei con le ispirazioni fondanti, perché in ciò è implicata la fedeltà sostanziale al progetto carismatico del Fondatore.

Si possono indicare i motivi di tale progresso. Esso avviene innanzitutto con l'apporto dei doni di natura e di grazia dei singoli membri [...]. Avviene ancora con la crescita ed espansione, non puramente numerica e geografica, ma specialmente spirituale e missionaria [...]. È richiesto infine dall'urgenza di adeguare il progetto del fondatore alle diverse culture e regioni[94].

In realtà a noi sembra che parlare di *sviluppi anche considerevoli* o fare riferimento ai *doni di natura e di grazia dei singoli membri* possa far dimenticare che lo *sviluppo* del carisma di fondazione deve avvenire *ad intra* del suo processo vitale, il cui primo atto è quel suo originario manifestarsi. In modo analogo a ciò che accade ad un qualsiasi organismo vitale, il *carisma del fondatore* o *dell'Istituto* non cresce per giustapposizioni di *altri doni personali* dei suoi membri o con *salti di qualità*, ma si sviluppa conservando intatto il suo patrimonio genetico, la sua «identità biologica».

In questa prospettiva ci sembra si muova la riflessione di Padre Antonio Romano quando afferma:

ogni comunità nel compiere lo sforzo di un autentico rinnovamento deve sempre partire dalla propria identità originaria, deve saper guardare al proprio passato, leggerlo profondamente e comprenderlo sempre meglio. Solo così i consacrati potranno creare il loro futuro e saranno in grado di rispondere profeticamente ai nuovi «segni dei tempi». Non vi potranno essere frutti nella Chiesa locale ove si è chiamati a vivere e ad inculturare la propria vocazione, se non si rimane ancorati, in fedeltà dinamica, alla spiritualità e al carisma del proprio fondatore, poiché il rinnovamento degli istituti non può avvenire sulla base di ragioni sociologiche, ma solo in una riscoperta della specificità del carisma di fondazione[95].

---

[94] M. MIDALI, «Attuali correnti teologiche», 81-82. Ricordiamo che, coerentemente con questa impostazione, Midali distingue il carisma di fondazione dal carisma dell'Istituto.

[95] A. ROMANO, «Carisma dei fondatori», 101. Sul tema della *inculturazione* i riferimenti potrebbero essere molteplici. Si vedano, a titolo di esempio, A. ROMANO, «Carismi dei fondatori», 100-113; F. CIARDI, *In ascolto dello Spirito*, 17.

In questa particolare prospettiva potremmo dire, parafrasando il titolo di una lettera pastorale di alcuni anni or sono, che il carisma di fondazione deve continuamente *divenire ciò che è già*[96].

Tale sviluppo, dunque, come affermava la fondatrice delle Piccole Sorelle che si ispirano alla spiritualità di Charles de Foucauld, non è altro che «la manifestazione, il chiarimento e lo sviluppo di quella forza dello Spirito che il carisma, "dono di Dio", aveva in sé fin dalle origini e di cui neppure il fondatore e i suoi compagni erano pienamente consapevoli»[97].

Il nostro sguardo, dunque, sarà costantemente rivolto al passato, nella consapevolezza che assumere il proprio passato è, nel medesimo tempo, accettare in modo creativo il proprio presente ed il proprio futuro[98].

4. L'ermeneutica del carisma di fondazione

Il carisma di fondazione si presenta dunque come una realtà viva, un organismo che cresce pur rimanendo fedele a se stesso. «Abbiamo a che fare — nota Fabio Ciardi — con una realtà di ordine spirituale, che possiede un autentico *continuum* storico, non è statica»[99].

Essendo una realtà *di ordine spirituale* il carisma del fondatore, come dicevamo, può essere correttamente interpretato soltanto all'interno di un processo che ha le medesime caratteristiche di ogni altro *discernimento spirituale*. La sua ermeneutica, inoltre, si presenta come un'operazione delicata e mai definitivamente conclusa. afferma Antonio Romano:

> L'interpretazione del carisma [...] possiede le caratteristiche della vita e gli stessi figli del fondatore sono sottomessi al fluire del tempo ed hanno bisogno di una continua riflessione ed interpretazione, senza perdere nel tempo con ciò le caratteristiche essenziali che sono iscritte nel codice permanente del carisma medesimo[100].

Di fronte ad un'operazione così complessa e persino «dolorosa»[101],

---

[96] Qualche anno fa l'arcivescovo di Bari Monsignor Mariano Magrassi ha intitolato così una sua lettera pastorale: *Diventa quello che sei*. Questa espressione ci sembra particolarmente efficace per rendere conto del particolare *sviluppo* che deve accompagnare il carisma di fondazione.
[97] PICCOLA SORELLA MAGDELAINE, *Il Padrone dell'impossibile*, 198.
[98] Cf. J.C. FUTRELL, «Discovering the founder's charism», 62-70.
[99] F. CIARDI, *In ascolto dello Spirito*, 82.
[100] A. ROMANO, *I fondatori profezia della storia*, 83-84.
[101] Cf. R. MAINKA, «Carisma e storia», 95.

in quanto può richiedere orientamenti e riforme non sempre facili da attuare, si rende necessaria da un lato una particolare docilità allo stesso Spirito di Dio, autore e dispensatore di ogni *dono*, e dall'altro il ricorso ad una *scienza* e ad un *metodo* per quanto possibile oggettivi.

Alcuni autori concordano nell'individuare tre differenti modalità di approccio al carisma di fondazione[102]:

- l'*approccio storico* che prende le mosse dalla vita e dall'attività del fondatore, prendendo in considerazione in modo quasi esclusivo l'esperienza fondante; questo approccio racchiude il pericolo di una sorta di *fondamentalismo* che *mummifica* il carisma, riducendolo a forme accidentali e caduche, che non rispondono più alle mutate esigenze dei tempi e ai bisogni della comunità ecclesiale[103];

- l'*approccio esperienziale*, che parte dalla vita dell'Istituto *oggi*, dalle sue istanze e attese e dalla consapevolezza di dover rispondere alle mutate esigenze sociali e culturali. Il rischio che è contenuto in questo approccio è lo smarrimento dell'identità originaria dell'Istituto, sino ad una vera e propria *sostituzione del fondatore*[104]. Dell'esperienza fondante si finisce con il sottolineare soltanto gli elementi che «confermano» le scelte fatte dall'Istituto. Il fondatore, pertanto, rischia di essere ridotto, come afferma Rudolf Mainka, «a un ruolo di strumento di cui ci serviamo ogni volta che possiamo giustificare attraverso di lui la nostra opinione e la nostra attività, ma che lasciamo da parte in altri momenti»[105].

- l'*approccio ermeneutico*[106], che utilizza le istanze e le conclusioni dell'ermeneutica contemporanea, valorizzando sia il contatto con le fonti e con l'esperienza fondante, sia gli attuali presupposti teologici e culturali e il «vissuto» attuale dell'Istituto.

Quest'ultimo approccio, pur non essendo esente da rischi, è ritenuto da molti autori l'unico capace di salvaguardare in modo adeguato ambedue le istanze che emergono dalla riflessione fatta: fedeltà alle origini e rinnovamento[107].

---

[102] Ci sembrano concordare sostanzialmente su questa sistemazione Ciardi, Midali, Romano, George, Futrell, Lozano e alcuni altri.

[103] Cf. A. ROMANO, *I fondatori profezia della storia*, 178-179.

[104] Cf. A. ROMANO, *I fondatori profezia della storia*, 179-182.

[105] R. MAINKA, «Carisma e storia», 93.

[106] Antonio Romano preferisce definire questo particolare approccio come *ermeneutico-spirituale* (cf. A. ROMANO, *I fondatori profezia della storia*, 182).

[107] Tra questi autori riteniamo di potere citare, anche se con sottolineature differenti, Antonio Romano, F. George, José María Lozano, Mario Midali, e Fabio Ciardi.

Anche in questa prospettiva, comunque, occorre non dimenticare il particolare *oggetto* del processo interpretativo. Scrive ancora Padre Antonio Romano:

> Il carisma dei fondatori è una esperienza dello Spirito che può essere letta solo con un profondo atto esperienziale-storico-teologico-spirituale, cioè un metodo che tenga adeguatamente conto dei presupposti storici, culturali, religiosi, sociali, teologici del passato, ma anche un atto profondamente religioso, un atto che si legge con la vita, la riflessione, la preghiera, un atto di continua conversione alla propria vocazione[108].

4.1 *Ermeneutica contemporanea e discernimento spirituale*

Alcune delle istanze fondamentali dell'ermeneutica contemporanea possono senz'altro aiutarci a comprendere quanto fecondo possa essere il rapporto tra passato e presente nell'interpretazione del carisma di fondazione[109].

L'ermeneutica come scienza è applicata abitualmente all'interpretazione di un'opera letteraria o di un evento storico; ma i suoi canoni fondamentali si possono prestare, in modo efficace, ad interpretare anche una realtà viva e dinamica come il carisma di fondazione.

Fabio Ciardi prende in esame, nel suo *In ascolto dello Spirito. Ermeneutica del carisma di fondazione*, alcune di queste istanze[110]:

- l'*autonomia dell'oggetto* che va salvaguardato nella sua integrità ed alterità. Questo esige un costante sforzo di ridurre al minimo l'influenza della propria soggettività nei procedimenti interpretativi e un grande rigore metodologico;

- la *circolarità* tra parte e tutto all'interno della realtà da interpretare e tra *oggetto* e *soggetto interpretante*. «Vi è un dialogo continuo — afferma Ciardi — [...] tra la realtà del passato, il mio presente e la tradizione attraverso la quale il passato giunge sino a me»[111];

- l'*attualità dell'intendere*, cioè la consapevolezza che il proprio indagare il passato è condizionato dalla propria esperienza presente. «Questo fa sì che il processo ermeneutico sia attivo: una esperienza, un

---

[108] A. ROMANO, «Carisma dei fondatori e processo di istituzionalizzazione», 111.

[109] Per un sintetico sguardo di insieme sull'ermeneutica contemporanea si vedano J. BLEICHER, *L'ermeneutica contemporanea*; E. BETTI, *L'ermeneutica come metodica generale delle scienze dello spirito*; L. ALONSO SCHÖKEL – J.M. BRAVO ARAGON, *Appunti di ermeneutica*.

[110] Cf. F. CIARDI, *In ascolto dello Spirito*, 87-92.

[111] F. CIARDI, *In ascolto dello Spirito*, 90-91.

incontro»112;

- la *consonanza ermeneutica*, cioè la necessità di una particolare *affinità* tra oggetto e soggetto interpretante. «Non si può scoprire o interpretare il "carisma del fondatore" — nota Antonio Romano — se non si coglie in profondità l'*apex* della sua anima, la sua intenzione radicale, il suo innamoramento personale di Dio»113. «L'oggetto dell'interpretazione — precisa Fabio Ciardi — pur conservando la propria autonomia, risulta in certo senso immanente al soggetto interpretante»114. L'opera dei fondatori e delle fondatrici, in questa prospettiva, è una realtà che li trascende, che va al di là della loro stessa coscienza riflessa.

Un'altra delle importanti «conquiste» dell'ermeneutica contemporanea è il superamento dello studio storico-critico delle *fonti* come momento «autonomo».

> Non basta pubblicare le edizioni critiche delle fonti — afferma ancora Fabio Ciardi — per quanto esse siano indispensabili. Ogni ricerca archivistico-documentaria e di impostazione storica deve approdare al discorso ermeneutico, ovvero deve potere e sapere interpretare la vita di oggi e risolversi in proposta per il cammino che ogni famiglia religiosa è chiamata a percorrere nel desiderio [...] di offrire risposte sempre nuove alle sempre nuove istanze della Chiesa e del mondo. Occorre guardare al passato non per fare opera di restaurazione, ma per radicarsi di più nel presente, per meglio leggere i segni dei tempi e rispondervi adeguatamente115.

Tutto questo, aggiungiamo noi, deve accadere non soltanto per ansia di rinnovamento ma in docilità allo Spirito che *scruta anche le profondità di Dio*116 e che *fa nuove tutte le cose*117. È questo il cammino talvolta realizzato da altri *santi religiosi* sulla scia dei loro fondatori in una perfetta sintesi tra *fedeltà* e *rinnovamento*. Sono proprio questi altri *santi*, a parer nostro, i migliori «interpreti» del carisma del fondatore.

4.2 *Il cammino ermeneutico*

Le istanze dell'ermeneutica contemporanea ci vengono dunque incontro in questa difficile operazione di *chirurgia spirituale*118 che ci

---

112 F. CIARDI, *In ascolto dello Spirito*, 91.
113 A. ROMANO, *I fondatori profezia della storia*, 176.
114 F. CIARDI, *In ascolto dello Spirito*, 111.
115 F. CIARDI, *In ascolto dello Spirito*, 80-81.
116 Cf. *1 Cor* 2,10.
117 Cf. *Ap* 21, 5.
118 Cf. J. BEYER, «Il rinnovamento attuale», 23.

può consentire di rivisitare anche uno solo degli aspetti di un *carisma del fondatore*.

Rimane da tracciare un percorso metodologicamente coerente che ci consenta di accostare, in modo per quanto possibile oggettivo, l'*esperienza spirituale del fondatore* per determinarne il *proprium*, l'originale ispirazione, l'intenzione radicale che dona la sua fisionomia e l'identità alla nuova fondazione. L'esperienza spirituale del fondatore, infatti, rappresenta il *luogo teologico* dove è possibile interpretare il *carisma*, conoscere in profondità il dono da lui ricevuto.

Possiamo distinguere due momenti fondamentali in questo cammino:

- l'indagine sulle *fonti*, quelle in senso stretto, innanzi tutto, in particolare gli scritti del fondatore, i quali richiedono quasi sempre un previo studio critico; ma possiamo considerare come fonti per la interpretazione del carisma, in senso lato, anche il vissuto del fondatore, l'analisi della sua *esperienza spirituale* e di quella dei suoi primi discepoli fedeli alla sua ispirazione, gli scritti di questi ultimi, la storia dell'Istituto e ogni altro elemento che ci consenta di accostarci alla esperienza della fondazione;

- l'*interpretazione del carisma*, che consiste nel lavoro ermeneutico vero e proprio e che deve portarci a cogliere il dono che lo Spirito, attraverso il fondatore, ha voluto comunicare in modo permanente alla congregazione da lui fondata per il bene della Chiesa.

4.2.1 Lo studio delle fonti per la identificazione del carisma

L'ermeneutica del carisma esige, come dicevamo, uno studio razionale ed analitico per quanto possibile oggettivo di alcuni fondamentali «risorse». Esse sono:

a) *Gli scritti del fondatore*

Il primo momento, che precede l'ermeneutica del carisma di fondazione, è costituito dalla sistemazione e dallo studio critico degli scritti del fondatore, in particolare di quegli scritti cui il medesimo fondatore ha affidato il compito di esplicitare la propria ispirazione o il carisma dell'Istituto; in primo luogo, dunque, le *regole* o *costituzioni*, che esprimono la fisionomia dell'Istituto, le sue finalità, le modalità per realizzarle, poi anche gli *scritti spirituali* o sulla vita religiosa.

Questo lavoro, spesso difficile e arido, ci consente di raggiungere i testi originali e di osservarli in modo oggettivo e critico.

Ci sembra importante osservare, comunque, che il problema della *originalità* di alcuni scritti del fondatore in alcuni casi può essere considerato secondario al fine di conoscere il carisma di fondazione. Indipendentemente dal fatto che questi testi siano talvolta frutto di compilazione, più che di espressione originale del fondatore, o contengano i contributi di qualcuno dei *primi discepoli*, essi custodiscono comunque le sue *scelte*, spesso anche la sua visione teologica o le sue particolari propensioni e sono ugualmente preziosi ai fini dell'ermeneutica del carisma. Questi testi, inoltre, contribuiscono in ogni caso alla non sempre facile opera di «ricostruzione» del particolare «clima spirituale», che ha contribuito a far maturare l'esperienza fondante.

In questa opera di attenta rilettura può essere senz'altro utile il contributo della psicologia e, in particolare, della *analisi del contenuto*. Alcuni scritti, infatti, possono *rivelare* più di quanto non dicano in modo espresso, perché lasciano intravedere il mondo interiore dell'autore; questo studio potrebbe essere particolarmente interessante nelle *biografie* eventualmente scritte dal fondatore, biografie che manifestano, indirettamente, il suo personale *vissuto* e le sue personali *propensioni*.

Una parola a parte, come vedremo tra poco, meritano per la loro importanza gli *scritti autobiografici*.

b) *La vita e l'esperienza spirituale del fondatore*

La vita del fondatore è certamente una delle principali *fonti* per lo studio del carisma di fondazione. Oltre a farci conoscere il cammino formativo che ha contribuito a configurare il suo personale universo di valori e l'evoluzione dei suoi processi cognitivi, affettivi, emozionali, la conoscenza della storia personale e dell'opera del fondatore è uno strumento indispensabile per una corretta ermeneutica dei suoi scritti. Afferma Fabio Ciardi:

> L'indagine storico-critica è chiamata ad abbracciare, come proprio oggetto di investigazione, l'intera vita e opera del fondatore. Non basta la semplice lettura dei suoi testi per entrare in contatto vivo con lui. La sua persona e il suo messaggio emergono solo dalla considerazione globale, organica e unitaria delle sue realizzazioni e scelte operative, lungo tutto l'arco della sua vita. Il vissuto esperienziale è il primo *locus theologicus* dove va attinto il carisma. Il carisma è infatti una esperienza dello Spirito; un'esperienza, dunque, prima ancora di una elaborazione dottrinale. Anche nel caso, tutt'altro che infrequente, che fondatori e fondatrici non abbiano lasciato scritti, possiamo ugualmente accedere all'esperienza fondante. Il loro magistero è tutto nel vissuto[119].

---

[119] F. CIARDI, *In ascolto dello Spirito*, 97.

Una particolare attenzione va dedicata alla conoscenza dell'ambiente culturale e spirituale delle origini, delle correnti di spiritualità che hanno influenzato la esperienza formativa e la vita spirituale del fondatore e della nascente congregazione. Gli studi del fondatore, le sue letture, le caratteristiche del suo linguaggio, i suoi formatori e direttori spirituali, le sue amicizie e, prima ancora, il suo ambiente familiare e le sue esperienze personali acquistano una notevole importanza in questo lavoro di analisi.

Analogamente può essere importante chiedersi in quali casi le sue scelte o i suoi «percorsi spirituali» si distacchino dall'ambiente in cui è vissuto o dalla formazione ricevuta.

Questi elementi culturali e ambientali possono aiutarci ad accostare l'*esperienza spirituale* del fondatore[120].

---

[120] Le conclusioni del dibattito filosofico e teologico di questi anni, in relazione ai concetti di «esperienza», di «esperienza cristiana», di «esperienza spirituale», non sono sempre concordi; il termine *esperienza*, in particolare, suscita alcune diffidenze. Riportiamo qui in nota una recente «descrizione» del termine esperienza che ci sembra di potere assumere come riferimento semantico. Scrive Don Mario Midali: «Si può ritenere che l'esperienza sorge dalla coscienza di desideri e tendenze in una situazione di fatto e indica un processo, assai complesso, con cui una persona si situa di fronte al mondo e agli altri, e con cui questi si configurano nel suo universo personale. Implica inseparabilmente dei dinamismi emotivi, conoscitivi, motivazionali, operativi, sociali e non va ridotta a nessuno di essi, perché ne sono componenti costitutive. In altre parole, esperienza non significa solo «soggettivo», perché dice riferimento all'altro, persona o cosa. Non significa solo «sentimento», perché implica anche conoscenza e volere. Non significa solo «sperimentazione diretta», perché comporta sempre delle mediazioni. Non significa «irrazionalità», perché coinvolge la ragione e il mondo dei valori [...]. Così intesa, l'esperienza riveste il carattere di *Orizzonte*, di prospettiva globale in cui una persona si rapporta con tutto ciò che è altro da sé, oppure di *sorgente* energetica e luminosa, che per vie non sempre conosciute, guida la persona, indicandole una strada da percorrere e nascondendogliene altre. In ambito cristiano si può dire che *l'esperienza dello Spirito* comprende un immaginario religioso, un insieme di motivazioni, di atteggiamenti e comportamenti e di connessi sistemi linguistici con cui il cristiano o la cristiana vive e costruisce il suo rapporto con lo Spirito di Cristo e del Padre, creduto e accolto come presente e operante nella propria vita e azione, e cerca di dar voce e linguaggio a tale vissuto» (M. MIDALI, «Carisma del fondatore», 38). Per un approfondimento sul tema è possibile accostare un'ampia bibliografia; si vedano in particolare il noto testo di Giovanni Moioli dal titolo *L'esperienza spirituale*, l'articolo di A. Léonard nel *DSp* alla voce «Expérience», la voce «Esperienza religiosa» nella *Enciclopedia cattolica*, quella di «Esperienza religiosa» curata da J.B. Lotz nella *Enciclopedia filosofica* del Centro di Studi Filosofici di Gallarate, e ancora A. SCOLA., «Esperienza cristiana e teologia»; C.A. BERNARD,

Questa *vita intima*, che sfugge talvolta per la sua stessa natura ad ogni rigorosa ed esaustiva indagine, può essere particolarmente rivelata, poi, dagli eventuali *scritti autobiografici*, specialmente dove questi non riferiscano soltanto la cronaca di avvenimenti ma gli sviluppi della vita interiore, le *mozioni spirituali*, il cammino dell'anima, o anche dagli *epistolari* che più facilmente rivelano l'immediatezza dei sentimenti.

Non sempre, però, il fondatore ha lasciato degli scritti con queste caratteristiche, talora per una certa reticenza dimostrata nel «raccontarsi», frutto di sincera umiltà. «Sono tutti questi, ed altri ostacoli — afferma a questo proposito Padre Gonzalez Silva — a creare il problema dell'indeterminatezza, dei vuoti di testo, che il lettore deve riempire e che riempirà in modo diverso in tempi e società diversi. Nell'affrontarli, occorrerà saper coniugare la scienza con l'intuizione»[121]. Si tratterà, a volte, di applicare un principio analogo a quello che nell'esegesi della Sacra Scrittura si chiama *analogia della fede*: ogni piccolo *frammento* acquista il suo vero significato se inserito nel *tutto* dell'esperienza umana e spirituale del fondatore e riceve la sua autenticazione dall'essere in sintonia con quella.

È comunque opportuno sottolineare che l'*esperienza spirituale* del fondatore rimane, in ogni caso, un dono dello Spirito, un *datum* che sposta inevitabilmente la nostra attenzione dal *soggetto*, dai suoi personali dinamismi psicologici e spirituali, dalla sua storia personale alla *realtà oggettiva* che a lui in qualche modo «si impone»; questa considerazione acquista più importanza quando ci si trova di fronte ad *esperienze mistiche* che implichino il dono della *contemplazione passiva*.

Da questo punto di vista, lo ribadiamo, l'esperienza spirituale del fondatore rimane un *mistero* a cui accostarsi, sul piano scientifico, con la consapevolezza di poter raggiungere, al massimo, delle ragionevoli e documentate *ipotesi* che hanno il carattere della *certezza morale* o dell'ampia *probabilità*.

Un prezioso contributo è possibile ricavarlo, in questa direzione, dalle testimonianze di quanti hanno vissuto con il fondatore e sono stati coprotagonisti dell'esperienza fondante. Può darsi che tali documenti esigano di essere letti con capacità critica; ma sarebbe un grave errore ignorarli del tutto per evitare il «rischio» di eventuali incongruenze

---

Teologia spirituale. Nel recente A. SICARI, *La vita spirituale del cristiano*, l'autore dedica a questo tema una lunga, documentata introduzione (cf. 15-69).
[121] S.M. GONZALEZ SILVA, «Nuovi criteri di lettura», 102-103.

storiche o di trovarsi di fronte a scritti non sufficientemente *oggettivi* perché influenzati da una significativa relazione con il fondatore[122].

c) *I primi discepoli*

L'importanza di accostare la prima comunità di discepoli è legata, a parer nostro, a due differenti motivazioni.

Innanzi tutto questo primo gruppo contribuisce, a volte in modo determinante, alla nascita della famiglia religiosa. L'ispirazione fondante si incarna, prende concretamente corpo nell'esperienza fondante.

> È in questa opera di incarnazione — afferma Fabio Ciardi — che i primi compagni e le prime compagne concorrono ad esplicitare i contenuti e le linee essenziali del particolare carisma dato al fondatore o alla fondatrice, sperimentandoli essi stessi nella propria vita e nelle proprie iniziative, così che l'ispirazione acquista un suo volto sempre più definito[123].

Quando il contributo dei primi discepoli è decisivo, essi possono assumere il ruolo di veri e propri *confondatori*.

In secondo luogo il gruppo dei primi discepoli, durante la vita del fondatore, ma soprattutto dopo la sua morte, assume, a volte direttamente, il ruolo fondamentale del *discernimento* nella ermeneutica del carisma di fondazione; discernimento tanto più autorevole quanto più è dimostrabile la *prossimità* spirituale con il fondatore. «Hanno vissuto giorno dopo giorno — afferma Rudolf Mainka — in intima comunione con il fondatore; hanno potuto assimilare il suo spirito e sperimentare di persona il modo in cui il Fondatore ha superato e risolto le prime difficoltà [...]. E hanno potuto cogliere quello che era in lui il carisma particolare di fondatore della nuova Famiglia religiosa»[124]. «Come gli apostoli — rileva in merito allo stesso tema Antonio Romano — i primi discepoli sono i principali depositari e testimoni privilegiati del carisma

---

[122] Quanti hanno «visto da vicino» il fondatore e sono vissuti con lui sono certamente «influenzati» dalla sua dottrina, oltre che dalla sua persona. Le testimonianze andranno vagliate criticamente, ma non ci sembra accettabile la posizione di quanti pensano che non andrebbero del tutto prese in considerazione. Ci verrebbero infatti a mancare delle insostituibili informazioni, che possono riguardare non solo la storia della fondazione ma anche la vita interiore del fondatore. Con lo stesso atteggiamento attento e disponibile è necessario valutare le eventuali testimonianze delle cause di beatificazione e canonizzazione.

[123] F. CIARDI, *In ascolto dello Spirito*, 57.
[124] R. MAINKA, «Carisma e storia», 9.

originale nel suo momento *nascente*»[125].

In modo eminente si rende possibile, per questo primo gruppo di discepoli, una «lettura dal di dentro» del carisma di fondazione e quel processo ermeneutico per *connaturalità*[126], che rende più esplicito il dono comune dello Spirito. «Il corpo interpreta se stesso — afferma Antonio Romano — e, con la stessa attività di interpretazione, crea *una comunità di memoria e di speranza*, unisce il passato e il futuro in un presente e sviluppa dinamicamente la dimensione storico-comunionale dei membri medesimi, progettando creativamente il proprio futuro»[127].

L'importanza e l'*autorità interpretativa* di ognuno di questi discepoli, poi, possono considerarsi legate, oltre che alla durata del periodo di effettiva prossimità con il fondatore e alla fedeltà conservata nei confronti dell'Istituto, al ruolo istituzionale che il fondatore decise loro di affidare.

Il primo gruppo di discepoli, infatti, non si presenta a noi come un insieme indifferenziato, ma appare spesso «strutturato» in relazione ai compiti e ai ruoli, in molti casi, istituiti e assegnati dallo stesso fondatore.

Acquista pertanto, a parer nostro, un'importanza particolare, nell'ermeneutica del carisma di fondazione, la conoscenza dei primi *maestri di noviziato* e dei primi *iter* formativi da loro realizzati, dei primi *direttori spirituali*, e, ancora, del primo successore, specialmente se designato dallo stesso fondatore e indicato da lui come interprete autentico del suo stesso spirito.

d) *La storia delle origini dell'Istituto*

Un'altra importante *fonte* per l'ermeneutica del carisma di fondazione è certamente la storia delle origini dell'Istituto e del suo progressivo sviluppo.

Acquistano un rilievo fondamentale, in particolare, gli eventuali *capitoli generali*, celebrati durante la vita del fondatore, gli *annali* o le *cronache*, le *lettere circolari*, che accompagnano il crescere della fondazione.

È necessario, inoltre, considerare che l'interesse giustificabile per l'iniziale ispirazione del fondatore non deve prevalere sullo studio degli

---

[125] A. ROMANO, *I fondatori profezia della storia*, 70-71.
[126] Cf. F. CIARDI, *In ascolto dello Spirito*, 111.
[127] A. ROMANO, *I fondatori profezia della storia*, 185.

eventuali sviluppi successivi della sua consapevolezza in relazione al *progetto* di famiglia religiosa da lui fondato. In questa graduale maturazione o manifestazione del *disegno* della fondazione, il nostro interesse, anzi, si sposta sull'eventuale periodo di *consolidamento* dove, in alcuni casi, anche grazie al dialogo con l'autorità ecclesiastica, è possibile riconoscere i tratti caratteristici del «prodotto finito», il punto di arrivo di un processo di riflessione, frutto anche delle prime importanti verifiche.

e) *La comprensione del carisma lungo la storia*

Un ultimo elemento che non è possibile ignorare per una corretta ermeneutica del carisma di fondazione è la comprensione che del carisma stesso si è avuta lungo la storia dell'Istituto, soprattutto nel periodo immediatamente successivo alla scomparsa del fondatore. Afferma a questo proposito Fabio Ciardi:

Come realtà vivente esso è stato custodito, approfondito, sviluppato [...]. Il «circolo ermeneutico» conduce l'interprete ad accogliere tutta la tradizione di comprensione, andando in modo circolare dalle parti, ovvero dai singoli interpreti, al tutto, ovvero alla tradizione storica della sua interpretazione, cercando una «unità di significato» del carisma e riconoscendo le concordanze tra le varie tradizioni di comprensione[128].

In questa prospettiva l'*interprete* non è mai «solo», così come suggerisce la moderna ermeneutica; egli, al contrario, è vitalmente inserito in una *tradizione di interpretazione*[129], dove ogni differente voce va valutata secondo la autorità che il contesto in cui è pronunciata le conferisce.

4.2.2 L'interpretazione del carisma

Il lavoro ermeneutico vero e proprio prenderà le mosse dall'analisi di quelle che abbiamo descritto come le *fonti del carisma di fondazione* e, in particolare, dalla esperienza spirituale del fondatore che «sostiene» la stessa fondazione.

La capacità di confrontarsi continuamente con queste fonti contribuisce infatti ad evitare ogni interpretazione riduttiva ed ogni *neutralizza-*

---

[128] F. CIARDI, *In ascolto dello Spirito*, 104-105.
[129] Cf. G. MURA, *Ermeneutica e verità*, 276-277.

zione del carisma[130].

Il carisma del fondatore — afferma Antonio Romano — non è una sterile realtà del passato definitivamente archiviata, bensì è una realtà vivente che bisogna continuamente scoprire attraverso una dinamica ed amorevole ecologia di conversione, fede ed ascolto. Quando la comunità perde il suo contatto con questa realtà vivente, allora essa non è più capace di sprigionare la potenzialità latente nella vita dei suoi membri. Se, invece, l'antica esperienza carismatica è stata assorbita e vive nelle fibre comunitarie, allora la sua effervescenza dinamica continua ad aprire creativamente l'avvenire del gruppo in ogni momento della sua storia[131].

La rilettura delle fonti esige di diventare un processo esistenziale di ascolto e di dialogo *spirituali*. Le esigenze della situazione storica attuale, i progressi delle scienze teologiche, il cammino della Chiesa e le conclusioni del magistero divengono, così, il «luogo» dove questa rilettura può divenire autenticamente feconda solo se è capace di ritornare continuamente su se stessa con umiltà e coraggio.

Questo *circolo ermeneutico*, in particolare, contribuirà a distinguere tra i vari elementi della esperienza fondante e i carismi personali del fondatore, quei doni che, in modo permanente, sono stati «consegnati» alla famiglia religiosa per la utilità comune della Chiesa.

«L'ermeneutica — afferma Fabio Ciardi — deve tendere all'interiorità del carisma, nell'ascolto attento e disponibile ai sempre nuovi significati che esso contiene. Nella misura in cui un carisma attinge al Vangelo è suscettibile di una comprensione sempre più profonda, così come lo è la Parola di Dio di cui è portatore»[132].

In questo *continuum* interpretativo, la *parola viva* dei fondatori e delle fondatrici potrà così continuare a «irrigare» e a rendere feconda la storia delle famiglie religiose.

---

[130] Cf. A. ROMANO, *I fondatori profezia della storia*, 112.
[131] A. ROMANO, *I fondatori profezia della storia*, 199.
[132] F. CIARDI, *In ascolto dello Spirito*, 82.

PARTE ANALITICA

CAPITOLO III

**Alle sorgenti dell'esperienza spirituale.
La fanciullezza e il periodo della formazione**

1. Nel santuario dell'esperienza spirituale

Durante la sua allocuzione in occasione della beatificazione di Leonardo Murialdo[1], contemporaneo e amico di Don Bosco[2], il papa Paolo VI affermava:

> Abbiamo tributato gli onori del culto, e abbiamo chiesto l'ausilio della sua intercessione, ad un nuovo cittadino del Cielo.
> È istintiva ed è legittima, doverosa anche, la domanda che il solenne avvenimento della Beatificazione fa sorgere nello spirito di quanti lo contemplano nel quadro di gloria in cui lo colloca oggi la Chiesa: chi era? Prima ancora di rispondere potremmo rivolgere a noi stessi un'altra domanda, nella quale si esprime la caratteristica della agiografia moderna; e cioè: che cosa vogliamo sapere d'un Beato o d'un Santo?[3]

Chi era Don Bosco?

Questa domanda, solo apparentemente retorica, esige alcune chiarificazioni.

Il panorama delle «fonti» e degli studi che ci permettono di accostare

---

[1] Il Murialdo, beatificato nel 1963, è stato canonizzato dallo stesso Paolo VI il 3 maggio del 1970.

[2] Fondatore della Congregazione di San Giuseppe, il Murialdo (1828-1900) testimoniò nel 1893 al processo informativo diocesano per la beatificazione di Don Bosco (cf. P. STELLA, *Don Bosco nella storia*, III, 119). Sui rapporti tra questi due santi del XIX secolo si veda A. CASTELLANI, *Il Beato Leonardo Murialdo*, in particolare le pagine 404-406 del primo volume, e il testo edito dal Dicastero per la Formazione della Congregazione Salesiana (DpF), dal titolo *Sussidi*, I, alle pagine 300-304.

[3] *Insegnamenti di Paolo VI. 1963/I*, Roma 1965, 279.

la vita di Don Bosco è certamente molto ricco. Documenti di archivio, racconti e cronache, scritti autobiografici, testimonianze, opere edite e inedite del santo, centinaia di biografie[4], alcune delle quali scritte anche da contemporanei di Don Bosco, un ricco epistolario e una grande quantità di articoli e di studi pubblicati in varie parti del mondo[5]: tutta questa letteratura rischia sulle prime di scoraggiare quanti vogliano accostarsi in modo serio e documentato alla esperienza umana e spirituale di questo fondatore, ma rimane pur sempre un patrimonio di dimensioni non comuni nella storia della spiritualità che può farci illudere di raggiungere, magari alla fine del percorso, una conoscenza certa del suo vissuto spirituale.

Questo convincimento si scontra, in prima istanza, con una considerazione di carattere generale. Ogni esperienza spirituale, in quanto sintesi tra aspetto «oggettivo» e «soggettivo» della fede, tra *fides quae* e *fides qua*, contiene, in ogni caso, qualcosa di irraggiungibile, di miste-

---

[4] La più ampia e nota tra queste è costituita dai diciannove volumi di A. AMADEI – E. CERIA. – G.B. LEMOYNE, *Memorie Biografiche di Don Giovanni Bosco*. La citeremo, da qui in avanti, con la abbreviazione MB. L'opera monumentale fu preparata per anni con la paziente catalogazione di documenti, lettere, testimonianze raccolti dal salesiano Don Giambattista Lemoyne che nel 1883 era stato nominato dal Capitolo Superiore segretario, annalista e memorialista della congregazione (incarico che conservò per ventisette anni). Questo materiale fu organizzato in quaranta volumi che egli stesso intitolò *Documenti per scrivere la storia di D. Giovanni Bosco, dell'Oratorio di S. Francesco di Sales e della Congregazione Salesiana*. Le *Memorie Biografiche* sono da alcuni anni oggetto di una certa diffidenza da parte degli storici della Congregazione. Gli influssi dello stile agiografico «romanzato», la preoccupazione encomiastica e laudativa, l'*eccessivo* attaccamento al fondatore, la mancanza di *ombre* nella presentazione della figura del santo, i moderni sviluppi della critica storica, e alcuni errori cronologici, hanno portato a volte ad un complessivo «rifiuto» dell'opera. Rimane il fatto che questo imponente lavoro, le cui differenti pagine andrebbero distinte e dunque valutate secondo i diversi *generi letterari*, è un importantissimo documento storico della «rilettura» fatta della vita di Don Bosco da parte dei testimoni più prossimi delle origini della congregazione salesiana e della esperienza umana del fondatore; costitutisce dunque, a parer nostro, un punto di passaggio obbligato, imprescindibile, anche se soggetto, come peraltro qualsiasi altro scritto, al vaglio della critica storica.

[5] L'Istituto Storico Salesiano di Roma ha già pubblicato i primi due volumi della *Bibliografia Generale di Don Bosco*, curati rispettivamente da Saverio Gianotti e da Herbert Diekman. Il primo volume contiene la bibliografia italiana (pubblicazioni *di* Don Bosco e *su* Don Bosco) dal 1844 al 1992 per un totale di 3305 titoli; il secondo contiene la bibliografia generale in lingua tedesca (1883-1994) per un totale di 960 titoli. Sono in preparazione i volumi della bibliografia in lingua francese, spagnola, portoghese.

rioso e sfugge pertanto ad ogni tentativo di rigorosa, esaustiva sistematizzazione[6].

Un'altra difficoltà di carattere storico è legata al fatto che la religiosità di Don Bosco, il suo modo di «sentire» Dio e il suo rapporto con Lui sono inevitabilmente legati al suo tempo e al suo ambiente; la conoscenza della sua esperienza religiosa si scontra, dunque, anche con la difficoltà di ricostruire in modo oggettivo e completo questo *milieu* spirituale.

Oltre a queste difficoltà di carattere generale, che accomunano l'esperienza spirituale di Don Bosco a quella di ogni altro credente, ve n'è un'altra di carattere soggettivo, personale, «temperamentale». Dai suoi numerosi scritti, persino da quelli che possiamo classificare come «autobiografici» o dalle migliaia di lettere in nostro possesso, non è possibile ricavare direttamente testimonianze significative e «di prima mano» sul suo vissuto religioso. Don Bosco racconta, insegna, ammonisce, domanda aiuti, ringrazia, benedice; ma del suo vissuto profondo è geloso custode.

Scrive a questo proposito Don Pietro Stella[7], nell'introduzione alla sua opera in tre volumi *Don Bosco nella storia della religiosità cattolica*:

> Per descrivere il nascere e lo svilupparsi del modo di sentire Dio in qualcuno bisognerebbe essere dentro di lui: vivere la sua vita, nel suo tempo, essere nella sua anima, una sola anima con lui. E con Don Bosco ciò non è facile. Le sue pagine autobiografiche, i suoi ricordi personali non sono come quelli di Teresa d'Avila e nemmeno come quelli di Teresa di Lisieux. Sono in gran parte tardive e rarissimamente — fugacissimamente — si riesce a sorprendere Don Bosco a esprimere i propri interni sentimenti religiosi, le motivazioni del suo agire. Egli quasi sempre racconta fatti: come si è svolta la sua vita prima e dopo il sacerdozio, come nacque l'Oratorio, come si svilupparono le opere «che la divina provvidenza» gli affidò.
>
> Tuttavia già in tutto questo si scopre un modo di sentire e di presentare la propria vita. Così non ci rimane che ascoltare, leggere e penetrare per gli spiragli ch'egli ci ha lasciato nel massiccio edificio esteriore della sua operosità, sforzandoci di vedere meglio con l'aiuto di strumenti ch'egli

---

[6] Cf. G. MOIOLI, *L'esperienza spirituale*, 57-60.

[7] Don Pietro Stella, salesiano, noto storico e studioso del giansenismo, è senz'altro uno dei maggiori conoscitori dell'opera letteraria di Don Bosco. Oltre ai tre volumi dell'opera *Don Bosco nella religiosità cattolica*, che è stata già tradotta in diverse lingue, ha scritto parecchie monografie, contributi e articoli sulla storia salesiana.

allora non aveva e che ci sono forniti oggi dallo sviluppo di molte scienze[8].

Nonostante la gran mole di scritti, dunque, siamo di fronte ad una «estrema indigenza di fonti»[9] sulla sua vita interiore. Di Don Bosco non possediamo un *diario spirituale* né un racconto autobiografico del suo itinerario interiore. Sulla sua vita di preghiera non sappiamo, da lui stesso, quasi nulla; sugli stessi propositi spirituali, fatti in alcuni momenti significativi del suo cammino di formazione, non ci ha lasciato alcuna verifica scritta o revisione.

Persino il ricco epistolario[10] manifesta questa sua riservatezza e «un limitato ventaglio di reazioni emotive»[11]. Afferma lo psicologo Giacomo Dacquino:

> Per quanto concerne ciò che Don Bosco ha scritto o detto, raramente egli si manifestava con schietta immediatezza. Tendeva infatti a tenere per sé la sua vita interiore, le sue conflittualità consce e ciò rende difficile ogni indagine. Di rado si riesce a sorprenderlo nelle sue reazioni emotive, che fugacemente affiorano, specie negli ultimi anni della sua esistenza[12].

Don Bosco stesso confessa, all'inizio delle *Memorie dell'Oratorio*[13]:

---

[8] P. STELLA, *Don Bosco nella storia*, I, 17.
[9] P. STELLA, *Don Bosco nella storia*, II, 16.
[10] Oltre alle lettere contenute nei quattro volumi dell'epistolario curati da Don Ceria (pubblicati dal 1955 al 1959), volumi che comprendono 2845 lettere di Don Bosco, ne sono state raccolte in questi ultimi anni numerosissime altre. Don Francesco Motto sta lavorando alla edizione critica del nuovo epistolario, di cui sono già apparsi i primi tre volumi. Citando l'*Epistolario* distingueremo, tra parentesi quadre, se intendiamo fare riferimento, per quanto riguarda la citazione del volume e delle pagine, alla edizione curata da Don Ceria o a quella curata da Don Motto.
[11] G. DACQUINO, *La psicologia di Don Bosco*, 8. Non esistono molti altri studi psicologici sulla personalità di Don Bosco. Nel 1929 Giuseppe Albertotti aveva pubblicato in memoria del padre, che era stato medico di Don Bosco, il volume dal titolo *Chi era Don Bosco ossia Biografia fisio-psico-patologica di Don Bosco scritta dal suo medico Dott. Albertotti Giovanni*, testo che non può comunque essere classificato, nel senso attuale del termine, un testo di psicologia. Del 1987 è il volume *Don Bosco rivelato* del giornalista *Michele Straniero* che utilizza alcuni criteri dell'analisi psicologica ma, ci sembra, non senza alcuni pregiudizi preconcetti. Più note, in ambito salesiano, sono le pagine che G.M. Moretti in *I santi dalla loro scrittura* dedica a Don Bosco.
[12] G. DACQUINO, *La psicologia di Don Bosco*, 8.
[13] Il titolo intero di questa discussa operetta di Don Bosco è *Memorie dell'Oratorio di S. Francesco di Sales dal 1815 al 1855*. Redatte sotto forma di racconto autobiografico, le *Memorie* furono pubblicate integralmente soltanto a quasi sessant'anni di

CAP. III: ALLE SORGENTI DELL'ESPERIENZA SPIRITUALE 73

Più volte fui esortato di mandare agli scritti le memorie concernenti l'Oratorio di S. Francesco di Sales, e sebbene non potessi rifiutarmi all'autorità di chi mi consigliava, tuttavia non ho mai potuto risolvermi ad occuparmene specialmente perché doveva troppo sovente parlare di me stesso. Ora si aggiunse il comando di persona di somma autorità, cui non è permesso di porre indugio di sorta, perciò mi fo qui ad esporre le cose minute confidenziali che possono servire di lume o tornar di utilità a quella istituzione che la divina Provvidenza si degnò affidare alla Società di S. Francesco di Sales[14].

Anche alcuni dei suoi contemporanei sembrano essere stati colpiti da questa sua riservatezza. Monsignor Velluti Zati, Vescovo di Pescia, si esprime così il 3 marzo del 1888, a poco più di un mese dalla morte di Don Bosco:

Grande fu la sua mortificazione e la sua pietà; e qui mi si conceda di passar

---

distanza dalla morte del fondatore. Il motivo di un tale ritardo è legato anche alla volontà stessa del Santo. Nell'esordio del manoscritto (conservato all'Archivio Salesiano Centrale di Roma nella cartella A 203; si conservano anche alcune copie manoscritte di cui una redatta da Don Gioacchino Berto, allora segretario di Don Bosco, e corretta dallo stesso Don Bosco) l'autore afferma: «Debbo anzitutto premettere che io scrivo pe' miei carissimi figli Salesiani con proibizione di dare pubblicità a queste cose sia prima sia dopo la mia morte». Si trattava dunque, nel desiderio del fondatore, di uno scritto *ad uso interno* della nascente Congregazione. Quanto al valore *storico* delle *Memorie* diremo qualcosa tra breve; notiamo qui che quando Don Bosco ne inizia la redazione (1873), è entrato nel suo cinquantottesimo anno di età. I fatti più «recenti» da lui narrati, che risalgono al 1855, sono dunque lontani quasi vent'anni. Il racconto, poi, è volutamente narrativo ed edificante. Francis Desramaut, nella più recente biografia del santo, così si esprime sul valore *storico* di questo scritto: «Il me semble qu'il faut classer les *Memorie dell'Oratorio* comme un peu tous les récits d'origines dans la catégorie des histoires populaires, vraies (plus ou moins!) dans leur fond et rendues pittoresques par l'art du narrateur» (F. DESRAMAUT, *Don Bosco en son temps*, 1007). Don Pietro Braido sottolinea invece che il loro valore consiste proprio in questa «rilettura» degli avvenimenti che, nel medesimo tempo, diviene una indicazione programmatica per il futuro della congregazione. Delle *Memorie dell'Oratorio* esiste anche, dal 1991, una edizione critica, curata dal salesiano Don Antonio da Silva Ferreira. Nell'ampia *Introduzione* vengono affrontati tutti i problemi relativi alla storia e alla datazione del testo (cf. G. BOSCO, *Memorie dell'Oratorio*, Roma 1991, 5-28). Per le citazioni delle *Memorie dell'Oratorio* adopereremo le pagine di questa edizione critica, con la abbreviazione MO.

[14] MO 29. Don Bosco fa risalire l'origine del testo al suo primo viaggio a Roma nel 1858 e ad un «richiamo» del pontefice Pio IX in una udienza di quasi dieci anni dopo; questi elementi sono deducibili solo dal racconto delle *Memorie Biografiche* (cf. MB V, 882; VIII, 587).

oltre; perché, chi può mai contemplare la bellezza dell'acqua tersissima di questo diamante di perfezione? Conoscere il segreto dei suoi intimi rapporti con Dio, penetrare nel santuario del suo cuore, albergo degli affetti più puri e più casti, più nobili e più santi?[15].

E Mons. Giacinto Ballesio, Vicario Foraneo di Moncalieri e antico alunno dell'oratorio, così affermava alcuni giorni dopo, l'8 marzo dello stesso anno:

> Don Bosco, la sua vita, le sue opere sono nel dominio della storia, la quale in belle e splendide pagine dirà agli avvenire che Egli fu per mezzo secolo l'apostolo del bene. Dirà che Egli con pedagogia imparata nel Vangelo indirizzò allo studio del sapere e della virtù, all'amore del lavoro migliaia di figli del popolo. Dirà del suo ingegno salutandolo scrittore illustre di ascetica, facile, popolare e temuto apologista, storico dotto e stimato, fautore d'ogni bella e buona coltura. Dirà che Egli in mezzo alle persecuzioni ed allo sfacelo degli Ordini Religiosi, per meglio attuare i suoi ardimentosi disegni, dilatarli e perpetuarli, istituì una nuova Congregazione fiorente di sapienza, di zelo e di gioventù. Dirà come Egli, dopo di aver con plauso universale e meraviglia disseminato le sue opere in mezza Europa, la sua mente smisurata, l'animo suo impavido lo portasse oltre i mari colle missioni d'America. Queste ed altre cose dirà la storia a lode dell'umile e grande sacerdote e a gloria del Signore, che volle in Lui non col genio sterminatore della guerra, ma nelle arti della pace, nel sacrificio e nell'amore *del Creator suo spirito più vasta orma stampar.*
>
> Quello che non potrà dire appieno la storia, quello che essa non riuscirà a far ben comprendere è la sua vita intima[16].

Ancora più singolare ed esplicita appare l'affermazione che il primo biografo del santo, il medico francese Charles d'Espiney attribuisce a Don Giuseppe Cafasso, confessore, direttore spirituale, sostenitore e «finanziatore» di Don Bosco[17]:

---

[15] L'elogio funebre, di Mons. Velluti di San Clemente è riportato tra i documenti della Causa di Beatificazione in CONGREGATIO DE CAUSIS SANCTORUM, ed., *Beatificationis et Canonizationis Ven. Servi Dei Joannis Bosco*, 1922, 262-269. Nel seguito, citando i documenti della causa di beatificazione di Don Bosco, ci limiteremo a riportare soltanto il riferimento alla parte del processo dove è accluso (per es.: *Positio super dubio*) e l'anno di edizione.

[16] Questo secondo elogio, pronunciato una settimana dopo la morte del santo, è riportato in G. FAVINI, *Virtù e glorie di S. Giovanni Bosco*, 191.

[17] La fedeltà di questa citazione è impossibile da verificare. In ogni caso non mette certamente in discussione la stima che Don Giuseppe Cafasso nutrì per Don Bosco. Canonizzato nel 1947, il Cafasso (1811-1860) fu confessore di Don Bosco dagli anni

CAP. III: ALLE SORGENTI DELL'ESPERIENZA SPIRITUALE 75

Savez-vous bien qui est Don Bosco? Pour moi, plus je l'étudie et moins je le comprends. Je le vois simple et extraordinaire; humble et grand; pauvre et travaillé de vastes pensées, des projets en apparence irréalisables [...] et avec tout cela, constamment traversé dans ses desseins et comme incapable de mener à bien ses entreprises [...]. Pour moi, Don Bosco est un mystère. Si je n'avais la certitude qu'il travaille pour la gloire de Dieu, que Dieu seul le conduit, que Dieu seul est le fin de tous ses efforts, je le taxerais d'homme dangereux, plus encore pour ce qu'il laisse deviner que pour ce qu'il dit [...]. Je vous le répète, pour moi, Don Bosco est un mystère: laissez-le faire[18].

A cosa attribuire questa oggettiva reticenza a parlare del proprio vissuto spirituale? Si tratta di una componente caratteriale, di una naturale riservatezza, di una influenza «ambientale»[19], o piuttosto del risultato di una ascesi del distacco da sé[20], così come sembrerebbe di poter ipotizzare dall'esordio delle sue *Memorie*? È difficile andare oltre le ipotesi. In ogni caso le differenti prospettive appaiono convergenti, piuttosto che contrapposte.

2. Verso un'agiografia documentata e senza pregiudizi

Un dato di fatto, dopo quanto abbiamo cercato di dire nel paragrafo

---

dell'ingresso di questi al Convitto Ecclesiastico di Torino (1841), fino alla sua morte, avvenuta nel 1860.

[18] C. D'ESPINEY, *Don Bosco*, XI. Questo brano appare anche in MB II, 351 e MB IV, 588 ma rimaneggiato e «mitigato» da Don Lemoyne con la soppressione di alcune espressioni (cf. P. STELLA, *Don Bosco nella storia*, III, 133). L'espressione del d'Espiney venne citata nel 1907 dal promotore della fede Mons. Alessandro Verde, durante la causa di beatificazione del santo, al fine di evidenziarne una furbizia poco compatibile con una dichiarazione di eroicità delle virtù.

[19] Natale Cerrato intitola *Volontà di fatti e non parole* il capitolo VI del suo *Don Bosco e le virtù della sua gente*. «Ogni individuo — afferma sin dalle prime pagine del libro — appartiene ad una determinata società e rivela nella sua persona, nel suo modo di pensare, di parlare e di agire, un patrimonio di idee, di qualità, di costumi, che caratterizzano i componenti di quella società. Si tratterebbe, a detta degli studiosi di antropologia culturale, di una «personalità di base» che si forma soprattutto nei primi anni della vita» (p. 7).

[20] A questa possibilità farebbe pensare anche l'abitudine di Don Bosco, testimoniata dai suoi primi discepoli, di parlare di sé adoperando la terza persona. Scrive ad esempio Don Lemoyne in un quaderno autografo del 1884, descrivendo alcuni momenti difficili degli inizi: «Furono dei giorni terribili per l'oratorio [...]. Tutti i preti e i chierici avevano abbandonato Don Bosco, diceva lui parlando di se stesso alla terza persona, secondo la sua abitudine» (G.B. LEMOYNE, *Ricordi di gabinetto*, 16 febbraio 1884).

precedente, ci sembra innegabile: la santità di Don Bosco appare, come afferma Don Arnaldo Pedrini, «manifesta e nascosta nello stesso tempo. Manifesta per le operazioni prodigiose, di cui si faceva garante presso le anime a nome di Dio e della Vergine Santissima; nascosta in particolar modo perché amava tenere gelosamente il più possibile dentro di sé racchiuso il mistero o segreto del gran Re»[21].

Per questo motivo molte sue biografie, anche recenti, ne contengono probabilmente in modo più documentato la «storia» ma non possono pretendere di contenerne la «vita».

Questa considerazione, non è originale né recente. Già Don Eugenio Ceria[22] nel 1929 scriveva:

> Rapiti dalla vista dei prodigi della sua multiforme attività i contemporanei ne ammirarono i trionfi senza quasi por mente che era *omnis gloria eius ab intus*. Anche la generazione venuta su dopo la sua morte ha guardato di preferenza alle opere di Don Bosco, studiandone le forme e gli sviluppi senza darsi guari pensiero di scrutarne a fondo il principio animatore, quello che ha costituito il gran segreto dei santi: lo spirito di preghiera e di unione con Dio[23].

---

[21] A. PEDRINI, «Giovanni Bosco (santo)», 1138.

[22] Entrato a quindici anni nel collegio salesiano di S. Benigno Canavese, Don Eugenio Ceria (1870-1957) fu dal 1929 (anno della beatificazione di Don Bosco) lo storico ufficiale della Congregazione. In questo ruolo curò gli ultimi nove volumi delle *Memorie Biografiche*, i quattro volumi degli *Annali della Società Salesiana*, i quattro dell'*Epistolario di San Giovanni Bosco* e numerosi profili e biografie di Salesiani. Fu anche valente umanista, cultore e commentatore di classici greci e latini e scrittore di ascetica. Il suo nome rimane soprattutto legato ad una piccola biografia del Santo dal titolo *Don Bosco con Dio* che per la prima volta ne mise in evidenza la dimensione «mistica». Per dei cenni biografici su Don Ceria e notizie sulla sua opera letteraria si veda E. VALENTINI, *Don Ceria scrittore*.

[23] E. CERIA, *Don Bosco con Dio*, [1988], 22. Si tratta di una edizione extra-commerciale, edita in occasione del centenario della morte di Don Bosco dalla Direzione Generale Opere Don Bosco. Il *Don Bosco con Dio* di Don Ceria ha conosciuto parecchie edizioni nelle sue due «versioni», che differiscono non soltanto per alcuni dettagli ma soprattutto per la aggiunta, nella seconda, di cinque nuovi capitoli. La prima versione venne pubblicata per la prima volta dalla SEI a Torino nel 1929. Questa prima edizione è divisa in tre parti, dai titoli suggestivi: I. *Aurora consurgens* (fanciullezza e formazione); II. *Sol in meridie* (la maturità); III. *Lucis ante terminum* (i doni straordinari). Il libro si conclude con un capitolo dedicato proprio al *Dono di orazione*. Questa biografia spirituale, che, come sottolinea Don Giorgio Gozzelino, autore della *Presentazione* all'ultima edizione italiana, prende forma, nella mente dell'autore, proprio in seguito alla constatazione della scarsa attenzione prestata dai contemporanei alla vita interiore di San Giovanni Bosco, prima e dopo la sua morte (cf. E. CERIA, *Don Bosco con Dio*, [1988], 4-5) rimane probabilmente ancora oggi il

CAP. III: ALLE SORGENTI DELL'ESPERIENZA SPIRITUALE

La critica storica e il progresso delle scienze umane hanno contribuito oggi in modo determinante ad arricchire la nostra conoscenza di Don Bosco e di altri santi; a volte, però, si è passati da una interpretazione *devozionale*, pia, esclusivamente soprannaturale dei primi biografi ad una interpretazione semplicemente «orizzontale», naturale e psicologica.

Già nel 1955 José Herrera e Veremundo Pardo stigmatizzavano l'atteggiamento di alcuni biografi di San Vincenzo de' Paoli che, collocando sistematicamente il lettore di fronte a delle incertezze, a dei punti interrogativi, con la pretesa di essere oggettivi finiscono col prendere, di fatto, una posizione che mette in dubbio l'esistenza stessa di una «vita» all'interno di un edificio di cui si sforzano di descrivere solo la struttura esterna[24].

Sottolinea ancora Don Ceria:

> Sì, è giusto render merito ai seguaci del metodo storico se in certi ambienti le figure dei Santi possono affacciarsi oggi senza più sollevare in certuni le antipatie di una volta. Ma è pure innegabile che così la loro individualità vera rischia di venir menomata, perché scoronata dell'aureola che li fece essere e ce li deve mostrare quali realmente furono [...]. Nello studio dei Santi come mai prescindere dalla santità? E chi dice santità, dice una realtà su cui sorvoli pure leggermente la scienza positiva, sia essa storica o psicologica, ma non mai chi abbia occhi esercitati nell'indagine di fatti appartenenti a un ordine superiore, dove l'umano s'incontra col divino e intimamente vi si unisce. Ecco perché falsano il concetto di Santo quegli scrittori, i quali stimano che non valga la pena o che sia cosa indifferente il considerarlo come l'uomo dell'unione con Dio. Così abbiamo avuto vite di Santi,

---

tentativo più articolato e organico di penetrare nella esperienza spirituale del santo, nonostante i limiti che scaturiscono da una lettura fortemente «affettiva» e non sempre illuminata dalla critica storica.

24 Cf. J. HERRERA – V. PARDO, *San Vicente de Paul*, 12-13. Gli autori della introduzione alla biografia e agli scritti di San Vincenzo de' Paoli indicavano tre diversi modi di interpretare un santo e di scriverne la biografia: 1. interpretazione devozionale (esclusivamente soprannaturale); 2. interpretazione semplicemente umana (si esagerano i difetti e si attribuiscono i «successi» esclusivamente a cause naturali); 3. biografie obiettive: «son las que se ajustan a las reglas de la crítica de documentos y de hechos históricos, discutiendo su veracidad con serena reflexión» (p. 12). Sul tema della «nuova agiografia» la bibliografia è abbondante; segnaliamo R. GREGOIRE, *Manuale di agiologia*; G. GORDINI, ed., *Santità e agiografia*; A. SICARI, *Ritratti di Santi*. Antonio Sicari ha pubblicato, dopo il 1988, alcuni altri volumi con nuovi ritratti di santi. Questa nuova attenzione all'agiografia era presente anche nella riflessione di Von Balthasar. Si veda, ad esempio, H.U. VON BALTHASAR, *Sorelle nello Spirito*.

diremo così, laicizzate o quasi[25].

Di fronte a tutte queste difficoltà ci chiediamo: quale strada seguire per riconoscere i tratti più significativi dell'esperienza spirituale di Don Bosco? Come comprendere, di fronte alla *estrema indigenza di fonti* sulla sua vita interiore, il ruolo che l'orazione mentale ha avuto nel vissuto del santo? Come raggiungere, quanto meno, delle documentate e ragionevoli *ipotesi*, superando ogni pregiudizio razionalista e positivista, ma senza scadere nell'agiografia devozionalista?

L'unico percorso proponibile, ci sembra, deve prendere le mosse dal tentativo di ricostruire, per quanto possibile, il *milieu* spirituale nel quale Don Bosco è nato, dove ha vissuto gli anni fondamentali della sua fanciullezza e della sua formazione, in particolare in riferimento alla formazione alla preghiera e alla preghiera mentale. Successivamente il nostro sguardo si estenderà al periodo della vita adulta, ai suoi scritti, alla sua concezione di vita religiosa. È attraverso questo lungo percorso che cercheremo di far emergere, sempre in relazione all'orazione mentale, le linee caratteristiche del suo personale carisma ed anche il cammino proposto alla congregazione da lui fondata.

Le testimonianze documentali richiedono comunque, in ogni caso, una interpretazione; ogni pretesa «neutralità», che si rifaccia ai canoni di una storiografia positivista, si scontra con la impossibilità di raggiungere, in campo storico, la certezza propria di una scienza «esatta».

Scriveva parecchi anni fa Jacques Maritain:

> Non esistono dei fatti «bruti»; un fatto storico presuppone e implica tanti giudizi critici e discriminanti, tanti rifacimenti analitici quanti ogni altro «fatto»; per di più, la storia non aspira ad una impossibile «coincidenza» con il passato: essa esige una cernita e una selezione, essa interpreta il passato e lo traspone in linguaggio umano, essa ri-compone e ri-costituisce i seguiti degli eventi che si succedono l'un l'altro, e, infine, non può esaurire il suo compito senza aver ampiamente fatto ricorso all'astrazione. Ma la storia fa uso di tutto questo per connettere il singolare al singolare; il suo oggetto specifico è l'individuale o il singolare. La spiegazione offerta dallo storico in quanto tale è una spiegazione dell'individuale per mezzo delle circostanze, delle motivazioni, degli eventi singoli. La spiegazione storica, poiché individuale, partecipa dell'infinità potenziale della materia; essa non è mai finita e non consegue mai (in quanto spiegazione) la certezza della scienza[26].

---

[25] E. CERIA, *Don Bosco con Dio*, [1988], 29.
[26] J. MARITAIN, *Per una filosofia della storia*, 12.

La convinzione che *ogni fatto storico presuppone ed implica tanti giudizi critici e discriminanti* ci fa comprendere da una parte la necessità di accostare le fonti in modo critico; dall'altra ci impone di accettare che la stessa critica delle fonti non è *neutra* ma risente, soprattutto nel caso di studi agiografici, della particolare concezione di vita cristiana e di *santità* che, in modo più o meno consapevole, lo storico o il teologo hanno maturato nel particolare periodo o contesto nel quale sono vissuti.

Lo studio dell'*esperienza spirituale*, poi, per il suo riferimento ad una realtà che *trascende* sia l'individuo che l'ha vissuta che lo stesso storico o teologo che la accostano, deve tener conto, anche a livello metodologico, della particolare natura del suo *oggetto*. È per questo che, al di là di ogni presunzione di certezza, il punto di arrivo del nostro percorso appartiene ad un ordine di conoscenza che non è il medesimo delle cosiddette *scienze esatte*, ma si muove nell'ambito delle *ipotesi*; documentate e ragionevoli (tanto più quanto si riesce a documentarle), ma pur sempre ipotesi.

3. Al sorgere dell'aurora. L'ambiente familiare dei Becchi

Le radici profonde della religiosità di Giovanni Bosco sono da ricercarsi nell'educazione familiare e nell'ambiente contadino dei Becchi[27], a Castelnuovo d'Asti, agli inizi dell'ottocento[28].
Scrive Natale Cerrato:

> Questo senso religioso della vita, che permeò tutte le opere e gli scritti di Don Bosco, era evidente retaggio della sua gente. La santità di Don Bosco era attinta alla fonte divina della Grazia e si modellava su Cristo maestro di ogni perfezione, ma affondava le radici in un valore spirituale permanente della sua terra. L'albero buono produce frutti buoni.

L'osservanza religiosa, nelle campagne piemontesi, era ben radicata.

---

[27] Nella piccola borgata rurale dei Becchi a pochi chilometri da Castelnuovo d'Asti, oggi Castelnuovo Don Bosco, Giovanni Bosco visse la sua fanciullezza.
[28] Per una conoscenza più approfondita dell'ambiente familiare e sociale in cui nacque Don Bosco si vedano: S. CASELLE, *Cascinali e contadini in Monferrato*; N. CERRATO, *Don Bosco e le virtù della sua gente*; N. CERRATO, *Don Bosco e il suo mondo*; G. BIANCARDI - A. GIRAUDO, *Qui è vissuto Don Bosco*. Alle pagine 46-47 del testo citato di Secondo Caselle, *Cascinali e contadini in Monferrato*, si può trovare una bibliografia generale per lo studio della storia economica, demografica e religiosa del Piemonte nel primo ottocento.

La vita era ritmata dal riposo settimanale, dalle pratiche quotidiane, dalle feste religiose.

Le pratiche e le innumerevoli devozioni convivevano, comunque, con il folklore e la superstizione[29]; questo suscitava spesso la preoccupazione dei pastori d'anime, che tentavano sovente di richiamare ad una pratica più genuina della vita cristiana e del precetto festivo[30].
Afferma Don Stella:

> Da quel che risulta dai documenti si ha l'impressione che nella regione torinese e monferrina l'elemento religioso era davvero dominante: impregnava veramente la vita individuale e collettiva. Ma in quale misura l'osservanza religiosa rispondeva a un'esigenza interiore o era soltanto adesione non riflessa ai costumi vigenti? Fino a che punto era frutto di condizionamenti esterni o anche esigenza interiore? Non si rischia forse di trasporre problemi sopravvenuti successivamente, quando si vuole saggiare la sincerità e la solidità della fede che regolava e alimentava il costume?[31]

Don Bosco nacque e visse la sua fanciullezza in questo ambiente semplice e contadino e ne conservò, probabilmente per il resto dei suoi anni, alcune peculiari caratteristiche[32].

Rimasto orfano a meno di due anni[33], il piccolo Giovanni si aprirà a tale senso religioso della vita sotto la guida attenta della madre Margherita[34].

---

[29] Cf. P. STELLA, *Don Bosco nella storia*, II, 279-283.

[30] Si veda, a titolo di esempio, F. CECCA, *Le veglie dei contadini cristiani*, in particolare alle pagine 116-120.

[31] P. STELLA, *Don Bosco nella storia*, II, 277.

[32] In questa prospettiva si muove, ad esempio, una biografia francese di Don Bosco, publicata nel 1951: J. DE LA VARENDE, *Don Bosco, le XIXe saint Jean*. L'autore afferma che Don Bosco è rimasto un contadino dall'inizio alla fine della sua vita: la sua tenacità, il suo desiderio di aumentare la «proprietà», la sua allegria e bonomia da buon giardiniere, il suo fatalismo, il suo sentirsi come i contadini, costantemente nelle mani di una forza sconosciuta che egli chiama Provvidenza: tutto questo lo proverebbe (cf. le pagine 7 e 8).

[33] Su questo aspetto dell'infanzia di Don Bosco si sofferma più volte Francis Desramaut nella sua recente biografia di Don Bosco. «Sa quête d'un père – afferma a pagina 15 l'autore di *Don Bosco en son temps* – parmi les prêtres, parmi les maîtres, parmi les supérieurs laïcs ou ecclésiastiques et jusqu'auprès du pape de Rome, serait permanente». Questa considerazione, che ritorna più volte nel testo di Desramaut, ci sembra non del tutto condivisibile, oltre che in contraddizione con i presupposti di una storiografia «oggettiva» che vengono messi alla base del suo studio. L'attaccamento al papa, la buona stima della direzione spirituale sono istanze emergenti nell'ambiente formativo del seminario e del Convitto, come vedremo, e dalla spiritualità dell'Ottocento; ma soprattutto, rimanendo più strettamente nell'ambito delle scienze

CAP. III: ALLE SORGENTI DELL'ESPERIENZA SPIRITUALE

3.1 *In principio era la madre*

In principio era la madre... Così esordisce enfatizzando «con tutto il rispetto per il libro sacro» uno dei primi biografi di Don Bosco, lo scrittore danese Giovanni Joergensen[35]. E in effetti la figura della madre nella educazione alla fede di Giovanni ebbe senz'altro un ruolo fondamentale[36].

Questa consapevolezza fu sempre chiara in Don Bosco che, nelle *Memorie dell'Oratorio di San Francesco di Sales* scriverà a riguardo della madre, Margherita Occhiena:

> Sua massima cura fu di istruire i suoi figli nella religione, avviarli all'ubbidienza ed occuparli in cose compatibili a quella età. Finchè era

---

psicologiche, ci pare che Don Bosco non manifesti un «io debole», caratteristico di chi paga con l'insicurezza il prezzo della mancanza di una figura paterna. Di questo avviso sembra anche lo psicologo Giacomo Dacquino quando scrive: «L'avvenire di ogni essere umano trova la sua spinta nel passato. Il rapporto profondo tra madre e figlio ebbe un ruolo determinante nella vita di don Bosco. Per tutta l'esistenza lo accompagneranno infatti non soltanto le parole e l'esempio della madre, ma soprattutto la "fiducia primaria" costruita nel rapporto con lei. Il piccolo Giovanni dunque, malgrado il vuoto affettivo per la perdita del padre e il vuoto gastrico per la scarsezza di cibo, crebbe con un Io forte [...]. L'autostima, la sicurezza, la consapevolezza delle proprie qualità sono elementi costitutivi del fascino di una persona, quindi del suo potere seduttivo. E il piccolo Giovanni doveva possederne per riuscire a esibirsi davanti al gruppo di adulti e coetanei che lo ascoltavano» (G. DACQUINO, *La psicologia di Don Bosco*, 22-23). Su questo tema si vedano anche i due articoli di Gertrud Stickler: *Dalla perdita del padre a un progetto di paternità* e *Lo sviluppo dell'identità paterna di Don Bosco*.

34 Della madre di Don Bosco è attualmente in corso la causa di beatificazione. Nata a Capriglio, comune di Asti, il 1 aprile 1788, Margherita Occhiena morirà all'oratorio di Valdocco a Torino il 25 novembre del 1856, dopo aver condiviso per circa dieci anni la missione del figlio. Giovan Battista Lemoyne ne raccontò la vita già nel 1886 nel libretto *Scene morali di famiglia esposte nella vita di Margherita Bosco. Racconto ameno ed edificante*. Alcune altre biografie sono state scritte, in questi anni, generalmente con intenti edificanti. Tra le altre segnaliamo: A. HENRION, *Mamma Margherita*; M. BENZIGER, *Mamma Margherita*; A. FANTOZZI, *Mamma Margherita*; O. VENTURUZZO, *A mãe de Dom Bosco*; P. LAPPIN, *Sunshine in the shadows*; J. AUBRY, *Mamma Margherita*.

35 La prima edizione, dal titolo *Don Bosco*, venne pubblicata nel 1929 in danese dalla Gyldendaskle Boghandel. L'anno successivo la SEI di Torino pubblicherà la traduzione italiana curata dal salesiano Don Antonio Coiazzi; la nostra citazione è presa da questa edizione del 1930 alla pagina 19.

36 Il testo già citato di Don Aldo Fantozzi, *Mamma Margherita*, dedica un capitolo a questo particolare aspetto della vita di Margherita Occhiena e lo intitola: *Una mamma catechista* (49-56).

piccolino mi insegnò Ella stessa le preghiere; appena divenuto capace di associarmi co' miei fratelli, mi faceva mettere con loro ginocchioni mattino e sera e tutti insieme recitavamo le preghiere in comune colla terza parte del Rosario. Mi ricordo che Ella stessa mi preparò alla prima confessione, mi accompagnò in chiesa; cominciò a confessarsi ella stessa, mi raccomandò al confessore, dopo mi aiutò a fare il ringraziamento[37].

Le *Memorie Biografiche* in varie occasioni ce la descrivono come donna di grandi virtù umane e di profondo spirito di *pietà*. «Tanta generosità di cuore in Margherita — afferma Don Lemoyne — non deve far meraviglia, poiché essa era donna di continua preghiera. Nell'uscire di casa per andare al lavoro, nel ritornare dalla campagna, in mezzo alle sue faticose occupazioni, recitava e ripeteva il santo rosario»[38]. «Donna ammirabile, perché informata dallo spirito di preghiera che è maestro di sapienza agli umili ed anche agli ignoranti delle scienze umane, Margherita pregava sempre»[39]. «Oltre le orazioni prescritte dall'usanza, che recitava in ginocchio col massimo raccoglimento, lungo la giornata, in mezzo alle più svariate occupazioni, continuava a labbreggiare parole di affetto verso Dio»[40].

L'esperienza religiosa di Don Bosco, pertanto, ha le sue radici profonde in questa catechesi familiare e quotidiana, costruita sulla testimonianza e sull'esempio prima ancora che sui «dogmi» di una dottrina trasmessa.

Ma è possibile ricostruire anche alcuni dei contenuti fondamentali di tale catechesi?

Una strada percorribile potrebbe essere quella di studiare il testo di alcuni catechismi in uso nelle diocesi del Piemonte all'inizio dell'ottocento e, in particolare del catechismo preparato per la diocesi di Mondovì da Mons. Michele Casati nel 1765; tale catechismo, infatti, venne adottato da parecchi vescovi piemontesi e introdotto nella diocesi di Torino (di cui Castelnuovo d'Asti iniziò a far parte nel 1817) da Mons. Vittorio Gaetano Maria Costa[41].

Questi catechismi avevano evidentemente lo scopo di rendere più accessibile la dottrina cristiana. La struttura dialogata, il linguaggio semplice e la ripetizione mnemonica ne rendevano facile l'assimilazione

---

[37] MO 33-34.
[38] MB I, 157.
[39] MB III, 376.
[40] MB I, 90.
[41] Cf. P. BRAIDO, *L'inedito «Breve catechismo»*, 8.

CAP. III: ALLE SORGENTI DELL'ESPERIENZA SPIRITUALE

anche nell'ambiente rurale, sovente composto da analfabeti[42].
Scrive a questo proposito Aldo Fantozzi:

> Nel 1765 il vescovo di Mondovì, mons. Michele Casati, pubblicava un suo catechismo: fu un testo fortunato, perché diversi vescovi lo adottarono nelle loro diocesi. A Torino fu stampato nel 1787, adottato e completato da mons. Costa, vescovo di Casale.
> Mamma Margherita apprese, in gioventù, nella sua parrocchia di Capriglio, il Catechismo dai formulari a domanda e risposta con il ripeterli più volte, in modo corale, a voce alta, fino a fissarli nella memoria.
> La materia catechistica, insegnata da Margherita ai suoi figli, si ritrova nel testo del Casati (cf. MB I, 44).
> Margherita tramandava la sua solida fede attraverso questa scuola di famiglia, assieme al sentimento del divino che i figli respiravano nella vastità della creazione, nella voce profonda della coscienza, nello stupore delle notti stellate[43].

È lo stesso Don Bosco a testimoniare:

> Io era all'età di anni undici quando fui ammesso alla prima comunione. Sapevo tutto il piccolo catechismo, ma per lo più niuno era ammesso alla comunione se non ai dodici anni. Io poi per la lontananza dalla chiesa, era sconosciuto al parroco, e doveva quasi esclusivamente limitarmi alla istruzione religiosa della buona genitrice. Desiderando però di non lasciarmi andare più avanti nell'età senza farmi praticare quel grande atto di nostra santa religione, si adoperò Ella stessa a prepararmi come meglio poteva e sapeva. Lungo la quaresima mi inviò ogni giorno al catechismo, di poi fui esaminato, promosso e si era fissato il giorno in cui tutti i fanciulli dovevano fare pasqua.
> In mezzo alla moltitudine era impossibile di evitare la dissipazione. Mia madre studiò di assistermi più giorni; mi aveva condotto tre volte a confessarmi lungo la quaresima. Giovanni mio, disse ripetutamente, Dio ti prepara un gran dono; ma procura prepararti bene, di confessarti, di non tacer alcuna cosa in confessione. Confessa tutto, sii pentito di tutto, e prometti a Dio di farti più buono in avvenire. Tutto promisi; se poi sia stato fedele, Dio lo sa. A casa mi faceva pregare, leggere un buon libro, dandomi que' consigli che una madre industriosa sa trovare opportuni pe' suoi figliuoli.
> Quel mattino non mi lasciò parlare con nissuno, mi accompagnò alla sacra mensa e fece meco la preparazione ed il ringraziamento, che il Vicario

---

[42] La stessa Margherita Occhiena era analfabeta, come è facile provare a partire dai documenti ufficiali dove, accanto al suo nome, figura sempre la croce prescritta a chi non sa apporre la propria firma (cf. A. FANTOZZI, *Mamma Margherita*, 49).

[43] A. FANTOZZI, *Mamma Margherita*, 51-52.

Foraneo, di nome Sismondi, con molto zelo faceva a tutti con voce alta ed alternata. In quella giornata non volle che mi occupassi in alcun lavoro materiale, ma tutta l'adoperassi a leggere e a pregare[44].

Il 3 dicembre del 1843 Mons. Luigi Fransoni, arcivescovo di Torino, riprodurrà questo catechismo del Casati promulgando il *Compendio della dottrina cristiana ad uso della diocesi di Torino*[45].

Nelle pagine di questi catechismi, dunque, è possibile trovare le «fonti» dell'esperienza spirituale di Don Bosco, della sua concezione di Dio, della sua religiosità. È quanto ha sottolineato Don Braido affermando:

> Chi volesse approfondire le «fonti» della mentalità religiosa di Don Bosco e della sua spiritualità (e quindi anche della sua pedagogia) difficilmente potrà esagerare l'influsso esercitato dal «Breve catechismo», che egli apprese a viva voce dalla madre e dai sacerdoti suoi primi educatori religiosi. Nell'infanzia, nella fanciullezza e nell'adolescenza i contenuti di questo elementare e fondamentale vademecum di ogni buon cristiano del tempo incidono fortemente sullo stile di pensiero e di vita di lui come catechizzando e come catechista: tanto da determinare l'orientamento dell'intera sua esistenza.
>
> Non è, quindi, di secondaria importanza per la conoscenza del suo volto interiore studiare le varie modalità di rapporto con questa realtà, senza escluderne anche le più modeste espressioni[46].

Il contatto con questi semplici testi di pedagogia alla fede lascia emergere, in prima istanza, la centralità dell'idea di Dio *onnipresente*[47].

---

[44] MO 42-43.

[45] Qualche anno più tardi, a don Bosco parve, comunque, che nemmeno il catechismo promulgato da Franzoni potesse essere messo *sic et simpliciter* nelle mani dei suoi ragazzi, e si decise a compilare un catechismo rimasto inedito, dal titolo *Breve catechismo pei fanciulli ad uso della Diocesi di Torino Preceduto dalle Preghiere del mattino e della sera, da un compendio di Storia Sacra e da un Sunto di catechismo per quelli che si dispongono a ricevere il Sacramento della cresima, della confessione e comunione*. Afferma Don Pietro Braido, che ha curato l'edizione critica di questo manoscritto: «Di Don Bosco non è il *Breve catechismo* (che rimane quello diocesano), ma quanto avrebbe dovuto precederlo e cioè: le preghiere del mattino e della sera – un *Compendio di Storia Sacra pei fanciulli* – un riassunto del Catechismo breve della diocesi in preparazione ai tre sacramenti della fanciullezza e della prima adolescenza (cresima, confessione e comunione). Di seguito sarebbe stato stampato il testo immutato del *Breve catechismo* diocesano (più per rispetto formale che in base ad una effettiva necessità, dal momento che quanto lo avrebbe preceduto rispondeva esattamente ai medesimi scopi)» (P. BRAIDO, *L'inedito «Breve catechismo»*, 8).

[46] P. BRAIDO, *L'inedito «Breve catechismo»*, 22.

CAP. III: ALLE SORGENTI DELL'ESPERIENZA SPIRITUALE 85

Dall'educazione religiosa della madre il piccolo Giovanni apprese dunque una visione della vita e della Provvidenza divina capace di leggere gli avvenimenti quotidiani alla luce del mistero di un Dio costantemente presente nella storia degli uomini. Afferma Don Stella: «Dio per Giovannino dovette essere Colui che la mamma sommamente rispettava, anche se invisibile [...]; nel quale ella aveva confidenza illimitata e indiscussa, perché era padre buono e provvidente, che dava il pane quotidiano e tutto il necessario»[48].

Questa visione della vita fortemente centrata sulla *presenza* continua e amorevole di Dio rappresenta il presupposto, la condizione necessaria per radicare la personalità del contemplativo, di chi vive costantemente in unione di affetti e di volontà con l'Assoluto.

3.2 *Le Memorie dell'Oratorio di San Francesco di Sales*

Uno dei principali punti di riferimento in nostro possesso, in relazione al periodo dell'infanzia e della fanciullezza del santo, è costituito dal racconto da lui stesso fatto, a distanza di più di cinquant'anni dai primi avvenimenti narrati, nelle *Memorie dell'Oratorio di San Francesco di Sales*[49].

Il resoconto di quegli anni sfugge certamente ai rigidi criteri dell'indagine storica; alcune date risultano approssimate[50], alcuni avvenimenti

---

[47] Cf. A. FANTOZZI, *Mamma Margherita*, 52.

[48] P. STELLA, *Don Bosco nella storia*, I, 27.

[49] La datazione dei due manoscritti delle *Memorie dell'Oratorio*, comprendenti nove quaderni di cui i primi tre quasi interamente scritti e ricorretti da Don Bosco e i secondi sei copia dei primi tre fatta dal segretario Don Gioacchino Berto con correzioni autografe del santo, presenta alcuni problemi di critica interna. In ogni caso, comunque, la loro stesura, iniziata nel 1873, si prolunga oltre il 1880 (cf. A DA SILVA FERREIRA, «Introduzione» in G. BOSCO, *Memorie dell'Oratorio*, [1991], 7-11;18-20).

[50] Le prime difficoltà nascono già nel determinare la data di nascita. «Il giorno consacrato a Maria Assunta in Cielo fu quello della mia nascita l'anno 1815 in Murialdo Borgata di Castelnuovo d'Asti» (MO 30). Si tratta dunque del 15 di agosto, festa dell'Assunta? Don Bosco non lo afferma qui esplicitamente ma lo afferma uno dei suoi segretari, Don Bonetti, nel 1879 (e, dunque, vivente Don Bosco) nella *Storia dell'Oratorio* publicata nel *Bollettino Salesiano*, come la biografia del Du Boys nel 1883 (cf. A. DU BOIS, *Dom Bosco et la Pieuse Société des Salésiens*, 2) e la sua traduzione italiana, curata l'anno successivo da G. Novelli ed edita a San Benigno Canavese nella tipografia salesiana. Eppure nel registro dei battesimi della parrocchia Sant'Andrea Apostolo di Castelnuovo è scritto: «Die decima septima Augusti 1815 – BOSCO JOHANNES MELCHIOR, filius Francisci Aloysii ac Margaritae Ochiena, jugalium Bosco, heri vespere natus et hoc vespere solemníter baptizatus ab adm. R.do

vanno, senza dubbio, interpretati al di dentro del particolare genere letterario e delle intenzioni del narratore.

La narrazione si sviluppa come un racconto autobiografico, una «storia» delle origini dell'oratorio[51], data come testimonianza alla nascente congregazione perché la memoria dell'intervento provvidente di Dio nel passato possa guidare il presente ed il futuro. Il racconto è di carattere edificante e sarebbe pertanto ingenuo sia accettarne «alla lettera» tutti i particolari sia, ugualmente, giudicarlo con i rigidi criteri della storiografia.

L'aspetto più importante dell'opera, come ha sottolineato Don Braido[52], è probabilmente il suo essere un «documento storico» da collocare al termine dell'esperienza umana e spirituale di Don Bosco, come *memoria* e *progetto* per la nascente congregazione[53].

In tante pagine esso appare chiaramente «racconto ameno», che ha per protagonista un ragazzo precoce, saltimbanco, narratore, studente intelligente e sveglio, che diventa sacerdote altrettanto «sognatore», coinvolto nelle vicende drammatiche e a lieto fine del suo Oratorio. Per altri aspetti lo scritto vuol essere in qualche modo rievocazione narrativa del passato intenta a vedere nello svolgersi dei fatti una Provvidenza benevola e tempestiva. Più evidente, poi, appare la preoccupazione di descrivere, sia pure «poeticamente», l'origine, il divenire e il costituirsi di un'esperienza spirituale e pedagogica tipica, che sotto la formula «oratoriana» è presentata come l'approccio più funzionale e produttivo ai giovani dei tempi nuovi.

Quest'ultimo ci sembra essere il punto di vista adottato in forma assolutamente preminente dall'Autore, intenzionato a trasmettere tale esperienza vissuta come programma di vita e di azione ai continuatori.

Dom. Josepho Festa V.C. Patrini fuere Melchior Ochiena loci Caprilii et Magdalena Bosco, vidua quondam Secundi Ochiena, huius loci. – Joseph Sismondo Praep.us Vic. For.» (dal Registro dei battesimi dell'Archivio parrocchiale di S. Andrea Apostolo in Castelnuovo d'Asti – Anno 1815). Dunque Don Bosco sarebbe nato il 16 e non il 15 di agosto; diciamo sarebbe perché non è possibile escludere, a priori, un errore nella trascrizione. In ogni caso il racconto di Don Bosco non è privo di alcune imprecisioni cronologiche, che gli storici hanno cercato di evidenziare. Si veda, a titolo di esempio, F. DESRAMAUT, *Don Bosco en son temps*, alle pagine 14-15. Sulla questione della data di nascita una breve sintesi della questione con una prospettiva di soluzione si trova in N. CERRATO, *Don Bosco e il suo mondo*, 171-177.

[51] La narrazione abbraccia il periodo dal 1815 (nascita) sino alla fine del 1854.

[52] Don Pietro Braido, salesiano, uno dei più importanti studiosi del sistema preventivo di Don Bosco, ha pubblicato in questi anni volumi e articoli, tradotti in diverse lingue, e ha curato numerose edizioni critiche.

[53] Cf. P. BRAIDO, «"Memorie" del futuro», 97-127.

CAP. III: ALLE SORGENTI DELL'ESPERIENZA SPIRITUALE

Con questa operazione egli anticiperebbe in modo più flessibile e variopinto, vivacemente «narrativo», le scarne formulazioni delle pagine del sistema preventivo nella educazione della gioventù del 1877, più vicine allo stile «collegiale»[54].

Dallo stesso autore delle *Memorie dell'Oratorio*, del resto, apprendiamo:

> A che dunque potrà servire questo lavoro? Servirà di norma a superare le difficoltà future, prendendo lezione dal passato; servirà a far conoscere come Dio abbia egli stesso guidato ogni cosa in ogni tempo; servirà ai miei figli di ameno trattenimento, quando potranno leggere le cose cui prese parte il loro padre, e le leggeranno assai più volentieri quando, chiamato da Dio a rendere conto delle mie azioni, non sarò più tra loro.
> Avvenendo d'incontrare fatti esposti forse con troppa compiacenza e forse con apparenza di vanagloria, datemene compatimento. È un padre che gode di parlare delle cose sue a' suoi amati figli, i quali godono pure nel sapere le piccole avventure di chi li ha cotanto amati, e che nelle cose piccole e grandi si è sempre adoperato di operare a loro vantaggio spirituale e temporale [...].
> Quando poi, o figli miei, leggerete queste memorie dopo la mia morte; ricordatevi che avete avuto un padre affezionato; il quale prima di abbandonare il mondo ha lasciate queste memorie come pegno della paterna affezione; e ricordandovene pregate Dio pel riposo eterno dell'anima mia[55].

Questo racconto edificante, destinato a far comprendere *come Dio abbia egli stesso guidato ogni cosa in ogni tempo*, proprio perché scritto in età matura e con l'espressa intenzione di *superare le difficoltà future prendendo lezione dal passato*, ci trasmette anche, direttamente o indirettamente, quella «esperienza dello spirito trasmessa ai propri discepoli per essere da questi vissuta, custodita, approfondita e costantemente sviluppata»[56]; è una «storia» che diviene in qualche modo paradigma, guida, punto costante di riferimento e che potrebbe tradursi in un insieme di «criteri» per verificare la fedeltà al *carisma di fondazione*.

3.3 *Un criterio generale per rileggere gli «scritti spirituali»*

Le ultime considerazioni fatte ci spingono a mettere a fuoco, a questo punto del nostro studio, un criterio generale per leggere non solo le

---
[54] P. BRAIDO, «"Memorie" del futuro»,, 97.
[55] MO 30.
[56] Cf. *Mutuae Relationes* 11.

pagine delle *Memorie dell'Oratorio* ma anche altri scritti del fondatore.

Già nel 1965 lo stesso Don Braido, a proposito delle *Memorie*, aveva affermato:

> Gli avvenimenti descritti e le cose narrate sono realtà vissute; ma, con tutta probabilità, non con quella pienezza di significati e quella visione organica, che conferisce loro l'attuale consapevolezza dell'Autore, giunto alla maturità dei progetti e delle realizzazioni. Quando scriveva Don Bosco era già sui 58-60 anni e riesumava vicende passate alla luce di positivi traguardi raggiunti e in funzione di orientamenti e direttive per il futuro. È naturale che nel rifare la cronaca delle sue prime esperienze pastorali e educative interferiscano tra loro e si sovrappongano continuamente tre piani cronologici e psicologici: i fatti e le intuizioni di allora e la matura coscienza del loro significato in un presente che li vede precisati, ingranditi e arricchiti attraverso i difficili, più chiari e compiuti *sviluppi successivi*, e in un futuro da garantire e organizzare. Da un punto di vista puramente storico tutto ciò potrà creare problemi. Ma dal punto di vista di una ricostruzione fedele e complessiva del «sistema» di azione religiosa, sociale e educativa, nei suoi elementi definitivi, costituisce addirittura un enorme vantaggio. Le Memorie si distinguono più nettamente da una «cronaca familiare» per farsi documento riflesso, riassuntivo e programmatico[57].

Questo medesimo criterio di lettura, come diremo, può essere applicato, ad esempio, anche alle numerose «biografie» che contengono certamente anche alcuni elementi storici, ma che ci forniscono soprattutto l'universo dei «significati» di Don Bosco e gli elementi del *progetto* di vita cristiana che egli indica «ai suoi figli».

Don Bosco, quando scrive, ha un solo obiettivo: il «vantaggio della religione»[58]: è questo il criterio generale che occorre avere dinanzi nell'accostare i suoi scritti che, da questo punto di vista, possono tutti essere definiti «spirituali».

È del tutto alieno dalla sua mentalità ogni interesse letterario o scientifico. È per questo che non fa alcuno sforzo per essere «originale» se non lì dove intravede una nuova possibilità di fare del bene. Molti dei suoi scritti sono di indole «compilativa», alcuni altri sono parenetici o costruiti secondo i modelli agiografici del tempo, altri, in qualche parte, non del tutto fedeli alla storia.

Ciononostante questo notevole patrimonio, se riletto pazientemente,

---

[57] G. BOSCO, *Scritti sul sistema preventivo*, 4.
[58] L'osservazione è di Don Raffaele Farina nel suo contributo «Gli scritti di Don Bosco», 335.

ci restituisce il suo universo spirituale e ci consente anche di superare la sua riservatezza nell'esprimere i propri, personali sentimenti religiosi e di intravedere, anche se in modo indiretto, i tratti della sua esperienza religiosa.

Dai suoi scritti è possibile, inoltre, fare emergere gli elementi di quella *spiritualità* che delinea i tratti caratteristici del progetto di vita cristiana da lui pensato per la congregazione salesiana, anche in assenza di una vera e propria trattazione diretta e sistematica del fondatore. Come diremo più avanti, Don Bosco non è un teorico, non ha scritto trattati, non ci ha lasciato riflessioni sistematiche. Il suo stesso metodo pedagogico viene «costruito» a partire da poche pagine scritte, ma soprattutto grazie ad una riflessione sul vissuto della sua ricca esperienza di educatore, fatta successivamente dagli studiosi di teorie pedagogiche.

Analogamente possiamo affermare che Don Bosco non è un *teologo*, almeno secondo la concezione moderna del termine. Egli non ha scritto un trattato sulla preghiera, sull'orazione mentale o sulla spiritualità della congregazione da lui fondata; eppure egli è certamente all'origine di una «corrente», di un movimento spirituale, è depositario di un particolare *carisma*; su questo *vissuto spirituale* è necessario fondare una riflessione sistematica capace di riscrivere, in modo organico, la spiritualità del fondatore.

3.4 *Educazione alla preghiera*

Ci chiediamo a questo punto, più direttamente: quali elementi ci fornisce il racconto di Don Bosco in relazione al tema del nostro studio e allo sviluppo della sua esperienza religiosa, limitatamente ai racconti sul periodo della fanciullezza?

Un primo elemento, di carattere molto generale, è costituito dalla chiara percezione, che lo scrivente ha e che cerca di trasmettere ai suoi «figli», dell'intervento costante e misterioso[59] di Dio nella sua vita; il racconto di Don Bosco ci svela la coscienza riflessa di una vita «raccolta», fin dall'infanzia, sulla *esperienza religiosa*.

Un altro elemento più specifico è il ricordo di una prima formazione alla meditazione quotidiana, fatta sotto la guida di Don Giovanni Calosso, cappellano di Morialdo, centro a pochi chilometri da Castelnuo-

---

[59] Ci riferiamo, in particolare, al noto *sogno dei nove anni* che «gli rimase profondamente impresso per tutta la vita» (MO 34-37) e nel quale egli percepì i segni di una comunicazione divina sulla sua futura missione.

vo[60]. Racconta Don Bosco:

> Io mi sono tosto messo nelle mani di D. Calosso, che soltanto da alcuni mesi era venuto a quella cappellania. Gli feci conoscere tutto me stesso. Ogni parola, ogni pensiero, ogni azione eragli prontamente manifestata. Ciò gli piacque assai, perchè in simile guisa con fondamento potevami regolare nello spirituale e nel temporale.
> Conobbi allora che voglia dire avere una guida stabile, di un fedele amico dell'anima, di cui fino a quel tempo era stato privo. Fra le altre cose mi proibì tosto una penitenza, che io era solito di fare, non adattata alla mia età e condizione. M'incoraggì a frequentar la confessione e la comunione, e mi ammaestrò intorno al modo di fare ogni giorno una breve meditazione o meglio un po' di lettura spirituale. Tutto il tempo che poteva nei giorni festivi lo passava presso di lui. Ne' giorni feriali, per quanto poteva, andava servirgli la santa messa. Da quell'epoca ho cominciato a gustare che cosa sia vita spirituale, giacché prima agiva piuttosto materialmente e come macchina che fa una cosa, senza saperne la ragione[61].

Il racconto di Don Bosco può essere letto, per quanto abbiamo precedentemente affermato, secondo differenti «livelli» o «piani cronologici»[62]. In ogni caso esso ci rivela, oltre alla importanza data da Don Bosco adulto alla direzione di coscienza e alla educazione personale alla preghiera, la chiara consapevolezza della distinzione esistente tra *lettura spirituale* e *meditazione*[63]. Inoltre esso evidenzia la coscienza dell'importanza di un itinerario che porti da una vita di pietà fatta di pie pratiche o di buone tradizioni ad una coscienza riflessa che diviene capace di «gustare che cosa sia vita spirituale».

---

[60] La data di arrivo di Don Giovanni Melchiorre Calosso a Morialdo è incerta; l'ipotesi Di Don Pietro Stella è che si tratti del 1829 e non del 1826 come sembrerebbe affermare Don Bosco (cf. MO 44-45). Si veda, in relazione alla ricostruzione cronologica di questo periodo della fanciullezza di Don Bosco, J. KLEIN – E. VALENTINI, *Una rettificazione cronologica*, 581-610. Il Calosso (1760-1830) morirà improvvisamente, con grande costernazione del quindicenne Giovanni Bosco (cf. MO 50-51). Per qualche notizia sulla vita e la personalità di questo benefattore di Don Bosco si veda A. GIRAUDO, *Clero, seminario e società*, 42-44.

[61] MO 47.

[62] Cf. G. BOSCO, *Scritti sul sistema preventivo*, 4.

[63] Questa distinzione di Don Bosco ci servirà più avanti, insieme ad altri elementi più rilevanti, per mettere in discussione alcune interpretazioni per noi riduttive del primo testo costituzionale e delle indicazioni date alla Congregazione Salesiana sulla importanza della meditazione, che Don Bosco distingueva consapevolmente dalla lettura spirituale.

3.5 *Lavoro e preghiera*: *il primo germe di una sintesi vitale*

Gli anni della fanciullezza e dell'adolescenza furono, per Don Bosco come probabilmente per molti dei suoi coetanei nati in una famiglia contadina nelle campagne dell'astigiano, anni di lavoro e di fatica.

Costretto ad allontanarsi da casa all'età di dodici anni per alcuni dissapori con il fratellastro Antonio, Giovanni dovette lavorare come garzone di stalla presso la famiglia Moglia di Moncucco[64], dove egli risiedette per circa venti mesi, a partire dal febbraio del 1828.

Nessun cenno troviamo nelle *Memorie dell'Oratorio* su questo lungo periodo passato dai Moglia[65]. Alcune testimonianze della causa di beatificazione ci consentono, però, di immaginare, già in Giovanni Bosco adolescente, la capacità di congiungere in modo vitale il lavoro e la preghiera. Così testimoniò Giorgio Moglia[66]:

> Dalla mia zia Anna seppi che il giovane Bosco era intento alla preghiera, anche quando era occupato a pascolare il gregge in campagna. Ricordo ancora che il giovane Bosco, essendo già chierico, io era andato alla sua casa, e vi rimasi per circa tre mesi, e dormivamo insieme. Prima di addormentarci mi faceva pregare e mi dava buoni consigli[67].

E alcuni anni dopo il medesimo testimone affermerà:

> Ricordo inoltre per averlo sentito raccontare in famiglia che una volta il mio prozio Giuseppe venendo a casa sul mezzodì stanco ed affaticato colla zappa in spalla, osservò il ragazzo Bosco inginocchiato sul primo gradino di una scala a piuoli; ciò vedendo mio prozio esclamò: «Oh guarda io sono stanco che non ne posso più e tu stai lì a pregare, a dir la preghiera del mezzogiorno». Il ragazzo pronto rispose: «Forse ho guadagnato più io pregando in due minuti, che voi tutta la mattina zappando»[68].

Ancha una testimonianza di Don Lemoyne ci restituisce la medesima caratteristica del giovane Bosco:

---

[64] La località si trova a circa otto chilometri dai Becchi, presso Capriglio, paese di origine di Margherita Occhiena.

[65] È difficile stabilire il motivo di tale silenzio, sul quale alcuni storici si sono interrogati. Si veda, ad esempio, F. DESRAMAUT, *Don Bosco en son temps*, 38, nota 88.

[66] Giorgio Lorenzo Maria Moglia, figlio di Luigi Moglia, «datore di lavoro» di Giovanni Bosco, era nato il 2 ottobre del 1825; non aveva dunque neanche tre anni al tempo dell'arrivo di Don Bosco a Moncucco. La sua testimonianza al processo si basa sui ricordi e gli aneddoti uditi dai genitori e da altri familiari.

[67] *Positio super introductione causae*, [1907], 10.

[68] *Positio super virtutibus*, [1923], 51.

Giovanni Moglia cognato della padrona, lo sorprese un giorno inginocchiato sotto la sferza del sole, in mezzo ad un prato, immobile, colla faccia rivolta al cielo, gli occhi chiusi ed in alto, così pieno di grazia che ne rimase stupito. Lo chiamò più volte per nome, ma vedendo che non si moveva, lo scosse. — Perchè dormi al sole? — Giovanni si alzò tutto confuso e rispose: — No, io non dormiva. — Infatti teneva in mano un libro di devozione[69].

Quella particolare solitudine cui costringe la vita dei campi e la professione di pastore sembrava essere, per il giovane Bosco, un'occasione privilegiata per il raccoglimento. «Il mio nonno Matta Secondo, ora defunto — testimoniò Don Secondo Marchisio[70] — mi assicurava ripetutamente, ed anche sul letto di morte, che le loro madri portavano come ad esempio Giovanni Bosco, specialmente per la preghiera e l'ubbidienza»[71]. «Soleva ritirarsi all'ombra delle siepi e dei salici per leggere, pregare e studiare. Ciò mi assicurò la mia cugina Rosa Cagliero, nata Febbraro, conterranea del servo di Dio, la quale veniva pregata di custodire le sue vacche per potere maggiormente starsene raccolto e studiare o pregare»[72].

È certamente possibile che questi racconti dell'infanzia si siano arricchiti, con il passare degli anni e con il crescere della popolarità di Don Bosco, di alcuni elementi narrativi o «mitici»; è certo, comunque, che la posizione dell'adolescente Bosco differiva da quella di un qualsiasi garzone di stalla. Il suo spirito di pietà, il gusto per la lettura, la propensione già apertamente manifestata per la vita ecclesiastica, giustificano il permesso ottenuto dai Moglia di recarsi da solo, al mattino della domenica, alla prima messa nella chiesa di Moncucco, dove il prevosto Don Francesco Cottino ne sollecitò la frequenza settimanale ai sacramenti della Penitenza e della Eucarestia e il privilegio a lui con-

---

[69] *Responsio ad novas animadversiones*, [1926], 58.

[70] Don Secondo Marchisio, salesiano, testimoniò già nel 1891 al processo informativo diocesano, all'età di 35 anni. Nativo di Castelnuovo d'Asti, arricchì la sua personale testimonianza con alcuni ricordi raccolti nel suo ambiente familiare. Ci informa Don Ceria: «Il castelnovese Don Secondo Marchisio trascorse tredici anni continui nell'Oratorio al tempo di Don Bosco, dopo la sua morte si aggirò per le terre che circondano i Becchi, visitando quanti avevano veduto Don Bosco o sentito parlare di lui nelle loro famiglie e raccogliendo notizie, ricordi, aneddoti da servire alla sua biografia» (MB XVIII, 577-578).

[71] *Responsio ad novas animadversiones*, [1926], 57.

[72] *Responsio ad novas animadversiones*, [1926], 57.

cesso di guidare il rosario che la famiglia Moglia recitava ogni giorno dinanzi ad un'immagine dell'Addolorata[73].

Anni importanti, dunque, nei quali l'esperienza spirituale matura e si radica in profondità. Così li descrive, in una efficace sintesi, lo storico Don Stella:

> Furono dunque anni non inutili, non di parentesi, nei quali si radicò più profondo in lui il senso di Dio e della contemplazione, a cui poté introdursi nella solitudine o nel colloquio con Dio durante il lavoro dei campi. Anni che si possono definire di attesa assorta e supplichevole: di attesa da Dio e dagli uomini; anni in cui forse è da collocare la fase più contemplativa dei suoi primi lustri di vita, quella in cui il suo spirito dovette essere più disposto ai doni della vita mistica sgorgante dallo stato di orazione e di speranza[74].

Furono queste esperienze «contemplative» che permisero a Don Bosco, molti anni dopo, di «riconoscere» nei lunghi «rapimenti» del Savio che rimaneva «in orazione, o meglio, in contemplazione della divina bontà che in modo ineffabile comunica agli uomini i tesori della sua infinita misericordia»[75], il dono della *orazione mentale infusa o passiva*?

Non ci è dato di saperlo.

Rimane il fatto che Don Bosco per tutta la vita mostrò di saper riconoscere tutto quanto manifesta un distacco dalle creature, uno stato di perfezione, un assorbimento in Dio. Sottolinea ancora Don Stella:

> Se pertanto non ci confida sue personali esperienze di «raccoglimento» e di stato unitivo e presenziale, se anche non ci dà una teoria sulla orazione unitiva e sulla contemplazione, nondimeno ci si dimostra disposto a spiegare come unione e come compresenza amorosa certi stadi di vita spirituale riscontrati in persone con le quali convisse[76].

4. Adolescenza e giovinezza: la stagione delle scelte

Dall'età di sedici sino a quella di ventisei Don Bosco visse prevalentemente nella cittadina di Chieri, a circa sedici chilometri da Torino,

---

[73] La attendibilità di questi ultimi elementi non è messa in discussione dagli storici. Cf. P. STELLA, *Don Bosco nella storia*, I, 35-36; F. DESRAMAUT, *Don Bosco en son temps*, 26-28.

[74] P. STELLA, *Don Bosco nella storia*, I, 36.

[75] L'espressione è dello stesso Don Bosco in G. BOSCO, *Vita del giovanetto Domenico Savio*, 71.

[76] P. STELLA, *Don Bosco nella storia*, II, 47.

prima come studente nella scuola pubblica e, a partire dal 1835, come chierico e seminarista[77].

Il periodo della adolescenza e della giovinezza, che precedette il suo ingresso in seminario, rappresenta, per Don Bosco come per la maggior parte degli uomini, la stagione del vero e proprio discernimento sul proprio progetto di vita.

Un ruolo fondamentale ebbero, in questa «fase» dell'esperienza umana e spirituale di Giovanni Bosco, alcune significative amicizie, che influenzarono certamente la sua formazione e le sue scelte.

4.1 *Amicizie spirituali a Chieri*

Il periodo dal 1831 al 1835 è sereno, segnato dai buoni successi scolastici e dalla stima dei professori e dall'amicizia di molti buoni compagni[78]. In relazione ai primi due anni trascorsi a Chieri, Don Bosco ne ricorda due in particolare: Gugliemo Garigliano e Vittorio Braja[79].

> Essi partecipavano volentieri alla onesta ricreazione — racconta Don Bosco — ma in modo che la prima cosa a compiersi fossero sempre i doveri di scuola. Amavano ambidue la ritiratezza e la pietà, e mi davano costantemente buoni consigli. Tutte le feste dopo la congregazione del collegio, andavamo alla chiesa di S. Antonio dove i Gesuiti facevano uno stupendo catechismo[80], in cui raccontavansi parecchi esempi che tuttora ricordo.
>
> Lungo la settimana poi la Società dell'Allegria[81] si raccoglieva in casa di uno de' soci per parlare di religione. A questa radunanza interveniva libera-

---

[77] Su questo lungo periodo trascorso a Chieri si veda, in particolare, S. CASELLE, *Giovanni Bosco a Chieri*. Questa monografia è arricchita da parecchi documenti storici e fotografici.

[78] Cf. P. STELLA, *Don Bosco nella storia*, I, 42-43.

[79] Guglielmo Garigliano sarà compagno di Don Bosco anche in seminario e al Convitto Ecclesiastico; Paolo Vittorio Braja invece, morirà prematuramente nell'estate del 1832 (cf. P. STELLA, *Don Bosco nella storia*, I, 48).

[80] Ci informa Secondo Caselle: «Lo «stupendo catechismo» era tenuto per la popolazione, nel pomeriggio dei giorni festivi dal Padre Isaja Carminati, bergamasco, nato il 12 gennaio 1798. Era giunto a Chieri all'inizio dell'anno scolastico 1831-1832 e fino al 1836, nella Casa di Noviziato di Chieri (Casa S. Antonio) oltre all'insegnamento di lettere agli scolastici gesuiti, era anche *praefectus catechismi*, cioè dirigeva il catechismo nella Chiesa di S. Antonio. Nel 1837-38 è ancora a Chieri come professore e ministro della Casa; non più come catechista. In questo ufficio gli successe nel 1837 il P. Lorenzo Mainardi e nel '38 il P. Andrea Zuccherini» (S. CASELLE, *Giovanni Bosco a Chieri*, 50).

[81] È questo il nome della piccola associazione formatasi tra i compagni già nell'anno scolastico 1831-32 (cf. MO 61; P. STELLA, *Don Bosco nella storia*, I, 48).

mente chi voleva. Garigliano e Braje erano dei più puntuali. Ci trattenevamo alquanto in amena ricreazione, in pie conferenze, letture religiose, preghiere, nel darci buoni consigli, e nel notarci quei difetti personali, che taluno avesse osservato, o ne avesse da altri udito a parlare[82].

Altre due importanti amicizie, maturate negli anni immediatamente successivi, furono quelle con l'ebreo Giona[83] e con Luigi Comollo, che gli sarà compagno anche nel seminario di Chieri sino al 1839, anno della sua prematura scomparsa[84].

La giovinezza di Don Bosco a Chieri, nel collegio come successivamente nel seminario, è spiritualmente segnata da queste amicizie profonde. Don Bosco si circonda di giovani che amano la preghiera e le virtù. «Ces pieux et vertueux camarades — afferma Francis Desramaut — prodiguaient à Giovanni Bosco conseils, encouragements et bons exemples. L'affection qu'il leur portait l'entraînait à les écouter, à les admirer et à les imiter. Les amitiés du clerc Bosco étaient authentiquement spirituelles»[85].

L'educazione religiosa del collegio era regolata dall'ordinamento regio promulgato da Carlo Felice il 23 luglio del 1822. Così Secondo Caselle ci descrive la vita spirituale degli studenti di Chieri:

> La mattina dei giorni feriali si ascoltava la Santa Messa ed ogni allievo doveva essere fornito di un libro di preghiere e leggerlo divotamente. Al principio della scuola si recitava l'*Actiones* coll'*Ave Maria*, dopo dicevasi l'*Agimus* pure coll'*Ave Maria*. Nel sabato dovevano tutti recitare la lezione del catechismo assegnata dal direttore spirituale, e sul finire della scuola onorare Maria SS. colle *Litanie*.
>
> Nei giorni festivi poi gli allievi erano tutti raccolti nella chiesa della Congregazione. Mentre i giovani entravano, si faceva lettura spirituale, cui seguiva il canto dell'Ufficio della Madonna; di poi la Messa; quindi la spiegazione del Vangelo. La sera catechismo, con l'obbligo ad ogni alunno di rispondere alle interrogazioni fatte dal direttore spirituale, vespro, istruzione. Ciascuno doveva accostarsi ai SS. Sacramenti; e per impedire la trascuratezza di questi importanti doveri erano obbligati a portare una volta al

---

[82] MO 62.

[83] Cf. MO 66-69; sulla probabile identità di questo giovane convertito si veda P. STELLA, *Don Bosco nella storia*, I, 49, nota 68.

[84] Di Luigi Comollo Don Bosco scriverà una biografia che sarà pubblicata per la prima volta anonima nel 1844; su questa biografia torneremo a parlare più avanti per i riflessi che questo scritto giovanile di Don Bosco ha in relazione al tema del nostro studio.

[85] F. DESRAMAUT, *Don Bosco en son temps*, 106.

mese il biglietto di Confessione e a Pasqua il biglietto della Santa Comunione. Chi non avesse adempiuto a quest'obbligo, non era più ammesso agli esami alla fine dell'anno, sebbene fosse dei migliori nello studio. Coloro che il direttore spirituale licenziava dalla Congregazione perché disobbedienti o perché ignoravano il catechismo, erano eziandio espulsi dalle scuole.

Era prescritto un triduo di preparazione alle Feste del Santo Natale, nel quale si tenevano due prediche al giorno, si assisteva alla Santa Messa, si recitava l'Ufficio della Beata Vergine e le preci della novena. Nella quaresima, tutti i giorni di scuola gli studenti dovevano intervenire al catechismo, che precedeva l'ora consueta delle lezioni. Ogni anno, per cinque giorni, dal venerdì detto di Passione al Martedì Santo, tutti insieme si radunavano per gli esercizi spirituali, con due meditazioni e due istruzioni quotidiane, e si poneva termine a questo raccoglimento spirituale colla Comunione pasquale. I singoli giovani dovevano procurarsi la dichiarazione di avere atteso regolarmente a questi esercizi[86].

4.2 *Elezione dello stato di vita ed ingresso in seminario*

In questo ambiente raccolto ed edificante, del quale Don Bosco conservò un ottimo ricordo[87], cresce e matura la consapevolezza, a tratti inquietante, dell'importanza della scelta dello stato. Afferma Don Stella:

> Qualunque opera egli abbia letto (gli *Opuscoli relativi allo stato religioso* di S. Alfonso, che poi adoperò per l'Introduzione alle Regole dei Salesiani; oppure *La strada al santuario mostrata ai chierici* del gesuita Antonio Foresti, ch'egli ebbe certamente tra le mani in Seminario, o la *Guida Angelica*, che usò come fonte per *Il Giovane Provveduto* o *Gesù al cuore del giovane* di Giuseppe Zama-Mellini, che nello stesso *Giovane provveduto* collocò tra i libri da preferire per lettura spirituale, o la *Saggia elezione* del gesuita piemontese Carlo Gregorio Rosignoli), qualunque libro abbia letto, offertogli dall'ambiente subalpino di allora, vi avrebbe trovata espressa la convinzione che lo stato da eleggere è, predisposto da Dio. Convinzione, questa, che saliva dalla più antica riflessione cristiana; che nel medioevo aveva dato luogo a un modo di vedere oggettivista, secondo cui ogni scelta

---

[86] S. CASELLE, *Giovanni Bosco a Chieri*, 53-55.

[87] Afferma egli stesso nelle *Memorie dell'Oratorio*: «Voglio qui notare una cosa che fa certamente conoscere quanto lo spirito di pietà fosse coltivato nel collegio di Chieri. Nello spazio di quattro anni che frequentai quelle scuole non mi ricordo di aver udito un discorso o una sola parola che fosse contro ai buoni costumi o contro alla religione. Compiuto il corso della Retorica, di 25 allievi, di cui componevasi quella scolaresca, 21 abbracciarono lo stato ecclesiastico» (MO 86).

umana si risolveva in adeguazione dell'individuo o della collettività al piano divino. Convinzione che nell'età moderna aveva assunto modalità quasi di angoscia, perché aveva posto in rilievo l'importanza della scelta come adeguazione libera, come prova di fedeltà a Dio, argomento di merito e di salvezza, o di colpa e di condanna eterna[88].

Le *Memorie dell'Oratorio* rivelano quanto sia rimasto vivo, in Don Bosco adulto, il ricordo di un periodo difficile, caratterizzato da una certa ansia, ma anche da un particolare fervore e dalla preghiera supplice. In questo «clima spirituale», nella consapevolezza di Don Bosco adulto, matura la scelta di abbracciare lo stato ecclesiastico e di entrare nel seminario di Chieri. Risolutiva si rivela la decisione di esporre i suoi dubbi all'amico Luigi Comollo.

> Esso — racconta lo stesso Don Bosco — mi diede per consiglio di fare una novena, durante la quale egli avrebbe scritto a suo zio prevosto[89]. L'ultimo giorno della novena in compagnia dell'incomparabile amico ho fatto la confessione e la comunione, di poi udii una messa, e ne servii un'altra in duomo all'altare della Madonna delle Grazie. Andati poscia a casa trovammo di fatto una lettera di D. Comollo concepita in questi termini: — Considerate attentamente le cose esposte, io consiglierei il tuo compagno di soprassedere di entrare in un convento. Vesta egli l'abito chericale, e mentre farà i suoi studi conoscerà vie meglio quello che Dio vuole da lui. Non abbia alcun timore di perdere la vocazione, perciocché colla ritiratezza e colle pratiche di pietà egli supererà tutti gli ostacoli [90].

Il consiglio di Don Comollo viene confortato anche da quello di un giovane sacerdote, studente del Convitto Ecclesiastico di Torino[91] e nato anche lui a Castelnuovo d'Asti, che Don Bosco aveva conosciuto alcuni anni prima: Don Giuseppe Cafasso[92]. I suoi doni di discernimento saranno più volte decisivi nella vita di Don Bosco.

---

[88] P. STELLA, *Don Bosco nella storia*, I, 46.

[89] Si tratta dell'allora prevosto di Cinzano, il sacerdote Giuseppe Comollo.

[90] MO 85. Il racconto di Don Bosco è fedele agli avvenimenti? Anche questa volta non ci è dato di saperlo con certezza; in ogni caso, comunque, è possibile far emergere alcune indicazioni agli altri differenti *livelli* a cui accenna Don Braido. L'elezione dello stato di vita, ci dice Don Bosco, richiede un particolare clima di preghiera e il consiglio di un uomo spirituale.

[91] Vi era entrato come allievo il 28 gennaio 1834 (cf. F. DESRAMAUT, *Don Bosco en son temps*, 70; 80).

[92] Giuseppe Cafasso, nato a Castelnuovo d'Asti il 15 gennaio 1811, era stato ordinato il 15 gennaio 1833. Don Bosco lo aveva conosciuto alcuni anni prima, come

4.3 *La vestizione chiericale*

Nell'ottobre del 1835 Giovanni Bosco si prepara alla vestizione chiericale con la preghiera e il raccoglimento.

> Presa la deliberazione di abbracciare lo stato ecclesiastico e subitone il prescritto esame andavami preparando a quel giorno di massima importanza, perciocché era persuaso che dalla scelta dello stato ordinariamente dipende l'eterna salvezza o l'eterna perdizione. Mi sono raccomandato a vari amici di pregare per me; ho fatto una novena e nel giorno di S. Michele [...] mi sono accostato ai santi sacramenti, di poi il Teologo Cinzano Prevosto e Vicario Foraneo di mia patria, mi benedisse l'abito e mi vestì da chierico prima della messa solenne[93].

Tra i sette propositi presi in quei giorni e che ci ha tramandato nelle sue *Memorie*, i primi cinque rivelano la necessità, avvertita soggettivamente, di un tenore di vita più stabile e virtuoso, più ritirato e temperante. Con il sesto Don Bosco promette: «Oltre alle pratiche ordinarie di pietà, non ometterò mai di fare ogni giorno un poco di meditazione e un po' di lettura spirituale»[94]. L'ultimo, infine, lo proietta «all'esterno» in un quotidiano apostolato: «Ogni giorno racconterò qualche esempio o qualche massima vantaggiosa alle anime altrui»[95].

5. In seminario

Il 30 ottobre del 1835 il chierico Bosco varca la soglia del Seminario di Chieri[96]. Il giorno dopo inizia un triduo di esercizi spirituali[97], che

---

narra lui stesso nelle *Memorie dell'Oratorio* (cf. MO 51-52). Sul periodo in cui collocare questo primo incontro si veda F. DESRAMAUT, *Don Bosco en son temps*, 69-70.

[93] MO 87.

[94] MO 89. Ancora una volta le due pratiche di pietà sono ben distinte.

[95] MO 89.

[96] Il seminario di Chieri era stato aperto pochi anni prima dal camaldolese Mons. Colombano Chiaverotti, arcivescovo di Torino, nei locali di un ex convento dei Filippini. Esso rappresentava, nelle intenzioni dell'Arcivescovo, un «sicuro asilo» invocato da parroci ed ecclesiastici che spesso dovevano provvedere ancora personalmente alla formazione dei numerosi chierici. Già nel 1829, primo anno di apertura, il seminario ospitò 76 chierici in cinque differenti corsi di teologia. Si veda, per queste notizie ed altri approfondimenti, A. GIRAUDO, *Clero seminario e società*, in particolare alle pagine 155-213; DpF, ed., *Sussidi*, II, 186-187; 252-255; F. DESRAMAUT, *Don Bosco en son temps*, 81-82; S. CASELLE, *Giovanni Bosco a Chieri*, 148-152. Sulle tensioni e sulle differenti correnti teologiche presenti nei seminari torinesi si veda P. STELLA, *Don Bosco nella storia*, I, 51-55.

CAP. III: ALLE SORGENTI DELL'ESPERIENZA SPIRITUALE   99

conclude con la risoluzione di compiere fedelmente il proprio dovere, innanzi tutto con l'osservanza fedele delle regole del seminario[98].

Il più importante punto di riferimento normativo per i seminari torinesi di quel periodo era costituito dalle *Costituzioni* del seminario di Torino promulgate da Mons. Colombano Chiaverotti nel 1819[99]. Oltre a questo testo si conserva un *Regolamento del Seminario di Chieri*, attribuito al teologo Lorenzo Prialis, di difficile datazione e la cui unica copia conosciuta è scritta dal canonico Sebastiano Mottura, rettore del Seminario di Chieri dal 1829 al 1860[100].

L'esame di questi regolamenti rivela una visione particolarmente austera della vita nel seminario; le norme dettate non sempre appaiono sostenute da un sufficiente quadro motivazionale[101]. Tutto concorre a formare con una certa gravità e compostezza gli atteggiamenti del futuro ecclesiastico.

È interessante, nella nostra particolare prospettiva, prendere in esame quanto riguarda le pratiche di pietà.

5.1 *Pratiche di pietà al Seminario di Chieri*

Nella Parte Seconda delle Costituzioni del seminario, nel capitolo I dal titolo Della pietà e del servizio di Chiesa leggiamo passim[102]:

> 1. [...]. La pietà adunque ed il timor di Dio vogliamo che sia la prima dote di chi brama vivere nel nostro seminario, affinché gettando esso nei teneri loro cuori profonde le radici possano a suo tempo produrre dolci frutti di virtù a comune edificazione di questa nostra diocesi.
> 2. Al segno della levata ogni alunno sorgerà di letto con prontezza e, premessa una elevazione del cuore a Dio, si vestirà con silenzio e modestia e dopo un quarto d'ora reciterà, all'avviso del prefetto del camerone insieme cogli altri, l'*Angelus Domini*, e passata la mezz'ora accordata per la levata,

---

[97] Il triduo iniziale era previsto dalle *Costituzioni* del seminario, di cui si parlerà più avanti.

[98] Cf. MO 90-91.

[99] Queste *Costituzioni* non vennero mai stampate; ne esistono due redazioni manoscritte attualmente conservate nell'Archivio del Seminario Metropolitano di Torino (cf. A. GIRAUDO, *Clero seminario e società*, 215).

[100] Cf. A. GIRAUDO, *Clero seminario e società*, 216.384.

[101] L'osservazione, che condividiamo, è di Aldo Giraudo; egli confronta questo regolamento con quello dello stesso periodo di altri seminari diocesani. Cf. A. GIRAUDO, *Clero seminario e società*, 215.

[102] Il testo del *Regolamento del seminario di Chieri*, che deriva da questo, presenta qualche semplificazione, ma lo ricalca sostanzialmente.

si porterà in cappella, se nella buona stagione, o al suo tavolino, se nello inverno, per ivi recitare le orazioni in comune si è come sono stampate ad uso del seminario con raccoglimento e divozione, in ginocchio colla faccia rivolta verso la sacra immagine che trovasi nella camerata.
3. Ivi si reciteranno dal prefetto con voce chiara e adagio le orazioni vocali e gli altri alunni sotto voce lo accompagneranno colla attenzione della mente e colla divozione del cuore.
4. Recitate le orazioni in cappella, ove la stagione lo permetta, si leggerà a chiara voce e colle dovute pause la meditazione dal prefetto di cappella; quindi si assisterà alla Messa colla maggior possibile divozione sì interna che esterna [...].
7. La sera dopo cena, finita la ricreazione, prima di portarsi al riposo, si reciteranno dal suddetto prefetto le orazioni vocali accompagnate in silenzio e sotto voce da tutti gli altri in cappella; vi si farà l'esame di coscienza e, nei giorni feriali, si reciteranno le litanie della Beata Vergine, le quali la sera d'ogni sabato, nelle feste di precetto, nella novena dell'Immacolata Concezione di Maria Vergine si canteranno. Nelle novene di S. Francesco di Sales e di S. Luigi[103] in vece delle litanie si canterà l'inno *Iste Confessor*[104].

La *meditazione*, dunque, risulta letta *a chiara voce e con le dovute pause*, secondo la abitudine del tempo[105].

Si noti anche il richiamo alla necessità di *accompagnare colla attenzione della mente e colla divozione del cuore* la preghiera vocale e sulla importanza data al *silenzio*. «Le séminariste — sottolinea Francis Desramaut — apprenait ainsi à construire en soi le digne prêtre de l'avenir dans la prière, l'étude et le silence, ce silence qui imprégnait la majeur partie de sa journée»[106].

Ricorda Don Bosco:

Le pratiche di pietà si adempivano assai bene. Ogni mattino messa, meditazione, la terza parte del rosario; a mensa lettura edificante [...]. La confessione era obbligatoria ogni quindici giorni, ma chi voleva poteva anche accostarsi tutti i Sabati. La santa comunione però potevasi soltanto fare la Domenica od in altra speciale solennità. Qualche volta si faceva lungo la

---

[103] Le devozioni all'Immacolata, a San Francesco di Sales e a San Luigi Gonzaga, coltivate nel seminario di Chieri, rimarranno in modo indelebile nella esperienza spirituale di Don Bosco, che le trasmetterà ai suoi «figli».

[104] A. GIRAUDO, *Clero seminario e società*, 370-371.

[105] La meditazione era stata introdotta nei regolamenti dei seminari già alla fine del sedicesimo secolo dall'arcivescovo di Milano Carlo Borromeo (cf. A. DEROO, *Saint Charles Borromée*, 331-332).

[106] F. DESRAMAUT, *Don Bosco en son temps*, 87.

settimana, ma per ciò fare bisognava commettere una disobbedienza. Era uopo scegliere l'ora di colazione, andare di soppiatto nell'attigua Chiesa di San Filippo, fare la comunione, e poi venire a raggiungere i compagni al momento che tornavano allo studio o alla scuola. Questa infrazione di orario era proibita, ma i superiori ne davano tacito consenso, perché lo sapevano e talvolta vedevano e non dicevano niente in contrario. Con questo mezzo ho potuto frequentare assai più la santa comunione, che posso chiamare con ragione il più efficace alimento della mia vocazione[107].

5.2 *La «scoperta» del* De imitatione Christi

Tra le letture che accompagnarono la sua formazione spirituale, Don Bosco stesso ne ricorda una in particolare, l'*Imitazione di Cristo*.

> Intorno agli studi fui dominato da un errore che in me avrebbe prodotto funeste conseguenze, se un fatto provvidenziale non me lo avesse tolto. Abituato alla lettura dei classici in tutto il corso secondario, assuefatto alle figure enfatiche della mitologia e delle favole dei pagani, non trovava gusto per le cose ascetiche. Giunsi a persuadermi che la buona lingua e la eloquenza non si potesse conciliare colla religione. Le stesse opere dei santi Padri mi sembravano parto di ingegni assai limitati, eccettuati i principii religiosi, che essi esponevano con forza e chiarezza.
> Sul principio del secondo anno di filosofia andai un giorno a fare la visita al SS. Sacramento e non avendo meco il libro di preghiera mi feci a leggere *De imitatione Christi* di cui lessi qualche capo intorno al SS. Sacramento. Considerando attentamente la sublimità dei pensieri, e il modo chiaro e nel tempo stesso ordinato ed eloquente con cui si esponevano quelle grandi verità, cominciai a dire tra me stesso: *L'autore di questo libro era un uomo dotto*. Continuando altre e poi altre volte a leggere quell'aurea operetta, non tardai ad accorgermi, che un solo versicolo di essa conteneva tanta dottrina e moralità, quanta non avrei trovato nei grossi volumi dei classici antichi: È a questo libro cui son debitore di aver cessato dalla lettura profana[108].

Osserva Don Pietro Stella:

> Si ha l'impressione che il trapasso dal gusto «profano» a quello intransigentemente religioso sia avvenuto (stando a quanto Don Bosco stesso riferisce) durante gli anni di filosofia e che abbia avuto il momento culminante all'inizio del 1837 con la lettura del *De imitatione Christi*.
> Ma è possibile indicare alcune dominanti. Sempre più dovette radicarsi in lui la coscienza di essere chiamato da Dio al sacerdozio, e, insieme, il senso

---

[107] MO 92-93.
[108] MO 106.

della santità specialissimamente richiesta per ascendere all'altare, l'impellente anelito a staccarsi da abitudini e atteggiamenti che gli apparivano incompatibili con lo stato sacerdotale[109].

L'amore e la stima per questo testo non diminuì con l'età adulta. L'*Imitazione di Cristo* rimarrà tra i testi consigliati per la lettura spirituale quotidiana ne *Il Giovane Provveduto*, il diffuso manuale di preghiera per giovani edito per la prima volta da Don Bosco nel 1847 e che conobbe centoventi tra edizioni e ristampe sino al 1888[110]. La medesima indicazione compare anche nel testo costituzionale dell'*Istituto delle Figlie di Maria Ausiliatrice* del 1885:

> Nel quarto d'ora assegnato per la lettura spirituale adopreranno quei libri, che vedranno loro indicati dai superiori. Si raccomandano sopra tutti l'Imitazione di G.C., la Monaca Santa e la Pratica di amar Gesù Cristo del dottore S. Alfonso; la Filotea di s. Francesco di Sales adattata alla gioventù, il Rodriguez e le vite di quei Santi e di quelle Sante, che si dedicarono all'educazione della gioventù[111].

5.3 *Il seminarista Luigi Comollo*

Sull'ambiente del Seminario alcune ombre permangono, a distanza di anni, nei ricordi di Don Bosco[112].

La scelta del giovane seminarista rimane, però, quella di accompagnarsi con «alcuni che erano notoriamente conosciuti per modelli di virtù. Essi erano Garigliano Guglielmo, Giacomelli Giovanni di Avigliana[113] e di poi Luigi Comollo. Questi tre compagni furono per me un

---

[109] P. STELLA, *Don Bosco nella storia*, I, 75.

[110] Cf. S. GIANOTTI, ed., *Bibliografia generale*, 12-13.

[111] G. BOSCO, *Costituzioni per l'Istituto Delle Figlie di Maria Ausiliatrice (1872-1885)*, a cura di C. Romero, LAS, Roma 1983, 324. Si tratta della edizione critica delle costituzioni della seconda famiglia religiosa fondata da Don Bosco, edizione curata da Suor Cecilia Romero. La precisazione di Don Bosco non figura nel precedente testo a stampa del 1878.

[112] Cf. MO 92. Oltre che per la presenza di alcuni compagni non adatti all'ambiente del seminario, Don Bosco si rammarica anche della «distanza» esistente tra superiori e seminaristi.

[113] Giovanni Francesco Giacomelli, nato ad Avigliana nel 1820, era entrato nel seminario di Chieri nel 1836. Fu compagno di Don Bosco anche al Convitto Ecclesiastico. Dopo aver fatto per molti anni il viceparroco, fu direttore dell'Ospedaletto di Santa Filomena che faceva parte dell'opera della marchesa Barolo, per molti anni benefattrice di Don Bosco. Dopo la morte del teologo Felice Golzio, avvenuta nel 1873, fu scelto da Don Bosco come confessore ordinario e si confessava, a sua volta,

tesoro»[114].

Proprio dalla testimonianza di uno di questi compagni, Giovanni Francesco Giacomelli, che sarà anche per gli ultimi quattordici anni della vita del santo il suo confessore ordinario, sappiamo:

> Quando lo conobbi nel seminario di Chieri, ammirai in lui una grande diligenza ed *amore* allo studio e *alla pietà*. Io non lo vidi mai a prendere parte a divertimenti anche leciti o permessi dai superiori, ma in tempo della ricreazione o leggeva o studiava, o conversava passeggiando con compagni sempre raccontando cose edificanti, *oppure andava in Chiesa a fare una visita al SS. Sacramento*[115].

Nelle *Memorie dell'Oratorio* Don Bosco ci rivela:

> La mia ricreazione era non di rado dal Comollo interrotta. Mi prendeva egli per un brano dell'abito e dicendomi di accompagnarlo conducevami in cappella per fare la visita al SS. Sacramento pegli agonizzanti, recitare il rosario o l'ufficio della Madonna in suffragio delle anime del purgatorio. Questo meraviglioso compagno fu la mia fortuna[116].

Quella con il Comollo fu certamente l'amicizia più importante di quegli anni. Di lui Don Bosco scriverà alcuni anni dopo, nel 1844, una biografia a scopo edificante indirizzata ai giovani seminaristi, dal titolo *Cenni storici sulla vita del chierico Luigi Comollo*[117].

Il libretto, meno di un centinaio di pagine, apparse anonime nella loro prima edizione, ma poi ripubblicate nel 1854 e riedite varie volte durante la vita di Don Bosco[118], mostra, come sottolinea lo storico Don Pietro Stella, la particolare comunione di idee e di vita che si era stabi-

---

con Don Bosco con frequenza ebdomadaria. Testimoniò nell'aprile del 1892, all'età di 72 anni, nel processo informativo diocesano per la causa di beatificazione e canonizzazione di Don Bosco.

[114] MO 92.

[115] *Responsio ad novas animadversiones*, [1926], 58.

[116] MO 95. Le visite al SS. Sacramento erano spesso accompagnate da alcune devozioni e preghiere vocali.

[117] Luigi Comollo era nato il 7 aprile 1817 a Caselle. Fu compagno di Don Bosco nel collegio di Chieri e poi nel seminario dal 1833 al 1839, anno della sua prematura scomparsa. Don Bosco raccolse alcuni cenni sulla vita di questo giovane esemplare fin dal 1839, anno della sua morte. Nel 1844 pubblicò anonimo, per i seminaristi di Chieri, il libretto *Cenni storici sulla vita del chierico Luigi Comollo. Morto nel seminario di Chieri ammirato da tutti per le sue singolari virtù. Scritti da un suo collega* allo scopo di suscitare in essi l'imitazione del giovane, che era stato per lui stesso modello di virtù cristiane.

[118] L'ultima edizione, vivente Don Bosco, risale a pochi anni prima della morte.

lita tra i due compagni, e va a completare le conoscenze che, su questa amicizia spirituale, Don Bosco stesso fornirà nelle *Memorie dell'Oratorio*[119].

Il giudizio di Don Bosco sulla esperienza religiosa del suo giovane amico e le eventuali analogie e differenze[120] divengono una indicazione *indiretta* sulla vita spirituale di Don Bosco in quegli anni e, nel medesimo tempo, sul concreto *modello* di vita cristiana proposto a seminaristi prima, ma successivamente anche ai giovani degli oratori e dei collegi[121].

> Sarebbe esagerato — afferma Don Stella — dire che Don Bosco debba al Comollo la saldezza della sua vita interiore, ma certissimamente la comunione di vita di entrambi fu per Giovanni una salvaguardia ed un mezzo di arricchimento.
>
> Le «non istraordinarie, ma compiute virtù» (p.27) che Don Bosco ammirò nell'amico, contengono già in germe l'affermazione che proprio in esse consiste la santità dei giovani. Luigi Comollo fu uno degli esemplari ai quali Don Bosco amò fare appello e i *Cenni* su di lui furono uno dei testi di lettura spirituale dell'Oratorio[122].

«Io ammirai la carità del collega — aveva affermato Don Bosco nelle *Memorie dell'Oratorio* ricordando gli anni passati insieme nel collegio di Chieri — e mettendomi affatto nelle sue mani mi lasciava guidare

---

[119] Cfr. P. STELLA, *Don Bosco nella storia*, I, 79.

[120] È lo stesso Don Bosco che sottolinea, ad esempio: «In una sola cosa non ho nemmeno tentato di imitarlo: nella mortificazione. Il vedere un giovanetto sui diciannove anni digiunare rigorosamente l'intera quaresima ed altro tempo dalla Chiesa comandato; digiunare ogni Sabato in onore della B. V., spesso rinunziare alla colazione del mattino» (MO 95).

[121] Qui, evidentemente, come ritorneremo a dire anche a proposito della biografia di Domenico Savio o di altre biografie scritte dal Santo, non è di primaria importanza, dal nostro particolare angolo visuale, la *storicità* degli avvenimenti narrati, quanto il fatto che, *così come sono narrati* vengano proposti come esempio ai giovani.

[122] P. STELLA, *Don Bosco nella storia*, I, 82. Lo stesso Don Stella sottolinea, in nota, il gran numero di edizioni che furono fatte di questo libretto. Nel «regolamanto» della *Compagnia dell'Immacolata Concezione*, fondata dal giovane Domenico Savio tra i compagni dell'oratorio di Valdocco, si legge al 7: «Prima di accettare qualcheduno, gli si faccia leggere la vita di Luigi Comollo» (G. BOSCO, *Vita del giovanetto Savio Domenico*, 83). La promessa pronunciata dal primo gruppo di zelanti giovanetti si apriva, infatti, con queste parole: «Noi Savio Domenico, ecc... protestiamo col consenso del nostro Spiritual Direttore, di voler imitare per quanto lo permetteranno le nostre forze LUIGI COMOLLO. Onde ci obblighiamo...» (G. BOSCO, *Vita del giovanetto Savio Domenico*, 77).

dove, come egli voleva. D'accordo con l'amico Garigliano, andavamo insieme a confessarci, comunicarci, fare la meditazione, la lettura spirituale, la visita al SS. Sacramento»[123].

Ritorneremo sulle pagine di questa piccola biografia nel capitolo successivo. Ci fermeremo qui soltanto brevemente su due brani, che ci permettono di conoscere il «sentire» di Don Bosco ed alcune abitudini dei giovani seminaristi di Chieri.

Il primo brano ci da delle indicazioni sui «ritmi» della preghiera personale del Comollo, di cui Don Bosco si ferma a descrivere anche alcuni *rapimenti*.

> Aveva il suo orario per la preghiera, lettura spirituale, visita a Gesù sacramentato, e ciò era scrupolosamente osservato. Alcune mie circostanze vollero che per più mesi ad ora determinata mi recassi al Duomo, e questa era appunto l'ora che il Comollo andava a trattenersi col suo Gesù. Piacemi pertanto descriverne l'atteggiamento; ponevasi in qualche canto presso l'altare quanto poteva, ginocchione con le mani giunte, e incrocicchiate alquanto prostese, col capo mediocremente inclinato, cogli occhi bassi, e tutto immobile della persona; insensibile a qualsivoglia voce e rumore. Non di rado mi occorreva che compiuto quello che toccavami fare[124], voleva invitarlo che meco venisse per essere da lui accompagnato a casa; pel che aveva bel far cenno col capo, passandogli vicino, o tossire perchè egli si movesse, ma era sempre lo stesso, finché io non mi accostava toccandolo; e allora quasi si risvegliasse dal sonno tutto si scuoteva, e sebbene a mal in cuore aderiva al mio invito[125].

Il secondo brano ci esprime, in modo più manifesto, la convinzione di Don Bosco che certi «movimenti», certe consolazioni, certe manifestazioni sensibili nel tempo della preghiera, non erano da considerarsi delle inutili stranezze:

> giunta l'ora di accostarsi alla sacra mensa, io lo scorgeva assorto nei più alti, e divoti pensieri, e composta la persona nel più divoto atteggiamento, a passo grave cogli occhi bassi dando in frequenti scuotimenti di santa commossione avvicinavasi a ricevere il Santo dei Santi. Ritiratosi poscia a suo posto pareva fosse fuor di se, tanto vivamente vedevasi commosso, e da viva devozione penetrato. Pregava, ma ne era interrotto da singhiozzi, interni

---

[123] MO 70.
[124] Ci è lecito immaginare che le «circostanze» per cui Giovanni Bosco si recava in Duomo non fossero molto differenti da quelle che guidavano in quel luogo il suo amico e modello.
[125] *Cenni storici sulla vita del chierico Luigi Comollo*, 22-23.

gemiti, e lagrime, né poteva acquetare i trasporti di tenera commozione, se non quando terminata la Messa si cominciava il canto del mattutino. Avvertito da me più volte a frenare quegli atti di esterna divozione, come quelli che potevano dare nell'occhio altrui, mi sento, rispondevami, mi sento una piena di tal contento nel cuore, cui se non permetto qualche sfogo pare mi voglia togliere il respiro [...]. Da ciò ognun vede chiaramente come il Comollo fosse avanzato nella via della perfezione, giacché quei movimenti di tenera commozione, di dolcezza, di contento per le cose spirituali sono un effetto di quella fede viva e carità infiammata, che altamente gli era radicata nel cuore[126].

Don Bosco scrive questa pagina a circa ventinove anni di età.

Il suo temperamento riservato lo spinge a consigliare al compagno di evitare gli *atti di esterna devozione* e le manifestazioni che possano *dare nell'occhio altrui*. Rimane il fatto che il suo modo di descrivere questi particolari «fenomeni» della vita spirituale manifesta la sua considerazione e stima e la convinzione che esse siano *effetto di quella fede viva e carità infiammata* che erano radicate nel cuore dell'amico.

5.4 *Gli ordini sacri*

Nel corso dell'anno scolastico 1839-1840, che seguì la morte del Comollo, Don Bosco riceve la tonsura con i quattro ordini minori e ottiene, preparandosi durante il periodo estivo, di essere ammesso con anticipo all'ultimo anno di studi teologici. Può dunque chiedere ufficialmente l'ammissione al suddiaconato.

Il passo è avvertito come importante e per questo Don Bosco si percepisce inadeguato: «Desiderava di compiere i miei studi — dirà egli stesso nelle *Memorie dell'Oratorio* — ma tremava al pensiero di legarmi per tutta la vita[127].

È ancora Don Cafasso a incoraggiarlo ad andare avanti fidandosi «sulla sua parola». Dopo un corso di esercizi della durata di dieci giorni, secondo il suo racconto, fa la confessione generale e riceve l'ordine del suddiaconato il 19 settembre del 1840.

«D'allora in poi — afferma Don Bosco ricordando le parole che alcuni anni prima gli aveva detto il Teologo Giovanni Borel alla conclusione di un corso di esercizi spirituali — mi sono dato il massimo im-

---
[126] *Cenni storici sulla vita del chierico Luigi Comollo*, 33-34.
[127] MO 109.

pegno di mettere in pratica il consiglio del teologo Borrelli[128]: colla ritiratezza e con la frequente comunione si conserva e si perfeziona la vocazione»[129].

Non è facile determinare l'esatta valenza semantica del termine *ritiratezza* nel sentire di Don Bosco. Circa un anno prima dell'inizio della stesura delle *Memorie dell'Oratorio* egli stesso scriveva ad una signora: «Ella si dà molto pensiero per la scelta dello stato e fa bene [...]. La preghiera, la frequente Comunione, la ritiratezza ne sono le basi»[130].

L'espressione figura anche nei propositi fatti in occasione della vestizione chiericale: «Amerò e praticherò la ritiratezza»[131].

Il termine ci richiama alla mente le numerose rinunzie fatte da Don Bosco a giochi e divertimenti «profani»[132], ma ci sembra dica soprattutto riferimento ad una vita interiore, a una solitudine feconda che va coltivata nel segreto della propria camera e che favorisce il raccoglimento e la preghiera.

Diceva ad esempio il Cafasso, predicando ai sacerdoti:

Il divin Redentore, Capo e Maestro di tutti i sacerdoti, ogni qualvolta poteva godere qualche momento di respiro dalle continue sue fatiche, come leggiamo nel Vangelo, si ritirava e pregava. Ritiro e orazione, ecco le due ali che hanno da sollevare tant'alto il sacerdote da renderlo come un Dio in terra. Ritiro ed orazione sono due qualità inseparabili: l'una derivante dall'altra; parlo d'un ritiro pio e virtuoso e non già naturale e capriccioso. L'uomo ritirato naturalmente è amante della preghiera; l'uomo che prega declina necessariamente dallo strepito del mondo e cerca la quiete e la solitudine. Ritiro ed orazione sono due virtù che bastano, perché portano con sé e suppongono quanto si richiede a formare un degno e santo sacerdote. Chi

---

[128] Si tratta del corso di cui si parla in MO 106. Il Teologo Giovanni Borel (1801-1873), che sarà direttore spirituale nella scuola di San Francesco di Paola e nelle opere della Marchesa Barolo, aveva predicato gli esercizi spirituali al seminario di Chieri all'inizio dell'anno scolastico 1837-1838, dunque all'inizio del primo anno di teologia del chierico Bosco. Cf. *Elenco dei signori predicatori del sacro triduo e degli esercizi spirituali nel Seminario di Chieri dall'anno scolastico 1834 sino all'anno presente 1856*, in Archivio Arcivescovile di Torino, riprodotta in A. GIRAUDO, *Clero seminario e società*, 453-457.

[129] MO 110.

[130] Si tratta di una lettera del 24 marzo 1872; l'originale di questa lettera, non ancora inserita nella edizione critica dell'*Epistolario*, in via di preparazione, si trova presso la casa salesiana di Chiari (Brescia).

[131] MO 89.

[132] Si vedano, a titolo di esempio, i primi cinque propositi fatti in occasione della vestizione chiericale (cf. MO 89).

vive ritirato e prega, è impossibile non abbia il cuore staccato da questo mondo e ripieno dello spirito del Signore[133].

Ordinato diacono nel marzo del 1841, Giovanni Bosco iniziò il 26 maggio di quell'anno gli esercizi in preparazione alla ordinazione presbiterale, che fu celebrata il 5 giugno di quello stesso anno nella Chiesa dell'Immacolata Concezione di Torino.

I propositi fatti in quella occasione non si trovano nelle *Memorie dell'Oratorio* bensì in un quaderno autografo il cui contenuto è noto ai salesiani con il nome di *Testamento spirituale* di Don Bosco, ma il cui vero titolo, anch'esso autografo, è *Memorie dal 1841 al 1884-5-6 pel Sac. Gio. Bosco a' suoi figliuoli salesiani*[134].

Si tratta di uno scritto autobiografico, la cui redazione iniziò nel 1884 e si concluse il 24 dicembre del 1887[135], poco più di un mese prima del compimento dell'esperienza terrena di Don Bosco, giorno in cui il taccuino passò nelle mani del suo segretario di allora, Don Carlo Viglietti.

All'inizio di questo libretto, dedicato prevalentemente ad una serie di disposizioni, consigli e raccomandazioni per il periodo che seguirà la sua morte[136], Don Bosco ritorna al periodo della sua ordinazione presbiterale e ai propositi fatti in quella occasione. Il suo scritto inizia con queste parole:

Ho cominciato gli eserc[izi] sp[irituali] nella casa della Missione il giorno 26 maggio festa di S. Filippo Neri, 1841.
La sacra ordinazione sac[erdotale] fu tenuta da mons. Luigi Franzoni[137] nostro arciv[esco]vo nel suo episcopio il 5 giugno di quell'anno.
La prima Messa venne celebrata in S. Francesco di Assisi assistita dal

---

[133] G. CAFASSO, *Istruzioni per Esercizi Spirituali al clero*, 88-89.

[134] Di questo quadernetto di circa 140 pagine Don Francesco Motto ha curato l'edizione critica nel 1985.

[135] Per queste notizie circa la redazione del quadernetto si veda l'introduzione di Don Motto in *Memorie dal 1841 al 1884-5-6 pel Sac. Gio Bosco a' suoi figliuoli salesiani*, alle pagine 5-19.

[136] Vi si trovano anche numerosi nomi di benefattori, una circolare per loro, la brutta copia di diverse lettere. La struttura poco ordinata di questo scritto ne spiega, forse, la sua scarsa diffusione; l'osservazione è di Francesco Motto alle pagine 7-8 dell'*Introduzione* alla edizione critica.

[137] La figura di Mons. Luigi Fransoni (citato come Franzoni, in genere, da Don Bosco) fu legata per circa trent'anni a quella di Don Bosco. Nato nel 1789 a Genova, fu arcivescovo di Torino dal 1832; morì in esilio a Lione nel 1862. Don Lemoyne lo definisce, nelle *Memorie Biografiche*, «padre, sostegno, amico, confidente di Don Bosco» (MB I, 242).

mio insigne benef[attore] direttore D. Giuseppe Caffasso[138] di Castelnuovo d'Asti nel giorno 6 giugno dom[enica] della SS. Trinità.

Conclusione degli esercizi fatti in preparazione alla celeb[razione] della prima S. Messa, fu: Il prete non va da solo in cielo, non va solo all'inferno. Se fa bene andrà al cielo con le anime da lui salvate col suo buon esempio; se fa male, se dà scandalo andrà alla perdizione colle anime dannate pel suo scandalo.

Risoluzioni:

1° Non fare mai passeggiate se non per gravi necessità: visite a malati etc.

2° Occupare rigorosamente bene il tempo.

3° Patire, fare, umiliarsi in tutto e sempre, quando trattasi di salvare anime.

4° La carità e la dolcezza di S. Francesco di Sales mi guidino in ogni cosa.

5° Mi mostrerò sempre contento del cibo che mi sarà apprestato, purché non sia cosa nocevole alla sanità.

6° Berrò vino adacquato e soltanto come rimedio: vale a dire solamento quando e quanto sarà richiesto dalla sanità.

7° Il lavoro è un'arma potente contro ai nemici dell'anima, perciò non darò al corpo più di cinque ore di sonno ogni notte. Lungo il giorno, specialmente dopo pranzo, non prenderò alcun riposo. Farò qualche eccezione in casi di malattia.

[8°] Ogni giorno darò qualche tempo alla meditazione, alla lettura spirituale. Nel corso della giornata farò una breve visita o almeno una preghiera al SS.mo Sac[ramen]to. Farò almeno un quarto d'ora di preparazione, ed altro quarto d'ora di ringraziamento alla S. Messa.

[9°] Non farò mai conversazioni con donne fuori del caso di ascoltarle in confessione o di qualche altra necessità spirituale.

Queste memorie furono scritte nel 1841[139].

Ritorna, ancora una volta, il proponimento di fare ogni giorno la meditazione; a ciò si aggiunge anche la scelta di dedicare un tempo adeguato per la preparazione e il ringraziamento della Messa. A questo proposito, qualche tempo dopo scriverà, sullo stesso quaderno: «Siccome giunto in sacristia per lo più si fanno richieste di parlare o di ascoltare in confessione, così prima di uscire di camera procurerò sia fatta una breve preparazione alla S. Messa»[140].

Questa preoccupazione accompagnò Don Bosco per tutta la sua vita, se è vero che il *Testamento Spirituale* ci riporta, in una delle sue

---

[138] Negli scritti di Don Bosco si trova scritto generalmente *Caffasso* con due «f».
[139] FDB 748 D 7-10. Nella edizione critica si vedano le 20-22.
[140] F. MOTTO, ed., *Memorie dal 1841 al 1884-5-6 pel Sac. Gio Bosco*, 22.

ultime pagine, questa richiesta di perdono di Don Bosco: «Debbo però scusarmi se taluno osservò che più volte feci troppo breve preparamento o troppo breve ringraziamento alla S[an]ta Messa. Io era in certo modo a ciò costretto per la folla di persone che intorniavami in sacristia e mi toglievano la possibilità di pregare sia prima sia dopo la Santa Messa»[141].

Scrive ancora Don Bosco nelle *Memorie dell'Oratorio*:

> Il giorno della mia ordinazione era la vigilia della SS. Trinità, ed ho celebrato la mia prima messa nella chiesa di S. Francesco d'Assisi dove era capo di conferenza D. Caffasso. Era ansiosamente aspettato in mia patria, dove da molti anni non si era più celebrata messa nuova; ma ho preferito di celebrarla in Torino senza rumore, e quello posso chiamarlo il più bel giorno della mia vita. Nel *Memento* di quella memoranda messa ho procurato di fare divota menzione di tutti i miei professori, benefattori spirituali e temporali, e segnatamente del compianto D. Calosso che ho sempre ricordato come grande ed insigne benefattore[142].

Don Bosco adulto ci rivela, attraverso la memoria del passato, la sua consapevolezza dell'importanza di circondare di silenzio e raccoglimento i preziosi doni di Dio.

6. Al Convitto Ecclesiastico di Torino

L'estate che segue l'ordinazione presbiterale è ancora, per Don Bosco, tempo di discernimento.

Gli vengono offerti alcuni «impieghi» o attività pastorali. Racconta egli stesso:

> Prima di prendere alcuna definitiva deliberazione ho voluto fare una gita a Torino per chiedere consiglio a D. Caffasso, che da parecchi anni era divenuto mia guida nelle cose spirituali e temporali. Quel santo sacerdote ascoltò tutto, le profferte di buoni stipendii, le insistenze dei parenti e degli amici, il mio buon volere di lavorare. Senza esitare un istante egli mi indirizzò queste parole: «Voi avete bisogno di studiare la morale e la predicazione. Rinunciate per ora ad ogni proposta e venite al Convitto». Seguii con piacere il savio consiglio e il 3 Novembre 1841 entrai nel mentovato Convitto[143].

Nel novembre del 1841, dunque, Don Bosco entra nel Convitto Ec-

---

[141] F. MOTTO, ed., *Memorie dal 1841 al 1884-5-6 pel Sac. Gio Bosco*, 58.
[142] MO 110.
[143] MO 116.

clesiastico di Torino dove rimarrà per circa tre anni.

Il Convitto era sorto nel 1817 su ispirazione di Pio Brunone Lanteri[144] e per iniziativa del Teologo Luigi Guala[145] nei locali dell'ex-convento, annesso alla chiesa di San Francesco; il decreto ufficiale di

---

[144] Il Lanteri era nato a Cuneo il 12 maggio del 1759. Stabilitosi a Torino, dove frequentò la facoltà di Teologia della Regia Università, ebbe come direttore spirituale Nicolaus von Diessbach, fondatore della *Amicizia cristiana*, un'associazione segreta di chierici e laici che promuovevano la diffusione della buona stampa, la lotta contro il giansenismo e il regalismo o giurisdizionalismo e una convinta adesione al papa nel contesto dell'ultramontanismo. Ordinato sacerdote nel 1782, diede anch'egli impulso alla *Amicizia cristiana*. Coinvolto nelle tragiche vicende dei rapporti tra Napoleone e Pio VII, ribadì con forza l'autorità e il primato pontificio e fu per questo sottoposto a sorveglianza dalla polizia francese (cf. G. DE ROSA, *Il movimento cattolico in Italia*, 6-7). Dopo il 1814 riprese il suo apostolato riorganizzando la *Amicizia cristiana* in due differenti associazioni, la *Amicizia cattolica*, riservata ai laici, e la *Amicizia sacerdotale*. Fondò nel 1816 la congregazione religiosa degli Oblati di Maria Vergine, disciolta quattro anni dopo e poi ricostituita nel 1826 con l'approvazione del pontefice. Scopo principale della nuova congregazione era quello di dedicarsi alla predicazione degli esercizi spirituali secondo il metodo di Sant'Ignazio di Loyola. In stretti rapporti con molti ex-gesuiti nel periodo della soppressione della Compagnia, il Lanteri, in seguito allo scioglimento degli Oblati, aveva chiesto egli stesso di divenire gesuita nel 1824, ma era stato sconsigliato di entrare nell'ordine anche dall'amico Guala (cf. G. TUNINETTI, «Mons. Lorenzo Gastaldi», 35). Fu un attento conoscitore di San Tommaso, di Sant'Ignazio e di Sant'Alfonso; proprio la sua scelta «alfonsiana» gli aveva procurato l'opposizione dell'arcivescovo Chiaverotti che aveva poi determinato lo scioglimento della sua congregazione. Morì a Pinerolo nel 1830. Nel 1920 è stata introdotta la sua causa di beatificazione; nel 1965 è stato dichiarato Venerabile. Sulla spiritualità del Lanteri e sui suoi rapporti con il Diessbach si veda anche A. BRUSTOLON, *Alle origini della Congregazione degli Oblati*, in particolare alle pagine 82-90.

[145] Luigi Maria Fortunato Guala era nato a Torino nel 1775. Ordinato sacerdote nel 1799, fu docente nella Facoltà Di Teologia dell'Università di Torino. Amico del Lanteri, ottenne nel 1807 la riapertura del Santuario di Sant'Ignazio sopra Lanzo, dove iniziò, con lo stesso Lanteri, la predicazione di esercizi spirituali al clero e a laici. Nel 1808 divenne Rettore della chiesa di S. Francesco di Assisi e qualche anno più tardi amministratore del Santuario di Sant'Ignazio. Nel 1821 ottenne l'approvazione ecclesiastica di Mons. Chiaverotti su una esperienza formativa per giovani sacerdoti, iniziata alcuni anni prima, sotto l'ispirazione del Lanteri, nei locali dell'ex convento francescano annesso alla chiesa di San Francesco; nacque così il Convitto Ecclesiastico di Torino. Morendo nel 1848, lasciò erede del suo patrimonio materiale e spirituale il Cafasso (cf. G. USSEGLIO, *Il Teologo Guala*). Sulla figura e sull'opera di questo protagonista della formazione sacerdotale in Piemonte si vedano in particolare le pagine 273-283 del testo di C. BONA, *Le «Amicizie»*. Il Guala fu amico e benefattore di Don Bosco. Per un quadro sintetico sul Guala e sui suoi rapporti con Don Bosco si veda DpF, ed., *Sussidi*, II, 290-292.

approvazione di Mons. Chiaverotti porta comunque la data del 23 febbraio 1821[146].

Lo scopo dichiarato del Convitto era quello di radunare giovani sacerdoti, da poco ordinati, per una preparazione più prossima al ministero presbiterale, in particolare in vista della predicazione e del ministero delle confessioni.

La situazione del giovane clero piemontese di quegli anni è ben descritta dal *Regolamento del convitto ecclesiastico* [147].

Molti di essi al fine del corso di Teologia si trovano in un momento sprovvisti di mezzi salvo quelli delle pubbliche Conferenze; vengono perciò indotti a procacciarsi il vitto con occupazioni estranee al ministero ecclesiastico, altri a ritirarsi nella loro patria ove mancano ordinariamente di oppor-

---

[146] Il merito di avere ideato e realizzato il Convitto torinese è stato variamente attribuito al Guala o al Lanteri; alcuni motivi di prudenza impedirono probabilmente al Lanteri di esporsi «in prima persona» nella fondazione, di cui, probabilmente, era il vero ideatore e ispiratore; il Guala era, piuttosto, un discepolo del Lanteri, così come questi lo era del Diessbach. Di questo avviso è Paolo Calliari quando scrive: «Ecco un punto di riferimento certo a cui sempre bisogna tornare tutte le volte che si cercano le vere origini del Convitto Ecclesiastico: il trinomio Diessbach – Lanteri – Guala» (P. CALLIARI, *Gli Oblati di Maria*, 123). E più avanti: «(Il Lanteri) uomo di punta che affronta con coraggio le situazioni più ardue e intricate quando si tratta di un bene da compiere o di un male da impedire sa eclissarsi a tempo per non apparire davanti al pubblico»(163). La trattazione del Calliari sul Convitto è ricca e documentata (cf. 118-174). In ogni caso i due *amici* inizialmente si dedicarono insieme al progetto. Padre Gastaldi, religioso della congregazione fondata dal Lanteri, scriveva nel 1870 a proposito del suo fondatore: «L'esperienza [...] gli aveva insegnato essere cosa utilissima e per molti necessaria dopo compiuto il corso nelle Università o nei Seminari, ritirarsi per alcun tempo sotto la guida di ecclesiastici pieni di spirito di Dio e di scienza, perché li dirigessero nello studio pratico della Teologia Morale [...] Ed il Signore diè mezzo a Brunone di compiere questo suo desiderio [...] Era rettore della Chiesa di S. Francesco d'Assisi in Torino il sacerdote e teologo Luigi Guala, uomo in sapere e prudenza eccellente; era egli discepolo di Brunone, e poscia tanto una cosa sola con esso lui che erano, come suol dirsi, due dita di una mano. Brunone confidò ogni suo pensiero a questo suo amico, il quale, perché zelantissimo anch'egli, non poté non approvare il disegno propostogli; e dopo molte preghiere a Dio... si diedero a compilare alcune savissime regole pel buon andamento dell'opera progettata...» (P. GASTALDI, *Della Vita del Servo di Dio Pio Brunone Lanteri*, 217-218). Don Giuseppe Usseglio, che dedica alla questione della «paternità» del Convitto alcune pagine del testo citato nella nota precedente, conclude analogamente: «Per quanto poi riguarda l'opera rispettiva del Lanteri e del Guala ci piace sintetizzarla [...] nel verso 34 del Canto 12 del Paradiso dantesco dove, alludendosi ai due grandi campioni della fede S. Francesco e S. Domenico, si dice: *Degno è che, dov'è l'un, l'altro s'induca*» (G. USSEGLIO, *Il Teologo Guala*, 19).

[147] Il regolamento, compilato dal Don Guala, è in DpF, ed., *Sussidi*, II, 70-77.

tuna coltura e di emulazione, altri costretti ad entrare in pensioni di molta spesa in cui soventi vengono disturbati dagli studi e sono in pericolo di perdere lo spirito ecclesiastico; altri finalmente, scoraggiati dalle difficoltà che s'incontrano nella lunghezza del tempo che devesi impiegare in tali studi, li tralasciano affatto, e ne deriva poi necessariamente:

1° Scarsità di confessori massime che siano abili per ogni sorta di persone, e di qui maggior difficoltà nei fedeli di accostarsi ai SS. Sacramenti.

2° Perdita di spirito ecclesiastico per cui moltissime di quelle piante coltivate con gran fatica e spesa, che nel quinquennio di Teologia davano speranza di ottima riuscita, diventano sterili per mancanza di ultima coltura.

Le quali cose quanto danno arrechino, quanto sieno da compiangersi in circostanze di tanto bisogno di buoni operai, non può abbastanza spiegarsi.

Si pensò pertanto a rimediare in parte a si gran male con erigere un Convitto nel locale di S. Francesco destinato per accogliervi Ecclesiastici, nel quale possano applicarsi a detti studi e rendersi abili all'esercizio del santo ministero[148].

L'apertura del Convitto fu un avvenimento denso di conseguenze per la chiesa piemontese[149]; con il Convitto, infatti, nasceva a Torino una nuova «scuola spirituale» di sacerdoti con una chiara identità, che li distingueva da quelli formati nella Regia Università di Teologia. Al rigorismo mitigato in morale e al gallicanesimo in ecclesiologia, si contrapponevano una chiara scelta per il probabilismo e una difesa senza riserve dell'autorità del papa.

Questo progetto di vita sacerdotale si allineava a quello delle *Amicizie Sacerdotali* di Nicolaus von Diessbach del quale il Lanteri era stato discepolo ed amico[150].

---

[148] DpF, ed., *Sussidi*, II, 71.

[149] Per un approfondimento sulla storia e sul ruolo esercitato dal Convitto nella chiesa torinese si vedano G. COLOMBERO, *Vita del servo di Dio D. Giuseppe Cafasso*; L. DI ROBILANT, *Vita del Venerabile Giuseppe Cafasso*; G. USSEGLIO, *Il Teologo Guala e il Convitto*; P. STELLA, *Crisi religiose nel primo ottocento piemontese*; C. BONA, *Le «Amicizie»*; G. TUNINETTI, *Don Clemente Marchisio*.

[150] Nato nel 1732, Nicolaus Joseph Albert von Diessbach, dopo essere rimasto vedovo, era entrato nel 1759 nella Compagnia di Gesù nella città di Torino, dove il suo pensiero e la sua opera si diffusero anche dopo la soppressione della Compagnia del 1773. Lottò contro il giansenismo e il giurisdizionalismo, a difesa del papa e contro gli errori correnti. Il Diessbach si propose di rispondere alla propaganda degli avversari con la «buona stampa» e l'unione «segreta» di uomini di buona volontà, fondando le *Amicizie cristiane* (Cf. G. DE ROSA, *Il movimento cattolico in Italia*, 3-4). L'opera più completa sul tema delle *Amicizie* rimane ancora quella già citata del Padre Candido Bona (C. BONA, *Le «Amicizie»*). Si vedano anche le 12-37 del testo di

6.1 *Il progetto formativo del Convitto Ecclesiastico*

Cerchiamo di riassumerne adesso le principali caratteristiche del «progetto formativo» del Convitto.

In campo *morale* lo sforzo principale era quello di formare i giovani preti nell'insegnamento della morale di Sant'Alfonso[151], superando le posizioni pastorali rigoriste e gianseniste, favorendo la pratica frequente dei sacramenti, ma senza cadere nel minimismo o nel lassismo[152]. L'orario del Convitto prevedeva ogni giorno due conferenze di morale e un esercizio di pratica confessionale[153].

In campo *ecclesiologico* le idee del Convitto si muovevano sul solco dell'ultramontanismo che aveva caratterizzato la nascita delle *Amicizie*. L'autorità e il prestigio del papa venivano difesi contro i «nemici del primato» e le dottrine fuorvianti.

De Rosa, già citato in questa nota e A. BRUSTOLON, *Alle origini della Congregazione degli Oblati*, 75-90.

[151] Pio Brunone Lanteri aveva contribuito non poco alla diffusione, attraverso il Piemonte, delle opere di Sant'Alfonso e, in particolare, della traduzione latina di una sorta di manuale per i confessori, dal titolo *Homo apostolicus instructus in sua vocatione ad audiendas confessiones sive Praxis et instructio confessariorum*, edita da Giacinto Marietti a Torino nel 1844 (cf. F. DESRAMAUT, *Don Bosco en son temps*, 148). Sulla influenza del pensiero di Sant'Alfonso sulla dottrina e sull'opera del Lanteri si veda A. BRUSTOLON, *Alle origini della Congregazione degli Oblati*, 107-127. La dottrina di Sant'Alfonso avrà una notevole influenza anche sul pensiero e sulla prassi di Don Bosco. Scrive il Desramaut: «Secondo noi, sant'Alfonso de' Liguori, spiegato dal professore Cafasso al *convitto* di Torino, ha trionfato su tutte le altre fonti "spirituali" di Don Bosco, almeno considerato il numero e l'ampiezza dei testi da cui ha attinto» (F. DESRAMAUT, *Don Bosco nella vita spirituale*, 38).

[152] Ci sembra opportuno riportare qui in nota una sottolineatura di Don Pietro Stella che riguarda Don Bosco e il Cafasso e che aiuta a comprendere la particolare prospettiva pastorale dell'insegnamento della teologia morale al Convitto: «S. Alfonso, non meno di Antoine Arnauld, dimostra di avere un altissimo senso della santità del Sacramento e con più calore di lui raccomanda di non profanarlo sacrilegamente [...]. Anche Don Bosco, pur deprecando il rigorismo giansenista, afferma che non bisogna concedere la comunione frequente a chi ricade più volte nel medesimo peccato grave durante la settimana» (P. STELLA, *Don Bosco nella storia*, I, 87). E più avanti lo stesso autore afferma: «Nella pratica penitenziale né Don Cafasso né Don Bosco furono confessori minimisti e lassisti. E la ragione è che al confessionale entrambi si accostavano con un vivissimo senso del peccato e della vita di grazia; non soltanto come giudici, ma anche e specialmente come padri e pastori, non attenti unicamente a quanto bastava per assolvere validamente, ma desiderosi di stabilire e incrementare nei loro penitenti la vita di grazia» (p. 94).

[153] Cf. DpF, ed., *Sussidi*, II, 69-70.

CAP. III: ALLE SORGENTI DELL'ESPERIENZA SPIRITUALE   115

In campo *ascetico* si proponeva una vita austera e «ritirata». «Si osserverà il silenzio in tutte le ore — afferma ad esempio la prima delle regole del Convitto — a riserva del tempo di ricreazione, nel quale però non si alzerà di troppo la voce, attendendo a non fare rumore nei corridoi, per le scale, nell'entrare o uscire di camera e principalmente nello studio, dove il silenzio dovrà osservarsi con tutto il rigore»[154]. Distacco dal «mondo», rotta dei luoghi troppo frequentati, divieto di partecipare a spettacoli o di recarsi in locali pubblici: questi elementi erano ritenuti indispensabili per non perdere lo «spirito ecclesiastico».

Grande rilevanza viene data, oltre che alla *morale*, alla *predicazione* e alla *liturgia*. «Il tempo dello studio — dichiara il regolamento al n. 13 — sarà diviso parte per la Morale pratica, parte a comporre per esercizio di sacra eloquenza e liturgia in quel modo che verrà relativamente assegnato»[155].

Altra caratteristica fondamentale è *una forte «proiezione» apostolica*; il Guala prima e il Cafasso poi, che divenne rettore del Convitto nel 1849, guidavano i giovani presbiteri in esperienze apostoliche significative a favore di giovani, di poveri, di carcerati, dei condannati a morte[156].

In questa prospettiva apostolica occupano un posto di rilievo gli *esercizi spirituali ignaziani* dei quali il Diessbach, il Lanteri, il Guala e il Cafasso furono convinti diffusori[157].

---

[154] DpF, ed., *Sussidi*, II, 73.
[155] DpF, ed., *Sussidi*, II, 73.
[156] Racconta Don Bosco: «Per prima cosa (Don Cafasso) prese a condurmi nelle carceri, dove imparai tosto a conoscere quanto sia grande la malizia e la miseria degli uomini. Vedere turbe di giovanetti, sull'età dai 12 ai 18 anni; tutti sani, robusti, d'ingegno svegliato; ma vederli là inoperosi, rosicchiati dagli insetti, stentar di pane spirituale e temporale, fu cosa che mi fece inorridire. L'obbrobrio della patria, il disonore delle famiglie, l'infamia di se stesso erano personificati in quegli infelici. Ma quale non fu la mia maraviglia e sorpresa quando mi accorsi che molti di loro uscivano con fermo proposito di vita migliore ed intanto erano in breve ricondotti al luogo di punizione, da cui erano da pochi giorni usciti» (MO 119).
[157] Il primo scopo della congregazione degli Oblati di Maria Vergine, fondati da Pio Brunone Lanteri, era proprio quello «di consecrarsi particolarmente a dare li S.ti Esercizj sempre che ne saranno richiesti col consenso degli Ordinarj, ed a promuoverne l'uso il più che si potrà sia in pubblico, che in privato» (dalle *Costituzioni e Regole* degli Oblati di M. V. approvate dal breve *Etsi Dei Filius* del 1 settembre 1826). La citazione è tratta da T. GALLAGHER, *Gli Esercizi di s. Ignazio*, 31. Del Guala abbiamo già detto, a proposito della riapertura del Santuario di S. Ignazio sopra Lanzo; del Cafasso e del suo discepolo Don Bosco diremo più ampiamente.

Altre caratteristiche della spiritualità del Convitto erano una solida *pietà mariana*[158], la devozione al *Sacro Cuore* e al *Cristo eucaristico*.

Un'altra «idea guida», anch'essa legata al progetto delle *Amicizie* del Diessbach, era la importanza data all'apostolato della *buona stampa*, alla diffusione di pubblicazioni che confutassero gli errori dottrinali e diffondessero la dottrina cattolica.

Protettori del Convitto erano S. Francesco di Sales, la cui dottrina e spiritualità ebbe una grossa influenza nella vita delle *Amicizie*[159], e S. Carlo Borromeo, vero «rifondatore» dei seminari nel periodo della riforma cattolica.

Così è stata tratteggiata da Tullio Goffi la spiritualità del Convitto:

> La spiritualità del Convitto è fondata sulla dottrina di s. Francesco di Sales e di s. Alfonso de' Liguori. Esso non forma alla santità per la santità come in una comunità monacale; non educa a un'esperienza mistica; non invita ad abbandonare tutti e tutto per percepirsi solo di Dio e in Dio. Si limita a rendere coscienti i giovani sacerdoti di vivere in un mondo spiritualmente sconvolto; fa constatare che dal lato cristiano c'è tutto da fare; qualifica i membri sacerdoti per un'azione incessante in favore delle anime da salvare, offrendo alle medesime un conforto d'accoglienza apostolica caritativa. Il Convitto cerca di convincere i sacerdoti che quanto essi devono proporre e richiedere ai fedeli (dottrina ortodossa, spirito di preghiera e di mortificazione, osservanza sia etica che canonica) necessariamente richiede di essere da essi esistenzialmente testimoniato. Il Convitto non inculca né ai preti né ai laici una dottrina spirituale nuova, sebbene un volontarismo ascetico virtuoso entro una pratica fedele di pietà[160].

6.2 *Le pratiche di pietà al Convitto*

Ci sembra utile, a questo punto, dare anche qualche cenno sulla vita di preghiera e le pratiche di pietà al Convitto.

Si è già detto del clima di silenzio che accompagnava la giornata dei

---

[158] È nota la cosiddetta *scrittura di schiavitudine* con cui il ventiduenne Brunone Lanteri si diede «per schiavo perpetuo alla Beata Vergine Maria Nostra Signora con donazione pura, libera, perfetta della sua persona e di tutti i suoi beni». La citazione, tratta dal *Direttorio e altri scritti*, è riportata in T. GOFFI, *La spiritualità dell'Ottocento*, 194.

[159] Sulla influenza della spiritualità di San Francesco di Sales nel pensiero e nell'opera di Pio Brunone Lanteri si veda A. PEDRINI, *Il ven. Pio Brunone Lanteri*; questo libretto raccoglie tre articoli comparsi nei numeri 20, 21 e 22 di «Palestra del Clero» nello stesso anno.

[160] T. GOFFI, *La spiritualità dell'Ottocento*, 191.

CAP. III: ALLE SORGENTI DELL'ESPERIENZA SPIRITUALE

convittori, che iniziava alle 5.30 del mattino (alle 5.00 nel periodo estivo).
Leggiamo *passim* dal regolamento:

> Dato il segno della levata, ognuno si alzerà prontamente, ed assettata la persona, si porterà nel luogo destinato per la preghiera e quivi si fermerà in silenzio e raccoglimento disponendosi alla medesima giusta l'avviso dello Spirito Santo: *Ante orationem praepara animam tuam.*
>
> Mezz'ora dopo *Angelus Domini*, preghiera vocale in comune, la quale si farà adagio e con voce chiara, concorde e divota; quindi mezz'ora di meditazione. Dopo la meditazione studio in comune [...].
>
> Alle ore 8 e mezza i Chierici andranno ad udire la Santa Messa all'altare della B. Vergine della Concezione eretto nell'unita Chiesa di S. Francesco e sarà servita da uno di loro *per turnum* con cotta; e gli altri si porteranno in ginocchi sui banchi laterali al medesimo altare. Nell'andare e ritornare dalla Messa osserveranno gravità e silenzio [...].
>
> Alle ore 12 e mezza al suono del campanello pranzo, pendente il quale si farà da tutti *per turnum* la lettura [...].
> Dopo il pranzo visita breve al SS. Sacramento [...].
> Alle ore 3 lettura spirituale [...][161].
> Alle ore 5 Angelus Domini e recita in comune della terza parte del Rosario [...].
> Alle ore 9 e mezza, al suono del campanello piccolo, silenzio e preghiera in comune; esame di coscienza e quindi riposo[162].

La struttura complessiva delle pratiche di pietà, dunque, non differisce molto da quella del seminario di Chieri.
Il regolamento del Convitto appare però, qui come altrove, più essenziale e, soprattutto, più ricco di motivazioni spirituali[163].

---

[161] DpF, ed., *Sussidi*, II, a pagina 70 ci informa che i testi più adoperati erano il *Direttorio ascetico* di Giovan Battista Scaramelli e l'*Esercizio di perfezione* del Rodriguez.

[162] DpF, ed., *Sussidi*, II, 71-72.

[163] Molto indicativo, a questo proposito, è un articolo che fa riferimento alla retta dei convittori. Vi si legge: «Essendo la pensione modica a segno che ognuno vede essere indispensabile di aggiungervi ragguardevole somma, si spera che ogni Convittore si farà impegno di corrispondere colla maggior applicazione allo studio, colla pietà e di mantenere coi compagni la più cordiale unione e carità, avendo presente l'esempio degli Apostoli che prima di dividersi a predicare per il mondo, come i Convittori un giorno si divideranno per le funzioni ecclesiastiche, erano tra di loro santamente uniti con vincoli della più perfetta carità, animandosi a vicenda con santi discorsi e progetti per l'apostolato. Si spera insomma che ciascuno procurerà di approfittarsi con sollecitudine di si bel comodo che la divina Provvidenza gli somministra per riuscire più che si possa utile a se stesso ed alla Chiesa, per entrare in Paradi-

6.3 *Il giudizio di Don Bosco sull'esperienza del Convitto*

Per una migliore conoscenza della spiritualità di Don Bosco sarebbe certamente utile ripercorrere una per una le note caratteristiche del «progetto formativo» del Convitto torinese e riscontrarne i riflessi nella sua esperienza spirituale e pastorale[164].

Ma quale risonanza ebbe, soggettivamente, questa permanenza al Convitto in Don Bosco? Quale è il suo giudizio in età matura? Leggiamolo nelle *Memorie dell'Oratorio*:

> Il Convitto Ecclesiastico si può chiamare un complemento dello studio teologico, perciocchè ne' nostri seminarii si studia soltanto la dommatica, la speculativa. Di morale si studiano soltanto le proposizioni controverse.
>
> Qui si impara ad essere preti. Meditazione, lettura, due conferenze al giorno, lezioni di predicazione, vita ritirata, ogni comodità di studiare, leggere buoni autori, erano le cose intorno a cui ognuno deve applicare la sua sollecitudine.
>
> Due celebrità in quel tempo erano a capo di questo utilissimo Istituto: il Teologo Luigi Guala e D. Giuseppe Caffasso. Il T. Guala era il fondatore dell'opera. Uomo disinteressato, ricco di scienza. di prudenza e di coraggio. si era fatto tutto a tutti in tempo del governo di Napoleone I. Affinché poi i giovani leviti, terminati i corsi in seminario, potessero imparare la pratica del sacro ministero, fondò quel maraviglioso semenzaio, da cui provenne molto bene alla Chiesa specialmente a sbarbare alcune radici di giansenismo che tuttora si conservava tra noi.
>
> Fra le altre era agitatissima la questione del probabilismo e del probabiliorismo [...]. Il T. Guala si mise fermo in mezzo ai due partiti, e per centro di ogni opinione mettendo la carità di N. S. G. C. riuscì a ravvicinare quegli estremi. Le cose giunsero a tal segno che mercè il T. Guala S. Alfonso divenne il maestro delle nostre scuole con quel vantaggio che fu lungo tempo desiderato, e che oggidì se ne provano i salutari effetti.
>
> Braccio forte del Guala era D. Caffasso. Colla sua virtù che resisteva a tutte prove, colla sua calma prodigiosa, colla sua accortezza, prudenza poté togliere quell'acrimonia che in alcuni ancora rimaneva dei probabilioristi verso ai liguoristi.
>
> Una miniera d'oro nascondevasi nel sacerdote torinese T. Golzio Felice,

---

so con molte di quelle anime che il Divin Redentore vorrà degnarsi di affidare alla sua cura» (DpF, ed., *Sussidi*, II, 76).

[164] Si vedano, a questo proposito, le pagine 92-101 del primo volume del testo di Pietro Stella più volte citato. Il discorso, comunque, potrebbe essere oggetto di uno studio più ampio e articolato.

CAP. III: ALLE SORGENTI DELL'ESPERIENZA SPIRITUALE 119

egli pure convittore. Nella sua vita modesta fece poco rumore; ma col suo lavoro indefesso, colla sua umiltà, e colla sua scienza era un vero appoggio o meglio un braccio forte del Guala e del Caffasso. Le carceri, gli ospedali, i pulpiti, gli istituti di beneficenza, gli ammalati a domicilio; le città, i paesi e possiamo dire i palazzi dei grandi ed i tuguri dei poveri provarono i salutari effetti dello zelo di questi tre luminari del Clero Torinese[165].
Questi erano i tre modelli che la Divina Provvidenza mi porgeva, e dipendeva solamente da me seguirne le traccie, la dottrina, le virtù[166].

Questo giudizio decisamente positivo pronunciato da Don Bosco negli stessi anni dell'approvazione definitiva delle Costituzioni (1874) e del consolidamento della congregazione da lui fondata, fa emergere indirettamente una sorta di indicazione programmatica sul come «si impara ad esser preti»: meditazione, lettura, due conferenze al giorno, esercizi di predicazione, vita ritirata [...].
Ancora una volta la rilettura delle *Memorie dell'Oratorio* a questo particolare *livello* cronologico, cioè come documento storico che ci permette di riconoscere il progetto di vita sacerdotale proposto in età matura alla congregazione da lui fondata, ci consente di arricchire la conoscenza del giudizio di Don Bosco su di un programma formativo «riuscito» e, in particolare, sul ruolo affidato alla meditazione e alla vita di preghiera.
Abbiamo ritenuto interessante riportare qui anche una testimonianza di Don Bosco, questa volta coeva con il periodo che stiamo considerando.
Si tratta di un brano di una memoria da lui scritta il 16 aprile del 1843, verso la fine del suo secondo anno di permanenza al Convitto, a riguardo di un suo compagno di studi al seminario di Chieri, il giovane Giuseppe Burzio[167], divenuto poi Oblato di Maria Vergine nella con-

---

[165] Felice Golzio (1807-1873) fu direttore spirituale al Convitto, dove era stato alunno del Cafasso, di cui poi divenne confessore (cf. L. DI ROBILANT, *Vita del venerabile Giuseppe Cafasso*, II, 196). Fu dotato di grande umiltà e di scienza, come testimonia Don Bosco. Dopo la morte del Cafasso, avvenuta nel 1860, fu confessore di Don Bosco sino al 1873, anno della sua morte.
[166] MO 116-119.
[167] Giuseppe Burzio (1822-1842) giunse al seminario di Chieri all'inizio dell'ultimo anno di teologia del chierico Giovanni Bosco, nel novembre del 1840. Don Bosco, ordinato suddiacono nel settembre di quell'anno, era stato nominato «prefetto di camera» e strinse subito una buona amicizia spirituale con il Burzio. Nel settembre del 1841 Giuseppe Burzio fece il suo ingresso nella congregazione del Lanteri; ammalatosi gravemente morì, in fama di santità, nel 1842. Un suo confratello, il Padre Felice Giordano, volle raccogliere alcune testimonianze di coloro che lo avevano

gregazione fondata da Pio Brunone Lanteri e morto precocemente nel 1842.

Dopo aver ampiamente descritto le virtù di questo giovane e dopo averlo indicato come «perfetto modello chiericale», Don Bosco scrive:

> Ma ancora più grande fu il suo impegno nella pietà, in cui si rese veramente singolare; io non posso riferire, fuorché ciò che accadde sotto gli occhi di tutti; ma chi conobbe la sincerità di questo chierico, e la costanza nel bene, potrà facilmente conghietturarne il più ed il meglio degli atti nascosto di sue interiori virtù.
>
> Adunque non fu mai che alle pratiche religiose egli si portasse, o vi attendesse con aria d'indifferenza, o per spirito di costumanza; al contrario, era mirabile per la contentezza e desiderio, che ne mostrava nel volto; anzi, appena cominciava qualche sacra funzione, od esercizio consueto, per esempio, della preghiera, o della meditazione, o pur solamente metteva il piede in cappella, componeva subito ad una santa apprensione tutti i suoi sensi, pel qual suo divoto contegno ognuno ben vedeva quanto vi partecipasse il suo cuore, e quanto fosse lo spirito di fede che lo animava. Fossero poi, o non fossero presenti li superiori, il pio procedere del Burzio era invariabilmente lo stesso, poiché ben si può dire di lui che *ambulabat coram Deo* [...].
>
> Oltre le pratiche religiose, comuni a tutti, e da lui con gran fervore eseguite, potei accorgermi, e dalle parole e da' fatti, ch'egli era divotissimo di Gesù sacramentato e della Madonna, a' quali se alcun tempo di sopravvanzo gli rimaneva, consacrava tosto in affetti di amore e di gratitudine. Laonde più volte il vidi, in tempo di ricreazione. E sopra tutto ne' giorni di vacanza, allontanarsi con bel modo da' suoi compagni, recarsi in chiesa, e trattenersi in dolci colloquii con Gesù sacramentato e colla pietosissima sua madre[168].

Don Bosco ha quasi ventotto anni, ed è al termine della sua esperienza al Convitto[169]; la considerazione e la stima che mostra di nutrire per quel «trattenersi in dolci colloqui» anche «in tempo di ricreazione» ci rivela il suo modo di sentire, il suo ideale di vita cristiana e sacerdotale.

---

conosciuto nell'arco della sua breve esistenza per comporre una biografia, che venne poi pubblicata nel 1846. Il Padre Giordano chiese anche a Don Bosco di inviargli, a questo scopo, una memoria sul giovane compagno; la testimonianza di Don Bosco si trova distribuita qua e là nella piccola biografia. È possibile reperirla per esteso in G. BOSCO, *Epistolario*, [MOTTO], I, 48-53.

168 F. GIORDANO, *Cenni istruttivi di perfezione*, 139-140.

169 Le *Memorie Biografiche*, che riportano un lungo brano di questo memoriale (cf. MB I, 504-510) affermano che sia stato inviato dal Convitto Ecclesiastico il 16 aprile 1843.

Il tempo della preghiera, del colloquio personale, affettivo, silenzioso con Dio, non sarà mai giudicato «eccessivo» o inopportuno; al contrario questo giudizio benevolo accomunerà, come vedremo, molti protagonisti delle sue biografie, giovani e meno giovani, che egli continuerà a presentare per tutta la sua vita come autentici modelli di virtù cristiane e di santità.

7. San Giuseppe Cafasso

Una particolare attenzione meritano la figura del Cafasso[170] e la sua dottrina spirituale[171] per il ruolo che questo santo ebbe per più di trent'anni nella vita di Don Bosco.

Giuseppe Cafasso nasce a Castelnuovo d'Asti, lo stesso comune che darà i natali a Don Bosco, l'11 gennaio del 1811.

Fisicamente poco dotato, «piccolo nella persona, occhi scintillanti, aria affabile, volto angelico»[172], il Cafasso fu uno dei primi alunni del nuovo seminario di Chieri nell'anno 1827.

Nel 1833, subito dopo l'ordinazione presbiterale, entrò al Convitto Ecclesiastico di Torino dove rimase prima come studente, poi come ripetitore e docente di teologia morale[173] e, infine, come rettore dopo la morte del Teologo Guala nel 1848; mantenne questo incarico sino alla sua morte, avvenuta il 22 giugno del 1860.

Oltre all'insegnamento della morale, si dedicò in modo particolare

---

[170] Per uno studio biografico e spirituale si vedano: *Taurine Beatificationis et canonizationis Servi Dei Josephi Cafasso*; G. COLOMBERO, *Vita del Servo di Dio D. Giuseppe Cafasso*; L. DI ROBILANT, *Vita del venerabile Giuseppe Cafasso*; L. ZANZI, *Lo spirito interiore del beato Giuseppe Cafasso*; C. SALOTTI, *Il santo Giuseppe Cafasso*; A. GRAZIOLI, *La pratica dei confessori*; F. BOTTINO, *San Giuseppe Cafasso*; U. ROCCO, ed., *Morale e pastorale*; L. MUGNAI, *S. Giuseppe Cafasso prete torinese*; S. QUINZIO, *Domande sulla santitá*.

[171] Per uno studio sistematico e documentato sulla dottrina spirituale del Cafasso si veda F. ACCORNERO, *La dottrina spirituale di san Giuseppe Cafasso*. L'Accornero si serve in questo studio quasi unicamente dei numerosi manoscritti del Cafasso e delle testimonianze della causa di beatificazione.

[172] La descrizione è dello stesso Don Bosco in MO 51.

[173] Il Cafasso tenne per 24 anni la cattedra di *teologia morale pratica* riavendo come riferimento fondamentale la dottrina di Sant'Alfonso Maria de' Liguori, mentre ancora dominava in buona parte dell'insegnamento ufficiale un indirizzo rigorista. «Apostolo eminentemente pratico, non intese fondare una "scuola" di teologia morale, né avallare un sistema più che un altro, anche se, proprio per mantenere fede al suo proposito di cercare con tutti i mezzi la salvezza delle anime, accettava serenamente il probabilismo» (DpF, ed., *Sussidi*, II, 246).

alla pastorale dei carcerati e dei condannati a morte[174] e alla predicazione di esercizi spirituali al clero e a laici; quest'ultimo fondamentale aspetto del suo apostolato sacerdotale avrà dei riflessi sull'esperienza spirituale e pastorale di Don Bosco.

Il Cafasso raccolse minuziosamente i suoi appunti in numerosi quaderni, ma non pubblicò nulla; un suo nipote, il canonico Giuseppe Allamano[175], che nel 1882 riaprirà il Convitto, chiuso alcuni anni prima da monsignor Gastaldi, ha edito all'inizio del nostro secolo, con intenti pastorali, alcune sue meditazioni e istruzioni al popolo e al clero[176].

Scrive Don Eugenio Valentini, che ha curato, nel *Dictionnaire de Spiritualité*, la voce «Joseph Cafasso»:

> Joseph Cafasso fut à la fois un maitre en théologie morale et en théologie spirituelle. Sa spiritualité, tout à fait traditionnelle, est profondément pastorale. C'est pourquoi son influence auprès du clergé et de ses dirigés fut-elle grande; rappelons que son meilleur disciple fut saint Jean Bosco[177].

---

[174] Come abbiamo già sottolineato, parlando del Convitto Ecclesiastico, queste «esperienze pastorali» rientravano anche nel cammino formativo dei giovani preti.

[175] Il Beato Giuseppe Allamano, che fu Rettore del Santuario della Consolata a Torino e del Convitto Ecclesiastico e Fondatore delle Missioni Estere della Consolata, era figlio di una sorella del Cafasso. Come testimoniò egli stesso durante la causa di beatificazione, vide lo zio una sola volta, all'età di sei anni. La sua testimonianza, oltre che sulle notizie raccolte in famiglia, si fondò anche sulle prediche e sulle confidenze di Don Bosco che egli conobbe durante la sua permanenza di quattro anni all'Oratorio di San Francesco di Sales, dove compì i suoi studi ginnasiali (cf. *Taurine Beatificationis et canonizationis Servi Dei Josephi Cafasso. Positio super introductione causae*, 9-10). Sulla figura del Beato Allamano si veda I. TUBALDO, *Giuseppe Allamano*.

[176] Cf. G. CAFASSO, *Meditazioni per esercizi spirituali al clero*; G. CAFASSO *Istruzioni per esercizi spirituali al clero*; G. CAFASSO, *Sacre missioni al popolo*. Questi scritti fanno parte della raccolta in cinque volumi delle *Opere complete* edite a Torino dall'Istituto-Collegio Internazionale della Consolata per le Missioni Estere dal 1923 al 1925

[177] E. VALENTINI, «Joseph Cafasso (saint)», 1330. In questa colonna e nella successiva è possibile reperire anche alcune essenziali notizie biografiche. Don Valentini ci informa che presso il seminario di Torino si conservano nove volumi di manoscritti del Cafasso, dove è possibile reperire conferenze di teologia morale, istruzioni e meditazioni per esercizi spirituali, lettere. Presso la biblioteca del *Centro Studi Don Bosco* della Università Pontificia Salesiana di Roma si conserva una copia manoscritta degli scritti di Cafasso, fatta in occasione della causa di beatificazione e con il *vidimus* dell'autorità ecclesiastica, realizzata in ottima calligrafia dal teologo Pietro Corgiatti (1871-1924). Citeremo questa copia specificando, in nota, il nome dell'amanuense.

L'influenza esercitata dalla dottrina e dallo zelo pastorale del Cafasso sul clero torinese fu profonda. Nonostante il suo raggio di azione possa sembrare limitato agli alunni del Convitto, egli, come afferma Don Flavio Accornero, fu maestro di sacerdoti e, dunque, «moltiplicò» il suo influsso sulla Chiesa piemontese:

> Fu un uomo capace di opporsi al male — scrive l'Accornero — e di condurre la battaglia del Signore svolgendo con zelo indicibile la sua attività a favore delle anime, come sacerdote e come maestro di sacerdoti. Proprio l'aver lavorato in un campo ristretto e chiuso, quali sono quelli del confessionale, del pulpito e della scuola di un convitto, riesce per il Cafasso un titolo di indiscussa penetrazione, poiché egli ha lavorato su dei moltiplicatori: tutto il clero del Piemonte, si può affermare, lo ebbe ispiratore ed animatore per le nuove vie, tutti i direttori di anime lo ebbero direttore. E le sue dottrine, le sue parole, le sue idee passarono da sacerdote a sacerdote, da parrocchia a parrocchia, da anima ad anima [...].
> Si può raccogliere, quindi, una fioritura di alunni, di fondatori di istituzioni religiose, di indirizzi ascetici e morali tracciati, di santità iniziate. Quanto vi è del Cafasso nella loro attività e santità? Certo, molti elementi sgorgati dalla sorgente del Nostro si sono inalveati nella vita di questi uomini che rappresentano le personalità più spiritualmente note del secolo piemontese e che nella loro gigantesca statura spirituale provano la bontà e la forza del seme da cui ebbero origine[178].

7.1 *Don Cafasso e Don Bosco*

L'influsso esercitato dalla personalità del Cafasso su Don Bosco, più giovane di lui di circa quattro anni e mezzo, fu decisivo. Don Bosco stesso non ci lascia alcun dubbio, in proposito, quando nella *Memorie dell'Oratorio*, dopo avere parlato degli anni trascorsi al Convitto Ecclesiastico e, in particolare, del Teologo Luigi Borel, del Teologo Felice Golzio e di Don Cafasso, afferma:

> Questi erano i tre modelli che la Divina Provvidenza mi porgeva, e dipendeva solamente da me seguirne le traccie, la dottrina, le virtù. D. Caffasso, che da sei anni era mia guida, fu eziandio mio Direttore spirituale, e se ho fatto qualche cosa di bene lo debbo a questo degno ecclesiastico nelle cui mani riposi ogni mia deliberazione, ogni studio, ogni azione della mia vita[179].

---

[178] F. ACCORNERO, *La dottrina spirituale*, 155. 157.
[179] MO 119. Nota Don Pietro Stella: «Per la prima volta Don Bosco, rievocando la propria vita, parla di direttore spirituale, e lo fa in un contesto in cui certamente è da

Sulle relazioni che intercorsero tra i due santi così testimoniò il salesiano Giovanni Cagliero, allora Arcivescovo di Sebaste e Vicario Apostolico della Patagonia, al processo di beatificazione del Cafasso:

> Il nostro Ven. D. Bosco aveva del Ven. Cafasso una venerazione tutta speciale, intima ed unita ad un santo affetto che a lui lo legava e lo faceva umile discepolo innanzi alla bontà e santità del suo grande maestro, e durante 20 anni lo ebbe per direttore spirituale, per suo unico confidente e consigliere.
> Noi che avevamo di D. Bosco un concetto grandissimo della sua bontà e delle sue virtù, unito al più grande affetto ed alla più profonda venerazione per la sua santità, ci formavamo del suo maestro Don Cafasso un concetto ancor maggiore riguardo alla sua bontà, alle sue virtù e alla sua santità.
> Ed io stesso in parecchie circostanze nelle quali ebbi occasione di presentarmi al Ven. Cafasso, ascoltarne le sue calde esortazioni, mi persuasi della verità di quanto ci narrava Don Bosco[180].

Leggiamo ancora nella *Nova positio super virtutibus*, dalla voce del medesimo testimone:

> Era idea comune in me e nei miei colleghi dell'Oratorio, che il Ven. era modello di ogni virtù sacerdotale [...].
> Da quanto potei vedere in parecchie circostanze che lo avvicinai, e quanto ho potuto udire dal Ven. D. Bosco che ne fu discepolo, ne godeva l'intima famigliarità, ne conosceva il cuore, lo spirito e ne scrutava i doni rari e superni, di cui lo vedeva arricchito dal Signore [...] posso dare sicuro testimonio che le virtù siano teologali, cardinali e morali furono praticate dal Ven. Cafasso in modo eroico[181].

Scriveva a questo proposito Don Eugenio Valentini, nella presentazione alla riedizione della *Biografia del Sacerdote Giuseppe Caffasso esposta in due ragionamenti funebri* [182]scritta dallo stesso Don Bosco, pubblicata nel 1960, in occasione dell'anno centenario della morte:

---

intendere come colui al quale egli manifestava la propria coscienza in ordine all'orientamento da dare alla propria vita religiosa, ma anche come colui che ascoltava le confessioni sacramentali e che faceva da autorevole consigliere in ogni deliberazione importante» (P. STELLA, *Don Bosco nella storia*, I, 100).

[180] *Taurine Beatificationis et canonizationis Servi Dei Josephi Cafasso. Positio super introductione causae*, 482.

[181] *Taurine Beatificationis et canonizationis Servi Dei Josephi Cafasso. Nova positio super virtutibus. Virtutum heroicarum expositio*, 112.

[182] G. BOSCO, *Biografia del Sacerdote Giuseppe Caffasso*. Si tratta del secondo fascicolo pubblicato da Don Bosco nel 1860, in occasione della morte di Don Cafasso. Il primo, edito alcuni mesi prima sempre dalla Tipografia Paravia, portava il titolo

CAP. III: ALLE SORGENTI DELL'ESPERIENZA SPIRITUALE 125

Umanamente parlando, senza S. Giuseppe Cafasso, noi non avremmo avuto S. Giovanni Bosco, e probabilmente neppure avremmo avuto la Congregazione Salesiana.

Fu egli che lo consigliò, lo guidò nella scelta dello stato, lo formò nel Convitto Ecclesiastico, e poi lo diresse, lo difese e lo sostenne nei momenti difficili della vita.

La spiritualità del Maestro si trasfuse in buona parte nel Discepolo, e noi oggi rileggendo queste pagine a distanza di un secolo, ci accorgiamo facilmente dell'intreccio e, per così dire, della fusione di queste due spiritualità.

È infatti questa la caratteristica principale di questa documentazione. Don Cafasso è stato per Don Bosco il Maestro, il Direttore Spirituale, il Confessore, il Benefattore per eccellenza. Ora quest'influsso di relazioni intime, durate per lo spazio di trent'anni. non poteva non lasciare un'impronta — e quale impronta! — nella vita del discepolo.

È questa la prima ragione, quella oggettiva, per cui la spiritualità del Cafasso si trasfuse in San Giovanni Bosco[183].

Il ripercorrere tutti e singoli gli episodi e i momenti nei quali le vite di questi due santi si incontrarono esula certamente dai limiti del nostro studio, ma sarebbe comunque utile per darci una più chiara percezione di quanto possa essere stato decisivo, nella vita di Don Bosco, questo «influsso di relazioni intime» di cui parla Don Valentini; cerchiamo almeno di ricordare alcune tappe fondamentali[184].

Dopo il primo incontro, avvenuto molto probabilmente nel 1829[185], la guida e il sostegno di Don Cafasso furono decisivi, nella coscienza riflessa di Don Bosco, in momenti difficili[186] e, soprattutto, in alcune situazioni di *discernimento* e in particolare:

Rimembranza storico-funebre dei giovani dell'Oratorio di San Francesco di Sales verso il Sacerdote Cafasso Giuseppe, loro insigne benefattore, pel Sac. Bosco Giovanni. Questi due fascicoli non costituiscono una vera e propria biografia; il secondo, in particolare, contiene alcuni annunci e *ragionamenti funebri* e riporta in appendice dei pensieri e delle devozioni del Cafasso (cf. E. VALENTINI, «Presentazione», 36-37).

[183] E. VALENTINI, «Presentazione», 6.

[184] Per una sintesi dei principali avvenimenti si vedano le pagine 208-230 del secondo volume della già citata *Vita del Venerabile Giuseppe Cafasso* del Di Robilant e la biografia del Colombero alle pagine 188-198.

[185] Cf. J. KLEIN - E. VALENTINI, «Una rettificazione cronologica», 581-610. Le *Memorie dell'Oratorio* collocano invece questo primo incontro nel 1827.

[186] È appena il caso di sottolineare, in questa sede, che Don Cafasso sostenne fin dall'inizio l'opera di Don Bosco non soltanto spiritualmente ma anche come generoso benefattore. Alla sua morte il Cafasso risultava ancora proprietario di una parte dell'Oratorio di San Francesco di Sales che lasciò in eredità a Don Bosco, insieme ad

- nella decisione di non abbandonare gli studi per potere abbracciare lo stato ecclesiastico[187];
- nella decisione di non entrare nel noviziato dei Minori Riformati della Madonna degli Angeli[188];
- nella decisione di entrare nel seminario di Chieri[189];
- nel dissipare i dubbi che precedettero la vestizione chiericale e la richiesta di ammissione agli ordini[190];
- nella decisione di entrare al Convitto Ecclesiastico subito dopo l'ordinazione sacerdotale[191] e la *prima messa* celebrata da Don Bosco nella chiesa di San Francesco d'Assisi annessa al Convitto Ecclesiastico dove era «capo di conferenza» il Cafasso[192];
- nell'orientare le sue prime esperienze pastorali[193];
- nel distoglierlo con decisione dal partire per le missioni e dall' «entrare in religione» con gli Oblati di Maria Vergine, al termine di un corso di Esercizi Spirituali[194];
- nel contribuire a determinare l'orientamento generale della sua vita apostolica anche per quanto riguarda l'apostolato della *buona stampa*[195];
- nell'orientare alcuni progetti particolari della vita del nascente Oratorio di San Francesco di Sales[196].

Uscito dal Convitto Ecclesiastico[197], Don Bosco continuò a confessarsi settimanalmente con Don Cafasso sino alla di lui morte, avvenuta nel 1860; per lunghi periodi si recò quotidianamente al Convitto per studiare e ritirarsi in una camera a lui riservata, in particolare per la

---

un'offerta in denaro e al condono di tutti i debiti (cf. G. COLOMBERO, *Vita del Servo di Dio D. Giuseppe Cafasso*, 198).

[187] Cf. MO 52; MB I, 287.
[188] Cf. MB I, 303.
[189] Cf. MB I, 305;
[190] Cf. MB I, 363-364; MO 109.
[191] Cf. MO 116; MB II, 38-39.
[192] Cf. MO 110.
[193] Cf. MO 119-120. 124. 127.
[194] Cf. MB II, 203; L. DI ROBILANT, *Vita del Venerabile Giuseppe Cafasso*, II, 215-216.
[195] Cf. L. DI ROBILANT, *Vita del Venerabile Giuseppe Cafasso*, II, 222.
[196] Cf. L. DI ROBILANT, *Vita del Venerabile Giuseppe Cafasso*, II, 216-221.
[197] Don Bosco si trattenne al Convitto per tre anni, anzicchè per due, come prevedeva il programma ordinario. Il Colombero ci testimonia che questo favore «si concedeva ai giovani più segnalati per pietà e per studio» (cf. G. COLOMBERO, *Vita del Servo di Dio D. Giuseppe Cafasso*, 190).

preparazione delle Letture Cattoliche, per lavorare alle quali si serviva sovente della biblioteca[198].

L'affetto, la stima e la riconoscenza di Don Bosco verso il suo maestro sono testimoniati dalla acuta sofferenza che in lui causò la sua scomparsa[199] e dal suo desiderio di custodirne e perpetuarne la memoria.

Testimonia il Servo di Dio Giuseppe Allamano:

> Dietro suggerimento datomi dal Servo di Dio D. Giovanni Bosco, un anno prima che morisse, allo scopo di conservare la memoria del Venerabile mandai una circolare a tutte le persone che credevo avessero avuto relazione con lui per raccogliere notizie sulla sua vita. Queste memorie io le ho poi consegnate al Can. Colombero, curato di S. Barbara in Torino[200].

Quella del Colombero sarà la prima vera, documentata biografia del Cafasso. Don Bosco, prima di lui, aveva per lungo tempo accarezzato l'idea di scriverne una; così testimoniò il nipote, affermando anche che l'impresa non gli era riuscita, a detta del santo, a causa della scomparsa dei documenti da lui raccolti in un armadio dell'oratorio[201].

7.2 *Alcuni insegnamenti del Cafasso sull'orazione mentale*

Il distacco dal mondo, la solitudine, una solida vita di preghiera: questi sono i tre passi indicati dal Cafasso ad un'anima che voglia camminare verso una vita spirituale più perfetta[202].

Sul concetto di *distacco dal mondo* non ci fermeremo; sottolineiamo soltanto l'insistenza del santo sulla necessità, per gli ecclesiastici, di fuggire «i giochi e i pubblici spettacoli»[203] e che risulta tra i propositi presi da Don Bosco in occasione della sua vestizione clericale, e sulla

---

[198] Cf. L. DI ROBILANT, *Vita del Venerabile Giuseppe Cafasso*, II, 222-223; G. COLOMBERO, *Vita del Servo di Dio D. Giuseppe Cafasso*, 198.

[199] Cf. E. VALENTINI, «Presentazione», 30-32.

[200] *Taurine Beatificationis et canonizationis Servi Dei Josephi Cafasso. Positio super introductione causae*, 10.

[201] Questa confidenza egli la avrebbe ricevuta dallo stesso Don Bosco ormai prossimo alla morte (cf. E. VALENTINI, «Presentazione», 33-34).

[202] Cf. F. ACCORNERO, *La dottrina spirituale*, 94. L'autore dedica ad ognuno di questi fondamenti della spiritualità del Cafasso un capitolo del suo libro (cf. le pagine 62-106).

[203] A questo tema egli dedicava un'intera istruzione nei suoi EE.SS. dal titolo *Fuga dal mondo* (cf. G. CAFASSO, *Istruzioni per esercizi spirituali al clero*, 68-87).

eccellenza della virtù dell'umiltà come distacco da sé e condizione di autenticità del lavoro apostolico[204].

Più legate al nostro studio sono le considerazioni del Cafasso sul tema della *solitudine*. Scrive Flavio Accornero:

> La solitudine — accanto a quello di ritiro — è il termine che viene ripetuto quasi all'indefinito dal nostro autore, e l'amore alla solitudine è una pratica che viene raccomandata, con un accento di indispensabilità, al clero come al popolo, non più semplicemente come fuga ed assenza al mondo, ma come esercizio di presenza a Dio ed alla propria coscienza[205].

Il Cafasso considera, dunque, la pratica della solitudine come una «risorsa» indispensabile per la vita del presbitero. «L'unione con Dio — afferma egli stesso — la purità di coscienza, l'esemplarità della vita, che sono così proprie del sacerdote, è inutile sperarle, cercarle fuori del ritiro e della solitudine»[206].

Nessuna occupazione materiale e neanche il lavoro apostolico possono essere motivo sufficiente per dispensarsi da questa feconda solitudine.

> Fratelli miei; dimentichiamoci mai che la nostra vita consiste più nello spirito, che nelle opere; le opere valgono secondo lo spirito, togliete diminuite in un Ecclesiastico lo *spirito interno* e proprio del suo stato, e voi togliete, diminuite a *proporzione* il valore delle opere: che se vogliamo che regni in noi cotesto spirito, non si intiepidisca, anzi s'aumenti, si infiammi, è necessaria, è indispensabile una continua e costante vigilanza sopra di noi, e di tutta necessità un luogo, un tempo di ritiro, di studio, di esame nella nostra giornata, altrimenti come capita, e che ne viene? Si studia, si predica, si confessa, si intraprendono mille faccende, e per questo e per quello, mai alle volte un momento da mattina a sera, e tutto anche con buon fine se volete, ma frattanto come va l'interno, che profitto sì fa, e come stanno i conti del cuore?[207]

E il primo, principale «luogo» che il Cafasso indica per questo quotidiano «ritiro» è la *camera*. «Nella camera solo troveremo quella quiete — afferma — quella tranquillità, quella calma così necessaria per

---

[204] Cf. F. ACCORNERO, *La dottrina spirituale*, 71-78.
[205] F. ACCORNERO, *La dottrina spirituale*, 79.
[206] G. CAFASSO, *Manoscritti*, [CORGIATTI], V, 2028-2029.
[207] G. CAFASSO, *Manoscritti*, [CORGIATTI], V, 1874-1875.

formare un buon sacerdote»[208]. È questa «cella» che il sacerdote deve imparare ad amare: «Amore alla cella dove l'aria è più pura per l'anima, il cielo più aperto, il Signore più vicino e familiare»[209].

Accanto alla solitudine ordinaria della camera il sacerdote deve ricercare periodicamente un tempo adeguato per i suoi *esercizi spirituali*.

> Non merita paragone con ciò che Dio sa far gustare a chi lo cerca, a chi s'arrende a venire a trattare con Lui in questo tempo [...]. Val più, ed è mille volte più dolce il ritiro, la solitudine in compagnia ed in seno al Signore che non tutte le delizie di questa terra: quello che passa tra un'anima e Dio in questi luoghi, le finezze, le carezze che Dio tien riservate, i sospiri, gli slanci, i voli d'un'anima che tratta, che parla col suo Signore![210]

Il terzo fondamento della vita spirituale del sacerdote è l'*orazione*.

> Tra i mezzi che hanno da concorrere per formare dell'ecclesiastico quell'uomo speciale nel mondo, uno specchio della divinità sulla terra, un uomo interno, spirituale, e separato quale egli è dagli imbrogli del secolo, e consecrato interamente agli interessi di Dio, più divino che umano, oltre il ritiro vi deve entrare necessariamente l'orazione[211].

Sottolinea Flavio Accornero:

> Tale preghiera, come si vede, non è ridotta ad una questione di domanda di qualche bene presentata a Dio, ma riveste un carattere di confidenza, di abbandono e di amore; non è solo una ricerca, una tensione verso l'unico oggetto, ma è uno sforzo che suppone al suo termine un arricchimento, e che conduce l'anima ad una comunicazione con Dio spinta fino al limite estremo dell'unione, della intimità. «Familiarizzare» è il termine che più suggestivamente traduce il pensiero del nostro autore al riguardo: questa corrente unitiva di cui l'anima deve circondarsi non si può avere senza sperimentare la necessità di un contatto profondo e completo con Dio [...].
>
> Il Cafasso insiste appunto nel suo insegnamento di preferenza su questo aspetto unitivo, su cui impernia tutta la fecondità e la continuità della preghiera; essere uomini di orazione comporta precisamente un'amicizia inti-

---

[208] G. CAFASSO, *Manoscritti*, V, 2085 B, 85. Per questa citazione e per le due successive, ci serviremo del lavoro di Flavio Accornero, riportando la citazione dai nove volumi di manoscritti del Cafasso, così come è segnalata dall'autore, e, tra parentesi quadre, la pagina del testo dove abbiamo riscontrato la citazione. Le notazioni A e B si riferiscono al fatto che le pagine del manoscritto spesso presentano due differenti testi, separati da una linea orizzontale.
[209] G. CAFASSO, *Manoscritti*, V, 1951 A, 85.
[210] G. CAFASSO, *Manoscritti*, VI, 2453 B, 88.
[211] G. CAFASSO, *Manoscritti*, [CORGIATTI], VII, 2677.

ma, un trattenimento, una comunicazione profonda con Colui che è la sorgente dell'amore[212].

L'importanza della preghiera per la vita del sacerdote viene sottolineata, in una delle sue *istruzioni*, a partire da due considerazioni. La preghiera, innanzi tutto, è da considerarsi il primo dovere di un ecclesiastico:

> Tra i doveri e gli uffizi del sacerdote può dirsi francamente che il primo è quello di pregare: *omnis pontifex pro hominibus constituitur in iis quae sunt ad Deum*. Il mezzo principale, anzi solo che Egli ha di tenere aperta questa via, questa relazione, codesta comunicazione con Dio, il modo con cui ha da compiere questa grande missione ed ambasceria, è la preghiera: toglietemi la preghiera, e voi torrete nello stesso tempo ogni commercio tra il Cielo e la terra, tra Dio e l'uomo[213].

In secondo luogo egli, per sua «professione», deve essere un maestro «di questa grand'arte di pregare»:

> E come vi riuscirà, quando non la sappia compitamente e non la eserciti Egli stesso? Avete mai osservato come fa un maestro qualunque ad insegnar una professione, un'arte qualunque al suo scolaro e discepolo: comincia spiegargli ben bene i principii e la teoria; dargli il perché, la ragione d'ogni cosa, perché ne conosca il valore e la forza; ma ciò non basta e non è contento: si mette egli stesso il primo a lavorare come fosse un principiante sotto gli occhi del suo allievo, quindi glielo rimette e vuol che lavori alla sua presenza, perché Egli possa avvisarlo, aiutarlo, avvalorarlo e così pezzo per pezzo, parte per parte, tra due, ma quasi fossero un solo, si proseguisce e si termina il lavoro con soddisfazione, e piacere comune; del maestro, che gode del profitto del suo allievo, e dell'allievo, che s'avanza per bontà del suo padrone. Ecco quello che deve fare il sacerdote nei popoli, nella predicazione, nel Confessionale, ne' catechismi, ne' discorsi domestici e famigliari, insegnare questa grand'arte di pregare[214].

Insiste, il Cafasso, anche sulla necessità di trovare il tempo per la preghiera, anche tra occupazioni e incombenze. Nessuna «scusa» o attenuante, dunque, per il sacerdote che non sia anche uomo di orazione:

> Ma e che sarebbe quando il punto stesse diversamente, ed il sacerdote non pregasse quanto, e come dovrebbe pregare e fosse un uomo di occupazione, se volete, di studio, di scienza, ma non un uomo d'orazione: oh! [...] forse

---

212 F. ACCORNERO, *La dottrina spirituale*, 97-98.
213 G. CAFASSO, *Manoscritti*, [CORGIATTI], VII, 2679.
214 G. CAFASSO, *Manoscritti*, [CORGIATTI], VII, 2681.

la mia risposta sarà un po' dura e le riuscirebbe ingrata; eppure siamo qua a darcela a vicenda. Non posso, non ho testa, non ho tempo a pregare: eh! Quando si tratta d'un affare necessario, che va fatto, non occorre disputarne, non se ne può prescindere, per amore o per forza bisogna andare avanti; queste scuse e questi pretesti non giovano: potrebbero servire quando uno non si trovasse ancora a quel punto, ma quando c'è, testa o senza testa, voglia o non voglia, è una cosa che va fatta; guardate negli affari temporali, che si trovano pesanti, difficili e scabrosi: la persona, se le fosse possibile, vorrebbe schernirsene, si vien subito a questa conclusione, è inutile pensarvi bisogna farlo, e se non si può far tanto che si possa. Così io direi all'ecclesiastico in questo caso: quest'ufficio di pregare, codesto affare, codesta occupazione per un sacerdote è indispensabile, è tempo perduto tentare di farne a meno: o pregare o che cesse perfino d'esser sacerdote. Oh! Pregherei, se è così, mi sforzerei, farei la prova, ma non so; che ragione è questa? Che scusa da addurre: un maestro che richiesto ad insegnare risponde che non sa; la risposta è facile, è naturale, e non ve n'è altra: non dovevi metterti a fare il Maestro; e perché farti sacerdote, che sapevi dovere insegnare agli altri a pregare se tu non te ne intendevi; oh! è così. Va da tanti secolari che sapranno insegnarti Essi medesimi quello che non sai tu; va da tanti buoni fedeli, e ti diranno in che modo, con che cuore e di che dovrai pregare; e non sai pregare, entra qui S. Agostino ma guarda, mettiti a' piè della Croce, prostrati davanti a questo Dio, e poi fa, dici quello che tu vuoi, poiché tutto è preghiera, sia che adori, sia che ammiri questo Dio, sia che lo lodi, lo ami, lo ringrazi, ti rallegri con lui, ogni cosa è orazione, è preghiera davanti a Lui[215].

Nella medesima istruzione il Cafasso si ferma a distinguere tre «categorie» di ecclesiastici: quelli che «recitano preghiere, ma non pregano»; quelli che «lo fanno a stento e scarsamente, ed appena possono dir compita la pura e semplice obbligazione materiale non vi pensano più; e i «veri sacerdoti» che sono necessariamente uomini di orazione:

Ognuno naturalmente è portato ad amar l'arte sua, e così ne prova un gusto, un piacere ad occuparsene, e ben lungi di non lasciarlo conoscere, che anzi brama, desidera che ognun lo sappia, è contento quando lo trovan sull'arte sua ma par che fatichi, ma non è vero; faticherebbe di più, soffrirebbe maggiormente se dovesse cessare e desistere dal lavoro. Ecco in poche parole l'idea dell'uomo di preghiera, e di orazione; Egli è quel sacerdote che siccome un altro si consacrò ad altra carriera, s'apprese egli invece e si consacrò a codesta di pregare, ama l'orazione, la gusta almeno colla volontà e non sa allontanarsene, e lasciarla. Osservatelo in casa, in chiesa, per le contrade medesime; prega continuamente: se studia, prega; se lavora, prega; se

---

[215] G. CAFASSO, *Manoscritti*, [CORGIATTI], VII, 2684.

si diverte, prega; se mangia, se dorme, prega; e come può essere? è dunque sempre in ginocchio? Non è necessario, prega, perché quel che fa, qualunque sia lo fa con quel fine, a quell'oggetto, per onore, per gloria del suo Dio; prega, perché di tanto in tanto si ricorda di Dio, pensa a lui, si slancia, parla con lui; e non crediate che fatichi, ché è una delizia, una gioia più che un peso il pregare per lui; e non cercate d'allontanarlo, e farlo desistere, perché Egli ovunque, in tutto, senza che voi lo sappiate, e v'accorgiate, Egli prega, Egli tratta, e conversa col suo Signore: ecco tra gli Ecclesiastici l'uomo di preghiera: se sieno molti, se sieno pochi, io non lo decido; e dirò solamente: felice il mondo, fortunata la terra, se in ogni sacerdote potesse contare, potesse calcolare di trovare un tal uomo, un uomo cioè d'orazione![216]

E il Cafasso conclude l'istruzione affermando:

Pregare, come abbiamo veduto, non basta al sacerdote, si ricerca di più sia uomo di preghiera, e per divenirlo non giovano le molte parole, non serve né l'arte, né l'industria, ci vuol distacco e ritiro dal mondo, ci vuole l'uso delle pratiche di pietà e di mortificazione, ci vuole infine e principalmente l'uso del riflettere e meditare, e quando il nostro cuore sia vuoto del fango di questa terra, quando sia ripieno e caldo delle cose del Signore, non potrà più vivere in terra, ma soventi, facilmente, senza sforzo e fatica si porterà in Cielo a veder Dio, a salutar Dio, a parlargli, a familiarizzare, a conversare con lui, e con ciò solo saremo uomini d'orazione e di preghiera[217].

Le citazioni su questo tema potrebbero moltiplicarsi,[218] ma ci sembra che poco aggiungerebbero a quanto già si è cercato di dire. Questo grande amore alla solitudine, al ritiro, alla preghiera, ad una vita «ordinaria» di unione semplice e profonda con Dio, questi insegnamenti che furono continuamente oggetto della sua predicazione al clero piemontese e, nel medesimo tempo, la consapevolezza, che abbiamo cercato di mettere in evidenza, dell'intimità spirituale che esisteva tra questi due grandi santi, diventano degli «strumenti» indiretti che ci consentono di conoscere più in profondità l'esperienza spirituale di Don Bosco, anche lì dove il nostro santo si mostra arido di intime confidenze.

---

[216] G. CAFASSO, *Manoscritti*, [CORGIATTI], VII, 2685-2686.
[217] G. CAFASSO, *Manoscritti*, [CORGIATTI], VII, 2693-2694.
[218] Si vedano, in proposito: G. CAFASSO, *Istruzioni per esercizi spirituali al clero*, 88-106; il capitolo dal titolo *Vita di orazione* nel testo di F. ACCORNERO, *La dottrina spirituale*, 94-106; L. DI ROBILANT, *Vita del Venerabile Giuseppe Cafasso*, II, 355-367; C. SALOTTI, *Il beato Giuseppe Cafasso*, 30-35; ZANZI L., *Lo spirito interiore del Beato Giuseppe Cafasso*, 21-25.

«Sull'esempio di molti altri il nostro autore — scrive Flavio Accornero a proposito del Cafasso — concede nella sua direzione spirituale una larga parte, la più importante e conclusiva, alla preghiera [...]. Alla scuola del Cafasso quindi bisogna persuadersi anzitutto che non vi può essere vera vita spirituale senza l'orazione»[219].

8. Gli Esercizi Spirituali in Piemonte nel XIX secolo

La pratica degli esercizi spirituali periodici è una delle caratteristiche più interessanti della spiritualità del secolo XIX. Pur essendo già presente, in Europa, nei due secoli precedenti, essa viene diffusa e quasi generalizzata, in questo secolo, non soltanto per gli ordini religiosi, ma anche per il clero «secolare», per i laici devoti, per gli alunni delle scuole[220].

La pietà dei laici, più in particolare, è sostenuta ed animata dalle *missioni popolari*»[221], che possono essere considerate un particolare adattamento degli esercizi; i ritiri annuali, chiusi o aperti, sono invece praticati obbligatoriamente nelle case religiose e nei seminari a partire dalla fine del secolo XVII, per disposizione di Clemente XI e Benedetto XIV[222].

Molti vescovi raccomandano sovente gli esercizi sia al clero[223] che ai laici[224]. Ogni diocesi ha, praticamente, la propria casa per esercizi[225].

---

[219] F. ACCORNERO, *La dottrina spirituale di San Giuseppe Cafasso*, 94-95.

[220] Cf. J. DE GUIBERT, *La spiritualità della Compagnia di Gesù*, 386-387. Il Regolamento Organico del 1822 prescrive, che tutti gli studenti, ad eccezione degli universitari, facciano gli esercizi spirituali ogni anno in occasione della Pasqua, dalla sera del venerdì di passione alla mattina del mercoledì santo (cf. *Raccolta degli Atti del governo di S. M. il re di Sardegna*, XII, 1270-1427).

[221] Don Bosco stesso ci racconta nelle *Memorie dell'Oratorio* di «una solenne missione che ebbe luogo nel paese di Buttigliera» nell'anno 1826. «La rinomanza dei predicatori traeva gente da tutte le parti. Io pure ci andava con molti altri. Fatta una istruzione ed una meditazione in sulla sera, lasciavansi liberi gli uditori di recarsi alle case loro» (MO 44). In quella occasione il piccolo Giovanni sorprenderà il suo futuro benefattore, Don Calosso, per la sua capacità di ritenere, nonostante i suoi 11 anni, il contenuto delle meditazioni ascoltate. Tra i predicatori la cui fama «traeva gente da tutte le parti» vi fu anche il Cafasso; di lui conserviamo, oltre alla raccolta di meditazioni e di istruzioni per esercizi spirituali al clero a cui abbiamo già fatto riferimento, anche un volume che raccoglie le sue meditazioni dettate in occasione di *missioni popolari* (cf. G. CAFASSO, *Sacre Missioni al popolo*).

[222] Cf. *Enchiridion clericorum* 139 ss; G. NICOLAI, *Il buon rettore del seminario*.

[223] Cf. *Synodus dioecesana pinerolensis*, 179; *Constitutiones editae ab ill.mo et Rev.imo Laurentio Gastaldi*, 29.

In Piemonte, a Restaurazione avvenuta, l'opera degli esercizi venne diffusa grazie ad alcuni entusiasti propagatori del metodo di Ignazio.

Tra questi è da citare innanzi tutto il P. Roothaan S.I., rettore del collegio della provincia di Torino e poi, per trent'anni, generale della Compagnia[226]. La sua opera spirituale a favore degli esercizi ha lasciato una traccia duratura nella storia degli esercizi in Piemonte e nella Compagnia di Gesù.

Un altro fondamentale riferimento è costituito dalla congregazione degli Oblati di Maria Vergine, approvata nel 1826 dal pontefice Leone XII con il breve *Etsi Dei filius*[227], che raccoglie sotto questo aspetto l'eredità delle *Amicizie* e, in particolare, della *Amicizia sacerdotale* per la importanza che il loro programma dedicava all'apostolato della predicazione degli esercizi spirituali[228].

Il Padre Timoteo Gallagher ha ampiamente dimostrato la centralità degli *Esercizi* di Sant'Ignazio nella spiritualità e nel carisma del fondatore degli Oblati; essi, ancor più dei Gesuiti, che il Lanteri vedeva impegnati in altre opere educative, si consacravano in modo praticamente *esclusivo* alla predicazione degli esercizi secondo il metodo di Sant'Ignazio, a beneficio di preti e di laici di qualunque categoria o ceto[229].

A tale opera il Lanteri era stato iniziato dal Diessbach[230].

In una lettera alla Sacra Congregazione dei Vescovi e dei Regolari, Pio Brunone Lanteri, in relazione al periodo antecedente alla momentanea soppressione del 1820 per opera dell'Arcivescovo Mons. Chiave-

---

224 Cf. *Synodus dioecesana pinerolensis*, 57.

225 P. BROCARDO – I. CAPITANIO, ed., *Il rinnovamento degli esercizi spirituali*, 26.

226 Il Padre Jan Philip Roothaan, nato ad Amsterdam nel 1785, venne eletto Generale della Compagnia il 27 gennaio del 1829 e ne rimase alla guida sino alla morte, avvenuta l'8 maggio del 1853. Fu il terzo Generale della Compagnia dopo il ristabilimento della stessa per opera di Pio VII (1814). La sua azione in favore di una autentica riscoperta della spiritualità e della prassi degli esercizi, nella fedeltà al fondatore, fu costante e incisiva. Per incoraggiare e aiutare tale studio il Roothaan pubblicò anche nel 1835 una nuova traduzione latina del testo degli *Esercizi spirituali* più fedele al testo spagnolo e corredata di note e chiarimenti (Cf. J. DE GUIBERT, *La spiritualità della Compagnia di Gesù*, 363-367).

227 Sulle origini e sul carisma particolare del fondatore degli Oblati, Pio Brunone Lanteri, si vedano le due opere già citate di Padre Timoteo Gallagher e di Padre Andrea Brustolon.

228 Cf. C. BONA, *Le «Amicizie»*, 278.

229 Cf. T. GALLAGHER, *Gli esercizi di Sant'Ignazio*, 37-47.

230 Cf. C. BONA, *Le «Amicizie»*, 283.

rotti, e, dunque, ai primi quattro anni di vita della congregazione, scrive infatti:

> Gli Oblati di M.a fanno presente a questo riguardo che dalle Costituzioni e Regole [...] risulta che il loro fine primario è dare Esercizj di S. Ignazio gratis, come praticarono sempre e vi attesero così indefessamente, che ne' primi anni, cioè da 9mbre 1817 per tutto Maggio 1820, ne diedero 61 mute, ne' 4 anni posteriori, sebbene ridotti a piccolissimo numero, ne diedero altre 115 mute[231].

L'opera del Lanteri, a volte rimasta nell'ombra[232] ma molto apprezzata anche dallo stesso Padre Roothaan che lo definì «versatissimo nel dare gli esercizi»[233], raggiunse anche parecchi sacerdoti della diocesi di Torino che egli invogliò all'apostolato degli esercizi[234]; le stesse costituzioni della congregazione prevedevano oltre ai «congregati» con voti e vita comune, gli «aggregati», sacerdoti diocesani che pur non facendo vita comune esercitavano la predicazione e il ministero delle confessioni negli esercizi, e i «convittori»; questi ultimi sono sacerdoti, generalmente giovani, presenti temporaneamente nelle comunità degli Oblati, non soltanto per i propri esercizi spirituali, ma anche per avere la comodità e gli opportuni strumenti per comporre essi stessi delle mute di esercizi[235].

Il Lanteri compose anche un *Direttorio* che venne pubblicato per la prima volta nel 1829 unitamente al testo di Sant'Ignazio[236].

Questo ritorno agli esercizi spirituali e la rinnovata attenzione e fedeltà al testo degli *Esercizi*, promossa soprattutto dal Roothaan, non ostacolò la diffusione del modello di esercizi popolari che si ispirano a San Francesco di Sales, san Vincenzo de' Paoli, san Leonardo da Porto Maurizio e Sant'Alfonso. Si tratta, per lo più, di adattamenti di evidente derivazione ignaziana, come ha sottolineato Don Pietro Stella:

> È quel tipo di esercizi che venne sviluppato soprattutto da pastori d'anime, che avevano esperienza della religiosità del popolo o anche di sacerdoti e fedeli istruiti ma non avvezzi o non capaci di meditazione prolungata. Era

---

[231] Il brano è riportato da Gallagher a pagina 33 del suo studio.
[232] L'osservazione è del Bona alla pagina 282 del testo più volte citato.
[233] *Epistolae Ioannis Phil. Roothaan*, Apud Postulatorem Generalem S.I., I, Roma 1935, 253.
[234] Cf. T. GALLAGHER, *Gli esercizi di Sant'Ignazio*, 229; A. BRUSTOLON, *Alle origini della Congregazione degli Oblati*, 98-106; DpF, ed., *Sussidi*, II, 293-294.
[235] Cf. T. GALLAGHER, *Gli esercizi di Sant'Ignazio*, 68-75.
[236] IGNAZIO DI LOYOLA, *Esercizj spirituali di S. Ignazio di Loyola*.

un tipo di esercizi, dunque, che ben si adattava allo sforzo di educazione religiosa popolare del Sette e Ottocento[237].

La meditazione è divenuta ormai predicata; ciò non toglie che il clima generale di silenzio, di raccoglimento, e i numerosi tempi affidati alla meditazione personale, agli esami, alle ripetizioni in camera fanno di questi esercizi una palestra di educazione alla interiorità e all'orazione mentale.

8.1 *Gli esercizi spirituali al santuario di Sant'Ignazio sopra Lanzo*

L'opera del Lanteri a favore degli esercizi ebbe in qualche modo il suo «crisma ufficiale» nella diocesi di Torino già dal 1807 quando, insieme al Teologo Luigi Guala, fu incaricato di predicare ai sacerdoti della diocesi.

Il Guala e il Lanteri decisero di restaurare e di adibire a questo scopo i locali attigui ad un antico santuario che, dopo la soppressione della Compagnia di Gesù nel 1773, era stato annesso alla curia arcivescovile di Torino ed era caduto in stato di quasi completo abbandono.

La costruzione del santuario di Sant'Ignazio[238] a circa 920 metri di altezza poco distante dal paese di Lanzo, ad una quarantina di chilometri a nord-ovest di Torino, era stata completata nel 1727 dai Gesuiti, che fin dal 1677 erano divenuti proprietari di una cappelletta dove si venerava il Santo[239] e dei terreni circostanti.

Per i primi anni le esperienze fatte non furono prive di disagi e di difficoltà materiali, ma già nel 1808 la casa venne ufficialmente aperta.

Nel 1814, poi, il Teologo Luigi Guala, che alcuni anni prima era stato nominato Rettore della chiesa di San Francesco di Assisi, divenne amministratore del santuario su nomina dell'arcivescovo di Torino, monsignor Giacinto Della Torre; nomina che verrà poi confermata nel

---

[237] P. STELLA, *Don Bosco nella storia*, II., 336.

[238] Per queste ed altre notizie storiche sul santuario si vedano: *Storia del Santuario di Sant'Ignazio*; L. DI ROBILANT, *Vita del Venerabile Giuseppe Cafasso*, II, 265-273; F. DESRAMAUT, *Don Bosco en son temps*, 160-163; DpF, ed., *Sussidi*, II, 172.

[239] Nel 1622 Ignazio di Loyola era stato proclamato santo. Sei anni più tardi nel villaggio di Mezzenile in Val di Lanzo una novena al santo aveva posto fine ad una pericolosa invasione di lupi; l'anno successivo una donna di una borgata vicina aveva avuto, nel luogo dove poi sorgerà il santuario di Sant'Ignazio sopra Lanzo, una misteriosa apparizione, poi ripetutasi. Su quel luogo la devozione popolare volle erigere una cappelletta dedicata a Sant'Ignazio, che fu teatro di numerosi pellegrinaggi e fatti prodigiosi attribuiti alla intercessione del santo (cf. L. DI ROBILANT, *Vita del Venerabile Giuseppe Cafasso*, II, 264-268).

CAP. III: ALLE SORGENTI DELL'ESPERIENZA SPIRITUALE 137

1836 da Mons. Fransoni.

Questa particolare circostanza lega le sorti del santuario a quelle del Convitto Ecclesiastico. L'uno e l'altro acquistano così un ruolo centrale nella formazione teologica e nella vita spirituale del clero piemontese dell'ottocento. Sant'Ignazio, in particolare, fu un po' il cuore pulsante di tutta la diocesi di Torino durante i difficili anni del Risorgimento italiano.

Gli esercizi a Sant'Ignazio ebbero un valore paradigmatico e furono «celebratissimi in tutto il Piemonte»[240]; divennero, praticamente, «la norma ed il modello, su cui si istituirono o si ripristinarono gli esercizi nelle singole diocesi»[241].

L'esperienza era regolata da un piccolo ma dettagliato compendio di *norme* stabilite dal Teologo Guala, norme che prevedevano con esattezza gli orari della giornata, gli avvisi da dare, i piccoli incarichi da distribuire da parte del direttore degli esercizi[242].

L'orario per le giornate ordinarie, ad eccezione cioè delle giornate di arrivo e di partenza, prevedeva[243]:

- 5 ½   Levata.
- 6   Prima – Punti di meditazione e ripetizione in camera.
- 7 ¾   Messa – Terza – Caffè in camera.
- 9 ½   Sesta – Istruzione, riflessione in camera.
- 11 ¼ Nona – Lettura in chiesa.
- 12   *Angelus* – Pranzo – Trattenimento.
- 14   Litanie della Madonna – Riposo.
- 15 ½ Mattutino e Lodi – Meditazione e ripetizione.
- 19 ¾ Rosario – *Angelus* – Cena e trattenimento.
- 21 ½ Litanie dei santi in chiesa – Riposo.

Il santuario, grazie ai restauri e agli ampliamenti promossi dal Guala, divenne capace di ospitare circa ottanta esercitandi[244].

Alla morte del Guala fu il Cafasso, che già da parecchi anni aveva iniziato il suo apostolato dettando gli esercizi al santuario, che ne assunse la amministrazione, completando alcuni lavori e, in particolare, rendendo più agevole l'accesso al santuario con l'acquisto di altri terreni e

---

[240] MB II, 124.
[241] G. COLOMBERO, *Vita del Servo di Dio D. Giuseppe Cafasso*, 130.
[242] G. COLOMBERO, *Vita del Servo di Dio D. Giuseppe Cafasso*, 367-379. Il regolamento è riportato per intero ma senza una datazione precisa.
[243] Cf. G. COLOMBERO, *Vita del Servo di Dio D. Giuseppe Cafasso*, 375-376.
[244] Cf. L. DI ROBILANT, *Vita del Venerabile Giuseppe Cafasso*, II, 269.

la costruzione di una strada «carrabile»[245].

Sul «clima» che regnava a questi esercizi spiirituali guidati dal Cafasso ci informa il Di Robilant:

> Come preside della pia riunione (il Cafasso) cercava con tratto ispirato a santità che ognuno fosse contento e allegro; ma nello stesso tempo era esigentissimo perchè le cose si facessero a modo specialmente nell'esatta recitazione del Breviario e scrupolosa osservanza del silenzio. «Gli Esercizi», egli diceva, «sono come una macchina divinamente ordinata composta di tante minutezze, orazione vocale, orazione mentale, esami, canti, letture in chiesa, in camera, ricreazioni, silenzi». Il punto principale su cui insisteva, era tuttavia il silenzio. «Io oso dire», egli affermava, «che l'esito, il frutto dei nostri Esercizi sarà secondo il silenzio che si terrà in questi giorni. Se si osserverà con rigore e regnerà tra noi una vera solitudine io spero tutto»[246].

Questa attenzione al silenzio e al raccoglimento emergeva già dal regolamento del Teologo Guala che raccomandava (*passim*):

> I. Fuori delle ore di ricreazione si osserverà da tutti un rigoroso silenzio, sia nei corridoi, nell'andata e ritorno dalla camera alla chiesa e al refettorio, senza neppur salutarsi con segni, o fissarsi cogli occhi, per non essersi di scambievole invito a parlare, sia anche a tavola, ove non si faranno complimenti, né si serviranno a vicenda, specialmente di vino [...].
> IV. Nessuno passeggerà per i corridoi, essendo questo di troppo facile occasione a rompere il silenzio [...].
> XI. Giova infine sperare che tutti si faranno un religioso impegno di conservare il raccoglimento e d'essersi di vicendevole edificazione: sia sempre impresso nella mente il celebre avviso di S. Arsenio: *Fuge, tace, quiesce, haec sunt principia salutis*[247].

Al Santuario di Sant'Ignazio, comunque, non si tennero solo esercizi per il clero. Vi andavano infatti anche laici, uomini di «ogni età e condizione con predominio dei giovani, dai ministri di stato e membri della corte, ad umili professionisti, negozianti ed artigiani»[248]. Gli orari ed i

---

[245] Al santuario si arrivava a piedi da Lanzo con circa due ore di cammino (circa sette da Torino). Il regolamento per gli esercizi spirituali, compilato dal Guala, prevedeva per questo che la mattina del giorno di apertura degli esercizi nel locale di ingresso gli esercitandi trovassero un gran fuoco «affinchè quelli che arrivano sudati si trattengano ivi un momento prima di recarsi nelle camere, che sono piuttosto fresche anche nei mesi di estate» (G. COLOMBERO, *Vita del Servo di Dio D. Giuseppe Cafasso*, 372).

[246] L. DI ROBILANT, *Vita del Venerabile Giuseppe Cafasso*, II, 276-277.

[247] G. COLOMBERO, *Vita del Servo di Dio D. Giuseppe Cafasso*, 374-375 (passim).

[248] L. DI ROBILANT, *Vita del Venerabile Giuseppe Cafasso*, II, 291.

regolamenti, a parte qualche norma che riguardava espressamente i sacerdoti, come quelle legate alla celebrazione della S. Messa, erano i medesimi.

8.2 *Don Bosco a Sant'Ignazio*

Nel 1842, al termine del suo primo anno al Convitto, Don Bosco, in compagnia del Cafasso, si recò al santuario di Sant'Ignazio per i suoi esercizi spirituali[249]. Il regolamento del Convitto, infatti, stabiliva:

> L'apertura del Convitto sarà il 1° novembre, e siccome lungo l'anno non si avrebbe il comodo di attendere ad alcun ritiro spirituale, si terminerà il medesimo cogli Esercizi al Santuario di Sant'Ignazio a cui i Signori Convittori si faranno un impegno d'intervenire[250].

Raccontano le Memorie Biografiche:

> Gli esercizi incominciarono il 7 giugno 1842. Furono predicati dal Padre Menini della Compagnia di Gesù per le istruzioni e dal Teol. Guala per le meditazioni. Ciò consta da uno scritto di D. Bosco contenente le traccie degli argomenti trattati da questi sacri oratori, che noi conserviamo. Ma la predica più efficace per D. Bosco si era ciò che vedeva in D. Cafasso. Il santo suo compaesano non era mai mancato a questi esercizi, nè a quelli dei sacerdoti, benchè non vi predicasse. Tutti precedeva col suo buon esempio, con un raccoglimento costante, coll'essere sempre il primo a tutte le funzioni, e col servire più messe tutte le mattine a guisa di un chierichetto. Don Bosco seguiva fedelmente tutti i suoi passi, come ci affermano i molti che furono con lui a S. Ignazio, fra i quali D. Giacomelli[251].

Durante questi primi esercizi a Sant'Ignazio Don Bosco prese nota delle meditazioni e delle istruzioni[252] e aggiunse anche alcune note, probabilmente durante le «ripetizioni»[253].

---

[249] Cf. MB II, 123; F. DESRAMAUT, *Don Bosco en son temps*, 160.
[250] DpF, ed., *Sussidi*, II, 75.
[251] MB II, 124.
[252] Il manoscritto, intitolato *Esercizi spirituali fatti nel Santuario di Sant'Ignazio presso Lanzo principianti il 7 giugno 1842* è conservato nell'Archivio Centrale della Casa Generalizia (A 132).
[253] Cf. ACS A 225. I documenti dell'Archivio Centrale Salesiano sono contraddistinti da una lettera e da un numero di tre cifre, cui corrisponde una voluminosa cartella. A volte, lì dove è stato contrassegnato, sarà possibile anche indicare altri due gruppi di numeri di due cifre ciascuno (il primo indica la sottocartella, il secondo il documento; es. ACS A 003.05.01 = documento 01 della sottocartella 05 della cartella

I temi delle meditazioni, dettate dal rettore del Convitto, furono: il fine dell'uomo, il peccato, la morte, il giudizio universale e l'inferno, la misericordia di Dio, *i due stendardi*[254], il Cristo come modello, i mezzi per la salvezza, il paradiso e l'amore di Dio. Le istruzioni del Padre Minini[255] S.I., dopo una esortazione a far bene gli esercizi, sono centrate sulla dignità del sacerdozio, sulle virtù richieste e sui mezzi per ottenerle, sullo zelo per le anime, sulla necessità, per i sacerdoti, di essere uomini di preghiera.

A partire da quell'anno Don Bosco fu frequentatore assiduo del santuario. Vi andò infatti quasi ininterrottamente[256] ogni anno sino al 1874[257].

Le *Memorie Biografiche* contengono dei riferimenti a quasi tutte queste «salite sul monte». Percorriamole rapidamente:

ANNO	VOLUME	PAGINA	PREDICATORE/I
1842	2	122	Teologo Borel, Padre Minini S.I.
1844	2	206	Don Cafasso
1845	2	294	
1846	2	478	
1847	2	245	Un canonico di Vercelli e un gesuita (?)
1849	3	536	
1851	4	270	Canonico Gastaldi, Sac. Molina
1852	4	470	
1853	4	620	
1854	5	66	
1855	5	302	

A 003) o anche la pagina (quando si tratta, ad esempio, di quaderni con i fogli numerati nell'originale).

254 Si tratta di una classica meditazione degli esercizi ignaziani (cf. IGNAZIO DI LOYOLA, *Esercizi spirituali*, nn. 136-148). È conosciuta anche con il nome di *le due bandiere* (dallo spagnolo *banderas*).

255 Padre Ferdinando Minini (1796-1870) risulta nei cataloghi della Provincia Torinese della Compagnia di Gesù a partire dal 1816.

256 Unica eccezione furono gli anni 1848 e 1849, perché, a causa dei movimenti politici per l'unità di Italia, gli esercizi a Sant'Ignazio non ebbero luogo.

257 Dopo la morte del Cafasso (1860) gli succedette il canonico Eugenio Galletti come rettore del convitto e del santuario; poi nel 1864 il Teologo Felice Golzio, che fu confessore di Don Bosco dal 1860 al 1873, anno della sua morte. Dopo la morte di questi Don Bosco si recò ancora per i suoi esercizi al santuario; la fredda accoglienza ricevuta in quell'anno, secondo Don Amadei, lo convinse a non ritornare negli anni successivi (cf. DpF, ed., *Sussidi*, II, 172; MB X, 1277 ss).

CAP. III: ALLE SORGENTI DELL'ESPERIENZA SPIRITUALE 141

1856	5	511	
1857	5	713	Don Cafasso
1858	6	40	
1859	6	252	
1860	6	696	
1861	6	990	
1862	7	224	
1863	7	485	
1864	7	699	
1865	8	164	
1868	9	324	
1869	9	674	
1870	9	892	Teologo Felici
1871	10	175	
1872	10	362	
1874	10	1277	Monsignor Gastaldi

Prima del 1866, anno in cui iniziò per la nascente congregazione l'esperienza degli esercizi «autogestiti» a Trofarello, Don Bosco portò spesso con sé al santuario anche qualcuno dei giovani chierici dell'Oratorio[258].

Molte volte Don Bosco salì a Sant'Ignazio, con il Cafasso prima e con il Golzio poi, come collaboratore nella animazione degli esercizi per laici e come confessore[259].

Questo avvenne, per la prima volta, nel 1843. Racconta Don Lemoyne a questo proposito:

> A quel tempo gli esercizi spirituali di S. Ignazio dettati ai laici avevano bisogno di un po' più di vita. Per questo D. Cafasso desiderava vivamente che andasse D. Bosco; e D. Bosco per accondiscendere ai santi desiderii di D. Cafasso e per cooperare al buon andamento di un'opera così meritoria al cospetto di Dio, non mancò mai d'andarvi ogni anno fino al 1875. Per molti anni fece quel viaggio a piedi, partendo da Torino alle 3 del mattino ed arrivando a S. Ignazio verso le 10 antimeridiane. D. Cafasso, il Teol. Golzio e D. Begliati lo facevano lassù arbitro di tutto. D. Bosco ivi non venne mai

---

[258] Cf. E. CERIA, *Annali*, I, 85; MB V, 66; V, 713; VI, 696; VII, 699.
[259] Cf. ad esempio MB II, 478; III, 536; X, 892. Notiamo qui che non sempre è facile dedurre con certezza, dalle informazioni che ci forniscono le *Memorie Biografiche*, se queste «salite al monte» avevano come principale scopo l'apostolato o il ritiro personale o ambedue le cose. Per potere distinguere con maggiore chiarezza occorrerebbe ricostruire dagli archivi della diocesi di Torino, sempre che questo sia possibile, le date esatte dei corsi di esercizi per il clero e di quelli per i laici e compararli con i dati forniti dalle *Memorie*.

incaricato della predicazione; ma appena ebbe la confessione, quasi tutti volevano confessarsi da lui ed egli dava a tutti ascolto. Non si può calcolare il bene che abbia fatto[260].

E più avanti, con riferimento all'estate del 1849, leggiamo ancora:

> Dopo queste feste (S. Giovanni Battista) D. Bosco preparavasi ad andare al Santuario di S. Ignazio, ove assolutamente chiamavalo la volontà del Cafasso [...]. D. Bosco a S. Ignazio e con D. Cafasso si trovava come a casa sua. Meditava sopra se stesso col ritiro spirituale, confessava molti dei convenuti agli esercizi e col suo benefattore e maestro prendeva la decisione risoluta di por mano al principio della sua pia società[261].

Di qualcuna delle sue prime esperienze di predicazione conserviamo anche dei manoscritti, alcuni dei quali composti probabilmente come esercitazioni di eloquenza durante la permanenza al Convitto.

In uno di questi, dal titolo *Introduzione ai santi esercizi spirituali. 30 novembre 1843*, leggiamo:

> Ascoltate intanto, o voi mio caro Gesù; io intraprendo questi s.s.e. (*santi spirituali esercizi*) sol pel bene dell'anime del mio prossimo, e per vostra maggior gloria. D'altronde conosco che io altro non sono che una miserabile creatura, un povero peccatore; pertanto io rimetto la causa nelle vostre mani; io farò quanto è dal canto mio mediante voi mi diate il vostro aiuto; movete voi il cuore di quelli, che verranno ad ascoltare non la mia ma la vostra divina parola, guidate la mia lingua, accendete il mio cuore di santi affetti; affinchè quanto sarò per dire da questo santo luogo riesca d'onore e gloria a voi, di frutto spirituale per l'anima mia, e per le anime di chi mi verrà ad ascoltare [...].
>
> Per capire ciò che debba muoverci a fare con frutto questi santi esercizi bisogna farci prima una chiara idea di ciò che essi siano. Gli esercizi spirituali altro non sono, che una serie di meditazioni, e d'istruzioni, che sono fatte per movere l'uomo all'amicizia con Dio. Diconsi primieramente una serie di meditazioni lo scopo delle quali è di condurre l'uomo alla cognizione di se stesso: a conoscere come egli non sia creato per le miserabili cose di quaggiù; bensì destinato ad una felicità di quella infinitamente superiore [...].
>
> Si può trovare cosa di questa più necessaria ed importante?
>
> Non parlo che questa maniera di meditare, quest'ordine di predicare fu

---

[260] MB II, 142.
[261] MB III, 536-537. Su questa presenza assidua di Don Bosco a Sant'Ignazio, accanto a Don Cafasso, si veda anche L. DI ROBILANT, *Vita del Venerabile Giuseppe Cafasso*, II, 246.

ispirato dalla Beatissima Vergine a s. Ignazio di Loyola; non parlo delle molte indulgenze concedute da sommi Pontefici a que' fedeli che intervengono a fare divotamente i santi spirituali esercizi; dico solo che grandi grazie speciali tiene Dio preparate ad ognuno in questi giorni[262].

Scrive Don Stella, a proposito di queste prediche «giovanili» di Don Bosco:

Le prediche che di lui possediamo sono in gran parte compilate nei primi anni di sacerdozio, cioè negli anni ch'egli trascorse al Convitto. I temi che vi sono svolti sono effettivamente quelli comuni dei predicabili del Sette-Ottocento, trasparentissimamente legati agli schemi degli Esercizi spirituali di S. Ignazio, alla produzione letteraria del Segneri e di S. Alfonso, che Don Bosco ricalca direttamente o da seguaci, come il gesuita piemontese dell'inizio Settecento Rossignoli e il sacerdote ligure di inizio Ottocento Antonio Francesco Biamonti[263].

8.3 *Gli esercizi nell'esperienza personale e apostolica di Don Bosco*

L'esperienza degli esercizi spirituali nel contesto formativo del Convitto Ecclesiastico, grazie anche alla prossimità spirituale con il Cafasso diviene per Don Bosco un importante punto di riferimento sia sul piano personale che apostolico[264].

Le *Memorie Biografiche* ci narrano anche che al termine dei tre anni di permanenza al Convitto Don Bosco ebbe dei contatti con gli Oblati di Maria Vergine, fondati da Pio Brunone Lanteri, e nutrì per un certo periodo il desiderio di «entrare in religione» in quella congregazione[265] e, dunque, di dedicare tutta la sua vita alla predicazione degli esercizi di Sant'Ignazio.

La circostanza è confermata da una pagina autografa della *Cronichetta anteriore* di Don Giulio Barberis, primo maestro dei novizi della congregazione salesiana, che scrive:

---

[262] ACS 225.02.01. Si tratta di un quadernetto incompleto con dieci facciate di testo, scritto in discreta grafia, che porta il titolo e la data sul frontespizio.

[263] P. STELLA, *Don Bosco nella storia*, I, 98.

[264] In questa paragrafo del nostro studio non faremo riferimento agli esercizi per i salesiani, ai quali saranno dedicate alcune pagine più avanti.

[265] Cf. MB II, 203-207. In questa situazione di discernimento Don Bosco, seguendo il consiglio del Cafasso, si recò con lui a Sant'Ignazio. Al termine del corso di esercizi, racconta il Lemoyne, si sarebbe mostrato ancora determinato ad «entrare in religione» con gli Oblati; ma il Cafasso gli avrebbe risposto, questa volta, con un secco «no».

Ecco alcune particolarità della vita di D. Bosco che esso stesso raccontò a qualcuno in particolare [...].

Terminato il terzo anno di morale era deciso di andare negli Oblati di Maria Vergine; aveva già tutto aggiustato, andava solamente a S. Ignazio per farvi gli esercizi spirituali. Quando li ebbi finiti parlai con D. Cafasso affinché mi desse una risposta decisiva ed egli mi disse no. Questa risposta fu per me un colpo terribile, ma non volli neppure dimandare il motivo; ritornai al Convitto e continuai a studiare, predicare e confermare[266].

Il Cafasso, a cui Don Bosco continuava ad affidarsi, sarebbe stato, secondo il racconto di Don Lemoyne, molto risoluto nel guidare il discernimento del suo discepolo.

Rimane il fatto che Don Bosco conservò una grande stima e considerazione per la missione degli Oblati e per l'apostolato degli esercizi.

Fin dall'inizio della sua missione tra i giovani volle dare a questa particolare esperienza dello spirito una particolare attenzione, che continuò ad avere costantemente in tutto il suo ministero apostolico[267].

Già nel 1847 (1848?)[268], poco tempo dopo il suo primo insediamento a Valdocco, infatti, egli realizzò all'Oratorio la prima esperienza di esercizi spirituali con i giovani (dalla domenica sera al sabato sera successivo)[269]; due anni più tardi volle che questi fossero residenziali e in

---

[266] ACS A 003.01.01.

[267] Le *Memorie Biografiche* contengono numerosissimi riferimenti a questo riguardo (cf. ad esempio II, 142. 227-232; III, 221. 418 ss. 537 ss. 603 ss; IV, 122 ss. 177. 178 ss. 474 ss; V, 62. 215 ss. 219 ss. 765 ss. 874 ss. 925 ss; VI, 513. 843 ss. 892 ss; VII, 419. 647 ss; VIII, 473; X, 31. 49. 828; XI, 362; XII, 138. 163 ss; XIV, 257 ss; XV, 453. 640 ss; XVI, 308; XVII, 558; XVIII, 175).

[268] Cf. MB X, 221 e MO 189. Nella ricostruzione di Don Lemoyne gli esercizi del 1848, che si realizzarono sempre a Valdocco, furono invece guidati dal Teologo Borel e dal Sacerdote Gliemone, canonico di Rivoli (cf. MB III, 418). Ascoltiamo, dalle *Memorie dell'Oratorio*, il racconto di quella prima esperienza: «Con questo medesimo fine in questo anno (1848) ho fatto esperimento di una piccola muta di esercizi spirituali. Ne raccolsi una cinquantina entro la casa dell'Oratorio; mangiavano tutti meco; ma non essendoci letti per tutti una parte andava a dormire presso la propria famiglia per fare ritorno il mattino seguente. L'andare e venire a casa loro mattino e sera rischiava quasi tutto il profitto che si raccoglieva dalle prediche e dalle altre istruzioni che sogliono avere luogo in quella occasione. Cominciavano la domenica a sera e terminavano il sabato a sera. Ciò riuscì assai bene. Molti, intorno a cui erasi lavorato lungo tempo inutilmente, si diedero davvero ad una vita virtuosa. Parecchi si fecero religiosi, altri rimasero nel secolo, ma divennero modelli nella frequenza agli Oratori» (MO 189).

[269] Il predicatore, in quella occasione, fu il Teologo Federico Albert (1820-1879) cappellano palatino e poi parroco a Torino e a Lanzo, proclamato Beato nel 1984.

un luogo adatto[270].

Le stesse *Memorie dell'Oratorio* ci testimoniano, subito dopo la fine della sua permanenza al Convitto, le sue esperienze di predicatore: «In quel tempo ho cominciato a predicare pubblicamente in alcune chiese di Torino, nell'Ospedale di Carità, all'Albergo di virtù, nelle carceri, nel Collegio di S. Francesco di Paola dettando tridui, novene od esercizi spirituali»[271].

Un altro interessante particolare, non sufficientemente evidenziato nella riflessione di questi anni sul carisma di fondazione della congregazione salesiana, emerge dall'analisi delle prima bozza di costituzioni ma anche della prassi del periodo della fondazione, sempre in relazione agli esercizi spirituali.

Quando Don Bosco compose le prime regole della nascente congregazione studiò con attenzione, oltre a quelle dei *Rosminiani*, proprio le costituzioni scritte dal Lanteri per i suoi Oblati di Maria Vergine e ne prese spunto per alcune questioni particolari[272]. Scrive il Desramaut:

> Toutefois, prêtre diocésain peu au fait des mécanismes du monde religieux, il avait dû chercher des modèles pour composer ce Regolamento. Deux livrets l'avaient très particulièrement intéressé: les Constitutions et les Règles de la congrégation des Oblats de la Vierge Marie et les Constitutions de la congrégation des Prêtres séculiers des Ècoles de Charité. Il connaissait de longue date les Oblats de Marie, congrégation à laquelle il avait eu des velléités de s'agréger[273].

Nella prima bozza in nostro possesso, conosciuta come *Autografo Rua*[274], si parla, ad un certo punto, degli *scopi* della nascente *società*. Ne vengono elencati cinque[275]. Riassumiamoli:

1. riunire insieme i suoi membri per una vita di perfezione;

---

[270] Cf. MB III, 537 ss.

[271] MO 126.

[272] Cf. P. STELLA, *Don Bosco nella storia*, I, 145. 158. Questi due brani fanno riferimento alla questione dei «soci esterni» e a quella della elezione segreta di un vicario da parte del Rettore della Società. Sulla stesura delle prime regole e sull'utilizzo delle costituzioni degli Oblati si veda quanto afferma Don Amadei in MB X, 662-668.

[273] F. DESRAMAUT, *Don Bosco en son temps*, 574.

[274] Si tratta del più antico manoscritto in nostro possesso. Risale probabilmente al 1858 (cf. G. BOSCO, *Costituzioni della Società [1858]-1875*, 17) ed è scritto di suo pugno da Don Michele Rua, principale collaboratore e primo successore di Don Bosco. Le citazioni sulle costituzioni saranno sempre fatte da questa edizione critica, a meno che non si affermi diversamente in nota.

[275] Cf. G. BOSCO, *Costituzioni della Società [1858]-1875*, 72-79.

2. adoperarsi a beneficio del prossimo;

3. raccogliere giovani poveri e abbandonati per istruirli nella religione, soprattutto nei giorni festivi;

4. ospitarne alcuni in case di ricovero e istruirli in un'arte o mestiere;

5. sostenere la religione cattolica anche presso gli adulti del ceto popolare *dettando esercizi spirituali* e diffondendo buoni libri[276].

In realtà, dunque, sono quattro gli *ambiti apostolici* indicati alla nuova congregazione: oratori, collegi, predicazione di esercizi e diffusione di *buona stampa*.

Questo riferimento rimarrà sostanzialmente invariato durante tutta la vita di Don Bosco, come è facile verificare dal prospetto sinottico dell'edizione critica curata da Don Francesco Motto in relazione a questi articoli sullo *Scopo della Società di San Francesco di Sales*[277].

Nella versione definitivamente approvata del 1874 e nella traduzione italiana del 1875, tra gli scopi della *società* risulterà anche quello di curare le vocazioni ecclesiastiche (al numero 5); il punto 5 del primo schema, che concerneva gli esercizi e la buona stampa, si sdoppia in due punti, il 6 e il 7.

Osserviamo queste due differenti versioni[278]:

AUTOGRAFO RUA [1858?]	PRIMO TESTO IN ITALIANO [1875]
5. Il bisogno di sostenere la religione cattolica si fa ora gravemente sentire anche fra gli adulti del basso popolo e specialmente nei paesi di campagna, perciò i congregati si adopreranno di dettare esercizi spirituali, diffondere buoni libri, adoperarsi con tutti que' mezzi che suggerirà la carità industriosa affinchè o colla voce o cogli scritti si ponga un argine all'empietà e all'eresia che in tante guise tenta d'insinuarsi fra i rozzi e gli ignoranti; ciò al presente si fa col dettare di quando in quando qualche muta di esercizi	6. Il bisogno di sostenere la religione Cattolica si fa gravemente sentire tra i popoli cristiani, particolarmente nei villaggi; perciò i soci salesiani si adopereranno con zelo a dettare esercizi spirituali per confermare e indirizzare nella pietà coloro che, mossi dal desiderio di mutar vita, si recassero ad ascoltarli. 7. Similmente si adopereranno a diffondere buoni libri nel popolo usando tutti quei mezzi che la carità cristiana inspira. Finalmente con le parole, con gli scritti cercheranno di

---

[276] Può essere interessante notare che questa prima bozza di costituzioni, probabilmente del 1858, non fa ancora riferimento all'obbligo degli esercizi annuali per i confratelli, ma parla già degli esercizi come possibile campo di apostolato.

[277] G. BOSCO, *Costituzioni della Società [1858]-1875*, 72-81.

[278] G. BOSCO, *Costituzioni della Società [1858]-1875*, 78.

spirituali e colla pubblicazione delle letture cattoliche.	porgere un argine all'empietà e all'eresia, che in tante guise tenta di insinuarsi tra i rozzi e gli ignoranti. A questo scopo devono indirizzarsi le prediche, le quali di tanto in tanto si tengono al popolo, i tridui, le novene e la diffusione dei buoni libri.

Lo sdoppiamento del numero 5 mette in evidenza ancor meglio, tra gli scopi della congregazione, quello della predicazione degli esercizi.

Un'altra breve considerazione può essere fatta, sempre in tema di esercizi spirituali e prime costituzioni.

Nelle ultime tre redazioni composte da Don Bosco è possibile trovare un riferimento all'obbligo, per i confratelli chierici, di comporre un corso di esercizi a completamento degli studi in preparazione alla ordinazione presbiterale. «Ciascun socio — si legge nella versione del 1875 — per completare i suoi studi, oltre le morali conferenze quotidiane, si adoperi eziandio a comporre un corso di prediche e meditazioni, primieramente ad uso della gioventù, e quindi accomodato all'intelligenza di tutti i fedeli cristiani»[279].

Non è difficile verificare che la prassi della giovane congregazione era coerente a questa indicazione[280].

Quest'ultimo riferimento del primitivo testo costituzionale ci riporta alle *Amicizia sacerdotale* del Diessbach, i cui statuti, descrivendo i mezzi apostolici di cui gli *amici sacerdoti* si serviranno per «sottomettere tutta la terra a Gesù Cristo», affermavano: «per spargerla efficacemente (la parola santa di Dio), ciascuno di essi comporrà con molta cura a proprio uso un corso compito di Missioni, ed una muta compita di esercizi spirituali»[281].

---

[279] G. BOSCO, *Costituzioni della Società [1858]-1875*, 181.

[280] Nell'Archivio Centrale della congregazione si raccolgono numerose raccolte di meditazioni per esercizi spirituali scritte dai primi salesiani. Tra le altre citiamo ad esempio quelle di Don Giovanni Bonetti (ACS B 517), di Don Giulio Barberis (ACS B 508), di Don Giovanni Cagliero (ACS B 485), di Don Giuseppe Bertello (ACS B 514). Si tratta di materiale quasi del tutto inesplorato, certamente mai classificato o studiato criticamente.

[281] Gli statuti della *Amicizia sacerdotale* sono riportati in C. BONA, *Le «Amicizie»*, 503-511. Il medesimo autore ci informa anche che, in questi circoli sacerdotali, le composizioni fatte venivano lette, commentate e corrette, al fine di «migliorarsi ed i componimenti già fatti ed il modo di comporre» (cf. le pagine 107-108).

Anche le costituzioni degli Oblati contenevano, in quel periodo, un riferimento analogo nel primo articolo del *Capo secondo*, intitolato *Circa la santificazione propria*: «(I soci) attendono inoltre a comporre una muta di meditazioni, ed istruzioni per dare gli Esercizi secondo il metodo di S. Ignazio»[282].

Un articolo analogo rimarrà nelle costituzioni della congregazione salesiana sino al 1972; nel testo *ad experimentum* dopo il Capitolo Generale Speciale del 1971 e nel testo definitivo dell'8 dicembre del 1984 scompariranno sia il riferimento alla predicazione di esercizi come uno degli scopi della congregazione, sia l'indicazione del corso di esercizi che ciascun socio era chiamato a compilare.

Il discorso meriterebbe un approfondimento, in relazione ad una più completa definizione del carisma di fondazione; cercheremo di dire qualcosa a conclusione del nostro lavoro.

9. Conclusione. L'orazione mentale nella fanciullezza e nell'esperienza formativa

Nello studio dell'esperienza spirituale di un credente acquista particolare importanza il periodo della fanciullezza e della prima educazione alla preghiera.

Quando, poi, il credente ha percorso un cammino formativo strutturato negli obiettivi, nei metodi e nei contenuti, come nel caso di Don Bosco o di qualsiasi seminarista del suo tempo, diventa possibile ripercorrerne in qualche modo, quando i documenti ce lo permettono, l'itinerario di maturazione e di crescita; è quanto abbiamo cercato di fare nella prima parte di questo capitolo.

La risonanza personale e i «risultati» di un processo formativo hanno poi certamente degli indicatori che ci permettono di verificarne l'incidenza sulla personalità adulta.

C'è, innanzi tutto, il giudizio che il soggetto esprime, a distanza di tempo, sul proprio cammino formativo; ma ci sono senz'altro degli altri indicatori «oggettivi» che, anche al di fuori di una consapevolezza «riflessa», ci consentono di verificare continuità e discontinuità rispetto ai contenuti e agli atteggiamenti maturati.

Non è stato difficile riconoscere, nella fanciullezza di Don Bosco, nel suo cammino di formazione al presbiterato e nella sua positiva esperienza al convitto, un cammino di educazione al raccoglimento, alla

---

[282] *Costituzioni e regole della Congregazione degli Oblati*, 17.

«ritiratezza», al silenzio, alla preghiera mentale. Qual è l'incidenza di questi elementi sul «prodotto finito», sull'uomo adulto?

Alcuni di questi elementi sono stati già da noi in piccola parte «proiettati» in avanti, per iniziare a mostrarne la sostanziale continuità. Molte altre cose rimangono ancora da dire, non soltanto sulla sua esperienza di educatore alla «interiorità», che non sarà qui particolarmente presa in esame, ma soprattutto in relazione al progetto di santità da lui indicato alla congregazione salesiana.

È quanto cercheremo di fare nel proseguo del nostro studio.

CAPITOLO IV

Il cammino verso la fondazione

1. Gli inizi: un semplice catechismo

Il cammino verso la fondazione della Società di San Francesco di Sales ha inizio, nella memoria riflessa di Don Bosco, fin dal 1841, anno del suo ingresso al Convitto Ecclesiastico Diocesano di Torino. Scriverà nelle *Memorie dell'Oratorio*:

> Appena entrato nel Convitto di San Francesco, subito mi trovai una schiera di giovanetti che mi seguivano pei viali, per le piazze e nella stessa sacrestia della chiesa dell'Istituto [...].
> Fu allora che io toccai con mano, che i giovanetti usciti dal luogo di punizione, se trovano una mano benevola, che di loro si prenda cura, li assista nei giorni festivi, studi di collocarli a lavorare presso di qualche onesto padrone, e andandoli qualche volta a visitare lungo la settimana, questi giovanetti si davano ad una vita onorata, dimenticavano il passato, divenivano buoni cristiani ed onesti cittadini. Questo è il primordio del nostro Oratorio, che benedetto dal Signore prese quell'incremento, che certamente non avrei potuto allora immaginare[1].

Nel 1874, anno della definitiva approvazione delle costituzioni della società, Don Bosco, in un esposto inviato ai cardinali della commissione delegata alla approvazione delle stesse, fa riferimento ad un «esperimento fatto delle Costituzioni per trentatré anni, in cui si poterono modificare, aggiungere o togliere le cose ravvisate utili al buon andamento pratico dell'Istituto»[2].

«Questa Società — aveva scritto nel 1867 — sebbene limitata ad al-

---

[1] MO 120. 122-123.
[2] G. BOSCO, *Epistolario*, [CERIA], II, 371.

cuni ecclesiastici, cominciò nell'anno 1841 a raccogliere poveri giovanetti nei giorni festivi»[3]. «Dal 1841 al 1848 — specifica altrove — si praticavano già alcune regole secondo lo spirito di questa Congregazione, ma non vi era vita comune»[4].

In realtà, però, sappiamo che il primo insediamento stabile dell'oratorio nella *Tettoia Pinardi* del quartiere di Valdocco a Torino, che diventerà il centro di irradiazione dell'opera educativa di Don Bosco, non risale che al marzo del 1846[5], mentre un chiaro intento di garantire solidità e stabilità all'opera iniziata, dando origine ad un istituto religioso, è da situare, con una certa approssimazione, attorno al 1857[6].

Queste ripetute, anche se non univoche[7], allusioni di Don Bosco all'anno 1841 come anno di inizio della Società ci fanno comprendere che, nel suo «sentire», l'origine della congregazione salesiana va intesa come un graduale processo evolutivo[8] il cui inizio coincide, praticamente, con alcuni eventi decisivi della sua esistenza e, in particolare, con l'esperienza di un catechismo iniziato l'otto dicembre di quell'anno, solennità dell'Immacolata, ad uno o due giovani[9] in un locale adia-

---

[3] Il testo, tratto da un memoriale preparato da Don Bosco per l'Arcivescovo di Torino Mons. Alessandro Ottaviano Riccardi dei Conti di Netro, è riportato in MB VIII, 809.

[4] G. BOSCO, *Cenno istorico sulla Congregazione*. Di questo documento esiste una edizione critica in P. BRAIDO, *Don Bosco per i giovani*. La citazione è presa da tale edizione, alla pagina 112.

[5] Cf. MO 153-156.

[6] Cf. R. ALBERDI, «Don Bosco fondatore dei salesiani», 163. Il primo manoscritto delle costituzioni in nostro possesso è probabilmente del 1858 (cf. G. BOSCO, *Costituzioni della Società [1858]-1875*, 17).

[7] Nel 1864, in una nota informativa inviata al papa Pio IX sullo stato della Società di San Francesco di Sales, Don Bosco stesso sottolinea, ad esempio, che i membri della sua congregazione ne stanno osservando le regole da sei anni, e cioè dal 1858 (cf. MB v, 7, 892). Su queste contraddizioni si veda Ramón Alberdi nel contributo già citato. «Il fondatore dei salesiani — sottolinea l'autore — non si esprimeva sempre allo stesso modo riferendosi al periodo in cui costoro cominciarono a organizzarsi in conformità ad alcune regole o costituzioni» (R. ALBERDI, «Don Bosco fondatore dei salesiani», 149). Probabilmente per Don Bosco rimane comunque più importante la ispirazione provvidenziale che dà origine all'Istituto che non la istituzione giuridica che ne sarà la conseguenza.

[8] Cf. R. ALBERDI, «Don Bosco fondatore dei salesiani», 150.

[9] Dallo stesso Don Bosco hanno origine due differenti tradizioni. Le *Memorie dell'Oratorio* raccontano, in modo dettagliato e suggestivo, il primo incontro del giovane prete con un ragazzo, del tutto ignorante nella dottrina cristiana, dal nome Bartolomeo Garelli; il *Cenno storico dell'Oratorio di S. Francesco di Sales* del 1854 afferma invece: «Quest'Oratorio, ovvero adunanza di giovani ne' giorni festivi cominciò nella

cente alla sacrestia della chiesa di San Francesco di Assisi, annessa al Convitto Ecclesiastico di Torino.

Pur non trascurando questa particolare prospettiva di Don Bosco, ci fermeremo a considerare, in questo capitolo, l'arco di tempo che abbraccia gli anni dal 1841, anno della sua ordinazione presbiterale, al 1858, anno a cui risale con buona probabilità la prima stesura delle costituzioni, come un tempo di preparazione in vista della fondazione giuridica; un tempo importante e fecondo, comunque, nel quale maturano alcune consapevolezze del fondatore e, nel medesimo tempo, si forma quel gruppo di giovanissimi discepoli, che costituirà il primo nucleo della congregazione. Fermeremo poi più avanti la nostra attenzione sul vero e proprio periodo di fondazione e sul consolidamento della nuova istituzione.

Di questo importantissimo periodo degli inizi, comunque, cercheremo di cogliere, nella particolare prospettiva del nostro studio alcuni elementi di sostanziale continuità da un lato con l'esperienza formativa di Don Bosco, dall'altro con l'ideale di vita proposto alla congregazione salesiana.

Un quadro storico generale, relativo al periodo qui in esame, è utile per introdurre le nostre considerazioni.

«Questa società nel suo principio era un semplice catechismo»[10].

Nel triennio 1841-1844 Don Bosco, che risiede al Convitto ed esercita il suo ministero presbiterale nelle carceri, per le strade, nei posti di lavoro[11], continua a raccogliere i giovani in un locale annesso alla sacrestia della chiesa di San Francesco di Assisi.

Il biennio successivo è un periodo di discernimento e di peregrinazioni, alla ricerca di una sistemazione stabile per il suo oratorio.

Nell'aprile del 1846, infine, prende in affitto da Francesco Pinardi un capannone con una tettoia, lungo una ventina di metri, sulla via della Giardiniera in località Valdocco, e lì stabilisce definitivamente la sua opera.

---

chiesa di S. Francesco di Assisi. Il Sig. D. Caffasso già da parecchi anni in tempo estivo faceva ogni Domenica un catechismo a' garzoni muratori in una stanzetta annessa alla sacrestia di detta chiesa [...]. Io lo ripigliai sul finire del 1841, e cominciai col radunare nel medesimo luogo due giovani adulti, gravemente bisognosi di religiosa istruzione» (P. BRAIDO, *Don Bosco per i giovani*, 34-35).

[10] G. BOSCO, *Cenno storico intorno alla Società di S. Francesco di Sales [1868]*, in MB IX, 61.

[11] Cf. P. BRAIDO, *Don Bosco per i giovani*, 58; MO 130.

Nel 1847 all'oratorio viene annesso un *ospizio* dove vengono accolti i giovani «per essere tolti dai pericoli, istruiti nella religione e avviati al lavoro»[12]. Accanto alla sezione degli *artigiani* venne presto creata quella degli *studenti* che, inizialmente, frequentarono le scuole pubbliche; tra di essi Don Bosco curò anche coloro che mostravano particolari propensioni verso lo «stato ecclesiastico»[13].

Gli anni 1847 e 1849 segnano l'espansione dell'opera dell'oratorio in altre due zone della periferia di Torino; si annetteranno infatti gli oratori di *San Luigi Gonzaga* nella zona di Porta Nuova, e del *Santo Angelo Custode* nel quartiere di Vanchiglia. Nel 1852 Don Bosco è nominato ufficialmente da Mons. Fransoni, Arcivescovo di Torino, direttore dei tre oratori.

Dal 1853 nella *Casa Annessa* all'oratorio si organizzarono le prime scuole interne per studenti e apprendisti. È del 1854 la proposta di Don Bosco a quattro giovani di «fare, coll'aiuto del Signore e di S. Francesco di Sales una prova di esercizio pratico della carità verso il prossimo per venire poi ad una promessa, e quindi, se parrà possibile e conveniente di farne un voto al Signore»[14]. Del medesimo anno è il *Piano di Regolamento per l'Oratorio maschile di S. Francesco di Sales in Torino nella regione Valdocco*, redatto da Don Bosco allo scopo di «servire di norma ad amministrare questa parte di sacro ministero, e di guida alle persone ecclesiastiche e secolari che con caritatevole sollecitudine in buon numero ivi consacrano le loro fatiche»[15]. Infine, nell'anno 1856, «con grande vantaggio furono definitivamente stabilite le scuole ed i laboratori nella Casa dell'Oratorio»[16].

Questa rapidissima sintesi del periodo delle origini[17] ci consentirà di inquadrare e di dare opportuna rilevanza ad alcuni degli elementi su cui

---

[12] G. BOSCO, *Costituzioni della Società [1858]-1875*, 66.

[13] In seguito agli avvenimenti del 1848 le autorità civili avevano stabilito la chiusura del seminario diocesano. «Sorse in questo modo — sottolinea Don Alberdi — la sezione dei *seminaristi* che risiedevano anch'essi nella casa di Don Bosco. A partire soprattutto dal 1855, questo gruppo fu una realtà nell'insieme dell'oratorio di Valdocco» (R. ALBERDI, «Don Bosco fondatore dei salesiani», 156).

[14] E. CERIA, *Vita del servo di Dio Don Michele Rua*, 29. Due di questi quattro giovani, Michele Rua e Giovanni Cagliero, saranno rispettivamente il primo successore di Don Bosco ed il primo vescovo salesiano.

[15] P. BRAIDO, *Don Bosco per i giovani*, 32-33.

[16] MO 206.

[17] Per una sintesi più ampia si vedano le pagine 150-163 del contributo di Rámon Alberdi più volte citato. Il periodo abbracciato dal racconto autografo di Don Bosco nelle *Memorie dell'Oratorio* giunge sino all'anno 1855.

ci fermeremo adesso, in relazione, lo ribadiamo, al periodo che va dalla dimissione dal Convitto Ecclesiastico di Torino (1844) sino alla data probabile del primo testo costituzionale da noi conosciuto (1858)[18].

2. Educazione dei giovani alla preghiera

L'esperienza educativa di Don Bosco è segnata, fin dalle sue origini, dalla convinzione profonda del «primato della religione»[19] nell'opera di prevenzione e di recupero a favore della «gioventù pericolante». Scrive egli stesso nel 1854:

> L'idea degli oratori nacque dalla frequenza delle carceri di questa città. In questi luoghi di miseria spirituale e temporale trovavansi molti giovanetti [...]. Ponderando attentamente le cagioni di quella sventura si poté conoscere che per lo più costoro erano infelici piuttosto per mancanza di educazione che per malvagità. Si notò inoltre che di mano in mano facevasi loro sentire la dignità dell'uomo, che è ragionevole e deve procacciarsi il pane della vita con oneste fatiche e non col ladroneccio; appena insomma facevasi risuonare il principio morale e religioso alla loro mente, provavano in cuore un piacere di cui non sapevansi dare ragione, ma che loro faceva desiderare di essere più buoni. Di fatto molti cangiavano condotta nel carcere stesso, altri usciti vivevano in modo da non doverci più essere tradotti.
>
> Allora, si confermò col fatto che questi giovanetti erano divenuti infelici per difetto d'instruzione morale e religiosa, e che questi due mezzi educativi erano quelli che potevano efficacemente cooperare a conservare buoni

---

[18] Si tratta del cosiddetto *Manoscritto Rua* di cui abbiamo parlato in una precedente nota. La datazione viene sostenuta da Don Francesco Motto in G. BOSCO, *Costituzioni della Società [1858]-1875*, 23.

[19] Come è noto il cosiddetto *sistema preventivo* di Don Bosco si poggia, nella stessa enunciazione che il santo ne fece nel 1877, su *ragione, religione* e *amorevolezza* (cf. G. BOSCO, *Scritti sul sistema preventivo*, 291-299). La sua convinzione profonda del primato della religione può essere sintetizzata da un brano di questo famoso *trattatello*: «La frequente confessione, la frequente comunione, la messa quotidiana sono le colonne che devono reggere un istituto educativo [...]. Non mai obbligare i giovanetti alla frequenza de' santi sacramenti, ma soltanto incoraggiarli e porgere loro la comodità di approfittarne. Nei casi poi di esercizi spirituali, tridui, novene, predicazioni, catechismi si faccia rilevare la bellezza, la grandezza, la santità di quella Religione che propone dei mezzi così facili, così utili alla civile società, alla tranquillità del cuore, alla salvezza dell'anima, come appunto sono i santi Sacramenti. In questa guisa i fanciulli restano spontaneamente invogliati a queste pratiche di pietà, vi si accostano volentieri con piacere e con frutto» (G. BOSCO, *Scritti sul sistema preventivo*, 295). Sul tema del «primato della religione» nell'opera educativa di Don Bosco si vedano le 82-84 di P. STELLA, *Valori spirituali nel «Giovane Provveduto»*.

quando lo fossero ancora e di ridurre a far senno i discoli quando fossero usciti da que' luoghi di punizione[20].

Il modello educativo di Don Bosco è, in qualche modo, esclusivo, radicale. La pratica cristiana, la vita di grazia rappresentano l'obiettivo centrale della sua opera sacerdotale a favore dei giovani[21]. «Scopo — scrive Don Stella — assiduamente dichiarato quasi in ogni parlata ed in ogni pagina dei suoi scritti. Il suo è sempre un commercio di anime»[22].

La «qualità» spirituale di quei primi raduni festivi e la centralità della proposta religiosa può essere intuita già a partire dalla semplice, essenziale descrizione del programma della giornata che Don Bosco ne fa:

Le funzioni religiose ne' giorni festivi sono come segue: al mattino comodità per chi vuole confessarsi; messa cui segue un racconto di storia sacra od ecclesiastica o l'esposizione del vangelo della giornata; quindi ricreazione. Dopo mezzodì catechismo in classe, vespri, breve istruzione dal pulpito, benedizione col venerabile, cui tiene dietro la solita ricreazione. Terminate le funzioni religiose ognuno è libero di rimanere per trastullarsi o di recarsi a casa. Sul fare della notte si mandano tutti a casa loro e si chiude l'Oratorio[23].

La proposta di Don Bosco è, fin dall'inizio, «a chiara identità»; questo sorprende certamente se si tiene conto del fatto che i destinatari della sua opera educativa erano spesso giovani immigrati stagionali o abitanti dei quartieri popolari o del suburbio[24], a volte del tutto privi di cultura religiosa e di istruzione.

Negli anni successivi la pratica religiosa a Valdocco, comunque influenzata da quella dell'ambiente piemontese del tempo[25], si andò sem-

---

[20] P. BRAIDO, *Don Bosco per i giovani*, 56-58.

[21] Spesso, dalle espressioni che Don Lemoyne attribuisce a Don Bosco nelle *Memorie Biografiche*, emerge questa prospettiva «radicale». «Salvare le anime vostre. Questo è non solo il principale, ma l'unico scopo per cui venni qui.» (VII, 504). «Un prete è sempre prete, e tale deve manifestarsi in ogni sua parola. Ora esser prete vuol dire aver, per obbligo, continuamente di mira il grande interesse di Dio, cioè la salute delle anime» (III, 74-75). Si vedano anche: MB III, 620; IV, 570; V, 634. 661. 706; VI, 442. 603. 849.

[22] P. STELLA, *Valori spirituali nel «Giovane Provveduto»*, 83.

[23] P. BRAIDO, *Don Bosco per i giovani*, 64.

[24] Cf. P. STELLA, *Don Bosco nella storia economica*, 159-174. Il capitolo settimo di questo testo, da cui sono tratte le pagine da noi citate, corrisponde ad uno studio storico su *I giovani degli oratori festivi a Torino* (1841-1870).

[25] Per un panorama sulle osservanze religiose a Torino nella prima metà dell'ottocento si veda P. STELLA, *Don Bosco nella storia*, II, 275-303.

pre più strutturando e differenziando, in relazione anche ad alcune differenze specifiche tra interni ed esterni, studenti e artigiani, chierici e giovani[26].

Punto di riferimento fondamentale per la vita di preghiera e le pratiche di pietà all'oratorio sarà per tutti, già a partire dal 1847, anno della sua prima edizione, il manuale *Il Giovane Provveduto*, che conobbe sino all'anno della morte di Don Bosco, 120 edizioni in lingua italiana[27].

Questo libretto, che nella sua prima edizione conta 352 pagine, ma che conobbe aggiunte e rimaneggiamenti sino a raggiungere le 520 pagine nel 1885[28], presenta una certa somiglianza di impostazione rispetto ad alcuni altri manuali che si svilupparono nel medesimo clima spirituale[29]. Ha esercitato la sua influenza sin'oltre la prima metà di questo secolo[30]; già durante la vita di Don Bosco venne ampiamente diffusa anche una versione al femminile[31].

---

[26] Cf. P. STELLA, *Don Bosco nella storia*, II, 303-309.

[27] Cf. S. GIANOTTI, ed., *Bibliografia generale*, 12-13. Si noti qui che il termine «edizione» va letto in un contesto differente da quello odierno; a volte si tratta, praticamente, di semplici ristampe, magari con la variazione della casa editrice. Il titolo completo, fin dalla prima edizione, è *Il Giovane Provveduto per la pratica de' suoi doveri degli esercizi di cristiana pietà, per la recita dell'Uffizio della Beata Vergine e de' principali Vespri dell'anno coll'aggiunta di laudi sacre ecc.* Lo studio più completo su questo manuale, che ha conosciuto riedizioni e rifacimenti che oltrepassano la seconda metà di questo secolo, rimane quello di P. STELLA, *Valori spirituali nel «Giovane Provveduto»* del 1960. Sulle pratiche di pietà a Valdocco si veda P. STELLA, *Don Bosco nella storia*, II, 303-309. L'attività di Don Bosco come scrittore (o compilatore) e il suo impegno apostolico a favore della *buona stampa*, in sintonia con i contenuti formativi assimilati al Convitto Ecclesiastico di Torino, era iniziato già nel 1844 con la pubblicazione dei *Cenni storici sulla vita del chierico Luigi Comollo* di cui abbiamo già parlato e de *I sette dolori di Maria considerati in forma di meditazione*; dell'anno successivo è la prima edizione della *Storia Ecclesiastica ad uso delle scuole* e *Il Divoto dell'Angelo Custode*; nel 1846 pubblica *Esercizio di divozione alla Misericordia di Dio*, *L'Enologo Italiano* e *Le sei domeniche e la novena di S. Luigi Gonzaga con un cenno alla vita del Santo*; mentre dello stesso anno de *Il Giovane Provveduto* pubblica anche il *Regolamento della Compagnia San Luigi* (cf. S. GIANOTTI, ed., *Bibliografia generale*, 11-15).

[28] Cf. S. GIANOTTI, ed., *Bibliografia generale*, 12-13.

[29] Cf. P. STELLA, *Valori spirituali nel «Giovane Provveduto»*, 21-45. L'autore prende in esame in queste pagine alcune linee fondamentali che caratterizzano la letteratura ascetica per la gioventù nel Piemonte del diciottesimo secolo.

[30] Con il titolo *Il Giovane Provveduto* è stato pubblicato per l'ultima volta nel 1949; dieci anni più tardi, introdotte alcune variazioni, si pubblicò *In preghiera. Manuale di pietà ispirato al Giovane Provveduto di San Giovanni Bosco* a cura del Cen-

2.1 *Quale preghiera alla scuola di Don Bosco*

Cerchiamo adesso di ricostruire, per quanto possibile, alcune caratteristiche della vita di preghiera nell'ambiente oratoriano, che già dal 1847, lo ricordiamo, è diventato anche *ospizio*, ambiente che accoglie a tempo pieno giovani artigiani e studenti.

La *centralità della religione*, cui abbiamo precedentemente accennato, si traduce in una vita di preghiera intensa ma non soffocante. Scriverà Don Giulio Barberis, primo maestro dei novizi della congregazione salesiana, nella *Cronichetta autografa* del 1878, riportando un giudizio del Vescovo di Casale in visita all'oratorio salesiano:

> Egli imbeve talmente i giovani delle pratiche di pietà che, quasi direi, li ubriaca. L'atmosfera stessa che respirano è impregnata delle pratiche della nostra santa religione. I giovani così impressionati, anche volendo, quasi non osano più fare il male, non hanno i mezzi per farlo; bisogna assolutamente correre contro corrente: senza le pratiche di pietà si troverebbero come un pesce senz'acqua[32].

Accanto a delle proposte comuni, che strutturano la vita quotidiana e l'orario della giornata, si sviluppano le devozioni private e le iniziative dei singoli[33]. Le *compagnie*, in particolare, rappresentano uno degli strumenti più caratteristici della pedagogia spirituale di Don Bosco.

Si tratta di vere e proprie associazioni ad adesione spontanea, con uno statuto, degli impegni comuni, una promessa. La prima a sorgere, già nel 1847, sarà quella dedicata a San Luigi Gonzaga[34] e che racco-

---

tro Compagnie Gioventù Salesiana. Alcune altre edizioni si sono susseguite sino al 1970, che si distaccano comunque sempre di più dall'originale (cf. S. GIANOTTI, ed., *Bibliografia generale*, 12-13. 46).

[31] Si tratta de *La figlia cristiana provveduta per la pratica de' suoi doveri negli esercizi di cristiana pietà per la recita dell'Uffizio della B. V., de' Vespri di tutto l'anno e dell'Uffizio de' morti coll'aggiunta di una scelta di laudi sacre*. Sino al 1888 si conoscono 28 edizioni di questo manuale (cf. S. GIANOTTI, ed., *Bibliografia generale*, 36).

[32] ACS A 000.02.06. La citazione è tratta dalla cronaca del 27 novembre di quell'anno.

[33] Cf. P. STELLA, *Don Bosco nella storia*, II, 304.

[34] L'approvazione canonica dell'associazione è testimoniata nella bozza di regolamento che si conserva nell'Archivio della Casa Generalizia. La microscheda relativa è reperibile nel Fondo Don Bosco (che abbrevieremo da qui in poi con FDB). Il Fondo Don Bosco è costituito dalla microschedatura dei documenti riguardanti Don Bosco e gli inizi della Congregazione Salesiana, realizzata nel 1980 per consentire agli studiosi di tutto il mondo di accedere alle fonti conservate nell'Archivio Centrale Salesiano.

glierà presto la maggior parte dei giovani; a partire dal 1855 nasceranno poi, con identità e destinatari diversi, la *compagnia dell'Immacolata*, quella del *SS. Sacramento*, quella di *San Giuseppe*.

La compagnia dell'Immacolata, nata per iniziativa di Domenico Savio, e quella del SS. Sacramento, in particolare, avranno una più chiara identità spirituale. Frequenza ai sacramenti, doveri verso Dio e verso il prossimo, testimonianza incisiva tra i compagni, virtù cristiane e umane, solidarietà tra i membri: questi i principali ingredienti che caratterizzano la vita delle compagnie[35].

Questo clima di libertà, nel quale però tutti vengono continuamente e in vario modo sollecitati verso una vita cristiana più intensa e, in definitiva, verso una santità «possibile a tutti», rappresenta la nota più caratteristica della pedagogia spirituale di Don Bosco.

Quest'ultima considerazione si applica, in particolare, al cammino di educazione alla preghiera. Nel *Primo piano di regolamento per la Casa annessa all'Oratorio di S. Francesco di Sales* del 1853, nel capitoletto *Della pietà* leggiamo nei primi tre articoli:

1. Ricordatevi, figlioli, che noi siamo creati per amare e servire Dio nostro Creatore, e che nulla ci gioverebbe acquistare tutta la scienza e tutte le. ricchezze del mondo senza timor di Dio. Da questo santo timore dipende ogni nostro bene temporale ed eterno.
2. I mezzi che, possono contribuire a mantenerci nel timor, di Dio e assicurarci la salute dell'anima sono l'orazione, i SS. Sacramenti e la parola di Dio.
3. L'orazione sia frequente e fervorosa, ma non mai di mala voglia, e con disturbo dei compagni; è meglio non pregare che pregare malamente. Per

---

Ogni microscheda contiene 60 fotogrammi (5 righe e 12 colonne). La scheda è contrassegnata da un numero, la riga da una lettera (da A sine ad E) e la colonna da un numero (da 1 a 12). Il Fondo Don Bosco è stato ampliato nel 1996 dal cosiddetto Fondo Don Rua (FDR) che raccoglie alcuni altri documenti relativi a Don Bosco, ma soprattutto quelli relativi a Don Rua e a Santa Maria Domenica Mazzarello, cofondatrice delle Figlie di Maria Ausiliatrice. La microscheda cui facciamo riferimento qui è la numero 1869 del Fondo Don Bosco, riga D, fotogrammi da 4 a 11 (in sigla: FDB 1869 D 4-11). Il manoscritto, scritto in parte di suo pugno dallo stesso Don Bosco, è controfirmato da monsignor Franzoni, allora arcivescovo di Torino e porta la data del 12 aprile 1847 (cf. anche MB III, 216). Tale regolamento, con alcune aggiunte e modifiche, verrà poi messo in appendice al libretto *Le sei domeniche e la novena in onore di San Luigi Gonzaga*, cui abbiamo fatto già cenno, nella edizione del 1878.

[35] Per un quadro storico più attento e dettagliato della vita e del ruolo delle *compagnie* si veda P. STELLA, *Don Bosco nella storia*, II, 346-357.

prima cosa al mattino appena svegliati fate il segno dì santa croce e sollevate la mente a Dio con qualche orazione giaculatoria[36].

L'educare i giovani alla preghiera rappresenta dunque una delle preoccupazioni prioritarie di Don Bosco. Scrive egli stesso nella biografia di Francesco Besucco:

> È cosa assai difficile il far prender gusto alla preghiera ai giovanetti. La volubile età loro fa sembrare nauseante ed anche enorme peso qualunque cosa richieda seria attenzione di mente. Ed è una grande ventura per chi da giovanetto è ammaestrato nella preghiera, e ci prende gusto. Per essa è sempre aperta la sorgente delle divine benedizioni[37].

A quale concezione di *orazione* fa riferimento qui Don Bosco?

Una grande influenza aveva esercitato certamente su di lui, come abbiamo già visto, la dottrina di Alfonso, mediata anche attraverso gli insegnamenti del Cafasso. La *necessità* della preghiera e, in particolare, di quella preghiera capace di invocare da Dio la salvezza della propria anima, rappresenta un orizzonte certamente presente nell'esperienza spirituale ed educativa di Don Bosco. «Chi prega certamente si salva; chi non prega certamente si danna»: questa massima di Sant'Alfonso che sarà aggiunta, insieme ad altre, nell'ultima edizione de *Il Giovane Provveduto*, rappresenta una convinzione profonda, superata però, a parer nostro, da quel clima di semplice confidenza che costituiva, nel progetto spirituale di Don Bosco, il vero orizzonte dell'educazione alla preghiera.

La *preghiera di domanda*, sovente raccomandata, assume in questo quadro un ruolo che trascende il contenuto stesso di ogni richiesta per aprire il cuore del giovane alla consapevolezza della presenza continua e provvidente di Dio e alla *confidenza* che è significativo riflesso in lui delle virtù teologali. Scrive Don Stella a questo proposito: «Anche nella preghiera di petizione c'è qualcosa di più profondo, al di sotto della grazia che si desidera ottenere c'è qualcosa che deriva dal colloquio con Dio, c'è il rapporto con il sacro e il trascendente»[38].

Nella pedagogia alla preghiera di Don Bosco tutto concorre fin dall'inizio, dunque, verso un orizzonte indicato a tutti come possibile, quello di una vita vissuta costantemente alla presenza di Dio; garanzia,

---

[36] MB IV, 747.
[37] G. Bosco, *Il pastorello delle Alpi*, 113-114.
[38] P. Stella, *Don Bosco nella storia*, II, 343.

questa, di una vita morale sana e, in ultima analisi, di una conformazione piena alla di Lui volontà.

Nonostante questo progetto sembri molto esigente, la capacità educativa di Don Bosco nel richiedere inizialmente soltanto un *minimum*, la gradualità della sua proposta e il rendere in mille modi attraente una vita di grazia più intensamente vissuta conquisteranno in quegli anni a questo ideale molti alunni interni ed esterni dell'oratorio.

In questa prospettiva va letta l'attenzione alla preghiera *vocale* che sembra informare la vita dell'oratorio, persino durante la celebrazione eucaristica: «I ragazzi sono così fatti — avrebbe affermato Don Bosco secondo il Lemoyne — che se non pregano ad alta voce con gli altri, lasciati a sé non direbbero più le preghiere né vocalmente né mentalmente».

Questa *preghiera vocale* attenta, come la fiduciosa *preghiera di domanda*, sono chiamate ad evolversi nel sentire di Don Bosco, in una *orazione affettiva*. Non rimane escluso, comunque, come emergerà con più chiarezza nella rilettura che Don Bosco fa in quegli anni dell'esperienza spirituale di alcuni giovani, l'orizzonte della *orazione contemplativa* e delle sue diverse manifestazioni.

Fatto questo primo quadro generale, passiamo adesso ad esaminare più direttamente alcuni elementi caratteristici dell'ambiente dell'Oratorio di San Francesco di Sales che dicono direttamente o indirettamente riferimento alla orazione mentale.

2.2 *Il pensiero della presenza di Dio*

Abbiamo già sottolineato, parlando delle «fonti» dell'esperienza spirituale giovanile di Don Bosco, come il pensiero costante della presenza autorevole e amorosa di Dio sia tra i temi privilegiati della sua prima educazione alla fede.

Dio ti vede, ripeteva continuamente al piccolo Giovanni la madre Margherita Occhiena, secondo il racconto di Don Lemoyne[39]; *Dio ti vede*, scriverà Don Bosco sulle mura del suo oratorio, secondo il racconto dei testimoni.

> Gli alunni vivevano alla presenza di Dio, e su tutte le mura leggevasi scritto a grossi caratteri: DIO TI VEDE. Con tale importantissimo ricordo D. Bosco sapeva loro ispirare un grande raccoglimento durante le preghiere, di cui rilevava l'efficacia dimostrandole un colloquio faccia a faccia con Dio

---

[39] Cf. MB I, 44.

stesso. Quindi anche le brevi orazioni, che precedevano e seguivano tutte le occupazioni di studio e di lavoro, e il pranzo e la cena, si recitavano con molta divozione. E non poteva essere diversamente, perché tutti vedevano l'assiduità, e la compostezza di D. Bosco alla chiesa, alle preghiere comuni, alla meditazione, ed alla recita del suo breviario, anche in tempo di gravi incomodi, per quanto poteva[40].

Testimonierà il salesiano Don Gioacchino Berto[41]: «La sua fede poi palesò in modo al tutto singolare coll'inculcare continuamente fra i suoi subalterni, l'esercizio della presenza di Dio, facendo mettere questa massima *Dio ti vede* nei luoghi di studio e di lavoro ed altre sentenze della S. Scrittura sotto i porticati della Casa»[42]; e, sullo stesso tema, Don Francesco Cerruti[43]: «Il pensiero della presenza di Dio inculcava in mille modi; e lo fece anche scrivere, con molti altri testi scritturali, nella sua camera privata e sotto il portico della Casa[44].

Fin dall'inizio della sua esperienza oratoriana, dunque, la pedagogia spirituale di Don Bosco, in continuità con l'educazione ricevuta, utilizza degli strumenti semplici e ordinari per educare il giovane a tenere la sua mente, per quanto possibile, costantemente «occupata» con il pensiero di Dio. Questa abitudine viene anche presentata, ne *Il Giovane Provveduto*, come un efficace strumento per vincere la tentazione[45]. Scrive Don Stella:

---

[40] MB IV, 683. Questa testimonianza del Lemoyne è collocata nel 1858.

[41] Don Gioacchino Berto (1847-1914) fu per circa vent'anni segretario di Don Bosco. Per alcuni dati biografici più dettagliati si veda E. VALENTINI – A. RODINÒ, *Dizionario biografico dei salesiani*, 38-39. Ritorneremo a parlare di lui nel seguito del nostro studio.

[42] *Positio super introductione causae. Summarium et Literae Postulatoriae*, [1907], 378-379.

[43] Accettato dodicenne all'oratorio di Torino nel 1856, Don Cerruti (1844-1917) fece parte del primo nucleo della congregazione salesiana che il 15 dicembre del 1859 si raccolse attorno a Don Bosco. Fu direttore, ispettore e, dal 1885, anche Consigliere Generale della congregazione (cf. E. VALENTINI – A. RODINÒ, *Dizionario biografico dei salesiani*, 82).

[44] *Positio super introductione causae. Summarium et Literae Postulatoriae*, [1907], 415.

[45] Leggiamo a partire dalla quinta edizione del 1878, sotto il titolo *La più bella delle virtù*: «Come mai posso lasciarmi indurre a commettere questo peccato alla presenza di Dio, di Dio Creatore, di Dio Salvatore, Dio che in un istante può privarmi della vita, come fece al primo che commise questo genere di peccati? [...] Io credo cosa impossibile che nelle tentazioni resti vinto colui che in tali pericoli ricorre alla presenza di Dio». Vedremo che anche ai salesiani la medesima «strategia» viene suggerita come mezzo positivo per conservare la virtù della castità.

CAP. IV: IL CAMMINO VERSO LA FONDAZIONE   163

Don Bosco addita sempre e con simpatia pratiche religiose suscitate da gruppi sorti per una iniziativa, con il suo intervento, sotto il suo controllo e con il suo incoraggiamento. Approva, ad esempio, che si stabilisca all'Oratorio l'usanza della Visita al SS. Sacramento, allorché studenti e artigiani sospendevano lavoro e studio per un po' di ricreazione nel cortile. Egli stesso assegna fioretti nelle novene che precedono le feste più importanti, approva e favorisce che nel mese di maggio si preparino altarini nei dormitori comuni; descrive gli intimi fervori eucaristici e mariani di vari giovani, i propositi di virtù fondati sulla preghiera supplice. Erano queste le linee direttive sulle quali sperava che si muovesse la pietà individuale e si alimentasse il «gusto» per la preghiera[46].

2.3 *La devozione eucaristica*

L'attenzione dell'ottocento, com'è noto, è più concentrata sulla *presenza reale* di Cristo sotto le specie eucaristiche che sulla *celebrazione del memoriale* della sua passione, morte e resurrezione[47]. La partecipazione alla celebrazione quotidiana della Santa Messa e la *frequente comunione*[48] furono fin dall'inizio i tratti più caratteristici della pietà eucaristica all'oratorio di Valdocco.

Nel primo lustro dell'internato — ci informa Don Stella — al mattino le preghiere (*Vi adoro, Padre nostro*, ecc.) precedevano l'assistenza alla messa. Questa doveva avvenire come nelle congregazioni degli studenti: in silenzio, seguendo i momenti più importanti con l'aiuto delle meditazioni proposte dal *Giovane Provveduto*, forse anche inframmezzando qualche canto. Don Francesia ricorda che in quegli anni (1850-58?) avveniva che vari giovani si presentavano in sagrestia prima della messa per essere confessati da Don Bosco. In chiesa si stava ad aspettare in preghiera (o, comunque, in silenzio), talvolta anche per un quarto d'ora e mezz'ora. Don Bosco si presentava all'altare quando aveva finito di confessare[49].

L'attenzione alla *presenza reale* è anche il fondamento di una pratica di cui Don Bosco si fece appassionato apostolo tra i giovani: la *visita al*

---

46 P. STELLA, *Don Bosco nella storia*, II, 309.

47 Il benedettino P. Salvatore Marsili alcuni anni or sono descriveva l'ottocento come il tempo di massima decadenza liturgica dell'età moderna, caratterizzato dal moltiplicarsi di devozioni private (cf. S. MARSILI, «Storia del movimento liturgico», 263-369).

48 Si tratta, come abbiamo già accennato, di uno degli elementi più caratteristici di un anti-giansenismo di ispirazione alfonsiana (cf. P. STELLA, *Don Bosco nella storia*, II, 299-303).

49 P. STELLA, *Don Bosco nella storia*, II, 305-306.

SS. Sacramento[50]. «Ne fu davvero un apostolo — sottolinea Don Valentini — suscitatore di altri piccoli apostoli, che a loro volta invitavano i loro compagni ad andare a trovare Gesù, l'amico delle loro anime»[51].

A partire dal 1857 egli promosse anche la nascita tra i giovani di una *Compagnia del SS. Sacramento*, che aveva lo scopo di «promuovere l'adorazione verso la Santissima Eucarestia e risarcire Gesù Cristo degli oltraggi che dagli infedeli, dagli eretici e dai cattivi cristiani riceve in questo augustissimo sacramento»[52].

Tutte le biografie di giovanetti scritte da Don Bosco contengono, come vedremo, parecchi riferimenti a questa «pia pratica», che era stata particolarmente diffusa da Sant'Alfonso nel secolo diciottesimo[53]. Alcune parole messe in bocca al Comollo, suo compagno al seminario di Chieri, ci riportano anche alla formazione spirituale ricevuta in quegli anni e ci confermano ulteriormente l'influenza della spiritualità alfonsiana:

> Quando già chierico trovavasi nel seminario — scrive nei *Cenni storici sulla vita del chierico Luigi Comollo* del 1844 — udivasi più volte a dire: fu per l'insigne opera di Sant'Alfonso che ha per titolo: *Visite al SS. Sacramento*, che imparai a fare la comunione spirituale la quale posso dire essere stata il mio sostegno in tutti i pericoli [...].

---

[50] Su questo tema si veda E. VALENTINI, *La pedagogia eucaristica di S. Giovanni Bosco*.

[51] E. VALENTINI, *Don Bosco e Sant'Alfonso*, 66.

[52] Questa espressione è tratta dal primo articolo del *regolamento* della compagnia, riportato da Don Lemoyne in MB III, 759-780.

[53] L'operetta di Sant'Alfonso dal titolo *Visita al S. Sacramento e alla SS. Vergine* (1745-48?; cf. G. LIÉVIN, «Alphonse de Liguori (Saint)», I., 367) ed altre analoghe, come *Pensieri e affetti devoti per le visite al SS. Sacramento* (1750) avevano contribuito non poco alla diffusione della devozione eucaristica. Precisa a questo proposito Carlo Keusch: «Non è stato Alfonso che ha introdotto nella Chiesa la pia consuetudine della *visita* al SS. Sacramento dell'altare. Tutte le anime pie, tutti i santi di Dio hanno ivi alimentato la loro fede, accresciuto le loro forze. Tuttavia spetta al nostro Santo il merito di aver dato una forma precisa a questa pratica santa con le sue *Visite* assai affettuose e classiche. E avendo ora esse una forma fissata, assegnò loro nel corso della giornata e nel piano di *tutte le opere ordinate alla perfezione* un luogo e un tempo determinato. Come la devozione a Maria ha avuto mediante il Rosario una forma popolare e la pratica della Via Crucis fu diffusa per cura di S. Leonardo da Porto Maurizio, così Alfonso con le sue *Visite* ha contribuito in maniera assai efficace a promuovere l'adorazione e il culto del Salvatore nascosto sotto il velo delle specie del pane. «Gustate e vedete quanto è dolce il Signore»! « (K. KEUSCH, *La dottrina spirituale di sant'Alfonso*, 413).

CAP. IV: IL CAMMINO VERSO LA FONDAZIONE

Alla comunione spirituale e sacramentale univa frequenti visite a Gesù sacramentato, dell'amore di cui talmente sentivasi penetrato che ben sovente giungeva a passare ore intiere sfogando i suoi fervorosi e teneri affetti coll'amato suo Gesù[54].

Le visite al SS. Sacramento contribuivano non poco, nella pedagogia spirituale di Don Bosco, ad alimentare quella pietà affettiva che apriva il cuore del giovane ad una fiducia semplice e profonda in Colui che è «ricco di grazie da distribuirsi a chi le implora»[55].

Fermiamoci ancora a considerare qualche altro testo che risale ai primi anni di vita dell'oratorio. In *Le sei domeniche e la novena di S. Luigi Gonzaga con un cenno sulla vita del Santo* del 1846 leggiamo l'ammirazione dell'autore, allora poco più che trentenne, per quel santo giovane che nutriva una così grande tenerezza per Gesù sacramentato. «Passava più ore al giorno avanti l'altare del Sacramento. Impiegava tre giorni a prepararsi alla comunione, tre giorni appresso per farne il ringraziamento. Nel ricevere poi l'Ostia santa disciogievasi in tali lagrime e deliquii, che spesso non aveva forze a rizzarsi da terra»[56].

Già nella prima edizione de *Il Giovane Provveduto* del 1847 alcune pagine, che dipendono certamente da Sant'Alfonso[57], sono dedicate a

---

[54] *Cenni storici sulla vita del chierico Luigi Comollo*, 10.
[55] G. BOSCO, *Il Giovane Provveduto*, 103. Le *Memorie Biografiche* attribuiscono a Don Bosco parecchie esortazioni a questa confidenza semplice che si trasforma in orazione di domanda: «Volete che il Signore vi faccia molte grazie? Visitatelo sovente. Volete che ve ne faccia poche? Visitatelo di rado» (MB VIII, 49). «Gli uomini sudano per aver danari: ebbene nel tabernacolo vi è il padrone di tutto il mondo. Qualunque cosa che voi gli chiediate e che vi sia necessaria, egli ve la concederà. Avete bisogno di sanità? Avete bisogno di memoria, di intendere le lezioni, di riuscir bene nei lavori? Avete bisogno di forza per sopportare le tribolazioni, di aiuto per vincere le tentazioni? La vostra famiglia è minacciata da qualche disgrazia, è afflitta dalla malattia di qualcheduno, ha bisogno di qualche grazia particolare? La piccola fortuna di casa vostra da chi dipende? Chi comanda al vento, alla pioggia, alle grandini, alle tempeste, alle stagioni? Di tutto non è padrone assoluto Nostro Signor Gesù Cristo? Dunque andate e chiedete e vi sarà concesso. Bussate e vi sarà aperto. Gesù desidera darvi le sue grazie e primieramente quelle che riguardano l'anima» (MB VI, 320). «Si promuova la frequente visita al SS. Sacramento, come mezzo efficace, anzi come *solo mezzo* per tener lontani i molti flagelli che in quest'anno ci sovrastano in pubblico e in privato» (MB IX, 29; cf. anche IX, 710; VIII, 1057).
[56] *Le sei domeniche e la novena di S. Luigi*, 28. L'opera è anonima, ma attribuita a Don Bosco (cf. S. GIANOTTI, *Bibliografia generale*, 12).
[57] Cf. F. DESRAMAUT, *Don Bosco en son temps*, 248. Secondo Don Lemoyne, Don Bosco conosceva le opere ascetiche di Sant'Alfonso sin dalla sua adolescenza (cf. MB I, 238).

questa pia pratica. Il titolo è *Visita al SS. Sacramento e a Maria Santissima*. Dopo una breve introduzione seguono quattro punti: *1. Atti da farsi nel visitare il SS. Sacramento; 2. Comunione spirituale; 3. Orazione a Maria, Regina della pace; 4. Preghiera di S. Bernardo*. Al punto 1 leggiamo:

> Signor mio Gesù Cristo, che per l'amore che portate agli uomini ve ne state notte e giorno in questo Sacramento tutto pieno di pietà e di amore, aspettando, chiamando ed accogliendo tutti coloro che vengono a visitarvi; io vi credo presente nel Sacramento dell'Altare, vi adoro dall'abisso del mio niente e vi ringrazio di quante grazie mi avete fatte, specialmente d'avermi donato voi stesso in questo Sacramento, di avermi data per Avvocata la vostra Santissima Madre Maria, e di avermi chiamato a visitarvi in questa chiesa. Io saluto oggi il vostro amantissimo Cuore, ed intendo salutarlo per tre fini: primo, in ringraziamento di questo gran dono; secondo, per compensarvi di tutte le ingiurie, che avete ricevute da tutti i vostri nemici in questo Sacramento; terzo, intendo con questa visita adorarvi in tutti i luoghi della terra, dove voi sacramentato ve ne state meno riverito, e più abbandonato. Gesù mio, io vi amo con tutto il cuore. Mi pento di aver per il passato tante volte disgustata la vostra Bontà infinita. Propongo con la grazia vostra di non più offendervi per l'avvenire: ed al presente, miserabile qual sono, io mi consacro tutto a voi; vi dono e rinunzio tutta la mia volontà, gli affetti, i desideri e tutte le cose mie. Da oggi avanti fate voi di me e delle mie cose tutto quello che vi piace. Solo vi chiedo e voglio il vostro santo amore, la perseveranza finale e l'adempimento perfetto della vostra volontà[58].

Si tratta di una preghiera di Sant'Alfonso introdotta, nell'originale, dal titolo *Atti da farsi in principio d'ogni visita al SS. Sacramento*[59].

Osservando con attenzione la seconda parte del brano qui riportato è possibile individuare anche una «fonte» diretta o indiretta di Sant'Alfonso negli *Esercizi Spirituali* di Sant'Ignazio e, in particolare, nella preghiera *Prendi Signore* della *Contemplazione per raggiungere l'amore* della quarta settimana.

SANT'ALFONSO	SANT'IGNAZIO
al presente, miserabile qual sono, io mi consacro tutto a voi; vi dono e rinunzio tutta la mia volontà, gli	prendi, Signore, e accetta tutta la mia libertà, la mia memoria, il mio intelletto e tutta la mia volontà, tutto

---

[58] G. BOSCO, *Il Giovane Provveduto*, 104-105.
[59] Cf. ALFONSO MARIA DE' LIGUORI, *Opere ascetiche*, I, 371-372. La preghiera si trova nell'operetta *Visita al SS. Sacramento ed a Maria SS. per ciascun giorno del mese*.

affetti, i desideri e tutte le cose mie. Da oggi avanti fate voi di me e delle mie cose tutto quello che vi piace. Solo vi chiedo e voglio il vostro santo amore, la perseveranza finale e l'adempimento perfetto della vostra volontà.

ciò che ho e che possiedo: tu me lo hai dato, a te, Signore, lo ridono, tutto è tuo, disponine a tuo pieno piacimento, dammi il tuo amore e la tua grazia, chè questa mi basta[60].

A conclusione di questo paragrafo ci sembra utile riportare un giudizio del salesiano Don Alberto Caviglia, entrato nell'oratorio di Valdocco nel 1881 all'età di tredici anni e penitente di Don Bosco sino al suo ingresso in noviziato, avvenuto tre anni più tardi; il suo nome è legato ad una feconda attività letteraria e, in particolare, ad una edizione in otto volumi di *Scritti editi ed inediti di Don Bosco*, che lo impegnò dal 1928 sino alla sua morte, avvenuta nel 1943[61]. Questo giudizio ci invita esplicitamente a penetrare nell'esperienza spirituale del fondatore al fine di comprendere l'importanza che questa devozione aveva nella sua pedagogia alla fede:

> Don Bosco personalmente fu un santo eucaristico, cioè compenetrato della divozione del SS. Sacramento, e lavorò, in ogni tempo e in ogni campo, a creare la più intensa vita eucaristica in ogni suo aspetto [...]. È appunto la vita di Gesù nel SS. Sacramento, la presenza e la residenza di Gesù sotto il mistico velo delle Specie, quella che forma il soggetto della speciale divozione all'Eucaristia: e cioè l'amore di Gesù concretato e reso pressoché sensibile nella sua presenza reale nel SS. Sacramento. Chi visita Gesù nel Tabernacolo, come chi pensa alla sua divina presenza nel SS. Sacramento (un mezzo amoroso di praticare la presenza di Dio), non può farlo che per amore; e per tutti coloro che Lo visitano, Egli riesce una fonte di benefici spirituali e una potenza conquistatrice, che eleva l'anima sopra la carnalità dell'essere, e la rende capace di una forza morale che nessuna persuasione umana può esercitare. Noi vediamo da questo quale fosse nella mente del Santo educatore la ragione del dirigere che egli faceva la pietà dei suoi giovani per questa via, tanto per la comune formazione dell'anima cristiana,

---

[60] IGNAZIO DI LOYOLA, *Esercizi spirituali*, n. 234. La traduzione riportata qui è quella del cosiddetto testo *Autografo* di Sant'Ignazio (cf. M. GIOIA, ed., *Gli scritti di Ignazio di Loyola*, nn. 149-150).

[61] Cf. E. VALENTINI – A. RODINÒ, *Dizionario biografico dei salesiani*, 76-77. A questo primo tentativo di pubblicazione degli scritti di Don Bosco, arricchito da studi e considerazioni del curatore, è seguita la monumentale opera curata dal Centro Studi Don Bosco della Università Pontificia Salesiana e pubblicata nel 1976-77 (37 volumi di ristampe anastatiche degli originali) e 1987 (contributi su giornali e periodici a composizione tipografica).

ch'era il suo scopo primario, quanto per coltivare una pietà più squisita, conducente alla santità. Poche divozioni inculcò Don Bosco, ma fondamentali e teologicamente concrete, e tutte, anche quella di Maria, confluiscono a questa[62].

2.4 *Gli esercizi spirituali e l'esercizio della buona morte*

La pratica degli esercizi spirituali fu introdotta fin dai primi anni dell'insediamento di Don Bosco a Valdocco (1846).
Le *Memorie Biografiche* così ci raccontano l'avvenimento:

> D. Bosco intanto maturava l'attuazione di un altro mezzo dei più efficaci per la santificazione di un certo numero de' suoi giovani: la pratica dei santi spirituali esercizii. Gli alunni interni erano appena quattro o cinque, ed essi specialmente egli aveva in mira; senza escludere però i più adulti che frequentavano l'Oratorio festivo, fra i quali ne aveva preparati ed invitati alcuni ad uno spirituale ritiro di sette od otto giorni. Grandi erano le difficoltà per la mancanza di camere in cui ritirarli, per l'incomodo di un'assistenza continua che tutta avrebbe pesato sopra di lui, per l'indole vivace de' giovani che non avrebbero inteso l'importanza del silenzio e del raccoglimento, per i rumori continui cagionati dai vicini e dai molti che affluivano a casa Pinardi, per il disturbo che ne provavano i parenti o i padroni, e per le spese non indifferenti che doveva incontrare. Non ostante che la sua cucina mancasse perfino delle stoviglie più necessarie era deciso di ammannire il pranzo agli esercitandi, perché andando alle case loro a mezzogiorno non avessero occasione di troppo distrarsi. Tuttavia egli non aspettò a procacciare quel vantaggio a' giovani quando già ogni cosa fosse stata convenientemente disposta a tale scopo, persuaso della verità dell'aforismo che l'ottimo é nemico del bene. Perciò in questo stesso anno 1847 volle che avessero principio gli esercizi; e la provvidenza gli mandò il predicatore nella persona del teologo Federico Albert[63].

Prosegue Don Lemoyne:

> Don Bosco pur a costo di qualunque sacrificio, volle che una tale pratica si ripetesse ogni anno, sicché continuò con un progresso sempre crescente di vere conversioni e di frutti singolari di santità; in tutta quella settimana proseguì per vari anni a tenere gli esterni a pranzo con sé e talora fin in numero di cinquanta. Di questa occasione prevalevasi specialmente per conoscerne l'indole, per animare nella pietà fervorosa i tiepidi, per incoraggiare vieppiù i ferventi, e per scrutarne eziandio le vocazioni, avviando poi alla carriera

---

[62] A. CAVIGLIA, ed., *Opere e scritti editi e inediti di Don Bosco*, VI, 191-192.
[63] MB III, 221.

ecclesiastica quelli che ravvisava essere chiamati a tale stato. Queste cure
però esercitava con tale spontaneità e prudenza, che mentre lasciava i giovani pienamente liberi nel loro operare, eccitava in essi un grande amore
verso Dio e le cose celesti, e un gran distacco dalle cose di questo mondo..
Ed era causa di grande consolazione al suo gran cuore, il vedere non pochi
figli del popolo, occupati nell'apprendere un umile e faticoso mestiere, aspirare con perseveranza dopo gli esercizii non solo ad una vita buona, ma
addirittura percorrere la via della santità[64].

Le *Memorie Biografiche* ci testimoniano che la tradizione degli esercizi annuali divenne uno dei punti fermi dell'opera salesiana di educazione dei giovani alla fede[65].

Nel racconto di Don Bosco, comunque, l'anno in cui iniziò l'esperienza degli esercizi all'oratorio fu il 1848 e non il 1847, come risulta dall'autografo *Cenno storico dell'Oratorio di S. Francesco di Sales* del 1854[66] e dalle *Memorie dell'Oratorio*, che furono scritte, come sappiamo, parecchi anni più tardi. Ciò che è essenziale, però è il fatto che la «rilettura» di Don Bosco sottolinei l'importanza data fin dall'inizio all'esperienza degli esercizi, in particolare come strumento privilegiato di discernimento vocazionale e di santificazione personale:

Io adoperava tutti i mezzi per conseguire eziandio uno scopo mio particolare che era studiare, conoscere, scegliere alcuni individui che avessero attitudine e propensione alla vita comune e riceverli meco in casa.

Con questo medesimo fine in questo anno (1848) ho fatto esperimento di una piccola muta di esercizi spirituali. Ne raccolsi una cinquantina entro la

---

[64] MB III, 223.

[65] Le citazioni potrebbero essere numerosissime. Si vedano, a titolo di esempio, MB III, 537ss. 603 ss; IV, 122 ss; IV, 178 ss. 474 ss; V, 62. 215 ss. 925 ss; VI, 513. 892 ss; VII, 419. 647 ss; VIII, 473; X, 31. 49; XII, 138. 163 ss; XIII, 419 ss. 752. Una pagina di Don Lemoyne, relativa all'anno 1860, ci informa che in quell'anno nel regolamento per l'internato sono già contemplati, oltre al triduo di introduzione e a quello di preparazione alla Pasqua, cinque giorni interi di esercizi spirituali. Questa prassi, comunque, relativamente agli istituti scolastici, si allineava all'ordinamento in vigore per le scuole pubbliche (cf. P. STELLA, *Don Bosco nella storia*, II, 335).

[66] Cf. P. BRAIDO, *Don Bosco per i giovani*, 50. Secondo Don Lemoyne, invece, gli esercizi del 1848 furono predicati dal Canonico di Rivoli, Padre Giuseppe Gliemone, e dal Teologo Borel (cf. MB III, 418). Il fatto che Don Lemoyne descriva anche le esperienze del luglio del 1849 (cf. MB III, 537; in relazione a questa muta possediamo anche un elenco manoscritto dal titolo «Giovani che fecero gli esercizi spirituali la prima settimana di luglio 1849»), del dicembre dello stesso anno (cf. MB III, 603) e del 1850 (cf. MB IV, 122) rende più controversa la datazione; in ogni caso la questione è, dal nostro punto di vista, di relativa importanza.

casa dell'Oratorio; mangiavano tutti meco; ma non essendoci letti per tutti una parte andava a dormire presso la propria famiglia per fare ritorno il mattino seguente. L'andare e venire a casa loro mattino e sera rischiava quasi tutto il profitto che si raccoglieva dalle prediche e dalle altre istruzioni che sogliono avere luogo in quella occasione. Cominciavano la domenica a sera e terminavano il sabato a sera. Ciò riuscì assai bene. Molti, intorno a cui erasi lavorato lungo tempo inutilmente, si diedero davvero ad una vita virtuosa. Parecchi si fecero religiosi, altri rimasero nel secolo, ma divennero modelli nella frequenza agli Oratorii[67].

La pratica degli esercizi spirituali, dunque, gode di grande considerazione da parte di Don Bosco; lo conferma anche uno dei suoi primi biografi, Don Ceria, che lo definisce «alto estimatore della pratica ignaziana»[68]. «Don Bosco — continua l'autore — amò gli Esercizi spirituali: li amò per gli altri, li amò per se stesso»[69].

Così nel 1844 Don Bosco descrive l'esperienza degli esercizi con la voce del suo giovane amico Luigi Comollo:

Coi sentimenti della più viva penetrazione nel corso della quaresima di quest'anno fece altresì i santi spirituali esercizi; finiti i quali, quasi più nulla si dovesse aspettare in questo mondo, dimostrava che il più grande di tutti i favori che il Signore gli potesse concedere era quello degli esercizi spirituali. «Ella è grazia la più grande, diceva con trasporto ai suoi compagni, che Dio possa fare ad un cristiano accordandogli un tal mezzo onde trattare, e disporre delle cose dell'anima sua con piena cognizione, con tutto l'agio, e con soccorso di circostanze sì favorevoli, quali sono meditazioni, istruzioni, letture, buoni esempi. Oh quanto siete buono Signore verso di noi; che ingratitudine non sarebbe mai per chi non corrispondesse a tanta bontà di un Dio»![70]

In relazione al tema del nostro studio diviene però fondamentale chiedersi a quale «modello» di esercizi Don Bosco facesse concretamente riferimento e quale ruolo avessero in questo la preghiera personale e il silenzio.

Per quanto riguarda gli esercizi per i salesiani diremo più avanti ampiamente.

Quanto agli esercizi per i giovani e, in particolare, alle esperienze di quei primi anni è possibile fare, innanzi tutto, alcune considerazioni.

---

[67] MO 188-189.
[68] E. CERIA, *Don Bosco con Dio*, [1929], 80.
[69] E. CERIA, *Don Bosco con Dio*, [1929], 80.
[70] *Cenni storici sulla vita del chierico Luigi Comollo*, 48-49.

Una prima, immediata, sottolineatura riguarda l'attenzione per la ricerca di un «luogo» sufficientemente raccolto e adatto allo scopo. Facendo fede alle *Memorie Biografiche*, sembra che già nel 1849 gli esercizi per i giovani di Valdocco ebbero luogo in due turni a Santa Margherita, sulla collina di Moncalieri, nella casa del Teologo Giovanni Vola[71].

L'anno successivo si sceglierà il piccolo seminario di Giaveno[72]; le *Memorie Biografiche* ci conservano anche l'elenco completo dei partecipanti (109 giovani) corredato con le rispettive età; può essere interessante notare che l'età media dei partecipanti è di poco meno di vent'anni. In questo lungo elenco di nomi notiamo anche quelli di alcuni futuri salesiani; tra tutti lo stesso Michele Rua, primo successore di Don Bosco, che a quell'epoca aveva circa sedici anni.

Scrive il biografo, a proposito degli esercizi di quell'anno:

> (Don Bosco) predicava e infiammava le sue narrazioni con tanto affetto per la salute delle anime, che un giorno si commosse al punto di scoppiare in forti singhiozzi, e disceso dal pulpito disse al chierico Savio Ascanio in modo umile e quasi mortificato: — Non ho potuto contenermi. — Ma negli ascoltatori commossi produsse un effetto indicibile.
>
> Toccò a lui far la chiusa di questo ritiro spirituale e diede loro il seguente ricordo: — Fate ogni mese l'esercizio di buona morte. Fate *bene* ogni mese l'esercizio di buona morte. Fate *infallantemente e bene* ogni mese l'esercizio di buona morte. — È D. Rua che ne tenne memoria[73].

Dell'*esercizio della buona morte* e della sua importanza nella *pietà* della congregazione salesiana torneremo a parlare. Sottolineiamo qui, in relazione alla vita di preghiera dei giovani, che già il *Primo piano di Regolamento per la casa annessa all'Oratorio di S. Francesco di Sales*, elaborato tra il 1852 e il 1854, affermava: «Il secondo giovedì di ogni mese faranno tutti insieme l'esercizio della buona morte, preparandosi alcuni giorni prima con qualche pratica di cristiana pietà»[74]

Quanto all'orario adottato e allo «stile» di queste prime esperienze di esercizi «residenziali» non abbiamo documenti; alcune testimonianze di

---

[71] Cf. MB III, 537 ss.

[72] Cf. MB IV, 122 ss. Nel 1860 il piccolo seminario diocesano di Giaveno verrà affidato alla nascente società salesiana, che vi impegnerà alcune forze pur non avendone la direzione; questa prima esperienza «esterna» si concluse però due anni dopo a causa di alcune incomprensioni con la curia torinese (cf. F. DESRAMAUT, *Don Bosco en son temps*, 610-613).

[73] MB IV, 117.

[74] MB IV, 746.

Don Lemoyne riguardano piuttosto gli inizi degli anni '60, ma sono per noi ugualmente indicative.

Ci informa il suo principale biografo: «Domenica a sera, 19 aprile (1863), si dava principio agli esercizi. D. Bosco parlò dopo le orazioni della sera. Raccomandò rigoroso silenzio, eccettuati i tempi di ricreazione, in cui proibì i giuochi di schiamazzo, compreso il giuoco del pallone»[75].

Questo l'orario della giornata:

MATTINO
5½ levata
6 Orazioni — Prima — *Veni Creator* — Meditazione — *Miserere* — Messa — Terza. — Colazione.
9½ Sesta. — Istruzione — Lode sacra: *Lodate Maria.* — Riflesso in ritiro.
11½ Visita al SS. Sacramento colla corona del Sacro Cuore di Gesù — Nona — Esame di coscienza — *Regina Coeli.*
12 Pranzo e ricreazione.

SERA
2 Litanie dei Santi — Ritiro con lettura spirituale privata.
3 ¼ Vespro e compieta — Istruzione — Lode Sacra: *Su figli cantate* — Merenda e ricreazione.
5 ½ Mattutino e lodi — Meditazione — *Miserere* — Rosario — Riflessioni — *Regina Coeli.*
Dio — Anima — Eternità[76].

Le *Memorie Biografiche* ci conservano l'orario pubblicato nel manifesto preparato per fare propaganda agli esercizi del 1864, indirizzati a studenti e artigiani.

Lo svolgimento della giornata è il medesimo dell'anno precedente; al termine del manifesto si legge però:

Si raccomandano 3 cose
   1°) Rigoroso silenzio eccetto il tempo di ricreazione.
   2°) Diligenza nel prendere parte alle pratiche religiose.
   3°) Pensare che è una grazia grande del Signore il potere fare gli esercizi spirituali.

    Dio – Anima – Eternità   Et haec omnia ad maiorem Dei gloriam.
    Addì 11 Aprile 1864   Rettore D. BOSCO GIOVANNI

---

[75] MB VII, 419.
[76] MB VII, 420-421.

L'orario della giornata e, soprattutto, il richiamo al silenzio ci riportano al modello di esercizi che Don Bosco ha conosciuto al Convitto Ecclesiastico e al regolamento del Guala, di cui abbiamo già detto. Le *Memorie* ci informano anche del fatto che qualcuno dei giovani prendeva l'impegno di mantenere il silenzio anche durante le ricreazioni[77].
Alcune pagine di Don Pietro Stella ci vengono incontro, ancora una volta, verso un tentativo di sintesi.

> Strutture portanti degli esercizi spirituali — affermava l'autore nel 1981 — sia che durassero tre giorni, sia che si prolungassero, anche per i giovani, per sei giorni (dalla sera del venerdì di Passione al mattino del mercoledì santo), erano le meditazioni, le istruzioni, le preghiere vocali comuni più prolungate rispetto a quelle in uso nei giorni consueti, e il silenzio. Le meditazioni, secondo abitudini quasi inveterate già del Settecento, avevano come argomento i destini supremi dell'uomo, il disegno divino di salvezza, l'opera salvifica di Gesù Cristo, i momenti cruciali dell'uomo in ordine alla salute eterna. Era evidentissima la derivazione ignaziana. Varie raccolte di prediche per esercizi, come quelle del Cattaneo, del Segneri Iuniore, del Biamonti[78], hanno la meditazione, o almeno qualche cenno a temi classici nella dinamica degli esercizi di S, Ignazio: il fine per cui si è stati creati, la caduta degli angeli e dei protoparenti, il peccato attuale, la morte, il giudizio e l'inferno, Gesù redentore, la passione e la morte dell'Uomo-Dio, lo scontro tra buoni e cattivi che combattono sotto lo stendardo gli uni di Cristo e gli altri di Satana. Implicita, ma presentissima, è la persuasione che l'uomo è libero di scegliere. Sta a lui, proponendosi il fine assegnato da Dio, schierarsi dalla parte dei buoni o dei cattivi, con la prospettiva della vita o della morte eterna[79].

---

[77] Cf. MB VII, 421.

[78] Questi autori sono tra quelli che nel 1880 saranno raccomandati ai salesiani, durante il primo Capitolo Generale della congregazione, per la preparazione di esercizi spirituali; l'elenco sarà invece annesso tra i documenti del secondo (Cf. *Deliberazioni del secondo Capitolo Generale*, 67).

[79] P. STELLA, *Don Bosco nella storia*, II, 336 . Si vedano anche le 335-341. Queste poche pagine, ricche e documentate, costituiscono uno dei pochi contributi scientifici per l'approfondimento storico e spirituale degli *esercizi* nella esperienza educativa di Don Bosco. Il tema, vista l'importanza data dal fondatore a questa particolare tappa del cammino di educazione alla fede, meriterebbe, a parer nostro, ben altra attenzione; l'unico studio più ampio è di circa venticinque anni fa. Si tratta degli atti di un simposio internazionale: P. BROCARDO – I. CAPITANIO, ed., *Il rinnovamento degli esercizi spirituali*.

2.5 *La meditazione*

«Cercando il linguaggio più adatto ai giovani — ha scritto alcuni anni fa Don Juan Picca — pare che Don Bosco abbia voluto evitare la parola "meditazione"»[80].

In realtà, già nel *Primo piano di regolamento per la Casa annessa all'Oratorio di S. Francesco di Sales* del 1854 troviamo scritto: «Dato il secondo segno del campanello [...] gli studenti andranno allo studio, di poi alla Messa, dopo cui si farà breve meditazione»[81]. E Don Giovanni Anfossi, amico e condiscepolo di San Domenico Savio, così testimonierà alla di lui causa di beatificazione:

> Secondo il regolamento ogni giorno al mattino si attendeva alla meditazione, alla quale il Servo di Dio dava grande importanza. Di più io posso affermare di averlo veduto dopo questa meditazione fatta in comune, e anche in altre ore, genuflesso, raccolto, fisso in una profonda meditazione e contemplazione senza movimenti delle labbra[82].

Le testimonianze, qui, appaiono però contrastanti. Mons. Giovanni Cagliero, primo vescovo salesiano, accolto nell'oratorio di Don Bosco fin da 1851 affermava infatti al medesimo processo:

> Quantunque per regolamento non fosse in uso per i ragazzi dell'oratorio la meditazione, nondimeno il Servo di Dio si sentiva trasportato in tutti i ritagli di tempo che erano permessi in Chiesa, specialmente dopo la comunione, ad elevare la sua mente ed il suo cuore a Dio, in modo che tutte le sue preghiere erano più mentali che vocali[83].

Era in uso, dunque, la pratica di una vera e propria meditazione in comune tra i giovani convittori dell'oratorio di Valdocco? Don Bosco parlava loro di meditazione o insegnava a farla?

Al fine di di cercare di formulare una risposta organica e documentata prendiamo in esame alcune altre testimonianze di quel periodo. Esaminiamo, innanzi tutto, quanto afferma a questo proposito il manuale di preghiera.

---

[80] J. PICCA, «La meditazione nel pensiero e nella prassi», 19.

[81] MB IV, 752. Questa meditazione non era invece richiesta, a norma di regolamento, per gli artigiani.

[82] *Beatificationis et canonizationis Servi Dei Dominici Savio. Summarium super dubio*, [1926], 202.

[83] *Beatificationis et canonizationis Servi Dei Dominici Savio. Summarium super dubio*, [1926], 194.

2.5.1 La meditazione ne «Il Giovane Provveduto»

«*Il Giovane Provveduto* — scrive Don Picca nell'articolo già citato — non parla esplicitamente di meditazione»[84]. Il testo, in effetti, non contiene un esplicito riferimento ad un *metodo* per la meditazione e, in generale, non si ferma a raccomandare o a descrivere questa pratica di pietà.

Questa considerazione, però, ci sembra vada coniugata con alcune altre osservazioni, fatte a partire dall'analisi di alcuni dei contenuti del diffusissimo libretto:

- le *Sette considerazioni per ciascun giorno della settimana*, che si trovano nella prima parte del manuale, hanno la struttura classica delle meditazioni organizzate in *punti*. Diremo più avanti che il corpo della tradizionale meditazione ignaziana, così come verrà insegnata nel primo noviziato salesiano, è costituito da un esercizio delle tre *potenze* (memoria, intelletto e volontà) che si applica a tre diversi *punti* o considerazioni relative al mistero che si medita; tradizione, questa, che risale allo stesso libretto degli *Esercizi Spirituali* di Sant'Ignazio.

Scrive nel 1875 Don Barberis, primo maestro dei novizi, in un quaderno di conferenze per gli *ascritti*: «Così adunque si applicano l'intelletto, la memoria, la volontà e gli affetti o preghiere ponderando il primo punto; intanto il lettore leggerà il secondo e si ripeteranno le stesse operazioni, così pure dopo il 3°»[85].

Per quanto detto, la maggior parte dei testi che servivano di ausilio per la meditazione personale organizzavano allora la *materia* della meditazione in tre punti[86].

Quattro delle *Sette considerazioni per ciascun giorno della settimana* sono organizzate in tre punti, altre due in due punti ed una sola, quella *Sul peccato mortale*, più breve delle altre, presenta la materia indivisa. La premessa con cui le introduce Don Bosco afferma:

Siccome io desidero grandemente che ogni giorno facciate qualche poco di

---

[84] J. PICCA, «La meditazione nel pensiero e nella prassi», 84.

[85] ACS B 509.03.01. Il noviziato canonico aveva ufficialmente avuto inizio dopo l'approvazione definitiva delle costituzioni, avvenuta nel 1874. A partire da quell'anno e per circa un quarto di secolo Don Giulio Barberis (1847-1927) sarà maestro dei novizi.

[86] Si veda, a titolo di esempio, il noto testo di Sant'Alfonso, *Apparecchio alla morte ovvero considerazioni sulle verità eterne. Utili a tutti per meditare e ai sacerdoti per predicare* del 1758 che, come vedremo, sarà raccomandato da Don Bosco ai giovani proprio ne *Il Giovane Provveduto*.

lettura spirituale, per cui non tutti potranno avere i libri convenienti, così vi presento qui sette brevi considerazioni distribuite per ciascun giorno della settimana, le quali saranno di comodità a quelli, che non possono avere libri opportuni. Postivi pertanto ginocchioni direte: — Mio Dio, mi pento con tutto il cuore di avervi offeso; fatemi la grazia che ben conosca le verità che io sono per meditare, e mi accenda d'amore per Voi. Vergine Maria Madre di Gesù, pregate per me.

In realtà, quindi, nonostante si parli all'inizio di *lettura spirituale*, le indicazioni successive rimandano ad un coinvolgimento degli affetti (*...mi accenda di amore per voi...*) e ad una vera e propria orazione (*...postivi pertanto ginocchioni...*) e, dunque, ci riportano piuttosto alla *meditazione* più che ad una semplice lettura spirituale.

Nella prassi queste meditazioni erano lette quotidianamente, ripetute settimana per settimana; la quantità esigua del materiale a disposizione e la ripetizione ebdomadaria riducevano certamente il lavoro dell'intelletto e contribuivano a far *gustare in profondità* il contenuto delle stesse.

- La struttura tematica di queste sette meditazioni ricalca uno schema consueto negli *esercizi spirituali* in quel periodo. I sette temi sono infatti: *1. Fine Dell'uomo; 2. Il Peccato Mortale; 3. La Morte; 4. Il Giudizio; 5. L'Inferno; 6. L'eternità delle pene; 7. Il Paradiso.*

Nell'esordio della prima meditazione sul *Fine dell'uomo*, prevista per la domenica, primo giorno della settimana, risuonano anche i temi del *Principio e fondamento* degli *Esercizi* di Sant'Ignazio[87]:

IL GIOVANE PROVVEDUTO	PRINCIPIO E FONDAMENTO
l'unico fine, per cui ti creò, si è per essere da te amato e servito in questa vita, e con questo mezzo renderti un giorno eternamente felice in Paradiso.	L'uomo è creato per lodare, riverire e servire Dio nostro Signore, e così raggiungere la salvezza.

- Nell'esordio del capitoletto dal titolo *Cose necessarie ad un giovane per diventare virtuoso*, fin dalla prima edizione, i giovani vengono invitati oltre che a recitare le preghiere del mattino e della sera ad impiegare ogni giorno un po' di tempo a «leggere qualche libro che tratti di cose spirituali»[88]. I testi consigliati sono:

· il libro dell'*Imitazione di Cristo*;

---

[87] Nulla prova che la dipendenza dal testo di Ignazio sia diretta.
[88] G. BOSCO, *Il Giovane Provveduto*, 18.

CAP. IV: IL CAMMINO VERSO LA FONDAZIONE

· la *Filotea* di San Francesco di Sales[89];
· l'*Apparecchio alla morte* di S. Alfonso;
· *Gesù al cuore del giovane* di Giuseppe Zama-Mellini.

Del testo dell'*Imitazione di Cristo* e della stima che Don Bosco ne aveva abbiamo già detto qualcosa. La *Filotea* di Francesco di Sales, poi, dedica, come è noto, tutta la parte seconda alla *necessità* e al *metodo* della meditazione. L'*Apparecchio alla morte* di Sant'Alfonso ha la struttura classica di un testo di meditazione, con le sue trentasei *Considerazioni sulle verità eterne* tutte rigorosamente divise in tre punti, ciascuna delle quali si conclude con *sentimenti e preghiere.*

Meno noto è invece il testo di P. Giuseppe Zama Mellini[90], che troviamo menzionato anche nella seconda edizione della *Vita del giovanetto Savio Domenico* insieme alla *Filotea* e all'*Apparecchio alla morte*[91]; per questo abbiamo ritenuto utile riportarne qui alcuni brani.

Il testo contiene 31 meditazioni[92] che l'autore immagina «dettate» da Gesù al cuore del giovane. La prima si intitola proprio *Orazione mentale*.

La struttura è sempre quella in tre punti. Al primo punto leggiamo:

1. Quanto mi consoli, o figliuolo, qui prostrato a' miei piedi perché t'illumini e ti parli al cuore! Sai tu, perché sì pochi tra giovanetti tuoi simili vivono virtuosi? Sai perché sì scarso è oggidì il numero di quelli, che nel cammino di loro vita trovino per tempo quella strada, che direttamente a me conduce, ed alla loro felicità, e quanti all'opposto a precipizio sen corrono per quella che ad eterna morte li guida? Tel dirò, o figlio, a tua istru-

---

[89] Notiamo qui che nella edizione del 1885 vengono aggiunte, tra le altre cose, *Alcune massime ricavate dagli scritti di San Francesco di Sales* (cf. P. STELLA, *Valori spirituali nel «Giovane Provveduto»*, 12). Tra queste leggiamo: «Nulla tanto serve per illuminare l'intelletto ed accendere la volontà, quanto l'orazione, massimamente la mentale, fatta di cuore» (G. BOSCO, *Il Giovane Provveduto*, 141).

[90] Il testo fu pubblicato a Roma nel 1833 e dalla Marietti a Torino nel 1844. La versione da noi reperita è invece del 1847. Contiene un'aggiunta iniziale dove viene esposto in modo schematico il «breve e facile modo dell'orazione mentale, già proposto dal gran s. Francesco di Sales, onde farla con frutto» (G. ZAMA MELLINI, *Gesù al cuore del giovane*, 2).

[91] Cf. G. BOSCO, *Vita del giovanetto Savio Domenico*, 100-104.

[92] Questi gli altri temi trattati: fine (dell'uomo), morte, giudizio, inferno, peccato (2 meditazioni), ricadute, superbia, impurità (2 meditazioni), famigliarità, scandalo, comunione sacrilega, rispetto umano, compagni, libri, ozio, divertimenti, fede, speranza, amor di Dio, amor del prossimo, peccato veniale, freddezza, mortificazione, umiltà e mansuetudine, ubbidienza, frequenza dei sacramenti, elezione dello stato, paradiso.

zione ed eccitamento; è perché quasi niuno entra in se stesso, quasi niuno col suo cuore mi cerca e mi parla (Jerem. XII,11). Spensierati sen vivono, e se talora mostrano di lodarmi e di onorarmi colle labbra, hanno però il loro cuore lontano da me (Isaia XXIX, 13). Tale fosti tu pure, e tale vivesti, come se io non vivessi per te, come se io non t'amassi, e non cercassi con ardenza di essere da te corrisposto; come se non mi mostrassi pronto a versare a tuo vantaggio ogni grazia. Su via, o figlio, raccolto in te stesso e separato col tuo pensiero dal mondo, accostati a me, seguimi, e nella solitudine della tua mente ti parlerò e ti ajuterò (Osea II, 14). Ah vorrei che il capissi il gran bisogno che hai di orazione mentale![93]

Nella medesima meditazione al secondo punto leggiamo:

vedrai ogni cosa nel giusto lume, se ti avvezzi a meditare, se con qualche orazione consideri, e studii Iddio, l'anima, la morte, la eternità, le tue inclinazioni, la caducità, l'incostanza, il nulla del mondo. Sì, vedrai assai meglio con un poco di seria meditazione, che con molti libri, molte istruzioni o altro mezzo qualunque[94].

E infine al terzo punto, che si conclude con il cosiddetto *frutto* o proponimento spirituale:

3. Ah vienmi a' piedi ogni dì (Matth XVI, 26), e consola così il mio cuore. Vedrai che il trattare con me non ti sarà no di peso, ma fonte anzi di conforto, di piacere, d'ogni bene (Sap VII, 11). Dunque che risolvi? Avrai tempo e genio di occuparti in inezie, in divertimenti, pensieri puerili, fors'anche in cose a me spiacenti e di danno a te stesso, e non vorrai ne' manco per poco volgere un serio pensiero a me, ai tuoi obblighi, al tuo bene? Se tu nol sai, io ti sarò maestro, ti farò gustare i miei doni e ti riempirò del mio spirito. Ti rammento, ch'io spesi le intere notti (Ambros. I .5 in Luc. VI, 22) per te in orazione, che là nell'orto per te versai vivo sudor di sangue (Luc. XXII, 44) Non vorrai tu in contraccambio spendere breve ora per me (Matth. XXVI, 40)? […].
Frutto.
Proponete di fare ogni dì un quarto d'ora almeno di meditazione. Provvedetevi di qualche libro adatto al vostro stato, come le Massime del s.Liguori, la Manna del Segneri, il Kempis, Da Ponte, o simili, e frattanto usate per questo mese del presente libretto e procuratevi per tal mezzo le indulgenze concedute a chi insegna impara e pratica questo santo esercizio. (Bened. XIV, Const. Quemadmodum). Non lasciate mai la vostra meditazione; benché arido cercate il Dio delle consolazioni, non le consolazioni di

---

[93] G. ZAMA MELLINI, *Gesù al cuore del giovane*, 6-7.
[94] G. ZAMA MELLINI, *Gesù al cuore del giovane*, 8.

Dio, e ne ricaverete un frutto abbondante[95].

A partire dalle considerazioni che abbiamo cercato di fare in questo paragrafo non ci sentiamo di poter concludere che l'orizzonte della meditazione sia del tutto estraneo a questo manuale di devozione e alle intenzioni educative del suo autore.

2.5.2 Gli avvisi per le vacanze

Un altro elemento ci sembra di dover sottolineare in relazione al tema della meditazione e al periodo che stiamo esaminando.

Una tradizione che è possibile documentare con continuità, praticamente lungo tutto l'arco dell'esperienza educativa di Don Bosco, è costituita dall'abitudine di consegnare ai giovani che partivano per le vacanze estive al termine dell'anno scolastico, dapprima a viva voce, ma successivamente anche per iscritto, alcuni *avvisi* o *ricordi* per *passare bene le vacanze*.

Questa tradizione ci è testimoniata da Don Lemoyne per la prima volta al termine dell'anno scolastico 1854–1855[96].

Di questi *avvisi* possediamo diverse versioni, alcune delle quali manoscritte o corrette dallo stesso Don Bosco, altre, più recenti, a stampa.

In un foglietto manoscritto, senza data, leggiamo:

Tenor di vita nelle vacanze
1. Ogni giorno. Servire la santa messa se si può, meditazione ed un po' di lettura spirituale; fuga dall'ozio, buon esempio ovunque.
2. Ogni settimana. Confessione e comunione.
3. Giorno festivo. Messa, predica, benedizione.
4. Ogni momento. Fuga dal peccato. Dio ci vede. Dio ci giudicherà[97].

In un altro, anche questo autografo, troviamo scritto:

1. Mattino e sera preghiere con divozione; ascoltar la S. Messa e fare la meditazione od almeno un po' di lettura spirituale.
2. Ogni giorno festivo assistere alle funzioni parrocchiali.
3. Ogni settimana od almeno ogni quindici giorni confessione e comunione.
4. Fuga dall'ozio, dai cattivi compagni e dalle cattive letture[98].

Questi testi, nonostante non siano datati, appaiono, nel confronto,

---
[95] G. ZAMA MELLINI, *Gesù al cuore del giovane*, 9-10.
[96] Cf. MB V, 281.
[97] FdB 446 A 3.
[98] FdB 445 E 12.

meno elaborati e dunque più antichi di quelli a stampa, che risalgono agli anni settanta e presentano una migliore organizzazione della materia. In *Ricordi per un giovanetto che desidera passar bene le vacanze* del 1873 leggiamo ad esempio:

In ogni tempo
Fuggi i cattivi libri, i cattivi compagni, i cattivi discorsi.
L'ozio è il più grande nemico che devi costantemente combattere.
Senza il timor di Dio la scienza diventa stoltezza.
Colla maggior frequenza
Accostati ai ss. Sacramenti della Confessione e Comunione. S. Filippo Neri consigliava ad accostarvisi ogni otto giorni.
Ogni domenica
Ascolta la parola di Dio e assisti alle sacre funzioni.
Ogni giorno
Ascolta e, se puoi, servi la S. Messa e fa un po' di lettura spirituale.
Mattino e sera
Recita divotamente le tue preghiere.
Ogni mattino
Fa una breve meditazione su qualche verità della fede.

Questi avvisi sono scritti nella prima delle due facciate interne di un foglietto ripiegato; a fianco troviamo alcune massime tratte dalla S. Scrittura o da alcuni autori spirituali. L'ultima è una citazione del Salmo 38, *In meditatione mea exardescet ignis*, che Don Bosco ripeterà spesso anche ai salesiani[99].

La tradizione di consegnare questi consigli fu mantenuta per diverso tempo anche dopo la morte di Don Bosco[100].

Notiamo qui che da tutti i testi presi in esame e dai numerosi altri *ricordi per le vacanze* conservati in archivio emerge una chiara distinzione tra la *meditazione* e la *lettura spirituale*; distinzione che, evidentemente, doveva essere conosciuta anche ai giovani uditori.

La lettura spirituale, in quanto riflessione su di un testo scritto, coinvolge essenzialmente l'*intelligenza*, mentre la *meditazione* è orazione vera e propria, dunque *dialogo* che può prendere le mosse da un testo scritto ma che coinvolge tutte le potenze dell'anima (intelligenza, affetti, memoria, volontà, immaginazione...). In questo senso non ci sembra del tutto condivisibile, questa volta, l'osservazione di Don Stella quando afferma:

---

[99] Cf. ACS A 225.04.03; cf. MB IX, 997.
[100] Cf. ACS A 240.

Evidentemente Don Bosco non esige dai giovani una meditazione, quale è concepita dalle scuole più classiche di ascetica. Tuttavia, in quanto la lettura spirituale non è disgiunta da una certa riflessione (e quindi aperta alla meditazione vera e propria) Don Bosco interpreta la lettura spirituale come meditazione e si contenta di richiedere dai ragazzi questo «minimum»[101].

Questa osservazione, infatti, non giustificherebbe l'uso continuo che Don Bosco fa qui e altrove di questi due termini distinguendoli nel contesto. *Ogni mattino meditazione e un po' di lettura spirituale* afferma il primo testo esaminato; *...meditazione od almeno un po' di lettura spirituale* afferma il secondo.

Nessun elemento, dunque, ci consente si supporre né in Don Bosco e neppure nei giovani una confusione teorica o reale tra queste due ben differenti *pratiche* che la *pietà* dell'ottocento sapeva distinguere probabilmente meglio di quella del nostro secolo.

Ai giovani dell'oratorio di Valdocco Don Bosco racconterà nel 1864 un *sogno*[102], fatto, secondo la testimonianza di Don Lemoyne, la notte del 18 aprile. Si tratta di uno dei più lunghi e articolati tra i molti raccontati dal santo[103]. È il cosiddetto *sogno dell'inferno*.

Riassumiamolo in breve: un misterioso amico conduce il santo lungo una strada dove i giovani dell'oratorio, legati da invisibili lacci, vengono avvinghiati e trascinati verso una orrenda caverna, dove un mostro li attira a sé. Ognuno di questi lacci porta scritto il suo «titolo»: superbia, disobbedienza, invidia, furto... Ma, ecco, un'importante «risorsa» è a loro disposizione per recidere queste invisibili catene.

Lasciamo adesso la parola al racconto del biografo:

> Guardando ancora più attentamente vidi che fra questi lacci erano molti coltelli sparsi qua e là da una mano provvidenziale che servivano a tagliarli o a romperli. Il coltello più grosso era contro il laccio della superbia e simboleggiava la meditazione. Un altro coltello assai grosso, ma più piccolo del primo, significava la lettura spirituale ben fatta. Eranvi di più due spade. Una di esse indicava la devozione al SS. Sacramento, specialmente con la frequente comunione, l'altro la devozione alla Madonna[104].

---

[101] P. STELLA, *Valori spirituali del «Giovane Provveduto»*, 55

[102] La questione dei sogni di Don Bosco è piuttosto complessa. Si tratta di sogni, di visioni o comunicazioni soprannaturali oppure di semplici racconti edificanti? Non è questo il luogo per aprire un simile dibattito. In ogni caso qui la nostra attenzione si ferma soltanto sull'insegnamento contenuto in questo racconto.

[103] Il racconto occupa circa quindici pagine nelle *Memorie Biografiche* (cf. MB IX, 167-181).

[104] MB IX, 169-170.

Ancora una volta la distinzione fatta tra lettura spirituale e meditazione non lascia adito a possibili confusioni o incertezze interpretative.

E ancora una volta ci sembra di potere ribadire la nostra personale convinzione che anche ai giovani Don Bosco raccomandava in varie occasioni la *meditazione* come prezioso strumento per sostenere il cammino della fede.

2.6 *Il silenzio dopo la «buona notte»*

Un altro elemento che ci sembra importante sottolineare è la abitudine al silenzio, che caratterizza, in particolare, l'esperienza della *casa annessa* all'oratorio di San Francesco di Sales.

Alla sera, dopo le preghiere e la *buona notte*[105] del direttore, era prescritto un «rigoroso silenzio»[106] che durava sino alle orazioni del mattino e favoriva l'ordine contribuendo anche al raccoglimento. Questa tradizionale abitudine dell'oratorio salesiano è stata così messa in evidenza da Franz Weyergans:

> Che cosa rappresentava quella sua «buona notte» se non un esame di coscienza, che direi sociale perché riguardava tutta la giornata della comunità in ciascuno? La sua spiritualità pedagogica ha trovato un'espressione assolutamente efficace, poiché la sera e il silenzio e il naturale raccoglimento delle prime ore del riposo e poi tutta la segreta elaborazione delle sue idee e dei suoi gesti nella coscienza dei giovani, raggiungevano lo scopo quasi con infallibile sicurezza.
>
> Il senso della presenza di Dio era in lui permanente e senza lacuna di sorta, come un elemento di vita e di azione[107].

La tradizione di mantenere il silenzio dopo le preghiere della sera venne costantemente raccomandata e conservata, in seguito, anche per la comunità religiosa. Leggiamo infatti negli atti del primo Capitolo Generale del 1877: «La sera dopo le orazioni sono proibiti i privati

---

[105] Si tratta di una tradizioni caratteristica degli ambienti salesiani delle origini, che ha ancora riscontro nella prassi odierna. Alla sera, dopo le tradizionali preghiere del buon cristiano, Don Bosco chiudeva la giornata con un pensiero spirituale, un racconto edificante, un ammonimento o un'esortazione. Esistono parecchi studi e raccolte di questi pensieri spirituali; si vedano, a titolo di esempio, le due raccolte curate rispettivamente da Eugenio Ceria e Arnaldo Pedrini: G. BOSCO, La «Buona Notte»; G. BOSCO, Buona notte.

[106] Si tratta del *Primo piano di regolamento per la Casa annessa all'Oratorio di San Francesco di Sales* del 1854, riportato in MB IV, 752.

[107] F. WEYERGANS, *Mistici del nostro tempo*, 47.

colloquii; perciò ciascuno in silenzio si ritiri tosto nella propria camera[108].

2.7 *L'orazione vocale attenta e le giaculatorie*

In questa seconda parte del capitolo quarto abbiamo cercato di rispondere alla domanda: *quale preghiera alla scuola di Don Bosco?*

Concludiamo il nostro rapido *excursus* sulla educazione dei giovani alla preghiera con due altri riferimenti caratteristici della *pietà* salesiana fin dai primi anni dell'oratorio: quello ad una preghiera vocale ben fatta, dove la *mente* ed il *cuore* siano in perfetto accordo con le *parole* pronunciate, e quello alla pratica frequente delle *giaculatorie*, vera sintesi tra *orazione vocale* e *orazione mentale* ed efficace strumento per acquisire l'abitudine al costante *pensiero* di Dio.

«Il contegno nella preghiera — ha sottolineato Don Desramaut — e la pronuncia delle formule lo preoccupavano molto»[109]. I documenti che testimoniano le esortazioni di Don Bosco ad una preghiera vocale *attenta* e *ben fatta* sono numerosi. Eccone alcuni.

Nel *Primo piano di Regolamento*, già altre volte citato in questo capitolo, al *Capo I* della *Parte II*, dal titolo *Della pietà* troviamo scritto: «L'orazione sia frequente e fervorosa, ma non mai di mala voglia e con disturbo dei compagni; è meglio non pregare che pregare malamente»[110]. «A tutti raccomandava sovente — testimonia Don Francesco Giacomelli, suo compagno di seminario, facendo riferimento al periodo di circa due anni, a partire dal novembre del 1849, in cui era vissuto all'Oratorio di San Francesco di Sales — che recitassero le preghiere con divozione, che pronunciassero distintamente le parole, badando anche al senso delle medesime»[111]. «Alla sera reciterete la terza parte del Rosario — scrive Don Bosco stesso ne *Il Giovane Provveduto* — [...] ma divotamente, né troppo in fretta»[112]. «Useremo particolare contegno nella preghiera» afferma il regolamento della *Compagnia dell'Immacolata* nel 1856[113]. «Prega meglio» ripete spesso tra gli *Avvisi dati a nome della B. V. Maria* ai giovani dell'oratorio il 1° gennaio del 1862[114].

---

[108] *Deliberazioni del Capitolo Generale della Pia Società Salesiana*, 46.
[109] F. DESRAMAUT, *Don Bosco e la vita spirituale*, 192.
[110] MB IV, 747.
[111] MB III, 587-588.
[112] G. BOSCO, *Il Giovane Provveduto*, 81.
[113] FDB 1868 D 4.
[114] ACS A 220.06.01.

«Orazione vocale senza che vi intervenga la mentale, è come un corpo senz'anima» ripeterà qualche anno più tardi ai giovani confratelli durante gli esercizi spirituali[115].

Quanto alle *giaculatorie*, la pietà dell'ottocento ne è intrisa e Don Bosco ne è un convinto diffusore; tutti i manuali di devozione da lui composti in quegli anni ne contengono numerose[116]. Leggiamo ne *Il Cattolico Provveduto*, di alcuni anni successivi al periodo che abbiamo qui considerato:

> Le giaculatorie sono brevi orazioni, e quasi slanci del cuore verso Dio. Il santo e grande Vescovo s. Francesco di Sales crede che coteste brevi elevazioni del cuore a Dio stieno a pari in merito ed efficacia colle altre orazioni, benché assai più lunghe. Per la qual cosa ad ogni cristiano desideroso di servire Iddio con un po' di zelo furono sempre molto familiari, ed i fedeli se ne servirono in ogni tempo, in ogni luogo, in ogni occupazione per ringagliardire col mezzo loro lo spirito, purificare l'intenzione, e attirare sopra di sé e sopra i propri lavori l'assistenza divina. Per via di questi trasporti dello spirito il cristiano vive quaggiù quasi in una continua unione con Dio, e procaccia a tutte le sue azioni un maggior valore, ed una bontà speciale[117].

L'attenzione al *contegno* nella preghiera vocale, alla pronuncia consapevole delle formule e l'esortazione all'uso di queste brevi espressioni di *orazione mista* (vocale e mentale insieme) faranno costantemente parte della pedagogia di Don Bosco alla fede e, come vedremo, saranno anche elementi caratteristici della stessa vita di preghiera della nascente congregazione salesiana.

3. Orazione mentale e modello di santità giovanile. Le prime biografie di giovani

Nel terzo capitolo del suo *Valori spirituali nel «Giovane Provveduto» di San Giovanni Bosco*, dal titolo *Orizzonti di spiritualità giovanile nel Giovane Provveduto*, Don Pietro Stella cerca di sfatare il pregiudizio che questo manuale di devozione sia, per l'appunto, soltanto un manuale. «Il *Giovane Provveduto* — egli dice — è un metodo di vita,

---

[115] ACS A 225.04.03; cf. MB IX, 997.
[116] Si veda, ad esempio, Il *Giovane Provveduto* del 1847 o *Il mese di maggio consacrato a Maria SS. Immacolata* del 1858.
[117] *Il Cattolico Provveduto*, 191-192. Seguono, nel testo, alcune pagine di giaculatorie, suggerite per le differenti circostanze della vita, tutte tratte dalla Sacra Scrittura.

un modo di vita cristiana»[118]. Più avanti esplicitamente afferma:

> Possiamo affermare che l'importanza del GP é essenziale: in esso infatti, frutto della prima attività sacerdotale e letteraria di DB, troviamo lanciato il programma di santità giovanile, che egli ha concepito e formulato. Con l'andar degli anni l'esperienza di educare, gli eventi, la attività letteraria porteranno ad una più profonda meditazione e chiarificazione di alcuni settori; ma nel GP il germe c'è già, anzi più che il germe, c'è la pianta già sviluppata nelle sue principali ramificazioni.
> Definiamo dunque senz'altro il GP come il programma ed il proclama della spiritualità proposta da DB ai giovani, a cui il Santo si mantenne fedele fino all'ultimo dei suoi giorni. Nella linearità e quasi schematicità, nell'apparente sconnessione degli elementi che lo costituiscono ci si scopre effettivamente il metodo di santità, cioè di perfezione cristiana, di cui egli fu, il Maestro ed il Fautore.

Pur condividendo l'affermazione che questo scritto di Don Bosco, che nell'edizione del 1885 raggiunse, lo ricordiamo, le 520 pagine, non è soltanto un manuale di preghiera, non ci sentiamo di prendere alla lettera alcune espressioni dell'autore[119] per concludere che *Il Giovane Provveduto* contiene tutti gli elementi del modello di spiritualità o di santità giovanile proposto dal santo educatore.

La proposta di Don Bosco è, a parer nostro, fin dall'inizio molto più ricca e articolata; per conoscerla occorre fare un'analisi attenta di alcune altre fonti almeno altrettanto importanti, come le numerose biografie di giovanetti da lui scritte o i regolamenti delle *compagnie*, veri centri di irradiazione della spiritualità giovanile.

Con un'immagine un po' singolare, certamente imperfetta, ci sembra di poter dire che la spiritualità proposta da Don Bosco ai giovani può essere immaginata come un insieme di cerchi concentrici, al cui centro troviamo il modello di santità giovanile. Nel cerchio più marginale ci sono invece le condizioni *sufficienti*[120] per essere, un giorno, «fortunati abitatori del cielo»[121]; in questo senso *Il Giovane Provveduto* esprime la preoccupazione fondamentale di Don Bosco che tutti i giovani siano

---

[118] P. STELLA, *Valori spiriutali del «Giovane Provveduto»*, 80.
[119] Dice ad esempio Don Bosco nella premessa dal titolo *Alla Gioventù*: «Vi presento un metodo di vivere breve e facile, ma sufficiente perché possiate diventare la consolazione dei vostri parenti, l'onore della patria, buoni cittadini in terra per essere poi un giorno fortunati abitatori del cielo». Di questa affermazione si è servito Don Stella (ormai quasi quarant'anni or sono) per avvalorare la sua ipotesi.
[120] Cf. G. BOSCO, *Il Giovane Provveduto*, 7.
[121] Cf. G. BOSCO, *Il Giovane Provveduto*, 7.

salvi e la convinzione, caratteristicamente alfonsiana, che questo è possibile e, tutto sommato, non troppo difficile.

La proposta spirituale di Don Bosco, però, non si «accontenta» di questo *minimum*, ma spinge continuamente e dinamicamente i giovani come verso dei cerchi concentrici sempre più vicini al centro.

Uscendo di metafora, ci sembra di poter affermare che sarebbe molto riduttivo considerare la proposta contenuta ne *Il Giovane Provveduto* come «orizzonte di spiritualità giovanile»[122].

Lo sguardo e la «spinta educativa» di Don Bosco mirano molto più alto, ad indicare con chiarezza che non solo la salvezza, ma la santità stessa è possibile a tutti.

Il progetto di spiritualità giovanile di Don Bosco non può essere intuito se non rileggendo, attraverso la categoria della *imitazione*, queste biografie giovanili.

Una interessante pagina di Don Desramaut aiuta la nostra riflessione:

> Don Bosco croyait à la force moralisatrice des exemples capables de susciter la sympathie et, par elles, l'imitation du témoin. Leur proximité psychologique était nécessaire. Dans les récits de cette période, elle était certaine: Dominique Savio était proche de ses élèves, les saints savoyards ou piémontais l'étaient de ses compatriotes des Etats sardes. Il partageait en effet sur l'éducation des idées qui flottaient dans l'air de son siècle [...].
>
> L'imitation est un des mécanismes psychosociaux du développement et des apprentissages. La situation interpersonnelle d'imitation et de modélisation est une forme particulière de la relation expert-novice, où se réalise la médiation sociale nécessaire aux acquisitions.
>
> Pour don Bosco, les saints de la région Savoie-Piémont, Dominique Savio en particulier, étaient des êtres avec lesquels ses lecteurs pouvaient aisément entrer en sympathie admirative et imitative. A les regarder et à les étudier, ses compatriotes ne pouvaient manquer d'être au moins portés à les prendre pour modèles, à se les approprier, en un mot à les imiter[123].

È molto indicativa, per conoscere la *mens* di Don Bosco, la prefazione della prima operetta edita di Don Bosco, i *Cenni storici sulla vita del chierico Luigi Comollo* del 1844, e soprattutto la sua evoluzione nella successiva edizione del 1854. Già nel titolo la parola *chierico* viene sostituita con quella di *giovane*, con il chiaro intento di sottolineare che il modello di vita proposto non riguarda soltanto i seminaristi ma ogni

---

[122] Cf. P. STELLA, *Valori spirituali del «Giovane Provveduto»*.
[123] F. DESRAMAUT, *Don Bosco en son temps*, 535.

giovane ed ogni uomo di buona volontà; questo emerge con chiarezza dalle varianti apportate:

AI SIGNORI SEMINARISTI DI CHIERI	AL LETTORE
Siccome l'esempio delle azioni virtuose vale assai più di un qualunque elegante discorso, così non sarà fuor di ragione, che a voi si presenti un cenno storico sulla vita di colui, il quale essendo vissuto nello stesso luogo, e sotto la medesima disciplina che voi vivete, vi può servire di vero modello perché possiate rendervi degni del fine sublime a cui aspirate, e riuscire poi un dì ottimi leviti nella vigna del Signore [...].	Siccome l'esempio delle azioni virtuose vale assai più di qualunque elegante discorso, così non sarà fuor di ragione un cenno sulla vita di un giovanetto, il quale in breve periodo di tempo praticò sì belle virtù da potersi proporre per modello ad ogni fedele cristiano, che desideri la salute dell'anima propria. Qui non ci sono cose straordinarie, ma tutto è fatto con perfezione a segno, che possiamo applicare al giovane Comollo quelle parole dello Spirito Santo: Qui timet Deum nihil negligit. Qui sono molti fatti e poche parole, lasciando che ciascuno applichi per sé quanto trova adatto al suo stato [...].
	Leggi volentieri, o lettor cristiano, e se ti fermerai alquanto a meditare quel che leggi, avrai certamente di che dilettarti, e farti un tenor di vita veramente virtuosa.
Che se scorrendo questo scritto ti sentirai animato a seguire qualcheduna delle accennate virtù, rendine gloria a Dio, al quale, mentre lo prego ti sia ognor propizio, queste poche pagine unicamente consacro[124].	Che se scorrendo questo scritto ti sentirai animato a seguire qualcheduna delle accennate virtù, rendine gloria a Dio, al quale, mentre lo prego ti sia ognor propizio, queste poche pagine unicamente consacro[125].

La proposta di Don Bosco, come vedremo anche in alcune altre biografie da lui scritte, è chiara; utilizzando una categoria teologica attuale potremmo dire che Don Bosco è consapevole della chiamata universale

---

[124] *Cenni storici sulla vita del chierico Luigi Comollo*, 3-4.
[125] G. BOSCO, *Cenni storici sulla vita del giovane Luigi Comollo*, 7-8.

alla santità[126]. Egli propone a tutti, piccoli e grandi, un orizzonte di vita santa e felice[127].

Scriverà egli stesso nel 1859, nella presentazione della *Vita del giovanetto Savio Domenico*:

> Intanto cominciate a trar profitto di quanto qui vi verrò descrivendo; e dite in cuor vostro quanto diceva S. Agostino: *Si ille, cur non ego?* Se un mio compagno, della stessa mia età, nel medesimo luogo, esposto a i medesimi e forse maggiori pericoli, tuttavia trovò tempo e modo di mantenersi fedele seguace di Gesù Cristo, perché non posso fare anche io lo stesso ? Ricordatevi però bene che la religione vera non consiste in sole parole; bisogna venir alle opere; quindi, trovando qualche cosa degna di ammirazione, non contentatevi di dire: *questo è bello, questo mi piace*: dite piuttosto: *voglio adoperarmi per fare quelle cose che, lette di altri, mi eccitano alla maraviglia*[128].

Ma qual è il ruolo che la preghiera, e in particolare la preghiera mentale, ha in questo *modello di santità* proposto da Don Bosco fin dagli esordi della sua esperienza di pastore e di educatore? Accanto a questa domanda, un'altra di carattere storico e spirituale desta il nostro interesse: è possibile intravedere una sostanziale evoluzione, lungo l'arco della sua vita, in relazione al modello proposto?

A quest'ultima domanda ci sembra di poter rispondere subito. In relazione al tema della preghiera, non ci è dato di cogliere delle significative differenze nella proposta fatta da Don Bosco ai giovani lungo l'arco della sua esistenza terrena[129]; questa affermazione ci sembra confortata dalle numerose riedizioni delle biografie che, in relazione al nostro tema, non presentano, nel complesso, sostanziali differenze. La biogra-

---

[126] Cf. *Lumen Gentium* 40.

[127] Scrive Don Bosco nell'esordio de *Il Giovane Provveduto*: «Due sono gli inganni principali, con cui il demonio suole allontanare i giovani dalla virtù. Il primo è far loro venire in mente che il servire al Signore consiste in una vita malinconica e lontana da ogni divertimento e piacere. Non è così, cari giovani. Io voglio insegnarvi un modo di vita cristiana, che vi possa nel tempo stesso rendere allegri e contenti, e additarvi quali siano i veri divertimenti e i veri piaceri, talché voi possiate dire col santo profeta Davide: Serviamo al Signore in santa allegria: Servite Domino in laetitia. Tale appunto è lo scopo di questo libretto: insegnare a servire il Signore e a stare allegri» (G. BOSCO, *Il Giovane Provveduto*, 5).

[128] G. BOSCO, *Vita del giovanetto Savio Domenico*, 9-10.

[129] Vedremo, invece, che la «proposta» fatta ai salesiani subisce una certa evoluzione, legata probabilmente non tanto ad una crescita di consapevolezza nel fondatore del ruolo della preghiera nella vita religiosa, bensì anche ad una sapiente applicazione del principio della gradualità.

fia di Domenico Savio, pubblicata nel 1859, viene riedita in lingua italiana nel 1861, nel 1866, nel 1878 e nel 1880; quella di Michele Magone, del 1861, è riedita nel 1866 e nel 1880; quella di Francesco Besucco del 1864 è riedita ancora nel 1878 e nel 1886[130]. Anche la biografia del Comollo, del 1844, conosce altre tre riedizioni, nel 1854, nel 1867 e nel 1884, quattro anni prima della morte di Don Bosco[131]; analoga sorte subisce *Le sei domeniche e la novena di S. Luigi Gonzaga con un cenno sulla vita del santo* del 1846, che conosce nove edizioni sino al 1888, con diverse aggiunte e varianti[132], e il cui corpo centrale si trova inserito già nella prima edizione de *Il Giovane Provveduto*.

Don Bosco, in fondo, continua a presentare gli stessi modelli o per meglio dire, fatte le debite distinzioni, lo stesso modello di santità giovanile a diverse generazioni di giovani e in differenti contesti sociali e culturali[133].

Nonostante le evidenti differenze biografiche ed alcuni tratti significativi che distinguono le personalità di questi giovani[134], ciascuno di loro è, in qualche modo, «sovrapponibile» all'altro come in uno schema preordinato che non tralascia, comunque, di mettere in evidenza alcune peculiarità caratteristiche.

Fanciullezza esemplare, fuga dal peccato, scelta accurata dei compagni, apostolato attivo tra i coetanei, amore, senza limiti di tempo, alla preghiera, devozione mariana ed eucaristica, frequenza alla confessione e alla comunione e, infine, morte prematura ed edificante: questi i principali elementi che ricorrono quasi come struttura portante e che ritroviamo puntualmente, anche se con accentuazioni diverse, in ciascuna delle biografie. Da Luigi Gonzaga al Comollo, dal Savio a Magone, da Besucco a Louis Fleury Antoine Colle, il progetto di santità giovanile caro al cuore di Don Bosco emerge con tratti evidenti e caratteristici[135].

---

130 Cf. S. GIANOTTI, ed., *Bibliografia generale*, 20-21.22.24.
131 Cf. S. GIANOTTI, ed., *Bibliografia generale*, 11.
132 Cf. S. GIANOTTI, ed., *Bibliografia generale*, 12.
133 Delle biografie del Savio, di Michele Magone e di Francesco Besucco si avranno anche, negli ultimi anni della vita di Don Bosco (1878-1888), traduzioni in francese, in tedesco (Savio) e in spagnolo (Magone). La biografia del giovane francese *Louis Fleury Antoine Colle*, publicata per la prima volta in Francia nel 1882 e tradotta in tedesco cinque anni dopo, venne tradotta in italiano soltanto nel 1961 (cf. P. STELLA, *Gli scritti a stampa di S. Giovanni Bosco*, 61-79).
134 Nella esperienza spirituale del Savio, in particolare, ci è possibile riconoscere i tratti di una esperienza mistica, come vedremo parlando della sua biografia.
135 Non prenderemo in esame qui alcuni altri racconti biografici meno rilevanti, come ad esempio *Angelina o l'orfanella degli Appennini* del 1869, che conobbe una

Quelle del Savio, di Magone e di Besucco, poi, ci restituiscono i tratti dell'esperienza oratoriana di quegli anni e, quindi, ci svelano in misura maggiore il cuore apostolico del padre e, insieme, un più concreto e particolare modello di «santità oratoriana». Caratteristica e ricorrente, ad esempio, è l'insistenza nel presentare questi giovanetti in preghiera durante il tempo delle *ricreazioni*.

Questa corrispondenza puntuale tra le diverse vite di giovinetti era stata già messa in evidenza, parecchi anni or sono, da Don Alberto Caviglia, curatore dell'edizione delle *Opere e scritti editi e inediti di Don Bosco*. Nella *Nota preliminare ai «Cenni sulla vita di Luigi Comollo»* Don Caviglia scriveva infatti:

> Mi consenta il buon lettore di proporre un'idea un po' singolare, ma giovevole a farmi comprendere. Vorrei che fosse lecito, salve le convenienze, redigere una tabella comparativa, con altrettante colonne quanti sono i giovani santi celebrati da Don Bosco (e possiamo aggiungervi il Saccardi, che fu cosa tutta sua, come educato nella forma sua dal Bonetti, e morto nelle braccia del Santo): in una prima colonna si potrebbero collocare ad uno ad uno i tratti singoli delle virtù e gli atteggiamenti e abiti virtuosi e spirituali del primo, non esclusi i fatti che hanno del soprannaturale; nelle altre colonne, parallelamente, si dovrebbe indicare col numero dei capitoli o delle pagine delle varie Vite quel che di somigliante appare negli altri che intitolano la colonna: lasciando in bianco in ciascuna lo spazio corrispondente a ciò che di ciascuno è più particolarmente speciale e proprio. Ebbene io dico che le lacune sarebbero poche, quante appena bastano a segnare una personalità, e quasi tutti i titoli (gli essenziali e indispensabili, naturalmente, tutti) troverebbero una piena e totale rispondenza e un parallelismo eloquente.

> Quasi dovere nostro sarebbe ora — aggiunge l'autore un po' più avanti — il descrivere codesti caratteri comuni, o tradizionali, o fondamentali, che si ravvisano nella Vita del santo giovane[136] e ne riverberano in Don Bosco, come i capostipiti dell'eredità spirituale del Santo Educatore. Ne verrebbe un'ampia e, nel momento presente, sproporzionata trattazione che involgerebbe per l'appunto quel parallelismo e quella storia genetica della pedagogia spirituale di Don Bosco, la quale dev'essere il tema di un apposito studio od esposizione organica e in sistema[137].

---

sola edizione e nemmeno le note biografiche su San Luigi Gonzaga ne *Le sei domeniche* di cui si è già detto.

[136] Il riferimento immediato è a Luigi Comollo.

[137] A. CAVIGLIA, *Opere e scritti editi e inediti di Don Bosco*, V, 28. Facciamo nostro anche il rammarico e le attese espressi dall'autore, morto nel 1943, in una nota, il cui riferimento si trova alla fine della precedente citazione: «Un desiderio, che fu un'intenzione, di chi attende a questi studi, sarebbe di costruire uno studio sintetico

Le somiglianze tra le esperienze spirituali di questi giovanetti, possono senz'altro far sorgere dei dubbi sulla storicità di queste biografie e su una possibile volontà del loro autore di «piegare» la cronaca degli avvenimenti ad un modello precostituito.

L'obiezione non è recente; lo testimonia la citata *Nota preliminare* di Don Caviglia, dove non manca qualche considerazione polemica nei confronti di quanti, già in quegli anni, avevano cercato di mettere in crisi la verità storica degli avvenimenti narrati[138].

Questa posizione rigorosamente apologetica, a parer nostro, non è più sostenibile; è, cioè, senz'altro possibile che alcuni degli avvenimenti narrati risentano della finalità parenetica e spirituale di questi scritti.

---

che comprendesse in un solo sguardo e in una sola concezione l'opera di Don Bosco Pedagogo della santità: la Pedagogia spirituale di Don Bosco Santo! La parte essenziale, e, posso dire, la sostanza, n'è già contenuta negli Studi speciali condotti sulle Vite del Savio, del Besucco e, in parte, del Magone: basterebbe ricavarne un'esposizione sistematica, sommando e ordinando quello che sparsamente è già detto, con gli opportuni riferimenti agli altri scritti e ai discorsi del Santo. Impresa non corriva, e che richiede qualche studio; ma tanto più gloriosa per Don Bosco, e finalmente risolutiva dei molti oscillanti problemi che la sua Persona di "Patriarca dell'educazione cristiana" ha suscitato e vien suscitando tra gli studiosi. Non potendo sperare di averne più il tempo né l'occasione, affido ad altri il compito, sperando che siano confermati i miei modesti pensamenti. Una *S.cti Iohannis Bosco Paedagogia Spiritualis* sarebbe opera utile (e perché non necessaria?) alla piena conoscenza di Don Bosco e della sua personalità nella storia della Chiesa».

[138] Negli anni tra le due guerre il benedettino Henri Quentin aveva avanzato forti dubbi sulla verità storica della biografia del Savio e sulla credibilità dello stesso Don Bosco e dei testimoni della causa di beatificazione. Alcune varianti introdotte da Don Bosco nel racconto della morte del giovanetto, che ricalcavano, in alcune espressioni, le biografie di San Luigi Gonzaga, suscitavano forti dubbi; si affermava poi che i testimoni dipendevano troppo da quella popolare biografia. A queste obiezioni rispose il Caviglia con energia. Sulla questione ci sembra molto equilibrata la posizione di Pietro Stella che afferma in proposito: «(Don Bosco) certamente non aveva l'animo di un falsario. Ha conservato gelosamente, con tantissime altre cose, anche le testimonianze più varie relative a Domenico Savio. Ma è un fatto incontestabile la sua, per dir così, libertà nell'usare i fatti e le parole in funzione di quanto gli permetteva di esprimere secondo norme di lingua che si direbbe non sono quelle della cultura dotta che è prevalsa nel mondo occidentale» (P. STELLA, «Le ricerche su Don Bosco», 378). Il vaglio della critica storica ha avanzato e avanza ancora oggi delle perplessità anche su alcuni tratti di queste biografie, così come abbiamo già visto in un alcune note precedenti a proposito delle *Memorie dell'Oratorio* e delle *Memorie Biografiche*. Don Desramaut, ad esempio, nell'ultima biografia del santo, a proposito del racconto di un'apparizione notturna dell'anima del Comollo nella camerata del seminario di Chieri, parla di una «allucinazione uditiva», mossa dal desiderio di avere notizie sulla salvezza eterna dell'amico (cf. F. DESRAMAUT, *Don Bosco en son temps*, 115).

Ciononostante noi pensiamo che il problema della rigorosa storicità degli avvenimenti narrati non abbia, nella particolare prospettiva del nostro studio, nessuna importanza o quasi. Sia che Don Bosco si attenga in modo rigoroso agli avvenimenti, sia che li collochi, forzandoli, dentro un modello precostituito, egli intende fornirci, attraverso queste biografie, le «coordinate» del modello di santità giovanile proposto, lungo tutto l'arco della sua vita, ai giovani che frequentavano i suoi oratori e le sue opere. Diciamo anzi che, paradossalmente, laddove si provasse la non corrispondenza dei fatti narrati alla verità storica, proprio lì si potrebbe cercare di riconoscere i tratti più caratteristici e personali del modello proposto da Don Bosco, perché proprio questi elementi, queste «esagerazioni» ci manifesterebbero la sua intenzione di indicare, anche «forzando» il dato storico, una via da percorrere.

In ogni caso una certa affinità, in particolare tra le figure del Comollo, del Savio, di Magone e di Besucco è connessa certamente al processo di imitazione che li lega uno all'altro: il Savio decide di scegliere come modello per sé e per i suoi amici, il Comollo. Nel «regolamento» della *Compagnia dell'Immacolata Concezione*, fondata da Domenico Savio tra i compagni dell'oratorio di Valdocco, si leggeva:

> Chi bramerà far parte di questa Società dovrà anzitutto purgarsi la coscienza col S. Sacramento della Penitenza, accostarsi alla Mensa Eucaristica, dar quindi saggio di sua condotta con una settimana di noviziato, leggere attentamente la vita di Luigi Comollo e queste regole e prometterne l'osservanza[139].

La promessa pronunciata dal primo gruppo di zelanti giovanetti si apriva, poi, con le parole: «Noi [...] protestiamo davanti all'altare di Lei (l'Immacolata) ed al nostro Spiritual Direttore, di voler imitare per quanto lo permetteranno le nostre forze LUIGI COMOLLO. Onde ci obblighiamo...»[140].

A sua volta Francesco Besucco fa della *Vita* del Savio il suo costante riferimento e Magone, che era morto senza poterne salutare la pubblicazione, ebbe almeno la gioia di leggerne i primi capitoli[141]. Racconta Don Bosco nella biografia del Besucco:

---

139 FDB 1868 D 5; cf. G. BOSCO, *Vita del giovanetto Savio Domenico*, 83.
140 FDB 1868 D 6; cf. G. BOSCO, *Vita del giovanetto Savio Domenico*, 77.
141 L'esordio della biografia del Magone fa riferimento al grande desiderio del giovanetto di leggere la *Vita del giovanetto Savio Domenico* che Don Bosco stava scrivendo proprio allora: «Tra quelli di voi, giovani carissimi, che ansiosi aspettavano la pubblicazione della vita di Savio Domenico eravi il giovanetto Michele Magone

Volle sapere il luogo preciso dove Savio Domenico si poneva ginocchione a pregare dinanzi l'altare della Vergine Maria. Colà egli si raccoglieva a pregare con grande consolazione del suo cuore. Oh se io potessi, diceva, stare da mattino a sera a pregare in quel sito, quanto volentieri il farei! Imperciocché mi sembra di avere lo stesso Savio a pregare con me, e mi pare che egli risponda alle mie preghiere, e che il suo fervore si infonda nel mio cuore[142].

Tenendo conto di quanto abbiamo detto, in relazione alla *coerenza* e alla *continuità* del modello proposto, prenderemo adesso in esame oltre a quella del Comollo, anche le altre più importanti biografie di giovanetti e in particolare quella del Savio, che muore nel 1857 (la biografia venne pubblicata nel 1859 proprio al termine del periodo che stiamo particolarmente osservando), quelle di Michele Magone e di Francesco Besucco, immediatamente successive (1861 e 1864), ed anche, brevemente, quella di Louis Fleury Antoine Colle, molto più tardiva, che risale al 1882[143].

3.1 *I «Cenni storici sulla vita del chierico Luigi Comollo»*

Si tratta, come abbiamo già affermato, del primo lavoro uscito «più che dalla penna, dal cuore del santo non ancora trentenne»[144]. Questo scritto, certamente emotivo e vibrante di sentimenti, è stato revisionato almeno altre due volte da Don Bosco adulto, rispettivamente dieci anni e ventitré anni dopo la sua prima edizione[145].

[...]. Se non che appena poteva leggerne alcune pagine, che il Signore ponendo fine alla sua vita mortale, chiamavalo».

[142] G. BOSCO, *Il pastorello delle Alpi*, 115-116.

[143] Prenderemo in considerazione, ovviamente, soltanto quanto dice riferimento diretto o indiretto al nostro tema.

[144] A. CAVIGLIA, «Nota preliminare», 9.

[145] La quarta edizione del 1884, la più rimaneggiata, secondo l'ipotesi fatta da Don Caviglia, è stata curata da Don Bonetti, ma certamente rivista anche da Don Bosco (A. CAVIGLIA, «Nota preliminare», 16-19). Il Caviglia afferma con sicurezza: «Non vi è nulla che non sia di Don Bosco o non sia voluto da lui» (p. 19). Nella seconda edizione furono introdotte alcune aggiunte e varianti, che mostrano in modo chiaro l'intento di Don Bosco di presentare *a tutti*, nella vita del giovane Comollo, un vero modello di virtù cristiane; la terza edizione del 1867 è sostanzialmente invariata rispetto alla precedente. Nelle nostre citazioni, in questa come nelle altre biografie, adopereremo prevalentemente la prima edizione; le eventuali variazioni significative o aggiunte delle successive edizioni, rilevanti in relazione al nostro tema, saranno segnalate. Sottolineiamo ancora che l'edizione del 1854 si distingue anche nel titolo (la parola «chierico» è sostituita da quella di «giovane»).

Abbiamo già detto quanto importante sia stata, nella esperienza umana e spirituale di Don Bosco l'amicizia con il giovane compagno di seminario. Che sia stata l'amicizia a creare una così profonda affinità spirituale, o che, al contrario, sia stata l'affinità a creare l'amicizia questo non ci è dato di saperlo; in ogni caso le due prospettive sono complementari.

Don Caviglia spinge questa affinità sino ad una sorta di «identificazione», che ci permette di intuire l'esperienza spirituale di Don Bosco:

> Chi legge il Comollo sente Don Bosco vivente in un altro, che si rispecchia in lui, e quello che vien dicendo il Santo si deve leggere, come si fa per le scritture di Leonardo, con lo specchio in mano, per voltarle da sinistra a destra, e se n'ha la figura dello scrittore. Certamente lo scrittore non sapeva di descrivere sé medesimo con i lineamenti del Comollo: ma nel fatto è così: questo era già stato detto quando egli aveva, nella sua lettera del 16 aprile 1843 (un anno prima della pubblicazione di questo libro), delineato un profilo del santo chierico Giuseppe Burzio, da lui conosciuto e assistito nel Seminario di Chieri; e il buon P. Felice Giordano, riportandola nel 1846, diceva che, «dissertando egli sulla vita edificante di un giovane servo di Dio, senz'avvedersene ritraeva se stesso».
>
> Ma qui la somiglianza, che si approssima alla identità, vuol intendersi altrimenti e più profondamente. Le anime dei due amici presentano, salvo qualche particolare di minor conto, e il privilegio della vocazione straordinaria e propria del Santo nostro, la stessa fisionomia[146].

Notiamo qui il nesso inscindibile che esiste, in Don Bosco come in ogni altro santo, tra esperienza spirituale ed esperienza apostolica; il modello di santità che Don Bosco propone ai giovani non può essere disgiunto da quello che ha proposto a se stesso fin dai tempi della giovinezza e che proporrà alla congregazione da lui fondata. In questa prospettiva possiamo comprendere l'affermazione apparentemente anacronistica del Caviglia: *Comollo è già un'anima salesiana.*

> C'è di più, anzi c'è il più, ed è capitale, ed è prezioso. Se l'affinità, o, come ho detto, medesimezza dei due spiriti ci porge un documento dei più luminosi per conoscere la giovinezza del Nostro, non tanto nei fatti, che sono ormai noti, quanto nelle più riposte pieghe dell'anima e nelle tendenze dell'istinto spirituale, d'altro canto ci sta a prova e spiega l'origine, o, quando meno, la prima rivelazione degl'indirizzi spirituali che poi Don Bosco trasfuse nell'opera sua di educatore e di autore d'un Istituto religioso. Comol-

---

[146] A. CAVIGLIA, «Nota preliminare», 9.

lo è già un'anima salesiana, e ciò che in lui si manifesta, quello che fa ed è, coincide con gl'indirizzi e le vedute del Santo Maestro[147].

Proviamo adesso, finalmente, a mettere in luce alcuni brani della biografia in relazione diretta o indiretta col nostro studio. Li raccoglieremo, per questa biografia come per le successive, tematicamente e non in relazione alla loro collocazione cronologica nello sviluppo della biografia.

3.1.1 Il «tempo» della preghiera. Orazione affettiva

«Non mostrava già quella nausea, o svogliatezza nel pregare — afferma Don Bosco — che è propria dei ragazzi; anzi quanto più erano prolungate le preghiere, tanto più erane allegro, e contento»[148]. Persino *il tempo della ricreazione* si trasforma in un'occasione propizia per elevare la mente a Dio[149].

Ad un certo punto della ricreazione — racconta l'autore nell'edizione del 1884 riferendo la cronaca di una gita — si spande la voce che Comollo è scomparso. Si temeva di lui qualche disgrazia, tanto più che pochi giorni prima era morto un giovane, annegato nelle acque della Fontana Rossa a pochi passi distante di colà. Tutti pertanto rimasero pieni di spavento e si posero a fare indagini tutto all'intorno, ma inutilmente. In fine lo trovarono in un sito che niuno si pensava. Era nascosto presso la vicina cappella tra un cespuglio ed un pilastro della medesima[150].

La durata delle preghiere del Comollo non dice necessariamente riferimento all'orazione mentale; il moltiplicarsi di preghiere vocali e devozioni è infatti caratteristico della spiritualità del XIX secolo.

Il testo seguente, però, si riferisce più esplicitamente ad una preghiera intima, affettiva: «Alla Comunione spirituale, e Sacramentale univa frequenti visite a Gesù sacramentato, dell'amore di cui talmente sentivasi penetrato che ben sovente giungeva a passare ore intere sfogando i suoi fervorosi e teneri affetti coll'amato suo Gesù»[151]. Ancora più esplicita è la variante introdotta nel 1884 allo stesso testo: «Alla Comunione spirituale e sacramentale univa frequenti visite alle chiese, dove

---

[147] A. CAVIGLIA, «Nota preliminare», 10.
[148] *Cenni storici sulla vita del chierico Luigi Comollo*, 5.
[149] Si tratta, come vedremo, di una costante nelle biografie di giovani scritte da Don Bosco.
[150] G. BOSCO, *Nuovi cenni storici sulla vita del giovane Luigi Comollo*, 35-36.
[151] *Cenni storici sulla vita del chierico Luigi Comollo*, 10.

sentivasi talmente compreso dalla presenza di Gesù, che ben sovente giungeva a passarvi ore intere, sfogando i suoi fervorosi e teneri affetti»[152].

3.1.2 Importanza della meditazione

Un primo riferimento si trova in tutte le edizioni dei *Cenni storici*. «Si assentava alle volte dalla presenza altrui — racconta Don Bosco — e questo affine di ritirarsi in qualche cantuccio della casa a pregare, o far meditazione»[153].

Un secondo riferimento, più rilevante, viene introdotto nell'edizione del 1884.

In occasione della vestizione chiericale un amico gli avrebbe chiesto come mai fosse nato in lui il desiderio dello stato ecclesiastico. Nella risposta il Comollo indica, oltre alla frequenza ai sacramenti, la piena confidenza in un confessore e direttore spirituale. Da lui, tra gli altri, avrebbe ricevuto questo prezioso consiglio:

> Due cose mai non omisi dietro suo consiglio. La meditazione e l'esame di coscienza tutti i giorni. Ai giovani principalmente sembrano sul principio cose noiose. Ma se perseverassero per un po' di tempo in queste due pratiche di pietà, oltre il vantaggio spirituale, ne proverebbero tale consolazione e piacere da non lasciarle più[154].

L'intento dell'autore qui è chiarissimo: la necessità di un direttore spirituale e le due pratiche di pietà vengono indicate come strumenti indispensabili a quanti vogliano fare un serio discernimento sullo stato di vita; la domanda dell'amico e la lettera di risposta del Comollo sembrano nient'altro che un artificio letterario costruito per sottolineare maggiormente queste conclusioni.

3.1.3 Ascesi e preghiera mentale

Nonostante Don Bosco sembri non approvare alcuni eccessi nelle penitenze che il Comollo si imponeva, il suo giudizio lascia intravedere il ruolo positivo che una certa ascesi ha nel raccogliere i pensieri in Dio. «(Luigi) si preparava — racconta l'autore — per la vestizione. Qui io non saprei come chiaramente esprimere tutti gli affetti di tenerezza

---

152 G. BOSCO, *Nuovi cenni storici sulla vita del giovane Luigi Comollo*, 17.
153 *Cenni storici sulla vita del chierico Luigi Comollo*, 8.
154 G. BOSCO, *Nuovi cenni storici sulla vita del giovane Luigi Comollo*, 41.

che ebbe a provare in tale circostanza. Pregava egli, faceva pregare altri per lui, digiunava, prorompeva sovente in lagrime, si tratteneva molto in Chiesa»[155]. Più esplicito questo secondo testo:

> Tali sono i precipui atti di penitenza esterna che mi sono noti, dai quali lieve cosa sarà argomentare quello che ei nutrisse in cuore, giacché se le azioni esteriori derivano sempre dall'abbondanza di cuore, bisogna pur dire che l'animo del Comollo fosse di continuo occupato in teneri affetti d'amor di Dio, di viva carità verso il prossimo, e di ardente desiderio di patire per amor di Gesù Cristo[156].

3.1.4 Estasi, lacrime e rapimenti. Orazione contemplativa

La spiritualità dell'amico, nel sentire di Don Bosco, è profonda e coinvolge tutte le sue facoltà interne ed esterne:

> Alcune mie circostanze vollero che per più mesi ad ora determinata mi recassi al Duomo, e questa era appunto l'ora che il Comollo andava a trattenersi col suo Gesù. Piacemi pertanto descriverne l'atteggiamento; ponevasi in qualche canto presso l'altare quanto poteva, ginocchione con le mani giunte, e incrocicchiate alquanto prostese, col capo mediocremente inclinato, cogli occhi bassi, e tutto immobile della persona; insensibile a qualsivoglia voce e rumore. Non di rado mi occorreva che compiuto quello che toccavami fare, voleva invitarlo che meco venisse per essere da lui accompagnato a casa; pel che aveva bel far cenno col capo, passandogli vicino, o tossire perchè egli si movesse, ma era sempre lo stesso, finché io non mi accostava toccandolo; e allora quasi si risvegliasse dal sonno tutto si scuoteva, e sebbene a mal in cuore aderiva al mio invito[157].

Ritroveremo nel Savio, in modo ancor più evidente, alcuni chiari segni di contemplazione passiva, dei quali Don Bosco si rivela profondo conoscitore. Nel testo seguente il suo giudizio sui rapimenti del Comollo ci mostra, nel desiderio di frenarne le manifestazioni esterne dell'amico, la sua spirituale discrezione; nel medesimo tempo, però, emerge la sua sincera stima per quei «movimenti di tenera commozione» che manifestano «quanto egli fosse avanzato nella via della perfezione»:

> Giunta l'ora di accostarsi alla sacra mensa, io lo scorgeva assorto nei più alti, e divoti pensieri, e composta la persona nel più divoto atteggiamento, a

---

[155] *Cenni storici sulla vita del chierico Luigi Comollo*, 26.
[156] *Cenni storici sulla vita del chierico Luigi Comollo*, 36-37.
[157] *Cenni storici sulla vita del chierico Luigi Comollo*, 22-23.

passo grave cogli occhi bassi dando in frequenti scuotimenti di santa commossione avvicinavasi a ricevere il Santo dei Santi. Ritiratosi poscia a suo posto pareva fosse fuor di se, tanto vivamente vedevasi commosso, e da viva devozione penetrato. Pregava, ma ne era interrotto da singhiozzi, interni gemiti, e lagrime, né poteva acquetare i trasporti di tenera commozione, se non quando terminata la Messa si cominciava il canto del mattutino. Avvertito da me più volte a frenare quegli atti di esterna divozione, come quelli che potevano dare nell'occhio altrui, mi sento, rispondevami, mi sento una piena di tal contento nel cuore, cui se non permetto qualche sfogo pare mi voglia togliere il respiro [...]. Da ciò ognun vede chiaramente come il Comollo fosse avvanzato nella via della perfezione, giacché quei movimenti di tenera commozione, di dolcezza, di contento per le cose spirituali sono un effetto di quella fede viva e carità infiammata, che altamente gli era radicata nel cuore»[158].

3.1.5 Il metodo nella preghiera

Sottolinea Don Bosco: «Aveva il suo orario per la preghiera, lettura spirituale, visita a Gesù sacramentato, e ciò era scrupolosamente osservato[159].

Dell'eventuale ausilio di un metodo per la preghiera non si dice molto. Un testo contiene, però, un'indicazione interessante in relazione al possibile ruolo della *immaginazione* nella preghiera mentale:

Fu pure in quest'anno[160] che gli cavai il secreto come egli facesse lunghe preghiere senza veruna distrazione; «Vuoi che io ti dica, dicevami, come io mi metta a pregare, ella è un'immagine tutta materiale che ti farà ridere: chiudo gli occhi, col pensiero mi porto entro una grande sala adornata nella maniera più squisita, in fondo alla quale si erge un maestoso trono su cui siede l'Onnipotente, dopo di lui tutti i cori dei beati comprensori, quivi mi prostro, e con tutto il rispetto a me possibile faccio la mia preghiera». Questo dimostra secondo le regole dei maestri di spirito quanto la mente del Comollo fosse staccata dalle cose sensibili, e quanto ei fosse padrone di

---

[158] *Cenni storici sulla vita del chierico Luigi Comollo*, 33-34. Don Bosco si mostra capace di *discernere* i movimenti spirituali del compagno. Si noti che il temperamento riservato, cui abbiamo già fatto cenno, lo spinge a consigliare al compagno di evitare le manifestazioni che possono *dare nell'occhio altrui*; ma emerge con chiarezza la grande considerazione che egli ha di questi «fenomeni» e la sua capacità di riconoscere in essi delle *consolazioni* spirituali.
[159] *Cenni storici sulla vita del chierico Luigi Comollo*, 22.
[160] È il 1838, l'anno precedente alla morte del Comollo. Don Bosco a quell'epoca ha 23 anni, circa due in più dell'amico.

raccogliere a beneplacito le intellettuali sue facoltà[161].

Una variante del 1884 specifica meglio il suggerimento del Comollo e il giudizio positivo dell'autore:

> tutti i cori dei Beati comprensori. Questa immagine materiale mi serve meravigliosamente per sollevare il mio pensiero all'infinita Maestà Divina, dinanzi a cui mi prostro e, con tutto il rispetto a me possibile, fo la mia preghiera».
>
> Questo dimostra, secondo le regole dei maestri di spirito, quanto la mente del Comollo fosse staccata dalle cose sensibili, e quanto ei fosse padrone di raccogliere le facoltà della mente sua per trattenersi a spirituali colloqui con Dio. La quale cosa segna un alto grado di perfezione [162].

3.2 Le «Sei domeniche in onore di San Luigi Gonzaga»

Pur non essendo in senso stretto una biografia, merita qui una menzione l'opuscoletto *Le sei domeniche e la novena di S. Luigi Gonzaga con un cenno sulla vita del santo*, pubblicato per la prima volta anonimo nel 1846 e annesso, l'anno successivo, al manuale di preghiera *Il giovane provveduto*, ripubblicato ancora separatamente altre sette volte in lingua italiana prima del 1888, a partire dal 1878 insieme anche al regolamento della *Compagnia di San Luigi* fondata nel 1847[163].

Scopo del libretto è quello di diffondere la devozione al giovane santo attraverso una pia pratica e soprattutto di incitare, in particolar modo i giovani, alla imitazione delle sue virtù, del suo spirito di penitenza, della sua purezza, del suo distacco dai beni della terra, della sua carità verso il prossimo e verso Dio, della sua prontezza nel darsi al Signore, del suo spirito di preghiera, della sua serenità dinanzi alla morte. Questi sono i temi affrontati dalle meditazioni che accompagnano la devozione proposta.

Nel penultimo giorno della novena Don Bosco presenta San Luigi ai suoi giovani lettori, come *modello nella preghiera*:

---

161 *Cenni storici sulla vita del chierico Luigi Comollo*, 47-48.

162 G. BOSCO, *Nuovi cenni storici sulla vita del giovane Luigi Comollo*, 68-69.

163 Cf. S. GIANOTTI, ed., *Bibliografia generale*, 12. Don Stella ci informa che la principale fonte utilizzata dall'autore è il libretto di Padre Pasquale De Mattei dal titolo *Considerazioni per celebrare con frutto le sei domeniche e la novena in onore di s. Luigi Gonzaga della Compagnia di Gesù*, la cui prima edizione, stampata a Roma, risale al 1766 (cf. P. STELLA, *Valori spirituali nel «Giovane Provveduto»*, 70). Sullo stesso tema si veda anche F. DESRAMAUT, *Don Bosco en son temps*, 233-234.

A quattro anni si assentava dalla presenza altrui e, fatto cercare dalla madre, veniva trovato in qualche nascondiglio, ove a terra genuflesso, colle sue manine giunte dinanzi al petto fervoroso pregava; e quantunque forte chiamato, con difficoltà poteva udire ciò che da lui si voleva, tanto era il diletto che provava in trattenersi con Dio. Questo tenor di vita col crescere degli anni divenne sempre più perfetto, e arrivò ad ottenere quel privilegio di non essere più distratto nelle sue orazioni. Anzi bisognava che si facesse grande violenza per cessare dalla preghiera. Con questo mezzo giunse a quel sublime grado di santità che si può quasi dire senza esempio.
Procuriamo anche noi di acquistare questo spirito di preghiera. In ogni nostro bisogno, nelle tribolazioni, nelle disgrazie, nell'intraprendere qualche azione difficile non tralasciamo mai di ricorrere a Dio [...]. Soprattutto ne' bisogni dell'anima ricorriamo a lui con fiducia, e saremo sicuri di essere esauditi. Preghiamo altresì il Signore che ci faccia conoscere in quale stato Egli voglia essere servito da noi, affinché possiamo spender bene quel tempo che egli pose in nostro potere, e da cui dipende la nostra eterna salvezza[164].

La prospettiva di Don Bosco sembra, nell'ultima parte della citazione, quella del *petite et accipietis*; l'educazione alla preghiera si arricchisce di quell'aspetto di semplice e fiduciosa confidenza particolarmente importante nella religiosità dei fanciulli e degli adolescenti.

Rimane il fatto, comunque, che anche questo giovane modello, costantemente presentato ai giovani e patrono della congregazione salesiana sino al 1947, si distingue per il suo spirito di preghiera e per le lunghe orazioni. «Dall'età di sette anni — scrive Don Bosco nella seconda edizione del 1854 — cominciò ad avere le sue ore determinate per l'orazione; e ne era così esatto osservatore, che in una febbre quartana di diciotto mesi, la quale avevalo molto indebolito, non omise mai l'orario stabilito»[165]. «Ebbe quasi dalla culla — nota più avanti — un sublimissimo dono d'orazione; lo Spirito fu il suo gran maestro. Un giorno il Cardinale Bellarmino, nel dettare gli esercizi spirituali in un collegio di Roma, quando dava a quegli alunni alcuni precetti per ben meditare, loro diceva sovente: «*Ho imparato questo dal nostro Lui-*

---

[164] G. BOSCO, *Il Giovane Provveduto*, 69. Nel 1846 la tipografia Speirani e Ferrero di Torino aveva pubblicato la prima edizione anonima che non ci è stato possibile reperire. Abbiamo riportato la versione del 1847 apparsa ne *Il Giovane Provveduto*.
[165] *Le sei domeniche e la novena in onore di San Luigi Gonzaga*, 10-11. L'opera risulta anonima fin dalla sua prima edizione del 1846, ma non ci sono dubbi sulla sua attribuzione a Don Bosco; le pagine qui riportate sono relative alla edizione del 1854.

gi»»¹⁶⁶. «Dopo lunghe preghiere — aveva raccontato Don Bosco in un *panegirico* di cui conserviamo l'autografo e che Don Lemoyne data intorno al 1844¹⁶⁷, descrivendo le difficoltà incontrate in famiglia in occasione della *elezione* dello stato di vita — digiuni, mortificazioni, finalmente fu esaudito nel modo seguente: un giorno fra gli altri dopo cinque ore di orazione si sentì internamente mosso di recarsi dal padre e tentare l'ultimo sperimento»¹⁶⁸.

3.3 *Vita del giovanetto Savio Domenico*

Il piccolo Domenico, nato a Riva di Chieri nel 1842, giunse all'oratorio di Valdocco all'età di dodici anni, nell'ottobre del 1854, in seguito ad un incontro con Don Bosco avvenuto alcune settimane prima. Vero apostolo tra i suoi compagni e trascinante modello di virtù, fondò all'oratorio la *Compagnia dell'Immacolata*, esercito di piccoli apostoli e prezioso strumento nella pedagogia spirituale di Don Bosco. Fu costretto a lasciare Valdocco a causa della salute cagionevole poco tempo prima della morte, avvenuta il 9 marzo del 1857¹⁶⁹. Don Bosco ne pubblicò la biografia per la prima volta nel 1859, a distanza di più di un anno e mezzo dalla morte.

La *Vita del giovanetto Savio Domenico allievo dell'Oratorio di S. Francesco di Sales*¹⁷⁰ rappresenta uno degli scritti più immediati e personali di Don Bosco¹⁷¹ e un importante documento che ci permette di mettere a fuoco la sua pedagogia spirituale. *Si ille, cur non ego?* affer-

---

¹⁶⁶ *Le sei domeniche e la novena in onore di San Luigi Gonzaga*, 15.
¹⁶⁷ Cf. MB XVI, 594.
¹⁶⁸ ACS A 225.07.07.
¹⁶⁹ Domenico Savio sarà beatificato e canonizzato da Pio XII rispettivamente nel 1950 e nel 1954.
¹⁷⁰ Nella seconda edizione, pubblicata l'anno successivo, l'autore apportò delle correzioni, in seguito anche ad alcune osservazioni fatte all'oratorio sugli avvenimenti narrati (cf. MB VI, 146-149) ed aggiunse un'appendice *sulle grazie ottenute per sua intercessione*. La terza edizione del 1861 ne fissò quasi definitivamente il testo, che rimase sostanzialmente invariato, salvo un paio di aggiunte e alcuni ritocchi stilistici, nelle successive edizioni del 1866, del 1878 e del 1880 (cf. A. CAVIGLIA, «La vita di Savio Domenico», XI-XII). In relazione al nostro tema, comunque, non si sottolineano significative varianti; citeremo qui pertanto soltanto la prima edizione del 1859.
¹⁷¹ Don Caviglia definisce questo libretto come «uno dei pochi libri di Don Bosco fatti senza libri». «Qui — chiarisce — non ci sono libri di mezzo; la fonte è egli stesso, lo scrittore, che i fatti ha veduto e sovente ispirati, e il programma è quel ch'egli vuole per dar corpo alla sua idea. Qui non c'è che Don Bosco, tutto e solamente Don Bosco» (A. CAVIGLIA, «La vita di Savio Domenico», XXII-XXIII).

ma l'autore, citando Agostino, nella prefazione; questa esortazione appare tanto più sorprendente in considerazione dei doni straordinari di cui era stato oggetto, secondo il suo stesso direttore spirituale, questo giovane modello di virtù.

Il ruolo della preghiera e dei sacramenti, la devozione al SS. Sacramento e alla Vergine, l'importanza del contatto fraterno e fiducioso con l'educatore e il confessore, una vita spirituale impegnata e gioiosa, l'apostolato personale tra i compagni, il ruolo benefico delle associazioni, il combattimento spirituale per la custodia della purezza, l'orizzonte costantemente presente di una buona morte: tutti i temi più caratteristici del sistema educativo di Don Bosco, della sua *pedagogia alla santità*, si trovano qui armonizzati non in un quadro di riferimento teorico o in un trattato di ascetica, bensì nei fatti correnti della vita di questo giovane «contemplati dal Maestro con amoroso stupore»[172].

Una pagina del Caviglia sottolinea la particolare importanza di questa biografia e la sua eccellenza rispetto alle altre:

> questa nostra supera ogni altra. Non già soltanto per l'eccellenza del soggetto (nel che sta in pari col Cafasso), ma principalmente e veramente per la più profonda ed intima relazione tra lo spirito dello scrittore e quello del suo figlio spirituale. È, a dirla con parola tecnica, una relazione di causalità: in quanto, come vengo dicendo, i fatti medesimi della storia biografica sono ispirati dall'idea e dallo spirito dell'Autore maestro, e la forma della santità, veduta e vissuta dal Santo educatore, è divenuta l'anima e la forma della santità vissuta dal discepolo. La Prefazione del libro ci fa pensare a questo, quando amorevolmente l'Autore si spiega, e quasi si scusa, del parlare ch'egli dovrà di sé quasi sempre. E da ciò credo possa spiegarsi quel tono dominante di tenerezza che vi si fonde con l'amoroso stupore onde continuamente è pervaso l'animo di Don Bosco nel contemplare i fatti, un per uno, di quella vita notoriamente meravigliosa. Come babbo e mamma, teneramente stupiti delle rivelazioni impensate che si vengono palesando nei loro bambini. Tanto lo commuove, che non può mai pensare né rileggere il suo libro senza lacrime[173]. È codesto indefinito senso di paternità affet-

---

[172] A. CAVIGLIA, «La vita di Savio Domenico», XXXVIII. Notiamo qui che oggetto delle nostre considerazioni non è, direttamente, l'esperienza spirituale del Savio, bensì proprio la rilettura che ne fa Don Bosco.

[173] Così testimoniò Don Francesco Cerruti, salesiano, al processo per la beatificazione del Savio: «Ricordo inoltre aver sentito da D. Trione che, trovandosi col Ven. D. Bosco ad Albano Laziale, mentre questi correggeva le bozze di una nuova edizione della vita del Servo di Dio D. Bosco gli disse: non posso mai pensare alla vita di Savio ed attendere alla correzione delle stampe senza piangere di commozione al pensiero di lui. So anche che il Ven. D. Bosco scrisse le vite di Luigi Comollo, Mago-

tuosa che rende così caro e così avvincente il libro a chiunque lo legga[174].

Non è nostro compito, in questa sede, studiare questo prezioso documento, certamente tra i più importanti per riconoscere l'esperienza apostolica e spirituale del fondatore dei Salesiani, oltre che il cammino spirituale del Savio. La nostra attenzione si fermerà, ancora una volta, soltanto su quelle considerazioni che riguardano più direttamente il nostro tema.

3.3.1 Orazione contemplativa

Tra le virtù di questo giovane emerge in modo del tutto particolare il *dono* dell'orazione. Don Bosco ha chiara coscienza di questo quando afferma: «Fra i doni, di cui Dio lo arricchì, era eminente quello del fervore nella preghiera. Il suo spirito era così abituato a conversare con Dio che in qualsiasi luogo, anche in mezzo ai più clamorosi trambusti, raccoglieva i suoi pensieri e con pii affetti sollevava il cuore a Dio»[175]. «Era per lui — afferma ancora l'autore — una vera delizia il poter passare qualche ora dinanzi a Gesù sacramentato»[176]

In particolare Don Bosco si mostra capace di riconoscere nella esperienza spirituale del Savio il dono della *orazione contemplativa*. Sottolinea Don Stella:

> Don Bosco mostra di essere attento a quanto palesa un distacco dalle creature, uno stato di perfezione, un assorbimento in Dio. Se pertanto non ci confida sue personali esperienze di «raccoglimento» e di stato unitivo e presenziale, se anche non ci dà una teoria sulla orazione unitiva e sulla contemplazione, nondimeno ci si dimostra disposto a spiegare come unione e come compresenza amorosa certi stadi di vita spirituale riscontrati in persone con le quali convisse[177].

---

ne Michele, Besucco Francesco; pure la lettura di queste vite in quelli stessi che conobbero Savio e conobbero gli altri seguenti non produceva quell'attraimento e quella particolarissima stima che si manifestava invece verso il Servo di Dio. E ciò perché nel Savio si riconosceva esservi dello straordinario negli altri semplicemente dei giovani buoni e virtuosi» (*Beatificationis et canonizationis Servi Dei Dominici Savio, Summarium super dubio*, 395-396). Gli atti dei processi canonici riportano parecchie volte, dopo le testimonianze relative ad ogni titolo, le pagine della biografia di Don Bosco, che spesso le confermano o le riassumono.

[174] A. CAVIGLIA, «La vita di Savio Domenico», XXIV.
[175] G. BOSCO, *Vita del giovanetto Savio Domenico*, 62.
[176] G. BOSCO, *Vita del giovanetto Savio Domenico*, 71.
[177] P. STELLA, *Don Bosco nella storia*, II, 478.

«Anche al di là della tematica eucaristica — continua però l'autore più avanti — ci si trova introdotti facilmente a quello dei doni di Dio, dei doni che sembrerebbero predisponenti alla contemplazione. E tuttavia questa non viene nominata»[178].

In realtà a noi sembra che questa *Vita del giovanetto Savio Domenico* non lasci adito ad alcun dubbio non soltanto sulla capacità del *maestro* di riconoscere nel *discepolo* i segni straordinari della *orazione mentale infusa o passiva*[179], bensì anche sulla sua precisa volontà di «chiamare le cose con il proprio nome» e di manifestare, senza alcuna ambiguità, la sua consapevolezza di essere di fronte a dei doni soprannaturali.

> Il suo apparecchio alla comunione — racconta ad esempio Don Bosco — era il più edificante. La sera che precedeva la comunione prima di coricarsi egli faceva una preghiera a questo scopo [...]. Al mattino poi faceva una sufficiente preparazione; ma il ringraziamento era senza limite. Per lo più, se non era chiamato, dimenticava la colazione, la ricreazione, e talvolta fino la scuola, standosi in orazione, o meglio in contemplazione della divina bontà che in modo ineffabile comunica agli uomini i tesori della sua infinita misericordia[180].

Un intero capitolo della biografia del Savio è dedicato a *Grazie speciali e fatti particolari*. Sottolineava Don Alberto Caviglia nel suo studio *Savio Domenico e Don Bosco* del 1942:

> è Don Bosco stesso che, con quel capitolo della Vita, ci dà la materia opportuna a ricostruire quella vita del soprannaturale nel suo piccolo Santo, così come tanta parte n'è già apparsa quando si è discorso del suo spirito di preghiera e degli atteggiamenti di quell'anima alla presenza di Dio. Quel che là fu commentato come realtà di vita psicologica, col pensiero di non trascendere ancora in ciò ch'è sopra natura (e fu cosa, come il lettore ha potuto vedere, non agevole del tutto, e qua e là pressoché impossibile): tutto quel discorso, dico, trova qui finalmente il suo termine d'arrivo vero e proprio, e ne riesce illuminato e compreso[181].

Nell'esordio del capitolo Don Bosco manifesta la sua consapevolezza del fatto che gli avvenimenti che si appresta a raccontare non sono

---

[178] P. STELLA, *Don Bosco nella storia*, II, 478.
[179] Cf. G. LERCARO, *Metodi di orazione mentale*, 4.
[180] G. BOSCO, *Vita del giovanetto Savio Domenico*, 70-71.
[181] A. CAVIGLIA, «Savio Domenico e Don Bosco», 394. Questo lungo studio del Caviglia (610 pagine) rappresenta l'unico approccio «sistematico», da noi conosciuto, alla biografia del Savio.

ordinari e «andranno soggetti a qualche critica», ma che sono in perfetta sintonia con la Sacra Scrittura e con la storia della spiritualità:

> Qui [...] io voglio esporre grazie speciali ed alcuni fatti non comuni, che forse andranno soggetti a qualche critica. Per la qual cosa io stimo bene di avvisare il lettore, che quanto ivi riferisco, ha piena somiglianza con fatti registrati nella Bibbia e nella vita dei santi; riferisco cose che ho vedute cogli occhi miei, assicuro che scrivo scrupolosamente la verità, rimettendomi però interamente ai riflessi del discreto lettore: eccone il racconto[182].

Inizia, quindi, il racconto di una lunga *estasi* del giovanetto:

> Avvenne più volte, che andando in Chiesa, specialmente nel giorno che Domenico faceva la santa comunione, oppure vi era esposto il santissimo Sacramento egli restava come rapito dai sensi, sicché lasciava passare tempo anche troppo lungo, se non era chiamato per compiere i suoi ordinari doveri. Accadde un giorno che mancò dalla colezione, dalla scuola, e dal medesimo pranzo, e niuno sapeva dove fosse; nello studio non c'era, a letto nemmeno. Riferita al Direttore tal cosa, gli nacque sospetto di quello che era realmente, che fosse in chiesa, siccome già altre volte era accaduto. Entra in chiesa, va in coro e lo vede là fermo come un sasso. Egli teneva un piede sull'altro, una mano appoggiata sul leggio dell'antifonario, l'altra sul petto con la faccia fissa e rivolta verso il tabernacolo. Non moveva palpebra. Lo chiama, nulla risponde. Lo scuote, e allora gli volge lo sguardo e dice: oh è già finita la messa? Vedi, soggiunse il Direttore mostrandogli l'orologio, sono le due[183]

Circa sette ore sono trascorse dal termine della celebrazione eucaristica; nessun ragionevole dubbio, pertanto, rimane sulla consapevolezza del biografo in relazione alla natura *mistica* del fenomeno descritto.

3.3.2 Locuzioni e visioni.

Sempre nel capitolo relativo alle *grazie speciali* e ai doni straordinari di cui era stato fatto oggetto il Savio, Don Bosco racconta ancora un episodio che può essere classificato come una *locuzione*:

> Un altro giorno terminato l'ordinario ringraziamento della messa io era per uscire dalla sacrestia, quando sento in coro una voce come di una persona che disputava. Vado a vedere e trovo il Savio che parlava e poi si arrestava, come chi dà campo alla risposta. Fra le altre cose intesi chiaramente queste

---

[182] G. BOSCO, *Vita del giovanetto Savio Domenico*, 94.
[183] G. BOSCO, *Vita del giovanetto Savio Domenico*, 94.

parole: Sì, mio Dio, ve l'ho già detto e ve lo dico di nuovo; io vi amo e vi voglio amare fino alla morte[184].

E poco più avanti il biografo aggiunge: «Gli ho talvolta dimandato che cosa facesse in quei suoi ritardi, ed egli con tutta semplicità rispondeva: povero me, mi salta una distrazione, e in quel momento perdo il filo delle mie preghiere, e parmi di vedere cose tanto belle, che le ore fuggono come un momento»[185].

La vita soprannaturale è certamente dono della Grazia. Essa richiede comunque la partecipazione attiva della creatura: la vita morale, la purezza di cuore, il *desiderio delle cose celesti*, l'abitudine costante di «pensare a Dio», rappresentano gli strumenti ordinari attraverso cui la natura e la Grazia cooperano. Questa consapevolezza si manifesta nel biografo quando afferma:

> L'innocenza della vita, l'amor verso Dio, il desiderio delle cose celesti avevano portato la mente di Domenico a tale stato che si poteva dire abitualmente assorto in Dio. Talvolta sospendeva la ricreazione, voltava altrove lo sguardo e si metteva a passeggiare da solo. Interrogato perché lasciasse così i compagni, rispondeva: mi assalgono le solite distrazioni, e mi pare che il paradiso mi si apra sopra il capo, ed io debbo allontanarmi dai compagni per non dir loro cose che forse essi metterebbero in ridicolo. Tal cosa gli succedeva nello studio, nell'andata e ritorno da scuola, e nella scuola medesima[186].

Le testimonianze della causa di beatificazione del Savio tornano spesso su questo particolare dono di orazione ed anche su tali manifestazioni *soprannaturali*[187]; non ci soffermeremo su questo perché la vita di questo giovanetto non è, direttamente, oggetto del nostro studio. Il nostro obiettivo, infatti, era quello di cogliere il «sentire», il giudizio di Don Bosco di fronte alla esperienza spirituale di questo giovane allievo. A questo proposito, ci sembra importante sottolineare che la stessa *innocenza di vita*, lo stesso *amore verso Dio*, lo stesso *desiderio di cose celesti* che, secondo il suo direttore spirituale, predispongono Domenico a questo stato di *abituale assorbimento in Dio*, caratteristico dell'esperienza contemplativa, sono state prerogative dell'esperienza religiosa dello stesso Don Bosco nel tempo della sua giovinezza.

---

[184] G. BOSCO, *Vita del giovanetto Savio Domenico*, 95.
[185] G. BOSCO, *Vita del giovanetto Savio Domenico*, 95.
[186] G. BOSCO, *Vita del giovanetto Savio Domenico*, 97.
[187] Cf. *Beatificationis et canonizationis Servi Dei Dominici Savio. Summarium super dubio*, 125. 128. 132. 149. 190. 194. 195.

È Don Alberto Caviglia, in particolare, a sottolineare la particolare *affinità* che lega questi due santi nel suo studio *Savio Domenico e Don Bosco*:

> Il che ci ritorna qui — leggiamo alla conclusione del suo lavoro — alla fine di questa, speriamo, non inutile disamina, che vorrebbe dirsi costruzione, della storia spirituale del «piccolo, anzi grande gigante dello spirito», ci ritorna a nostro assunto, quale siam venuti seguendo in tutto il nostro studio: di far vedere Don Bosco riflesso nel Savio, e in Savio Domenico, capolavoro dell'opera educativa di Don Bosco, l'impersonazione dello spirito di lui, e cioè della spiritualità salesiana [...].
> Non Don Bosco fece il Santo in Savio Domenico: ma questi si fece santo impersonando l'idea di santificazione che Don Bosco trasfuse in lui, e che forma la personalità di Don Bosco nella storia spirituale della Chiesa. Chi legge deve pensare e vedere che dessa santità, essendo pure individua e propria nella sua luce e nella sua figura, è l'impersonazione di quella concezione, che a Don Bosco ispirò Iddio, e visse nell'idea di lui per la salvezza della gioventù, e per la rinascita cristiana della società moderna.
> Savio Domenico e Don Bosco son due nomi inseparabili, come espressione congiunta di un unico fenomeno spirituale, che ha permeata di sé la società contemporanea, e che forma l'originalità storica e il piedistallo della gloria umana e cristiana del Santo educatore: il verbo dell'amore nella spiritualità dell'educazione e della vita vissuta[188].

3.4 Il «Cenno biografico sul giovanetto Magone Michele»

Il giovane Magone Michele (1845-1859) era giunto all'oratorio di San Francesco di Sales qualche mese dopo la morte del Savio.

Due anni dopo la sua prematura scomparsa Don Bosco ne pubblicò la biografia, che venne poi ampliata nel 1866 e riedita ancora nel 1880[189].

Il Magone, rappresenta uno dei «prodotti» più caratteristici della pedagogia spirituale di Don Bosco. Il racconto di Don Bosco lo presenta infatti come un coraggioso, simpatico monello conosciuto davanti alla stazione di Carmagnola che in quattordici mesi di vita oratoriana, grazie alle risorse spirituali di cui l'ambiente era ricco, giunse ad una vita esemplare e ad una morte santa.

È Don Bosco stesso, nella prefazione alla terza edizione, a sottolineare la differenza fondamentale tra questa figura di giovanetto e quella del Savio:

---

[188] A. CAVIGLIA, «Savio Domenico e Don Bosco», 589-590.
[189] Per queste ed altre notizie sulla piccola biografia si veda lo studio di A. CAVIGLIA, Il «Magone Michele».

> Nella vita di Savio Domenico voi osservate la virtù nata con lui, e coltivata fino all'eroismo in tutto il corso della vita sua mortale.
> In questa di Magone noi abbiamo un giovanetto che abbandonato a se stesso era in pericolo di cominciar a battere il tristo sentiero del male; ma che il Signore invitò a seguirlo. Ascoltò egli l'amorosa chiamata e costantemente corrispondendo alla grazia divina giunse a trarre in ammirazione quanti lo conobbero, palesandosi così quanto siano maravigliosi gli effetti della grazia di Dio verso di coloro che si adoperano per corrispondervi.
> Voi troverete qui parecchie azioni da ammirare, molte da imitare[190].

Anche questa piccola, amena biografia, al pari delle altre, ha chiari intenti pedagogici; essendo la storia di un piccolo «convertito» diviene una occasione, in particolare, per mettere in evidenza alcuni aspetti del sacramento della penitenza come la necessità della confidenza nel confessore o la gioia per il perdono ricevuto[191].

Interessante, anche dal nostro particolare punto di vista, la descrizione della notte che segue la prima confessione:

> È difficile, soleva dire, di esprimere gli affetti che occuparono il mio povero cuore in quella notte memoranda. La passai quasi interamente senza prendere sonno [...].
> Giunto poi alla metà del tempo stabilito pel riposo, io era così pieno di contentezza, di commozione e di affetti diversi, che per dare qualche sfogo all'animo mio mi alzai, mi posi ginocchioni, e dissi più volte queste parole: Oh quanto mai sono disgraziati quelli che cadono in peccato! ma quanto più sono infelici coloro che vivono nel peccato. Io credo che se costoro gustassero anche un solo momento la grande consolazione che provasi da chi si trova in grazia di Dio, tutti andrebbero a confessarsi per placare l'ira di Dio, dare tregua ai rimorsi della coscienza, e godere della pace del cuore[192].

Ma veniamo adesso a qualche tratto che riguarda più direttamente il nostro tema. Confessione, comunione frequente, gioia in cortile e orazione... senza limiti di tempo: questi ancora una volta gli ingredienti della santità di questo giovanetto: «Nella ricreazione egli sembrava un cavallo sbrigliato; in chiesa poi non trovava posto o modo che gli piacesse; ma poco per volta giunse a starvi con tale raccoglimento, che l'avreste messo a modello di qualunque fervoroso cristiano»[193]. E la

---

[190] G. BOSCO, *Cenno biografico sul giovanetto Magone Michele*, 4-5.
[191] Cf. G. BOSCO, *Cenno biografico sul giovanetto Magone Michele*, 24-29. Questo *Capo V* dal titolo *Una parola alla gioventù* è una vera e propria catechesi sul sacramento della penitenza, che prende lo spunto dall'esperienza del Magone.
[192] G. BOSCO, *Cenno biografico sul giovanetto Magone Michele*, 21-22.
[193] G. BOSCO, *Cenno biografico sul giovanetto Magone Michele*, 29.

seconda edizione del 1866 aggiunge a questo punto: «Fu talvolta veduto durarla quattro ed anche cinque ore raccolto, immobile e ginocchioni sul nudo pavimento per attendere l'opportunità di confessarsi»[194].

Anche per lui, come già abbiamo sottolineato per il Comollo e per il Savio, il ringraziamento dopo la comunione si prolunga in una intimità dove i *sensi esterni* sembrano essere sospesi:

> Dopo l'ordinario ringraziamento della Confessione e Comunione e dopo le sacre funzioni egli si fermava accanto all'altare del SS. Sacramento, o davanti a quello della Beata Vergine a fare speciali preghiere. Egli era talmente attento, raccolto e composto nella persona che pareva insensibile ad ogni cosa esterna. Talvolta i compagni uscendo di chiesa e passandogli vicino lo urtavano; spesso inciampavano nei suoi piedi ed anche glieli calpestavano. Ma egli come se nulla avvenisse proseguiva tranquillo la sua preghiera o meditazione[195].

Un'ultima citazione ce lo mostra ancora una volta mentre preferisce alla ricreazione e agli svaghi dei compagni il trattenersi dinanzi al SS. Sacramento.

> Un giorno i nostri giovani erano andati a divertirsi nella vicina boscaglia. Chi andava in cerca di funghi, altri di castagne, di noci; alcuni ammassavano foglie e simili cose, che per essi formavano il più gradito passatempo. Erano tutti attenti a ricrearsi quando Magone si allontana da' compagni e tacito tacito va a casa. Uno lo vede, e nel timore che avesse qualche male lo segue. Michele pensandosi di non essere veduto da alcuno entra in casa, non cerca persona, non fa parola con chicchessia, ma va direttamente in chiesa. Chi gli tien dietro giunge a trovarlo tutto solo ginocchioni accanto all'altare del SS. Sacramento che con invidiabile raccoglimento pregava[196].

3.5 *Vita del giovane Besucco Francesco*

A differenza di quella del Magone, l'esperienza spirituale di questo giovanetto, morto anche lui a quattordici anni dopo appena sei mesi di permanenza all'oratorio, ha le sue profonde radici nell'ambiente familiare. Questo giovane pastorello fu probabilmente vittima del suo stesso zelo e delle penitenze che si era imposto[197]; Don Bosco ne pubblicò in

---

[194] G. BOSCO, *Cenno biografico sul giovanetto Magone Michele*, 26.
[195] G. BOSCO, *Cenno biografico sul giovanetto Magone Michele*, 31.
[196] G. BOSCO, *Cenno biografico sul giovanetto Magone Michele*, 63.
[197] Le penitenze corporali erano proibite all'oratorio e Don Bosco vigilava perché nessuno, senza il suo consenso, si impegnasse in imprese impossibili. Ciononostante

due diverse tipografie la vita, appena pochi mesi dopo la sua morte avvenuta nel 1864[198], replicandola poi nel 1878 e nel 1886[199].

Così Don Braido sottolinea la differente prospettiva educativa che distingue la biografia di Besucco da quella di Magone:

> Come orientamento generale alla lettura [...] si può forse dire brevemente che, mentre la vita di Magone diventa spontaneamente celebrazione della pedagogia del cuore per «i più» tra i ragazzi, la biografia quasi sistematica del Besucco vuol essere soprattutto un documento riflesso del metodo di Don Bosco inteso come «pedagogia spirituale» nella quale il coefficiente o la componente religiosa, soprannaturale, cristiana, si pone come nucleo essenziale, l'alfa e l'omega. Non sono ignorati e sottovalutati, naturalmente, tutti gli altri aspetti, altrove rivendicati e mai rinnegati[200].

La ricchezza di elementi soprannaturali nella vita di questo fanciullo e una certa affinità spirituale, legata alla sua esperienza umana, potrebbero spiegare la sollecitudine con cui Don Bosco ne volle pubblicare la vita.

Un frammento dell'esperienza umana e spirituale del piccolo Francesco ci riporta alla vita del pastorello Giovanni Bosco:

> Il padre di Francesco per provvedere alla famiglia il necessario sostentamento prese la custodia del gregge comunale, al quale ufficio di quando in quando destinava eziandio il figliuolo specialmente nei giorni festivi, affinché gli altri fratelli potessero almeno in qualche festa intervenire alle

---

il Besucco, avendo segretamente rinunziato, in tempo invernale, a coprirsi durante la notte, si ammalò e rimase poi vittima di questa sua imprudenza.

[198] Le biografie del Savio e di Michele Magone ebbero invece una elaborazione più lenta. Quella di Magone fu pubblicata circa due anni dopo la sua morte.

[199] Nel 1864 la biografia venne pubblicata da due differenti editrici. Le varianti tra la seconda edizione del 1878 sono poche; la terza edizione è identica alla seconda. Anche per questa, come per le altre biografie, si pone il problema della fedeltà storica degli avvenimenti narrati. Don Bosco, nella prefazione, ci informa delle «fonti» utilizzate: «Taluno di voi potra chiedere a quali fonti io abbia attinte le notizie, per accertarvi che le cose ivi esposte siano realmente avvenute. Vi soddisferò con poche parole. Pel tempo che il giovane Besucco visse in patria, mi sono tenuto alla relazione trasmessami dal suo Paroco, dal suo maestro di scuola, e da' suoi parenti ed amici. Si può dire, che io non ho fatto altro, che ordinare e trascrivere le memorie a questo uopo inviatemi. Pel tempo che visse tra noi ho procurato di raccogliere accuratamente le cose avvenute in presenza di mille testimoni oculari; cose tutte scritte e firmate da testimoni degni di fede». In ogni caso ribadiamo che il problema storico è per noi secondario. Il nostro obiettivo è infatti quello di cogliere il pensiero dell'autore e il ruolo della preghiera nel modello di santità proposto ai suoi giovani.

[200] P. BRAIDO, «Due biografie», 178.

funzioni parrocchiali. L'ubbidiente Francesco accettava di buon grado quell'incarico dicendo: Se non posso in questo giorno intervenire alle sacre funzioni, procurerò di santificare la festa in qualche altro modo. Tu intanto, diceva al fratello, ricordati di me in chiesa. Giunta poi l'ora delle sacre funzioni, egli soleva condurre il gregge in luogo sicuro, quindi formata una croce su qualunque oggetto davanti a quella s'inginocchiava per farvi preghiera o lettura. Talvolta andava a nascondersi in un antro della montagna, dove prostrato innanzi a qualche sacra immagine, che sempre conservava in libro divoto, recitava le medesime preghiere, come se fosse realmente presente alle sacre funzioni; poscia faceva la Via Crucis. La sera cantava da solo il vespro, recitava la terza parte del rosario, ed era per lui grande festa, quando poteva trovar compagni, che lo ajutassero a lodare Iddio. In questi atteggiamenti fu dai medesimi compagni sorpreso ben sovente in preghiera e meditazione così fervorosi, che il suo sembiante pareva quello di un angelo. Se gli avveniva di trovar compagni indulgenti pregavali a dar d'occhio alle sue pecore, dicendo aver egli qualche cosa a fare, e così se ne allontanava per un certo tempo. Ma consci i compagni della sua consuetudine per lo più vi si prestavano volentieri[201].

3.5.1 Amore alla preghiera

La caratteristica più evidente in questo giovinetto è, fin dalla sua più tenera età, l'amore alla preghiera: «L'amore alla preghiera — ci racconta Don Bosco — sembrò nato con lui. Dall'età di soli tre anni, secondo le attestazioni dei genitori, dei fratelli e delle sorelle, non diede mai occasione di esserne invitato; ed egli stesso ne domandava l'insegnamento»[202]. Questa costante della sua vita informerà anche gli ultimi mesi vissuti all'oratorio. Racconta Don Bosco:

> Egli era così amante della preghiera, ed erasi cotanto ad essa abituato, che appena rimasto solo o disoccupato qualche momento si metteva subito a recitare qualche preghiera. Nel medesimo tempo di ricreazione non di rado si metteva a pregare, e come trasportato da moti involontarii talvolta scambiava i nomi dei trastulli con giaculatorie. Un giorno vedendo il suo superiore gli corse incontro per salutarlo col suo nome e gli disse: *O Santa Maria*. Altra volta volendo chiamare un compagno con cui si trastullava disse ad alta voce: *O Pater noster*. Queste cose mentre da una parte erano cagione di riso fra i compagni, dall'altra dimostravano quanto il suo cuore si dilettasse della preghiera, e quanto egli fosse padrone di raccogliere il suo spirito per elevarlo al Signore. La qual cosa, secondo i maestri di spirito se-

---

[201] G. BOSCO, *Il pastorello delle Alpi*, 43-44.
[202] G. BOSCO, *Il pastorello delle Alpi*, 11.

gna un grado di elevata perfezione che raramente si osserva nelle stesse persone di virtù consumata[203].

3.5.2 Tempo della preghiera e unione con Dio

Il tempo della preghiera è quello della ricreazione o delle quotidiane occupazioni, ma anche, evidentemente, quello delle ordinarie pratiche di pietà, della orazione vocale, delle lunghe adorazioni. Degli anni della fanciullezza di Francesco Don Bosco racconta: «Era suo costume non solo d'intervenire ogni giorno per le funzioni parrocchiali, ma bensì tutti i giorni faceva la visita al SS. Sacramento. Andava di poi a prostrarsi innanzi all'Altare consacrato a Maria SS. trattenendosi non di rado delle lunghe ore»[204].

Compare anche diverse volte, in questa biografia, l'attestazione esplicita di una sorta di *mistica unione*: «Il pensiero della presenza di Dio gli diventò così familiare negli ultimi anni di sua vita, che potevasi dire in continua unione con il medesimo»[205].

Queste decise affermazioni di Don Bosco mostrano ai lettori un chiaro obiettivo, un punto di arrivo nel cammino di perfezione cristiana: la *preghiera continua*. «Insomma — afferma esplicitamente al termine della biografia — se noi esaminiamo lo spirito di preghiera di questo giovanetto possiamo dire avere egli letteralmente eseguito il precetto del Salvatore, che comandò di pregare senza interruzione, imperciocché i giorni e le notti da lui erano passate in continua preghiera[206].

Questa unione con Dio ha come principale effetto la completa uniformazione alla sua volontà:

> Egli è a questo fuoco, che il nostro Francesco tanto s'infiammò d'amor di Dio a segno, che nulla altro più desiderava in questo mondo se non far la santa divina volontà. Io resto fuor di me, diceva, al considerare come al giorno della comunione mi senta tanto desiderio di pregare. Parmi di parlare col mio stesso Gesù. E ben poteva dirgli: *Loquere, Domine, quia audit servus tuus.* Il suo cuore era vuoto delle cose dei mondo, e Iddio lo riempiva delle sue grazie. Il giorno della Comunione era da lui passato unicamente in casa ed in Chiesa, ove invitava anche altri compagni a recarvisi la sera per compier bene quella solenne giornata[207].

---

[203] G. BOSCO, *Il pastorello delle Alpi*, 117-118.
[204] G. BOSCO, *Il pastorello delle Alpi*, 52.
[205] G. BOSCO, *Il pastorello delle Alpi*, 55.
[206] G. BOSCO, *Il pastorello delle Alpi*, 119.
[207] G. BOSCO, *Il pastorello delle Alpi*, 67.

3.5.3 La preghiera notturna

Rappresenta forse la caratteristica più tipica del Besucco, che distingue la sua esperienza spirituale da quella degli altri giovinetti. Ancora fanciullo si propone: «Se mi sveglio la notte seguito a pregare»[208].

La sera che precedeva ogni sua confessione Francesco «passava tutta (la) notte nel pregare o nell'esaminarsi per meglio disporsi, quantunque la sua vita fosse una continua preparazione. La mattina poi senza più parlare con alcuno recavasi in chiesa, ove col massimo raccoglimento preparavasi alla grande azione»[209].

Salutando il suo parroco, prima di partire per l'oratorio di Torino, si commuove profondamente. Per bocca di questo sacerdote Don Bosco racconta: «Incontrandomi per via in quel giorno tutto intenerito mi disse: Mi rincresce tanto di abbandonarla, ma la consolerò con darle buone notizie di me. Per la contentezza non poté chiuder occhio in quella notte, che passò in continua orazione ed unione con Dio»[210].

Attingendo dai suoi personali ricordi sul breve periodo trascorso da Francesco all'oratorio Don Bosco stesso ci dice:

> Mi è più di una volta accaduto di dovermi recare dopo cena in chiesa per qualche mio dovere, mentre appunto i giovanetti della casa facevano la più allegra ed animata ricreazione nel cortile. Non avendo tra mano il lume inceppai in cosa che sembravami sacco di frumento con rischio prossimo di cadere stramazzone. Ma quale non era la mia sorpresa, quando mi accorgeva aver urtato nel divoto Besucco, che in un nascondiglio dietro, ma vicino all'altare in mezzo alle tenebre della notte pregava l'amato Gesù a favorirlo de' celesti lumi per conoscere le verità, farsi ognor più buono, farsi Santo[211].

E più avanti:

> La sera, terminate in comune le preghiere, recavasi nel dormitorio, dove ponendosi ginocchione sopra l'incomodo dorso del suo baule fermavasi un quarto d'ora od anche mezz'ora a pregare. Ma avvisato che tal cosa recava disturbo ai compagni, che già erano in riposo, egli abbreviò il tempo e procurava di essere a letto contemporaneamente agli altri compagni. Tuttavia appena coricato egli giungeva le sue mani dinanzi al petto e pregava finché fosse preso dal sonno. Se gli accadeva di svegliarsi lungo la notte si mette-

---

[208] G. BOSCO, *Il pastorello delle Alpi*, 31.
[209] G. BOSCO, *Il pastorello delle Alpi*, 36.
[210] G. BOSCO, *Il pastorello delle Alpi*, 80.
[211] G. BOSCO, *Il pastorello delle Alpi*, 111-112.

va subito a pregare per le anime del purgatorio, e sentiva gran dispiacere quando sorpreso dal sonno doveva interrompere la preghiera. Mi rincresce tanto, diceva ad un amico, di non poter reggere un po' di tempo in letto senza dormire[212].

3.5.4 Rapimenti ed estasi

Anche nella vita del Besucco troviamo delle espressioni che ci riportano a quelli che, nella mistica classica, vengono definiti *rapimenti, estasi, sospensioni* dei sensi esterni: «Nella preghiera con piacere si tratteneva andando e venendo dalla campagna. Ben sovente accadde a me, e ad altri, dice il Parroco, d'incontrarlo per via tanto assorto nella preghiera che neppure accorgevasi di avere vicini»[213].

Così descrive Don Bosco il giorno della sua prima comunione e la sua «vita sacramentale»:

> Appena comunicato pareva estatico: cangiò di colore in faccia, il suo volto dimostrava la pienezza della gioia del suo cuore, e gli atti di amore verso Gesù in Sacramento fatti in tale occasione saranno stati proporzionati alla diligenza usata nel prepararsi a riceverlo.
>
> Da quel tempo accostavasi ogni mese al Sacramento della penitenza: alla Comunione poi si accostava quando dal confessore gli era permesso. Negli ultimi. anni egli stesso fecesi guida ai più giovani per aiutarli a prepararvisi, ed a fare il ringraziamento. Dopo la comunione col massimo raccoglimento ascoltava la s. Messa, non essendo neppur sollecito quella mattina di servirla per essere più raccolto. Durante la Messa tutto assorto in contemplare, come egli diceva, l'infinita degnazione di Gesù non leggeva nemmeno il solito libro di divozione, ma impiegava quel prezioso tempo, nascosto il capo tra le mani, in continui atti d'amore di Dio[214].

Non leggeva nemmeno il solito libro di devozione... Il riferimento ad una preghiera affettiva, mentale, silenziosa, intima e personale è qui più chiaramente espresso che altrove.

Frequenza ai sacramenti, innocenza di vita, orazione e raccoglimento, testimonianza tra i compagni: questi sono, ancora una volta nella rilettura che Don Bosco fa della vita di Francesco Besucco, gli «ingredienti» della santità giovanile.

---

[212] G. BOSCO, *Il pastorello delle Alpi*, 118.
[213] G. BOSCO, *Il pastorello delle Alpi*, 42.
[214] G. BOSCO, *Il pastorello delle Alpi*, 66-67.

3.6 La «Biographie du jeune Fleury Antoine Colle»

Un ultimo, brevissimo cenno abbiamo voluto farlo a questa biografia, tardiva e certamente meno rilevante, ma senz'altro coerente con le precedenti.

Unico figlio di una famiglia di nobili francesi, questo giovane conobbe Don Bosco durante il periodo della sua ultima malattia; morì infatti nel 1881 all'età di sedici anni. Don Bosco ne redasse in francese le memorie; queste furono corrette, nella forma letteraria, da Don de Barruel[215].

Scrive Don Bosco, prossimo all'eta di sessantasette anni: «Parmi les vertus dont notre bien-aimé Louis Colle nous a donné l'exemple, la première qui se présente à ma mémoire est *son grand amour pour le silence*»[216].

> Ils ne pouvaient se lasser d'admirer — dice Don Bosco più avanti — ce petit enfant, assis, à côté de sa mère, demeurant immobile, les mains jointes et les yeux fixés sur l'autel avec une indicible expression d'affection et de respect. Evidemment cette âme innocente, toute brillante encore des eaux de la régénération, tresaillait sous la touche harmonieuse de l'Esprit Divin; sa foi, naïve et forte, enflammait toutes ses puissances et les tenait conçentrées et ravies dans l'unité d'un pur regard d'amour; comme les Séraphins, elle contemplait des yeux du coeur le Dieu caché dont elle ne connaissait encore que la sainte présence et la souveraine bonté[217].

Don Bosco adopera in modo semplice ed essenziale, senza «sbavature», come già aveva fatto in altri momenti della sua vita, il linguaggio della mistica classica per descrivere l'esperienza spirituale di questo giovanetto. Raccontando di questo fanciullo la cui fede *infiammava tutte le potenze* e che *contemplava con gli occhi del cuore il Dio nascosto* egli ci mostra in fondo la sua «idoneità» a riconoscere queste elevazioni e, soprattutto, la sua chiara volontà di offrirle alla ammirazione e alla imitazione dei giovani lettori.

4. Conclusione: santità giovanile e santità salesiana

Questo quarto capitolo del nostro studio ci ha permesso di mettere in evidenza alcuni elementi della *spiritualità giovanile* che caratterizzano

---

[215] Cf. MB XV, 76.
[216] G. BOSCO, *Biographie du jeune Louis Fleury Antoine Colle*, 40.
[217] G. BOSCO, *Biographie du jeune Louis Fleury Antoine Colle*, 40.

il *modello di santità* proposto da Don Bosco ai giovani negli anni che preparano la vera e propria *fondazione* della Società di San Francesco di Sales.

La semplice lettura delle numerose e diffuse *biografie di giovanetti* e, in particolare, dei molti brani che in esse fanno riferimento ai *tempi* e ai *modi* della preghiera personale, ci permette di concludere che il ruolo dell'orazione silenziosa, della meditazione, del raccoglimento nel progetto di vita cristiana proposto ai giovani è senz'altro più rilevante di quanto si possa dedurre dalla sola lettura de *Il Giovane Provveduto*; manuale che rimane, comunque, di fondamentale importanza per la comprensione della *pietà giovanile salesiana* delle origini.

Le numerose riedizioni di queste biografie provano poi, come abbiamo già affermato, la sostanziale continuità di questo progetto lungo tutto l'arco di vita del fondatore.

Potremmo chiederci a questo punto: come mai, in uno studio dedicato alla ermeneutica del *ruolo della orazione mentale nel carisma di fondazione* così tante pagine sono state dedicate a questo periodo di *preparazione* e, in particolare, alla educazione dei giovani alla preghiera o a scritti non direttamente in relazione con la formazione alla vita religiosa?

Gli argomenti da portare ci sembra possano raccogliersi attorno a quattro considerazioni:

- lo studio di questo primo periodo dell'esperienza pastorale e apostolica di Don Bosco, in relazione alla educazione dei giovani alla preghiera, ci ha permesso, innanzi tutto, di mettere in evidenza la continuità e la coerenza con la formazione da lui stesso ricevuta in tutto l'arco della fanciullezza e nelle differenti esperienze educative a Chieri e, in particolare, al Convitto Ecclesiastico Diocesano di Torino. Sottolineiamo, tra l'altro, l'importanza data agli esercizi spirituali, alla devozione eucaristica, alla abitudine al costante pensiero di Dio;

- l'analisi attenta della proposta di vita spirituale che emerge da questi scritti di Don Bosco ci permette di riconoscere, poi, la stima che l'autore nutre nei confronti della preghiera personale, del silenzio, dei lunghi *intrattenimenti* e *colloqui*, e persino delle diverse manifestazioni dell'esperienza contemplativa;

- la medesima analisi lascia anche intravedere, indirettamente, alcuni tratti dell'esperienza spirituale di Don Bosco (in particolare nelle biografie del Comollo e del Savio) e ci permette di formulare alcune ragionevoli ipotesi sul ruolo della preghiera nel modello di santità verso cui egli stesso orientava le sue interiori risorse;

- sottolineiamo infine l'importanza di conoscere questo particolare *clima spirituale* nel quale si formò la prima generazione di salesiani, il cui ideale di vita cristiana è maturato dal contatto vivo e personale con questi giovani *modelli di santità* e dalla conoscenza vitale della *rilettura* che Don Bosco aveva fatto della loro breve esperienza umana.

Anche Michele Rua, primo successore di Don Bosco, Giovanni Cagliero, primo vescovo salesiano, Giovanni Bonetti Consigliere e Direttore Spirituale della congregazione, Celestino Durando, che fu anche lui, a partire dal 1865 e per quarant'anni, membro del Consiglio Superiore, insieme a Domenico Savio promettono solennemente, il giorno 8 del mese di giugno del 1856, «di voler imitare per quanto lo permetteranno le nostre forze Luigi Comollo»[218]. Ed anche Carlo Ghivarello, primo Segretario Generale e poi Economo Generale della congregazione, Francesco Cerruti, Consigliere Generale, e Giovanni Battista Francesia, Direttore Spirituale e Ispettore, che fanno parte del primo gruppo di giovani che dà vita, nel dicembre del 1859, alla *Società Salesiana*, sono stati compagni del Savio, di cui in quello stesso anno era stata pubblicata per la prima volta la vita; e tutti questi e molti altri ancora tra i primi salesiani hanno conosciuto Magone e Besucco e ne hanno certamente letto e riletto la vita. Lo stesso Don Giulio Barberis, più giovane di dieci anni rispetto a Michele Rua e primo maestro dei novizi della congregazione salesiana, giunto all'oratorio di Valdocco nel 1861, anno della pubblicazione della biografia di Michele Magone, sarà compagno ed estimatore di Francesco Besucco[219].

Il contenuto di questo capitolo, dunque, ricostruisce direttamente l'ambiente formativo del *primo gruppo di discepoli* e, dunque, della nascente congregazione. Don Bosco, infatti, proprio a partire da quel primo gruppo di giovani dà vita alla *Società di San Francesco di Sales*.

Ha osservato, a parer nostro molto acutamente, Don Alessio Barberis:

Veramente dal nulla D. Bosco formò la Società Salesiana e con intuizione geniale volle che le pietre fondamentali del suo Istituto fossero scelte fra quei giovanetti che venuti a Lui dopo i primi anni della puerizia, non avevano conosciuta, si può dire, altra famiglia all'infuori di quella dell'Orato-

---

[218] Cf. FDB 1868 E 2. Si tratta del verbale della promessa fatta nella *Compagnia dell'Immacolata*, di cui il chierico Michele Rua sarà il primo Presidente (cf. MB V, 483). Rua ha già diciannove anni, Cagliero e Bonetti diciotto, Durando sedici, mentre il Savio soltanto quattordici.
[219] Cf. A. BARBERIS, *Don Giulio Barberis*, 18.

rio. Costoro Egli aveva potuto formare interamente secondo il suo spirito, a sua immagine e somiglianza. Fatto nuovo, se non erro, nella Storia delle fondazioni delle Congregazioni, che cioè non con elementi adulti e formati, ma quasi esclusivamente con ragazzi educati essi stessi dal Fondatore, sorgesse la nuova Istituzione. Era provvidenzialmente certo che tali giovanetti, divenuti Sacerdoti e Religiosi, non avrebbero avuto, non avrebbero potuto avere, altre vedute che quelle del loro Padre, avrebbero riposto in Lui fiducia assoluta, e meglio avrebbero potuto così tramandarne ai posteri inalterato lo spirito[220].

Al prossimo capitolo affidiamo allora il compito di farci penetrare nel cuore di questa *esperienza fondante*, e più immediatamente nel periodo che va dalla stesura della prima bozza di costituzioni alla approvazione definitiva delle stesse.

---

[220] A. BARBERIS, *Don Giulio Barberis*, 26.

CAPITOLO V

Don Bosco fondatore e autore spirituale

1. Fondatore

Il periodo sul quale desideriamo fermare adesso la nostra attenzione abbraccia l'arco di circa sedici anni che va dal 1858, anno a cui risale probabilmente il primo manoscritto delle costituzioni in nostro possesso, sino al 1874, anno della definitiva approvazione delle costituzioni della *Società di San Francesco di Sales,* avvenuta dopo un lungo, laborioso *iter.*

Si tratta, per Don Bosco, degli anni della maturità, anni nei quali prende gradualmente corpo il progetto della fondazione, in un dialogo fecondo ma non sempre facile con quanti, nella comunità ecclesiale, avevano la responsabilità di accogliere, discernere e confermare il suo carisma di fondatore.

Sono i tempi in cui il seme attecchisce e la tenera pianta inizia a mettere le sue radici, gli anni del processo di istituzionalizzazione e delle prime espansioni oltre i confini della città di Torino e del Piemonte, gli anni nei quali, pur tra innumerevoli difficoltà, i sogni iniziano a vestirsi di concretezza. È anche il periodo più fecondo della sua produzione letteraria[1] e quelli in cui si pongono le basi della nuova fondazione a favore della gioventù femminile, la congregazione delle Figlie di Maria

---

[1] L'attività letteraria di Don Bosco, iniziata sulla scia dell'impegno per l'apostolato della buona stampa, che costituiva uno dei capisaldi del progetto formativo del Convitto Ecclesiastico di Torino, conosce in questi anni il suo periodo più fecondo. Considerando soltanto le prime edizioni e tralasciando gli opuscoli di poche pagine o i documenti ufficiali possiamo contare circa cinquantacinque titoli, contro i trenta del periodo precedente (1844-1857) e i dodici del successivo (1875-1888). Il calcolo è stato fatto a partire da S. GIANOTTI, ed., *Bibliografia generale*, 11-49.

Ausiliatrice, le cui costituzioni riceveranno poi la approvazione diocesana nel 1876[2].

Quando e come nacque in lui la consapevolezza della sua vocazione di fondatore? E inoltre: quali sviluppi subì il *modello* di vita religiosa che Don Bosco propose ai suoi, lungo l'arco della sua esistenza? La questione, ancora oggi, rimane aperta.

Scriveva Don Pietro Braido nel 1988:

> Si ritiene ancora largamente aperto alla ricerca l'intero problema della genesi e dello sviluppo in lui della comprensione dello stato religioso, dell'intuizione della sua vocazione a fondatore, degli sviluppi della coscienza, della cultura, della competenza nell'ambito specifico, dell'evoluzione quanto alle strutture mentali e operative che lo caratterizzano nelle varie fasi dell'ideazione, della regolamentazione, dell'organizzazione e del consolidamento soprattutto della Società di S. Francesco di Sales[3].

La «comprensione dello stato religioso» e il progetto di vita contenuto nelle costituzioni, come vedremo, subirà delle evoluzioni: alcuni mutamenti saranno frutto del dialogo con l'ambiente civile e religioso del suo tempo, altri si renderanno necessari al fine dell'approvazione canonica della Società; altre modifiche, probabilmente, scaturiranno dalla volontà di Don Bosco di far conoscere con una certa gradualità un progetto di fondazione, che sarebbe apparso eccessivamente esigente ai primi giovanissimi collaboratori.

Di questa iniziale prudenza nella presentazione delle esigenze dello stato religioso, ispirata al rispetto dei ritmi evolutivi del giovane organismo, fu consapevole, in un secondo tempo, lo stesso primo gruppo di discepoli. Molto significativa, a questo proposito, è una pagina di Don Lemoyne scritta intorno al 1904 ma relativa ai primi anni del 1850:

> Don Bosco intanto non perdeva di mira la Congregazione che doveva fondare. Sovente, e ciò per molti anni, trovandosi in mezzo ad un crocchio dei suoi giovani o dei chierici, scherzando al solito, finiva col sedersi in terra con le gambe incrociate e con gli alunni intorno a lui egualmente seduti. Egli teneva allora in mano il suo bianco fazzoletto e formatane come una palla la faceva saltare da una mano all'altra. I giovani silenziosi osserva-

---

[2] Per un primo approccio alla figura di Don Bosco come fondatore dell'Istituto delle Figlie di Maria Ausiliatrice si possono accostare i due seguenti contributi: M.E. POSADA, «L'Istituto delle Figlie di Maria Ausiliatrice», 217-229; A. DELEIDI, «Don Bosco e Maria Domenica Mazzarello», 205-216. I medesimi contenuti sono reperibili anche nei due contributi delle stesse autrici in M. MIDALI, ed., *Don Bosco fondatore*.

[3] P. BRAIDO, *Don Bosco per i giovani*, 81.

no quel gioco ed: — Oh! esclamava ad un tratto; se potessi avere con me dodici giovani dei quali io fossi padrone di disporre come dispongo di questo fazzoletto, vorrei spargere il nome di N. S. Gesù Cristo non solo in tutta l'Europa, ma al di là, fuori de' suoi confini, nelle terre lontane lontane. [...]

Nello stesso tempo D. Bosco cercava nelle prediche, nelle conferenze e nei discorsi d'insinuare l'amore per una vita tutta consacrata a Dio e alla salute delle anime. Talora parlava ai giovani del vantaggio della vita comune, del non dover pensare all'avvenire, del non aver fastidii nel procurarsi il necessario alla vita, della bontà della Provvidenza che non abbandona mai i suoi servi. Ragionava però sempre indirettamente non facendo allusione alla vita religiosa. Descriveva eziandio qualche tratto glorioso dei santi che avevano consacrato a Dio i loro giorni nei conventi; ma da un lato poetico e attraente, in modo che si comprendesse la perfezione di quello stato, e senza che per nulla sembrasse raccomandarlo[4].

Per quanto riguarda le ipotesi fatte sulla genesi dell'idea della fondazione, le interpretazioni variano da una lettura psicologica, che sembra non lasciare alcuno spazio al soprannaturale[5], alla lettura «edificante» di alcuni dei primi biografi che sottolineano, enfatizzandoli, gli elementi soprannaturali, i sogni, gli avvertimenti divini; tra questi due estremi crediamo sia possibile tentare una lettura storico-critica, che recuperi, integrandoli armonicamente, elementi naturali e soprannaturali, per

---

[4] MB IV, 424-425.
[5] Tale ci appare la prospettiva dello storico Don Francis Desramaut nel contributo «Don Bosco fondatore» in M. MIDALI, ed., *Don Bosco fondatore*, 113-145. Scrive ad esempio l'autore a pag. 114: «Ogni fondatore è un attore. Innova nella storia della chiesa con la creazione — riuscita oppure senza avvenire — di una società religiosa che prima di lui non esisteva. Ma tale attore è prima di tutto un uomo con una natura e una storia personale particolari che, del resto, lasciano la loro impronta nella nuova fondazione. Mi pare probabile che l'assenza del padre e la presenza concomitante di un fratellastro tirannico nella famiglia Bosco favorirono la costituzione di questa immensa famiglia sostitutiva per ragazzi che si chiama società salesiana». All'assenza del padre lo storico francese attribuisce molte altre cose ancora, come ad esempio la continua ricerca di un direttore spirituale o lo stesso atteggiamento di fedeltà al papa (cf. F. DESRAMAUT, *Don Bosco en son temps*, 15. 1072). In realtà una simile analisi, a parer nostro, può rischiare di apparire superficiale se non tiene conto della complessità dell'universo motivante di Don Bosco; restando nell'ambito della psicologia sperimentale, poi, la «assenza del padre» non determina *necessariamente* delle carenze nello sviluppo psicoaffettivo (cf. G. DACQUINO, *La psicologia di Don Bosco*, 28). La personalità di Don Bosco, ad esempio, non manifesta alcuna *insicurezza* nella decisione o *fragilità* nella sfera della volontà; fenomeni caratteristici della psicologia dinamica legati a certe carenze affettive e, in particolare, alla mancanza di una figura paterna.

giungere a delle ipotesi coerenti con quanto conosciamo del modo di agire di Dio nella storia della salvezza e, in particolare, nella vita di altri santi fondatori.

Non vi è dubbio, comunque, che al termine della sua vita Don Bosco fu soggettivamente convinto che alcuni segni straordinari avevano tracciato l'intero cammino della sua esistenza. Scrisse egli stesso, all'inizio delle *Memorie dell'Oratorio* a proposito del noto *sogno dei nove anni*:

> non mi fu mai possibile di togliermi quel sogno dalla mente. Le cose che esporrò in appresso daranno a ciò qualche significato. Io ho sempre taciuto ogni cosa; i miei parenti non ne fecero caso. Ma quando, nel 1858, andai a Roma per trattar col Papa della congregazione salesiana, egli si fece minutamente raccontare tutte le cose che avessero anche solo apparenza di soprannaturale. Raccontai allora per la prima volta il sogno fatto in età di nove in dieci anni. Il Papa mi comandò di scriverlo nel suo senso letterale, minuto e lasciarlo per incoraggiamento ai figli della congregazione, che formava lo scopo di quella gita a Roma[6].

La medesima convinzione anima questo racconto di Don Lemoyne che, indipendentemente dalla sua rigorosa *fedeltà* alla storia, esprime in ogni caso il modo di sentire della prima generazione di salesiani:

> Venne all'Oratorio e vi si trattenne qualche giorno D. Serafino Allievi, uomo dotto, e pieno di zelo sacerdotale, vero apostolo della gioventù, che in Milano operava un gran bene, dirigendo quell'Oratorio di S. Luigi. D. Bosco, che era stato suo ospite nel 1850, lo accolse con molte feste e una sera lo fece parlare a tutti i giovani dopo le orazioni. D. Allievi aveva il progetto di fondare una casa per i fanciulli bisognosi di ricovero; e per custodirli ed educarli dare principio ad una Congregazione Religiosa. Perciò chiese il consiglio di D. Bosco, il quale, conoscendo le gravi difficoltà di simili imprese, gli domandò se in qualche modo avesse per sé, per sua sicurezza, qualche fatto o qualche invito soprannaturale, che lo accertasse del volere di Dio. D. Allievi gli rispose che no; e allora D. Bosco lo dissuase da simile tentativo, e lo incoraggiò a continuare indefessamente l'opera sua primitiva. D. Allievi gli fu grato dell'avviso; fece però qualche prova per tradurre le sue idee in atto, ma non approdò a gran cosa [...].
> Ma D. Bosco, che aveva per sé le promesse divine, non trascurava un istante perché i suoi alunni di queste si rendessero degni[7].

«A suo tempo tutto comprenderai», gli avrebbe detto la «donna di maestoso aspetto» del *sogno dei nove anni*[8]; e al termine della sua vita

---

[6] MO 37.
[7] MB VII, 48-49.

CAP. V: DON BOSCO FONDATORE E AUTORE

Don Bosco nutriva ormai un chiaro convincimento che la Provvidenza avesse guidato la sua storia personale e quella della congregazione[9].

Non ci è dato di sapere in quale momento della sua vita la percezione di questa particolare *vocazione* iniziò a farsi luce in modo riflesso; quello di cui siamo certi, comunque, è che fin dall'inizio Don Bosco cercò di far convergere attorno alla sua opera le energie di laici ed ecclesiastici[10] e che sentì presto il bisogno di affidare a dei *regolamenti* la vita dell'oratorio, differenziando e valorizzando i compiti di ciascuno[11]; fatti questi che probabilmente preludono all'idea di una società religiosa votata all'apostolato attivo tra i giovani.

Ma quale può essere considerato il primo vero «indizio» di un progetto di congregazione religiosa?

---

[8] Cf. MO 34-37.

[9] Il 16 maggio del 1887, giorno successivo alla consacrazione della Basilica del Sacro Cuore a Roma, Don Bosco celebrò l'eucarestia all'altare dell'Ausiliatrice, assistito dal suo segretario di allora, Don Carlo Viglietti. Durante la celebrazione si commosse più volte, interrompendosi. Il fatto, narrato da Don Eugenio Ceria nel diciottesimo volume delle *Memorie Biografiche* (alle pagine 340-341) è ricordato ancora oggi da una piccola lapide sulla sinistra dell'altare. «Chi non avrebbe desiderato saper quale fosse stata la causa di tanta emozione? — racconta Don Ceria — Don Viglietti, quando lo vide ritornato nella sua calma abituale, glielo domandò. Rispose: – Avevo dinanzi agli occhi viva la scena di quando sui dieci anni sognai della Congregazione. Vedevo proprio e udivo la mamma e i fratelli questionare sul sogno [...] Allora la Madonna gli aveva detto: – A suo tempo tutto comprenderai. Trascorsi ormai da quel giorno sessantadue anni di fatiche, di sacrifizi, di lotte, ecco che un lampo improvviso gli aveva rivelato nell'erezione della chiesa del Sacro Cuore a Roma il coronamento della missione adombratagli misteriosamente sull'esordire della vita. Dai Becchi di Castelnuovo alla Sede del Vicario di Gesù Cristo com'era stato lungo e arduo il cammino! Sentì in quel punto che l'opera sua personale volgeva al termine, benedisse con le lacrime agli occhi la divina Provvidenza e levò lo sguardo fiducioso al soggiorno dell'eterna pace in seno a Dio». Al medesimo avvenimento Don Desramaut, nella sua recente biografia di Don Bosco, dedica due righe; i fatti vengono anche qui interpretati (vana pretesa sarebbe quella di raccontarli in modo assolutamente neutro, oggettivo) ma in chiave del tutto differente: «Le 16 mai — racconta — il célébra sans éclat la messe dans le nouveau temple à l'autel de Marie auxiliatrice avec une émotion très compréhensible. Il pleurait en se remémorant son enfance paysanne. Puis il rentra à Turin avec ses deux prêtres» (F. DESRAMAUT, *Don Bosco en son temps*, 1324-1325).

[10] Ramon Alberdi nota che nessuno di quei primi collaboratori, comunque, professerà poi nella Società di San Francesco di Sales (cf. R. ALBERDI, «Don Bosco fondatore dei salesiani», 159).

[11] Il primo piano di regolamento riportato dalle *Memorie Biografiche* viene fatto risalire da Don Lemoyne al 1853 (cf. MB IV, 735-755).

Una testimonianza scritta di Don Michele Rua, che era andato a vivere all'oratorio nel 1852 all'età di quindici anni, ricevendo poco tempo dopo la vestizione chiericale[12], fa risalire al 1854 un impegno che contiene già le premesse di una consacrazione in vista di un *esercizio pratico di carità*. Racconta Don Rua:

> La sera del 26 gennaio 1854 ci radunammo, nella stanza del Sig. D. Bosco: esso D. Bosco, Rocchietti, Artiglia, Cagliero e Rua; e ci venne proposto di fare coll'aiuto del Signore e di S. Francesco di Sales una prova di esercizio pratico della carità verso il prossimo, per venire poi ad una promessa; e quindi, se sarà possibile e conveniente di farne un voto al Signore. Da tale sera fu posto il nome di Salesiani a coloro che si proposero e si proporranno tale esercizio[13].

In quel medesimo anno fece il suo ingresso all'oratorio il sacerdote Vittorio Alasonatti[14], che sarà poi il primo *Prefetto Generale*[15] della nascente congregazione; l'anno successivo, secondo il racconto delle *Memorie Biografiche*, il chierico Rua e Don Alasonatti emisero privatamente i loro voti annuali, seguiti, nel 1856, da Giovanni Battista Francesia, un altro dei giovani cresciuti all'oratorio di San Francesco di Sales[16].

È ancora Don Lemoyne a sottolineare la prudenza di Don Bosco e, nel medesimo tempo, la consapevolezza del suo progetto nell'accogliere la prima professione del chierico Rua:

---

[12] Cf. P. STELLA, *Don Bosco nella storia economica*, 538.

[13] FDB 1989 C 10. Si tratta di una nota autografa scritta, probabilmente, dopo la morte di Don Bosco (cf. F. DESRAMAUT, *Don Bosco en son temps*, 390). Di questi quattro giovani soltanto Rua e Cagliero rimasero poi *salesiani*.

[14] Il sacerdote Vittorio Alasonatti (1812-1865) era stato ordinato a Torino nel 1835. Antico allievo del Convitto Ecclesiastico di Torino, fu l'unico del *primo gruppo di discepoli* a superare in età il fondatore. Fino alla sua morte si occupò della amministrazione dell'oratorio (cf. E. VALENTINI - A. RODINÒ, *Dizionario biografico dei salesiani*, 11-12).

[15] Si tratta di una carica che compendiava, in pratica, quella di Vicario Generale e di Economo.

[16] Giovanni Battista Francesia (1838-1930) sarà, a partire dal 1865, direttore spirituale della congregazione. Umanista e letterato (circa una settantina le sue pubblicazioni) sarà ispettore dal 1878 al 1902 in due province, quella Veneta (sino al 1895) e quella Piemontese-Lombarda. Passò gli ultimi quarant'anni della sua vita, dopo la morte di Don Bosco, nella casa madre di Valdocco, testimone entusiasta dei primordi dell'opera salesiana (cf. E. VALENTINI - A. RODINÒ, *Dizionario biografico dei salesiani*, 128-130).

CAP. V: DON BOSCO FONDATORE E AUTORE

Nel fiorire di tante virtù nell'Oratorio — scrive nelle *Memorie Biografiche* — D. Bosco vedeva la mano della Vergine benedetta che le coltivava, sentiva l'efficacia della sua materna protezione, mentre egli da parte sua cercava di corrisponderle col più ardente impegno. Ecco il movente ed il segreto da cui fu indotto alla prima prova di quello che fu poi la più grande sua opera, l'inizio cioè di quella Pia Società, alla quale aveva sempre rivolti i suoi desiderii. A questo fine dopo aver parlato lungamente in conferenze, ad alcuni suoi chierici più fidi, delle tre virtù che sono oggetto di voto in Religione, invitò il Ch. Rua, che allora percorreva il secondo corso di filosofia, ad emettere questi voti per un anno. Nulla però disse del suo gran disegno. Il buon chierico acconsentì, persuaso che si trattasse solamente di abitare con D. Bosco, e di aiutarlo con maggior efficacia nell'Opera degli Oratorii colla pratica di quelle virtù[17].

Sul quando e sul come si sia realmente sviluppata, in modo riflesso, la «coscienza di fondatore», come abbiamo già detto, è possibile soltanto fare delle ipotesi. In genere si tende a spostare più in avanti di qualche anno almeno l'idea della *istituzionalizzazione*. Un colloquio con il ministro Rattazzi nel 1857, in particolare, avrebbe fatto intuire a Don Bosco la necessità di dare continuità alla sua opera e la particolare forma giuridica da dare alla nuova congregazione, al fine di evitare i provvedimenti del governo e ogni eventuale incameramento dei beni ecclesiastici[18]; un viaggio a Roma del 1858 e le udienze a lui concesse dal Papa Pio IX tra il 9 marzo e il 6 aprile di quell'anno avrebbero infine contribuito a porre le «basi» della nuova *Società*.

Ha scritto il salesiano Don Ramón Alberdi:

Quando intraprese il viaggio per Roma nel febbraio 1858, don Bosco si era proposto di trattare con il santo Padre della possibile fondazione di un istituto religioso propriamente detto, ma pensava di farlo solo a voce. Giunto nella capitale, per avere un orientamento concreto, fece visita al suo amico, il cardinale domenicano Gaude[19]. Questi gli consigliò di non presentarsi al

---

[17] MB V, 213.

[18] Di questo colloquio possediamo una relazione redatta dallo stesso Don Bosco e riportata da Don Bonetti in *Cinque lustri di storia dell'Oratorio S. Francesco di Sales*, pubblicato nel 1887. Rattazzi, allora ministro dell'interno del governo sardo, avrebbe suggerito a Don Bosco di fondare una *società* di liberi cittadini con scopo di beneficenza; questo avrebbe permesso ad ogni membro di conservare i diritti civili di fronte alle pretese di qualsiasi stato liberale. Ricordiamo infatti che una legge del 29 maggio 1855 aveva decretato la soppressione di tutte le congregazioni religiose e l'incameramento dei loro beni (cf. P. STELLA, *Don Bosco nella storia*, I, 129-138).

[19] Il Cardinale Francesco Gaude (1809-1860) domenicano era stato Provinciale di Lombardia e Procuratore Generale dell'Ordine.

Papa senza un progetto scritto. Don Bosco allora, richiamando alla memoria quanto si faceva nella casa dell'oratorio, elaborò un «breve piano di congregazione religiosa» in cui entrarono sia elementi riguardanti un abbozzo di regole o costituzioni che i futuri salesiani cominciavano a praticare, sia norme tratte dagli antichi regolamenti della vita oratoriana[20].

Più volte, nel difficile dialogo con le autorità ecclesiastiche che porterà alla definitiva approvazione delle costituzioni, Don Bosco farà riferimento a queste udienze del 1858, per sottolineare il fatto che era stato lo stesso pontefice a tracciare le basi di quella *novella società*. Nel *Cenno istorico sulla congregazione di S. Francesco di Sales e relativi schiarimenti*, documento preparato in vista della definitiva approvazione del 1874, egli stesso racconterà:

> Questo incomparabile Pontefice mi accolse nel modo più benevolo; mi fece minutamente esporre i primordi di questa istituzione, e ciò che mi aveva mosso a cominciarla, che si faceva e come si faceva. Di poi soggiunse: Mio caro, avete messo molte cose in movimento; ma voi siete uomo e se Dio vi chiamasse, dove ogni uomo deve andare, queste vostre imprese dove andranno a finire?
>
> Beatissimo Padre, risposi, è questo lo scopo della mia venuta a' Vostri Piedi, è questo il soggetto della lettera del mio Arcivescovo. Supplicare V. S. a volermi dare le basi di una Istituzione che sia compatibile nei tempi e nei luoghi, in cui viviamo.
>
> — L'impresa non è tanto difficile. Si tratta di vivere nel mondo senza essere conosciuti dal mondo. Se però in quest'opera avvi il volere di Dio, esso ci illuminerà. Andate, pregate, e dopo alcuni giorni ritornate e vi dirò il mio pensiero.
>
> Passata una settimana, ritornai dal S. Padre, che in vedendomi tosto prese a parlare così: Il vostro progetto può procacciare assai bene alla povera gioventù. Una Associazione, una Società, o Congregazione religiosa sembra necessaria in mezzo a questi tempi luttuosi. Essa deve fondarsi sopra queste basi: Una società di voti semplici, perché senza voti non vi sarebbero gli opportuni legami tra soci e tra superiori ed inferiori.
>
> La foggia di vestire, le pratiche di pietà non la facciano segnalare in mezzo al secolo. Le regole siano miti e di facile osservanza. Si studi il modo che ogni membro in faccia alla Chiesa sia un religioso e nella civile società sia un libero cittadino. — Forse sarebbe meglio chiamarla Società anzi che Congregazione; perché sotto a questo nome esisterebbe meno osservata. Procurate di adattare le vostre regole sopra questi principii, e compiuto il lavoro datelo al Cardinal Gaudi; esso a suo tempo me ne parlerà.

---

[20] R. ALBERDI, «Don Bosco fondatore dei salesiani», 167.

CAP. V: DON BOSCO FONDATORE E AUTORE

Appoggiato sopra le basi suggerite dal S. Padre, avutane speciale benedizione, ho tosto dato mano ad uniformare le costituzioni scritte e da parecchi anni praticate in Torino con quello che mi era stato proposto.

Il Cardinale Gaudi lesse tutto con molta bontà; e facendo io tesoro de' savi di lui riflessi e consigli, avuta di nuovo la benedizione e l'incoraggiamento del S. Padre ritornai a Torino in seno alla famiglia di Valdocco[21].

Il manoscritto più antico che possediamo delle costituzioni viene datato proprio intorno al 1858, con argomenti di critica interna; lo scrivente è Don Rua, allora ventunenne, compagno di Don Bosco durante il viaggio di quell'anno a Roma[22]. «Gli individui che presentemente professano queste regole — vi si dice — sono quindici cioè: sacerdoti N. 5, chierici 8, laici 2»[23].

Torneremo a parlare di queste prime *costituzioni* o *regole*[24] soprattutto in relazione alle *pratiche di pietà* e, in particolare, alla *meditazione* e considereremo anche, in relazione a questo tema, l'evoluzione di questo primo testo sino alla sua approvazione definitiva.

Fermiamoci adesso a dare uno sguardo ai principali avvenimenti[25], direttamente o indirettamente connessi con il nostro studio, della vita di Don Bosco e della nascente congregazione nel periodo che va dal 1858 al 1874, anno della definitiva approvazione delle regole; questo ci permetterà, ancora una volta, di collocare meglio e di valorizzare alcune delle considerazioni che seguiranno.

---

[21] P. BRAIDO, *Don Bosco per i giovani*, 119-120. Scrive Don Alberdi: «Difficilmente si potrà conoscere con precisione il contenuto esatto delle udienze concesse da Pio IX a don Bosco il 9 marzo e il 6 aprile del 1858. Perché non vi fu altro interlocutore al di fuori di don Bosco stesso, il quale fu sempre molto interessato nel dimostrare a tutti che la paternità della sua congregazione religiosa passava necessariamente attraverso il Papa Pio IX, come lo ricordò più di una volta a sua santità: "Hujus operis tu fuisti suasor et impulsor"» (R. ALBERDI, «Don Bosco fondatore dei salesiani», 168). In ogni caso, comunque, Pio IX era ancora vivente e regnante quando Don Bosco presentò questa memoria alla Congregazione dei Vescovi e Regolari; non ci sembra, dunque, che il suo contenuto sostanziale si possa ragionevolmente mettere in discussione.

[22] Il manoscritto è conservato all'Archivio Centrale Salesiano nella cartella A 022. Sulla datazione di tale manoscritto si vedano le osservazioni di Don Francesco Motto in G. BOSCO, *Costituzioni della Società [1858]-1875*, 23.

[23] G. BOSCO, *Costituzioni della Società [1858]-1875*, 70.

[24] I due termini, nel periodo storico da noi considerato, sono da considerare sinonimi.

[25] Ci serviremo, in particolare, oltre che dei testi di Stella e Desramaut, più volte citati, anche delle *Tavole Sinottiche: il tempo di Don Bosco* allegate a DpF, *Sussidi*, I, e dei capitoli VIII e X di M. WIRTH, *Don Bosco e i salesiani*, 94-104; 116-126.

2. Uno sguardo ai principali avvenimenti

La sera del 18 dicembre 1859, in seguito ad una proposta fatta dallo stesso Don Bosco alcuni giorni prima, diciassette volontari si riunirono nella sua camera per dar vita ad una *società o congregazione*; lo testimonia un processo verbale che porta le firme dei partecipanti. Oltre a Don Bosco, soltanto Vittorio Alasonatti era già sacerdote. Fatta esclusione dei due, l'età media di questo primo gruppo è inferiore a ventun anni; non mancano anche i giovanissimi: Francesco Cerruti ha 15 anni, Luigi Chiapale 16, Antonio Rovetto 17[26].

La piccola assemblea elesse anche un *capitolo*: unitamente a Don Bosco e a Don Alasonatti, designato come *prefetto*, vi faranno parte Michele Rua (22 anni) con l'incarico di *direttore spirituale*, Angelo Savio (24 anni) come *economo*, Giovanni Cagliero, Giovanni Bonetti e Carlo Ghivarello (rispettivamente di 21, 21 e 24 anni) come *consiglieri*.

In quello stesso anno era stata pubblicata la vita di Domenico Savio, era stato completato il ginnasio all'oratorio, istituita la *Compagnia di San Giuseppe* per gli artigiani.

L'anno successivo un avvenimento doloroso fu celebrato solennemente nella piccola chiesa dell'oratorio, dedicata a S. Francesco di Sales. Il 23 giugno moriva infatti improvvisamente, all'età di quarantanove anni, Don Giuseppe Cafasso, direttore spirituale e confessore di Don Bosco. Una perquisizione della polizia, fatta due settimane prima al Convitto Ecclesiastico, di cui il Cafasso era allora Rettore, lo aveva scosso profondamente, aggravandone le già instabili condizioni di salute.

Il Convitto, da cui era uscito da più di quindici anni, era rimasto per Don Bosco un costante punto di riferimento; il Cafasso gli aveva conservato anche una stanza dove, in tutti quegli anni, il fondatore dei salesiani aveva continuato a ritirarsi quasi quotidianamente per attendere allo studio e alla sua attività di scrittore, con l'ausilio anche della biblioteca del Convitto[27].

Anche dopo la morte del Cafasso, a cui succedette il canonico Eugenio Galletti, e sino al termine del periodo che stiamo considerando, Don Bosco continuò a frequentare il Convitto, che poi sarà chiuso nel 1878 dall'Arcivescovo di Torino Mons. Gastaldi, e, come abbiamo visto, il

---

[26] Cf. P. STELLA, *Don Bosco nella storia economica*, 295-296. Di questi tre giovani soltanto il primo morirà salesiano. Don Francesco Cerruti (1844-1917) sarà anche dal 1885 membro del Consiglio Generale.

[27] Cf. G. COLOMBERO, *Vita del servo di Dio D. Giuseppe Cafasso*, 196.

CAP. V: DON BOSCO FONDATORE E AUTORE

Santuario di Sant'Ignazio sopra Lanzo. Per la sua confessione ebdomadaria scelse infatti di affidarsi al teologo Felice Golzio, poi successore del Galletti a partire dal 1864. Del Golzio egli stesso scrisse poi nelle *Memorie dell'Oratorio*:

> Una miniera d'oro nascondevasi nel sacerdote torinese T. Golzio Felice, egli pure convittore. Nella sua vita modesta fece poco rumore; ma col suo lavoro indefesso, colla sua umiltà, e colla sua scienza era un vero appoggio o meglio un braccio forte del Guala e del Caffasso. Le carceri, gli ospedali, i pulpiti, gli istituti di beneficenza, gli ammalati a domicilio; le città, i paesi e possiamo dire i palazzi dei grandi ed i tuguri dei poveri provarono i salutari effetti dello zelo di questi tre luminari del Clero Torinese[28].

In quel medesimo anno, il 1860, un testo delle costituzioni venne inviato all'arcivescovo di Torino Mons. Luigi Fransoni, in esilio a Lione; il testo portava a tergo ventisei firme autografe di altrettanti *congregati*, compresa quella di Don Bosco.

La risposta di Mons. Fransoni espresse la sua soddisfazione per il testo sottopostogli e la sua buona disposizione nei confronti di una rapida approvazione, che giungerà invece, come abbiamo già detto, soltanto quattordici anni più tardi. Nel frattempo, il 29 luglio del 1860, veniva ordinato presbitero il chierico Michele Rua.

A quello stesso anno risale anche il primo tentativo di espansione dell'opera salesiana; cinque salesiani, un presbitero e quattro chierici, furono infatti inviati, su richiesta dell'arcivescovo, come animatori del piccolo seminario di Giaveno, di cui era divenuto rettore il canonico Giovanni Grissino[29]; questa collaborazione, però, avrà termine nel corso del successivo anno scolastico, anche a causa della morte dell'arcivescovo, avvenuta il 26 marzo del 1862. Don Bosco perdeva così uno dei più entusiasti sostenitori della sua opera.

La sera del 14 maggio 1862, emisero pubblicamente i voti triennali i primi ventidue salesiani. Nel riceverne i voti Don Bosco dichiarò di averli fatti anche lui dinanzi al crocifisso «per tutta la mia vita, offrendomi in sacrificio al Signore, pronto ad ogni cosa, affine di procurare la sua maggior gloria e la salute delle anime»[30].

Nel 1863 l'opera salesiana conobbe la sua prima vera espansione al di fuori della città di Torino. Su invito del parroco di Mirabello, paese

---
[28] MO 119.
[29] Cf. F. DESRAMAUT, *Don Bosco en son temps*, 610-611.
[30] E. CERIA, *Annali*, III, 2; cf. MB VII, 163.

della diocesi di Casale Monferrato ad un centinaio di chilometri da Torino, che desiderava avere un collegio nell'ambito della sua parrocchia, Don Bosco, accettata la donazione di un terreno e, ultimati i lavori di costruzione, inviò nell'autunno del 1863 Don Michele Rua per dare inizio alla nuova opera, specialmente rivolta ai ragazzi che aspiravano allo stato ecclesiastico; nel 1870 questo *piccolo seminario* sarà poi trasferito a Borgo San Martino. Nell'anno successivo, il 1864, si aprirà anche una nuova opera a Lanzo, a quaranta chilometri da Torino, poco distante dal santuario di Sant'Ignazio. Primo direttore di quest'opera sarà il sacerdote Domenico Ruffino di 24 anni che aveva fatto parte del primo gruppo di salesiani che, il 14 maggio di due anni prima, avevano pronunziato i primi voti nella Società; morirà l'anno successivo e gli succederà Giovan Battista Lemoyne, più grande di lui di poco più di un anno.

Il 23 luglio del 1864 il primo importante passo era stato fatto verso il consolidamento giuridico della nuova istituzione. Il *Decretum laudis* sanciva infatti il vero inizio dell'approvazione della *Società*, nominando Don Bosco come Rettor Maggiore a vita e permettendo le professioni perpetue, che iniziarono ad essere pronunciate già a partire dall'anno successivo. Il decreto, comunque, secondo la prassi del tempo, differiva la approvazione delle costituzioni, al cui testo la Congregazione dei Vescovi e dei Regolari si era riservato di fare alcune *animadversiones*.

Le obiezioni più rilevanti riguardavano la facoltà richiesta di ammettere agli ordini, la posizione dei cosiddetti *membri esterni*, alcune facoltà concesse al superiore generale, come quella di sciogliere dai voti perpetui o di obbligare «sotto colpa mortale»[31]; una della *animadversiones*, come vedremo, riguarderà anche la preghiera.

Il 1866 è segnato da un'altra importante tappa nella crescita del giovane organismo. In una casa donata a Don Bosco all'inizio di quell'anno, sita nel comune di Trofarello a pochi chilometri a sud-est di Torino, si svolgono, al termine dell'estate, i primi due corsi di esercizi spirituali «autogestiti»; sino a questa data i salesiani avevano fatto i loro esercizi insieme ai giovani dell'oratorio. Molti altri, prima del 1866, avevano accompagnato poi Don Bosco nei suoi ritiri a Sant'Ignazio sopra Lanzo; tra questi molti dei primi «pilastri» della nuova congregazione, come Rua, Cagliero, Angelo Savio, Francesia e altri[32].

---

[31] Cf. G. BOSCO, *Costituzioni della Società [1858]-1875*, 230.
[32] Cf. MB V, 66. 302. 511. 713; VI, 696. 990.

Nel 1868 viene consacrato a Valdocco il grande tempio di Maria Ausiliatrice, i cui lavori erano iniziati cinque anni prima; arcivescovo consacrante era Mons. Alessandro Ottaviano dei Conti Riccardi di Netro, successore di Mons. Franzoni.

L'anno successivo giunse dalla Santa Sede il decreto di approvazione della *Società di S. Francesco di Sales*, che rinviava comunque, ancora una volta, la approvazione delle costituzioni; tra le altre cose, venne concesso a Don Bosco la facoltà di ammettere agli ordini giovani che fossero entrati come alunni in una casa salesiana prima dei quattordici anni. Quello stesso anno venne anche aperta la nuova fondazione di Cherasco, nella diocesi di Alba; l'opera comprendeva una parrocchia, una scuola per esterni, l'internato con classi elementari e secondarie[33].

Gli anni settanta sono segnati dalla espansione della congregazioni al di fuori del Piemonte. Nel 1870 si apre infatti l'opera di Alassio; poi è la volta di quelle di Varazze, di Marassi, di Sampierdarena (l'anno successivo), sempre in Liguria; quest'ultima fondazione è probabilmente la più vicina, per struttura e destinatari, alla casa madre di Valdocco. Il suo primo direttore sarà Don Paolo Albera, che il 14 maggio del 1862 aveva pronunziato, all'età di quasi diciassette anni, i suoi voti triennali insieme al primo gruppo di salesiani, e che diventerà poi il secondo successore di Don Bosco.

L'anno successivo, dopo molte esitazioni e su proposta del nuovo arcivescovo di Torino, Mons. Lorenzo Gastaldi, venne accettata la direzione del collegio di Valsalice; quello stesso anno, il cinque di agosto, avevano emesso la loro prima professione a Mornese le prime cinque Figlie di Maria Ausiliatrice.

Nel 1873 muore il Teologo Felice Golzio, confessore di Don Bosco; l'anno successivo, per l'ultima volta, Don Bosco farà i suoi esercizi a Sant'Ignazio.

Il 3 aprile del 1874 giunge la attesa, definitiva approvazione delle costituzioni. Alle *animadversiones* del 1864 si sono aggiunte molte altre *osservazioni* della Congregazione dei Vescovi e dei Regolari, che hanno contribuito a rifondere il testo delle costituzioni, nonostante la «strenua difesa» del fondatore su alcuni punti, da lui ritenuti in stretta relazione con l'identità carismatica della nuova istituzione[34].

---

[33] M. WIRTH, *Don Bosco e i salesiani*, 132.

[34] Sulla questione del *noviziato*, su quella dei *membri esterni* e su quella degli *esercizi spirituali* torneremo a dire qualcosa perché interessano direttamente o indirettamente il nostro studio. Per una conoscenza delle principali difficoltà del fondatore di

Scrive Don Ramón Alberdi:

Nonostante gli sforzi diplomatici e letterari di don Bosco — suppliche, insistenze, spiegazioni, giustificazioni —, nonostante il suo indiscutibile prestigio in molti ambienti romani e nonostante l'amicizia che lo univa a Pio IX e al cardinale segretario di Stato, Antonelli, la menzionata Congregazione — formata dai cardinali Patrizi, De Lucca, Bizzarri e Martinelli — imboccò la via sbrigativa dei fatti compiuti, depennando, inserendo e cambiando parecchi punti dell'articolato delle costituzioni.

In questa operazione si attenne ai principi della tradizione: centralizzazione ecclesiastica, forza vincolante dei voti benché semplici, indipendenza dai poteri civili, pedagogia della sperimentazione, libertà di coscienza [...].

Vennero così ritoccati soprattutto gli articoli riguardanti i temi sopra ricordati, come i diritti civili, il voto di povertà, la dispensa dai voti, la gestione dei seminari, le pratiche di pietà, l'istituzione del noviziato, l'organizzazione degli studi. Sicché gli orientamenti che, per un motivo e per un altro, don Bosco manifestava per la duttilità, l'applicazione del principio di sussidiarietà, i rapporti con la realtà civile e secolare [...] scomparvero del tutto o risultarono molto diluiti[35].

Ciononostante la soddisfazione di Don Bosco fu grande. Il 16 marzo di quell'anno aveva spedito da Roma una circolare, istituendo tre giornate di digiuno in corrispondenza della data in cui era prevista la decisione della commissione e chiedendo che «tutti i soci salesiani passino il tempo loro possibile avanti al Santissimo Sacramento»[36]. E il giorno successivo al decreto di approvazione a Don Rua scrive: «Le nostre costituzioni furono definitivamente approvate colle facoltà delle dimissorie senza eccezione. Quando saprai tutto dirai che fu veramente frutto della preghiera»[37].

3. Autore spirituale

Abbiamo già accennato al fatto che gli anni della piena maturità, rappresentano per Don Bosco anche anni di feconda produzione letteraria.

---

fronte alle obiezioni dei consultori si vedano le *Osservazioni sulle costituzioni della Società di S. Francesco di Sales e loro applicazione* in G. BOSCO, *Costituzioni della Società [1858]-1875*, 245-247.

[35] R. ALBERDI, «Don Bosco fondatore dei salesiani», 191-192.
[36] G. BOSCO, *Epistolario*, [CERIA], II, 366.
[37] G. BOSCO, *Epistolario*, [CERIA], II, 376.

L'impegno di Don Bosco, in questa direzione, che trae certamente origine anche dalla formazione ricevuta al Convitto Ecclesiastico Diocesano di Torino, è duplice: oltre che autore, infatti, Don Bosco è anche editore e propagatore di *buona stampa*[38].

Tra le sue opere, oltre a manuali di preghiera e di istruzione religiosa e a racconti agiografici, troviamo anche scritti ameni o teatrali, opere scolastiche, in particolare di storia, scritti apologetici e dottrinali, scritti e resoconti sulla storia della congregazione[39].

Due elementi o costanti ci sembrano accomunare tutta la sua produzione letteraria. Il primo è la *centralità della religione*, cioè la motivazione unica che fa da sottofondo ad ogni suo scritto di «adoperarsi con tutti quei mezzi che suggerirà la carità industriosa affinché o colla voce o cogli scritti si ponga un argine all'empietà e all'eresia»[40]; Don Bosco non scrive mosso da intenti letterari o artistici, ma soltanto per diffondere il messaggio della Chiesa in ogni ambiente sociale. La seconda costante, che può essere in qualche modo considerata una conseguenza della prima, ci sembra essere lo sforzo continuo di conservare uno stile

---

[38] Fin dal 1848 Don Bosco aveva dato vita ad un giornale dal titolo *L'amico della gioventù. Giornale politico-religioso*, che cessò di esistere l'anno successivo. Dal 1853 Don Bosco si fece entusiasta promotore delle *Letture cattoliche*, una collana di volumi «tascabili», che pubblicava agiografie, libretti di istruzione morale, racconti e piccoli trattati apologetici di carattere divulgativo e popolare. Distribuite per abbonamenti, insieme ad una sorta di *almanacco* annuale, dal titolo *Il Galantuomo*, furono stampate, a partire dal 1862, nella tipografia dell'oratorio. La diffusione di queste pubblicazioni fu notevole. Stando ad alcune note tipografiche dell'allora editore Paravia, nell'anno 1859 furono stampati 82500 volumi; gli abbonati, assicura Don Lemoyne, saranno, a partire dal 1860, più di diecimila e dal 1870 in poi tra dodici e quattordicimila (cf. MB IV, 534). Queste e molte altre notizie sulle *Letture cattoliche* sono contenute in P. STELLA, *Don Bosco nella storia economica*, 351-368.

[39] Non sono molte, tutt'oggi, le edizioni critiche delle sue opere. In alcuni casi si pongono anche problemi di autenticità. Don Desramaut nel suo *Don Bosco en son temps* distingue in tre gruppi le opere edite: 1. le pubblicazioni firmate o riconosciute da Don Bosco; 2. quelle pubblicate anonime presentate e, almeno, controllate e revisionate da Don Bosco; 3. quelle, infine, pubblicate anonime, di origine non perfettamente stabilita, ma spesso attribuite a Don Bosco (cfr. F. DESRAMAUT, *Don Bosco en son temps*, 1369 ss). Per questa classificazione egli si serve anche di due studi bibliografici: il primo è quello che si trova nell'opera di P. RICALDONE, *Don Bosco educatore*, II, 631-650; il secondo è quello di P. STELLA, *Gli scritti a stampa di S. Giovanni Bosco*. Eviteremo, salvo riferimento in nota, l'utilizzo di questo terzo gruppo di opere.

[40] La citazione è tratta dal primo manoscritto delle costituzioni (cf. G. BOSCO, *Costituzioni della Società [1858]-1875*, 78).

immediato e popolare, scelta a cui sacrifica ogni pretesa culturale o stilistica[41].

Ci chiediamo a questo punto: Don Bosco può essere considerato un *autore spirituale?* In particolare, è possibile far emergere dai suoi scritti una «intenzione speculativa», o ritrovare almeno in alcuni di essi il rigore o la originale sistemazione del teologo? Esiste, poi, nella sua produzione letteraria, qualcosa che assomigli ad un trattato sulla preghiera o sull'orazione mentale?

Diciamo subito che Don Bosco non può essere considerato, nella accezione moderna del termine, un teologo o un autore di trattati di teologia spirituale. I suoi scritti, molti dei quali di natura compilativa, non presentano il rigore di una trattazione sistematica. Scriveva, alcuni anni or sono, Don Raffaele Farina:

> In genere si può dire che Don Bosco per temperamento sarebbe stato forse incapace di scrivere una trattazione sistematica non importa su quale argomento; ogni volta che ha tentato di farlo si è trovato in difficoltà e non ha cessato in seguito di procedere a ritocchi, a miglioramenti, a cambiamenti. Tutti i suoi scritti (come le sue realizzazioni concrete) manifestano lo stesso timbro: un andare avanti a tappe [...], un continuo modificarsi sotto la spinta di svariati influssi che oggi non è sempre facile individuare. Una delle cause fu certo la sua reazione e risposta pronta ad esigenze immediate, di ogni giorno[42].

Analoga l'opinione che Don Joseph Aubry esprime nella introduzione ad una antologia di scritti spirituali del fondatore. L'autore ci riporta anche alle oggettive difficoltà con cui si imbatte ogni tentativo di conoscere direttamente l'esperienza spirituale del santo:

---

[41] Sono frequenti, nelle pagine delle *Memorie Biografiche*, i cenni a questo criterio di immediatezza e semplicità scelto da Don Bosco come prioritario nella stesura dei suoi lavori; l'aneddoto più noto è quello raccontato nel secondo volume (alla pagina 270) secondo cui Don Bosco avrebbe fatto «correggere» i suoi scritti dal portiere del *Rifugio* della marchesa Barolo, dove lui stesso aveva prestato servizio come direttore spirituale poco dopo la sua ordinazione, al fine di evitare ogni parola o espressione di difficile comprensione. Egli stesso rivedeva, a questo scopo, gli scritti dei suoi primi discepoli. A Don Giulio Barberis, ad esempio, avrebbe consigliato: «Sempre periodi corti; in luogo di un sol periodo lungo, ogni volta che si può, farne due o tre. Il verbo alla fine è da lasciarsi ad altri scrittori; noi che tendiamo all'assoluta popolarità, abbandoneremo sempre quel vezzo. Avviene ancora spesso che sotto varie forme e con diverse parole non si faccia che ripetere uno stesso pensiero: questo è modo da scrittorelli. Espresso un pensiero, rapidamente si passa ad un altro» (MB XIII, 401).

[42] R. FARINA, «Gli scritti di Don Bosco», 355.

Egli non ha scritto nulla che possa paragonarsi al *Trattato dell'amor di Dio* e neppure alla *Introduzione alla vita devota*. E ancor meno corriamo il rischio di incontrare nei suoi scritti pagine analoghe a quelle del *Racconto d'un pellegrino* o della *Storia di un'anima*. Don Bosco non ha nulla del teologo speculativo, ed è alieno all'introspezione spirituale.

Intelligenza estremamente viva, Don Bosco resta un contadino piemontese, più sensibile all'esperienza che alle idee [...]. *Il luogo per eccellenza della sua dottrina è la sua propria vita, è la sua stessa esperienza spirituale, estremamente ricca*, quella di uno dei più grandi carismatici della Chiesa. Ma anche qui, purtroppo, non siamo guari ben serviti. Della sua vita più profonda, quasi nulla egli ha rivelato. E questo, sia per il suo temperamento (egli esperimenta, senza la preoccupazione, in seguito, di analizzare) sia per virtù di una naturale riservatezza (egli teme di sviare l'attenzione sullo strumento a danno di Colui che l'adopera), e fors'anche per mancanza di mezzi d'interpretazione e di espressione (la letteratura mistica non gli è molto familiare, e non si sente affatto disposto ad aumentarla)[43].

Quest'ultima affermazione, già alla luce di quanto abbiamo sin qui cercato di dire, non ci sembra del tutto condivisibile. Se è vero, infatti, che Don Bosco non ha mai scritto un trattato di mistica (come, peraltro, non ha mai scritto neanche un vero e proprio trattato di pedagogia)[44], è anche vero che egli, come dice efficacemente Don Caviglia, «insegna con i fatti a produrne altri»[45] e che non ha certamente evitato, in alcune delle biografie da lui scritte, di fare riferimento a fatti straordinari o a fenomeni mistici; tutto questo in sintonia con un certo recupero di alcuni temi caratteristici della mistica classica, che iniziava nella seconda metà dell'ottocento. Scrive Padre Eulogio Pacho, che, nel suo *Storia della Spiritualità moderna*, annovera Don Bosco tra i «grandi maestri spirituali» e tra «le più grandi figure mistiche» del secolo XIX[46]:

Come è ben noto, il giansenismo e il quietismo portarono ad un grande discredito della mistica; per vie diverse, talvolta contrapposte, crearono un

---

[43] J. AUBRY, ed., *Giovanni Bosco. Scritti spirituali*, I, 19-20.

[44] La sua particolare «teoria» pedagogica emerge, oltre che dalla sua prassi, dalle poche pagine del cosiddetto *Trattatello* (dal titolo «Il sistema preventivo nella educazione della gioventù» in *Regolamento per le case di S. Francesco di Sales*, 3-13).

[45] A. CAVIGLIA, ed., *Opere e scritti editi e inediti di Don Bosco*, IV, XXXIX.

[46] E. PACHO, *Storia della spiritualità moderna*, 315. Oltre a Don Bosco Padre Pacho, carmelitano e docente di Storia della Spiritualità, elenca tra i mistici di questo secolo Caterina Emmerich (1774-1824), Jacob Liberman (1804-1852), Ven. P. Colin (1790-1875), B. P. Eymard (1811-1868), Caterina Labouré (1796-1876), S. Antonio Maria Claret (1807-1870), Emmanuele D'Alzon (1810-1880), B. Elena Guerra (1835-1914), Bernardette Soubirous, S. Teresa di Lisieux (1873-1897).

ambiente ostile e di sfiducia verso ogni forma di manifestazione di sapore mistico. Per quasi due secoli perdurò una certa prevenzione contro qualsiasi fenomenologia spirituale considerata straordinaria. D'altra parte il razionalismo o illuminismo cercò di screditare tali manifestazioni quali sintomi di fanatismo, credulità o superstizione. Per motivi tanto diversi, il clima religioso lungo i secoli XVIII e XIX appare diffidente verso la spiritualità mistica [...].

Ad ogni modo, la «restaurazione» religiosa della prima parte dell'Ottocento preparò il terreno per la «rinascita della mistica» come preoccupazione pastorale e dottrinale. Al momento della sua decisiva affermazione convergono diversi fattori; tra i più importanti notiamo [...] certi fatti o fenomeni meravigliosi o straordinari che, diffondendosi per tutta la Chiesa, crearono un ambiente nuovo caratterizzato da una grande devozione e ammirazione per le manifestazioni mistiche o misteriose[47].

Rimane comunque il fatto che l'ottocento europeo non ha conosciuto figure di grandi mistici, paragonabili a quelli del *secolo d'oro*, a San Giovanni della Croce o a Teresa d'Avila. Così si esprime in proposito Don Pietro Stella:

L'Ottocento religioso in Piemonte non può appoggiarsi ad esperienze mistiche contemporanee e nemmeno riesce a radicarsi in una teologia dogmatica rinnovata, come quella di Moehler, di Scheeben o di Newman. Il retroterra teologico e spirituale dell'Ottocento subalpino è ancora la letteratura dei secoli anteriori. La spiritualità si protende ancora nel passato per alimentarsi nel Granata, nel Rodríguez, in Ludovico da Ponte, in Bossuet, in Francesco di Sales, in S. Alfonso, nella Bibbia tradotta e commentata dal Martini, nel Catechismo di mons. Casati e in quanto di più recente viene importato dalla vicina Francia. La produzione spirituale piemontese nell'Ottocento è abbastanza povera, se la si considera a sé e prescindendo dai tempi[48].

Di grande interesse sarebbe, per la esposizione del nostro tema, un'indagine attenta sugli autori che hanno maggiormente influito sull'esperienza spirituale e sugli scritti di Don Bosco[49].

Don Bosco utilizza spesso delle *fonti* che non si preoccupa di citare, visto il carattere per lo più «divulgativo» e popolare dei suoi scritti. Egli stesso, nella prefazione a *Il Cattolico Provveduto* invoca il «beni-

---

[47] E. PACHO, *Storia della spiritualità moderna*, 308-309.
[48] P. STELLA, *Don Bosco nella storia*, II, 505.
[49] Un'attenta ricostruzione delle fonti utilizzate da Don Bosco rappresenta un impegno di grosse proporzioni vista la vastità della produzione letteraria del santo. Un tentativo di sintesi si trova in F. DESRAMAUT, *Don Bosco e la vita spirituale*, 33-40.

gno compatimento» del lettore, definendosi null'altro che un «povero compilatore che ti augura ogni celeste benedizione e si raccomanda alla carità delle valide tue preghiere»[50]. Altri testi, al contrario, hanno il carattere dell'immediatezza; tra questi sono certamente da annoverare le biografie di giovanetti, che abbiamo già presentato.

In ogni caso, comunque, il carattere compilativo di alcuni scritti, nella particolare prospettiva del nostro studio, non ne diminuisce il valore spirituale. Il fatto che Don Bosco faccia ricorso ad un altro autore, pur senza citarlo, può pregiudicare la originalità dello scritto, ma non la convinzione del santo circa il contenuto della citazione; in ogni caso, cioè, quel testo finisce con l'esprimere, per noi, il pensiero di Don Bosco, soprattutto quando non c'è alcuna «dissonanza» con la globalità della sua esperienza spirituale e con il resto della sua produzione letteraria. Quest'ultima considerazione ci consentirà anche di utilizzare in qualche caso, con una certa tranquillità alcuni testi attribuiti a lui ma affidati, nella redazione finale, a qualcuno dei suoi discepoli; testi che, in ogni caso, risultano spesso presentati, revisionati e firmati dallo stesso Don Bosco. Essi possono infatti contribuire a ricostruire il «clima» spirituale degli anni dell'Oratorio ed il «sentire» del santo e dei suoi più stretti collaboratori e quindi aiutarci a far luce sul carisma del fondatore. Scrive Don Stella:

> gli scritti di Don Bosco, comunque siano stati compilati, da lui o da altri, con frasi create o assimilate, hanno un'importanza non trascurabile, e diremmo essenziale per una indagine sulla personalità del Santo o sulle sue fortune, legate anche all'uso di quel linguaggio che, come egli desiderava, lo poneva in immediata e piena sintonia con le persone con gli ambienti sui quali agiva[51].

Passiamo dunque ad esaminare alcuni di questi scritti che si riferiscono più direttamente al tema dell'orazione mentale, in relazione al periodo 1858-1874, che stiamo esaminando.

3.1 «Il Mese di Maggio» e il «Porta teco» del 1858

Pubblicato per la prima volta nel 1858 *Il Mese di Maggio consacrato a Maria SS. Immacolata ad uso del popolo* conobbe ben dodici edizioni sino al 1885[52].

---

[50] *Il Cattolico Provveduto*, VIII.
[51] P. STELLA, *Don Bosco nella storia*, I, 246.
[52] Cf. S. GIANOTTI, ed., *Bibliografia generale*, 19-20.

Scopo principale del libro è la diffusione della popolare pratica introdotta in Italia dal gesuita Annibale Dionisi all'inizio del diciottesimo secolo[53].

Per ogni giorno del mese Don Bosco presenta delle classiche *meditazioni* suddivise in tre punti, che si concludono con un *esempio*, una *giaculatoria* e una *preghiera* alla Vergine.

I temi di queste meditazioni, contrariamente a quanto ci si potrebbe attendere, non sono mariani, ad eccezione degli ultimi due; si tratta infatti di una serie di riflessioni dogmatiche o morali, che ricalcano i temi più consueti nella predicazione degli *esercizi spirituali*[54]: Dio creatore, l'anima, la Chiesa, la fede, i sacramenti, la salvezza dell'anima, il peccato, i *novissimi*, la messa, la purezza... Il dodicesimo giorno è dedicato alla meditazione sul *Fine dell'uomo*; il precedente tratta di un tema che conosciamo caro a Don Bosco: *La presenza di Dio*. Vi leggiamo:

> Dio è in cielo, in terra, in ogni luogo. Dio sa tutto, vede tutto, si trova presente a tutto. Alla tua destra sta Iddio, alla tua sinistra sta Iddio, sopra di te sta Iddio, dentro di te si trova Iddio. In Dio viviamo, dice l'Apostolo, in Dio ci moviamo, e in Dio abbiamo la nostra esistenza. Va dove vuoi, e sarai sempre alla presenza di Dio. Diceva il profeta David: se io ascendo in cielo, ivi siete voi, o mio Dio, se io discendo nell'inferno, colà io vi trovo; se io mi mettessi le ali a guisa di uccello e volassi al di là dei mari più remoti, anche colà la vostra mano mi sostiene e mi ferma. Dopo tali cose il profeta David, inspirato da Dio, parla così: forse le tenebre mi terranno nascosto dalla vostra faccia? Forse la oscurità della notte potrà nascondermi dal vostro cospetto, sicché io possa darmi ai piaceri? Ma no: perciocché le tenebre, dinanzi a Voi non hanno oscurità, e la notte risplende come nel mezzogiorno[55].

---

[53] Sullo sviluppo di questa pratica di pietà e sulle fonti utilizzate da Don Bosco per comporre il suo *Mese di maggio* si veda P. STELLA, «I tempi e gli scritti che prepararono il "Mese di maggio"», 648-694; F. DESRAMAUT, *Don Bosco en son temps*, 508-513. Il P. Annibale Dionisi aveva pubblicato a Parma nel 1726 un opuscolo dal titolo *Il mese di Maria o sia il mese di maggio consacrato a Maria coll'esercizio di vari fiori di virtù proposti ai veri divoti di lei*. Alcuni altri gesuiti contribuirono alla diffusione di questa pia pratica che dedicava a Maria il giorno dei fiori; tra questi P. Francesco Lalomia (†1789) e P. Alfonso Muzzarelli (1749-1813).

[54] Si tratta, in particolare, di alcuni dei temi caratteristici della *prima settimana* nello schema ignaziano degli esercizi.

[55] G. BOSCO, *Il mese di maggio*, 71-72.

Pochi mesi dopo, sempre nella collana delle Letture cattoliche, viene pubblicato il *Porta teco cristiano*, che ebbe un'altra sola edizione, venti anni dopo.

Si tratta di una sorta di *vademecum* per ottenere la salvezza eterna, una antologia di consigli e di avvisi raccolti, come afferma Don Bosco nella introduzione, dalla Sacra Scrittura, dai Padri, da San Carlo Borromeo, da San Vincenzo de' Paoli, da San Filippo Neri e, infine, dal Beato Sebastiano Valfré; destinatari sono tutti i fedeli cristiani.

Tra i consigli e i suggerimenti vengono riportate due lettere del Beato Sebastiano Valfré indirizzate a due madri di famiglia. Nella prima si legge: «Se potesse meditare per un quarto d'ora qualche cosa della passione del Signore od altra cosa di suo profitto sarebbe bene; ma almeno procuri di leggere un punto della meditazione o nel Canale, o nello Spinola o in altro simile libro»[56]; e nella seconda: «Farà un poco di orazione mentale ogni mattina, almeno per un quarto d'ora»[57]. La medesima raccomandazione, questa volta mediata da Sant'Alfonso, sarà data da Don Bosco al termine del volumetto *Il pontificato di San Sisto II* del 1860:

> OGNI GIORNO. La mattina alzato di letto (che sia sempre di buon' ora dopo sette ore circa di riposo) inginocchiarsi innanzi al Crocifisso, o altra sacra immagine, e fare gli atti come nella pagina seguente. Udir la S. Messa, che è il tesoro del Cristiano, e fare in essa, o in altro tempo mezz'ora o almeno un quarto di Meditazione (per la quale è concessa ogni mese Indulgenza Plenaria, confessati e comunicati dentro di quello). Non lasciare la meditazione per qualunque aridità, distrazione od occupazione; si può fare anche nelle faccende: chi non lascia quella, certamente si salverà. Dopo pranzo leggere qualche libro spirituale, o vita di Santo, fare la visita a Gesù Sagramentato e a Maria SS.; e portandosi il Viatico agli infermi accompagnarlo sempre se si può. La sera dire il Rosario in famiglia colle Litanie alla B. V., e fare l'esame di coscienza prima del riposo[58].

3.2 Appunti per un'omelia: Quarantore e pietà eucaristica

La pietà eucaristica rimane, come abbiamo già detto, un riferimento costante nell'esperienza spirituale di Don Bosco e nell'ambiente oratoriano nel quale nasce e si sviluppa la congregazione salesiana.

---

[56] G. BOSCO, *Porta teco cristiano*, 48. Questo libro e il precedente appartengono al primo gruppo, secondo la classificazione di Desramaut.
[57] G. BOSCO, *Porta teco cristiano*, 51.
[58] G. BOSCO, *Il pontificato di S. Sisto II*, 75.

Secondo le *Memorie Biografiche* già dal 1850 venne introdotta a Valdocco la pratica delle *Quarantore*[59]. Nel 1862, poi, Don Bosco aggiunse al *Regolamento dell'Oratorio Festivo* un capitolo dal titolo *Pratiche particolari di cristiana pietà* che fissava la celebrazione delle Quarantore all'ultima settimana del mese di maggio[60].

Alcune pagine inedite di Don Bosco, tratte da un quaderno autografo di prediche conservato nell'Archivio Centrale, ci riportano un *Discorso per le Quarantore*, da lui pronunciato, secondo quanto risulta dal frontespizio, nel 1859 nella chiesa di Santa Croce di Cavallermaggiore e nel 1861 a Provonda, frazione di Giaveno, sempre nella provincia di Torino[61]. A parte alcune omelie giovanili, di cui abbiamo già detto, non sono molti i manoscritti di Don Bosco che ci riportano i contenuti della sua predicazione; spesso si tratta di schemi o tracce, più che di intere omelie. In questo caso, invece, ci troviamo di fronte ad un testo autografo e compilato per esteso.

L'attenzione di Don Bosco si ferma, nella prima metà del discorso, soprattutto sulla *frequenza* alla comunione eucaristica. Nella seconda parte viene introdotto il tema dell'*adorazione eucaristica* e della preghiera:

> Dirò ancora qualche cosa — dice Don Bosco — sull'adorazione di G(esù) Cristo esposto nel tabernacolo. Qui anche vi vorrebbe molto tempo a trattar degnamente quella materia. Io vi dico solo ciò che è più essenziale.
>
> Dunque G(esù) nascosto nel tabernacolo è chiamato da Isaia una fonte d'acqua viva; una fontana sempre tramanda fuori, sempre scaturisce e non mai si rivede il recipiente da dove sgorghi e quanto si cava acqua, tanto più in abbondanza zampilla limpida e chiara. Tale è Gesù nel tabernacolo dell'altare; il quale tiene ogni giorno apparecchiate infinite grazie per darle a chi le va a dimandare; anzi egli stesso chiama ognuno, e dolcemente li invita. O voi che avete sete venite, venite a cavar acqua di gaudio dal fonte del Salvatore[62].

Ma cosa fare quando si è dinanzi a Gesù, si chiede Don Bosco, interpretando la difficoltà degli astanti. «Che dirgli andandolo soventi a visitare?»:

> Il parlare così è un fare una grave ingiuria a Gesù quasi che non sia ricco da potere appagare ogni nostra domanda. Una zelante serva di Dio [...] che

---

[59] Cf. MB IV, 12-13.
[60] MB VII, 46-47.
[61] Cf. ACS A 225.02.08.
[62] ACS A 225.02.08.

per l'amore a Gesù Sacramentato era chiamata la sposa del Sacramento, dimandata che facesse in tante ore che si tratteneva innanzi al Venerabile, rispose: Io starei delle ore e starei per tutta una eternità e non è quivi l'essenza di Dio, che è la delizia dei beati in Cielo? Buon Dio, che cosa si fa innanzi a Lui, e che cosa non si fa? Si ama, si loda, si ringrazia, si domanda. E che cosa fa un ammalato avanti al Medico? Che fa un assetato avanti una fontana chiara? Che fa un affamato avanti ad una Santa Mensa?[63]

Alcuni anni dopo la morte di Don Bosco Don Giulio Barberis, primo maestro dei novizi della nascente congregazione dopo la definitiva approvazione delle costituzioni, scriverà in un inedito incompleto dal titolo *Mille fatti autentici*, di cui conserviamo il manoscritto:

> (Don Bosco) stabilì pure che ogni anno vi fosse nelle sue Chiese la esposizione e adorazione del SS. Sacramento per tre giorni e ordinò che i giovanetti studenti e artigiani disposti in altrettante schiere con a capo Sacerdoti e Chierici si succedessero ogni ora in adorazione ed egli stesso vi si portava a fare l'ora sua con grande divozione[64].

Un altro documento, al di là della sua incerta «paternità», ci aiuta ancora a penetrare nel *clima eucaristico* di quegli anni. Si tratta di una lunga preghiera pubblicata nel 1865 dal *Galantuomo*, l'almanacco delle *Letture Cattoliche*, rivolta a*lla lampada del SS. Sacramento.* Ne riportiamo qui qualche tratto:

> Quando la notte stende sul mondo il suo tetro velo, quando della terrestre valle cessano i vani rumori, la tua fiamma veglia sola e risplende nell'ombra come una stella nel più fitto della notte. E quando di un nuovo giorno brilla l'alba nascente, quando l'aurora appare colle sue nuvole d'oro il tuo fuoco sì dolce, stupenda immagine dell'amor vigilante, scintilla ancora. Accanto al Dio nascosto si consuma la tua vita, egli è presso a te che piace parlargli al cuore; sembra che la tua vista ispira all'anima che lo prega, più amore, più fede, più ardore [...]. E perciò il mio occhio geloso ben sovente ti contempla, o lampada mia; io vorrei dividere la tua felicità, dimorare con te tra le mura del tempio e consumarmi d'amore ai piedi del Salvatore. Io vorrei quando in cielo trema la bianca stella, quando il mondo si addormenta affranto da' piaceri, sollevando il lungo velo de' sacri misteri, solo ai piedi degli altari, amare, gemere e pregare [...]. Tu almeno, o dolce e pura fiamma che io invidio, parla al mio Dio, parla per me! Digli che il suo amore è la mia gioia e la mia vita [...]. Digli che nell'esilio la mia povera anima

---

[63] ACS A 225.02.08.
[64] ACS A 003.03.01.

sospira, e che niente di terreno può deliziarla. O lampada mia, digli che il mio cuore non respira che per piacergli e per amarlo[65].

Nel 1866 la tipografia dell'oratorio pubblicherà il libretto *Pratiche divote per l'adorazione del SS. Sacramento*; nel capitolo dal titolo *Invito alla frequente comunione* Don Stella individua una corrispondenza con una delle meditazioni de *Il mese di maggio*. Queste pagine risultano così attribuite a Don Bosco nella *Bibliografia Generale* e riprodotte tra le *Opere Edite*[66]. Sul ringraziamento dopo la comunione leggiamo:

> Riguardo al tempo da trattenersi con questo ospite divino dopo la comunione, è vero, non è determinato, ma pensiamoci, che più ci tratteniamo, meglio è; però secondo le occupazioni e la divozione che si hanno, ognuno si trattenga un'ora, o mezza, o almeno un quarto [...].
> Dopo questi atti di adorazione, di ringraziamento, di offerta, di domanda, di protesta, uscendo dalla casa del Signore non dimentichiamo che noi pure siamo diventati tempio di Dio, e perciò per conservare il fervore della divozione, che l'Eucarestia eccita in noi, teniamo i sensi nostri, che sono le finestre dell'anima, ben raccolti, e pratichiamo opere di virtù, pregando, assistendo ai divini offici, leggendo libri spirituali, visitando chiese, ammalati, carcerati, ospedali ecc. e intanto sia frutto di ciascuna nostra comunione di uno aumento di santo amore, di viva fede, di umiltà profonda colle quali virtù Gesù Cristo solo avrà mai sempre il domicilio dell'anima nostra[67].

3.3 La «Biografia del sacerdote Giuseppe Cafasso» del 1860

Il 23 giugno 1860 muore Don Giuseppe Cafasso.

Don Bosco, a quell'epoca, ha quasi quarantacinque anni. Due settimane dopo nella chiesa dell'oratorio, con voce più volte interrotta dall'emozione[68], celebra una messa di suffragio. Circa due mesi più tardi, il trenta di agosto, un'altra eucarestia viene celebrata nella chiesa di San Francesco di Assisi, annessa al Convitto Ecclesiastico; anche in quella occasione Don Bosco pronuncia l'elogio funebre.

Alla fine dell'anno i due discorsi vengono riuniti in un fascicolo delle *Letture Cattoliche*. Don Bosco aggiunge una introduzione, gli avvisi sacri esposti nella circostanza della morte del suo maestro, alcune devozioni promosse dal Cafasso, ripromettendosi di lavorare, in un secondo tempo, ad una vera e propria biografia.

---

[65] *Il Galantuomo e le sue avventure*, 21-23.
[66] Cf. S. GIANOTTI, ed., *Bibliografia generale*, 66.
[67] G. BOSCO, «Invito alla frequente comunione», 20-21.
[68] Cf. D. RUFFINO, *Cronache dell'Oratorio*, ACS A 012, I, 10.

CAP. V: DON BOSCO FONDATORE E AUTORE

La frequenza e la profondità delle relazioni intercorrenti tra questi due santi, ci obbliga ad avvicinarci a queste pagine con particolare attenzione.

«Chi sei tu, io dimando a me stesso — afferma Don Bosco ad un certo punto — che pretendi esporre le meravigliose gesta di questo eroe? Non sai che le più belle azioni di lui sono soltanto note a Dio?»[69].

Nonostante questa premessa, è proprio su questa vita «privata» che Don Bosco mostra di voler concentrare l'attenzione del lettore. «Per vita privata intendo particolarmente l'esercizio delle virtù praticate nelle private sue occupazioni familiari, quelle cose che per lo più appaiono dappoco agli occhi del mondo, ma che forse sono le più meritorie davanti a Dio»[70].

Ciò che colpisce maggiormente, in questi due discorsi, è proprio la capacità di Don Bosco di cogliere, nell'esperienza spirituale del Cafasso, quella particolare sintesi di carità apostolica e di ascesi, di lavoro instancabile e di preghiera.

Della vita giovanile del Cafasso il nostro autore nota:

> Con quale assiduità egli si reca alla chiesa, prende parte alle sacre funzioni, frequenta i santi sacramenti! Di là cominciano le meraviglie. Egli va ad ascoltare la parola di Dio, di poi va ripetendola ai suoi compagni e amici. Lavora, ma le sue fatiche sono miste con giaculatorie, con atti di pazienza, con offerte continue del suo cuore a Dio[71].

Alla carità eroica Don Cafasso congiunge un profondo spirito di preghiera:

> D. Caffasso attende indefesso allo studio della storia sacra, della storia ecclesiastica, de' santi padri, della teologia morale, dogmatica, ascetica, mistica, della predicazione, prepara casi pel corso delle parocchie, dà esami di confessione, e intanto io vengo in questa chiesa, lo veggo genuflesso ora avanti l'altare di Maria che prega, ora prostrato avanti il SS. Sacramento che adora, oppure assiste al confessionale attorniato da lunga schiera di fedeli ansiosi di esporre le angosce della loro coscienza, ed avere da lui le norme del ben vivere: andate al santuario della Consolata, e vedete D. Cafasso in esercizio di devozione; visitate le chiese dove sono le quarant'ore, e la egli pure prostrato disfoga i suoi dolci affetti con l'amato suo Gesù[72].

---

[69] G. BOSCO, *Biografia del Sacerdote Giuseppe Caffasso*, 18.
[70] G. BOSCO, *Biografia del Sacerdote Giuseppe Caffasso*, 25.
[71] G. BOSCO, *Biografia del Sacerdote Giuseppe Caffasso*, 68.
[72] G. BOSCO, *Biografia del Sacerdote Giuseppe Caffasso*, 89-90.

«Onde — si leggeva sullo stesso tema nel primo discorso funebre — nel crudo freddo di inverno, anche quando pativa malori di stomaco, di capo, di denti, per cui a stento reggevasi in piedi, egli prima delle quattro del mattino era già in ginocchio a pregare, a meditare, o disimpegnare qualche sua particolare occupazione»[73].

Qual è il «segreto» di questa «meravigliosa quantità di azioni disparate» che, pure, non distolgono il Santo dalla sua vita di preghiera? Don Bosco ne individua non uno ma cinque[74]:
- la sua costante tranquillità;
- la lunga pratica degli affari congiunta alla grande confidenza in Dio;
- l'esatta e costante occupazione del tempo;
- la sua temperanza;
- la parsimonia del riposo. Scrive, a questo riguardo, Don Bosco:

> Don Caffasso guadagnò tempo nella parsimonia del riposo. L'unico sollievo che dava lungo il giorno al suo debole corpo eran i tre quarti d'ora dopo il suo pranzo, in cui egli, chiuso in camera, per lo più pregava, meditava o trattenevasi in qualche pratica speciale di pietà. La sera poi era sempre l'ultimo a coricarsi e al mattino sempre il primo a levarsi. La durata del riposo notturno non eccedeva mai le cinque ore, spesso era quattro e talvolta soltanto tre. Egli era solito a dire che un uomo di Chiesa deve una sola volta svegliarsi lungo la notte. Colle quali parole ci assicura che egli svegliatosi, qualunque ora fosse, tosto alzavasi di letto per pregare, meditare, o compiere qualche altro suo affare[75].

Questi segreti, che egli «non poté ritenere abbastanza celati che non venissero a notizie di chi ammirava le sante sue azioni e specchiavasi nelle sue rare virtù»[76], e che suscitano la riconoscente ammirazione del suo discepolo, ci consentono ancora una volta di conoscere più in profondità il «sentire» di Don Bosco.

Scriveva Don Valentini a proposito di questa *Biografia* e della *affinità spirituale* tra i due santi:

> C'è un'altra ragione [...] per cui noi troviamo in queste pagine così mirabili coincidenze. Ed è che ogni uomo, quando ritrae gli altri, ritrae in buona parte se stesso.

---

[73] G. BOSCO, *Biografia del Sacerdote Giuseppe Caffasso*, 33.
[74] Cf. G. BOSCO, *Biografia del Sacerdote Giuseppe Caffasso*, 91-97.
[75] G. BOSCO, *Biografia del Sacerdote Giuseppe Caffasso*, 95.
[76] G. BOSCO, *Biografia del Sacerdote Giuseppe Caffasso*, 92.

CAP. V: DON BOSCO FONDATORE E AUTORE 245

Non si notano infatti negli altri, che quegli aspetti che ci colpiscono, che restano nella cerchia dei nostri interessi, che disvelano parte delle soluzioni dei problemi che ci preoccupano[77].

Questa suggestiva ipotesi (... *ogni uomo quando ritrae gli altri ritrae in buona parte se stesso...*) sembra trovare conferma in alcune testimonianze della tradizione salesiana.

Il 29 settembre del 1926 Don Filippo Rinaldi[78], allora Rettor Maggiore della Congregazione Salesiana, indirizzava al Cardinale Antonio Vico, Prefetto della Sacra Congregazione dei Riti una lettera nella quale, vincolandosi con giuramento, tra l'altro affermava:

> Negli ultimi anni [...] ogni giorno soleva restarsene ritirato in camera dalle 14 alle 15, e i Superiori non permettevano che in quell'ora venisse disturbato. Ma essendo io, dal 1883 alla morte del Servo di Dio, incaricato di una casa di formazione di aspiranti al Sacerdozio ed avendomi egli detto che andassi a trovarlo ogni volta che ne avessi bisogno, forse con indiscrezione certo per poterlo avvicinare con maggiore comodità, ruppi più volte la consegna, e non solo all'oratorio, ma a Lanzo e a S. Benigno, dove si recava sovente, e a Mathi e nella casa di S. Giovanni Evangelista in Torino più volte mi recai da lui proprio in quell'ora per parlargli. Ed a quell'ora, dappertutto e sempre, lo sorpresi ogni volta, raccolto, con le mani giunte, in meditazione[79].

La corrispondenza è singolare, ma, a conti fatti, non sorprendente; nulla di più naturale che il discepolo abbia assimilato le abitudini del maestro nelle mani del quale aveva deposto, per tanti anni, *ogni deliberazione, ogni studio, ogni azione della sua vita*[80].

Anche relativamente alle «abitudini notturne» del Cafasso è possibile riscontrare una corrispondenza nella vita di Don Bosco. Fino all'età di quarantacinque anni, infatti, secondo una confidenza fatta da lui stesso

---

[77] E. VALENTINI, «Presentazione», 6-7.

[78] Il Beato Filippo Rinaldi (1856-1931) è il terzo successore di Don Bosco. Morto nel 1931 fu Rettor Maggiore per 9 anni, dopo essere stato per ventun anni Prefetto Generale della congregazione e per nove Ispettore. A dieci anni era entrato nel collegio salesiano di Mirabello, aperto pochi anni prima. Colpito da alcuni avvenimenti straordinari, entrò in noviziato a ventitré anni, ricevendo appena tre anni dopo l'ordine del presbiterato. Due anni prima della sua morte poté assistere alla beatificazione del suo maestro (cf. E. VALENTINI – A. RODINÒ, *Dizionario biografico dei salesiani*, 238-239).

[79] La lettera, datata 29/9/1926, è allegata in appendice ai documenti della causa (cf. *Aliae novae animadversiones et responsiones. Appendix documentorum*, 1, 4).

[80] Cf. MO 119.

a Don Lemoyne il 5 aprile del 1884, Don Bosco non dormì più di cinque ore per notte, saltando ogni settimana una notte intera[81]; solo in seguito, vinto dalla malattia, egli mitigò questo impegnativo *standard* di vita.

Ancora una volta, dunque, lo studio degli scritti del fondatore si rivela un prezioso strumento di conoscenza *indiretta*, che ci permette di formulare delle fondate e ragionevoli ipotesi sulla sua esperienza spirituale.

3.4 *La biografia della Beata Maria degli Angeli (1865)*

La carmelitana torinese Suor Maria degli Angeli, al secolo Maria Anna Fontanella, morta nel 1717, venne proclamata beata il 14 maggio 1865 dal papa Pio IX. A lei Don Bosco dedicò l'ultimo fascicolo delle *Letture cattoliche* di quello stesso anno[82].

Così Don Lemoyne ci da notizia della composizione di questa biografia:

> Il Venerabile aveva scritto questo libro, interrotto da viaggi e da tante altre occupazioni. In Torino molti visitatori non trovandolo nell'Oratorio ed essendo venuti a conoscenza come solesse ritirarsi qualche ora del giorno nel Convitto Ecclesiastico di S. Francesco d'Assisi, anche là avevano cominciato a ricercarlo. Per avere quindi un po' di tempo dovette procurarsi un altro rifugio e lo trovò nelle case di alcuni suoi benefattori ed amici [...].
>
> Uno dei più frequentati da lui era Brosio, *il bersagliere* che lo aveva tanto aiutato negli anni difficili dell'Oratorio di Valdocco [...]. Brosio adunque, interrogato da D. Giovanni Bonetti rispondeva per iscritto: «Quando D. Bosco scriveva la vita della Beata Maria degli Angeli e altre vite di santi, veniva sovente a passare più ore in mia casa per lavorare con quiete»[83].

Nella prefazione Don Bosco afferma chiaramente che lo scopo del libro non è soltanto edificante. Egli intende infatti muovere ogni lettore,

---

[81] G.B. LEMOYNE, *Ricordi di gabinetto*, aprile 1884; il contenuto di questa confidenza fu poi inserito da lui stesso nelle *Memorie Biografiche* (cf. IV, 187). In un altro luogo lo stesso Don Lemoyne scrive «Il fervore nella preghiera incessante teneva D. Bosco sempre unito con Dio. Savio Ascanio era persuaso che D. Bosco vegliasse molte ore della notte e talora la notte intera, pregando» (MB III, 589).

[82] Della *Vita della Beata Maria degli Angeli carmelitana scalza torinese* furono pubblicate tre edizioni tra il 1865 e il 1866 (cf. S. GIANOTTI, ed., *Bibliografia generale*, 25). Il frontespizio della prima edizione risulta anonimo, mentre la prefazione porta la firma di Don Bosco.

[83] MB VIII, 270-271.

ciascuno *secondo il proprio stato*, alla imitazione della vita di questa contemplativa:

> Tu insomma, o lettore, troverai nella vita della Beata Maria degli Angeli un perfetto modello di virtù e di santità, tale nondimeno da potersi imitare da ogni cristiano secondo il proprio stato. Ed è in vista di tutto ciò, che si è stimati di pubblicare eziandio nelle *Letture cattoliche* il presente compendio della vita di questa inclita sposa di Gesù Cristo, per così porgere ai nostri lettori il mezzo opportuno di trarne spirituale vantaggio [...]. Tu poi, o divoto lettore, se mai nel leggere il presente libretto ti sentirai nascere nel cuore qualche buon proposito deh! non rigettarlo; egli è una grazia che ti fa il Signore, egli è un favore che dal Cielo ti ottiene la Beata Maria degli Angeli.
> Una vita virtuosa ci faccia seguaci degli esempi della nostra Beata e ci renda felici nel tempo e nell'eternità[84].

Nella medesima prefazione Don Bosco ci informa, questa volta in maniera esauriente, delle fonti da lui utilizzate:

> Crediamo di fare cosa grata al Lettore nel dire subito da quali fonti abbiamo ricavate le memorie riguardanti le meravigliose azioni della Beata Maria degli Angeli.
> In primo luogo dal padre Elia di S. Teresa carmelitano, il quale scrisse la vita della Beata pochi anni dopo la morte di Lei; dal padre Anselmo di s. Luigi Gonzaga del medesimo ordine; ed infine ai nostri giorni dal padre Teppa Barnabita — scrittori tutti dotti e pii[85].

Un attento confronto con le fonti utilizzate da Don Bosco può permetterci di evidenziare le differenze e i punti di contatto[86]. Afferma Don Stella a questo proposito:

> Da un confronto tra la vita di Maria degli Angeli curata da Don Bosco e quella di Elia da S. Teresa, primo biografo della carmelitana, risulta ancora più evidente che ci si trova davanti a due tipi di linguaggio tra loro differenti e che inducono a supporre diversi criteri d'interpretazione. Elia di S. Teresa osserva la carmelitana di Torino, alla luce dell'esperienza spirituale di Teresa d'Avila e sulla trama delle dottrine di S. Giovanni della Croce. Le continue prostrazioni fisiche e morali sofferte da Maria degli Angeli per circa tre lustri sono presentate come la notte spirituale, nella cui oscurità

---

[84] G. BOSCO, *Vita della Beata Maria degli Angeli*, 4-5.
[85] G. BOSCO, *Vita della Beata Maria degli Angeli*, 3.
[86] Le edizioni da noi consultate sono le seguenti: ELIA DI SANTA TERESA, *La diletta del crocifisso* del 1729; ANSELMO DI S. LUIGI GONZAGA, *Vita della B. Maria degli Angeli* del 1866; A.M. TEPPA, *Vita della venerabile Maria degli Angeli* del 1864.

l'anima, secondo quel che insegna Giovanni della Croce, «tiene già principj della perfetta unione d'amore, che aspetta»[87].

Ciò che appare evidente è, anche a parer nostro, una certa differenza di linguaggio, a cui fa riferimento Don Stella. Don Bosco, in particolare, evita ogni riferimento esplicito a San Giovanni della Croce, spesso menzionato dagli altri biografi; il suo linguaggio è, come sempre, popolare, immediato. Il suo fine non è tanto quello di sorprendere il lettore con il racconto e la descrizione dettagliata delle numerose rivelazioni o estasi[88], bensì, secondo quanto egli stesso ha annunziato nella prefazione, di rendere questa figura, pur dotata di «grazie straordinarie» e di «doni sovrumani»[89], un modello «da potersi imitare».

Al di là di questo, comunque, non ci sembra che si possa parlare di «diversi criteri di interpretazione», quasi che Don Bosco operi una «riduzione» alla esperienza spirituale di questa contemplativa, prendendo le distanze dai fatti mistici e soprannaturali; la stessa dottrina di San Giovanni della Croce rimane, in alcuni tratti, come sottofondo alla narrazione, pur senza riferimenti espliciti. Così Don Bosco racconta, ad esempio, l'esperienza della aridità e della *notte oscura*[90]: «(La beata) più frequentemente innalza il cuore, e più forte la voce al suo Gesù, che benigno le apra la porta di sue dolcezze, che le mandi luce in quella oscurità spaventosa e non mai provata; ma Gesù si è nascosto e non risponde»[91]. Continua più avanti:

> La nostra Beata appartenendo al novero di queste anime predilette fu da Dio sottoposta a queste pene, per mezzo delle quali Egli, come l'oro nel fuoco, la purificò per lo spazio di ben quasi quattordici anni. — Anime generose che volete darvi alla virtù, ed essere intieramente di Dio, preparatevi a questo prove. Intanto osservate come in esse siasi portata Suor Maria degli Angeli, e seguite le sue vestigia. Fatti i voti solenni cominciarono per lei quegli interni travagli, a cui era già andata altre volte soggetta. Scomparvero quelle soavità colle quali Iddio per lo innanzi l'andava sovente ricreando. Si trovò arida e secca nella preghiera, senza la minima interna consola-

---

[87] P. STELLA, *Don Bosco nella storia*, II., 480-481.

[88] Cf. ELIA DI SANTA TERESA, *La diletta del crocifisso*, 320-321; ANSELMO DI S. LUIGI GONZAGA, *Vita della B. Maria degli Angeli*, 136-139.

[89] Cf. G. BOSCO, *Vita della Beata Maria degli Angeli*, 4.

[90] Le espressioni *notte oscura* come quella di *matrimonio spirituale* non sono presenti in Don Bosco; ma non è taciuto il loro contenuto e l'interpretazione soprannaturale degli avvenimenti narrati, come è possibile constatare dalle citazioni che seguono.

[91] G. BOSCO, *Vita della Beata Maria degli Angeli*, 41.

zione nella pratica della virtù. Sicché pieno il cuore di ambasce, ma colla confidenza di una vera amante si rivolgeva talvolta a Dio, e quasi con Lui dolcemente lamentandosi gli diceva: «Voi mi avete ingannata, o mio Dio. Quando era in libertà mi donavate consolazioni e dolcezze; ora che sono legata non mi date altro che amarezze»[92].

Giunge finalmente, dopo quattordici anni di aridità, il tempo del *matrimonio spirituale.* Così lo descrive Don Bosco:

> Ma ormai si avvicinava il termine di questi fieri combattimenti, di queste dure prove della nostra Beata. Di mano in mano che si appressava questo tempo felice, ella sentiva nascere in se un desiderio vivissimo di unirsi con Dio, e le crebbe tanto questa brama, che la trasportava fuori di sé. Il Signore volle cominciarle a dare un saggio anticipato di cosiffatta dolcissima unione, sulla fine dell'anno 1683, una mattina dopo la santa Comunione. Sentiamolo da lei medesima, la quale per ubbidienza lo racconta al suo direttore spirituale. «Quando l'ebbi ricevuto provò l'anima mia tale unione con Dio, che ben compresi allora quelle parole di s. Paolo: *Vivo io non più io, ma vive in me il mio Dio.* O Dio dell'anima mia, chi mi darà lingua onde poter dire le misericordie, che ricevetti in quel tempo dalla vostra smisurata bontà? In verità non so dire, ne spiegarmi. Giunse finalmente il momento di così celeste favore, di cotanta sublime unione, la quale ancora su questa terra rende le anime simili ai beati in Cielo. Per essa un'anima cammina sempre alla presenza di Dio; a Dio senza alcuno sforzo tiene di continuo rivolto il suo pensiero, fisso il suo cuore; vede Iddio in ogni cosa, lo sente, lo gode, e dove prima si sarebbe dovuta sforzare per volgersi a Lui, ora dovrebbe farsi violenza per allontanare da Lui il suo Pensiero. Oh! stato invidiabile! A questa sì dolce e perfetta unione aveva Iddio preparata la Beata Maria degli Angeli con ogni più dura prova per lo spazio di quasi quattordici anni. Ai grandi premi, come dice s. Gregorio, non si perviene se non per mezzo di grandi fatiche e travagli. Le apparve infine Gesù, suo dolcissimo sposo, il quale la riempì di superne dolcezze, che solo può immaginare chi le ha già gustate. Da questo punto le estasi furono in Lei frequentissime. Bastava che parlasse, o sentisse parlare di Dio, per venire tosto rapita fuori dei sensi[93].

Evitando, per quanto possibile, la terminologia dei mistici Don Bosco asseconda il «sentire» del suo ambiente spirituale e, per così dire, «volgarizza», rende popolare l'esperienza di questa contemplativa; tutto questo in perfetta sintonia con la volontà, altre volte manifestata, di presentare una santità «a portata di tutti».

---

[92] G. Bosco, *Vita della Beata Maria degli Angeli,* 51.
[93] G. Bosco, *Vita della Beata Maria degli Angeli,* 56-57.

I temi di questa biografia, poi, si integrano e, in alcuni casi, si sovrappongono con quelli di altre biografie. Anche la Beata Maria degli Angeli trascorre parte delle sue notti in preghiera: «Nella notte [...] quando gli altri erano nel più profondo sonno, ella sorgeva vigilante, e in ginocchioni sul duro pavimento godeva col suo Gesù un più dolce e salutare riposo»[94]. Anche per lei la presenza sacramentale di Cristo sotto le specie eucaristiche diviene il centro propulsore e di convergenza della pietà personale:

> Consumava parte della notte in orazione, e al mattino i suoi primi sospiri erano pel suo Gesù Sacramentato. Ricevutolo poi nel suo cuore spendeva per lo più il suo ringraziamento in un'estasi dolcissima. Portavasi frequentemente ad adorarlo, e avrebbe desiderato di non lasciarlo mai solo. Ogni volta che gli passava innanzi sfogava con Lui il suo cuore con infiammate giaculatorie. Lo stare da Lui lontana era per lei cosa dolorosa, e perciò tutte le ore che poteva rubare alle occupazioni esterne le consumava nel tener compagnia al Sacramento suo Bene. Negli ultimi anni di sua vita pregò ed ottenne dalla superiora di potersi ritirare a suo piacimento in un piccolo coretto, che riguardava al santo Tabernacolo, e quivi come in un paradiso di delizie se ne stava col suo Gesù quasi sempre in estasi, finché non venisse chiamata altrove dall'ubbidienza. Questa sua tenera divozione a Gesù Sacramentato le fece godere eziandio una gioia indicibile quando le venne assegnato l'uffizio di sacrestana, e ciò appunto perché in tale uffizio le si porgeva l'occasione di più spesso trovarsi in Chiesa, e intrattenersi con Gesù nell'Augustissimo Sacramento. Ah! è pur vero che per un'anima che abbia viva fede Gesù Sacramentato è tutto. Egli è la sua pace, la sua speranza, il suo conforto, la sua delizia, il suo tesoro. E ben diceva un'anima di Gesù amantissima, che spesso visitare Gesù Sacramentato, e intrattenersi con Lui, non è uffizio da uomo, ma da Angelo. Perciò portiamoci sovente, o divoto lettore, a fare questo uffizio angelico in terra, affinché possiamo aver la bella sorte di compierlo per sempre in Cielo[95].

Non trascura, Don Bosco, di esortare ancora il lettore all'imitazione: *Perciò portiamoci sovente a fare questo ufficio angelico...*

Un'altra caratteristica dell'esperienza spirituale di questa Beata è la capacità di mantenere costantemente il pensiero della *presenza di Dio* nelle più svariate occupazioni, nelle *ricreazioni* e *specialmente subito dopo il pranzo*[96]:

---

[94] G. BOSCO, *Vita della Beata Maria degli Angeli*, 19.
[95] G. BOSCO, *Vita della Beata Maria degli Angeli*, 110-111.
[96] Singolare questa sottolineatura di Don Bosco, in sintonia, comunque, con quanto abbiamo affermato a proposito della biografia del Cafasso. Anche il riferimento alla

CAP. V: DON BOSCO FONDATORE E AUTORE 251

Risolvo — è uno dei propositi fatti dalla Beata nel giorno della sua professione religiosa — d'intrattenermi interiormente con Dio, perché da questo dipende tutto il mio bene; di essere avida di non lasciar perdere mai alcuna occasione di lavorare pel Signore; di andare rubando tutti i ritagli di tempo per fare orazione o arida o secca, come Dio vorrà, senza attaccarmi alle interne dolcezze, ma solamente a quello che mi parrà essere di gusto a Dio; di considerare durante la ricreazione che ho Dio che parla dentro di me, e quindi ascoltarlo, andando però sempre dicendo qualche parola per non parer singolare[97].

Scrive Don Bosco più avanti:

Tanto era assidua nel pensare a Dio che giunse al punto che anche volendo non avrebbe potuto allontanarne il pensiero. Con Lui conversava anche nelle occupazioni più atte a divagarla. Era solita ad uscire in infuocate giaculatorie, le quali non potevano fare a meno che andare a ferire dolcemente il cuore del suo amato Gesù [...]. Fosse pure inferma, fosse sana, in azione, in riposo, stando in cella, alla mensa, nella ricreazione, al parlatorio, in qualsiasi luogo, ella trovavasi sempre dolcemente unita con Dio. Soleva dire: «Il mio buon Gesù io lo trovo dappertutto, e non mai sono sazia di trattenermi con Lui». Le fu una volta domandato come mai senza stancarsi fortemente il capo, ella potesse starsene così continuamente congiunta col suo Signore, e specialmente subito dopo il pranzo; ed essa candidamente rispose: «Io ho niente di buono; confesso però che il Signor mi fa questa grazia di stare sempre volentieri con Lui; né in questo io fo alcuna particolare applicazione, che anzi mi abbisogna fare molta forza per applicarmi alle cose esterne»[98].

La *Conclusione* del libro è ancora una calorosa esortazione ai suoi lettori:

Eccoti, o divoto lettore, narrata in breve la vita, la morte e la gloria della Beata Maria degli Angeli. Io ho motivo a credere che tu scorrendo queste poche pagine abbi potuto ammirare le belle virtù di questa illustre sposa di Gesù Cristo. Ma deh! io ti prego, che non ti voglia contentare di averla ammirata, ma ti disponga altresì ad imitarla efficacemente, a seguire da coraggioso le sue pedate, a riformare i tuoi costumi, a pensare seriamente alla salute dell'anima tua. Imperciocché uno dei fini, per cui Iddio suscita nella sua Chiesa i santi, si è perché siano a tutti i fedeli di buon esempio e di forte stimolo al bene operare. Poiché nel vedere la legge di Dio e della Chiesa

---

ricreazione ci fa pensare a quanto abbiamo visto nelle biografie di alcuni giovani oratoriani.
[97] G. BOSCO, *Vita della Beata Maria degli Angeli*, 50.
[98] G. BOSCO, *Vita della Beata Maria degli Angeli*, 59-60.

e gli stessi consigli evangelici esattamente praticati da tanti e tante, ciascuno può dire a se stesso come già il grande Agostino: Se questi e queste si sono santificati, perché nol potrò ancor io?[99]

3.5 Dall'epistolario

Ha scritto Don Stella: «Dove Don Bosco si mostra più personale e anche più sciolto nella penna, è nella corrispondenza epistolare, soprattutto nelle lettere che scrive ai salesiani, ai giovani dell'Oratorio o di altre case, a benefattori che conosce personalmente [...]. Allora gli intoppi del manoscritto sono pochi; il pensiero è senza inibizioni»[100].

È attualmente in corso l'edizione critica del ricco epistolario di Don Bosco. La precedente edizione, che era stata curata da Don Eugenio Ceria e completata nel 1959, conteneva 2845 lettere, distribuite in quattro volumi; quella attuale, curata da Don Francesco Motto, dopo la pubblicazione dei primi due volumi, che non includono gli ultimi venti anni della vita del santo, ne raccoglie già 1273.

Tra le lettere pubblicate in questa seconda edizione ve ne sono alcune di un certo interesse per il nostro tema e che si riferiscono al periodo che stiamo considerando[101]; tra queste, in particolare, due lettere circolari, spedite rispettivamente ai giovani del piccolo seminario di Mirabello, aperto nel 1863, e a quelli del collegio di Lanzo, aperto l'anno successivo.

In tutte e due i casi si tratta di avvisi dati agli alunni al termine dell'anno scolastico, in occasione delle prossime vacanze. Don Bosco ricorda ai ragazzi e ai giovani l'importanza della partecipazione alla S. Messa, della comunione, della confessione, delle altre pratiche di pietà.

Nella prima lettera, che porta la data del 26 luglio 1866, raccomanda: «Fate a casa la solita meditazione, messa, lettura quotidiana come facevate in collegio. La medesima frequenza nella confessione e comunione»[102]; nella seconda, scritta esattamente un anno dopo, analogamente scrive: «Nel tempo che sarete a casa fate almeno la santa comunione ne' giorni festivi. Lungo la settimana non tralasciate ogni mattina la vostra meditazione»[103].

---

[99] G. BOSCO, *Vita della Beata Maria degli Angeli*, 178.
[100] P. STELLA, *Don Bosco nella storia*, I, 244.
[101] In particolare il secondo volume dell'epistolario giunge sino alla fine del 1868.
[102] G. BOSCO, *Epistolario*, [MOTTO], II, 280.
[103] G. BOSCO, *Epistolario*, [MOTTO], II, 407.

CAP. V: DON BOSCO FONDATORE E AUTORE

Si tratta, dunque, sostanzialmente degli stessi «avvisi per le vacanze» di cui abbiamo già parlato nel precedente capitolo.

Del 1866 è poi un altro importante documento, che riguarda gli esercizi spirituali predicati da Don Giovanni Bonetti, allora direttore del piccolo seminario di Mirabello, proprio nel collegio di Lanzo, dov'era allora direttore Don Lemoyne; delle meditazioni da lui dettate conserviamo un quaderno di schemi manoscritti, dal titolo *Esercizi spirituali — Anno 1866 — Collegio Convitto di Lanzo*. Una delle prediche ha come titolo *Meditazione*. Il contenuto è, per noi, di grande interesse:

> Tre parti — Preparazione — Considerazione — Ringraziamento.
> La preparazione ha tre atti: — Presenza di Dio creatore, onnipotente innanzi a noi. Tremano gli angeli del cielo e gli spiriti d'inferno — Nascondersi nel costato di Gesù Cristo e fare un atto d'amore — Levar la testa fidenti e chiamargli la grazia di meditare.
> La considerazione ha tre atti: — Considerare la verità come se la vedessi cogli occhi dipinta in un quadro e misurarla — Specchiarsi in quella verità e riconoscere in che cosa siamo differenti — Fare proposti particolari e da farsi subito.
> Il ringraziamento si compone di tre atti: — Rendere a Dio grazie dei buoni pensieri che ci ha fatto venire in mente e chiamare da Lui forza per eseguire quei buoni proposti — Fare la comunione spirituale — Pregare per i peccatori[104].

Questo schema oltre a confermarci nell'opinione che anche ai giovani, in quegli anni, si insegnava a fare la meditazione, ci fornisce lo schema essenziale di un *metodo tripartito* che costituisce una esemplificazione del metodo ignaziano che, come vedremo nel prossimo capitolo, veniva insegnato ai salesiani anche negli anni del primo noviziato «canonico».

Notiamo qui che, poco più di due mesi dopo, il 29 agosto del 1866, lo stesso Don Bonetti sarà chiamato da Don Bosco a dettare le meditazioni del secondo turno di esercizi spirituali a Trofarello[105], esercizi nei quali sarà egli stesso, come vedremo, a predicare le istruzioni; è l'anno dei primi «esercizi spirituali salesiani» della storia della congregazione.

Ci sembra, a questo punto, che la convinzione di qualche autore che «cercando il linguaggio più adatto ai giovani [...] Don Bosco abbia

---

[104] ACS B 517. Si tratta della predica numero 14 del quaderno. La prima data è 12 giugno 1866.
[105] Cf. MB VIII, 450.

voluto evitare la parola *meditazione*»[106] vada rivista. Afferma ancora Don Pietro Stella nel suo *Valori spirituali nel «Giovane Provveduto» di San Giovanni Bosco*:

> Evidentemente Don Bosco non esige dai giovani una meditazione, quale è concepita dalle scuole più classiche di ascetica. Tuttavia, in quanto la lettura spirituale non è disgiunta da una certa riflessione (e quindi aperta alla meditazione vera e propria) Don Bosco interpreta la lettura spirituale come meditazione e si contenta di richiedere dai ragazzi questo minimum[107].

In realtà Don Bosco in questi anni, sia che si rivolga ai giovani sia che parli ad adulti o a salesiani, nomina distintamente la *meditazione* e la *lettura spirituale*; non esiste nessun fondato motivo per affermare che egli ne ignorasse la differenza e nemmeno che la ignorassero i suoi uditori.

Al cavaliere Ugo Grimaldi di Bellino nel 1862 scrive: «Ogni mattino messa e meditazione. Nel dopo mezzogiorno un po' di lettura spirituale»[108]. A Don Giovanni Anfossi, exallievo dell'Oratorio di Valdocco, scrive nel 1867: «La meditazione e la visita al SS. Sacramento saranno per te due salvaguardie potentissime: approfittane»[109]. «Ti raccomando tre cose: — scrive in quel medesimo anno al chierico Luigi Vaccaneo — attenzione nella meditazione del mattino; frequenza di compagni maggiormente dati alla pietà; temperanza nei cibi»[110]. Al cavaliere Federico Oreglia, altro amico e benefattore dell'oratorio, nel 1868 scriverà: «Ella non dimentichi di fare ogni giorno la sua meditazione e la sua lettura spirituale»[111].

Un'altra lettera di quegli anni ci sembra vada citata. Si tratta di una sorta di affettuoso, paterno promemoria preparato da Don Bosco per Don Michele Rua che, ordinato sacerdote tre anni prima, era stato da lui stesso inviato nel 1863, all'età di ventisei anni, come direttore della nuova fondazione di Mirabello. Sul finire di ottobre Don Bosco, su richiesta dello stesso Don Rua, invia al suo «amatissimo figlio» una piccola raccolta di avvisi.

Siccome non posso sempre trovarmi al tuo fianco per suggerirti quelle cose

---

[106] J. PICCA, «La meditazione nel pensiero e nella prassi», 19.
[107] P. STELLA, *Valori spirituali nel «Giovane Provveduto»*, 55.
[108] G. BOSCO, *Epistolario*, [MOTTO], II, 526.
[109] G. BOSCO, *Epistolario*, [MOTTO], II, 446.
[110] G. BOSCO, *Epistolario*, [MOTTO], II, 458.
[111] G. BOSCO, *Epistolario*, [MOTTO], II, 494-495.

che forse tu hai più volte udito o veduto praticarsi tra noi e che io vorrei spesso ripeterti — scrive confidenzialmente Don Bosco — così spero di fare cosa grata scrivendoti qui alcuni avvisi che ti potranno servire di norma nell'operare. Ti parlo con la voce di un tenero padre che apre il suo cuore ad uno de' suoi più cari figliuoli. Voglio scriverli di mia mano perché tu abbia teco un pegno del grande affetto che ti porto, e ti siano di memoria permanente del vivo desiderio che nutro che tu guadagni molte anime al Signore[112].

Nella lunga lettera le raccomandazioni al nuovo direttore si dividono in sei capitoletti: *Con te stesso, Con i Maestri, Cogli assistenti e coi capi di camerata, Colle persone di servizio, Coi giovani studenti, Cogli esterni.*

Nella prima parte, *Con te stesso*, Don Bosco fa a Don Rua sei raccomandazioni:

1° Niente ti turbi,
2° Evita le mortificazioni nel cibo e in ciascuna notte non fare meno di sei ore di riposo. Questo è utile per la tua sanità e per poter promuovere il bene delle anime di giovanetti a te affidati.
3° Celebra la santa messa e recita il breviario *pie, devote, attente*. Ciò procura di praticare tu stesso e di farlo eziandio praticare da' tuoi dipendenti.
4° Ogni mattina un poco di meditazione, lungo il giorno una visita al SS. Sacramento. Il rimanente come è disposto dalle regole della società.
5° Studia di farti amare prima di farti temere. Nel comandare e correggere fa sempre vedere che tu cerchi il bene delle anime. Tollera ogni cosa quando trattasi d'impedire il peccato. Le tue sollecitudini siano tutte dirette al bene spirituale, sanitario, scientifico de' giovanetti dalla divina provvidenza a te affidati.
6° Nel deliberare di cose di maggior importanza fa' sempre una elevazione del tuo cuore a Dio prima di deliberare[113]. Quando ti è fatta qualche relazione, procura di rischiarare bene i fatti prima di giudicare. Non di rado sono riferite cose che a primo annunzio sembrano travi e non sono che paglie[114].

---

[112] F. Motto, *I «Ricordi confidenziali ai direttori»*, 23. Si tratta della edizione critica di questa lettera e delle successive che da questa saranno ricavate.

[113] Un'aggiunta di Don Bosco al margine dice qui: «Pensaci alquanto prima di deliberare in cose d'importanza e nel dubbio appigliati (corretto poi con "prendi") sempre a quelle cose che sembrano di maggior gloria a Dio» (cf. F. Motto, *I «Ricordi confidenziali ai direttori»*, 24).

[114] F. Motto, *I «Ricordi confidenziali ai direttori»*, 23-24.

Questa lettera, inizialmente di carattere strettamente privato, diverrà, a partire dal 1871, con alcuni ritocchi e integrazioni, una sorta di circolare programmatica per i tutti i direttori delle case salesiane; Don Bosco la presenterà con il titolo *Ricordi confidenziali ai direttori* o con l'altro *Testamento che indirizzo ai Direttori delle case particolari*.

Scrive Don Francesco Motto, che ha curato nel 1984 l'edizione critica della lettera a Don Rua e delle successive versioni «circolari»:

> Nella mente di Don Bosco i «Ricordi confidenziali» avrebbero così dovuto tracciare una chiara e precisa linea di condotta per i direttori di tutte le opere salesiane. E tale è stata pure la persuasione di quanti gli succedettero nella responsabilità generale della congregazione salesiana. I vari Rettori Maggiori se ne sono fatti promotori della diffusione mediante continue edizioni e commenti.
>
> Durante il Rettorato di Don Rua, ad ogni inizio di seduta dei capitoli generali VI e VII se ne dava lettura *per partes* e Don Rua stesso ne faceva risaltare, al dire di Don Ricaldone, «la bellezza, la preziosità, quasi si trattasse di parole ispirate e di consigli celesti». I Regolamenti della società salesiana poi, dal 1924 al 1966 ininterrottamente, recitavano: «[Il Direttore] Rilegga con frequenza per suo conto i Ricordi Confidenziali di Don Bosco (San Giovanni Bosco) ai Direttori».
>
> Di fronte ad un testo divenuto ormai classico nella tradizione salesiana e che è stato definito «breve Vangelo» dell'ufficio di direttore, con «valore quasi di codice e testamento», «specchio sul quale ogni Superiore e ogni Salesiano farà un ottimo esame di coscienza», non vi è chi non veda la capitale importanza di un'edizione critica. Oserei dire che suscita un certo stupore il fatto che una simile iniziativa non sia stata presa prima e che ci si sia limitati ad editare testi manoscritti in modo non sempre attendibile o a riprodurre i medesimi o parte di essi, con modesti accorgimenti critici, nelle raccolte antologiche di scritti pedagogici o spirituali[115].

Non ci sfugga, dunque, l'importanza di questo testo, di cui conosciamo cinque redazioni (1863, 1871, 1875, 1876, 1886) e la cui ultima versione risale a due anni prima della morte di Don Bosco.

Notiamo poi che già nella seconda redazione, quella del 1871, il n. 4 della prima parte risulta così modificato e «rafforzato»:

TESTO DEL 1863	TESTO DEL 1871 E SUCCESSIVI
4° Ogni mattina un poco di meditazione, lungo il giorno una visita al SS. Sacramento. Il rimanente come	4° Non mai omettere ogni mattina la meditazione e lungo il giorno una visita al SS. Sacramento. Il rimanen-

---

[115] F. MOTTO, *I «Ricordi confidenziali ai direttori»*, 4-5.

è disposto dalle regole della società.   te come è disposto dalle Regole della Società[116].

Ci si potrebbe chiedere perché Don Bosco senta il bisogno di raccomandare la meditazione ai direttori, anche dopo il 1874, cioè quando le regole ormai approvate della società prescrivono chiaramente: «Singulis diebus unusquisque praeter orationes vocales saltem per dimidium horae orationi mentali vacabit, nisi quisquam impediatur ob exercitium sacri ministerii»[117]. È possibile che egli intenda, per quanto riguarda i direttori, eliminare ogni possibile eccezione prevista dal testo costituzionale: *nisi impediatur...?*

In ogni caso, comunque, l'avviso sottolinea la volontà di mettere in evidenza e di raccomandare particolarmente a chi ha la responsabilità del governo, tra le altre, questa pratica di pietà da *non mai omettere*.

L'ultima citazione dall'*Epistolario*, in relazione al periodo che stiamo considerando, è tratta da una circolare ai salesiani che risale alla fine di aprile del 1868. A quell'epoca la *Società di S. Francesco di Sales*, oltre che nella casa madre di Valdocco, era impegnata nelle fondazioni di Mirabello e Lanzo e gestiva la casa per esercizi di Trofarello; i salesiani che avevano già professato le regole della *Società* erano già una settantina, ma non mancarono, sin dall'inizio, le defezioni e gli abbandoni[118].

In questo contesto la *Circolare ai salesiani* del 1868 rappresenta un caratteristico esempio di *direzione spirituale comunitaria*. Don Bosco tocca i temi dell'osservanza religiosa, dell'obbedienza, dell'unità di spirito e di amministrazione, della povertà.

> Per unità di spirito — sottolinea Don Bosco — io intendo una deliberazione ferma costante di volere o non volere quelle cose che il superiore giudica tornare a maggior gloria di Dio. Questa deliberazione non si rallenta mai comunque gravi siano gli ostacoli che si oppongono al bene spirituale ed eterno secondo la dottrina di S. Paolo: *Caritas omnia suffert, omma sustinet*[119].

È questa *unità di spirito*, questa scelta di fondo, afferma Don Bosco, e non soltanto l'obbedienza ad una norma, che deve sostenere l'osservanza delle regole e, in particolare, delle *pratiche di pietà* prescritte:

---

[116] F. Motto, *I «Ricordi confidenziali ai direttori»*, 28.
[117] G. Bosco, *Costituzioni della Società [1858]-1875*, 185.
[118] Cf. P. Stella, *Don Bosco nella storia economica*, 318-321.
[119] G. Bosco, *Epistolario*, [Motto], II, 529.

Questa deliberazione induce il confratello ad essere puntuale ne' suoi doveri non solo pel comando che gli è fatto, ma per la gloria di Dio che egli intende promuovere. Da ciò ne deriva la prontezza nel fare all'ora stabilita la meditazione, la preghiera, la visita al Santissimo Sacramento, l'esame di coscienza, la lettura spirituale. È vero che queste cose sono prescritte dalle regole, ma se non si procura di eccitarsi ad osservarle per un motivo soprannaturale le nostre regole cadono in dimenticanza[120].

3.6 *La revisione de «Il cattolico provveduto» di Don Bonetti*

Qualche parola a parte vogliamo dedicarla a questo voluminoso manuale di devozione per adulti (ben 766 pagine nella sua unica edizione)[121] pubblicato nel 1868 e la cui preparazione durò circa quattro anni[122].

Nell'Archivio Centrale Salesiano si conserva parte del manoscritto di questo impegnativo lavoro che, comunque, non ebbe certamente la medesima diffusione de *Il Giovane provveduto* o de *La Figlia Cristiana Provveduta*.

Il manoscritto di Don Giovanni Bonetti, allora suo segretario, è rivisto e corretto di suo pugno dallo stesso Don Bosco; la prefazione del testo a stampa porta la firma del santo.

Don Giovanni Bonetti, nato a Caramagna il 5 novembre del 1838 ed entrato all'oratorio all'età di diciassette anni, era stato compagno del Savio e aveva fatto parte di quel primo gruppo di discepoli che il 18 dicembre del 1859 aveva dato la propria adesione alla nascente Società di San Francesco di Sales; all'epoca della pubblicazione del libro aveva dunque trent'anni. Uomo di ingegno versatile e di temperamento passionale[123], divenne, a partire dal 1886, membro del Consiglio Superiore

---

[120] G. BOSCO, *Epistolario*, [MOTTO], II, 529-530.

[121] Il titolo completo è *Il Cattolico Provveduto per le pratiche di pietà con analoghe istruzioni secondo il bisogno dei tempi*.

[122] Don Lemoyne racconta come Don Bosco sia stato fin dal 1864 invitato dalla Contessa Callori Sambuy Vignale, sua benefattrice, a scrivere un manuale di pratiche di pietà analogo a *Il Giovane Provveduto*, ma rivolto agli adulti. Don Bosco affidò l'incarico a Don Bonetti; dopo una lunga preparazione e la revisione di Mons. Gastaldi venne finalmente messo in vendita «il libro intorno al quale Don Bosco, aiutato da Don Bonetti, aveva lavorato per più anni» (MB IX, 222). Una delle prime copie venne spedita il 30 aprile 1868 alla stessa contessa Callori (cf. MB VII, 803-805; IX, 39. 222-223).

[123] Nell'esordio di una lettera di Don Bosco a Don Bonetti del 14 febbraio 1878 leggiamo: «Carissimo Don Bonetti, cessa di battagliare e scrivi parole pacifiche, come ti ho tante volte raccomandato» (G. BOSCO, *Epistolario*, [CERIA], III, 296).

e *Direttore Spirituale* della congregazione[124]. La sua dedizione e il suo attaccamento a Don Bosco furono grandissimi[125]. Ci informa Don Lemoyne: «A Don Bonetti, prima ancora che fosse sacerdote, (Don Bosco) rimetteva le sue opere destinate alla pubblicazione perché le rivedesse e correggesse, e talvolta perché le completasse. E così continuò per tutto il tempo di sua vita»[126].

Ci troviamo dinanzi, dunque, ad un testo della tradizione salesiana, certamente rivisto e corretto da Don Bosco e di cui egli si assunse la paternità. È un caso caratteristico e non infrequente; sarebbe un errore, a parer nostro, il trascurare, per via della loro «non autenticità», questo ed altri testi che ci offrono senz'altro elementi *indiretti* di conoscenza del *sentire spirituale* del santo e, insieme, in modo assolutamente *diretto* il *sentire spirituale* della prima generazione di Salesiani.

Le prime venti pagine di questo manuale di Don Bonetti costituiscono un vero e proprio *trattatello* sulla preghiera. I numerosi interventi di Don Bosco sul testo, oltre che la autorevolezza del primo estensore, sono per noi garanzia sufficiente per considerarlo, a tutti gli effetti, un documento di *spiritualità salesiana*; nelle prossime citazioni di questo paragrafo riporteremo in corsivo, per evidenziarle, le modifiche apportate da Don Bosco[127].

Il primo paragrafo porta il titolo *Che cosa voglia dire pregare* e si apre con una lunga «definizione» della preghiera:

> Pregare vuol dire innalzare il proprio cuore a Dio, e intratteners*i* con lui per mezzo di santi pensieri e divoti sentimenti. Perciò ogni pensiero di Dio e ogni sguardo a lui è preghiera, quando va congiunto ad un *sentimento* di pietà. Chi pertanto pensa al Signore o alle sue infinite perfezioni, e in questo pensiero prova un *affetto* di gioia, di venerazione, di amore, di ammirazione, costui prega. Chi considera i *grandi* benefizi ricevuti dal Creatore, Conservatore e Padre, e si sente da riconoscenza compreso, costui prega.

---

[124] Cf. E. VALENTINI – A. RODINÒ, *Dizionario biografico*, 46-47.

[125] Nella sua corrispondenza egli si riferisce a volte a Don Bosco dandogli il nome di «papà». «Don Bosco nostro papà carissimo — scrive ad esempio nel 1883 a Don Lemoyne — ha già fatto preparare la camera» (FDR 4620 A 2).

[126] MB VIII, 45.

[127] Non verranno riportate le cancellature di parole o di parte del testo perché è impossibile, dal manoscritto, dedurre se siano state fatte da Don Bosco o dallo stesso Don Bonetti. Abbiamo cercato, per quanto possibile, di distinguere le correzioni fatte dall'uno e dall'altro, riportando qui soltanto quelle di Don Bosco. Il testo del manoscritto, così come risulta dopo le correzioni apportate da Don Bosco, corrisponde poi in modo quasi perfetto al testo a stampa.

> Chiunque nei pericoli della sua innocenza e della virtù, conscio della propria debolezza, supplica il Signore ad aiutarlo, costui prega. Chi finalmente nella contrizione del cuore si volge a Dio e ricorda che ha oltraggiato il proprio Padre, offeso il proprio Giudice, ed ha perduto il più gran bene, e implora perdono e propone di emendarsi, costui prega.
>
> Il pregare è perciò cosa assai facile. Ognuno può in ogni luogo, in ogni momento sollevare il suo cuore a Dio per mezzo di pii sentimenti. Non sono necessarie parole ricercate e squisite, ma bastano semplici pensieri accompagnati da divoti interni affetti. Una preghiera che consista in so li pensieri, p. es. in una tranquilla ammirazione della grandezza ed onnipotenza divina, è una preghiera interna, o meditazione, oppure contemplazione. Se si esterna per mezzo di parole *si appella* preghiera vocale.
>
> Sia l'una che l'altra maniera di pregare deve essere cara al cristiano, che ama Iddio. Un buon figlio pensa volentieri al proprio padre, e sfoga *con* Lui *gli affetti* del proprio cuore[128].

Si noti come questa «definizione» di preghiera si rifaccia ad una tradizione spirituale che considera la preghiera non soltanto come *petizione*, bensì anche come semplice intimità di pensieri e sentimenti, cioè come *orazione mentale affettiva*.

Il secondo paragrafo di questa prima parte è intitolato *La preghiera è un dovere*. Dalla natura stessa della preghiera e da alcune considerazioni sulla relazione «creaturale» che lega l'uomo a Dio viene dedotta la *necessità* dell'orazione:

> Perciò non *dobbiamo meravigliarci* se l'apostolo Paolo ci dice: pregate senza interruzione. Neppure è esagerato quanto insegna il Vescovo Massillon: «Il cristiano che non prega è un uomo senza Dio, senza culto, senza religione e senza speranza». Imperciocché vive come se non vi fosse Iddio. Aggiungi che la preghiera è una compagna inseparabile della vita cristiana, poiché la vita cristiana è essenzialmente una vita spirituale, e la preghiera è il primo alimento dello spirito, come il pane è il cibo del corpo[129].

Di questo insegnamento Cristo stesso si è fatto maestro con le sue parole e la sua vita: «Quanto sia necessaria, importante, salutare e giovevole la preghiera, ce lo insegnò il divin Redentore non solo colle parole, ma eziandio con il suo esempio, poiché egli pregava spesso *e lungo* il giorno e nel corso della notte»[130].

---

128 *Il Cattolico Provveduto* [manoscritto Bonetti], ACS A 229.03.02, 1-2.
129 *Il Cattolico Provveduto* [manoscritto Bonetti], ACS A 229.03.02, 4.
130 *Il Cattolico Provveduto* [manoscritto Bonetti], ACS A 229.03.02, 4.

CAP. V: DON BOSCO FONDATORE E AUTORE 261

Vengono quindi indicate, nel terzo paragrafo dal titolo *Come deve essere fatta la preghiera*, alcune *modalità* caratteristiche: la opportunità di mettersi in stato di grazia, lo spirito di fede, l'umiltà, la necessità di rispettare un «ordine» nella preghiera di domanda, il pregare nel nome di Gesù, la speranza, l'unità con il corpo mistico, la perseveranza, la preparazione alla preghiera, la posizione del corpo e altro[131].

Il paragrafo successivo, *Le primizie della giornata*, è ancora un insegnamento sulla importanza della preghiera continua.

Accanto al titolo troviamo un'aggiunta di Don Bosco, poi cancellata. Vi si legge: «*Sebbene il dovere del cristiano sia di pregare senza interruzione, tuttavia vi sono alcuni tempi che sono più opportuni per fare la nostra preghiera*»[132]. Continua poi Don Bonetti, rivisto da Don Bosco:

> Tu sai, o cristiano, che l'unico *vero bene* dell'anima nostra *è Dio*; *che noi siamo fatti per lui e a lui solo dobbiamo* tenere rivolti gli occhi nostri giorno e notte; *ed* imitare gli angeli e i santi, i quali mai non cessano di lodarlo e glorificarlo. Ma la misera nostra condizione non ci permette di fare tanto; perché *essendo noi costretti di applicarci nei* bisogni del corpo, il quale ora domanda sollievo, ora riposo dalle giornaliere fatiche. Io non voglio ora chiamare questo tempo perduto per noi: perché anche il riposo, il cibo, ed il sonno ben regolato sono cose grate al Signore. Solo ti fo notare, come i santi *di tutti i tempi* deploravano di dover passare una gran parte della vita in codeste *occupazioni* senza poter tenere il loro pensiero ed affetto *sempre rivolto* a Dio. Essi perciò amavano meglio passare le notti intiere o almeno una gran parte *di esse* nell'orazione, che abbandonarsi al riposo, e cessare di pensare a Dio. Leggiamo nella sacra Scrittura che il re Davide sorgeva dal letto di mezza notte a fine di pregare, rincrescendogli di passare tanto tempo colla mente *non occupata* del suo Dio.
>
> Leggiamo nelle vite dei *Santi* che sant'Antonio abate passava le intiere notti nella preghiera e nella contemplazione, e quando compariva il giorno, egli si lamentava col sole perché veniva a disturbarlo. S. Luigi Gonzaga, figlio di un principe, giovanetto ancora, nel cuor della notte anche nella fredda stagione si alzava di letto, e inginocchiato sulla nuda terra passava più ore a pregare, *cercando* così di mettersi in compagnia dei santi del cielo nel lodare e benedire Iddio. *Ma non è a tutti concesso* di fare tali sacrifici, né Iddio da noi li esige, *perciò possiamo limitare la nostra preghiera a certi tempi determinati*[133].

---

131 Cf. *Il Cattolico Provveduto* [manoscritto Bonetti], ACS A 229.03.02, 5-8.
132 *Il Cattolico Provveduto* [manoscritto Bonetti], ACS A 229.03.02, 9.
133 *Il Cattolico Provveduto* [manoscritto Bonetti], ACS A 229.03.02, 9-10.

Questi doni, dunque, non a tutti sono stati fatti e, di conseguenza, non da tutti sono esigiti. Esistono pertanto dei *tempi* della preghiera e tra questi, dice l'autore, è fondamentale quello del mattino:

> Che bel momento non è mai per un amante di Dio quello del suo svegliarsi al mattino! Che gioia *soave* non prova egli mai *pensando* che dopo aver passata la notte sotto *le* ali della divina provvidenza, dopo *essersi* riposato nella protezione del suo Signore, può *ora* riprendere nuova lena nel cammino del cielo [...].
> Caro cristiano, [...] imita gli esempi dei santi, i quali appena aprono gli occhi alla luce del giorno, subito si alzano per contemplare con gli occhi della mente la luce di Dio, e a lui consacrano i primi affetti del loro cuore»[134].

Al termine di questa lunga introduzione il manuale si sviluppa in un articolato insieme di istruzioni, devozioni, consigli, orazioni; non ci soffermeremo a considerarli. Soltanto riportiamo qualche frammento di una preghiera, di origine incerta, ma significativa nel contesto di questa *spiritualità della presenza*, che cerca di valorizzare ogni strumento, anche il più semplice, per «ritrovare» Dio nella vita ordinaria. L'*abito* della preghiera continua è certamente una *grazia* di Dio, ma la *natura* partecipa con i mezzi gli strumenti che le sono propri:

> Onnipotente eterno Iddio, mio Creatore e Signore! voi conoscete il mio desiderio di lodarvi, pregarvi, amarvi incessantemente e di pensare a voi ogni momento se ciò mi fosse possibile. Ma voi, che colla vostra provvidenza avete disposto le vicende della mia vita e del mio stato e volete che io ne adempia fedelmente tutti gli obblighi, voi sapete che non mi è possibile di sempre pensare a voi, e sempre attualmente lodarvi ed ossequiarvi cogli atti della mia mente e del mio cuore. Vi prego perciò, mio celeste Padre, che vogliate accettare il mio buon volere, e l'intenzione che ho di fare ogni cosa a gloria vostra ed in unione con tutte le azioni del vostro divin Figliuolo. Esaudite la mia preghiera e siavi gradito il patto, che oggi fo con voi in presenza del mio Angelo Custode.
> Quante volte io mirerò il cielo, altrettanto ardentemente io desidero di andarvi a vedere per possedervi e riposarmi con voi, di morire a me stesso per vivere con voi solo, e con acceso sentimento del mio cuore cantare a voi cogli infiammati serafini: *Santo, Santo, Santo* [...]. Tutte le volte che io penso a voi, o parlo di voi, io intendo sempre di offrirvi la vita, la passione, il Sangue del mio Signor Gesù Cristo, i meriti della Beatissima Vergine Maria [...]. Ogni volta che mi accosterò la mano al cuore, intendo di eccita-

---

[134] *Il Cattolico Provveduto* [manoscritto Bonetti], ACS A 229.03.02, 10-11.

re in me, per amor di voi, il pentimento e la compunzione per tutti i miei peccati, anzi pei peccati di tutto il mondo [...]. Tutte le volte che io udirò il segno di una Messa, o il segno di una elevazione io vi offro tutte le messe che si celebrano [...]. Ogniqualvolta mirerò l'immagine di un santo, intendo ringraziarvi per gli immensi beni e di natura e di grazia dalla vostra misericordia a lui concessi [...]. Ogni mio passo, ogni azione, ogni pensiero, ogni sentimento, ogni parola in questo dì, io intendo che siano altrettanti atti di ardentissimo amore verso di voi [...]. Tutto questo, o Signore, io intendo di fare alla vostra maggior gloria[135].

Vedremo più avanti come questa *spiritualità della presenza* si tradurrà per Don Bonetti, divenuto pochi anni dopo la pubblicazione de *Il Cattolico Provveduto* direttore nella casa di Borgo San Martino, in un concreto programma di vita dove la preghiera e il continuo pensiero di Dio configurano il ritmo della vita quotidiana.

4. Orazione mentale e pratiche di pietà nelle costituzioni di Don Bosco

La procedura di ratifica delle costituzioni salesiane, come abbiamo già affermato, fu piuttosto lunga e laboriosa[136]; dal riconoscimento ufficiale della congregazione, avvenuto con il *Decretum laudis* del 1864, alla definitiva approvazione delle costituzioni trascorsero infatti circa dieci anni[137].

---

[135] *Il Cattolico Provveduto*, 172-176.

[136] La procedura di approvazione dei nuovi istituti era stata regolata proprio nel 1863 dal *Methodus quae a S. Congregatione Episcoporum et Regularium servatur in approbandis novis institutis votorum simplicium*, in Collectanea in usum secretariae S C. EE. et RR., curato dall'allora segretario della Congregazione dei Vescovi e Regolari, Mons. Andrea Bizzarri. La necessità di una più chiara regolamentazione dell'*iter* di approvazione delle nuove congregazioni era stata avvertita con forza nei decenni precedenti a causa del numero crescente di nuove fondazioni. Ci informa Don Francesco Motto che tra il 1816 ed il 1862 circa 120 nuovi istituti maschili e femminili si erano rivolti alla Santa Sede per la approvazione; nel corso dell'ottocento vennero fondati in Italia circa 200 istituti, di cui 50 in Piemonte e 24 nella sola Torino (cf. F. MOTTO, «Don Bosco fondatore e la curia romana», 227-228). Il *Methodus* prevedeva due distinte fasi: il riconoscimento dell'istituto, che avveniva a sua volta in due momenti (il *decretum laudis* e la approvazione formale) e la approvazione definitiva delle costituzioni, dopo un periodo di approvazione *per modum experimenti*.

[137] Da un contributo di Don Cosimo Semeraro dal titolo «Curia romana e nuove fondazioni religiose contemporanee a Don Bosco», è possibile ricavare, comunque, che tale periodo fu uno dei più brevi in relazione all'analogo *iter* di altre congregazioni religiose maschili sorte in quel periodo (cf. 207-208). Osserva a questo proposito

Don Bosco lavorò con energia al suo progetto, modificando più volte il testo costituzionale, intervenendo epistolarmente presso i consultori, recandosi a Roma egli stesso, per perorare la sua causa. In tale lavoro il ruolo dei suoi collaboratori fu, in definitiva, secondario[138]
Osserva Don Mario Midali:

> Don Bosco va sicuramente annoverato tra i fondatori che hanno incontrato difficoltà giuridiche da parte dell'autorità ecclesiastica nel fare approvare la propria congregazione religiosa. Ma tali difficoltà non vanno ampliate. Se si confrontano i non pochi ostacoli affrontati da numerosi istituti religiosi del secolo scorso per farsi approvare da Roma con le difficoltà incontrate dal fondatore della società salesiana, si costata che certa letteratura salesiana le ha piuttosto enfatizzate[139].

Il processo di *istituzionalizzazione* della *Società di S. Francesco di Sales*, comunque, si presenta, a parer nostro, come un momento fecondo durante il quale appaiono in modo più evidente alcuni dei tratti più caratteristici della nuova fondazione[140]. Questi ultimi, infatti, emergono in corrispondenza di alcune delle difficoltà avanzate dai consultori.

Don Bosco immagina fin dall'inizio, ad esempio, di unire con le medesime regole coloro che sono legati da voti e i suoi collaboratori laici, i cosiddetti *esterni*[141]. «Quicumque — afferma ancora nell'ultimo testo a stampa del 1873, prima della approvazione del testo definitivo nel

---

Don Francesco Motto: «L'intero "iter" romano dell'approvazione dell'istituto e delle sue costituzioni si compì nello spazio di dieci anni, vale a dire un tempo di cui sarebbe stato impossibile o assurdo pensarne uno inferiore, stando la normativa in vigore [...] e la fluidità della situazione politica ed ecclesiastica del momento» (F. MOTTO, «Don Bosco fondatore e la curia romana», 244).

138 L'osservazione, che condividiamo, è di Don Francesco Motto in «Don Bosco fondatore e la curia romana», 246. «Su tutti i fronti — scrive Don Motto — don Bosco dovette (o volle) operare da solo, senza coinvolgere esplicitamente nessun altro membro della società di cui era fondatore».

139 M. MIDALI, «Tipi di approccio a Don Bosco fondatore», 57.

140 Pur non addentrandoci in questa materia, riteniamo che questa considerazione possa estendersi alla storia di molte istituzioni religiose di tutti i tempi; accade spesso, infatti, che alcune istanze dei fondatori non trovino immediatamente riscontro nelle prospettive della legislazione canonica e che soltanto in seguito vengano riconosciute come possibili. Il dialogo tra *carisma* e *istituzione ecclesiastica* diviene allora il luogo peculiare dove ritrovare alcune delle più caratteristiche *intuizioni* del fondatore.

141 Qualcosa di analogo è possibile trovare nella congregazione degli Oblati di Maria Vergine di Pio Brunone Lanteri, come abbiamo già affermato, come anche nelle figure degli *affiliati* e degli *ascritti* delle costituzioni dell'*Istituto della Carità* di Antonio Rosmini (cf. D. SARTORI, *Opere di Antonio Rosmini. Costituzioni*, 35).

quale il capitolo dei *soci esterni* verrà eliminato — licet in saeculo vivat, in domo sua, in sinu familiae suae ad hanc Societatem potest pertinere». Non concepisce, poi, un noviziato del tutto esente da *prove pratiche* che contribuiscano a verificare l'attitudine dei candidati verso le opere dell'Istituto e cerca persino di evitarne il nome, per sottrarsi alla diffidenza delle autorità civili[142]; rivendica a sé il diritto di formare i chierici[143] e di esercitare alcuni privilegi, come quello di concedere la dispensa da alcune pratiche di pietà[144].

---

[142] La questione della cosiddetta *costituzione dei noviziati* fu senz'altro una delle più dibattute nel dialogo con le istituzioni ecclesiastiche. La necessità di una *sede* appropriata, separata dalle altre opere della congregazione, la occupazione esclusiva dei novizi nello studio e negli *esercizi di pietà*, la figura del maestro dei novizi, interamente dedicato alla formazione degli stessi, costituirono, sino alla approvazione definitiva, ed anche dopo, i nodi di un acceso dibattito. Nella prima traduzione italiana del testo definitivamente approvato, pubblicata nel 1875, dei quattordici articoli approvati che costituivano il capitolo *De Novitiorum Magistro eorumque regimine* e che recepivano le osservazioni dei consultori, ne riportò soltanto quattro e con alcune modifiche. Ai consultori Don Bosco stesso aveva scritto nel 1873: «Tutto ciò che riguarda il noviziato fu trattato col S. Padre, le cui parole mi furono di fondamento. In un capo a parte si esporrà quanto si fa nel noviziato. Ma noi dobbiamo: 1° Evitare questo nome, altrimenti saremo tosto molestati dal governo che non vuole più udire parlare di Ordini religiosi, di congregazioni anzi intende sopprimere tutto ciò che nella civile società avesse relazione con quelli. 2° Per la stessa ragione non pare conveniente una casa isolata dove raccolgansi gli aspiranti. 3° Inoltre siccome la prova degli aspiranti consiste nel conoscere la loro attitudine ad assistere, istruire, educare la gioventù, così gli aspiranti devono contemporaneamente esercitarsi alla pietà ed in questo ministero» (G. BOSCO, *Costituzioni della Società [1858]-1875*, 246-247).

[143] Il seminario arcivescovile di Torino era rimasto chiuso dal 1848 al 1863, in seguito ai moti rivoluzionari che avevano agitato in quegli anni il Piemonte e l'Italia. Scrive P. Igino Tubaldo: «Pur dovendo riconoscere gli immensi pregi dei seminari in genere, e del seminario di Torino, dal quale uscì una schiera di santi sacerdoti, nonostante il "pluralismo" di forme nella formazione del clero, è però un fatto che era il seminario, come struttura, con regole ben determinate, con una rigida disciplina uguale per tutti, indipendentemente dalla provenienza, cultura, estrazione sociale dei soggetti a costituire un forte condizionamento [...]. Il clima della controriforma, la particolare concezione di "società sacrale" a sfondo teocratico, la concezione della Chiesa come società-perfetta, indipendente, autosufficiente, il terrore della "laicità" del mondo [...] determinarono nel sistema educativo dei seminari una spiritualità basata eminentemente sulla "fuga del mondo" e qualche volta sulla "condanna del mondo"» (I. TUBALDO, *Giuseppe Allamano*, 44-45). È interessante notare che tra le varie ragioni addotte da Don Bosco per respingere l'obbligo della permanenza al seminario come convittori dei chierici salesiani compare la *non affidabilità* dei professori del seminario, in particolare nel campo della teologia morale, della ermeneutica sacra e della storia ecclesiastica (cf. G. TUNINETTI, «Gli arcivescovi di Torino e Don Bosco fondatore», 263). Formato alla morale alfonsiana del Convitto Ecclesiastico, Don

Le sue «strategie formative» e la sua concezione di vita religiosa rimangono piuttosto distanti da quelle del suo tempo e, per certi aspetti, profetiche. In particolare egli accetta con fatica l'idea di un isolamento dei salesiani nel periodo della formazione, probabilmente perché l'esperienza del Convitto gli ha insegnato l'efficacia formativa di una equilibrata armonia tra studio, pietà ed esperienze apostoliche; sarà egli stesso in quegli anni ad affermare nelle *Memorie dell'Oratorio* a proposito del Convitto Ecclesiastico: «Qui si impara ad esser preti»[145].

Per quanto riguarda la redazione del testo costituzionale[146], è Don Bosco stesso che, in un foglio accluso alla richiesta di approvazione della Società scritta al Santo Padre il 12 febbraio del 1864, ci fa conoscere le principali *fonti* utilizzate:

> In quanto al costitutivo delle regole — afferma in questa memoria dal titolo *Cose da notarsi intorno alle costituzioni della Società di S. Francesco di Sales* — ho consultato e, per quanto convenne, ho eziandio seguito gli statuti dell'Opera Cavanis di Venezia, le costituzioni dei Rosminiani, gli statuti degli Oblati di Maria Vergine, tutte corporazioni o società religiose approvate dalla S. Sede. I capitoli 5°, 6°, 7° che riguardano la materia dei voti, furono quasi interamente ricavati dalle costituzioni dei Redentoristi. La formula poi dei voti fu estratta da quella dei Gesuiti[147].

Bosco non gradiva certamente il rigorismo, anche se mitigato, del seminario di Torino. Notiamo qui che, a parer nostro, poco spazio si è dato nello studio del difficile dialogo con la curia torinese alle differenti posizioni teologiche, evidenziando più spesso gli aspetti umani e caratteriali dei «contendenti».

[144] Leggiamo al termine del capitolo sulle *Pratiche di pietà* nel testo latino del 1873: «Licebit autem Rectori statuere, ut ab his pietatis exercitiis abstineatur certo quodam tempore et a certis sociis prout opportunius in Domino iudicabit» (G. BOSCO, *Costituzioni della Società [1858]-1875*, 187). Questo articolo, il cui contenuto è già presente nella prima stesura da noi conosciuta, scomparve dal testo approvato; eppure il suo contenuto non dovette apparire, agli occhi di Don Bosco un privilegio eccessivo, se consideriamo che le costituzioni della Compagnia di Gesù, certamente conosciute da Don Bosco, che non assegnavano un tempo determinato alla orazione, alla meditazione e agli altri esercizi di pietà, davano facoltà al superiore di determinarne il tempo conveniente per ciascun *suddito* (cf. IGNAZIO DI LOYOLA, «Costituzioni», 570).

[145] MO 116.

[146] Notiamo qui ancora una volta che i due termini *regole* e *costituzioni* sono da considerarsi sinonimi nel linguaggio di Don Bosco, come si evince dallo stesso titolo con cui venne pubblicata la prima edizione latina del 1874: *Regulae seu Constitutiones Societatis S. Francisci Salesii juxta approbationis decretu die 3 aprilis 1874*.

[147] G. BOSCO, *Costituzioni della Società [1858]-1875*, 229. Non sono comunque da escludere altre fonti, oltre a quelle citate da Don Bosco; Francis Desramaut agiunge, tra le altre già citate, anche le costituzioni dei *Lazzaristi* da cui dipenderebbe-

CAP. V: DON BOSCO FONDATORE E AUTORE 267

Vista l'importanza di questa prima formula di professione, osserviamola brevemente, a confronto con la relativa «fonte»; essa compare nella redazione in lingua italiana del 1860, inviata all'arcivescovo di Torino Monsignor Fransoni, allora in esilio in Francia, per la approvazione diocesana[148].

SOCIETÀ DI S. FR. DI SALES

Nella piena cognizione della fragilità e instabilità della volontà mia, desideroso per l'avvenire di fare costantemente quelle cose che possono tornare a maggior gloria di Dio ed a vantaggio delle anime, io N. N. mi metto alla vostra presenza, onnipotente e sempiterno Iddio e sebbene indegno del vostro cospetto, tuttavia confidato nella vostra bontà e misericordia infinita, mosso unicamente dal desiderio di amarvi e servirvi, in presenza della Beatissima Vergine Maria, di S. Francesco di Sales e di tutti i santi del Paradiso, fo voto di castità, povertà ed ubbidienza a Dio ed a Voi mio Superiore per lo spazio di tre anni, pregandovi umilmente di volermi senza riserbo comandare quelle cose che sembreranno di maggior gloria di Dio e vantaggio delle anime[149].

COMPAGNIA DI GESÙ

Onnipotente sempiterno Iddio, io (N. N.) quantunque indegnissimo del vostro divino cospetto, confidato nondimeno nella pietà e misericordia vostra infinita, e mosso dal desiderio di servirvi, fo voto in presenza della Sacratissima Vergine Maria e di tutta la corte celeste, alla Divina Maestà Vostra di Povertà, Castità e Ubbidienza perpetua nella Compagnia di Gesù; e prometto d'entrare per vivere e morire in quella, il tutto intendendo conforme alle Costituzioni di essa Compagnia. Domando dunque umilmente dall'immensa bontà e clemenza vostra, pel Sangue di Gesù Cristo, che vi degniate di accettare questo olocausto in odore di soavità, e che siccome m'avete data grazia di desiderarlo e di offerirlo, così me la vogliate abbondantemente concedere per adempirlo[150].

---

ro, a parer suo, due dei nove articoli del capitolo sulle *pratiche di pietà* (cf. F. DESRAMAUT, «Il capitolo delle "Pratiche di pietà"», 59).
[148] Cf. F. MOTTO, «Introduzione», 17.
[149] G. BOSCO, *Costituzioni della Società [1858]-1875*, 204.
[150] *Regole della Compagnia di Gesù*, 172.

Nelle pagine che seguono fermeremo la nostra attenzione soltanto sul capitolo delle *pratiche di pietà*[151] e, in particolare, sull'articolo che riguarda la preghiera e la *meditazione*. Esamineremo dapprima, con la necessaria cura, le differenti redazioni del testo, affidando ad un successivo paragrafo gli opportuni commenti.

4.1 *Evoluzione del dettato costituzionale.*
Pratiche di pietà e meditazione quotidiana

La prima redazione conosciuta del capitolo sulle *pratiche di pietà*[152] si trova al termine dell'*autografo Rua* (1858?). Il manoscritto del chierico Michele Rua si conclude con nove articoli scritti questa volta dallo stesso Don Bosco, che seguono il capitolo sulle *Accettazioni*.

Il primo di questi nove articoli, che rimarrà praticamente invariato sino alla approvazione definitiva del 1874, colloca la *Società di S. Francesco di Sales*, utilizzando la attuale terminologia, tra le *congregazioni di vita attiva*. Vi si afferma: «La vita attiva cui tende la nostra congregazione fa sì che i suoi membri non possono avere comodità di fare molte pratiche in comune; procureranno di supplire col vicendevole buon esempio e col perfetto adempimento dei doveri generali del cristiano»[153].

Il secondo articolo fa riferimento alla pronuncia *chiara, divota distinta* delle parole dell'ufficio; il quarto alla recita quotidiana della terza parte del rosario; il sesto all'esercizio mensile della *buona morte*, mentre il successivo dà facoltà al Rettore di «dispensare da queste pratiche per quel tempo e per quegli individui che meglio giudicherà nel Signo-

---

[151] Notava Francis Desramaut nel contributo «Il capitolo delle "Pratiche di pietà"» a cui abbiamo già fatto riferimento in una delle note precedenti: «A questo capitolo egli cominciò a dare un titolo di cui, non ostante l'ambiguità, non bisognerebbe mai perdere di vista il senso complesso. I lazzaristi parlavano di *pratiche spirituali*, gli oblati di *atti di religione*, i preti delle Scuole di Carità di *pia exercitia*. Egli preferì pratiche di pietà. La futura traduzione del titolo nelle versioni latine (*Pietatis exercitia*, dal 1867) e il contenuto del capitolo così intitolato lasciano intendere che Don Bosco voleva indicare in tal modo sia i pii esercizi, sia gli esercizi di pietà delle società religiose» (p. 59).

[152] Si tratta di cinque fogli legati a quinterno e scritti da ambo i lati, per un totale di venti facciate, compreso il foglio che fa da copertina. Le pagine interne sono numerate da 1 a 16; la prima metà della pagina 15, la 16 e parte della copertina conclusiva interna, sono scritte da Don Bosco e costituiscono il capitolo dal titolo *Le pratiche di pietà*; le altre sono scritte da Don Rua, ma riportano parecchie correzioni di Don Bosco (cf. ACS D 472.01.01).

[153] ACS D 472.01.01, 15.

CAP. V: DON BOSCO FONDATORE E AUTORE

re»; gli articoli 8 e 9 prescrivono i suffragi da celebrare in caso di decesso di un congregato o dei suoi genitori[154].

Il terzo articolo, più direttamente dedicato all'orazione, così affermava originariamente: «Ogni giorno vi sarà mezz'ora almeno di preghiera mentale o almeno vocale, ad eccezione che uno sia impedito dall'esercizio del sacro ministero». Il testo, però, si presenta corretto dallo stesso Don Bosco e in definitiva vi si legge: «Ogni giorno vi sarà *non meno di* mezz' (ora) di preghiera mentale o almeno vocale, ad eccezione che uno sia impedito dall'esercizio del sacro ministero»[155].

In un altro manoscritto, successivo al primo ma non posteriore agli inizi del 1860[156], l'articolo 3 della trascrizione di Carlo Ghivarello[157] risulta così corretto dalla stessa mano di Don Bosco: «Ogni giorno vi sarà non meno di mezz'ora di preghiera *tra* mentale e vocale». In questa stesura troviamo anche la aggiunta, tra le pratiche di pietà, della *lettura spirituale* e della *frequenza ebdomadaria dei Santi Sacramenti*[158].

Il testo del manoscritto probabilmente inviato nel 1860 all'Arcivescovo di Torino Monsignor Luigi Fransoni, in esilio a Lione, non presenta variazione alcuna, in relazione al capitolo sulle pratiche di pietà, rispetto a questi schemi precedenti. Questo manoscritto di Giovanni Boggero[159], che porta venticinque firme autografe di «congregati», presenta però delle successive correzioni di Don Bosco[160], che Don Francesco Motto data verso la fine del 1860 o all'inizio del 1861[161].

---

[154] ACS D 472.01.01, 16.

[155] ACS D 472.01.01, 16. Il corsivo è nostro e mette qui in evidenza l'intervento di Don Bosco sul manoscritto.

[156] La datazione è di Don Francesco Motto in G. BOSCO, *Costituzioni della Società [1858]-1875*, 24.

[157] Entrato nell'oratorio nel 1855 all'età di vent'anni, Carlo Ghivarello è anch'egli uno dei «soci fondatori» e uno dei primi *consiglieri* della nascente congregazione. Fu anche il primo segretario di Don Bosco e, negli anni dal 1876 al 1880, Prefetto Generale (cf. E. VALENTINI – A. RODINÒ, *Dizionario biografico dei salesiani*, 140).

[158] ACS D 472.01.03, 19. Il corsivo è nostro. Il manoscritto è un quadernetto con venticinque pagine numerate ed alcuni fogli bianchi.

[159] Entrato all'oratorio nel 1855 a circa quindici anni, emise la sua professione nella Società di S. Francesco di Sales nel 1864; due anni dopo lasciò la congregazione, pochi mesi prima della morte avvenuta nel 1866 (cf. MB XX – Indice analitico).

[160] Si può ipotizzare che esso sia stato restituito ai mittenti e, quindi, corretto da Don Bosco, oppure che si tratti, nonostante la presenza delle firme autografe e la particolare cura della grafia, di una copia della lettera inviata all'arcivescovo.

[161] Cf. F. MOTTO, «Introduzione», 26.

L'articolo 3 risulta così modificato dalla mano di Don Bosco (in corsivo le variazioni o le aggiunte):

> Ogni giorno vi sarà non meno di *un'ora* di preghiera tra mentale e vocale, ad eccezione che uno sia impedito dall'esercizio del sacro ministero. *Nel qual caso supplirà colla maggiore frequenza di giaculatorie ed indirizzando a Dio con maggiore intensità di affetto quei lavori che lo impediscono dagli ordinari esercizi di pietà*[162].

La redazione in lingua italiana, a cui farà seguito il *Decretum laudis* del 23 luglio 1864, riporta questo medesimo testo come articolo sull'orazione (articolo che nel nuovo schema è diventato il numero 4)[163]. Il decreto, però, non è che il primo passo ufficiale verso la definitiva approvazione.

Il segretario della Sacra Congregazione dei Vescovi e Regolari riassumerà, in quella occasione, le osservazioni fatte dal consultore Fra Angelo Savini al testo costituzionale in tredici *animadversiones*; l'ottava osservazione riguarda proprio il contenuto del nostro articolo e, insieme, il numero dei giorni di esercizi spirituali prescritti, dichiarava: «Optandum est, ut socii plusquam unius horae spatio orationi vocali, et mentali quotidie vacent, et ut quolibet anno per decem dies spiritualia peragant exercitia»[164].

A tale *animadversio* Don Bosco così rispose nella lunga memoria *Supra animadversiones in Constitutiones sociorum sub titulo S. Francisci Salesii in Diocesi Taurinensi*: «Cum haec animadversio de meliore Societatis bono sit, libenti animo admittitur, atque hoc sensu in Constitutionibus accomodatur»[165].

Nonostante questa positiva osservazione il primo testo latino delle costituzioni, che viene ripresentato alla Congregazione dei Vescovi e Regolari nel 1867, non tiene conto dell'osservazione del consultore e si presenta praticamente immutato:

> Omnibus diebus unusquisque non minus unius horae spatio orationi vocali et mentali vacabit, nisi quisquam impediatur ob exercitium sacrii ministerii; tunc maiori, qua fieri poterit, frequentia eas per iaculatorias preces supplebit, maiorique affectus vehementia Deo offeret opera, quibus a constitutis pietatis exercitiis arcetur[166].

---

[162] ACS D 472.01.07.
[163] Cf. G. BOSCO, *Costituzioni della Società [1858]-1875*, 184.
[164] G. BOSCO, *Costituzioni della Società [1858]-1875*, 231.
[165] G. BOSCO, *Costituzioni della Società [1858]-1875*, 233.
[166] G. BOSCO, *Costituzioni della Società [1858]-1875*, 233.

CAP. V: DON BOSCO FONDATORE E AUTORE

Il 19 febbraio del 1869 giunge la *approvazione dell'Istituto*; il decreto, che viene pubblicato due settimane più tardi, rimanda comunque, come abbiamo precedentemente affermato, la definitiva approvazione delle costituzioni. Negli anni successivi il testo latino viene rifuso e, nel 1873, ristampato nella tipografia dell'Oratorio, praticamente senza alcuna variazione relativamente al nostro articolo e al testo latino del 1867.

Le osservazioni del nuovo consultore, il domenicano Raimondo Bianchi sono questa volta trentotto. Vi si legge: «Si era detto (*nella precedente* animadversio n. 8) essere desiderabile che i soci attendessero all'orazione mentale *più di un'ora* [...]. Ora si legge che essi faranno l'orazione mentale *almeno un'ora*»[167]. Nelle ventotto nuove *animadversiones* del segretario Mons. Vitelleschi, che riassumono ufficialmente le osservazioni del consultore, questa osservazione, però, non figura più, forse perché non corrispondente al testo originario della *animadversio* n. 8 o perché non chiara[168].

Il testo manoscritto, approvato definitivamente il 3 aprile del 1874, dopo una nuova rifusione di Don Bosco e le ulteriori varianti introdotte da una commissione particolare composta da quattro cardinali[169], presenta qualche novità. Viene infatti distinto il tempo dell'orazione mentale (non meno di mezz'ora) da quello dell'orazione vocale:

> Singulis diebus unusquisque practer orationes vocales saltem per dimidium horae orationi mentali vacabit, nisi quisquam impediatur ob exercitium sacri ministeri; tunc majori, qua fieri poterit, frequentia eas per iaculatorias preces supplebit, majorique affectus vehementia Deo offeret opera, quibus a constitutis pietatis exercitiis arcetur[170].

Dopo l'approvazione definitiva del testo manoscritto, Don Bosco preparò in quello stesso anno il testo latino a stampa *iuxta adprobationis decretum die 3 aprilis 1874*, e, l'anno successivo, il testo italiano; l'uno e l'altro, nel loro complesso, presentano ulteriori modifiche, legate in parte a preoccupazioni stilistiche e forse, come afferma Don Fran-

---

[167] G. BOSCO, *Costituzioni della Società [1858]-1875*, 242.
[168] Il testo della *animadversio*, infatti, citando l'articolo costituzionale erroneamente lo modifica. Si dice infatti: «faranno l'orazione mentale almeno un ora». L'originale parlava invece di «non meno di un'ora di preghiera tra mentale e vocale».
[169] Cf. F. MOTTO, «Introduzione», 19.
[170] G. BOSCO, *Costituzioni della Società [1858]-1875*, 185.

cesco Motto, «all'intento di adeguare il testo secondo certe facoltà a lui concesse dal papa *vivae vocis oraculo*»[171].

Può essere interessante notare che, per quanto riguarda il testo latino a stampa del nostro articolo, Don Bosco introduce una lieve modifica, a proposito delle «eccezioni» previste. Si legge infatti: «saltem per dimidium horae orationi mentali vacabit, nisi quisquam forte ob exercitium sacri ministerii impediatur»[172]. L'avverbio *forte* (per caso, occasionalmente...) rende più marginale la possibilità di un'eccezione.

4.2 *Valutazioni sul testo costituzionale*

Il testo costituzionale sulle pratiche di pietà merita alcuni approfondimenti, per l'importanza che assume in vista del nostro studio.

L'articolo 3, come abbiamo sottolineato nel precedente paragrafo, subisce delle evoluzioni. Il testo originario che affermava *Ogni giorno vi sarà non meno di mezz'ora di preghiera mentale o almeno vocale...* diviene, nella versione definitiva: *Ciascuno, oltre le orazioni vocali, farà ogni giorno non meno di mezz'ora di orazione mentale*[173].

Quest'ultima redazione, dunque, non dice nulla sul tempo *totale* della preghiera che, nella redazione del 1873, immediatamente precedente a quella approvata, veniva fissato dalla espressione *non minus unius horae spatio orationi vocali et mentali*. Questo tempo *totale* era stato da Don Bosco aumentato da mezz'ora ad un'ora già poco tempo dopo la prima redazione del testo[174], senza che vi fosse traccia, in quel frangente, di una richiesta dell'autorità ecclesiastica in merito[175].

Ci sembra importante sottolineare qui, per evitare ogni interpretazione riduttiva della *pietà* salesiana delle origini, che questi tempi di preghiera vanno ad *aggiungersi* a quelli che sono impiegati per adempiere

---

[171] F. MOTTO, «Introduzione», 20.
[172] G. BOSCO, *Costituzioni della Società [1858]-1875*, 185.
[173] G. BOSCO, *Costituzioni della Società [1858]-1875*, 185. Abbiamo riportato, in realtà, la traduzione italiana del 1875, che traduce qui fedelmente il testo latino.
[174] Ricordiamo che la correzione *un'ora* si trova sul manoscritto Boggero che viene datato intorno alla fine del 1860, quindi circa un anno dopo la prima redazione del capitolo sulle pratiche di pietà, che è successivo al manoscritto Rua.
[175] Scrive Don Desramaut: «Dopo ciò Don Bosco, che aveva forse ricevuto un'osservazione, di cui non ho trovato traccia, cambiò parere. La mezz'ora di preghiera "tanto mentale che vocale" divenne "un'ora"» (F. DESRAMAUT, «Il capitolo delle "Pratiche di pietà"», 70). Questa ipotesi, senza alcun riscontro documentale, ci sembra piuttosto frutto di un preconcetto dell'autore.

ai «doveri generali del cristiano»[176] (preghiere del mattino e della sera), ai doveri particolari dei chierici (recita della liturgia delle ore, eucarestia quotidiana), alle numerose consuetudini e pratiche feriali e festive o periodiche (giaculatorie, visite al SS. Sacramento, rosario in comune, vespri della Madonna, adorazione e benedizione eucaristica, esercizio della buona morte, quarantore...)[177].
Scriveva Don Francis Desramaut nel 1989:

> Il secolo di don Bosco e don Bosco stesso nutrivano orrore per i parassiti soprattutto religiosi. Nelle primitive costituzioni salesiane, il capitolo delle *Pratiche di pietà* rispecchiava bene questo spirito. *Lavoro e temperanza* fu la divisa di don Bosco per i suoi discepoli. Lo spirito di preghiera doveva impregnare interamente le loro giornate, sia che fossero religiosi, religiose o cooperatori. La preghiera come tale non vi occupava che una parte in definitiva minuscola. Un articolo costituzionale lo riconosceva a colpo d'occhio: «La vita attiva cui tende la nostra congregazione fa che i suoi membri non possano avere comodità di fare molte pratiche in comune; procureranno di supplire col vicendevole buon esempio e col perfetto adempimento dei doveri generali del cristiano». E un articolo successivo dichiarava che i salesiani dovevano consacrare alla preghiera tanto mentale che vocale «non meno di mezz'ora». Per tale indicazione don Bosco si fece richiamare all'ordine; in ogni caso vi si vede la sua tendenza. Egli disprezzava il farniente dei *frati*, che, da parte sua, la stampa liberale del tempo ridicolizzava, in riferimento alla situazione del posto[178].

Ci sembra di avere ampiamente mostrato, in questo e nei precedenti capitoli, come la *tendenza* di Don Bosco, cui fa riferimento Don Desramaut, sia assolutamente in altra direzione, rispetto a quanto afferma questo autore; dai suoi scritti mai è emerso questa sorte di *disprezzo* nei confronti del tempo dedicato alla preghiera, che Don Bosco si guarderebbe bene dal definire *farniente*. Inoltre nulla ci autorizza a considerare il primo testo costituzionale come decisivo per conoscere la *mens* del fondatore, che potrebbe aver adattato ai tempi di crescita del primo

---

[176] Si veda l'articolo 1 del capitolo sulle pratiche di pietà (G. BOSCO, *Costituzioni della Società [1858]-1875*, 182).

[177] Per alcune indicazioni sulla vita di preghiera a Valdocco si vedano, a titolo di esempio, i diversi *regolamenti* (cf. ad esempio il *Regolamento per le case della Società di S. Francesco di Sales* in G. BOSCO, *Scritti sul sistema preventivo*, 432-436).

[178] F. DESRAMAUT, «Don Bosco fondatore», 139. Questo giudizio dell'autore ricalca sostanzialmente i contenuti da lui espressi molti anni prima nel contributo *Il capitolo delle «Pratiche di pietà» nelle costituzioni salesiane*, che rappresenta comunque, per quanto ci risulta, l'unico studio monografico sull'argomento.

gruppo di discepoli le esigenze del suo progetto di vita religiosa. «Se oggi la Congregazione è quello che è — affermava in questa prospettiva Don Giovanni Battista Lemoyne nel 1930 — si deve al fatto che allora si accontentò di essere quello che poté»[179].

Il progetto di Don Bosco, poi, concerne una congregazione *di vita attiva*; è dunque naturale la rinunzia al *coro* e la riduzione delle pratiche *in comune*. In questa prospettiva si muovevano, ad esempio, le costituzioni della Compagnia di Gesù prescrivendo, per i professi:

> In considerazione del tempo e della vita ben provata che ci si attende da quelli che sono ammessi in Compagnia per essere incorporati come professi e anche come coadiutori spirituali, si presuppone che essi risulteranno persone spirituali e mature, che possano correre nella via di Cristo nostro Signore, quanto lo permettono le forze fisiche e le occupazioni esteriori di carità e di ubbidienza. Per questo per quanto riguarda l'orazione, la meditazione e lo studio, come pure per la pratica di digiuni, di veglie e di altre austerità o penitenze corporali, non sembra che si debba imporre loro altra regola se non quella che suggerirà loro la discreta carità [...]. Si dirà solo questo in generale: si faccia attenzione che l'uso immoderato di queste cose non assorba tanto tempo e non debiliti talmente le forze fisiche, che queste non siano poi sufficienti per l'aiuto spirituale al prossimo, secondo il nostro Istituto; e neppure, al contrario, che si dia tale rilassamento in esse, che si raffreddi lo spirito e si accendano le basse passioni umane[180].

Le costituzioni, quindi, come osservava alcuni anni or sono il salesiano Don Carlo Colli, regolano soltanto le pratiche *in comune* e non le *devozioni private* a cui Don Bosco continuamente esortava giovani, salesiani e laici. «L'esplicitazione "in comune" — afferma Don Colli — ci lascia intravedere come non solo non erano escluse, ma erano positivamente incoraggiate molte pratiche di pietà individuali, di cui la devozione dello '800 aveva costellato la giornata e la vita di ogni buon cristiano»[181].

«Siccome il cibo alimenta il corpo e lo conserva — scriverà Don Bosco nel 1875, nell'introduzione alla prima edizione italiana delle regole approvate — così le pratiche di pietà alimentano l'anima e la rendono forte nelle tentazioni»[182].

---

[179] MB IX, 271.
[180] IGNAZIO DI LOYOLA, «Costituzioni», 570.
[181] C. COLLI, «Elementi di spiritualità salesiana», 147.
[182] Dalla *Introduzione alle regole*, autografo di Don Bosco conservato in ACS A 022, 10.

CAP. V: DON BOSCO FONDATORE E AUTORE 275

Convinzione, questa, che è costantemente espressa negli scritti di Don Bosco[183].

Di fronte alle osservazioni dei consultori (*...unius horae spatio orationi vocali, et mentali quotidie vacent...*) così aveva risposto egli stesso, come abbiamo visto, nel 1864: «Cum haec animadversio de meliore Societatis bono sit, libenti animo admittitur, atque hoc sensu in Constitutionibus accomodatur»[184].

In questo particolare aspetto del dialogo con le autorità ecclesiastiche ci sembra anche che si esprimano due differenti concezioni della preghiera. Da un lato ciò che sembra importante è il tempo *formalmente* dedicato alla preghiera comune; dall'altro una concezione della vita spirituale e una prassi che vuole educare al *continuo pensiero di Dio*. Tra le *Virtù principali proposte allo studio delle Novizie ed alla pratica delle professe* nelle costituzioni del 1871, per il nascente Istituto delle Figlie di Maria Ausiliatrice, leggiamo: «Spirito d'orazione, col quale le Suore si tengono perpetuamente alla presenza di Dio e abbandonate alla sua provvidenza»[185].

La tendenza a questa *spiritualità della presenza* emerge anche, ad esempio, da un appunto autografo di Don Giovanni Bonetti, l'estensore de *Il Cattolico Provveduto* e il «correttore ufficiale» di Don Bosco, non datato, ma riconducibile al periodo che intercorre tra il 1870 e il 1877[186]. Il titolo, scritto dallo stesso Don Bonetti, che nel 1870 ha compiuto trentadue anni, è: *Orario della giornata, della settimana, del mese, dell'anno, della vita di un sacerdote Salesiano direttore*. Si tratta di

---

[183] Aveva scritto lo stesso Don Bosco, ad esempio, ne *Il Giovane Provveduto* del 1847: «Siccome poi il nostro corpo senza cibo diviene infermo e muore, lo stesso avviene dell'anima nostra se non le diamo il suo cibo. Nutrimento e cibo dell'anima nostra è la parola d'Iddio» (G. BOSCO, *Il Giovane Provveduto*, 18).

[184] G. BOSCO, *Costituzioni della Società [1858]-1875*, 233.

[185] *Costituzioni e Regole dell'Istituto delle figlie di Maria Ausiliatrice*, 16. Si tratta di un manoscritto conservato nell'archivio della Casa Generalizia delle Figlie di Maria Ausiliatrice, a Roma. Per la datazione del manoscritto si veda l'edizione critica delle costituzioni, curata da Suor Cecilia Romero: G. BOSCO, *Costituzioni per l'Istituto delle Figlie di Maria Ausiliatrice (1872-1885)*, 59. L'articolo citato, come del resto buona parte del primitivo testo costituzionale, è tratto dalle regole delle Suore di Sant'Anna della Provvidenza, fondate nel 1834 dalla Marchesa di Barolo (cf. *Costituzioni e Regole dell'Istituto delle Suore di S. Anna della Provvidenza*, 31).

[186] In questo periodo Don Bonetti era direttore del *Piccolo seminario* di Borgo San Martino, dove si era trasferita l'analoga opera di Lanzo. L'appunto è su carta intestata di quell'istituto e può dunque essere collocato all'interno di questo arco di tempo.

un foglio ripiegato, scritto su poco più di tre facciate, con parecchie aggiunte o cancellature. Ne riportiamo qui una *trascrizione semplice*[187]:

1. Al mattino alzarsi per ordinario all'ora della levata comune.
2. Prima o dopo aver udite le confessioni, recitare le Ore.
3. Fare un poco di meditazione o lettura spirituale in preparazione alla celebrazione della Santa Messa.
4. Dopo Messa e il ringraziamento, lettura di un capo del «Memoriale Sacerdotum» o «Regola del Sacerdote» o di altro libro simile.
5. Colazione leggiera, onde poter subito, s'è d'uopo, attendere allo studio.
6. Corrispondenza a scritti.
7. Prima del mezzodì, lettura di un capo della Bibbia.
8. A pranzo nulla rifiutare di ciò che viene apprestato.
9. Dopo la ricreazione del mezzodì, lettura di un capo dell'*Imitazione*.
10. Vespro e Compieta.
11. Occupazioni a pro della Casa.
12. Nella ricreazione della merenda visita al Santissimo Sacramento.
13. Mattutino e Lodi.
14. Studio di Teologia.
15. Prima di cena, meditazione in comune coi maestri.
16. Cena modica, onde aver lo spirito libero per la veglia.
17. Orazioni coi giovani, e breve cordiale parlata.
18. Terza parte del Rosario.
19. Lettura della vita del Santo del giorno, o di altro simile.
20. Riposo, raccomandando a Dio ed alla Vergine tutta la Casa.

Nota. Per quanto si può durante la ricreazione trovarsi in mezzo ai giovani o con qualche maestro o chierico, ed in persona non prendere palesemente, per non perdere la confidenza di alcuno, parte di cose odiose.

21. Ogni venerdì, la Confessione e il prescritto digiuno.
22. Ogni Sabato qualche opera buona in onore di Maria.
23. Ogni mese la Confessione mensile e la preghiera della buona morte. Per la Storia Ecclesiastica ecc., almeno *nullus mensis sine linea*.
24. Ogni anno la Confessione annuale e gli Esercizi Spirituali pubblici o privati
25. Di quando in quando la compilazione di qualche operetta da pubblicare nelle Letture Cattoliche.
26. In ogni tempo e luogo tenere a mente che la vita del Sacerdote è vita di sacrifizio come quella di Gesù Cristo, e perciò non fuggire mai alcuna fatica o pena che possa tornare alla maggior gloria di Dio e di vantaggio alle anime.

---

[187] Abbiamo preferito andare a capo dopo ogni capoverso, per rendere il testo più leggibile; nell'originale, invece, i numeri e i relativi contenuti sono uno di seguito all'altro.

27. Anzi andare avidamente in cerca di lavoro, stimando giorno assai felice quello in cui, giunto a sera, si sentirà più stanco per Dio, per la Chiesa, per le anime[188].

Emerge da questa pagina una forte tensione spirituale e, nel medesimo tempo, apostolica; non c'è momento della giornata che non sia raccolto su Dio, scandito dal pensiero di lui e dalla preghiera e, nel medesimo tempo, da preoccupazioni educative. Alla luce di questo testo può emergere il contrasto a cui accennavamo tra l'aspetto *formale* del testo costituzionale (... *non meno di mezz'ora* ...) e i tratti certamente più significativi di questa *spiritualità delle origini*, che altre volte abbiamo cercato di mettere in evidenza.

In questa prospettiva è da leggersi anche l'indicazione offerta a partire dal 1860 a quanti siano impediti dal sacro ministero ad adempiere all'obbligo della meditazione: «Nel qual caso supplirà colla maggior frequenza di giaculatorie ed indirizzando a Dio con maggiore intensità di affetto quei lavori che lo impediscono dagli ordinari esercizi di pietà»[189]. Siamo dinanzi alla dottrina classica espressa da San Francesco di Sales nella Filotea: «Se poi in tutta la giornata non ti riesce a far meditazione, bisogna riparare alla mancanza intensificando le giaculatorie e leggendo qualche libro di pietà o compiendo qualche penitenza che ti impedisca di continuare in questo difetto; inoltre farai un fermo proposito di rimetterti sulla buona strada il giorno seguente»[190].

Ora, in questo esercizio del ritiro spirituale e delle orazioni giaculatorie — scrive il salesio più avanti, nel capitolo *Aspirazioni, giaculatorie e buoni pensieri* — sta la grande opera della devozione; esso può supplire al difetto di tutte le altre preghiere, ma nessun altro mezzo può supplire la sua mancanza. Senza di esso non ci si può dedicare alla vita contemplativa; senza di esso il riposo non è che pigrizia e il lavoro fatica sprecata. Ecco perché ti scongiuro di impegnarti in esso con tutto il cuore e di non tralasciarlo mai più[191].

Analogamente leggiamo nella *Introduzione* alle meditazioni del Padre Luis de la Puente, testo raccomandato, come vedremo, dal primo Capitolo Generale del 1877 per la meditazione dei salesiani:

---

[188] ACS B 516.
[189] ACS D 472.01.07.
[190] FRANCESCO DI SALES, *Introduzione alla vita devota*, 122.
[191] FRANCESCO DI SALES, *Introduzione alla vita devota*, 142.

> Finalmente, acciocché non si stimi alcuno esente da questo così sublime ed utile esercizio, aggiungo, che tutti generalmente, così quelli che hanno tempo assegnato di orazione in privato, se vogliono conservare la loro divozione, come quelli che non hanno tal tempo per supplire a questo mancamento dovrebbero esercitarsi ogni dì molte volte negli atti di orazione mentale, o vocale brevi, che chiamiamo orazioni giaculatorie[192].

L'intenzione del fondatore, dunque, anche quando rivendica a sé la facoltà di «dispensare da queste pratiche per quel tempo e per quegli individui che meglio giudicherà nel Signore»[193], non si muove da una concezione di vita religiosa dove la preghiera occupa *una parte in definitiva minuscola*, o dalla identificazione tra *lavoro* e *preghiera*, bensì da una profonda considerazione della vita di pietà e, nel medesimo tempo, della responsabilità affidata ad ogni individuo, al di là di quanto è prescritto dalla vita comune.

Nella medesima prospettiva si muovono alcune delle congregazioni di vita attiva a cui Don Bosco volle ispirarsi. Scrivono ad esempio le *Regole degli Oblati di Maria Vergine* di Pio Brunone Lanteri: «Ciascuno fa la meditazione e la lettura spirituale per quel tempo, che gli verrà fissato dal Superiore»[194]. E quelle delle *Scholae Charitatis* dei fratelli Cavanis: «Si quis vero de Superioris licentia orationi mentali quae in communi fit non interfuerit, curam habeant eam quamprimum persolvere»[195]

Su questa linea ci sembra si possa collocare una osservazione di Don Stella che nel 1981 scriveva:

> I Salesiani non sono votati alla preghiera in coro, ma all'educazione soprattutto della gioventù. Come Congregazione che si dedica all'educazione dei giovani, la Società Salesiana non è fatta per accogliere penitenti che intendono ritirarsi dai pericoli del mondo, ma per uomini di solida virtù, specialmente in fatto di castità. Il cilicio dei Salesiani sarà il lavoro [...].
>
> La compressione del salesiano sotto l'incalzare del lavoro porta per logica di fatti una decompressione delle cosiddette «pratiche di pietà» in comune. Don Bosco aveva potuto conoscere quanto si faceva presso gli Istituti della Barolo o presso il Cottolengo; aveva l'esperienza del Seminario di Chieri, quella del Convitto ecclesiastico torinese e del Clero diocesano lo-

---

[192] L. DE LA PUENTE, *Meditazioni del P. Ludovico da Ponte*, [1851], 106.
[193] G. BOSCO, *Costituzioni della Società [1858]-1875*, 186. Il contenuto di questo articolo sarà «eliminato» dai consultori nel 1874.
[194] *Costituzioni e regole della Congregazione degli Oblati di Maria V.*, 17.
[195] *Constitutiones congregationis Sacerdotum Saecularium Scholarum Charitatis*, 44.

CAP. V: DON BOSCO FONDATORE E AUTORE   279

cale. Ai Salesiani egli vuole fissare il «minimo sufficiente» di pratiche in comune. Anche in questo campo resiste tenacemente a ogni pressione fatta dall'esterno. Il P. Marcantonio Durando a Torino e altri censori a Roma non condividevano tanta sobrietà di pratiche collettive e tanta genericità in quelle lasciate alla responsabilità di ciascuno. Si temeva che ne scapitasse lo spirito dell'Istituto[196].

In ogni caso, è evidente che la sensibilità liturgica e le indicazioni sulla dimensione comunitaria della preghiera risentono delle prospettive teologiche dell'ottocento[197]. Rimane comunque interessante, dal nostro punto di vista, il richiamo contenuto nel secondo articolo del primitivo capitolo sulle pratiche di pietà, articolo sul quale non abbiamo trovato alcun riscontro nelle principali fonti utilizzate per la redazione delle costituzioni[198]. Scrive Don Bosco: «La compostezza della persona, la pronunzia chiara, divota, distinta delle parole della liturgia[199], la modestia nel parlare, vedere, camminare in casa e anche fuori di casa devono essere cose caratteristiche nei nostri congregati»[200].

Questa indicazione resterà praticamente invariata nelle redazioni successive ed anche nel testo definitivamente approvato[201].

4.3 *Verso la formazione della coscienza di religiosi*

Abbiamo già sottolineato come, fin dagli inizi della sua opera a favore dell'educazione cristiana della gioventù, Don Bosco seppe creare attorno a sé un movimento spirituale e apostolico che, nella sua consapevolezza, era già, almeno in germe, la *Società di S. Francesco di Sales*.

---

[196] P. STELLA, *Don Bosco nella storia*, II, 422-423.
[197] Abbiamo già affermato, in una nota precedente, che il Padre Salvatore Marsili definisce l'ottocento come il tempo di massima decadenza liturgica di tutta la storia della Chiesa.
[198] Soltanto nelle costituzioni dei Lazzaristi di San Vincenzo de' Paoli abbiamo reperito una indicazione analoga. Al capitolo dieci, dal titolo *Delle pratiche spirituali*, si dice: «In qualunque luogo o tempo reciteremo L'Ore Canoniche, Attenzione e Divozione, che in ciò dobbiamo apportare, essendo certi, che in quel tempo cantiamo le Divine Lodi, e per conseguenza facciamo l'Ufficio de gli Angeli» (*Regole overo Constituzioni comuni della Congregazione della Missione*, 86-87). Questa copia da noi consultata presso il Centro Studi Don Bosco dell'Università Pontificia Salesiana non contiene l'indicazione dell'editore e del luogo di edizione.
[199] Nel primo manoscritto di Don Bosco l'espressione «della Liturgia» risulta poi depennata e sostituita da «dei divini uffizi» (cf. ACS D 472.01.01, 15).
[200] ACS D 472.01.01, 15.
[201] Cf. G. BOSCO, *Costituzioni della Società [1858]-1875*, 182-183.

Questo movimento, che acquista in poco tempo delle dimensioni rilevanti, coinvolge giovani, chierici, sacerdoti, laici consacrati e non, in un'unica *corrente spirituale*; una realtà complessa e apparentemente non differenziata che suscita non poche perplessità agli occhi dello stesso arcivescovo di Torino, Mons. Alessandro Riccardi:

> Non si può comprendere — scrive egli stesso nel 1868 al termine di una lettera conservata a Roma nell'Archivio della Sacra Congregazione dei Vescovi e Regolari — a che cosa possa riuscire una Congregazione composta di tanti elementi così disparati e che non possono avere unità di fine. Il Collegio di Torino è già un caos fin d'ora, essendo mescolati artigiani, studenti, laici, chierici e sacerdoti. Lo diventerà sempre più estendendo la sua sfera d'azione[202].

Questa perplessità nei confronti dell'oratorio come ambiente adeguato per la formazione di sacerdoti e religiosi sarà condivisa anche dal successore, Mons. Lorenzo Gastaldi e da alcuni dei Vescovi e consultori della congregazione romana.

In realtà l'ambiente spirituale dell'oratorio presenta, soprattutto nel primo ventennio a partire dal suo iniziale insediamento, una sostanziale unità di progetto e di proposta. Scriveva Don Valentini: «Don Bosco ha usato in tutta la sua vita un solo metodo sia nell'educazione dei giovani che nella formazione dei confratelli. È un unico spirito che pervade tutta l'opera sua, un'unica scelta di mezzi caratteristici a cui ha affidato l'efficacia formativa della sua spiritualità»[203].

La maggior parte delle pratiche di pietà si svolgono insieme, con il concorso di tutte le «componenti», in un clima che definiremmo di forte tensione spirituale a cui contribuiscono tutte le «risorse» dell'ingegno pedagogico di Don Bosco e, in particolare, le *compagnie*, la valorizzazione e la devota preparazione delle numerose feste religiose, il clima di gioiosa confidenza, la *buona stampa*, l'esortazione alla imitazione dei *modelli* di giovanetti di cui abbiamo ampiamente parlato, le numerose devozioni. Osserva Don Stella:

> In concreto quelle stesse pratiche del buon cristiano in uso in Piemonte e raccolte nel *Giovane provveduto* divengono pratiche per i Salesiani. Ai giovani degli oratori che si fermano con lui, Don Bosco non fa avvertire in questo nessuna scossa: il *Giovane provveduto*, «metodo di vita» e raccolta di pratiche di pietà, rimaneva manuale di pietà anche per loro Salesiani.

---

202 G. BOSCO, *Costituzioni della Società [1858]-1875*, 237.
203 E. VALENTINI, *La spiritualità di Don Bosco*, 24.

CAP. V: DON BOSCO FONDATORE E AUTORE 281

Giovani abituati alle preghiere del mattino e della sera in uso nelle proprie parrocchie, venuti in casa di Don Bosco non dovevano impararne altre proprie delle sue istituzioni.

Nella fase di origine le pratiche di pietà proprie dei Salesiani erano pertanto quelle stesse che facevano i giovani: l'esercizio del buon cristiano tutti i giorni (preghiere del mattino e della sera, preghiera prima dei pasti e del lavoro, rosario, *Angelus* ...), confessione e comunione settimanali, esercizio mensile della buona morte, esercizi spirituali annuali.

Si avverte tuttavia come già dai primordi il complesso di pratiche dei religiosi salesiani subisce l'influsso delle istituzioni educative loro proprie. Il collegio porta a fare varie pratiche in comune con i giovani: con loro si fanno le pratiche del mattino e della sera, con loro si «ascoltano» le messe quotidiane e domenicali, con loro si compie l'esercizio della buona morte.

A partire dagli ultimi anni sessanta, comunque, il progetto del fondatore si manifesta a parer nostro in modo sempre più chiaro e differenziato[204]. Don Bosco sembra abbandonare gradualmente ogni indugio e si preoccupa di formare più apertamente nei suoi *discepoli* la coscienza di essere religiosi.

Uno dei primi indicatori di questo mutamento di tendenza ci sembra possa essere considerata l'esperienza dei primi esercizi spirituali della nascente congregazione, che, a partire dal 1866 e per i primi quattro anni, ebbero luogo nel comune di Trofarello a pochi chilometri da Torino.

Don Bosco, secondo la testimonianza di Don Lemoyne, riservò sempre a sé le *istruzioni*, affidando le *meditazioni* ad un altro predicatore[205]; sempre secondo il Lemoyne il fondatore continuò a dettare gli esercizi ai salesiani sin quando la salute glielo permise[206].

---

[204] Ancora una volta sottolineiamo, come abbiamo fatto all'inizio di questo capitolo, che sulla genesi del progetto di Don Bosco e sul suo sviluppo è possibile fare soltanto delle ipotesi. È possibile che questo programma contenesse già, sin dall'inizio, i tratti caratteristici della vita religiosa e che una sana pedagogia della gradualità gli abbia imposto di mantenerlo inizialmente celato, almeno in alcuni dei suoi aspetti ed esigenze, ai primi collaboratori, come è possibile pure che, con l'andare degli anni, il progetto si sia andato chiarificando nella mente e nel cuore del fondatore. In ogni caso le due prospettive non appaiono contrapposte ma, semmai, complementari.
[205] Nel primo corso, che iniziò il 2 agosto, le meditazioni furono fatte dal Canonico Lorenzo Gastaldi, futuro arcivescovo di Torino (cf. MB VIII, 445). Per i corsi successivi Don Lemoyne cita Don Bonetti (cf. VIII, 450), Don Bona (cf. VIII, 909), Don Rua (VIII, 955).
[206] Cf. MB VIII, 452.

Torneremo ampiamente su queste istruzioni di Trofarello, di cui conserviamo appunti autografi e non; sottolineiamo però, fin da adesso, il fatto che i temi trattati da Don Bosco nelle istruzioni riguardano la vocazione, i voti, la vita religiosa, gli scopi della congregazione[207]. I testi di Trofarello, dunque, sono importantissimi perché rivelano, a parer nostro, alcuni dei tratti più caratteristici dell'*esperienza fondante*.

Un altro indicatore dell'intenzione del fondatore di formare in modo più manifesto la coscienza di religiosi è costituito dalle *circolari* che, a partire dal 1867, Don Bosco iniziò ad inviare a tutti i salesiani.

> La nostra Società — leggiamo nell'esordio della prima circolare — sarà forse tra non molto definitivamente approvata e perciò io avrei bisogno di parlare a' miei amati figli con frequenza. La qual cosa non potendo far sempre in persona procurerò di farlo almeno per lettera.
> Comincerò adunque dal dire qualche cosa intorno allo scopo generale della Società e poi passeremo a parlare altra volta delle osservanze particolari della medesima[208].

Queste circolari, come abbiamo precedentemente affermato, rappresentano una vera e propria *direzione spirituale comunitaria*.

Un altro elemento di rilievo è costituito dalle cosiddette *Conferenze generali*, che, a partire dal 1868, secondo l'indicazione storica di Don Lemoyne[209], Don Bosco tenne per tutti i direttori delle opere, con lo scopo di «rendere omogeneo lo spirito dei suoi discepoli»[210]. Queste conferenze si svolgevano come dei veri e propri *capitoli generali*, durante i quali venivano discussi i problemi di tutte e singole le fondazioni.

Il 15 agosto del 1869, poi, pochi mesi dopo il decreto di approvazione, una circolare di Don Bosco instaurerà nella nascente congregazione la norma del *rendiconto mensile al superiore locale*. «Il rendere conto di sé al proprio Superiore — scrive Don Bosco — è pratica generale di tutte le case religiose e se ne trova un gran vantaggio, così che io ne spero gran bene eziandio fra noi, soprattutto per conseguire la tanto necessaria pace del cuore e la tranquillità di coscienza»[211].

---

[207] I temi classici degli esercizi erano stati probabilmente affidati, secondo la tradizione, alle *meditazioni*, di cui, però, non conserviamo traccia.
[208] G. BOSCO, *Epistolario*, [CERIA], I, 473.
[209] Cf. MB IX, 66-70.
[210] Cf. F. DESRAMAUT, *Don Bosco en son temps*, 1003.
[211] G. BOSCO, *Epistolario*, [CERIA], II, 44.

Anno dopo anno, dunque, Don Bosco sembra dedicarsi sempre più apertamente al consolidamento spirituale e religioso della nuova fondazione; la sua «strategia di governo», comunque, continuò ad essere caratterizzata da una grande capacità di adattamento alla realtà umana e spirituale dei *soci* e degli *ascritti*.

Scrive Don Ceria: «A Don Bosco ce ne volle pazienza per crearsi l'ambiente propizio! Ci fu un tempo, in cui la parola *novizi* avrebbe urtato i nervi ai grandi e terrificato i piccoli. Solo nel '74 Don Bosco si arrischiò ad usarla; nel '75 poi la si udiva correre sulle labbra degli ascritti medesimi che ormai senza paura si chiamavano tra loro con tal nome»[212].

> Quanti disordini esteriori — scrive ancora Don Ceria, riportando il contenuto di un ricordo del fondatore — avvenivano in quel tempo! Specie di lotte fra i chierici in dispute letterarie o teologiche, al tutto fuor di tempo e fuori di modo; disturbi continui e gravi nello studio, quando non vi erano i giovani; molti al mattino stavano a letto; alcuni non andavano a scuola senza dir nulla ai superiori; non si faceva la lettura spirituale, non la meditazione, non gli esercizi di pietà fuori che coi giovani. Ora invece, oh, quante cose si cambiarono un poco per volta e si andarono stabilendo e rassodando!
>
> Eppure io vedeva tutti quei disordini e lasciava che si tirasse avanti come si poteva. Se avessi voluto togliere tutti i disordini in una volta, avrei dovuto chiudere l'Oratorio e mandar via tutti i giovani, perché i chierici non si sarebbero adattati a un serio regolamento, e se ne sarebbero andati tutti. E io vedeva che di quei chierici anche divagati molti lavoravano volentieri, erano di buon cuore, di moralità a tutta prova, e, passato quel fervore di gioventù, mi avrebbero poi aiutato molto [...].
>
> È da notarsi però che quelli erano tempi diversi; allora la Congregazione non si sarebbe potuta fondare secondo le norme consuete[213].

In quest'opera di *normalizzazione*, afferma ancora Don Ceria, «la pietà rappresentava la pietra basilare dell'edificio religioso, e nella pietà due pratiche sono di capitale importanza: gli annui esercizi spirituali e la quotidiana meditazione»[214].

---

[212] MB XI, 271.
[213] MB XI, 272. Questa pagina di Don Ceria confermerebbe anche che la meditazione faceva parte delle abitudini ordinarie dei giovani convittori dei primi collegi salesiani.
[214] MB XI, 273.

5. Gli esercizi spirituali dei salesiani. Gli inizi

I primi esercizi spirituali dei salesiani si realizzarono dunque nel 1866 a Trofarello. Questi esercizi durarono cinque giorni e si svolsero in due turni, per facilitare la partecipazione di tutti.

Donata da Don Matteo Franco alla Società Salesiana proprio in quell'anno, la casa di Trofarello fu adibita fin dall'inizio agli esercizi spirituali ed anche al riposo di confratelli convalescenti; sarà la terza opera della nascente congregazione dopo il *Piccolo Seminario* di Mirabello (1863) e il *Collegio — Convitto di San Filippo Neri* a Lanzo (1864). Scrive Don Bosco in una memoria storica, presentata il 20 gennaio del 1870 alla Sacra Congregazione dei Vescovi e Regolari: «La casa di Trofarello, diocesi di Torino, è specialmente destinata a fare gli esercizi spirituali che ogni anno, in tempo di vacanza, si tengono regolarmente per tutti quelli della Società»[215].

A partire proprio dal 1870, comunque, per evitare di dovere ricorrere ad un terzo turno, visto il numero crescente dei salesiani e le modeste dimensioni del fabbricato, gli esercizi iniziarono a svolgersi nel collegio di Lanzo; la casa di Trofarello venne successivamente alienata.

Di questi primi otto corsi di esercizi della congregazione salesiana[216], che si svolsero sempre in agosto o in settembre durante le vacanze scolastiche, e le cui istruzioni furono sempre dettate da Don Bosco, conserviamo alcune testimonianze e documenti. In particolare:
- in relazione ai due corsi del 1866 conosciamo i predicatori delle meditazioni (il Canonico Gastaldi e Don Bonetti) e i temi delle istruzioni di Don Bosco dalle *Memorie Biografiche*. Tra l'altro leggiamo: *vocazione e mezzi per conservarla; vantaggio temporale e spirituale della vita religiosa; i tre voti...*[217]. Conserviamo inoltre un foglio autografo di uno dei partecipanti, che riporta i *Ricordi di Don Bosco negli Esercizi spirituali di Trofarello* ed una sua copia[218];

---

[215] MB IX, 909.

[216] Per i primi due anni gli esercizi, secondo le *Memorie*, durarono cinque giorni; nel 1868 e 1869 durarono invece sei giorni. Per i riferimenti sulle MB e le date si vedano: VIII, 445.450 (1866); VIII, 909.910 (1867); IX, 341.352 (1868); IX, 697. 720 (1869).

[217] Cf. MB VIII, 445. Come vedremo in questo paragrafo, il tema della preghiera viene sempre collegato alla presentazione del voto di castità; la preghiera e in particolare la meditazione, infatti, vengono considerate tra i *mezzi positivi* per conservare la virtù della castità.

[218] Questo foglio manoscritto di Don Giuseppe Ciampi, insieme ad una copia di Don Gioachino Berto, sono conservati nell'Archivio Centrale Salesiano (cf. ACS A

- dei due corsi del 1867 conosciamo i due predicatori (Don Bona e Don Rua) e gli argomenti, sempre dalle *Memorie Biografiche*; anche questa volta alcuni dei temi riguardano direttamente la vita religiosa, i consigli evangelici, gli scopi della congregazione, le pratiche di pietà. Una importante conferma viene questa volta da un manoscritto del chierico Don Gioachino Berto, allora ventenne, il quale, professo perpetuo dal dicembre del 1865[219], era diventato all'inizio dell'anno successivo segretario di Don Bosco, carica che avrebbe poi conservato per circa vent'anni[220]. Questo quadernetto di Don Berto, dal titolo *Esercizi dei preti e chierici — Trofarello 1° agosto 1867 — D. Bona e D. Bosco pred.*, che si riferisce dunque al primo corso del 1867, contiene, nelle sue 78 pagine numerate, appunti dalle meditazioni, dalle istruzioni ed anche dalla lettura spiriutale[221];
- in relazione ai due corsi del 1868 non conosciamo altro che le date, confermate dalla corrispondenza epistolare del santo[222]. Quanto ai testi di alcune conferenze, attribuite da Don Lemoyne al primo corso e al secondo corso di quell'anno, ci sembra che ci siano delle imprecisioni[223]; vi è infatti una chiara corrispondenza tra questi testi e il manoscritto Berto dell'anno precedente. Certo, si potrebbe ipotizzare, da parte di Don Bosco, una «replica» dei medesimi temi; ma le corrispondenze tra i due testi ci sembrano troppe e troppo puntuali. Per questo ci pare più logico immaginare che Don Lemoyne, che non sembra conoscere il manoscritto di Don Berto, si sia trovato di fronte ad un altro manoscritto, probabilmente non datato, di un altro esercitando dell'anno precedente e lo abbia erroneamente messo in relazione agli esercizi del '68;
- dei due corsi del 1869, infine, oltre a quanto affermano le *Memorie*, conserviamo un quaderno manoscritto di Don Bosco, con quattordici

---

025.01.04). Il testo di questi ricordi è riportato anche da Don Lemoyne in MB VIII, 445.

[219] Cf. MB VIII, 241.

[220] Don Gioachino Berto fu anche molte volte compagno di viaggio di Don Bosco, aiutandolo nel disbrigo della corrispondenza e custodendo meticolosamente importanti documenti. Non occupò mai importanti cariche di governo ma si dedicò alacremente, oltre che all'archivio della congregazione, a pubblicazioni ascetiche e spirituali (cf. E. VALENTINI - A. RODINÒ, *Dizionario biografico dei salesiani*, 38-39).

[221] Cf. ACS A 025.01.03. Cf. MB VIII, 908 ss.

[222] Cf. G. BOSCO, *Epistolario*, [CERIA], I, 574. Si tratta di una lettera scritta il 16 settembre da Trofarello durante il primo turno di esercizi e che parla del 21 dello stesso mese come data di inizio del secondo.

[223] Cf. MB IX, 343-348; 352-357.

grandi pagine numerate e un foglietto riassuntivo incollato all'inizio, dal titolo (scritto per mano di Don Berto) *Tracce ed Abbozzi di Esercizi spirituali scritti dal Sig. D. Bosco pei Salesiani. 1869*[224]; una copia di questo manoscritto dal titolo *Abbozzi e tracce d'Esercizi spirituali dettati da D. Bosco ai Salesiani in varie occasioni, scritti da lui medesimo cominciando nel 1869 in Trofarello*. Questa copia aggiunge al termine del testo trascritto dal quaderno citato, il contenuto di altri due fogli ripiegati e senza data, conservati separatamente e anch'essi scritti da Don Bosco in tutto su sei facciate[225]; questi fogli, che verrebbero pertanto a ragione collocati da Don Lemoyne nel contesto degli esercizi di Trofarello[226], trattano dei temi della *Orazione*, della *Mortificazione* e della *Correzione fraterna*. In relazione a questi corsi del 1869[227] oltre al manoscritto di Don Bosco e alla sua copia, ai due fogli di cui si è detto, si conserva anche un altro quaderno di appunti del segretario Don Gioachino Berto, relativo al primo corso del 1869, dal titolo *Esercizi di Trofarello 1869. Lunedì 13 settembre. Ch.(ieri)ci dell'orat., Lanzo, Mirabello. D. Bosco per le Istruzioni. D. Rua per le meditazioni*[228]. Il quaderno ha delle corrispondenze con le tracce sintetiche del manoscritto di Don Bosco, e ne amplia in qualche caso il contenuto; è naturale ipotizzare che il predicatore, dunque, arricchisse gli schemi con altre considerazioni e contributi.

Per il loro contenuto e per il particolare contesto in cui furono pronunziate queste istruzioni hanno, a parer nostro, come abbiamo già affermato, una grande importanza per comprendere il particolare momento storico che vive la congregazione e alcuni tratti dell'*esperienza fondante*.

---

[224] Cf. ACS A 225.06.04. Cf. MB IX, 985 ss.

[225] Questa copia del manoscritto ci permette così di situare questi altri due fogli nel contesto degli esercizi di Trofarello del 1869. La copia contiene infatti a 23, al termine del contenuto del quaderno di Don Bosco, la scritta tra parentesi «In un foglio volante di quattro paginette, staccate dal quad.» e riporta poi di seguito il contenuto dei fogli (cf. ACS A 225.06.04).

[226] Cf. MB IX, 997 ss. Lo stesso Don Lemoyne, comunque, non fa cenno al contenuto di questi fogli nell'elenco dei temi del primo corso del 1869, iniziato il 13 di settembre (cf. MB. IX, 697).

[227] Il titolo della copia del manoscritto di Don Bosco e la intenzione, altre volte mostrata da parte del fondatore di dare unità alla formazione della nascente congregazione ci permettono di ipotizzare che, anno per anno, le istruzioni dei due corsi si siano svolte sui medesimi temi.

[228] ACS A 025.01.10. Cf. MB IX, 696 ss. Si tratta di 29 pagine numerate.

CAP. V: DON BOSCO FONDATORE E AUTORE

Don Bosco disegna, nelle istruzioni di questi esercizi, la struttura portante della nuova fondazione ed alcuni elementi caratteristici del suo modello di vita religiosa.

Nel nostro studio, comunque, prenderemo in esame soltanto quegli elementi che riguardano più direttamente il nostro tema.

5.1 *Dagli appunti di Don Berto del 1867*

L'esordio del quaderno titola: *Pred. 1.ª Addì 6 Agosto sera. D. Bosco*. Il testo, in buona grafia, prosegue così:

> Il nostro divin Salvatore dopo d'aver mandati qua e là i suoi apostoli a predicare il regno di Dio vicino, li chiamò e li condusse in un deserto. Così chiamò noi qui a Trofarello dagli studi, da qualsiasi occupazione nella solitudine, perché il Signore non parla mai in mezzo ai rumori, il Signore parla solamente a quelli che si ritirano dalle cose mondane; solo nel silenzio il Signore concede le sue grazie. Perciò ciascheduno in questi giorni si faccia un impegno per far bene questi Santi Esercizi perché non siamo più sicuri di farli tutti un altro anno.
>
> Pensiamo in questi giorni a quel che dobbiamo fuggire, acquistare e praticare per l'avvenire.
>
> Ricordiamoci che il Sacerdote non va all'inferno o al Paradiso solo ma accompagnato.
>
> Guardiamo in questi giorni di osservare il silenzio in ogni tempo ad eccezione del mattino a colazione, dopo pranzo e dopo cena[229].

Più avanti, sotto il titolo *Addì 7 sera. D. Bosco*, leggiamo:

> Noi abbiamo un gran nemico che non ci abbandona mai né di giorno né di notte, questo gran nemico è il nostro corpo. Questo nemico dobbiamo combatterlo se vogliamo che non si ribelli allo spirito [...].
>
> Due mezzi per combattere il nostro corpo e sono: digiuno e preghiera. Dicesi prima digiuno, perché un uomo che non mortifichi il corpo non è nemmeno capace a far bene preghiere. Gli Apostoli tutti mortificarono la loro vita come tutti i santi Padri e tanti altri buoni ecclesiastici, buoni sacerdoti che ne danno l'esempio. E la ragione si è che il corpo abbandonato all'intemperanza fa diventar dell'uomo un giumento, l'uomo in questo stato non sente più le cose di Dio, ma solo i suoi appetiti e quanto questo sia nocevole ad un ecclesiastico non fa d'uopo il dirlo; dovendo egli essere di buon esempio agli altri. Per tenere dunque soggetto allo Spirito il corpo dobbiamo sempre tenerlo occupato, non risparmiare cura che possa giovare a domarlo, non dargli riposo se non quel tanto che è indispensabile alla sua

---

[229] ACS A 025.01.03, 1-2.

conservazione, farlo, se fa d'uopo, dormir per terra, lavorare anche di notte, vegliare alla custodia di tutti i sensi[230].

«Per custodire la virtù della castità — si afferma nella medesima istruzione — si richiedono queste tre cose: silenzio, custodia di tutti i sentimenti [...] e temperanza»[231].

L'ultima istruzione di Don Bosco, che porta come titolo *Conclusione D. Bosco 11 Ag. Sabato*, è dedicata alle pratiche di pietà. Vi si afferma:

> Avrei voluto parlare anche delle pratiche di pietà della nostra casa ma vedo che ci è mancato il tempo, tuttavia accennerò le cose solamente. Le nostre pratiche di pietà sono la meditazione, la lettura spirituale, la visita al SS. Sacramento e l'esame di coscienza.
>
> La meditazione si potrebbe fare in questo modo. Scegliere il soggetto con scienza, mettendosi prima alla presenza di Dio, quindi meditarvi bene sopra, quindi venire a scegliere quelle cose per applicarle a noi, venire alla conclusione cioè risolvere a lasciar quei difetti o a praticar quelle virtù, eccitarci ad affetti. Ringraziare poi Iddio e praticare o fuggire lungo il giorno quel che abbiamo risolto al mattino.
>
> Chi non potesse far questa meditazione a cagione di viaggio o per qualche altro impegno faccia la meditazione dei mercanti che consiste nel fissarsi il soggetto e quindi praticare o fuggire quel che proponiamo, e alla sera prima di coricarsi esaminare se l'abbiamo messo in pratica. Se no ripeterlo per l'indomani sino a tanto che siam giunti a praticare quella virtù o fuggire quel vizio, quel difetto.
>
> Quindi raccomando l'orazione mentale.
>
> La visita al SS. Sacramento. Si vada soltanto a dire un Pater, un Ave e Gloria quando non si potesse di più basta questo per renderci forti contro le tentazioni. Uno che abbia fede e che faccia questa visita a G(esù) S.^{to} e che faccia la sua meditazione tutti i giorni purché non faccia questo per qualche fine mondano è impossibile che pecchi.
>
> Raccomando poi anche la lettura spirituale, chi non fosse capace a far la meditazione senza libro di leggerne un pezzo, quindi riflettervi bene sopra e prendere quel che fa per noi, proporci sempre di praticare qualche virtù o di fuggire qualche difetto, di innamorarci sempre più di Dio, di piangere i peccati e di prendere lena a salvar anime.
>
> Chi può faccia questa visita e questa lettura in comune, chi non potesse in comune anche in privato. La meditazione può anche farla in camera[232].

---

[230] ACS A 025.01.03, 6-8.
[231] ACS A 025.01.03, 10.
[232] ACS A 025.01.03, 72-74.

CAP. V: DON BOSCO FONDATORE E AUTORE 289

Il testo è densissimo e richiederebbe molti commenti; riservandoci di raccoglierli alla fine di questo *escursus* sui documenti di Trofarello, riportiamo qui, invece, l'analogo testo tratto dalle *Memorie Biografiche*, che Don Lemoyne attribuisce invece alla conclusione degli esercizi del 1868[233]. La quasi perfetta corrispondenza con il manoscritto del 1867 sembra indicare un probabile errore di datazione. Il testo, comunque, si arricchisce di alcuni altri particolari; riportiamo i più significativi in corsivo per meglio evidenziarli:

In questi giorni avrei voluto parlarvi anche delle pratiche di pietà della nostra casa, ma vedo che ci è mancato il tempo. *Molto si ebbe a dire sui voti e sulla vita religiosa.* Tuttavia accennerò almeno alcune cose. Le pratiche giornaliere sono la meditazione, la lettura spirituale, la visita al SS. Sacramento e l'esame di coscienza.

La meditazione è l'orazione mentale. «Nostra conversatio in coelis est», dice S. Paolo; e si potrebbe fare in questo modo. Scegliere il soggetto che si vuol meditare, mettendosi prima alla presenza di Dio. Quindi riflettere attentamente su ciò che meditiamo e applicare a noi ciò che fa per noi. Venire alla conclusione risolvendo di lasciar certi difetti e esercitarci in certe virtù, e quindi mettere in pratica lungo il giorno quel che abbiamo risolto al mattino. *Dobbiamo anche eccitarci ad affetti di amore, di riconoscenza, di umiltà verso Dio; chiedergli tante grazie delle quali abbisogniamo; e domandargli colle lagrime perdono dei nostri peccati. Ricordiamoci sempre che Dio è padre e noi siamo i suoi figliuoli.* Raccomando adunque l'orazione mentale.

Chi non potesse far la meditazione *metodica* a cagione di viaggi, o di qualche impiego o affare che non permetta dilazione, faccia al meno la meditazione che io dico dei mercanti. *Questi pensano sempre ai loro negozii in qualunque luogo si trovino. Pensano a comprare le merci, a rivenderle col loro profitto, alle perdite che potrebbero fare, a quelle fatte e come ripararvi, ai guadagni realizzati o quelli maggiori. che potrebbero conseguire e via discorrendo* [...]. *Tale meditazione è anche l'esame di coscienza. Alla sera prima di coricarci esaminiamoci se abbiamo messo in pratica i proponimenti già fatti su qualche difetto determinato: se siamo in guadagno o se siamo in perdita. Sia un po' di bilancio spirituale; se vediamo di aver mancato ai proponimenti si ripetano per l'indomani, fintantoché non siamo giunti ad acquistare quella virtù e ad estinguere o fuggire quel vizio o quel difetto.*

Vi raccomando pure la visita al SS. Sacramento. *«Il dolcissimo Signor Nostro Gesù Cristo è là in persona»* esclamava il parroco d'Ars; si vada ai

---

[233] Cf. MB IX, 352.

piedi del Tabernacolo soltanto a dire un Pater, Ave e Gloria quando non si potesse di più. Basta questo per renderci forti contro le tentazioni. Uno che abbia fede, che faccia visita a Gesù Sacramentato, che faccia la sua meditazione tutti i giorni, purché non abbia qualche fine mondano, ah! io dico, è impossibile che pecchi.

Raccomando poi anche la lettura spirituale specialmente a chi non fosse capace a far la meditazione senza libro. Perciò leggere qualche tratto, riflettere a quel che si è letto, per conoscere ciò che dobbiamo correggere nella nostra condotta. Ciò servirà anche ad innamorarci sempre più del Signore e a prendere lena *per salvar l'anima*[234].

Chi può, faccia la lettura e la visita in comune; chi non potesse la faccia in privato. La meditazione può farla anche in camera[235].

Le corrispondenze tra gli appunti di questi due esercitandi e, nel medesimo tempo, le differenti accentuazioni confermano la sostanziale fedeltà di questi due manoscritti alla istruzione pronunciata da Don Bosco.

5.2 *Dal quaderno manoscritto di Don Bosco del 1869 e dal corrispondente quaderno di appunti di Don Berto*

In relazione agli esercizi del 1869, e in particolare al primo corso che ebbe luogo dal 13 al 18 settembre[236], è possibile far emergere un testo di Don Bosco e i suoi corrispondenti negli appunti di Don Berto e poi nella sintesi di Don Lemoyne[237].

Il contesto del nostro brano è quello della istruzione sul voto di castità. Dopo l'esaltazione di questa virtù, vengono elencati da Don Bosco i mezzi idonei per custodirla: la preghiera, la fuga dall'ozio, la frequente

---

[234] Notiamo qui una cosa che potrebbe, altrimenti, sfuggire. Il testo manoscritto dice «a salvar anime»; il senso è certamente differente. Nel primo caso si sottolineerebbe che le pratiche di pietà sono *l'anima di ogni apostolato*.

[235] MB IX, 355-356.

[236] Le date delle istruzioni sono riportate, giorno dopo giorno, dal manoscritto di Don Berto (cf. ACS A 025.01.10) ed anche da Don Lemoyne (cf. MB IX, 697); quello di Don Bosco, invece, non porta alcuna data, a parte l'indicazione dell'anno e il giorno della settimana; contiene poi altri due differenti introduzioni, il che fa pensare che, secondo quanto afferma il titolo della copia da noi conservata, *Esercizi spirituali dettati da D. Bosco ai salesiani in varie occasioni*, queste tracce siano state utilizzate più volte.

[237] Scrive il redattore delle *Memorie Biografiche*: «Di alcune istruzioni del venerabile noi possiamo offrire ai confratelli un sunto alquanto diffuso, coll'aiuto di varie memorie» (MB IX, 697).

confessione e la volontà di essere vigili anche sulle piccole cose. Leggiamo dalla traccia di Don Bosco:

> VENERDÌ A SERA — MEZZI POSITIVI
> 1° Preghiere ordinarie, meditazione, visita al SS. Sacramento, Breviario e Messa ben celebrata o ben servita. Giaculatorie, medaglie, crocifissi ecc. Divozioni speciali alla B. V.[238].

Gli appunti di Don Berto, relativi alla conferenza, mostrano come la traccia iniziale sia stata ampliata. Il primo *mezzo positivo* presentato è, anche qui, la preghiera:

> Per preghiera s'intende tutto ciò che solleva i nostri affetti a Dio. Come la meditazione del mattino è la prima. Ciascuno la faccia sempre, ma che sia una cosa pratica; ciascuno in fine di quella faccia sempre la risoluzione di cavar qualche frutto, come evitar un difetto o praticar qualche virtù. Bisogna pregare, se si vuole ottenere. Quindi le preghiere che si dicono in comune dette del mattino e della sera, che servono ad impetrare da Dio tutto ciò che ci abbisogna per l'anima e pel corpo si dicano bene, e sempre. Ciascuno le faccia sempre, quando può, insieme agli altri; se non può, pazienza, ma non le dimentichi. Poi ciascuno legga libri divoti, buoni [...]. E poi i Sacerdoti e quelli che sono vicini agli ordini studino le Rubriche, il perché d'ogni cosa. E cominciamo noi a servirla bene e i sacerdoti a dirla bene che edifica tanto, facendo bene le cermonie. Fa tanto bel vedere quel giovanetto che serve la messa con tanta compostezza. Recita bene il breviario e col cuore ed il Rosario[239].

A proposito del breviario il testo di Don Lemoyne, che per il resto è sostanzialmente equivalente al manoscritto di Don Berto, specifica: «E voi, sacerdoti recitate il vostro Breviario *digne, attente ac devote*, e, potendo, dinanzi al santo tabernacolo. Si facciano bene le genuflessioni e i segni di croce, per eccitamento alla preghiera»[240].

5.3 *Due fogli manoscritti senza data*

Si tratta di due fogli ripiegati, con quattro facciate ciascuno[241]; le ultime due del secondo sono bianche, mentre la prima facciata porta il titolo *Orazione*. È il testo più importante tra quelli relativi agli esercizi

---
[238] ACS A 225.06.04, 10.
[239] ACS A 025.01.10, 22-23.
[240] MB IX, 709.
[241] Il legame tra questi due fogli, di per sé disuniti, è dato dal titolo del secondo *Segue della correzione fraterna* che continua il tema della quarta facciata del primo.

di Trofarello, sia perché si tratta un autografo di Don Bosco, sia anche per il ricco contenuto. La probabile datazione di questi fogli, forse usati più volte da Don Bosco[242], datazione fatta da noi in base alla copia del manoscritto Berto, li colloca nel contesto degli esercizi del 1869.

Ancora una volta si tratta di una traccia più che del testo di una conferenza. Vi leggiamo:

> Il demonio si adopera sempre per impedire la preghiera. — Dobbiamo adunque combatterlo, pregando sempre per evitarne le insidie.
> Necessità: Sine intermissione orate (I^a ai Tessal. 5,17). Petite et accipietis (Ioan. 16-24). Qui petit accipit [...] et pulsanti aperietur (Matt. 7-8). I Padri la chiamano catena di oro con cui ci alziamo al cielo; scala di Giacobbe. San Giustino la chiama pane dell'anima. Chiave del cielo; come calore al corpo. S. Tommaso di Villanova: arma del soldato in battaglia.
> Orazione vocale — Orazioni della nostra Società. Preghiere del mattino e della sera. Rosario, Angelus, prima e dopo il cibo. Messa e breviario, per chi vi è tenuto. Benedizione ne' giorni feriali e festivi. Prima e dopo la comunione.
> Meditazione. Più breve o più lunga farla sempre. Col libro se si può. Sia per noi uno specchio, dice S. Nilo, per conoscere i nostri vizi, e la mancanza delle virtù; ma non si ometta mai. L'uomo che non ha orazione è un uomo di perdizione (Santa Teresa). In meditatione mea exardescet ignis (Salmo 38,4). All'anima è come il calore al corpo.
> Orazione vocale senza che vi intervenga la mentale, è come un corpo senz'anima. Lamento del Signore: Populus hic labiis me honorat: cor autem eorum longe est a me (Marco 7,6).
> Giaculatorie. — Raccolgono in breve l'orazione vocale e mentale. S. Bonaventura le dice aspirazioni, perché come un respiro, partono dal cuore e vanno a Dio. Sono dardi infuocati che mandano a Dio gli affetti del cuore e feriscono i nemici dell'anima, tentazioni, vizi, etc [...]. S. Cassiano raccomanda questa: Deus in adiutorium.
> Tutti quelli che si diedero al servizio del Signore fecero costantemente uso dell'orazione mentale, vocale, giaculatorie[243].

5.4 Alcune sintetiche conclusioni sui testi degli esercizi di Trofarello

Si tratta, come dicevamo, di testi molto «densi», che fanno emergere molti importanti elementi, quasi un piccolo trattato sulla preghiera e l'orazione mentale.

---

[242] È l'opinione di Don Joseph Aubry in J. AUBRY, ed., *Giovanni Bosco. Scritti spirituali*, II, 186.
[243] ACS A 225.04.03; cf. MB IX, 997.

Proviamo a riassumerne, molto sinteticamente, gli elementi, senza seguire un ordine di priorità:

- troviamo in questi testi il richiamo alla *necessità* della preghiera[244] e di una preghiera fatta *sine intermissione*;
- la preghiera, più che come richiesta o petizione, è presentata in questi testi come *tutto ciò che solleva i nostri affetti a Dio*;
- vengono valorizzati il *silenzio* e il *ritiro* come «luoghi» privilegiati nei quali *il Signore concede le sue grazie*;
- viene sottolineata la necessità di una certa ascesi, perché l'uomo impari a sentire *le cose di Dio*;
- viene messa in evidenza l'importanza prioritaria della meditazione (*... la meditazione del mattino è la prima...*);
- questi testi contengono l'invito alla meditazione regolare (*... più breve o più lunga farla sempre...*; *...non si ometta mai...*) e la semplice spiegazione di un «metodo» che ricalca, sostanzialmente, la dottrina di San Francesco di Sales (*...scegliere il soggetto...mettendosi alla presenza di Dio...quindi meditarvi bene sopra...venire alla conclusione... risolvere a lasciare quei difetti o a praticare quelle virtù...eccitarci ad affetti... ringraziare...*);
- viene sottolineato il coinvolgimento degli *affetti* nella meditazione (*...dobbiamo anche eccitarci di amore, di riconoscenza, di umiltà verso Dio...*);
- la *meditazione* deve contribuire a far accendere la devozione e la carità verso Dio e verso il prossimo (*...in meditatione mea exardescet ignis...*; *... prender lena a salvar anime...*);
- si sottolinea la necessità dell'orazione mentale, vocale e delle giaculatorie per chi vuol darsi *al servizio del Signore*;
- viene ribadita la funzione delle giaculatorie, che *raccolgono in breve l'orazione vocale e mentale*;
- la meditazione è anche un *esame di coscienza*, uno *specchio per l'anima*;
- la *meditazione con il libro* è considerata più adatta ai principianti (*...chi non fosse capace di far la meditazione senza libro...*);
- chi non può fare la meditazione in comune la faccia *in camera*;
- lo scopo della meditazione è quello di far crescere in noi *le virtù*; per questo deve sempre essere accompagnata da *risoluzioni*;

---

[244] Il termine dice riferimento alla dottrina classica di Sant'Alfonso sulla *necessità dell'orazione*, espressa tra l'altro nel suo *Del gran mezzo della preghiera*.

- l'orazione vocale deve essere accompagnata dal *cuore* e dalla orazione mentale. *L'orazione vocale senza che vi intervenga la mentale è come un corpo senz'anima...*

6. Gli esercizi spirituali e l'esercizio della buona morte nelle costituzioni di Don Bosco

La prima stesura in nostro possesso del capitolo sulle *Pratiche di pietà* non contiene ancora un riferimento agli esercizi spirituali annuali[245]; si noti comunque che, come abbiamo precedentemente accennato, il *manoscritto Rua*, che è precedente a questa prima stesura, elenca invece tra gli impegni dei congregati quello *di dettare di quando in quando qualche muta di esercizi spirituali*[246]. È questo uno degli *scopi* della società.

In questa prima regolamentazione delle *pratiche di pietà* Don Bosco prevede comunque l'esercizio mensile delle *buona morte*. Vi leggiamo infatti: «L'ultimo giorno di ogni mese sarà giorno di ritiro spirituale; ciascuno farà l'esercizio della buona morte aggiustando le sue cose spirituali e temporali come se dovesse abbandonare il mondo ed avviarsi all'eternità»[247]; articolo che resterà sostanzialmente invariato sino alla approvazione definitiva delle costituzioni.

Ci informa Don Stella:

L'esercizio della buona morte è una efflorescenza degli esercizi spirituali di S. Ignazio. Il P. Croiset, facendosi promotore del ritiro mensile in Francia portava la ragione che molti erano in grado di trovare un giorno al mese da trascorrere in quiete spirituale e non trovavano invece parecchi giorni per fare un corso intero di esercizi. All'inizio del Settecento promotore del pio esercizio della buona morte a Torino fu il gesuita Giuseppe Antonio Bordoni [...]. Lo stesso Bordoni nel 1719 fondò una Compagnia della buona morte nella chiesa dei SS. Martiri, officiata dai Gesuiti[248].

Il pensiero della morte e l'interrogativo per la salvezza eterna accompagnano costantemente l'esperienza personale di Don Bosco e

---

[245] Gli esercizi annuali, comunque, appartenevano da tempo, come abbiamo già sottolineato, alla tradizione dell'oratorio; si discute qui comunque, evidentemente, di esercizi *separati* per i congregati.
[246] Cf. G. BOSCO, *Costituzioni della Società [1858]-1875*, 78.
[247] Cf. G. BOSCO, *Costituzioni della Società [1858]-1875*, 186.
[248] P. STELLA, *Don Bosco nella storia*, II, 339. Per un ulteriore approfondimento si vedano le voci «Croiset» e «Récollections mensuelles» nel *DSp*, rispettivamente al volume II/2 e XIII.

degli uomini del suo secolo; non c'è da sorprendersi, dunque, che egli abbia fatto dell'esercizio della buona morte uno degli elementi chiave della sua opera educativa e spirituale. «Nel trattare coi nostri (salesiani) di' e raccomanda che non mai si ometta l'esercizio mensile della buona morte — scrive nel 1876 a Don Giovanni Cagliero —. È questa la chiave di tutto»[249]. Vedremo più avanti come questo ritiro sarà regolato dalla introduzione alle costituzioni e dal primo Capitolo Generale della congregazione.

Quanto agli esercizi spirituali sappiamo che all'inizio Don Bosco seppe adattarsi alla giovane età dei suoi collaboratori, peraltro secondo lo spirito proprio degli stessi *Esercizi* di Sant'Ignazio, che nella diciottesima *annotazione* scrive: «Questi esercizi si devono applicare in relazione alla condizione delle persone e cioè secondo l'età, la istruzione o l'ingegno che hanno».

Osserva Don Pietro Brocardo: «Anche sul fronte degli esercizi Don Bosco faceva, dunque, come poteva: aveva un ideale elevato, ma sapeva che una pratica tanto impegnativa non poteva che nascere e svilupparsi gradualmente. I suoi collaboratori erano ancora lontani dal comprendere che cosa volesse dire vita religiosa»[250].

---

[249] G. BOSCO, *Epistolario*, [CERIA], III, 81.
[250] P. BROCARDO, «Gli esercizi spirituali nella esperienza di D. Bosco», 39. Sempre di Don Brocardo è la convinzione che gli esercizi spirituali salesiani di quei primi decenni debbano classificarsi tra gli *esercizi di tipo ignaziano derivato*. «Derivati — afferma egli stesso — sono gli esercizi di matrice ignaziana, ma adattati, applicati, riespressi dalla potente personalità di grandi santi come S. Carlo Borromeo, S. Vincenzo de' Paoli, S. Giovanni della Croce, S. Alfonso de' Liguori, S. G. Cafasso, che sono poi gli esercizi che Don Bosco incontra nella sua esperienza di Chieri, di Torino presso i preti della Missione, a Sant'Ignazio sopra Lanzo e che egli lasciò, a sua volta, in eredità alla Congregazione opportunamente adattati» (p. 52). Gli esercizi di Sant'Ignazio, in particolare, si rifanno, come abbiamo già affermato, alla tradizione del Lanteri, che agli esercizi ignaziani aveva consacrato la sua esistenza e quella della congregazione degli *Oblati di Maria Vergine* da lui fondata. Il discorso sugli esercizi spirituali nella prima tradizione salesiana meriterebbe un approfondimento; si tratterebbe innanzi tutto di chiarire quali siano le condizioni richieste, sul piano contenutistico e metodologico, per potere affermare che alcuni giorni di ritiro spirituale possano in modo proprio essere considerati *esercizi ignaziani*; in secondo luogo si tratterebbe di studiare le numerosissime testimonianze scritte della prima tradizione salesiana, spesso inesplorate, per verificarle a partire dai criteri individuati. Si conservano infatti nell'Archivio Centrale Salesiano numerosi quaderni appunti dei primi discepoli di Don Bosco (Rua, Cagliero, Barberis, Bonetti, Francesia, Bertello...), che contengono a volte interi corsi di meditazioni o istruzioni per esercizi per giovani, per sacerdoti, per salesiani.

Questa *gradualità*, il cui passo è spesso scandito dalle indicazioni dei consultori, emerge dal confronto tra le successive stesure del dettato costituzionale.

Il testo che precedette il *Decretum Laudis* del 1864 afferma: «Ogni anno ognuno farà gli esercizi spirituali che termineranno con la confessione annuale. Ognuno prima di essere ricevuto nella società farà qualche giorno di esercizi spirituali e la confessione generale»[251].

Tre anni dopo, in seguito ad una *animadversio* dei consultori romani che considerarono troppo generico l'articolo previsto, in quanto non specificava il numero dei giorni previsti, Don Bosco correggerà l'articolo costituzionale; il testo latino del 1867 specifica *per dies ferme decem*. «Cum haec animadversio — dirà, come abbiamo detto, in una memoria inviata a Roma — de meliore Societatis bono sit, libendi animo admittitur, atque hoc sensu in Constitutionibus accomodatur»[252].

Il testo definitivamente approvato, nella sua fedele traduzione italiana del 1875, dichiara: «Ogni anno ognuno farà circa dieci o almeno sei giorni di esercizi spirituali, che termineranno con la confessione annuale. Ognuno prima di essere ricevuto nella società e prima di emettere i voti farà dieci giorni di esercizi spirituali sotto la direzione di maestri di spirito, e la confessione generale»[253].

Dirà Don Bosco nell'introduzione alle costituzioni preparata per la prima edizione italiana del 1875: «La parte poi fondamentale delle pratiche di pietà, quella che in certo modo tutte le abbraccia, consiste in fare ogni anno gli esercizi spirituali, ogni mese l'esercizio della buona morte»[254]. Durante il terzo Capitolo Generale della Congregazione, come vedremo, volle egli stesso che si preparasse un *regolamento* adeguato per gli esercizi dei confratelli, regolamento che corresse poi di suo pugno. «Gli esercizi — vi si legge — possono chiamarsi il sostegno delle congregazioni religiose e il tesoro dei soci che vi attendono»[255].

---

[251] G. BOSCO, *Costituzioni della Società [1858]-1875*, 186.
[252] G. BOSCO, *Costituzioni della Società [1858]-1875*, 233. Le costituzioni degli *Oblati di Maria Vergine* dicevano, a proposito: «Ogni anno [...] non mancano di fare gli Eserczii di S. Ignazio, e la Confessione annuale ne' detti Eserczii. La confessione generale si farà pure da ciascuno nell'ingresso in Congregazione» (*Costituzioni e Regole della Congregazione degli Oblati di Maria V.*, 19-20). Si vedano anche le costituzioni dei Gesuiti, nella edizione citata in bibliografia, ai numeri 98. 196-200.
[253] G. BOSCO, *Costituzioni della Società [1858]-1875*, 187.
[254] *Regole o Costituzioni*, [1875], XXXIV.
[255] FDB 1862 C 6.

CAPITOLO VI

Il consolidamento della fondazione

1. Consolidamento ed espansione

L'approvazione definitiva delle Costituzioni della Società, sancita dal decreto pontificio del 3 aprile 1874, segna un momento fondamentale della storia della congregazione salesiana e di quella personale del suo fondatore, che poco più di un mese dopo avrebbe compiuto 59 anni.

Due settimane dopo Don Bosco, che insieme al suo segretario Don Gioachino Berto era rimasto a Roma sin dalla fine di dicembre dell'anno precedente[1], ritornò a Torino soddisfatto, nonostante le revisioni che i consultori avevano imposto al testo presentato; per volontà del fondatore, comunque, non vi fu subito festa per quel ritorno e per l'importante riconoscimento; pochi giorni prima, infatti, era morto a Torino uno dei confratelli più «anziani» tra quelli che avevano firmato l'atto costitutivo della Società Salesiana nel 1859, Don Francesco Provera. Nel 1874 Don Provera non aveva ancora compiuto i trentotto anni.

La celebrazione dell'avvenuto riconoscimento fu fatta solennemente il giorno 19 di quello stesso mese con la benedizione del SS. Sacramento ed il canto del *Te Deum*. Poco tempo dopo Don Bosco, con l'aiuto di un latinista, il professor Lanfranchi, iniziò a lavorare alla prima edizione latina del testo a stampa, che fu pubblicata quello stesso anno; l'anno successivo, poi, si diede alle stampe la prima edizione italiana del testo, preceduta dalla introduzione *Ai soci salesiani* di cui parleremo ampiamente. Nello stesso tempo, vista la irrevocabile bocciatura del capitolo costituzionale sui cosiddetti *membri esterni*, Don Bosco cercò

---

[1] Cf. F. DESRAMAUT, *Don Bosco en son temps*, 865. 887.

di tracciare per grandi linee il progetto di una associazione laicale, a cui inizialmente diede il nome di *Unione di S. Francesco di Sales*, ma che due anni dopo venne riconosciuta da un breve di Pio IX del 9 maggio 1876 con il titolo di *Unione dei Cooperatori Salesiani*. Il suo primo regolamento affermava:

> Ai cooperatori Salesiani si propone la stessa messe della Congregazione di S. Francesco di Sales, cui intendono associarsi.
> 1. Promuovere novene, tridui, esercizi spirituali e catechismi soprattutto in quei luoghi dove si manca di mezzi materiali e morali.
> 2. Siccome in questi tempi si fa gravemente sentire la penuria di vocazioni allo stato Ecclesiastico, così coloro che ne sono in grado prenderanno cura speciale di quei giovanetti ed anche degli adulti che forniti delle necessarie qualità morali e di attitudine allo studio dessero indizio di esserne chiamati [...].
> 3. Opporre la buona stampa alla stampa irreligiosa, mercé la diffusione di buoni libri, di pagelle, foglietti stampati di qualunque genere in quei luoghi e fra quelle famiglie, cui paia prudente di farlo.
> 4. In fine la carità verso i fanciulli pericolanti, raccoglierli istruirli nella fede. avviarli alle sacre funzioni, consigliarli nei pericoli, condurli dove possono essere istruiti nella religione, sono altra messe dei Cooperatori Salesiani[2].

È rivolto a loro il popolare periodico il cui primo numero uscirà l'anno successivo, il *Bibliofilo Cattolico* (divenuto poi, a partire dal 1878, *Bollettino Salesiano*)[3]; questo mensile, spedito gratuitamente, raggiungerà, alla morte del fondatore, una tiratura di più di quarantamila copie[4]

Inizia così quello che possiamo considerare l'ultimo periodo della storia della fondazione, il periodo del consolidamento e della ulteriore espansione; il periodo a parer nostro più importante (e forse meno studiato) per comprendere i tratti caratteristici del progetto di vita religiosa che Don Bosco aveva maturato e che manifestava sempre più apertamente ai suoi discepoli.

L'espansione della congregazione, in questi ultimi quattordici anni della vita del fondatore, si può considerare graduale e costante. Alcuni dati, tratti da una tabella costruita da Don Pietro Braido, ci permettono di valutare la crescita numerica nel periodo 1875-1886.

---

[2] MB XI, 542.
[3] Cf. MB XIII, 259-260.
[4] Cf. M. WIRTH, *Don Bosco e i salesiani*, 191.

CAP. VI: IL CONSOLIDAMENTO DELLA FONDAZIONE

ANNO	PROFESSI PERPETUI	PROFESSI TEMPORANEI	NOVIZI	TOTALE PROFESSI	TOTALE
1875	64	107	84	171	225
1876	108	79	74	187	261
1877	162	78	112	240	352
1878	206	93	142	299	441
1879	253	94	147	347	494
1880	325	80	146	405	551
1881	405	47	144	452	596
1882	445	37	167	482	649
1883	484	36	173	520	693
1884	512	41	210	553	763
1885	544	49	212	593	805
1886	576	60	254	636	890

Nonostante la rapida crescita, o forse proprio a motivo di questa, non mancarono in questo periodo i problemi, le defezioni, le difficoltà relative alla formazione dei nuovi salesiani.

A partire proprio dal 1874 il noviziato prende una forma più regolare; già l'anno precedente, durante una delle conferenze generali dei direttori e dei prefetti (vicari e amministratori), era stata sottolineata la necessità di una regolare casa di noviziato[5]. Testimoniano le *Memorie Biografiche*: «Fino al 1874 [...] la cura particolare degli ascritti alla Pia Società era affidata a Don Rua, e il 7 novembre 1874 veniva eletto a Maestro dei Novizi Don Giulio Barberis»[6]; circostanza, questa, confermata anche da alcune memorie autografe dello stesso Don Barberis:

> Sabato 7 novembre 1874 io cominciai ad entrare in cattedra nella mia carica di maestro dei novizi. Non essendovi prima noviziato regolare, in questo giorno può dirsi che cominciò il noviziato regolare per la nostra umile congregazione di S. Francesco di Sales.
> Erano bensì 105 gli ascritti nelle varie case; ma primariamente 19 chierici di 1° filosofia di cui si cominciò a prendere cura specialissima.
> Vi erano all'oratorio altri 13 ch. asc. di corsi superiori e 18 coadiutori. Il resto in altri collegi[7].

Dopo il 1874 le nuove fondazioni in Italia crescono con la media di due case all'anno. A dicembre, poi, Don Bosco si reca a Nizza, in Fran-

---

[5] Cf., MB X, 1069.
[6] MB X, 1266.
[7] ACS B 506.01.01. Si tratta di una raccolta di ricordi autobiografici di Don Barberis, scritti su foglietti di carta non legati.

cia, invitato dal Vescovo Mons. Pietro Sola e dalla locale conferenza di San Vincenzo, per porre le basi per la prima fondazione francese, che ebbe il suo avvio meno di un anno dopo[8]. Dopo la Francia altre due nazioni europee, la Spagna (nel 1881) e l'Inghilterra (nel 1887), accoglieranno la nuova congregazione durante la vita del fondatore[9].

Nel novembre del 1875 parte la prima spedizione missionaria verso l'America Latina; due anni dopo anche le Figlie di Maria Ausiliatrice inizieranno la loro avventura missionaria. Undici saranno le spedizioni dei salesiani prima del 1888, tutte dirette verso l'America del Sud.

Quella prima spedizione verso la Patagonia, suscitata dal console argentino a Savona, Giovanni Battista Gazzolo[10], era guidata dall'allora trentasettenne Don Giovanni Cagliero, che aveva fatto parte della «costituente» del 1859 e che avrebbe ricevuto nove anni dopo la sua partenza per l'America, il 7 dicembre del 1884, l'ordinazione episcopale nella basilica di Maria Ausiliatrice a Torino, divenendo titolare del Vicariato Apostolico della Patagonia.

A partire dal 1877 nell'annuario pontificio sarà menzionata una «ispettoria americana»[11]. Solo dal 1879, comunque, inizierà una vera e propria divisione in quattro province o *ispettorie*: piemontese, ligure (con Nizza), romana e americana.

Già nel 1876, come testimonia Don Barberis, si era aperto un noviziato a Buenos Aires, seguito poi nel 1879 da quello di Las Piedras in Uruguay, da quelli di Marsiglia e di Sarrià (Barcellona) nel 1883 e di Foglizzo in Italia nel 1886; nel frattempo il noviziato di Valdocco si era spostato, nel 1879, dalla casa madre di Torino ad una casa più adatta allo scopo, quella di San Benigno, che rimase, dopo l'apertura di Foglizzo, come casa di noviziato per i coadiutori laici[12]. L'ultimo noviziato, aperto durante la vita di Don Bosco, fu quello di Valsalice nel 1887.

Nell'opera di organizzazione e di consolidamento della nascente fondazione ebbero un ruolo di primaria importanza i primi capitoli generali, che si celebrarono inizialmente, a norma di costituzioni, ogni tre anni, a partire dal 1877. I compiti e le competenze di questi capitoli erano così indicati dal dettato costituzionale:

---

[8] Cf. M. WIRTH, *Don Bosco e i salesiani*, 140.
[9] Cf. M. WIRTH, *Don Bosco e i salesiani*, 142-143.
[10] Cf. F. DESRAMAUT, *Don Bosco en son temps*, 948-949.
[11] Cf. M. WIRTH, *Don Bosco e i salesiani*, 209.
[12] Cf. G. BARBERIS, *Il vade mecum degli ascritti salesiani*, I, 69-70.

CAP. VI: IL CONSOLIDAMENTO DELLA FONDAZIONE 301

3. Capitulum Generale ordinarie habebitur singulis trienniis ad pertractandas res majoris momenti, quae ad Societatem spectant, et ad eas sollicitudines adhibendas, quae tum Societatis necessitates, tum tempora et loca requirent.
4. Capitulum ut supra convocatum poterit etiam, si vera necessitas exige, eos articulos proponere Constitutionibus addendos vel immutandos quos magis opportunos judicabit, ita tamen ut semper et omnino respondeant sensui et rationi quibus ipsae Constitutiones probatae sunt. Hujusmodi autem, articuli, postquarn absoluta suffragiorum pluralitate accepti fuerint, numquam habebunt vim obligandi, nisi prius Sanctae Sedis approbationem obtinuerint.
5. Acta omnia Capitulorum Generalium, ad Sacram Episcoporum et Regularium Congregationem mittenda erunt pro approbatione[13].

Nel 1884 si compì poi l'ultimo atto del riconoscimento ufficiale della congregazione e della sua equiparazione ad altri istituti religiosi più antichi. Il papa Leone XIII concesse infatti ai salesiani gli stessi privilegi e le stesse facilitazioni canoniche che erano state riconosciute alle congregazioni di diritto pontificio dei Redentoristi e degli Oblati di Maria Vergine del Lanteri e, in particolare, la facoltà per il superiore di rilasciare le *lettere dimissorie* senza alcuna riserva; il 25 marzo dell'anno precedente era morto Monsignor Gastaldi, arcivescovo di Torino, e gli era succeduto il più benevolo Monsignor Gaetano Alimonda, profondo estimatore dell'opera salesiana[14].

Nell'autunno di quello stesso anno, dietro espressa richiesta del papa, viste le sue ormai decadute condizioni di salute, Don Bosco segretamente nomina come vicario generale e suo successore Don Michele Rua[15] che ha da poco compiuto 47 anni; la cosa sarà resa pubblica soltanto alla fine dell'anno successivo[16].

Del 1885 è l'ultima edizione italiana a stampa delle costituzioni dei salesiani, vivente Don Bosco, ed anche l'ultima edizione delle costituzioni dell'Istituto delle Figlie di Maria Ausiliatrice, la cui superiora generale era divenuta Madre Caterina Daghero, dopo la morte della cofondatrice, Maria Domenica Mazzarello, avvenuta nel 1881.

---

[13] G. BOSCO, *Costituzioni della Società [1858]-1875*, 115. Se non risulta diversamente dalla citazione il testo a cui faremo riferimento in genere per le citazioni è anche in questo capitolo la edizione critica curata da Don Motto. Qui si tratta, in particolare, del testo approvato dai consultori nel 1874.
[14] Cf. G. TUNINETTI, «Gli arcivescovi di Torino e don Bosco fondatore», 274-275.
[15] Cf. M. WIRTH, *Don Bosco e i salesiani*, 215.
[16] Cf. M. WIRTH, *Don Bosco e i salesiani*, 216.

Nel 1886 Don Bosco apre l'ultimo dei quattro capitoli generali da lui presieduti. L'anno successivo, il 14 di maggio del 1887, viene consacrato a Roma il tempio dedicato al Sacro Cuore; è, praticamente, l'ultimo viaggio di Don Bosco fuori Torino.

Circondato dai suoi Don Bosco riceve l'unzione degli infermi il 24 dicembre del 1887, per le mani di Monsignor Giovanni Cagliero, rientrato dall'America alla notizia della infermità dell'amato padre.

Il 31 gennaio del 1888, alle quattro e tre quarti del mattino Don Bosco muore, all'età di settantadue anni. Pochi giorni prima di morire aveva affermato con un atto di fiducia nei suoi: «La congregazione non ha nulla a temere: ha uomini formati»[17].

2. Il primo noviziato canonico e gli insegnamenti sull'orazione mentale

Le scarne, essenziali notizie sulla storia della congregazione salesiana, che abbiamo cercato di presentare nel corso del paragrafo precedente, avevano lo scopo, ancora una volta, di consentirci di inquadrare meglio alcuni contributi più specificamente attinenti al nostro tema e di metterne quindi in evidenza la «autorità», in relazione alla ermeneutica del carisma di fondazione.

L'obiettivo di questo paragrafo, in particolare, è quello di tentare di ricostruire l'ambiente spirituale del primo noviziato in relazione agli insegnamenti e alla pratica dell'orazione mentale. Per far questo è indispensabile accostare la figura del primo maestro dei novizi e cercare di conoscere, in particolare, le sue relazioni con il fondatore; indagine questa tanto più importante se consideriamo che Don Barberis conservò questo incarico per venticinque anni, contribuendo poi a formare, con i suoi scritti e, in particolare, con *Il vade mecum dei giovani salesiani*, che è stato riedito anche oltre la seconda metà del novecento[18], molte delle «generazioni» successive.

---

[17] E. CERIA, *Annali*, I, 742.

[18] La prima edizione di questo vero e proprio manuale per la formazione alla vita religiosa salesiana, che ha conosciuto una notevole diffusione nella congregazione, è in due volumi e porta il titolo *Il vade mecum degli ascritti salesiani. Ammaestramenti e consigli esposti agli ascritti della Pia Società si San Francesco di Sales*; fu edita nel 1901. Questa prima edizione a stampa celebrava proprio il venticinquesimo anno della elezione di Don Barberis a maestro dei novizi. La seconda edizione, oltre alla modifica del titolo e dei destinatari, che non sono più soltanto gli ascritti bensì i *giovani salesiani*, si presenta ampliata con un terzo volume, dedicato alle virtù caratteristiche della vita religiosa; i primi due avevano trattato della vita religiosa in generale e

CAP. VI: IL CONSOLIDAMENTO DELLA FONDAZIONE 303

L'importanza data a questo manuale nella tradizione salesiana è la prima, più immediata testimonianza del credito che Don Barberis riscosse come fedele interprete del carisma del fondatore. Scriveva alla fine della prefazione alla prima edizione del 1901 il Beato Michele Rua, allora Rettor Maggiore della congregazione salesiana e fedele interprete dello spirito del fondatore:

> NB. — Tutti gli Ascritti abbiano una copia di questo manualetto: procurino, nell'anno del noviziato, di leggerlo più volte con attenzione e riverenza, e di praticarlo con un'esattezza assoluta. Esso dovrà servir loro anche negli anni seguenti; perché, quanto è qui espresso non è esclusivo per l'anno di noviziato, bensì deve servire anche pei varii anni di *formazione*; cioè fino a tanto che si sta nelle Case di noviziato e studentato, e generalmente pel tempo dei Voti triennali, che sono considerati come una terza prova[19].

Alcuni dati biografici ci introducono ad una migliore comprensione delle sue relazioni con il fondatore dei salesiani[20].

2.1 *Cenni biografici su Don Giulio Barberis maestro degli ascritti*

Don Giulio Barberis nasce il 7 di giugno del 1847 a Mathi Torinese, da Vincenzo Barberis e Teresa Tesio, ultimo di otto figli.

In un giorno di marzo del 1861 giunse all'oratorio di Valdocco; di quel giorno felice e dell'accoglienza avuta da Don Bosco egli continuò a conservare memoria per tutto il resto dei suoi anni[21]. Quattro anni

---

delle pratiche di pietà. Il titolo risulta leggermente modificato e rivela la estensione dei destinatari: *Il vade mecum dei giovani salesiani. Ammaestramenti, consigli ed esempi esposti agli ascritti e agli studenti della Pia Società di San Francesco di Sales*. L'ultima edizione da noi reperita, è in un unico volume di 1141 pagine, diviso in tre parti; in tale edizione sono state eliminate le *letture edificanti*, che seguivano tutti e singoli i paragrafi del testo originario. Quest'ultima edizione è stata edita dalla Direzione Generale delle Opere Salesiane di Torino nel 1965.

[19] G. BARBERIS, *Il vade mecum degli ascritti salesiani*, I, X.

[20] Purtroppo non esiste una documentata e completa biografia di Don Barberis né uno studio scientifico sulla sua produzione ascetica, probabilmente non originale (egli stesso cita nella prefazione de *Il vade mecum* le numerose fonti utilizzate) ma certamente importante per una migliore comprensione del suo insegnamento ai salesiani. Per i dati biografici e per conoscere alcuni tratti della personalità del primo maestro dei novizi sono comunque utili: *Bollettino Salesiano*, gennaio 1928, 12-13; A. BARBERIS, *Don Giulio Barberis*; E. CERIA, *Profili dei Capitolari Salesiani*, 305-324. Si vedano inoltre le note biografiche curate da Don Brenno Casali in G. BARBERIS, *Lettere a don Paolo Albera*, 14-25.

[21] Cf. A. BARBERIS, *Don Giulio Barberis*, 15. Don Alessio Barberis (1875-1942), dottore in filosofia e in teologia, terminò nel 1932 questa biografia dedicandola a Don

prima era morto Domenico Savio, di cui nel 1859 era stata pubblicata la biografia; proprio del 1861 era invece il *Cenno biografico sul giovanetto Magone Michele*. Di Francesco Besucco il Barberis fu compagno ed estimatore[22]. Sono anni importanti, la vera «culla» dell'esperienza fondante.

Nel 1864, come egli stesso ricorda, ricevette l'abito chiericale «in camera di Don Bosco»[23].

Sotto la sua guida, quella di Don Rua e di Don Cagliero compì il suo noviziato alla fine del 1865, emettendo i suoi voti triennali; si celebrano proprio in quegli stessi giorni le prime professioni perpetue di Rua, Cagliero, Ghivarello, Bonetti, Berto, Francesia e di un'altra decina di salesiani, dopo il *Decretum Laudis* del 1864, che segna la prima approvazione della nascente congregazione.

Il 16 di settembre del 1869, al termine degli esercizi spirituali a Trofarello, emette la sua professione perpetua, all'età di ventidue anni; quello stesso anno Don Bosco gli affida la direzione dell'oratorio di Valdocco, chiamandolo ancora chierico a partecipare ad una sorta di Capitolo Generale, radunatosi il 10 dicembre di quell'anno[24].

L'anno successivo, il 17 dicembre del 1870, viene ordinato presbitero; tre anni dopo conseguirà la laurea in teologia all'università di Torino[25]; ma in quel frattempo frequenterà le conferenze morali presso il Convitto Ecclesiastico di Torino. Su di un foglio autografo, dove lo stesso Don Barberis appunta alcuni dati autobiografici, conservato nell'Archivio Centrale Salesiano, leggiamo infatti: «Al Nov. 1870 cominciai a frequentare le conferenze di Teologia Morale a S. Francesco d'Assisi[26], poi alla Consolata, ed un po' interrottamente le frequentai

---

Pietro Trione, Direttore Spirituale della congregazione salesiana e, dunque, successore di Don Barberis. Possiamo ipotizzare, a partire da una lettera autografa scritta dallo stesso Don Trione il 24 agosto del 1929 all'allora Rettor Maggiore Don Filippo Rinaldi, che questa biografia fosse stata suscitata allo scopo di favorire l'introduzione della causa di beatificazione del primo maestro dei novizi. Scrive Don Trione: «La vita va già scritta col termine di Servo di Dio. Il primo parere di qualche consultore o autorità di Roma non è necessario, e sarebbe difficile averlo, se prima non è compilata la vita [...]. La fama di santità andrà crescendo e divulgandosi con la pubblicazione della vita». Questa lettera è conservata nell'Archivio Centrale (B 506-0301).

[22] Cf. A. BARBERIS, *Don Giulio Barberis*, 18.
[23] Cf. ACS B 506.01.12.
[24] Cf. A. BARBERIS, *Don Giulio Barberis*, 38.
[25] Cf. E. VALENTINI – A. RODINÒ, *Dizionario biografico dei salesiani*, 29.
[26] Si tratta, lo ricordiamo, della chiesa annessa al Convitto Ecclesiastico Diocesano di Torino.

per tre anni»[27]. Lì imparerà a conoscere e ad apprezzare la dottrina di Sant'Alfonso[28]. «Appena consacrato Sacerdote — scrive il suo biografo — il Beato Don Bosco, che riponeva in D. Giulio Barberis piena fiducia, volle che si esercitasse nel predicare e nel confessare»[29]. Come ricordavamo, proprio in quegli anni il Santo testimonia la sua stima per il «modello educativo» del Convitto di Torino, scrivendo nelle *Memorie dell'Oratorio*: «Qui si impara ad esser preti»[30].

Dal 1874, come abbiamo già affermato, è maestro dei novizi a Valdocco; a partire da quell'anno e praticamente per tutto il resto della sua vita avrà in congregazione responsabilità formative: maestro dei novizi, direttore dello studentato, direttore spirituale della congregazione.

In questo primo periodo nell'esercizio del suo ruolo di formatore gli sarà di grande conforto la vicinanza dello stesso Don Bosco. «Il buon Padre medesimo — scriverà egli stesso ne *Il vade mecum dei giovani salesiani* — andava indicando al Maestro degli Ascritti quei miglioramenti, che credeva più opportuni introdurre, per avere un noviziato secondo il suo spirito»[31].

Negli anni dal 1875 al 1879 scriverà una *cronichetta*, che rappresenta uno dei documenti più preziosi e immediati per conoscere la vita dell'oratorio in quegli anni[32].

In uno di questi quaderni, il 16 marzo del 1876, annota riferendosi ai novizi: «Pare che Don Bosco non farebbe difficoltà a metterli anche fuori Torino [...]; ma e per la parte della direzione come fare lontano da Don Bosco? Povero me! misero me! Io comincio a tremare già pur pensandovi; poiché sarei io colui che mi troverei nell'imbroglio»[33].

---

[27] Si tratta di un foglio sciolto autografo con dati personali e familiari, contenuto in ACS B 506.01.12.
[28] Cf. G. BARBERIS, *Lettere a don Paolo Albera*, 17.
[29] A. BARBERIS, *Don Giulio Barberis*, 41.
[30] MO 116. La datazione di Antonio Da Silva Ferreira, che ha curato l'edizione critica, colloca questo testo intorno al 1873 (cf. pagina 18).
[31] G. BARBERIS, *Il vade mecum degli ascritti salesiani*, I, 66.
[32] Si tratta di quindici quaderni scritti con buona grafia, conservati in ACS A 000. Oltre a questi, Don Barberis ci ha lasciato altri quaderni di testimonianze, di discorsi di Don Bosco, di resoconti di *fatti autentici* della sua vita, di cronache relative agli anni precedenti (cf. ACS A 000 – A 003). Possediamo inoltre un discreto epistolario e parecchi resoconti dei suoi numerosi viaggi (cf. ACS B 506 – B 511) ed anche tre suoi quaderni di verbali del Capitolo Superiore degli anni 1875-1879 (ACS D 686).
[33] ACS A 000.01.05

Nel 1877 collabora con Don Bosco nella stesura della seconda edizione dell'introduzione alle costituzioni, *Ai Soci Salesiani*[34]. Due anni più tardi il noviziato viene effettivamente spostato nella nuova fondazione di San Benigno Canavese, di cui Don Barberis diviene direttore, carica che conserverà sino al 1887; poi sarà direttore a Valsalice, dove si era stabilito anche lo studentato di filosofia, sino al 1891.

La scelta di una casa apposita rappresentava un ulteriore passo verso la auspicata regolarizzazione del noviziato[35], invocata anche, a detta dello stesso Don Barberis, dal Santo Padre Leone XIII in un'udienza concessa a Don Bosco il 16 marzo 1878[36].

Dal 1892 al 1900 fu chiamato presso il Consiglio Superiore con il titolo di Maestro dei Novizi[37]; fu poi ispettore per nove anni e infine Direttore Spirituale della congregazione, carica che aveva già ricoperto in occasione di temporanee supplenze, e che tenne poi stabilmente dal 1922 sino alla morte avvenuta nel 1927; era allora Rettor Maggiore della congregazione Don Filippo Rinaldi.

Rientrano nel suo fervente ministero in congregazione i numerosi corsi di esercizi spirituali, le cui conferenze spesso trascriveva con calligrafia ordinata e regolare, una quindicina di pubblicazioni di storia, ascetica e pedagogia sacra, i numerosissimi viaggi che lo portarono, oltre che in numerose città italiane, anche in Francia, Inghilterra, Belgio, Austria, Germania, Ungheria, Polonia, Jugoslavia, Spagna, Portogallo e Medio Oriente; le sue funzioni, a giudicare dai rendiconti e dalle lettere che si conservano, erano di natura spirituale ed anche «ispettiva», in relazione ai percorsi formativi[38].

Il 25 gennaio 1827 Don Barberis muore, all'età di ottant'anni. Nell'elogio funebre il nipote e biografo, Don Alessio Barberis, scrive:

> non credo che l'affetto al caro estinto mi veli la verità quando affermo che ha assolto fedelmente il suo compito di formatore di coscienze salesiane secondo lo spirito del Padre, *sufficit ei ut sit sicut magister eius!*

---

[34] Questo risulta, come vedremo, da alcuni fogli manoscritti conservati nell'Archivio Centrale (cf. ACS D 473.02.10).

[35] Cf. MB XIV, 335.

[36] Cf. G. BARBERIS, *Il vade mecum degli ascritti salesiani*, I, 67.

[37] Non ci è stato possibile reperire alcun documento a comprova, ma questa carica dava probabilmente a Don Barberis autorità su tutti i noviziati della congregazione. Lo confermerebbero le frequenti visite da lui fatte nelle case di noviziato della congregazione in tutto il mondo salesiano.

[38] Cf. ACS B 506.

A dimostrarlo si pensi che egli è stato scelto da Don Bosco a tale incarico delicato, che egli ha iniziato il suo lavoro sotto lo sguardo di lui e colla sua approvazione [...].

Ho parlato, ho interrogato un gran numero di Salesiani autorevoli di tutte le parti del mondo ed ho raccolto su questo punto affermazioni concordi e favorevoli, su ciò che è sostanziale in proposito.

Posso appellarmi alla mia stessa esperienza personale, poiché vivendo in un Istituto al quale convengono studenti di Teologia da ogni parte del mondo salesiano[39] [...] ben mi è dato di esperimentare che lo spirito delle nuove generazioni salesiane è quello di Don Bosco, istillato dal nostro Don Giulio a coloro che divennero alla loro volta formatori di coscienze ovunque fu conosciuto ed amato il nome del Fondatore.

L'ascetica insegnata da Don Giulio fu dunque quella del Fondatore[40].

È sempre Don Alessio Barberis che, concludendo la sua introduzione alla biografia dello zio, scrive:

Non mi sono trattenuto in considerazioni sulle cose narrate; ma ho osato sperare che al Lettore si presenteranno, occorrendo, spontaneamente. Ne suggerisco tuttavia una di carattere generale, ed è di leggere questi Cenni Biografici collocando D. Giulio Barberis nella luce del Beato D. Bosco, che egli amò filialmente e dal quale fu paternamente riamato. «Oh! come D. Barberis comprende bene D. Bosco!» Così il Beato si espresse un giorno parlando col Rev.do D. Luigi Nai. Veramente D. Barberis non ebbe altri ideali e dolori, altre ansietà e gioie, che quelle del Beato D. Bosco. Scrivendo queste pagine, mi pareva talora di scrivere un capitolo della vita del Beato, un capitolo che avrei intitolato: — In qual modo il Beato formasse a sua immagine i primi discepoli mandatigli dalla Provvidenza. — Su questa osservazione ritornerò al termine di questi Cenni come su loro giusta conclusione, e con essa pongo fine alla presentazione di questo modesto lavoro[41].

Anche le *Memorie Biografiche* ci riportano un analogo giudizio. «Di Don Barberis — scrive Don Ceria — uomo semplice, retto e piissimo il Beato disse un giorno: — Don Barberis ha capito Don Bosco»[42].

Meno di due anni dopo la sua morte, il salesiano Don Stefano Trione, che aveva collaborato con lui nell'ultimo periodo della sua vita, così scriveva a Don Filippo Rinaldi, Rettor Maggiore:

---

[39] Si trattava dell'Istituto Internazionale Teologico fondato da lui stesso a Foglizzo Canavese (cf. E. VALENTINI - A. RODINÒ, *Dizionario biografico dei salesiani*, 29).
[40] ACS B 506.01.19, 16-17.
[41] A. BARBERIS, *Don Giulio Barberis*, 10.
[42] MB XII, 38.

> Credo che sia una ispirazione divina l'idea di promuovere il processo informativo dell'Ordinario sulla fama di santità, virtù e grazie del Servo di Dio Don Giulio Barberis [...] e di procedere *quam citius, ne pereant probationes*.
>
> La fama di santità di D. Giulio Barberis non è clamorosa, ma reale e convinta nei moltissimi che lo conobbero e in tutta la nostra Società Salesiana.
>
> Riguardo alle sue virtù eroiche, perché costantissime senza venirne meno mai per tutta la vita, si può veramente ripetere che *bene omnia fecit*, e applicarvi quanto soleva richiedere per un religioso il Papa Benedetto XIV, il canonista per eccellenza delle Cause di beatificazione e canonizzazione, cioè l'osservanza esatta e costante dei doveri della propria Congregazione od Ordine[43].

Dell'effettivo inizio del processo canonico, invocato da Don Trione, che afferma nella medesima lettera che «urgerebbe far ricerca di abiti del Servo di Dio e conservarli per le reliquie indirette», non c'è comunque traccia negli archivi della congregazione.

2.2 *Personalità di Don Barberis e identità del primo noviziato*

Un giudizio oggettivo sulla personalità di Don Barberis potrebbe emergere dalla lettura dei suoi numerosi scritti editi e non, oltre che da una migliore ricostruzione della sua vicenda storica e umana; questo esula evidentemente dai limiti del nostro lavoro.

Don Francis Desramaut così ne tratteggia la personalità e l'azione:

> Courtois, aimable et tolérant, les éclats de la libre jeunesse ne lui posaient pas de grands problèmes. A la bonté, qui constituait le fond de son caractère, il joignait un grand esprit de piété, de travail et de mortification. Ce courageux n'arrêtait d'oeuvrer qu'au bord de l'épuisement, surtout quand ils'agissait du maître de son âme. Barberis mettait toutes ses ressources au service de don Bosco. Au reste, l'amour qu'il lui vouait décuplait ses énergies. Et son admiration pour lui transfigurera son enseignement aux futurs religieux. Inlassablement, il racontera don Bosco, il décrira don Bosco, il reconstituera la vie de don Bosco devant ses auditeurs. Avec lui, le fondateur des salésiens disposa d'un relais idéal pour la formacion de ses recrues. Quitte, à les transformer ingénument, don Barberis ne pensait qu'à transmettre avec fidélité sa pensée, et ses exemples à la congrégation naissante. Il allait être ainsi, sous le regard attentiif de don Bosco, le formateur de la deuxième génération de la nouvelle société religieuse[44].

---

[43] ACS B 506.03.01. Si tratta di una lettera spedita da Torino il 24 agosto del 1929.
[44] F. DESRAMAUT, *Don Bosco en son temps*, 919.

CAP. VI: IL CONSOLIDAMENTO DELLA FONDAZIONE

Questa dedizione totale a Don Bosco e questa tensione verso la fedeltà alla tradizione e agli insegnamenti ricevuti, ci sembra essere senz'altro la costante più evidente del ministero esercitato da Don Barberis nella congregazione salesiana.

Di questa particolare affinità dovette avere coscienza lo stesso Don Barberis, quando al processo per la beatificazione del fondatore dichiarò:

> Io credo di essere stato uno di quelli a cui Don Bosco abbia portato maggiore affetto; prima ancora che fossi chierico, mi faceva andare in sua camera per scrivere lettere o copiare qualche cosa, da chierico mi affidò la cura della biblioteca, che era attigua alla sua camera, e vi veniva quand'era molto stanco a passeggiare alquanto con me; quando fui posto all'insegnamento, mi suggerì esso stesso il modo di far scuola; mi correggeva esso quaderni e bozze, poi mi fece maestro dei novizi, e mi prese molte volte ad accompagnarlo nei suoi viaggi, facendomi anche la confidenza di doni soprannaturali[45].

Sulla figura umana di Don Barberis, Don Francis Desramaut traccia un giudizio poco benevolo, quando lo definisce «perfettamente sprovvisto di spirito critico»[46]. Le testimonianze dei coetanei sembrano, però, del tutto contrastanti con un simile valutazione.

Scorreriamo, ad esempio, un brano di una memoria scritta, su richiesta di Don Ceria, il 18 maggio del 1932, da Don Angelo Maria Rocca, che aveva partecipato con Don Barberis al secondo Capitolo Generale nel 1880:

> Voleva sempre parlar lui — scrive Don Rocca riferendosi a Don Barberis —. La sua opinione sola doveva trionfare. Trovava da ridire in quanto altri proponeva, interrompendo quasi continuamente chi parlava e il medesimo D. Bosco! Il quale, alla fin fine, un po' seccato di questo modo di fare, pronunziò all'indirizzo di D. Barberis, in buon piemontese, qualche espressione che ci fece ridere[47].

All'epoca di quel capitolo Don Barberis aveva trentatré anni, mentre Don Bosco ne aveva già sessantacinque; un atteggiamento di deferente sottomissione potrebbe essere considerato del tutto naturale, vista la differenza di età e la marcata personalità di Don Bosco, pur senza invocare necessariamente una mancanza di capacità critica. Al contrario, il

---

[45] *Positio super introductione causae*, [1907], 713.
[46] Cf. F. DESRAMAUT, *Don Bosco en son temps*, 919.
[47] ACS D 579.

giovane maestro era giunto da San Benigno con un insieme di suggerimenti scritti, dai toni decisi, che testimoniano la sua capacità propositiva e un argomentare coraggioso e convinto, oltre che una chiara consapevolezza dell'importanza del proprio ruolo di formatore; tutto questo senza derogare ad uno spirito di filiale obbedienza.

Si tratta di quattro grandi fogli, ricopiati con scrittura minuta, elegante, ordinata[48]. Le richieste, fatte da Don Barberis e dal suo consiglio, sono principalmente quattro: una più attenta scelta del personale formativo, una presenza più assidua del Capitolo Superiore (o addirittura il suo trasferimento nella casa di noviziato), la designazione di una sorta di ispettore «unicamente deputato a riconoscere se nelle diverse case della Congregazione si adempiano accuratamente le regole» e infine una maggiore attenzione alla salute fisica dei confratelli, da cui possono derivare molti benefici per la congregazione, e alla economia del tempo.

Scorriamone rapidamente alcuni brani, che possono aiutarci a comprendere come, gradualmente, si andava sviluppando l'identità del noviziato e la consapevolezza della sua centralità:

> ci pare cosa assolutamente richiesta dalla condizione peculiarissima di questa casa di Noviziato che essa debba primeggiare fra le altre, non come autorità positiva, ma quale modello ed esemplare perfetto delle Comunità Salesiane [...].
>
> Da quanto si è detto appare evidente che a raggiungere questo intento è necessario soprattutto provvedere questa casa di superiori tali, che alla santità della vita e alla più squisita carità accoppino la saggezza del consiglio e l'esperienza più assennata nell'arduo ufficio dell'educazione cristiana [...]; da questa contemperanza di rigore e di mitezza è appunto costituito il carattere specialissimo della nostra Congregazione [...].
>
> O dove risiede egli il principio direttivo della creatura umana se non nella mente e nel cuore? Ed applicando la similitudine alla nostra Congregazione, ove sarebbero la sua mente ed il suo cuore, se non nella casa di Noviziato, dove appunto si vengono educando e sviluppando gli intelletti ed i cuori di coloro, che dovranno un giorno formare l'elemento costitutivo della nostra Società? Inoltre i genitori d'una famiglia ben ordinata, quando hanno ancora figlioli da educare, stabiliscono fra questi la loro dimora, anziché nelle case dei più provetti [...]. Quindi è facile comprendere quanto sarebbe conveniente che il Capitolo Superiore trasportasse il seggio paterno

---

[48] La scrittura non è di Don Barberis. L'esordio fa però riferimento ai «soci perpetui della Casa di S. Benigno radunati sotto la presidenza dell'Esimio loro Direttore e Maestro dei Novizi, il Sig. Teologo D. Giulio Barberis» (ACS D 579).

veramente nel centro, nel cuore della famiglia Salesiana, dov'è più necessario mantenere sempre vivo ed intatto lo spirito della Congregazione[49].

Le cronache di Don Barberis ci testimoniano i colloqui che erano avvenuti a Valdocco tra lui e Don Bosco, prima del trasferimento del noviziato a San Benigno, in relazione alla conduzione dello stesso.
Annota Don Barberis l'11 maggio del 1878:

> Avendo io potuto in questi giorni trattenermi a lungo con D. Bosco in questi giorni scorsi si parlò specialmente del Noviziato. Don Bosco è di parere che la villa S. Anna presso Caselle lasciataci dal Barone Bianco abbia da servire per casa di villeggiatura agli Ascritti. Mi disse di andarla a visitare e disporre a che si eseguisca questo disegno. Pare anche sua volontà, com'è desiderio da lungo tempo di fare una casa separata pel noviziato che questa villa serva a quest'uopo. Si andrebbe espressamente a passare un po' di tempo in villeggiatura per vedere se convenga poi continuare.
> Altra cosa sul noviziato, che indica un passo della nostra Congregazione si è che concertai con Don Bosco che studiandosi dai nostri Ascritti tutto l'anno sarebbe bene che per lo meno gli ultimi mesi in preparazione ai voti si conducesse proprio vita ascetica come si fa tutto l'anno presso altri ordini religiosi. Non proprio far tutto adesso in quest'anno ma incominciare i tre mesi di villeggiatura che sono i più pericolosi per la vocazione renderli i più fruttiferi[50].

È cambiata l'idea che Don Bosco ha del noviziato, così come sembra sostenere Don Desramaut[51], o piuttosto si tratta ancora una volta del manifestarsi graduale di un progetto, che il fondatore ha già da tempo intuito e che ha saputo dispiegare con pazienza?

Non possiamo che restare nel campo delle ipotesi; a noi sembra più attendibile quella che Don Bosco abbia misurato sapientemente le giovani forze dei suoi collaboratori, ma che non abbia mai immaginato un modello di vita religiosa «alternativo», dove la dimensione ascetica fosse contrapposta alla dimensione apostolica.

Tutto l'insegnamento di Don Barberis, che purtroppo non abbiamo qui l'opportunità di approfondire, come peraltro l'esperienza viva del fondatore, ci sembrano indicare e testimoniare la fecondità di questa sintesi.

---

[49] Questo verbale, conservato tra i documenti dei primi capitoli generali, si trova nell'Archivio Centrale nella scatola D 579. Pur non essendo datato è certamente di poco precedente al secondo Capitolo Generale, come risulta dal cappelletto iniziale.
[50] ACS A 000.02.05, 39-40.
[51] Cf. F. DESRAMAUT, *Don Bosco en son temps*, 932.

2.3 *Prime conferenze di Don Giulio Barberis ai novizi*

Il *Vade mecum* di Don Barberis del 1901 dedica due dei sedici capitoli del secondo volume alla meditazione, l'undicesimo e il dodicesimo, con i titoli *Della meditazione* e *Del modo pratico di fare la meditazione*; un altro capitolo è intitolato *Della preghiera* e contiene parecchi spunti sulla importanza di *pregare continuamente*, di vivere costantemente alla *presenza di Dio*. Un altro capitolo è dedicato all'*esame di coscienza*, un altro ancora agli *esercizi spirituali* ed uno all'*esercizio della buona morte*. Il tema dell'orazione e dell'orazione mentale sono dunque ampiamente sviluppati.

In questo nostro studio, però, non ci fermeremo ad esaminare il contenuto di queste pagine, la cui data di pubblicazione ci allontanerebbe dal vero e proprio periodo del consolidamento della fondazione, bensì quello di alcuni manoscritti inediti più antichi, che risalgono agli anni in cui il noviziato, appena eretto dal punto di vista canonico, si trovava ancora a Valdocco, sotto lo sguardo attento del fondatore[52]. Nell'Archivio Centrale, infatti, si conservano i quaderni autografi dove Don Barberis trascrisse, in modo ordinato e per esteso, il testo di molte conferenze, fatte ai novizi a partire dal 1875.

Si tratta di documenti molto importanti al fine di stabilire i contenuti effettivamente trasmessi a quelle generazioni di giovani salesiani.

Il primo quaderno conservato è dunque quello relativo all'anno 1875-76; sulla prima pagina si trova scritto in buona evidenza il titolo *Conferenze* con il sottotitolo *Tenute agli ascritti della Congregazione Salesiana — an. 1875-76*. Poi la prima data, che è quella del *15 novembre*.

La prima pagina contiene una calorosa esortazione e un augurio per il nuovo anno cominciato da poco più di una settimana. «Che cosa ci potrebbe essere — si chiede dunque verso l'inizio della successiva — che servisse ad animarci molto, a farci coraggiosi, a mantenere il bene [...]. Due cose specialm(ente). Fervorose comunioni fatte con frequenza e la meditazione ben fatta»[53].

La prima conferenza, che occupa nove fitte pagine del quaderno, è dedicata proprio alla *Meditazione e modo di farla*. Vista la sua importanza riporteremo qui alcuni brani della sua prima parte, che vertono

---

[52] Come abbiamo già affermato, le *cronichette* di Don Giulio Barberis ci riportano il contenuto di diversi colloqui con Don Bosco in relazione alla conduzione del noviziato o all'ammissione degli ascritti.
[53] ACS B 509.03.01, 2.

CAP. VI: IL CONSOLIDAMENTO DELLA FONDAZIONE

sulla importanza della meditazione, e, per intero, la seconda parte, che tratta invece del *modo di farla bene*[54].

Le prime pagine, dunque, sono dedicate ad una lunga esortazione sulla *necessità di fare la meditazione*.

> *Desolatione desolata est* — esordisce Don Barberis — *terra quia nemo est qui recogitet corde*, di gran desolazione è desolata la terra perché nessuno medita di cuore. Il prof. Geremia vedendo tanti mali sulla terra a suoi tempi; vedendo che quasi più non aveva idea di giustizia, di onestà andava cercando le ragioni di ciò e non seppe trovare altra causa se non questo, che non si meditava più. Se di gran desolazione è desolata la terra si è per questo che nessuno medita di vero cuore.
>
> L'anima nostra non si trova nelle stesse circostanze? Perché è desolata, perché non ha virtù, perché ha tante imperfezioni? *Nemo est qui recogitet corde*. Adunque come fare per rimetterci noi nel fervore? Ce lo dice Davide ne' suoi salmi: *In meditazione mea exardescet ignis*, meditando si riaccende il fervore come ferventissima pianura di fuoco. Ma che la meditazione abbia proprio questa virtù? Che sia tanto utile? Così necessaria? Oh, è proprio così, è proprio così. Ce lo fa sempre più rassicurare il Signore per David nel salmo «*Beatus vir qui in lege Domini meditatur in die ac nocte*»[55].

«Per comprendere le cose di Dio — sottolinea più avanti il maestro degli ascritti — penetrarne il midollo, mostrarci pieni dello Spirito Santo è di tutta necessità l'orazione mentale»[56].

> Ma quel che è più per noi religiosi — prosegue — che di professione tendiamo a perfezione si è questo che senza meditazione non si viene nemanco a capire che cosa sia perfezione, parlando in modo pratico; invece non può essere che uno il quale mediti bene e non s'invogli non tenda gravemente alla perfezione. Oh se potessi un po' io invogliarvi in oggi di essa; se potessi un po' farvi penetrare nel cuore l'utilità che da essa si ricava, potessi un po' insegnarvi proprio bene a farla; si che uscirei da questa conferenza tutto contento e consolato e potrei dire: Oh Signore, ho messo sul buon sentiero molti, ho dato in mano a molti altri la chiave della perseveranza; ho riacceso il fuoco del fervore in chi non l'aveva. Faccia il Signore che così sia[57].

---

[54] Questi manoscritti, del tutto inediti, contengono a volte delle cancellature e delle aggiunte dello stesso autore; poiché nel nostro caso l'attenzione è rivolta primariamente al contenuto trasmesso ci accontenteremo, come altre volte, di una trascrizione semplice, introducendo le aggiunte nel testo e segnalando eventuali cancellature solo se ritenute significative.
[55] ACS B 509.03.01, 2-3.
[56] ACS B 509.03.01, 3.
[57] ACS B 509.03.01, 4.

La meditazione, dunque, è proposta come *necessaria* non soltanto per i novizi, ma per tutti coloro che tendono ad una vita di perfezione.

A questo punta inizia la seconda parte di questa conferenza sulla meditazione, dedicata, come dicevamo, al *modo di farla*.

Il metodo insegnato da Don Barberis è sostanzialmente quello ignaziano, con qualche riferimento a Sant'Alfonso e a San Francesco di Sales, dichiarato dallo stesso autore[58].

Per analizzarlo metteremo innanzi tutto a confronto il testo manoscritto di Barberis[59] con uno schema molto generale della *meditazione ignaziana* ricavato dal testo di Giacomo Lercaro, *Metodi di orazione mentale*[60]; pur essendo privo di valore storico, questo confronto può rendere più agevole, organizzandola, la lettura della materia. Abbiamo cercato, anche, di ricostruire i possibili riferimenti contenutistici al testo degli *Esercizi spirituali* di Sant'Ignazio.

SCHEMA LERCARO	MANOSCRITTO BARBERIS
	La meditazione consta di tre parti, 1° preparazione, 2° meditaz. propriam. detta, o i punti della meditaz. e 3° Conclusione.
A. PREPARAZIONE:	- Preparazione. Altra è remota, altra è prossima.
1. PROSSIMA	- Preparazione remota
1.1. Preparare la sera precedente i «punti» e fissare	a) Dicesi remota la preparaz. che si fa prima di trovarci nel luogo e nel tempo della medi-

---

[58] Nonostante i diversi tentativi fatti, non ci è stato possibile individuare un'unica fonte «intermedia» (rispetto al testo degli *Esercizi* di Sant'Ignazio) da cui Don Barberis potrebbe avere attinto. Non si può escludere del tutto una sintesi personale di contenuti ascoltati o riflessi; la sua abitudine, peraltro a volte espressamente dichiarata, di attingere la materia dei suoi scritti dai più accreditati autori di ascetica del tempo ci fa ritenere più probabile l'utilizzo di una fonte scritta. Sul frontespizio del quaderno da cui è tratto questo testo, ad esempio, è scritto un appunto, a caratteri piccoli: «fare un libro intitolato = Meditazione per i novizi salesiani – per ciascun giorno dell'anno. Fare cioè – 366 meditazioni adattate a noi per materia – per modo o per lunghezza – Non farle noi nuove ma raccoglierle da vari autori e adattarle a noi – ordinandole secondo i tempi» (ACS A 000.02.05). Abbiamo voluto verificare, tra le altre, anche le fonti citate dallo stesso Barberis nella introduzione alla seconda edizione de *Il vade mecum*, ma in nessuna di queste si è trovato un preciso riscontro al testo del 1875.

[59] L'originale si trova in ACS A 000.02.05.

[60] Cf. G. LERCARO, *Metodi di orazione mentale*, 353-354. Questa ricostruzione, lo ripetiamo, si presenta fittizia dal punto di vista storico; essa ha il solo scopo di consentire un'osservazione strutturata della materia contenuta in queste pagine, confrontandola con una sistemazione sintetica della tradizione ignaziana. La numerazione nello schema di Lercaro è stata aggiunta da noi.

CAP. VI: IL CONSOLIDAMENTO DELLA FONDAZIONE 315

la grazia da chiedere nel Preludio.
1.2 Pensarvi brevemente prima di addormentarsi fissando l'ora della sveglia.

1.3 Ripensarvi appena svegliati.

2. IMMEDIATA:
2.1 Avanti il luogo ove si deve meditare, sostare un momento e mettersi alla presenza di Dio; fare un atto, se possibile anche esteriore, di Adorazione.

2.2 ORAZIONE PREPARATORIA.

2.3 – PRELUDI.
2.3.1 PRELUDIO STORICO:

taz. S. Ignazio prescrive ai suoi che già la sera antecedente ciascuno si prefigga i punti della medit. E sarebbe buona cosa che noi pensassimo già anche un istante andando a dormire al punto della meditaz. che faremo il domani, anche senza leggerli la sera antecedente noi possiamo dall'ordine della materia arguire il soggetto pel domani. Al mattino poi non divagarci nulla nulla; non chiacchierare né ridere; né far lo sbadato; ma nel levarci nel pulirci nel venire al luogo della meditaz. pregare o pensare cose buone[61].
- Preparazione prossima
b) La preparazione prossima comprende tre atti.
1° Porci alla presenza di Dio. Se siamo in chiesa avanti al Sacramento non abbiamo a figurarci cosa astratta mentre abbiamo Dio realmente presente nel Suo Sacramento. Se non si è in chiesa ci immagineremo o meglio procureremo di ricordarci di essere avanti a quel Dio che dovrà giudicarci. E qui converrà fare atto di fede nella sua presenza di adorazione alla sua divina Maestà di pentimento per averlo già tante volte offeso epperciò esserci resi degni delle sue grazie, e persino indegni di stare alla sua presenza[62].
2° Fare la posizione del mistero, cioè prefiggerci il mistero che si occorre meditare, così

---

61 Cf. IGNAZIO DI LOYOLA, *Esercizi spirituali*, nn. 73.74.78.80.
62 Cf. IGNAZIO DI LOYOLA, *Esercizi spirituali*, n. 74.
63 Cf. IGNAZIO DI LOYOLA, *Esercizi spirituali*, n. 102.
64 Cf. IGNAZIO DI LOYOLA, *Esercizi spirituali*, nn. 112. 201.
65 Cf. IGNAZIO DI LOYOLA, *Esercizi spirituali*, nn. 91. 104. 193 ecc.
66 Cf. IGNAZIO DI LOYOLA, *Esercizi spirituali*, nn. 49-50.
67 Cf. IGNAZIO DI LOYOLA, *Esercizi spirituali*, nn. 194-197.
68 Si tratta del Padre Bruno della congregazione di San Filippo Neri, di cui si parla in MB XII, 475.
69 Cf. IGNAZIO DI LOYOLA, *Esercizi spirituali*, nn. 53-54.
70 Il riferimento a San Luigi Gonzaga è costante nella tradizione salesiana delle origini. San Luigi venne scelto da Don Bosco, insieme a San Giuseppe e a San Francesco di Sales, tra i patroni principali della congregazione (cf. G. BOSCO, *Costituzioni della Società [1858]-1875*, 111).

richiamare brevemente il fatto su cui si medita. (Si omette quando si mediti su verità teoriche).

2.3.2 PRELUDIO IMMAGINATIVO O COMPOSIZIONE DI LUOGO: immaginare il luogo ove si svolge il fatto; si supplisce, se si può, con altra immaginazione, se la Meditazione non è su di un fatto.

2.3.3 PRELUDIO DI PETIZIONE: domandare la grazia in cui consiste il frutto della Meditazione.

B. CORPO DELLA MEDITAZIONE

Per ogni punto:
1. ESERCIZIO DELLA MEMORIA. Richiamare le parti della materia da meditare e quasi scorrerle con l'occhio della mente.

in breve con una veduta generale[63];

e questo bisogna porcelo avanti gli occhi sensibilmente; figurarci di vedere proprio co' nostri propri occhi presenti avanti a noi quelle persone o quelle azioni attorno a cui meditiamo; p. es. se si medita l'inferno figurarci di vederlo come gran fornace infuocata, e noi li presso sull'orlo per cadervi dentro; se qualche punto della passione, figurarci di veder Gesù sofferente da una parte; dall'altra i giudei ecc. Così molto più raramente vengono le distrazioni[64].

3° Terza cosa che si deve fare nella preparazione si è di raccomandarci a Dio, alla B. V. angeli e santi che ci ajutino essi a far bene la meditazione. Tutte queste cose si possono fare brevemente quando si ha la pratica, in 3 minuti[65].

- I punti o corpo della meditazione
Finita la preparazione si deve venire al corpo della meditazione cioè a riflettere, o ponderare qualche mistero della nostra S.ta Religione o qualche punto della vita di N. S. G. Cr. In pratica ordinariamente dopo fatta la preparazione sia rimota che prossima si legge un punto nel libro poi ci soffermiamo alquanto a meditarvi sopra. Qui sta la parte più difficile della meditazione; poiché non è cosa tanto facile il tener la mente raccolta in quel momento; e poi non si sanno come occupar bene quei ritagli di tempo. Questo è quello che desidero più che tutto di spianarvi in quest'oggi. Gli scrittori ascetici dicono che vi son varii atti a fare che cioè bisogna applicare al punto di cui si fece lettura, l'intelletto, la memoria, la volontà, e la preghiera[66].

1° *L'intelletto e la memoria* pensando al mistero stesso, e ripetendolo nella nostra mente, quasi recitando tra noi il punto udito a leggere, poi accrescerlo con notarne le circostanze. Cioè per sviscerare l'argomento perciò che

CAP. VI: IL CONSOLIDAMENTO DELLA FONDAZIONE 317

2. ESERCIZIO DELL'INTELLETTO. Riflessioni: Fare propria, approfondendola, la materia della Meditazione. Applicazioni: Se ne traggono delle conclusioni pratiche per la propria condotta e si prevedono i mezzi da usare.

riguarda l'intelletto e la memoria bisogna immaginarsi presenti al mistero e considerare, le persone, le azioni, le parole, che intervengono o si dicono ponderando quel mistero[67]. 1° Le persone p. es. Gesù Dio d'infinita maestà, sì grande, sì potente, eppure che patisce, che soffre; i giudei e carnefici, gente vile, abietta, i quali non pertanto osano maltrattare il datore d'ogni bene, così permettendolo Iddio per castigare i miei peccati; 2° Le azioni p. es. in Gesù in ricevere la flagellazione dandosi tutto umile, senza annoverarsi o lamentarsi; né Giudei che battono spietatamente, p. es. in Gesù che monta al Calvario, tutto piegato, insanguinato, curvo sotto il peso della croce; nei giudei che lo guardano con disprezzo, lo beffano, lo minacciano, nelle pie donne che piangono e vengono ad abbracciarlo, ad asciugargli i sudori, le parole p. es. a queste pie donne il Div. Salvatore tutto pieno di amorevolezza dice: *filae Jerusalem, nolite flere super me...* ponderando parola per parola. Applicando in questo modo l'intelletto e la memoria difficilm. si avran distrazioni.

3. ESERCIZIO DELLA VOLONTA'. Affetti: Sono i pii sentimenti (di adorazione, lode, amore, pentimento, suscitati in noi dalle riflessioni.
Si fanno lungo tutta la Meditazione, più specialmente in fine, Propositi: Pratici, particolari, relativi al presente, umili.

2° La volontà cioè far piegare la volontà a buoni proponimenti. Gli scrittori ascetici dicono che non bisogna cambiare tutti i giorni i proponimenti, chi vuol far troppo ottiene nulla; è da prefiggerci già prima il frutto che vogliam ricavare dalla meditazione e far vedere il proponimento su quel punto. Ciascuno, per nostra disgrazia, ha dei difetti, e specialmente un difetto dominante; poi s'accorge che specialmente manca d'una qualche virtù necessaria al suo stato. Or costui deve procurare ad ogni meditazione di far piegare la volontà a questo; considerando ad es. che G. Cr. patisce tanto per me voglio assolutam. emendarmi da questo o quell'altro vizio che furon cagione di dolori di Gesù.
Con tutte queste avvertenze però di applicare l'intelletto, la memoria, la volontà al mistero che si medita conviene alle volte che uno si

NOTA FUORI TESTO: *In relazione ai colloqui qui indicati nel quaderno di Barberis lo schema del Lercaro afferma più avanti: «il colloquio può essere intercalato nella meditazione»*

trova arido e senza pensieri; allora non è da star li a far nulla; ma si preghi, anzi anche quando si avrebbe tra mano materia molto da meditare si preghi fervidissimamente per qualche istante, con affetti e sospiri e se pure questi mancano allora ricorreremo alla regola (che il P. Bruno lepidamente ci dava a Lanzo[68]: si faccia come faceva) di quel tale che quando non poteva tener bene la mente raccolta né meditare stava li con tutta umiltà, e figurandosi alla presenza del Signore diceva: Signore, che limosina *Giuvanin à le si*. Così il Signore non ci lascierà andar via vuoti dalla meditazione. E questo è un punto su cui insiste tanto S. Alfonso che si preghi ferventemente nella meditazione, si facciano affetti e sospiri; e come dice S. Ignazio, *colloquii*[69] poiché dice, a che mi giova l'aver ponderato ben l'inferno ad es. e promesso di non volerci andare, perciò di non far più quelle tal opere cattive, se insieme non domando istantemente al Signore la grazia di star costantem. lontano da quelle cose? Noi possiamo seminare, ed erigere; ma la semente marcirà prima di nascere o non porterà frutto se G. C. non gli dà esso l'incremento.

Così adunque si applicano l'intelletto, la memoria, la volontà e gli affetti o preghiere ponderando il primo punto; intanto il lettore leggerà il secondo e si ripeteranno le stesse operazioni, così pure dopo il 3° e via dicendo. Ma per ottener proprio questa applicazione ci vogliono degli sforzi specialmente per coloro che sono novizi nell'arte del meditare. Avete udito dire le tante volte del raccoglimento di S. Luigi[70], come cioè egli era sempre senza distrazioni; che anzi interrogato quanto tempo, in 6 mesi nelle preghiere e meditazioni fosse stato divagato confessò candidam. che tutto al più, mettendo insieme la durata di tutte le distrazioni che ebbe in que' sei mesi, avrebbero occupato il tempo che si mette a recitar l'Ave Maria. Alcuno dice: oh potessi anch'io esser così, oh che

CAP. VI: IL CONSOLIDAMENTO DELLA FONDAZIONE

	consolazione! Bisogna che sappiamo che S. Luigi per venire a questo punto si fece tanti e tantissimi sforzi da giovane. Si proponeva di voler meditare un'ora intiera senza pensar ad altro; se in quel tempo si divagava, ed egli a ricominciare, ed alcune volte durava buona parte della notte prima che ci riuscisse. Ma in questo modo si vinse.
C. CONCLUSIONE COLLOQUIO. Discorso con Dio (o N. S. o la Vergine), in cui si chiedono grazie e si comunicano le cose proprie; può essere intercalato nella Meditazione; non deve mancare in fine.	- Conclusione Terza parte della meditaz. e la conclusione. Consiste in 3 atti: 1° Prendiamo qualche buona risoluzione e cerchiamo il modo di metterlo in pratica, o come dice S. Francesco di Sales, facciamo il mazzetto spirituale. Il nostro santo insiste molto su ciò come sulla parte più importante della meditazione. Questo mazzetto spirituale sta nel cercare nel nostro cuore il difetto principale e proporre assolutam. di vincerlo; poi quali sono le virtù che più ci mancano, delle quali abbiamo più bisogno pel nostro stato; e procuriamo di ornarcene il cuore... come già dissi di sopra.
PREGHIERA VOCALE BREVE (*Pater, Ave, Anima Christi*).	2° Ringraziare il Signore dei lumi che ci ha comunicati in quella meditazione.
D. DOPO LA MEDITAZIONE Esame sullo svolgimento della Meditazione. PRENDERE NOTA delle illustrazioni e mozioni avute.	3° Esaminiamoci un istante se abbiam fatto il possibile per far bene questa meditazione, se no domandiamo perdono a Dio promettendo maggior diligenza per l'avvenire. Facendo in questo modo spero che anche noi potremo ottenere dalla meditazione quei frutti che vi ricavava un Luigi da Ponte, un Granata, un S. Bernardo, S. Luigi ecc. che cioè dopo di essa si sentivano tutti accesi d'amore pel Signore; non sentivano più gusto per nessuna cosa terrena, si mostravano pronti a fare qualunque cosa, anche la più difficile, anche a subire il martirio, per amore del Signore, o piuttosto di offenderlo fosse pure in cose piccolissime.

Proviamo a considerare la medesima materia nella presentazione che ne fa un coetaneo di Don Bosco, il Padre Secondo Franco (1817-1893), gesuita; si tratta, come vedremo, di un buon conoscitore dell'opera salesiana, chiamato più volte da Don Bosco a predicare nella Chiesa di Maria Ausiliatrice[71] e poi invitato da lui stesso a presenziare al primo Capitolo Generale della congregazione. Nessun dubbio, dunque, sul fatto che lo stesso Don Barberis sia stato in relazione con lui.

La conferenza, da cui è preso il brano che riportiamo, è tratta da un volume di *Istruzioni per le Religiose* pubblicato nella collana delle *Opere complete* al termine della sua vita, collana che raccolse, a partire dal 1882, la feconda produzione spirituale di tutta la sua vita.

Nel quinto paragrafo della seconda istruzione, il cui titolo è proprio *Meditazione*, leggiamo:

> Veniamo ora ad indicare brevemente come si possa ravviare quella meditazione che con tante ragioni si mostra così necessaria. Tre parti essa ha, e molto semplicemente così si possono esporre. Vi ha l'introduzione, la meditazione propriamente detta e la conclusione. La prima consiste nel mettersi alla presenza di Dio: cosa che non è punto difficile, mentre è verità di fede che Dio dappertutto si trova per essenza, presenza e potenza, poi riconoscerlo con un atto di adorazione e subito chiedergli la grazia di poter impiegare le potenze dell'anima e le forze del corpo nella presente meditazione: i quali atti se possono farsi assai brevemente, conviene pure che sieno fatti con qualche serietà.. Fatto questo si viene alla meditazione: nella quale dapprima uno si rappresenta l'oggetto sopra di cui vuol meditare: il che sarà poi sempre una verità della fede, cioè ora i novissimi, ora la gravità delle colpe, ora gli attributi di Dio, ma più frequentemente qualche mistero della vita, passione e morte del N. S. Gesù Cristo. Con quell'oggetto presente si pongono in atto le tre potenze dell'anima, memoria, intelletto e volontà. La memoria ricorda il mistero e lo pone sott'occhio con tutte le sue circostanze: l'intelletto prende a discorrervi sopra investigandolo in tutte le sue parti, dimandando come a se stesso, chi sia che opera quel mistero, per qual fine, in qual modo, che cosa veramente faccia, quali documenti si possano trarre da quel fatto o detto, quali virtù, e quale condotta pratica se ne possa dedurre, e somiglianti. Dietro a tutte queste considerazioni viene finalmente la volontà, la quale deve prorompere in affetti proporzionati a quel che si è meditato, ed in risoluzioni generose di quello che si dovrà in avvenire poi praticare. E questa è la parte più importante della meditazione[72].

---

[71] Cf. DpF, ed., *Sussidi*, II, 270.
[72] S. FRANCO, *Istruzioni per le religiose*, 18. Si tratta del ventitreesimo volume della collana che raccoglie le opere del Padre Franco. Alcuni dei suoi scritti furono pubblicati anche dalla tipografia dell'oratorio, nella collana delle *Letture Cattoliche* (cf. MB IX, 760. 924; X, 206. 398. 1170).

CAP. VI: IL CONSOLIDAMENTO DELLA FONDAZIONE 321

Ritroviamo nello schema tripartito e nelle espressioni sintetiche del Padre Franco gli elementi caratteristici della meditazione ignaziana che abbiamo già riconosciuto nell'insegnamento di Don Giulio Barberis.

L'insegnamento di Don Barberis sulla meditazione non subì, come diremo, sostanziali variazioni negli anni successivi; numerosi sono poi, nei suoi appunti, i riferimenti alla importanza e alla *necessità* della meditazione.

Nel 1876 nel quaderno delle conferenze, in data *lunedì 30 ottobre* annota: «Si spiegò il modo di fare la Santa Meditazione»[73]. Qualche giorno più tardi, il 9 novembre, parlando delle pratiche di pietà, subito dopo aver parlato della Santa Messa, scrive: «Vi è poi la meditazione. Bisogna anche che tutti la facciano. Chi non può trovarsi a farla in comune per qualche motivo, sappia che l'ha da fare ugualmente»[74].

Negli appunti per la prima conferenza del 1877 scrive:

Dopo la levata si venga insieme a fare la meditazione; e questa si faccia bene. Alcuni non sapranno ancora guari il modo, questo si imparerà quanto prima; ma l'impegno si veda fin d'ora e si faccia volentieri ed il meglio possibile. Si sappia che è proprio di regola farne mezz'ora al giorno da tutti. Chi può venga a farla qui con gli altri; chi non potesse farla in comune veda il modo di trovare il tempo di farla in privato; ma si faccia sempre[75].

Quel medesimo anno, il 20 marzo, annota sinteticamente:

Un'altra cosa su cui vorrei fermarmi è la meditazione — Poche parole — Non divagarsi prima. Nel mettersi alla presenza di Dio proprio figurarsi che Dio ci è presente (Vigliocco)[76] proporre di volerla far bene, ma confidare più e molto nell'aiuto del Signore. Nel corso della meditazione se sfugge il soggetto della meditazione, non stare a far nulla, ma proprio pregare, pregare, domandare la grazia di farla meglio, poi *Giovanin l'è sì*[77]. Sul fine fare proprii dei proponimenti. Chi lungo la meditazione non fece abbastanza bene ha ancora tempo a rimediare in massima parte[78].

---

[73] ACS A 000.02.05.
[74] ACS A 000.02.05.
[75] ACS B 509.03.02, 67.
[76] Parleremo più avanti del chierico Vigliocco. Riportiamo qui soltanto un breve tratto della sua lettera mortuaria: «Il suo secreto per far bene la meditazione era questo: sul principio, nel porsi alla presenza di Dio, si figurava proprio che gli comparisse visibilmente Gesù Crocifisso, e che dalla Croce stesse osservandolo se la faceva con tutto l'impegno possibile» (*Società di S. Francesco di Sales. Anno 1877*, 43).
[77] Si tratta di un'espressione popolare, che dovrebbe richiamare l'orante ad essere presente a se stesso e a Dio.
[78] ACS B 509.03.02.

L'8 novembre del 1878 lo stesso Don Barberis scrive:

S. Luigi provava difficoltà in fare la meditazione. Ebbe la buona ispirazione e s'accorse venire da Dio che se esso si applicasse fortissimamente in quella, la meditazione l'avrebbe salvato. Corrisponde, sebbene con grandi fatiche, poiché alcune volte gli toccava passare metà, la notte intera in preghiera volendo fare un'ora intera di meditazione senza distrazione; ma finalmente ci riesce e riporta quelle grazie e quella santità che lo rendono felice in eterno.

Un altro comincia a dire che fare la meditazione è piuttosto difficile e non vi si applica: non imparerà, non sostenuto da questa andrà decadendo e fortuna per lui se non si perderà in eterno[79].

Questo riferimento a San Luigi, che era già contenuto nel primo schema, si ritroverà anche nel *Vade mecum* nel paragrafo sul modo di fare la meditazione[80].

Il quaderno dello stesso anno ci informa che due settimane dopo, il 25 novembre, dunque sempre all'inizio dell'anno di noviziato, era già stato spiegato il modo per fare la meditazione[81].

Nei primi quaderni, posteriori al 1875, Don Barberis non riporta più per esteso la spiegazione del *modo per fare la meditazione*; possiamo ragionevolmente ipotizzare che per la esposizione di questo o di altri argomenti si servisse dei quaderni precedenti. Alcuni documenti, del resto, ci inducono a credere che la dottrina da lui presentata in quei primi anni e anche durante tutto il suo ministero di maestro sia rimasta sostanzialmente invariata, pur arricchendosi talvolta di nuove esemplificazioni. Infatti:

- in un quaderno di appunti, scritto dal chierico Ducatto durante le conferenze fatte dal maestro agli ascritti, nel 1878 troviamo la istruzione sul *modo pratico di fare la meditazione*. La dottrina contenuta è sostanzialmente la stessa, anche se variano alcuni esempi o considerazioni. La materia si arricchisce anche di qualche altro elemento che

---

[79] ACS B 509.03.02.

[80] Leggiamo ne *Il vade mecum* del 1906: « Ma per riuscire a far bene e con vero frutto la meditazione ci vogliono veri sforzi. Hai udito le tante volte raccontare del raccoglimento di San Luigi nelle sue meditazioni; egli non aveva mai distrazioni. E tu dirai: Oh potessi anch'io essere così! Bisogna sapere che San Luigi per venire a questo punto si fece tanti e tantissimi sforzi da giovine, e talvolta durava buona parte della notte in preghiera: ma in questo modo riuscì. Sforzati anche tu adeguatamente alle tue circostanze e secondo gli avvisi del maestro, e riuscirai anche tu » (G. BARBERIS, *Il vade mecum dei giovani salesiani*, III, 237).

[81] Cf. ACS B 509.03.02.

confluirà successivamente nel *Vade mecum*. Tra i modi per mettersi alla presenza di Dio leggiamo ad esempio[82]:

APPUNTI DUCATTO	VADE MECUM
col portarci col pensiero sul Calvario e rappresentarci alla mente Gesù agonizzante in croce, che tutto piagato ed esangue ci chiama a sé e ci dice di prepararci presto un posto vicino a lui nel bel paradiso, se penseremo a far bene la santa meditazione.	guarda il crocifisso, e concentrati in te stesso, figurati di vedere realmente Gesù in croce, mentre è in agonia per immensi spasimi che soffre e che volga gli sguardi a te, e trovi qualche sollievo se tu fai con gran devozione la meditazione, mentre gli si aggiungerebbero nuovi dolori ai tanti che già soffre, se ti vedesse distratto e freddo nel meditare

– Un altro quaderno, sempre scritto dal chierico Ducatto, riporta, in data *venerdì 1 settembre 1882*, una conferenza dal titolo *Del modo pratico di fare la meditazione*. Ancora una volta vi troviamo molti dei contenuti della conferenza del 1875, arricchiti con altre considerazioni ed esempi. Vediamone alcuni:

> Ricordiamoci di quelle parole: *In meditatione mea exardescet ignis*; s'accende sempre maggiore il fuoco del mio spirito nel meditare [...]. Ci sarà pur vantaggioso il portarci in spirito sul monte Calvario, quando Cristo vi sta pendente in croce, in mezzo a due ladroni, carico e coperto di piaghe, incoronato di spine, trafitto da mille punture e mille, insanguinato per ogni parte, si chè ohi più non havvi aspetto di uomo; ed allora diciamo a noi stessi: Anima mia, il tuo Dio sta appeso ad un duro tronco di croce; or meditare il perché.
>
> Concludiamo pertanto questo primo punto della meditazione e diciamo tutti così: Per meditare sempre bene mi metterò tutte le volte alla presenza di Dio immaginandomi che Egli stesso sotto spoglie mortali mi stesse ad osservare.
>
> Pertanto al mattino, allorché si fa la meditazione, nessuno sen vada per le proprie occupazioni, se prima non si sarà ben impresse nella mente alcune di queste verità e non avrà con se stesso fermamente proposto di ben ricordarle durante la giornata che sta per incominciare e di osservarle puntualmente.

---

[82] Il quaderno si trova in ACS B 509.03.04; il riferimento de *Il vade mecum*, differente nella espressione, ma piuttosto omogeneo nel contenuto, è in G. BARBERIS, *Il vade mecum dei giovani salesiani*, III, 227.

Ad ogni pranzo, quando si va per la visita a Gesù Sacramentato, allora ai piedi dell'altare rinnoviamo i proponimenti del mattino, ricordiamo le massime imparate, le verità conosciute, e persuasi sempre del gran bene di cui ci è apportatrice la Santa Meditazione, proponiamo sempre più fermamente di volerci regolar meglio nel resto della giornata, terminarle nella grazia del Signore, compiendo tutti quegli atti a cui siamo tenuti per dovere. Alla sera poi dopo la cena, quando abbiam detto le nostre preghiere, all'ascoltar queste parole: *Fermiamoci alcuni istanti a considerare lo stato di nostra coscienza*, subito raccogliamoci in noi stessi, pensiamo alla meditazione del mattino, riandiamo nella nostra mente (al)le risoluzioni prese e ricordate il dopo pranzo, e se con siffatto esame vediamo di averle praticate, continuiamo a far altrettanto per l'avvenire[83].

- Un'altra conferma della sostanziale continuità dell'insegnamento di Don Barberis sulla meditazione la troviamo infine proprio nel contenuto del capitolo XII del *Vade mecum*, dal titolo *Del modo pratico di fare la meditazione*. La materia presentata è più abbondante rispetto al manoscritto già visto, ma il testo a stampa include tutti i contenuti della conferenza del 1875 e nel medesimo ordine. Per convincercene osserviamo in sinossi i due schemi[84]:

BARBERIS (MANOSRITTO)	BARBERIS (VADE MECUM)
- Preparazione	1) PREPARAZIONE
- Preparazione remota	- PREPARAZIONE REMOTA
- Preparazione prossima	- PREPARAZIONE PROSSIMA
1° Porci alla presenza di Dio	a) Mettersi alla presenza di Dio
2° Fare atto di pentimento	b) Chiedere perdono dei propri peccati
3° Raccomandarci a Dio, alla B.V., agli angeli e santi che ci aiutino a far bene la meditazione	c) Chiedere la grazia di poter ben meditare
	d) Rappresentazione del soggetto
I punti o corpo della med.	2) PUNTI DI MEDITAZIONE
- L'intelletto e la memoria ponderano il mistero: le *persone*, le *azioni*, le parole.	a) Esercizio dell'intelletto
	b) Rappresentazione del luogo
	c) Applicazione dei sensi

---

[83] ACG B 509.04.12.

[84] Il primo schema è stato estrapolato da noi dal testo contenuto in ACS B 509.03.01; il secondo è tratto dall'ultima edizione della SEI del 1965. Il contenuto di questa edizione è praticamente identico, per quanto riguarda il lungo brano in esame, alle edizioni precedenti. Il primo testo a stampa di Don Barberis, comunque, non contiene sottotitoli.

CAP. VI: IL CONSOLIDAMENTO DELLA FONDAZIONE 325

- Piegare la *volontà* a far buoni proponimenti.
- Si facciano affetti e sospiri

CONCLUSIONE

1° Prendiamo qualche buona risoluzione
2° Ringraziamo il Signore
3° Esaminiamoci se abbiamo fatto il possibile per far bene la meditazione.

d) Esercizio della volontà
e) Propositi
f) Affetti e colloqui

3) CONCLUSIONE

a) Risoluzione
La risoluzione sia pratica
b) Ringraziare il Signore
c) Esaminarsi e pentirsi

Ritorneremo a parlare della meditazione dei salesiani, negli anni del consolidamento della fondazione, quando prenderemo in esame le deliberazioni del primo Capitolo Generale; diciamo fin da adesso, comunque, che la conoscenza del *metodo ignaziano* era assicurata, in quegli anni, anche da alcuni dei testi adoperati per la meditazione e, in particolare, dalla lunga introduzione di un testo del gesuita Luis de la Puente «che andrebbe letta cento volte — afferma il verbale del primo Capiitolo, compilato dallo stesso Don Barberis — ed imparata a memoria poiché vale tant'oro»[85].

2.4 *Orazione mentale e pratiche di pietà in alcuni altri appunti di Don Barberis*

Un ultimo, rapido sguardo, vogliamo darlo a qualche altro appunto di Don Barberis, sempre relativo a questo periodo del suo ministero.

Nella *cronichetta* del 1878 Don Barberis riporta una conferenza di Don Bosco, fatta al termine della funzione delle professioni religiose di quell'anno, emesse il 30 maggio durante la festa dell'Ascensione.

L'ordine della funzione — ci informa Don Barberis — è ordinariamente questo: si fa un po' di lettura spirituale dell'*Imitazione di Cristo* in tempo d'entrata. Arrivando Don Bosco si inizia il *Veni Creator* cui seguono le Litanie recitate con le altre cose secondo il formulario. Vien subito l'interrogatorio di regola coll'emissione dei voti e la rispettiva sottoscrizione di ciascun nuovo confratello. Il che finito D. Bosco tiene la sua conferenza[86].

La lunga conferenza di quell'anno, a cui assistettero, secondo la cronaca di Don Barberis, professi, ascritti e aspiranti, prende lo spunto

---
[85] ACS D 578, 116-117.
[86] ACS A 000.02.05, 68. Si tratta di un quaderno con 100 pagine numerate.

dalla ricorrenza liturgica della Ascensione per parlare del distacco dal mondo, dei voti, della castità. Ancora una volta tra i *mezzi positivi* per conservare la virtù della castità viene citata al primo posto l'*orazione*.

> Con questa parola — avrebbe affermato Don Bosco secondo gli appunti di Barberis — intendo ogni sorta di preghiera sia mentale che vocale, le giaculatorie, le prediche, le letture spirituali. Chi prega vince sicuramente ogni tentazione per forte e gagliarda che sia, chi non prega è in prossimo pericolo di cadere. L'orazione deve esserci una cosa tanto cara; essa è come un'arma che dobbiamo sempre aver pronta per difenderci nel momento del pericolo. Io raccomando questa orazione specialmente la sera quando si va a riposo[87].

Il tema dell'orazione, considerata come *mezzo positivo* per custodire la virtù della castità, ricorre spesso, in quegli anni, negli appunti di Don Barberis e di molti altri salesiani, soprattutto nel contesto degli esercizi spirituali.

Nello schema di una meditazione, preparata nel 1882 per gli esercizi dei confratelli, Don Barberis appunta:

> Mezzi positivi per conservare castità
> - Pratiche di pietà e specialmente confessione settimanale sempre dallo stesso confessore stabilito. Seguir bene gli avvisi del confessore.
> - Comunione frequente ma fervorosa.
> - Visite a Gesù Sacram. e a Ma. SS.ma.
> - Meditazione quotidiana
> - Specialm. Uso frequente e fervoroso delle Giaculatorie.

Senza pretendere di allargare il campo della nostra ricerca, ma soltanto a titolo di esempio, riportiamo qui anche un paio di schemi, tratti dagli appunti autografi di altri due salesiani: Don Giovanni Bonetti, di cui abbiamo già parlato nel precedente capitolo, e Don Giuseppe Bertello.

Il primo schema, non datato[88], è di Don Bonetti; il titolo è *Argomenti di istruzione per gli esercizi ai padri salesiani*. Si presenta così:

1ª Vocazione allo stato religioso
1. Sua eccellenza   2. Vantaggi

---

[87] ACS A 000.02.05, 74.
[88] Don Giovanni Bonetti morì poco più di tre anni dopo il fondatore; si tratta quindi, in ogni caso, di un documento che possiamo far risalire al periodo che stiamo particolarmente esaminando.

2ª Osservanza delle regole
1. Come ossevarle   2. Quando   3. Dove   4. Da chi

3ª La meditazione
1. È necessaria   2. Si ribattono le scuse   3. Si insegna a farla, il quando e il dove

4ª La confessione
1. Il confessore   2. Confidenza e frequenza   3. Disposizioni

5ª La castità
1. Eccellente   2. Indispensabile   3. Due mezzi per custodirla

6. Altri mezzi per la castità
1. Preghiera   2. Mortificazione[89]

Uno schema analogo, dello stesso Don Bonetti, si riferisce agli esercizi spirituali, predicati nel noviziato di San Benigno nel 1880. In questo caso la sesta istruzione è dedicata ai mezzi per conservare la castità, la undicesima e la dodicesima rispettivamente alla meditazione e al modo di farla[90].

Più interessante e completo uno schema di Don Giuseppe Bertello, professo a Trofarello nel 1868 e poi Ispettore, Consigliere ed Economo Generale della congregazione[91]. Egli distingue gli argomenti delle *meditazioni* e quelli delle *istruzioni*[92]:

MEDITAZIONI	ISTRUZIONI
1° Fine dell'uomo e del sacerdote.	1° Che cos'è la santità e obbligo di aspirarvi
2° Il peccato nell'uomo e nel sacerdote	2° La purità nel sacerdote
3° Il peccato veniale	3° Mezzi di conservarla
4° La morte del sacerdote	4° La povertà [...].
5° Il giudizio	5° L'umiltà e mezzi di acquistarla

---

[89] ACS B 516. Si tratta di un foglio autografo di Don Bonetti scritto su due facciate. L'elenco continua con altri otto punti.

[90] Cf. ACS B 517.

[91] Giuseppe Bertello era entrato all'oratorio di Valdocco nel 1862. Laureatosi in teologia prima e in lettere e filosofia poi, fu membro dell'Accademia dell'Arcadia e dell'Accademia Romana di San Tommaso. Morì nel 1910, un anno dopo essere stato nominato Economo Generale della congregazione (Cf. E. VALENTINI – A. RODINÒ, *Dizionario biografico dei salesiani*, 38-39).

[92] ACS B 514. Nella stessa scatola si conservano parecchi altri schemi analoghi dello stesso Don Bertello.

6° L'inferno
7° La dignità del sacerdote
8° Lo scandalo del sacerdote
9° Il tempo per il sacerdote

6° La preghiera e l'ufficio
7° La celebrazione della messa
8° Il sacramento della penitenza
9° Lo zelo della gloria di Dio e della salvezza delle anime

Anche in questo schema non mancano il riferimento ai mezzi per conservare la castità ed una istruzione interamente dedicata alla preghiera.

Un quaderno di appunti del chierico Ducatto, invece, ci fornisce una sorta di *esegesi* del dettato costituzionale relativo al capitolo sulle *pratiche di pietà*, tratta da una conferenza tenuta da Don Barberis, durante gli esercizi spirituali a San Benigno il 31 agosto del 1882.

In relazione al primo articolo che fa riferimento alla *vita attiva* che rende impossibile il *fare molte pratiche di pietà in comune*, Don Barberis autorevolmente chiarisce:

> Invero svariatissime sono le occupazioni a cui devono attendere i soci salesiani nelle singole case; e chi fa scuola, chi assiste nei laboratori, e chi assiste o nelle elementari o nel ginnasio o nel liceo; e chi esce sempre a far compere e chi lavora da artigiano [...]; oltre di che ne viene per conseguenza che non tutti possono uniformarsi ad un solo e medesimo orario, stante che i bisogni richieggono altamente e quindi le regole non obbligano punto che tutti e singoli i soci salesiani prendano sempre parte insieme a tutte e singole le pratiche di pietà. Ad esempio la meditazione si fa al mattino al tempo della levata, oppure alle nove; la lettura spirituale alle 2 pomeridiane, l'esercizio della buona morte al fine di ogni mese; ebbene vi sarà uno che non potrà andare alla meditazione perché forse si sentirà male; neppure potrà andare a quella delle nove, poiché avrà da far scuola, da assistere nei laboratori, da uscire per commissioni e via dicendo [...].
>
> Or bene, stando così le cose, perché non si ha il tempo necessario, perché non si può praticare questa o quell'altra pratica di pietà in comune, dimando io, si potrà per questo tralasciarla del tutto? No certamente; imperciocché se badiamo allo spirito della regola, questa ci avverte che se non possiamo adempiere alle pratiche di pietà in comune, il dobbiamo fare privatamente, ciascuno da sé appena che può e non mai tralasciarla[93].

Spiegando i successivi articoli costituzionali, Don Barberis si ferma sulle singole pratiche di pietà, in particolare sulle orazioni vocali, che raccomanda siano fatte «con vera attenzione di mente e caldo affetto di cuore» e sulla meditazione.

---

[93] ACS B 509.04.12.

In seguito l'articolo terzo del capo XII discorre dell'orazione mentale, altrimenti detta meditazione, di cui se ne deve fare mezz'ora almeno tutti i giorni. E questo *almeno* indica che se ne può fare anche di più, secondo che ci sentiamo, ma che però non siamo tenuti a farne di più; però tutti dobbiamo sempre farne almeno una mezz'ora tutti i giorni[94].

Facendo poi riferimento a quanti «veramente si trovano nell'assoluta impossibilità» di farla, ricorda che anche costoro sono comunque obbligati a «supplire colla maggior frequenza di giaculatorie»; la regola dunque, rigorosamente parlando, non dispensa nessuno:

Ciascheduno, il che significa: nessuno eccettuato. Perché dunque tanto rigore? [...]. Ah! Miei cari confratelli, la meditazione è cosa, è pratica di pietà non dirò solo importante, non solo utile, non solo utilissima, ma sto per dire necessaria a noi religiosi. Or non è mio compito il discorrervi di questa importanza, di questa necessità; ma pur veggo che non se ne può fare a meno e quindi spero di potervene parlare proprio di proposito in qualcuna delle restanti istruzioni future ed intanto parlarvi della necessità che noi religiosi abbiamo di farla, dei beni grandissimi che ci arreca, quando è ben fatta e come uno si deve regolare per farla veramente bene[95].

Il tema dell'importanza della preghiera e della meditazione ricorre ancora in degli appunti di Don Barberis,, relativi al secondo turno di esercizi del 1876, che ebbero luogo nella casa di Lanzo; le istruzioni furono predicate dal Padre Gaspare Olmi[96]. Appunta Don Barberis:

Niente più necessario all'uomo che la meditazione [...].
E prima di tutto G. Cr. ce ne diede l'esempio. *Erat pernoctans in oratione Dei*. Lungo il giorno predicava, guariva, ecc., lungo la nottata meditava e si noti bene: tutto quello che fece G. Cr. è a nostra istruzione. Stette quaranta giorni in meditazione continua ed in silenzio. La grotta di Betlemme fu scelta a studio fuori dei rumori della città. Nessuna abitazione più silenziosa che la casa di Nazareth [...]. Fino ai trent'anni nient'altro che solitudine, obbedienza, silenzio, meditazione [...].
I santi. Oh i santi si può dire che non facessero altro che meditare. Tutta la loro giornata, anche nelle normali loro occupazioni, tenevano la mente fissa in Dio, meditavano. S. Antonio al comparire del sole mattutino dolcemente si lamentava con lui che venisse a sturbare le care meditazioni che aveva fatto per tutta la notte. S. Francesco d'Assisi si ritirava settimane intiere senza mai parlare con nessuno e veder nessuno; sempre meditare. S.

---

[94] ACS B 509.04.12.
[95] ACS B 509.04.12.
[96] Cf. MB XII, 460-461.

Ignazio di Loyola, che cos'è che compì la sua conversione, che lo innalzò a tanta vita? La meditazione! [...]

Voi siete quasi tutti Salesiani o vi entrate ora e qui la meditazione si fa. Bene, fatela volentieri. Ma vivono di coloro che non lo sono e che sono liberi di sé o lo saranno: vi cale d'andare in paradiso? Volete condurre vita cristiana, non avere poi i rimorsi in morte? Fate sempre un po' di meditazione quotidiana[97].

2.5 *Noviziato e orazione mentale*: conclusioni

Il nostro studio potrebbe ulteriormente arricchirsi di altri scritti e testimonianze, ma ci sembra che i documenti esaminati siano sufficienti per comprovare alcune affermazioni, che presentiamo come sintetica conclusione.

- Fin dai primi anni del noviziato canonicamente eretto, nella casa madre di Valdocco, sotto lo sguardo attento del fondatore, si parlava ai novizi dell'*importanza* e della *necessità* della meditazione (altrimenti detta *orazione mentale*[98]).

- La particolare rilevanza data a questo insegnamento è sottolineata dal suo essere collocato all'inizio dell'anno di noviziato.

- Nonostante la regola faccia riferimento alla meditazione *in comune*, i testi esaminati ribadiscono la necessità di farla *in privato*, nel caso in cui fosse impossibile rispettare l'orario comune.

- La meditazione viene indicata come strumento indispensabile per chi vive una vita di perfezione, non soltanto durante l'anno di noviziato.

- Ai novizi viene insegnato, fin dall'inizio, anche un *metodo* per farla.

- Il metodo presentato è sostanzialmente assunto dalla tradizione ignaziana.

3. Le edizioni italiane delle costituzioni e l'introduzione «Ai soci salesiani»

Il 3 aprile del 1874 le costituzioni della *Società di S. Francesco di Sales* erano state definitivamente approvate; dieci giorni dopo veniva

---

[97] ACS A 000.01.08.
[98] Cf. ACS B 509.04.12. Il termine *orazione mentale* è per noi più ampio ed include quello di *meditazione*; come sappiamo, però, nel periodo che stiamo studiando, i due termini sono spesso considerati come sinonimi.

CAP. VI: IL CONSOLIDAMENTO DELLA FONDAZIONE   331

firmato il decreto ufficiale della Sacra Congregazione dei Vescovi e Regolari.

Di ritorno a Roma, Don Bosco continuò a lavorare sul testo approvato. Ci informa Don Francesco Motto, curatore dell'edizione critica delle costituzioni: «Assieme al professor Lanfranchi (Don Bosco) pose mano ad un'opera di revisione dettata ora da preoccupazioni stilistiche ora, forse, dall'intento di adeguare il testo secondo certe facoltà a lui concesse dal papa *vivae vocis oraculo*»[99].

Prima della fine dell'anno il testo latino venne dato alle stampe[100].

Pochi mesi dopo, il 16 di aprile del 1875, durante una delle *Conferenze Generali*, che radunavano periodicamente i membri del Consiglio Superiore e i direttori delle opere, si stabilì di approntare al più presto una traduzione italiana, molto attesa dai confratelli, corredandola anche con una prefazione di Don Bosco[101].

Nasce così la prima stesura dell'introduzione alle costituzioni, che porta il titolo *Ai Soci Salesiani*.

Il primo manoscritto, un ampio quaderno con quattordici pagine stese e poi corrette dallo stesso Don Bosco, porta la data del 24 maggio 1875[102]. Questa prima bozza, insieme ad alcune integrazioni che conserviamo in fogli separati e scritti sempre dalla mano di Don Bosco, viene ricopiata dal segretario Don Gioachino Berto e poi corretta da Don Bosco e da Don Rua[103]; quindi viene data alle stampe insieme alla prima traduzione italiana delle costituzioni approvate[104] nell'autunno

---

[99] G. BOSCO, *Costituzioni della Società [1858]-1875*, 20.
[100] Si tratta del testo pubblicato nel 1874 col titolo *Regulae seu Constitutiones Societatis S. Francisci Salesii juxta approbationis decretum die 3 aprilis 1874*.
[101] Cf. P. BRAIDO, *Don Bosco fondatore*, 7. Si tratta della edizione critica della introduzione alle costituzioni salesiane.
[102] Cf. ACS D 473.02.10.
[103] Cf. ACS D 473.02.10.
[104] Nota ancora Don Francesco Motto a proposito di questa edizione delle costituzioni: «Nel 1875 apparve la prima edizione in lingua italiana del testo costituzionale dopo l'approvazione. Non si trattò certo di una pura e semplice traduzione del testo manoscritto approvato o del testo a stampa immediatamente successivo, per due ordini di motivi. Anzitutto perché vennero introdotte modifiche senza alcun dubbio sostanziali rispetto ai testi precedenti, sia ritoccando alcune norme già accolte nell'esemplare approvato, sia reintegrando disposizioni già sostituite in fase di approvazione, sempre in forza delle concessioni che D. Bosco dichiarava di avere ricevuto da Pio IX, l'anno precedente, *vivae vocis oraculo*. In secondo luogo perché, più che una versione del testo latino, fu talora quasi un ripristino, pur imperfetto, della prima serie di redazioni in lingua italiana» (F. MOTTO, «Introduzione», 20).

del 1875. Come data definitiva Don Bosco sceglie ancora una ricorrenza mariana: *Giorno di Maria Assunta in cielo, 15 agosto 1875.*

Ai Soci Salesiani occupa, in questa sua prima versione a stampa, trentotto pagine e precede il testo costituzionale; questa introduzione risulta dunque, a parte le poche correzioni apportate da Don Rua, interamente scritta da Don Bosco[105].

Nella successiva edizione a stampa del 1877 essa si presenta notevolmente ampliata mediante:
- parecchie integrazioni attribuibili a Don Giulio Barberis, riviste e corrette dallo stesso Don Bosco[106];
- l'aggiunta di una *Lettera di s. Vincenzo de' Paoli indirizzata a' suoi religiosi sul levarsi tutti all'ora medesima.*

Nella terza ed ultima edizione delle costituzioni in lingua italiana, vivente Don Bosco, quella del 1885, il testo dell'introduzione risulta ritoccato e arricchito di alcune citazioni, ma non è possibile risalire all'autore delle correzioni, perché non è giunta a noi nessuna revisione manoscritta del testo del '77; la lettera di San Vincenzo, poi, viene riportata non più al termine dell'introduzione, bensì al termine del testo costituzionale, preceduta da un cappelletto introduttivo e seguita da sei *Lettere di Sant'Alfonso Maria de' Liguori ai religiosi della sua Congregazione.*

L'importanza dell'introduzione *Ai Soci Salesiani* nella tradizione salesiana è indiscussa; ne è prova il suo permanere, anche se solo in parte, nell'attuale testo delle costituzioni rinnovate, in appendice, unitamente ad alcuni altri testi del fondatore[107]. Osserva a questo proposito Don Desramaut:

> Le noyau de l'introduction représentait bien la pensée de don Bosco. On l'y entend avec son langage simplement persuasif. Cent ans après, ses successeurs sont retombés sur ses paragraphes de 1875 quand, sous le titre: *San Giovanni Bosco ai soci salesiani*, ils ont voulu reprendre une partie du document en annexe de leurs constitutions rénovées. Par là, ils ont assuré à

---

[105] Scrive Don Motto a proposito della edizione italiana del 1875: «L'edizione venne fatta precedere da una *Introduzione*, per la cui composizione D. Bosco si fece aiutare da D. Barberis e da altri» (G. BOSCO, *Costituzioni della Società [1858]-1875*, 20). In realtà questo non risulta dai manoscritti; le aggiunte di Barberis sono relative alla successiva edizione del 1877.

[106] Cf. ACS D 473.02.10.

[107] *Costituzioni della Società di san Francesco di Sales*, 217-235. Si tratta, sostanzialmente, del testo della prima edizione del 1875 con alcune integrazioni a proposito della *carità fraterna* e del *rendiconto*, prese dalla edizione del 1877.

CAP. VI: IL CONSOLIDAMENTO DELLA FONDAZIONE   333

l'humble lettre de 1875 une vie plus longue qu'aux constitutions solennellement approuvées l'année précédente[108].

La particolare collocazione di questa introduzione e l'importante momento storico in cui fu scritta, ha fatto di essa una sorta di *direttorio*; nello stesso tempo potremmo dire che essa fa luce sulle costituzioni del '74, perché rende più esplicito il quadro teologico di fondo e la particolare concezione di vita religiosa che costituisce la chiave ermeneutica del testo costituzionale.

Introduzione e costituzioni, dunque, si illuminano a vicenda; e questa luce si riflette anche, come vedremo, sulle sette lettere che completano l'edizione del 1885.

In relazione alle *fonti* utilizzate da Don Bosco per la composizione di queste pagine ci informa Don Braido:

> Le fonti a cui Don Bosco più largamente ed esplicitamente attinge nel comporre le pagine *Ai Soci Salesiani* sono senza alcun dubbio l'*Esercizio di perfezione e di virtù cristiane* (*virtù religiose*, nel terzo volume, che più interessa) del gesuita Alfonso Rodriguez (1541-1616) e *La vera sposa di Gesù Cristo* e gli *Opuscoli sullo stato religioso* del fondatore dei Redentoristi s. Alfonso M. de Liguori (1696-1787)[109].

In ogni caso questi testi e, in particolare, quello ampliato del 1877 rivelano l'attenzione di Don Bosco verso la dimensione più caratteristicamente «religiosa» della congregazione da lui fondata.

Nel giovane organismo, che è cresciuto troppo in fretta, non mancano le incertezze vocazionali, le «crisi di crescita», le defezioni; tutto questo aumenta le preoccupazioni formative del fondatore.

Il testo dell'introduzione *Ai Soci Salesiani* rivela dunque l'intenzione di Don Bosco, già evidenziata in relazione agli anni che hanno preceduto la definitiva approvazione delle costituzioni e in particolare in occa-

---

[108] F. DESRAMAUT, *Don Bosco en son temps*, 922-923.

[109] P. BRAIDO, *Don Bosco fondatore*, 37. Aggiunge più avanti lo stesso Don Braido: «L'uso che degli scritti di sant'Alfonso e del Rodriguez si fa nell'arco di tempo che va dal 1875 al 1885 non può considerarsi puramente casuale o utilitario in relazione alla "mentalità religiosa" di don Bosco e di don Barberis, che dal 1873/1874 viene sempre più coinvolto dal fondatore nella formazione delle nuove generazioni salesiane. Soprattutto il riferimento a sant'Alfonso — in questo scritto quelli a san Francesco di Sales risultano marginali e mediati (da sant'Alfonso stesso) — implica comune adesione a tematiche essenziali di vita religiosa. Essi trovano in lui e nel Rodriguez coincidenze e conferme molto significative delle loro esperienze di "religiosi" come fondatore e come formatore» (109).

sione dei primi esercizi a Trofarello, di contribuire a formare la coscienza di religiosi nei suoi discepoli, che nell'autunno del 1875 avevano già superato le duecentocinquanta unità[110].

Questo intento emerge chiaramente già dalla semplice elencazione dei temi affrontati; riportiamo, a questo proposito, lo schema sinottico dei titoli dei paragrafi contenuti nelle tre differenti edizioni, ricavato dall'edizione critica di questa introduzione, curata da Don Pietro Braido:

1875	1877	1885
[Proemio]	[Proemio]	[Proemio]
Entrata in religione	Entrata in religione	Entrata in religione
—	Importanza di seguire la vocazione	Importanza di seguire la vocazione
—	Seguire prontamente la vocazione	Seguire prontamente la vocazione
—	Mezzi per custodire la vocazione	Mezzi per custodire la vocazione
Vantaggi temporali	Vantaggi temporali	Vantaggi temporali
Vantaggi spirituali	Vantaggi spirituali	Vantaggi spirituali
I voti	I voti	I voti
Ubbidienza	Ubbidienza	Ubbidienza
—	Dei rendiconti e loro importanza	—
Povertà	Povertà	Povertà
Castità	Castità	Castità
—	Carità fraterna	Carità fraterna
Pratiche di pietà	Pratiche di pietà	Pratiche di pietà
—	—	Dei rendiconti e della loro importanza
Cinque importanti ricordi	Cinque importanti ricordi	Dubbio sulla vocazione
Dubbio sulla vocazione	Dubbio sulla vocazione	Cinque difetti da evitare
Cari Salesiani	Cari Salesiani	Cari Salesiani[111]

Nel proemio Don Bosco annuncia:

---

[110] Cf. P. BRAIDO, *Don Bosco fondatore*, 98. In questo numero sono compresi i professi perpetui (64), quelli temporanei (107) e gli ascritti (84).
[111] Cf. P. BRAIDO, *Don Bosco fondatore*, 34.

CAP. VI: IL CONSOLIDAMENTO DELLA FONDAZIONE   335

Le costituzioni dell'umile nostra congregazione, o figliuoli in G. C. dilettissimi, furono definitivamente approvate dalla Santa Sede il 3 aprile 1874. Noi dobbiamo salutar questo avvenimento come uno dei più gloriosi; perciocché essendoci legati alla perpetua osservanza delle medesime, noi dobbiamo godere assai nel sapere che ci appoggiamo ad una regola stabile, sicura, e possiamo anche dire infallibile, siccome infallibile è il giudizio del capo supremo della chiesa che le ha sanzionate.

Ma comunque grande sia il pregio in cui debbasi avere questa approvazione, ci apporterebbe poco frutto, se le nostre regole non fossero fedelmente osservate.

Il fine di Don Bosco, anche in questo caso, è dunque eminentemente pratico; non si tratta di scrivere un trattato di teologia della vita religiosa[112], ma di esortare paternamente, di dare impulso alla osservanza delle regole, di motivare, di ammonire, di consigliare.

Passiamo adesso a fare qualche considerazione sui contenuti di questa introduzione con particolare riferimento al tema del nostro studio.

3.1 *Pratiche di pietà e meditazione nell'introduzione alle costituzioni «Ai soci salesiani»*

Il tema delle *pratiche di pietà* è introdotto verso il termine del paragrafo dedicato al voto di *castità*. Anche in questo caso, come abbiamo già notato a proposito dei temi degli esercizi di Trofarello e degli insegnamenti del primo noviziato, la vita di preghiera è considerata un *mezzo* per mantenere saldo l'impegno preso con la professione dei consigli evangelici.

«Trionfante d'ogni vizio — afferma Don Bosco — e fedele custode della castità è l'osservanza esatta delle nostre regole specialmente delle pratiche di pietà»[113]. Conclude Don Bosco più avanti:

> Dunque o cari figliuoli, siamo fedeli nella osservanza delle nostre regole se vogliamo essere fedeli ai divini precetti. Le nostre sollecitudini poi siano costantemente e con diligenza speciale dirette all'osservanza esatta delle pratiche di pietà che sono il fondamento o il sostegno di tutti gli Istituti religiosi[114].

---

[112] L'*entrare in religione* è presentato da Don Bosco come un *vantaggio*, una più facile via di salvezza; evidentemente la sua *teologia della vita religiosa* rispecchia le convinzioni dell'ottocento.
[113] *Regole o costituzioni*, [1875], XXXI.
[114] *Regole o costituzioni*, [1875], XXXI.

Nel paragrafo dal titolo *Le pratiche di pietà* Don Bosco ribadisce l'importanza della vita di preghiera e della fedeltà a tutte e singole le pratiche prescritte dalle regole; ci sembra opportuno riportarlo qui per intero, così come appare nella prima edizione a stampa del 1875:

> Siccome il cibo è quello che alimenta il corpo e lo conserva, così le pratiche di pietà nutriscono l'anima e la rendono forte contro alle tentazioni. Perciò fino a tanto che noi saremo zelanti nella osservanza delle pratiche di pietà, il nostro cuore è in buona armonia con tutti e vedremo il salesiano allegro, contento della sua vocazione. Al contrario comincerà il dubbio della vocazione e a provare forti le tentazioni quando comincia la negligenza nelle pratiche di pietà. La storia ecclesiastica ci fa toccare con mano che tutti gli ordini religiosi e tutte le congregazioni ecclesiastiche fiorirono, promossero il bene della religione fino a tanto che la pietà tenne il suo posto; e al contrario ne abbiamo veduti non pochi a decadere ed altri a cessare di esistere, ma quando? Quando si rallentò lo spirito di pietà, e ciascuno si diede a cercare *quae sua sunt, non quae sunt Iesu Christi*.
>
> Se noi pertanto, o figliuoli, amiamo la gloria della nostra Congregazione, se desideriamo che si propaghi, e si conservi fiorente a vantaggio delle anime nostre e dei nostri fratelli, diamoci la massima sollecitudine di non mai trascurare la meditazione, la lettura spirituale, la visita quotidiana al SS. Sacramento, la confessione ebdomadaria, il rosario della s. Vergine, la piccola astinenza del venerdì. Sebbene ciascuna di queste pratiche separatamente non sembri gran cosa, tuttavia contribuisce efficacemente al grande edifizio della nostra perfezione e della nostra salvezza. Vuoi crescere e diventare grande agli occhi di Dio? dice S. Agostino comincia dalle cose più piccole. *Si vis magnus esse a minimo incipe*.
>
> La parte poi fondamentale delle pratiche di pietà, quella che in certo modo tutte le abbraccia, consiste in fare ogni anno gli esercizi spirituali, ogni mese l'esercizio della buona morte. Credo che si possa dire assicurata la salvezza di un religioso, se ogni mese si accosta ai SS. Sacramenti, e aggiusta le partite di sua coscienza, come dovesse di fatto da questa vita partire per la eternità. Se adunque amiam l'onore della nostra Congregazione, se desideriamo la salvezza dell'anima, siamo osservanti delle nostre regole, siamo puntuali anche nelle più ordinarie, perchè colui che teme Dio non deve trascurar niente di quanto può contribuire a sua maggior gloria. *Qui timet Deum nihil negligit*[115].

Il testo del 1877 specifica poi le *modalità* con cui fare l'*esercizio della buona morte*. La grafia originale, poi corretta da Don Bosco, è di Don Barberis:

---

[115] *Regole o costituzioni*, [1875], XXXII-XXXIV.

fare ogni anno gli esercizi spirituali, ogni mese l'esercizio della buona morte.

Chi non può fare questo esercizio in comune lo faccia separatamente, e chi per occupazioni non può impiegare l'intera giornata faccia quanto può e rimandi ad altro giorno ciò che non è strettamente necessario, ma tutti da più a meno seguano questa regola:

1° Oltre la meditazione solita del mattino si faccia anche mezz'ora di meditazione alla sera, e questa versi su qualcuno dei novissimi.

2° La confessione che da tutti si farà in detto giorno, se è possibile, sia più accurata del solito, pensando proprio che quella sia l'ultima della vita, e si riceva la s. comunione come se fosse per viatico.

3° Si pensi almeno per una mezz'ora al progresso od al regresso nella virtù che si è fatto nel mese decorso e specialmente per ciò che riguarda l'osservanza delle regole, e si prendano risoluzioni a questo riguardo.

4° Si rileggano in quel giorno tutte o almeno in parte le regole della Congregazione.

5° Sarà anche bene in tal giorno scegliere un Santo per protettore del mese che si incomincia[116].

Questi testi si collocano certamente in continuità con quanto abbiamo cercato di mettere in evidenza nel nostro studio a proposito dell'importanza data da Don Bosco alla pratica degli esercizi spirituali, *parte fondamentale delle pratiche di pietà, quella che in certo modo tutte le abbraccia.*

Quanto all'*esercizio della buona morte*, da fare comunitariamente o, in caso di impedimento, anche da soli, rappresenta, come abbiamo visto, un altro dei capisaldi della pietà salesiana. In questo testo, che verrà poi ripreso e reso normativo dal secondo Capitolo Generale nel 1880[117], viene prevista oltre ad una mezz'ora di meditazione che va ad aggiungersi a quella del mattino, altra mezz'ora dedicata ad una sorta di *esame generale*: «Si pensi almeno per mezz'ora al progresso o al regresso che

---

[116] ACS D 473.03.03. Si tratta di una copia a stampa del 1875, predisposta con pagine bianche a tergo per le correzioni e le eventuali aggiunte; accanto alle pagine XXXIV e XXXV del testo precedente si trova il testo manoscritto di Barberis con le correzioni di Don Bosco. Per il corrispondente testo a stampa si veda *Regole o Costituzioni. Secondo il decreto di approvazione del 3 aprile 1874*, [Tipografia dell'Oratorio di S. Francesco di Sales], Torino 1877, 38. È possibile reperire la medesima materia anche tra i documenti del primo Capitolo Generale (cf. *Deliberazioni del Capitolo Generale della Pia Società Salesiana*, 48-49). Il testo delle costituzioni nella edizione del 1885 non presenta, qui e nelle prossime citazioni, alcuna significativa variazione.

[117] Cf. *Deliberazioni del Secondo Capitolo Generale*, 52.

si è fatto nella virtù nel mese passato, specialmente per ciò che riguarda l'osservanza delle regole, e si prendano risoluzioni a questo riguardo»[118].

In relazione alla *mezz'ora di meditazione alla sera*, prevista in aggiunta a quella del mattino, notiamo qui, per inciso, che una decina di anni dopo la morte del fondatore, durante il rettorato di Don Michele Rua, essa diverrà prescrizione quotidiana durante l'anno di noviziato[119].

3.2 La «Lettera di San Vincenzo de' Paoli sul levarsi tutti all'ora medesima»

Un'altra importante indicazione è contenuta nell'edizione del 1877.

Come abbiamo già accennato, al termine dell'introduzione *Ai Soci Salesiani*, Don Bosco decide di aggiungere una lettera di San Vincenzo de' Paoli, scritta il 15 gennaio del 1650 dal fondatore della *Congregazione della Missione* per i suoi religiosi[120].

«Si metta dopo l'introduzione e prima del testo delle Regole» scrive di suo pugno sulla copia per la stampa preparata da un amanuense. Una piccola introduzione, autografa di Barberis, viene cancellata[121] e il titolo originariamente apposto, *Sul levarsi tutti alla stessa ora del mattino*, viene sostituito da Don Bosco con quello di *Lettera di S. Vincenzo de' Paoli indirizzata ai suoi religiosi sul levarsi tutti all'ora medesima*, che risulta poi nella copia a stampa[122]. Altre correzioni, per lo più stilistiche, vengono apportate da Don Bosco al testo ricopiato della lettera[123].

---

[118] ACS D 473.03.03.
[119] Cf. M. RUA, *Lettere circolari ai salesiani*, 213. Si tratta di una circolare del secondo Rettor Maggiore, che porta la data del 5 agosto del 1900.
[120] La lettera di Vincenzo de' Paoli, inizialmente indirizzata al signor Lambert, superiore a Richelieu, pare sia stata diretta successivamente ai superiori di tutte le case della Congregazione: Di questa circostanza ci informa Padre Antonio Fiat, che fu superiore generale della Congregazione della Missione (cf. *Avvisi e conferenze spirituali di San Vincenzo de' Paoli*, 618).
[121] L'introduzione, ancora perfettamente leggibile, affermava: «Credo bene di riprodurre qui alla lettera una lettera di S. Vincenzo de' Paoli indirizzata a tutti i religiosi della sua Congregazione sul levarsi per tempo al mattino e tutti alla stessa ora, perché si vedano i sentimenti di questo grande santo a questo riguardo e abbiamo guida ed ammaestramento in una cosa che può farci tanto del bene se osservata, e tanto del male può produrre alla Congregazione nostra se negletta. Ecco adunque come si esprime il Santo» (ACS D 473.04.01, 1).
[122] *Regole o costituzioni*, [1877], 43.
[123] Alla pagina 3 del manoscritto, ad esempio, Don Bosco sostituisce *sortire* con *uscire*. Nella stessa pagina, però, aggiunge *della meditazione* come specificazione e

CAP. VI: IL CONSOLIDAMENTO DELLA FONDAZIONE 339

Prima di entrare nel merito del contenuto di questa lettera vogliamo sottolineare qui una circostanza che le conferisce maggiore rilievo.

Nel 1848 Don Bosco aveva pubblicato anonimo un libretto dal titolo *Il cristiano guidato alla virtù ed alla civiltà secondo lo spirito di San Vincenzo De' Paoli*[124]. Nel 1876, a quasi trent'anni di distanza, questo libretto viene riedito dalla tipografia dell'oratorio, questa volta con il nome dell'autore; proprio nel 1877, nello stesso anno della pubblicazione di questa seconda edizione italiana delle costituzioni, viene approntata anche una ristampa di questa edizione[125].

Ci siamo chiesti: questa doppia pubblicazione de *Il cristiano guidato...*, in coincidenza con la annessione della lettera del santo alle costituzioni dei salesiani, è casuale? O, piuttosto, Don Bosco, in questo particolare momento di consolidamento spirituale della congregazione, ha intravisto in San Vincenzo de' Paoli, nella sua esperienza spirituale e nella congregazione da lui fondata un particolare *modello* da indicare ai suoi religiosi?

Partendo da quest'ultima ipotesi proviamo a visitare brevemente, a questo punto del nostro studio, questa biografia, che conoscerà anche un'altra edizione prima della morte di Don Bosco[126] e a cercare di comprendere qualcosa sulle relazioni che intercorrono tra questi due santi.

---

chiarimento del termine *ripetizioni*. Queste e tutte le altre correzioni apportate passeranno nel testo a stampa.

[124] La prima edizione del 1848 non porta sul frontespizio il nome dell'autore. Nella seconda edizione si aggiunse al titolo *...in onore del medesimo Santo pel sacerdote Giovanni Bosco*; il volume viene riedito nel 1876 e poi nuovamente l'anno successivo. Alle circostanze che accompagnano la prima edizione di questo libro Don Lemoyne dedica l'intero capitolo XIII del terzo volume delle *Memorie Biografiche*.

[125] Cf. P. STELLA, *Gli scritti a stampa di San Giovanni Bosco*, 58.

[126] Nella rivista «Ricerche Storiche Salesiane» è stato pubblicato nel 1996 lo studio «"Il cristiano guidato alla virtù e alla civiltà secondo lo spirito di San Vincenzo de' Paoli". Analisi del lavoro redazionale compiuto da Don Bosco» di Daniel Malfait e Jacques Schepens. Tale studio è un punto di passaggio obbligato per una migliore conoscenza della redazione del testo. Quando a pagina 377 gli autori, interrogandosi sui motivi che sono alla base di questa seconda edizione, formulano alcune ipotesi storiche, non fanno però alcun riferimento né al particolare momento che vive la congregazione salesiana nè alla lettera annessa proprio quell'anno alle costituzioni dei salesiani, invocando per lo più circostanze «esterne» alla storia della congregazione, come la polemica con i protestanti o il diffondersi in Italia delle Conferenze di San Vincenzo (cf. D. MALFAIT – J. SCHEPENS, «Il cristiano guidato alla virtù», 377-378).

3.2.1 «Il cristiano guidato alla virtù ed alla civiltà secondo lo spirito di San Vincenzo de' Paoli»

La affinità spirituale ed anche «caratteriale» tra Don Bosco e San Vincenzo de' Paoli è stata sottolineata nel 1978 da Don Eugenio Valentini, nel suo articolo *Don Bosco e San Vincenzo de' Paoli*. Lo stesso Don Lemoyne nelle *Memorie Biografiche* aveva scritto: «Notiamo come avendo Don Bosco sortito da natura, al pari di S. Vincenzo, un'indole biliosa, di spiriti vivaci e inclinati alla collera, lo imitasse nella dolcezza per cattivarsi i cuori degli uomini»[127].

Il modello di congregazione da lui fondata dovette particolarmente attrarre Don Bosco che, come San Vincenzo, sentiva di dover contribuire a rispondere agli urgenti bisogni del mondo con una congregazione *di vita attiva*. Sottolinea uno dei primi biografi del fondatore dei salesiani, il francese Albert du Boÿs:

> Si, à l'exemple de saint Vincent de Paul, dom Bosco a fondé une societé active plutôt que cotemplative, ce n'est pas que lui et ses disciples ne comprissent pas la sublimité des enfants de saint Bruno, des filles dei Sainte-Thereèse et de Sainte Claire. C'est que, dans ce moment, le plus pressé, le plus urgent était de créer des communautés religieuses qui pussent se consacrer au bien de l'humanité et rendre des services, visibles et tangibles à la société humaine[128].

L'esperienza spirituale di San Vincenzo viene quindi offerta da Don Bosco come esempio ad ogni cristiano, ma in modo eminente ad ogni ecclesiastico.

> Quel Dio che suscitò un Vincenzo — scrive Don Bosco nella prefazione — qual fiaccola luminosa a portare la luce della verità fra popoli barbari e ingentiliti, quel Dio che volle togliere dalla plebe un uomo abbietto per collocarlo sopra il trono de' suoi principi, affinché colle sue eroiche virtù facesse cangiare di aspetto la Francia e l'Europa insieme; quel Dio faccia che la stessa devozione, lo stesso zelo si riaccenda negli ecclesiastici affinché indefessi adoperinsi per la salute delle anime[129].

Nella vita di San Vincenzo de' Paoli, il fondatore dei salesiani, che nella medesima prefazione spiega di avere *letteralmente ricavato* la sua

---

[127] MB III, 381.
[128] A. DU BOŸS, *Dom Bosco et la pieuse Société des Salésiens*, 311.
[129] G. BOSCO, *Il cristiano guidato alla virtù*, 4-5. Questo e i successivi testi citati sono invariati rispetto alla precedente edizione, pubblicata anonima, del 1848.

CAP. VI: IL CONSOLIDAMENTO DELLA FONDAZIONE 341

dall'opera intitolata *Lo spirito di S. Vincenzo de' Paoli*[130], dovette probabilmente cogliere quella tensione verso una perfetta sintesi tra l'amore a Dio e l'amore al prossimo, tra l'orazione e le opere della carità, che aveva già messo in evidenza nella biografia del Cafasso e che caratterizzò la vita del fondatore dei Lazzaristi.

Nella meditazione del *Giorno quarto*, dal titolo *Amore del santo verso Dio*, Don Bosco, che dipende qui totalmente dalla sua fonte, sottolinea il dono di congiungere l'amore di *affetto* all'amore di *effetto*; una citazione di San Vincenzo è conclusa poi da una riflessione:

Totum opus nostrum in operatione consistit. Insegna l'Apostolo essere le sole buone azioni che ci accompagnano nell'altra vita. Riflettiamo pertanto su di ciò, tanto più che a' nostri giorni vi sono molti i quali sembrano virtuosi, e lo sono in fatti, nulladimeno sono inclinati ad una vita dolce e molle, anzicchè ad una divozione solida e laboriosa. Paragonasi la Chiesa ad una gran messe la quale abbisogna di operai che lavorino. Non c'è cosa tanto conforme col Vangelo quanto il radunare de' lumi e delle forze mediante l'orazione, la lettura e la solitudine, e quindi far parte agli uomini di questo pascolo spirituale. È un imitare ciò che si fece dal nostro Signore, e dopo lui dagli Apostoli; è un congiungere l'ufficio di Marta e quello di Maria; è un seguire l'esempio della colomba, la quale digerisce la metà del cibo che ha inghiottito, e indi col proprio becco fa passare il rimanente in quello de' suoi pulcini per nutrirli. Ecco in qual modo colle opere dobbiamo testificare a Dio che lo amiamo: *Totum opus nostrum in operatione consistit»*.
In conseguenza il sant'Uomo raffigurava sempre nostro Signor Gesù Cristo negli altri, onde eccitare con maggiore efficacia il suo cuore a prestare loro tutti i doveri della carità[131].

Nella Torino di allora San Vincenzo rappresenta il vero *prototipo* della carità instancabile, del servizio agli umili e ai bisognosi, dello zelo per le anime[132].

---

[130] Si tratta della traduzione italiana dell'opera di André-Joseph Ansart dal titolo *L'esprit de S. Vincent de Paul, ou modéle de conduite proposé à tous les ecclésiastiques, dans ses vertus, ses actions et ses paroles* del 1780, traduzione pubblicata a Genova nel 1840 con il titolo *Lo spirito di s. Vincenzo de' Paoli, ossia Modello di condotta proposto a tutti gli ecclesiastici, religiosi e fedeli nelle sue virtù, nelle sue azioni e nelle sue parole*. Da questa traduzione Don Bosco attinge copiosamente, come è possibile verificare nello studio di Malfait e Schepens.
[131] G. BOSCO, *Il cristiano guidato alla virtù*, 39-40 = A.G. ANSART, *Lo spirito di S. Vincenzo*, 7-8. Questo testo e i successivi sono invariati rispetto alla precedente edizione del 1848.
[132] Sotto gli auspici di San Vincenzo de' Paoli era nata a Torino, nel 1832, la *Piccola Casa della Divina Provvidenza*, fondata da Giuseppe Cottolengo, che aveva

Eppure Don Bosco, che ne ha da poco ripubblicato la vita, decide di invocare l'autorità di questo santo, per parlare ai suoi non dell'amore ai poveri o dello zelo per le anime, bensì dell'importanza della preghiera e della meditazione del mattino; questa sorta di contrasto, e la singolare collocazione conferiscono a questa lettera una particolare importanza.

3.2.2 Il contenuto della lettera

Nell'edizione delle costituzioni del 1877 la lettera occupa più di otto delle quarantanove pagine che precedono il testo costituzionale.

Riassumiamone il contenuto con l'ausilio dell'aggiunta di alcuni titoli.

a) *Decadimento di alcune case della Compagnia e faticosa individuazione della causa*[133].

Iddio permette che anche le congregazioni più sante siano soggette a qualche decadimento. Questo sembra essere avvenuto in alcune case della *Congregazione della Missione*, senza che, all'inizio, sia stato facile individuarne la causa.

> Per iscoprirla — sottolinea San Vincenzo — è stata necessaria un po' di pazienza e di attenzione dalla parte nostra; infine Dio ci ha fatto vedere che la libertà d'alcuni a riposare più che la regola non accordi ha prodotto questo cattivo effetto; col di più che non trovandosi all'orazione cogli altri, essi erano privati de' vantaggi che si hanno dal farla in comune, e spesso poco o nulla ne facevano in privato[134].

b) Motivo della lettera: rimediare a questo disordine[135].

Occorre rimuovere la causa di questo disordine, per osservare la regola e far sì che ciascuno sia più sollecito del suo bene spirituale.

c) Gli otto vantaggi che vengono dal levarsi tutti puntualmente[136].

Sono così presentati:
- si compie la regola e, quindi, si fa la volontà di Dio;
- l'obbedienza resa a quell'ora è particolarmente gradita a Dio;

---

scoperto la sua vocazione proprio leggendo la vita di San Vincenzo (cf. M. MARCOCCHI, «Alle radici della spiritualità di Don Bosco», 168). Le *Conferenze di San Vincenzo de' Paoli*, inoltre, erano rifiorite, dopo il 1870 nel Piemonte, dopo alcune diffidenze del trentennio precedente (cf. G. PENCO, *Storia della Chiesa in Italia*, II, 263).

[133] Cf. *Regole o costituzioni*, [1877], 43-44.
[134] *Regole o costituzioni*, [1877], 43-44.
[135] Cf. *Regole o costituzioni*, [1877], 44.
[136] Cf. *Regole o costituzioni*, [1877], 44-46.

- la prima azione della giornata deve essere data a Dio e non al demonio;
- le concessioni occasionali possono rischiare di diventare cattive abitudini;
- Gesù non aveva dove posare il capo; anche noi dobbiamo essere pronti ad abbandonare il letto per andare da lui;
- chi dorme a lungo non diventa mai un uomo ed è più soggetto alle tentazioni;
- il tempo va utilizzato per servire degnamente Iddio. Persino i mercanti e i ladri per i loro affari mondani sono pronti ad alzarsi dal letto;
- il mattino è il tempo più propizio per la preghiera. «Anche gli antichi eremiti e i santi — afferma San Vincenzo — ad esempio di Davide, lo impiegavano a pregare e a meditare. Gli Israeliti dovevano levarsi il mattino per raccogliere la manna; e noi che siamo senza grazie e senza virtù, perché non faremo lo stesso onde averne?»[137]

d) Risultati positivi e inconvenienti[138].

Puntualità, raccoglimento e modestia sono un grande sostegno per la vocazione. Al contrario la trascuratezza nell'alzarsi al mattino è causa dell'infedeltà di molti.

> La trascuranza ne ha fatto uscire molti, i quali non potendo dormire a lor piacimento, non potevano pure affezionarsi al loro stato. Quale aiuto ad andar volentieri all'orazione, se non si leva che a malincuore? Come meditar volentieri quando non si è in chiesa che a metà ed unicamente per convenienza? Al contrario coloro che amano levarsi al mattino, d'ordinario perseverano, non si rilassano, e fanno rapidi progressi. La grazia della vocazione è legata alla orazione, e la grazia dell'orazione a quella di levarsi. Se noi siamo fedeli a questa prima azione, se ci troviamo insieme ed avanti al nostro Signore, ed insiememente ci presentiamo a lui, come facevano i primi cristiani, egli si darà reciprocamente a noi, ci rischiarerà co' suoi lumi e farà egli stesso in noi e per noi il bene che abbiamo obbligo di fare nella sua chiesa e finalmente ci farà la grazia di giungere al grado di perfezione che egli desidera da noi, per poterlo un giorno pienamente possedere nell'eternità dei secoli[139].

e) Alcune possibili obiezioni e le relative risposte[140].

Contro chi invoca pretesti o motivi di salute, il santo ribatte, con de-

---

[137] *Regole o costituzioni*, [1877], 46.
[138] Cf. *Regole o costituzioni*, [1877], 46-47.
[139] *Regole o costituzioni*, [1877], 47.
[140] Cf. *Regole o costituzioni*, [1877], 47-50.

cisione, con argomenti presi dall'esperienza e dalla scienza medica.

La nostra regola — afferma tra l'altro — e la consuetudine vogliono che ci alziamo tutti allo stesso tempo. Se fuvvi rilassamento non è che da poco tempo, e soltanto in qualche casa, per abuso d'individui e per tolleranza di Superiori; da che in altre case la pratica di levarsi è stata sempre fedelmente osservata; perciò furon esse ognora in benedizione. Il pensare d'essere ammalato per interrompere questa esattezza, è un'immaginazione, e l'esperienza fa vedere il contrario. Dopo che tutti si alzano, non abbiamo qui alcun ammalato, che non fosse già prima, e non ne abbiamo altrove[141].

f) Mezzi per essere fedeli[142].

San Vincenzo distingue i mezzi propri dai mezzi generali. I primi sono:

- convincersi che «l'esattezza nel levarsi è una pratica delle più importanti della Compagnia»[143];
- darsi a Dio la sera coricandosi e domandargli la forza di vincersi alla mattina;
- immaginare che la campana sia la voce di Dio;
- non ritardare in questa pratica esatta, per non rendere la cosa sempre più difficile.

I mezzi generali sono invece:
- istituire uno «svegliatore», che passi nelle camere, e dei visitatori, che lo seguano poco dopo;
- una certa severità da parte di tali incaricati.

g) Conclusione[144].

Si afferma, in conclusione, che coloro che non sono fedeli non possono essere impiegati nelle cariche della Compagnia, al fine di evitare ogni rilassamento.

Piaccia a Dio — sono le ultime parole della lettera — perdonarci le nostre passate mancanze, e farci la grazia di correggerci così, che siamo come quei beati servitori che il padrone al suo arrivo troverà vigilanti. In verità vi dico, dice il nostro Signore, che egli li farà sedere a sua mensa e che ei li servirà; e parimenti se egli arriva alla seconda vigilia ed alla terza e così li trova, beati sono quei servitori! In verità vi dico che li costituirà sopra tutti i suoi beni[145].

---

[141] *Regole o costituzioni*, [1877], 49.
[142] Cf. *Regole o costituzioni*, [1877], 50-51.
[143] *Regole o costituzioni*, [1877], 50.
[144] Cf. *Regole o costituzioni*, [1877], 51.
[145] *Regole o costituzioni*, [1877], 51.

3.2.3 Alcune considerazioni conclusive

La lettera di San Vincenzo de' Paoli continuerà, per circa un trentennio, ad accompagnare le costituzioni della *Società di S. Francesco di Sales*[146].

Nell'edizione del 1885 essa viene spostata al termine del testo costituzionale e precede altre sei lettere di Sant'Alfonso, che fanno qui la loro prima comparsa.

Queste sette lettere sono precedute da una premessa:

> Si giudicò conveniente fare seguire a queste regole una lettera di S. Vincenzo de' Paoli e varie altre di Sant'Alfonso Maria de' Liguori; fondatore il primo della Congregazione dei Missionari di S. Lazzaro, ed il secondo della Congregazione del SS. Redentore.
>
> Da esse i Salesiani possono imparare l'importanza di essere fedeli alle loro regole, e di badare alla piccole cose, vivendo da buoni religiosi e perseverando nella propria vocazione. Leggiamole adunque di quando in quando, ritenendo a mente che sono due Santi che parlano[147].

Notiamo ancora che nell'edizione del 1903, la lettera è preceduta da un'altra introduzione, che chiarisce l'intenzione del fondatore:

> Avendo noi tanto bisogno di consolidarci bene sul punto della levata, da farsi da tutti nello stesso tempo, e di buon'ora, per stare alla regola comune, ed anche per poter arrivare sempre tutti per tempo alla meditazione, che si suol fare insieme, al mattino prima della messa, Don Bosco volle fosse stampata, nella seconda edizione delle nostre regole, questa lettera di S. Vincenzo de' Paoli, che inculca tanto fortemente e con tanto ponderate ragioni questa pratica, con intenzione che prendessimo le ragioni da S. Vincenzo portate pe' suoi Lazzaristi, come dette da lui medesimo a noi Salesiani. Procuriamo adunque anche noi di trarre da essa quel profitto, che D. Bosco se ne riprometteva[148].

Il contesto in cui è collocata questa lunga lettera, il suo contenuto ed anche quello di queste brevi premesse ci fanno comprendere che è intenzione del fondatore indicare una *urgenza*, che possiamo ipotizzare rivolta a prevenire o a correggere alcuni disordini nella pratica della

---

[146] Essa scomparirà infatti soltanto nella edizione *bilingue* (con testo latino a fronte) del 1907. Questa omissione potrebbe essere stata determinata da criteri di «spazio»; questa edizione, infatti, contenendo anche il testo latino è più voluminosa della precedente. Comunque si tratta soltanto di una nostra ipotesi.
[147] Cf. *Regole o costituzioni*, [1885], 87.
[148] Cf. *Regole o costituzioni*, [1903], 140.

meditazione: *col di più che non trovandosi all'orazione cogli altri, essi erano privati de' vantaggi che si hanno dal farla in comune, e spesso poco o nulla ne facevano in privato.*

L'affermazione centrale di tutta la lettera ci sembra possa essere considerata questa: *La grazia della vocazione è legata all'orazione. E la grazia dell'orazione a quella di levarsi.*

Esula dal nostro studio l'analizzare il motivo per cui la lettera di San Vincenzo sia scomparsa, dopo trent'anni, dalle successive edizioni delle costituzioni; essa offre comunque, a parer nostro, un'altra importante indicazione per comprendere il sentire del fondatore in questo particolare momento della storia della congregazione.

È questo l'anno del primo Capitolo Generale, che si concluderà i primi di ottobre, l'anno del consolidamento della nuova istituzione. Scrive Don Desramaut:

> L'année 1877, celle de la consolidation spirituelle et structurelle de la congrégation salésienne, telle qu'il la voulait, fut décisive dans la vie de Don Bosco. Depuis la fondation de sa société, il avait veillé sur ses structures et lui avait insufflé un esprit, qui, au bout du compe, était le sien. Les structures, ébauchées dans ses constitutions primitives, avaient progressivement gagné en fermeté sous l'oeil critique des congrégationes romaines. Simultanément, par l'exemple et des exhortations, il trasmettait à ses fils une spiritualité[149].

3.3 *Le lettere di Sant'Alfonso. Cenni*

Meno rilevanti per il nostro tema sono le sei lettere di Sant'Alfonso Maria de' Liguori annesse per la prima volta al testo costituzionale nel 1885 e più direttamente rivolte a raccomandare l'obbedienza, l'osservanza delle regole, l'umiltà, la carità reciproca.

Si tratta di sei circolari indirizzate alla congregazione dei *Redentoristi* tra il 1754 e il 1774. Dopo quanto abbiamo affermato a proposito della lettera di San Vincenzo sul *levarsi tutti all'ora medesima*, riporteremo qui *passim* e senza alcun commento soltanto alcuni brevi passaggi che ci sono sembrati più direttamente correlati al tema del nostro studio.

> Noi nelle prediche non insinuiamo altro maggiormente che questo amore a Gesù Cristo appassionato.
> [...]

---

[149] F. DESRAMAUT, *Don Bosco en son temps*, 1003.

E con ciò prego ciascuno ad amare la stanza e non dissiparsi nella giornata andando di qua e di là. Siamo avari del tempo per impiegarlo nell'orazione, in visite al SS. Sacramento (che apposta sta con noi) ed anche nello studio, perché questo a noi ancora è assolutamente necessario[150].
[...]
Aiutiamoci sempre colle preghiere nelle orazioni, nella visita e sempre, sempre, sempre; altrimenti saranno perduti tutti i nostri buoni propositi e promesse: e perciò raccomando di fare la meditazione per lo più sopra i libri miei[151].
[...]
Già sapete che il mezzo più efficace per soffrire le cose contrarie è l'amare assai Gesù Cristo: bisogna pregarlo assai: l'amare Gesù Cristo è l'opera più grande che possiamo fare in questa terra; ed è un'opera, un dono che non possiamo averlo da per noi: da lui ha da venirci, ed egli è pronto a darlo a chi lo domanda; sicché se manca per noi, manca per la nostra trascuratezza: Perciò i santi si sono impiegati sempre a pregare, e questa è stata la loro maggiore attenzione[152].

4. Preghiera e orazione mentale nelle prime necrologie di salesiani

Abbiamo voluto dedicare alcune pagine del nostro studio all'analisi di alcune commemorazioni di confratelli, morti durante la vita del fondatore. Queste pagine, infatti, nonostante siano spesso influenzate da una prospettiva encomiastica e celebrativa, ci rivelano, forse proprio attraverso certe loro idealizzazioni, il modello di vita religiosa e di santità che fa da sottofondo a queste piccole biografie.

A partire dal 1872, la Tipografia dell'Oratorio di San Francesco di Sales pubblicò infatti una sorta di catalogo o annuario della Società, nel quale, all'elenco dei confratelli e delle opere, vennero aggiunte ogni anno delle brevi memorie dei confratelli defunti[153].

---

[150] *Regole o costituzioni*, [1885], 102.
[151] *Regole o costituzioni*, [1885], 113.
[152] *Regole o costituzioni*, [1885], 124.
[153] Il catalogo della Società era stato approntato per la prima volta nel 1870, manoscritto (cf. A. BARBERIS, *Don Giulio Barberis*, 39). Oltre all'edizione a stampa del 1872 ci è stato possibile consultare quella del 1875 e tutte le successive. Alcune volte le biografie dei confratelli defunti furono pubblicate in volumetti a parte, come nel 1876, nel 1882 e nel 1885. La *Bibliografia generale di Don Bosco*, curata dall'Istituto Storico, classifica tali biografie tra le opere di Don Bosco. L'elenco bibliografico di Don Pietro Stella negli *Scritti a stampa di S. Giovanni Bosco* (LAS, Roma 1977) specifica invece con più cura le informazioni che possediamo, anno per anno, sui testi di questi necrologi.

La prefazione di queste biografie, più o meno ampie[154], porta quasi sempre la firma di Don Bosco; le biografie, variamente composte, sono scritte da Don Bosco o, più spesso, da uno dei suoi più stretti collaboratori[155] e da lui riviste; vengono utilizzate anche le testimonianze di alcuni di coloro che hanno conosciuto il confratello[156].

L'obiettivo di Don Bosco è dichiaratamente edificante. Scrive egli stesso nell'introduzione al volumetto *Società di S. Francesco di Sales* del 1875, introduzione di cui possediamo l'autografo ed anche la copia corretta per le stampe:

> L'anno 1874, Figliuoli Amatissimi, fu per noi memorabile assai. Sua Santità il Regnante Pio IX dopo averci compartiti grandi favori in data 3 aprile degnavasi di approvare definitivamente l'umile nostra Congregazione. Mentre per altro questo glorioso avvenimento ci colmava tutti di vera gioia venne tosto gravemente amareggiato da una serie di avvenimenti. Di fatto al 13 dello stesso mese Dio chiamava a sé il Sac. Provera, di poi D. Pestarino, indi il chierico Ghione e D. Cagliero Giuseppe, e ciò nello spazio di soli quattro mesi [...].
>
> Noi abbiamo fondati motivi di credere che questi Confratelli, cessando di lavorare con noi in terra, siano divenuti nostri protettori presso Dio in Cielo.
>
> Si reputa pertanto cosa opportuna darvi un cenno sulla vita di ciascuno, affinché la loro memoria sia conservata tra noi. Quello che facciamo per essi, coll'aiuto del Signore speriamo che si farà pei Confratelli già chiamati alla vita eterna nei tempi passati e per quelli che a Dio piacesse chiamare in avvenire. Ciò noi faremo per tre ragioni particolari:
>
> 1° Perché così sogliono fare gli altri ordini religiosi e le altre congregazioni ecclesiastiche.
>
> 2° Affinché coloro che vissero tra noi, e praticarono esemplarmente le medesime regole, ci siano di eccitamento a farci loro seguaci nel promuovere il bene, fuggire il male.

---

[154] Generalmente, dopo i primi brevi tentativi, si tratta al massimo di una decina di pagine, ma ve ne sono alcune molto ampie e dettagliate, come ad esempio quella del chierico Vigliocco, di cui parleremo, che si estende per oltre venti pagine o quella del chierico Giovanni Arata o del conte Don Carlo Cays, morto nel 1882, che superano le quaranta (cf. *Biografie dei Salesiani defunti nel 1882*).

[155] In particolare possiamo citare, dai documenti che possediamo, il nome del primo maestro di noviziato Don Giulio Barberis, oltre a quelli del conte Cays, di Don Berto e di Don Rua.

[156] Questa tradizione è ancora viva odiernamente nella congregazione salesiana. Alla morte del confratello il superiore della comunità, con l'ausilio di altre testimonianze di confratelli, parenti o amici, prepara una *lettera mortuaria* che viene poi inviata, oltre che al «centro», a tutte le case della medesima regione linguistica.

CAP. VI: IL CONSOLIDAMENTO DELLA FONDAZIONE 349

3° Affinché conservandosi i loro nomi, e le principali loro azioni, ci ricordiamo più facilmente di innalzare a Dio preghiere pel riposo eterno delle anime loro[157].

Leggiamo più esplicitamente nella prefazione al volumetto *Letture amene ed edificanti ossia biografie salesiane* nella prima bozza manoscritta di Don Michele Rua:

L'uomo vive d'imitazione; e l'altrui buono o cattivo esempio è in ogni tempo sorgente inesausta di grandi vizi e di grandi virtù.
Però, se i tristi vantano il loro proselitismo nelle brutture del peccato e nell'ignominia dell'empietà, i buoni in iscambio coi soavi profumi delle loro virtù e colla potente attrattiva del buon esempio moltissimi allettano a seguirne le pedate nella gloriosa via della cristiana perfezione avendo il buon esempio del portentoso ed esercitando sugli animi un'influenza veramente magica.
Esso di fatto impone alla mente, sto per dire, e a sua posta ne dirizza o cambia le idee; al cuore, e segretamente in meglio ne trasforma gli affetti. Né punto potrebbe essere diversamente; ché è non pur dipinge le virtù nelle più vaghe prospettive [...] ma sì ancora le mostra di facile accesso, vive ed operanti ne' fatti egregi degli uomini virtuosi e pii.
Ed oh! quanti, tocchi sino all'emozione, allo spettacolo che di sé diedero le anime virtuose e sante, esclamarono con s. Agostino: *Si iste et ille, cur non ego?*[158].

Scrive Don Stella a proposito di questi testi: «Le biografie di Salesiani vogliono essere evidentissimamente un'altra forma di meditazione sugli ideali religiosi che si potevano raggiungere stando con Don Bosco [...]. (Esse) obbediscono sempre a presupposti ascetici che determinano la selezione ed anche l'elaborazione dei fatti»[159].

Ancora una volta, dunque, ci troviamo di fronte a dei testi la cui intenzionalità edificante non ci permette di accettare *sine glossa* la materia narrata[160]; ma ancora una volta ribadiamo che questi testi hanno, a

---

[157] La minuta autografa di Don Bosco e la copia corretta di Don Gioachino Berto si trovano in ACS A 228.04.01; il testo a stampa è in *Società di S. Francesco di Sales. Anno 1875*, 15-17.
[158] ACS A 228.04.02. Il testo a stampa, con delle modifiche (di Don Bosco?) che lo rendono più scorrevole, si trova in *Letture amene ed edificanti ossia biografie salesiane*, 3-4.
[159] P. STELLA, *Don Bosco nella storia*, II, 435-436.
[160] Queste piccole biografie mettono sempre in evidenza le virtù dei confratelli defunti e non i loro limiti, che invece in alcuni casi possono emergere dall'esame del materiale raccolto nell'Archivio Centrale.

parer nostro, un importante *valore storico*, perché sono espressione del sentire di Don Bosco e della prima generazione di salesiani. Essi ci consentono di ricostruire il loro «modello» di vita religiosa e di evidenziare la consapevolezza riflessa dell'importanza data alla preghiera e, in particolare, alla meditazione[161].

4.1 *Alcuni temi ricorrenti in relazione alla preghiera*

La lettura di molte di queste necrologie ci riporta ai medesimi temi che abbiamo trovato nelle biografie del Comollo, del Savio e degli altri giovani oratoriani; molti di questi salesiani defunti, peraltro, sono giovani chierici ventenni, morti prematuramente. Proviamo a raccogliere attorno ad alcuni nuclei alcuni brani di queste necrologie.

- La *presenza eucaristica* rimane l'elemento catalizzante della devozione di questi primi confratelli. Del chierico Antonio Vallega, morto nel 1876 all'età di quasi diciotto anni, il biografo ci dice:

> Come era poi ammirabile il raccoglimento nella preghiera! Col capo chino a terra, le mani giunte al petto, immobile nella persona, l'avreste detto non un uomo della terra, ma un serafino del cielo. Che se i suoi occhi, umidi spesse volte di preziose lacrime, sollevavansi dal suolo, era solo per affissarli in quell'adorato tabernacolo dove si racchiudeva Gesù, delizia e sospiro dell'anima sua[162].

Anche il chierico Giovanni Arata, morto nella casa di Lanzo nel 1878 dopo quattro giorni di «violenta malattia»[163], non riesce a frenare, come Luigi Comollo, le manifestazioni sensibili del suo fervore eucaristico:

> Fu visto al tempo dell'Elevazione divenir rosso, pregar forte e, qualche volta, prostrarsi colla faccia a terra restandovi finché andasse a far la Comunione. Avvisato da un compagno che ciò dava nell'occhio, nol fece più. Dopo la Comunione rimaneva senza muovere palpebra fino al tempo di uscire. Disse a qualche compagno che avanti al SS. Sacramento avrebbe passato i giorni interi; e passava la notte intera dal Giovedì Santo al Venerdì in ginocchio presso al Santo Sepolcro e sarebbe stato pronto a passarne ben altre, se ciò gli fosse stato concesso[164].

---

[161] Uno studio attento e completo di questi testi ci consentirebbe utilmente di conoscere la concezione di vita religiosa che Don Bosco aveva sviluppato in età adulta.
[162] G. BOSCO, *Società di S. Francesco di Sales. Anno 1877*, 32.
[163] Cf. MB XIII, 473.
[164] *Biografie dei Salesiani defunti negli anni 1883 e 1884*, Tipografia Salesiana, Torino 1885, 5. Possediamo di questa biografia il manoscritto originale di Don Giulio

Della biografia del chierico Michele Giovannetti conserviamo l'originale autografo di Don Barberis, che porta diverse correzioni di Don Bosco. Di questo chierico, morto nel 1877 a circa vent'anni e che aveva indossato poco più di un anno prima l'abito chiericale, leggiamo:

> Conoscendo di quanta importanza fosse il passo che stava per fare col vestire le clericali divise, lo si vedeva ad ogni mattina accostarsi alla santa Comunione, onde preparvisi meglio; e lungo il giorno le frequenti e lunghe visite a Gesù Sacramentato, facendogli detestare sempre più i difetti della vita passata, come diceva esso, lo innamoravano oltre ogni dire del nuovo tenor di vita che era per abbracciare. Alla sera poi era bello il vederlo prima di coricarsi, inginocchiato accanto al letto pregare a lungo il Signore, affinché non solo chierico, ma santo chierico potesse riuscire[165].

- Il *tempo della preghiera* si dilata sino a coinvolgere anche il momento della *ricreazione*; è una esortazione ricorrente, nella tradizione dell'oratorio, per giovani e per salesiani. «Nelle ore che gli altri si ricreavano od uscivano a passeggio — narra la biografia del chierico Luigi Ghione — egli soleva recarsi a far visita al SS. Sacramento[166]».

Del chierico Francesco Zappelli il suo maestro di noviziato Don Giulio Barberis racconta:

> le orazioni poi le recitava in contegno grave e con tutta la compostezza, ben mostrando come accompagnava colla mente le parole. Si unì tosto a quella eletta schiera di giovani che dopo il pranzo e la cena si raccolgono ai piedi di Gesù Sacramentato e di Maria SS. Ausiliatrice per render loro omaggio; e fra essi si mostrava dei più raccolti, e prolungava d'assai le visite, specialmente quando erano più lunghe le ricreazioni[167].

Il coadiutore Antonio Lanteri, entrato all'oratorio in congregazione nel 1871 a trent'anni, dopo aver abbandonato la «cara solitudine» della sua vita di pastore[168], e morto quattro anni dopo, prolunga i suoi *esercizi di pietà* pur non trascurando il proprio dovere di sacrista:

> Tutto il tempo che restavagli in libertà dal servizio della chiesa dividevalo tra i lavori di casa e la preghiera. Non mai gli si comandò alcuna cosa, che

---

Barberis (cf. ACS B 196.33.02) ed alcune testimonianze e documenti, oltre ad alcune lettere e scritti autografi.
[165] ACS A 228.06.02; cf. G. BOSCO, *Società di S. Francesco di Sales. Anno 1878*, 26-27.
[166] *Brevi biografie dei Confratelli Salesiani chiamati da Dio alla vita eterna*, 15.
[167] *Biografie dei Salesiani defunti negli anni 1883 e 1884*, 82-83.
[168] Cf. *Confratelli chiamati da Dio alla vita eterna nell'anno 1875*, 30.

abbia mostrato la minima difficoltà o ripugnanza a farla. La sola cosa a cui avrebbe stentato adattarsi sarebbe stato di limitare il tempo che amava dare agli esercizi di pietà. Tuttavia non tralasciava mai di fare ciò che gli era imposto dall'ubbidienza per darsi a pratiche religiose di suo gradimento; bensì procurava di supplirvi con frequenti giaculatorie e visite a Gesù Sacramentato e a Maria SS. nelle ore di ricreazione e talvolta anche di riposo[169].

E il chierico Cesare Peloso, che aveva scelto di entrare in congregazione dopo un lungo colloquio avuto a Lanzo con lo stesso Don Bosco[170] «pregava fervorosamente, andava con molta frequenza a far visita a Gesù Sacramentato in tempo della ricreazione; sarebbe stato tutto il giorno in chiesa se l'obbedienza o qualche suo dovere non ne lo avessero allontanato»[171].

Sul chierico Giacomo Delmastro, morto nel 1879, Don Rua, utilizzando una lettera del suo parroco Don Pietro Conti[172], testimonia:

> Un giovanetto così virtuoso e pio in casa, non state a chiedere se usasse a chiesa e come vi si comportasse. Vi entra dei primi ed è sempre tra gli ultimi ad uscirne, e non di rado nei dì festivi, recatovisi prima dell'alba, non ritorna a casa che nelle ore pomeridiane. E la colazione? E il pranzo? Non ci pensa per nulla; egli è col suo Gesù, tutto assorto in Lui e non pensa che alle celesti cose.
>
> È nel rigor del verno; tutto biancheggia per neve, che ancor casca giù a larghe falde vorticosa e densa; ed egli, prima che spunti l'alba, si desta, lascia il caldino del letto, lascia il tepido ambiente di sua povera cameruccia, e scalpiccia la fredda neve per recarsi ad ossequiare il Signore. È nel cuor dell'estate: guizza la folgore, scroscia il tuono, la pioggia diluvia: odesi lontano il rumureggiare della tempesta: l'uragano imperversa e minaccia, ma ei non teme; passa impavido per le vie divenute altrettanti rivi, e già s'espande dell'anima in dolcissimi affetti verso del suo benedetto Gesù[173].

- Un'altra considerazione già altre volte fatta nel nostro studio riguarda la *preghiera notturna*. Il chierico Giovanni Arata, dopo i suoi esercizi spirituali a Lanzo, chiese e ottenne di essere *ascritto* alla congregazione salesiana. Scrive Don Barberis:

> se lo spirito d'orazione nel nostro Giovanni era già grande, e direi continuo, più grande lo fu in questi esercizi nei quali pareva proprio non potersi stac-

---

169 *Confratelli chiamati da Dio alla vita eterna nell'anno 1875*, 32.
170 Cf. MB X, 1033.
171 *Società di S. Francesco di Sales. Anno 1879*, 72.
172 La lettera è reperibile in ACS A 228.05.05
173 *Società di S. Francesco di Sales. Anno 1880*, 74-75.

care dalla Chiesa non solo di giorno ma neppure di notte. In vero dopo le orazioni della sera egli prolungava siffattamente la sua preghiera, che se non veniva avvertito da qualcuno che si curava di lui, avrebbe forse dimenticato di andare a riposo. La notizia della sua accettazione lo colmò di gioia, poiché questo dava compimento al suo vivissimo desiderio di consacrarsi a Dio in una Congregazione religiosa[174].

Di Giacomo Vigliocco, che Don Bosco «amava teneramente»[175] e che definisce «prezioso chierico» in una lettera indirizzata a Don Giovanni Cagliero, leggiamo: «Fu sorpreso nella sua adolescenza più volte ad orare di notte ed anche molto prolungatamente»[176].

- Si sottolinea poi spesso il rapporto esistente tra *ardore nella preghiera* e *slancio apostolico*. Il chierico Carlo Becchio fin dalla fanciullezza «applicato agli esercizi della pietà»[177], aveva emesso i suoi voti perpetui nell'autunno del 1876, a trentadue anni, dopo una giovinezza laboriosa e serena. «Se il Signore non lo avesse giudicato maturo pel cielo già prima che fosse assunto al sacerdozio — si sottolinea — lo avrebbe, non ne dubitiamo, fatto una copia del Curato d'Ars»[178].

Di lui leggiamo:

La frequente Comunione, le lunghe e divote visite a Gesù in Sacramento, l'esercizio continuo di tutte le pratiche di religione, mantenevano in lui accese le due fiamme dell'amor di Dio e del prossimo. Dal che ne avveniva, che, mentre in Chiesa pareva un angelo e tutto assorto in Dio, fuori lo si vedeva ilare, affabile, e caritatevole con tutti, e non solo non mai recava agli altri disgusto alcuno, ma prestava con bontà tutti quei servigi che poteva; ed ovunque accorgevasi di poter far del bene, tosto vi accorreva; né ricusava di prestarsi alla cura degli infermi che visitava e consolava colla più affettuosa carità. Per questa guisa cresceva questo bel fiore, che in breve doveva colle sue virtù mandare soave fragranza da attirare sopra di sé gli occhi del Signore, rendersi degno di essere trapiantato nel giardino mistico della Congregazione Salesiana nella quale, accettato definitivamente poté emettere i voti perpetui in data 27 Settembre 1876[179].

---

[174] *Biografie dei Salesiani defunti negli anni 1883 e 1884*, 25-26.
[175] Cf. MB XII, 437.
[176] *Società di S. Francesco di Sales. Anno 1877*, 36. Don Desramaut ci informa che il manoscritto (che non abbiamo reperito in archivio) porta delle correzioni di Don Bosco (cf. F. DESRAMAUT, *Don Bosco en son temps*, 1380).
[177] *Società di S. Francesco di Sales. Anno 1879*, 36.
[178] *Società di S. Francesco di Sales. Anno 1879*, 39.
[179] *Società di S. Francesco di Sales. Anno 1879*, 38.

La notte che precede la prima comunione di Giacomo Delmastro viene così raccontata:

> Era la notte della prima Comunione e il nostro Giacomino si era placidamente addormentato col pensiero fisso in Dio: le ultime parole del suo lungo e fervoroso pregare erano: *Gesù e Maria*. Appena socchiusi gli occhi alle mondane cose, oh Dio immortale che bello spettacolo gli si para dinanzi! Vede un vezzoso bambino cinto di fulgidissima aureola, in mezzo agli splendori dei Santi: gli fanno bella corona schiera d'angioli e uno stuolo di sacre Vergini in candidi lini, le quali, seguendo l'Agnello divino, cantano sulle cetre d'oro quel nuovo inno che ad altri non è dato di cantare: vede quel pargoletto che lo guarda con dolce sorriso: ode una voce delicata: è Gesù che gli ripete all'orecchio ed al cuore le parole dette il giorno avanti: *Son qui tutto tuo*.
>
> La consolante visione scompare, ma non sparisce già la santa esultanza, onde aveva l'anima altamente compresa, e alla dimane non appena fu svegliato che, piena ancora la mente di quanto aveva veduto in sogno, si fece a raccontar minutamente con ineffabile gioia degli uditori quello che non saprei se chiamar dobbiamo sogno o visione. Dopo questo più non sono da farsi le meraviglie se il caro nostro Delmastro mostra tanta affezione alle cose di pietà, sì costante fervore nell'accostarsi ai SS. Sacramenti, tanta simpatia pei poveri e tanta indifferenza alle lodi ed ai dileggi, al piacere e al dolore, da parere freddo, insensibile, apatico a tutto che non sa di Dio[180].

4.2 *Sulla meditazione*

Accanto a questi elementi ricorrenti che fanno riferimento al tema della preghiera, è possibile far emergere da queste necrologie parecchie indicazioni sulla consapevolezza dell'importanza della meditazione nella vita sacerdotale e religiosa.

Il chierico Antonio Vallega «non tralasciò mai né la visita quotidiana al SS. Sacramento ed a Maria SS., né la recita del Rosario, né la meditazione, né altra delle pratiche di pietà così necessarie nella vita ecclesiastica e religiosa»[181].

«Metteva un impegno speciale per far bene la meditazione — scrive Don Barberis biografo di Don Michele Giovannetti — non la tralasciava mai; quando per qualche motivo non poteva farla cogli altri, trovava tempo lungo il giorno e la faceva da sé, ed anche quando era già amma-

---

[180] *Società di S. Francesco di Sales. Anno 1880*, 77.
[181] *Società di S. Francesco di Sales. Anno 1877*, 33.

CAP. VI: IL CONSOLIDAMENTO DELLA FONDAZIONE 355

lato, si sforzava di fare quel poco che per lui si potesse»[182].

Il giovane Pietro Scappini, dopo una fanciullezza esemplare, emise, a meno di vent'anni, i suoi primi voti triennali.

> In ispecial modo — ci racconta il biografo — lo aiutò a progredire nella via della virtù ed a star costante nella vocazione la quotidiana meditazione delle verità eterne. Era solito dire che senza meditazione non mai avrebbe potuto vincersi dei tanti e radicati suoi difetti. Assai sforzi gli costò la pratica di questo esercizio, poiché la viva immaginazione lo portava naturalmente ad altri pensieri; ma colla costanza riuscì a farla così bene da poter dire che molte meditazioni le passava senza alcuna distrazione[183].

Giovanni Battista Caraglio, proveniente dalla diocesi di Cuneo, emise a ventisei anni i suoi primi voti nella congregazione salesiana. L'anno successivo venne ordinato sacerdote, continuando a prestare il suo servizio di insegnante e assistente. La morte lo colse nel 1882 a meno di trent'anni.

> Non tralasciava mai la Meditazione e la Recita del santo Rosario; e fatto sacerdote, lorché le sue occupazioni non gli permettevano di prendervi parte in comune non mancava mai di supplirvi privatamente prima di andare a riposo. Era solito dire che la Meditazione ed il S. Rosario sono pratiche indispensabili al Religioso ed al Sacerdote, e che difficilmente chi non vi è fedele può perseverare nella sua vocazione. Né mai tralasciava la visita al SS. Sacramento; ed era bello vederlo bene spesso attorniato, da una corona di giovani che egli conduceva con sé ai piedi di Gesù in Sacramento, avvalorando così coll'esempio le sue esortazioni[184].

Può essere interessante sottolineare che in quest'ultima testimonianza, come in una delle precedenti, si fa anche riferimento alla opportunità di fare la meditazione in privato, quando non si potesse prendervi parte insieme con la comunità.

Ma i testi forse più significativi su questo tema sono quelli che riguardano il «prezioso chierico» Giacomo Vigliocco e Don Giovanni Arata[185].

---

[182] ACS A 228.06.02; cf. *Società di S. Francesco di Sales. Anno 1878*, 29. Il testo autografo di Don Barberis porta delle correzioni di Don Bosco.
[183] *Società di S. Francesco di Sales. Anno 1880*, 51
[184] *Biografie dei Salesiani defunti nel 1882*, 49.
[185] Le biografie di questi due chierici saranno inserite nella prima parte de *Il vade mecum degli ascritti salesiani* di Don Giulio Barberis, già nella prima edizione del 1901.

Giunto nel 1873 all'oratorio di Valdocco, Giacomo Vigliocco fu ascritto alla Società Salesiana l'anno successivo. Racconta il biografo:

> Appena conobbe l'importanza somma della meditazione pel progresso della vita spirituale, l'abbracciò con tale amore, che più non lasciò di farla neppure nella sua malattia. Trovò da principio delle difficoltà; ma tanto fu il suo impegno, che in breve riuscì a farla come se fosse provetto nell'arte del meditare. Cercò in vari libri il metodo che ei doveva tenere; pendeva dalle labbra del maestro, quando spiegava le regole che aiutano a farla con profitto, ed era bello il vederlo al principio d'ogni meditazione raccogliersi talmente in sé, da non udire o vedere più altro, se non ciò che a quel soggetto si appartenesse[186].

Il lungo brano che segue rende più esplicita la consapevolezza dell'importanza di un *metodo* nella meditazione:

> Un suo secreto per far bene la meditazione era questo: sul principio, nel porsi alla presenza di Dio, si figurava proprio che gli comparisse visibilmente Gesù Crocifisso, e che dalla Croce stesse osservandolo se la faceva con tutto l'impegno possibile. Nel corso della meditazione come per crescere viemaggiormente il fervore, dava vari sguardi colla sua mente al Crocifisso, e parendo riceverne da Lui rimprovero, si metteva a considerar sempre meglio la verità che meditava. In fine pregava fervorosamente questo medesimo Gesù, che lasciasse cadere su di lui almeno alcune gocce del suo preziosissimo sangue, come pegno del perdono che riceveva de' suoi peccati e di grazia abbondante che pioveva sul suo cuore. Nel fine della meditazione, quando si trattava di prendere buoni proponimenti, compariva più che mai, anche nell'esterno, l'impegno che aveva di compirla bene[187].

In meditatione mea exardescet ignis. Questa consapevolezza, già espressa più volte da altri documenti citati in questo studio, trova qui una ulteriore esplicitazione:

> Il pensare continuamente a Gesù Crocifisso nelle sue meditazioni, era ciò che gli faceva prendere le grandi risoluzioni pratiche, le quali cercava poi con ogni possa di eseguire, che gli faceva scrutare ogni più recondito ripostiglio del suo cuore, per vedere se vi fosse ancora il germe di qualche vizio da estirpare, o di quali virtù maggiormente abbisognasse per arricchirsene. Oh quante volte non potendo contenere la piena del cuore andava poi sfogandosi col maestro, indicando il desiderio di dare la vita per salvar anime;

---

[186] *Società di S. Francesco di Sales. Anno 1877*, 42-43.
[187] *Società di S. Francesco di Sales. Anno 1877*, 43. Emergono da questo brano alcune delle indicazioni già emerse dagli insegnamenti di Don Giulio Barberis, che fu maestro di noviziato del Vigliocco.

CAP. VI: IL CONSOLIDAMENTO DELLA FONDAZIONE

il desiderio di patire per amor di Gesù Cristo, più che tutti gli uomini del mondo; il desiderio di slanciarsi tra gli uomini procurando la loro conversione! Fu nella frequente Comunione e nella meditazione, che imparò a vincere talmente se stesso, che i suoi compagni e superiori non trovavano neppure la più piccola cosa da appuntargli! Fu a queste due fonti che attinse quell'amore ai disprezzi, per cui non solo non si offendeva quando era ingiuriato o disprezzato, ma che gli fecero domandare più volte al suo maestro licenza di fare qualche stranezza, per poterne aver dispregio dai compagni[188].

Dalla biografia del chierico Giovanni Arata emerge la sua particolare cura nell'evitare ogni benché minima *distrazione* nel tempo della meditazione:

Le pratiche di pietà le eseguiva con tanto impegno e fervore che tutti i compagni lo dicevano un angelo, un altro S. Luigi. Le preghiere del mattino e della sera, la recita del S. Rosario, l'assistenza alla santa Messa, erano per lui cose piene di edificazione. Nella meditazione s'internava talmente, che alcune volte non sentiva più nessun rumore per grande che fosse. Né ciò gli bastava: sapeva che S. Luigi era riuscito a fare ordinariamente la sua ora di meditazione senza provare distrazione di sorta, ed egli rammaricavasi dicendo: «Mi rincresce che non posso imitarlo: sono varie meditazioni in cui resto anche distratto per due o tre minuti»: e pareagli cotesta gran distrazione, ed ebbe a confessare che in certi mesi in cui si sentiva maggior fervore neanco ciò gli avveniva ordinariamente[189].

Questa particolare attenzione del chierico Arata emerge anche da una testimonianza scritta di un suo compagno, che conserviamo in archivio:

Per quanto fosse occupato — scrive Don Luigi Deppert, suo compagno al primo corso di filosofia — non tralasciava mai e poi mai la meditazione quotidiana per una buona mezz'ora. Oh! quante volte il vidi rinchiuso nel suo gabinetto del laboratorio tutto assorto in profonda meditazione! E per vieppiù concentrarsi nelle cose che leggeva[190], teneva sempre davanti a sé un piccolo crocifisso, benedetto dal Papa, e di tanto in tanto fissava in quello gli occhi bagnati di lacrime[191].

---

[188] *Società di S. Francesco di Sales. Anno 1877*, 43-44.
[189] *Biografie dei Salesiani defunti negli anni 1883 e 1884*, 32.
[190] Nel riportare questa testimonianza, Don Barberis sostituisce la parola *leggeva* con quella più propria di *meditava* (cf. *Biografie dei Salesiani defunti negli anni 1883 e 1884*, 33).
[191] ACS B 196.33.01. Si tratta di una lettera su un foglio solo, scritto su tre facciate e datato 21/1/79, che porta l'intestazione della *Arciconfraternita di Maria Ausiliatrice*.

Egli stesso, in un rendiconto scritto, con calligrafia regolare ed ordinata scrive al suo maestro Don Barberis:

Molto reverendo direttore
Le cose di cui mi ricordo e mi sembrano atte all'importanza del rendiconto mensile, sono le seguenti. In verità (non saprei per quali particolari accidenti, ma certo sarà per mia negligenza) non sono contento della condotta che ho tenuta in questo mese.
Cosa che mi addolora grandemente è la distrazione che ho avuta nell'orazione.
Nella meditazione non posso senza grande difficoltà raccogliermi in me stesso, considerarmi veramente alla presenza di Dio, pensare seriamente alla materia, svolgerla, e quel che è più, mi commuove poco il soggetto che medito. Ben poco mi sembra il profitto della meditazione; intorno a ciò poi influirà forse molto questo, che lungo il giorno di rado mi ricordo di ciò che ho meditato al mattino. Riguardo all'orazione vocale sono stato molto distratto, e non ne saprei il perché[192].

Il rendiconto prosegue con altri riferimenti agli esercizi di pietà, alla modestia, agli studi, alla salute del corpo; ma il riferimento iniziale alla orazione rimane il più ampio e dettagliato.

L'orazione mentale costituiva *sempre* argomento per il *rendiconto mensile*?

Nell'ampia introduzione alla edizione italiana delle *Costituzioni della Società di S. Francesco di Sales* del 1877 a proposito del rendiconto leggiamo:

I punti principali su cui debbono versare questi rendiconti sono:
 a) Sanità.
 b) Studii
 c) Se si possano disimpegnar bene le proprie occupazioni e qual diligenza si metta in esse.
 d) Se si abbia comodità d'adempiere le pratiche religiose, e qual sollecitudine si ponga in eseguirle.
 e) Come si diporti nelle Orazioni e nelle Meditazioni.
 f) Con quale frequenza, divozione e frutto si accosti ai santi Sacramenti.
 g) Come si osservino i voti, e se non vi siano dubbi in fatto di vocazione.
Ma si noti bene, che il rendiconto si raggira solamente in cose esterne e non

---

[192] ACS B 196.33.01. La lettera, firmata ma senza data, è scritta su quattro facciate, in un unico foglio. Questo personale rendiconto assomiglia ad una vera e propria confessione per la estrema franchezza del chierico Arata.

CAP. VI: IL CONSOLIDAMENTO DELLA FONDAZIONE 359

di confessione, a meno che il socio ne facesse egli stesso argomento per suo spirituale vantaggio.

h) Se abbia dei dispiaceri o perturbazioni interne, o astio verso qualcuno, e se ha confidenza col suo Direttore spirituale.

i) Se conosce qualche disordine, a cui siavi da porre rimedio, specialmente quando si tratta d'impedire l'offesa di Dio[193].

Più direttamente, il rendiconto, che era stato introdotto a partire dal 1869 e codificato da una circolare di Don Bosco[194], considerato vera «chiave del buon andamento della casa e di quello della congregazione»[195], sembrerebbe avere come principale obiettivo, nelle intenzioni del fondatore, il buon governo della casa, la effettiva verifica dell'ufficio svolto dal confratello, la tempestiva individuazione dei disordini ed anche la buona confidenza con il superiore, che «colla dovuta carità ascolterà a tempo determinato ogni cosa, anzi procurerà di interrogare separatamente ciascun socio intorno alla sanità corporale, agli uffizi che compie, alla osservanza religiosa, agli studi, al lavoro che deve attendere»[196]. Il riferimento fatto alla vita di preghiera e alla meditazione, comunque, è certamente importante e parte dalla consapevolezza, già espressa da Don Bosco nell'introduzione alla edizione del 1875, che «tutti gli ordini religiosi e tutte le congregazioni ecclesiastiche fiorirono, promossero il bene della religione fino a tanto che la pietà tenne il suo posto».

Nella prima bozza in nostro possesso delle regole delle Figlie di Maria Ausiliatrice, che risale al 1871, troviamo scritto:

> Per avanzarsi nella via della virtù e della perfezione religiosa gioverà loro molto una grande apertura di cuore colla Sup(erio)ra siccome quella che dopo il Confessore è destinata da Dio a dirigerle nella via della perfezione. Pertanto almeno una volta al mese le manifesteranno il loro interno con tutta semplicità e chiarezza, e ne riceveranno avvisi e consigli per ben riuscire

---

[193] *Deliberazioni del Capitolo Generale della Pia Società Salesiana*, 49-50. Le medesime indicazioni si trovano ripetute anche nelle deliberazioni del secondo Capitolo Generale dei Salesiani del 1880 (*Deliberazioni del Secondo Capitolo Generale della Pia Società Salesiana*, 53) e in quelle del secondo Capitolo Generale delle Figlie di Maria Ausiliatrice (*Deliberazioni del secondo Capitolo Generale delle Figlie di Maria SS. Ausiliatrice*, 1886).

[194] Cf. MB IX, 689.

[195] Cf. MB XVII, 665.

[196] MB IX, 689. Si tratta di un brano della prima circolare di Don Bosco; per successive deliberazioni e indicazioni si vedano MB X, 1118. 1048-1049.

nell'esercizio dell'orazione mentale, nella pratica della mortificazione e nell'osservanza delle Sante Regole dell'Istituto[197].

Questo riferimento esplicito all'orazione mentale, comunque, non è più presente nell'edizione a stampa del 1877[198]. Le costituzioni delle Figlie di Maria Ausiliatrice, infatti, si andranno sempre più uniformando alle costituzioni dei salesiani, distaccandosi dal modello originario; in ogni caso quanto era stato stabilito per il rendiconto dei salesiani verrà esteso anche alle suore[199].

Al di là di quest'ultimo riferimento al *rendiconto mensile*, i testi esaminati in questa parte del nostro studio ci riportano alle considerazioni, altre volte fatte, circa la sostanziale unità e coerenza del modello di santità proposto a giovani, a laici e a religiosi, nel corso dell'esperienza apostolica di Don Bosco.

Alcuni riferimenti più espliciti all'importanza della meditazione rappresentano probabilmente il frutto della più approfondita formazione ascetica, che ai giovani confratelli si poté dare a partire dalla istituzione canonica del noviziato.

In ogni caso, comunque, il modello di vita religiosa che emerge nel complesso da queste biografie non contrappone in modo radicale la vita *attiva* e la vita *contemplativa*. Alcuni di questi confratelli, presentati, in queste piccole biografie edificanti, come *modelli* da imitare, sembrano spingere i tempi della preghiera anche al di là del «ragionevole» e questo in perfetta continuità con il modello di vita apostolica presentato da Don Bosco alla sua congregazione.

5. I primi quattro Capitoli Generali della Società di San Francesco di Sales

Le costituzioni del 1874, come abbiamo già ricordato, prescrivevano: «Capitulum Generale ordinarie habebitur singulis trienniis ad pertractandas res majoris momenti, quae ad Societatem spectant, et ad eas sol-

---

[197] *Costituzioni Regole dell'Istituto delle figlie di Maria Ausiliatrice*, Quaderno 1, 42. Questo testo, come la maggior parte di questa prima bozza, dipende dalle *Costituzioni e Regole dell'Istituto delle Suore di S. Anna della Provvidenza*, 61-62.

[198] Cf. G. BOSCO, *Costituzioni per l'Istituto delle Figlie di Maria Ausiliatrice*, 285-286.

[199] Cf. *Deliberazioni del secondo Capitolo Generale delle Figlie di Maria SS. Ausiliatrice*.

licitudines adhibendas, quae tum Societatis necessitates, tum tempora et loca requirent»[200].

L'approvazione delle costituzioni segna un nuovo punto di partenza nella stabilizzazione e nel consolidamento della nuova fondazione; i primi capitoli generali saranno uno degli strumenti più importanti in questa nuova fase di crescita della congregazione.

Durante la vita di Don Bosco ne saranno celebrati quattro, uno ogni tre anni a partire dal 1877.

La partecipazione a questi primi capitoli generali era regolata da una nota al testo italiano del 1875: «Il capitolo Generale è composto dai membri del capitolo superiore[201] e dei Direttori delle case particolari. Ogni direttore radunerà il suo capitolo particolare, e con esso tratterà delle cose che sono giudicate maggiormente necessarie a proporsi nel futuro capitolo generale»[202].

I primi due capitoli, quello del 1877 e quello del 1880, si svolgeranno nella casa salesiana di Lanzo; il terzo ed il quarto in quella di Valsalice. I partecipanti saranno rispettivamente 23 nel primo, 27 nel secondo, 35 e 37 nel terzo e nel quarto; la durata di circa due settimane per il primo ed il secondo, e di poco meno di una per il terzo ed il quarto[203].

Osserva Don Marcel Verhulst, che ha curato un breve studio storico sul primo Capitolo Generale:

> Il numero totale dei Salesiani (professi temporanei e perpetui) segnava un rapido aumento [...]. Tutto questo rendeva sempre più indispensabile un'attiva partecipazione del C(onsiglio) S(uperiore) e del C(apitolo) G(enerale) alla gestione della Congregazione[204].
> In primo luogo cresceva la partecipazione del CS al governo ordinario della Congregazione. Prima del 1874, fu praticamente solo Don Michele

---

[200] G. BOSCO, *Costituzioni della Società [1858]-1875*, 115. Si tratta del testo approvato dai consultori nel 1874.

[201] Del Capitolo Superiore facevano parte, oltre al *Rettore*, il *Prefetto*, l'*Economo*, il *Catechista o Direttore Spirituale* e tre consiglieri, tutti eletti dagli altri soci (cf. G. BOSCO, *Costituzioni della Società [1858]-1875*, 121.143).

[202] G. BOSCO, *Costituzioni della Società [1858]-1875*, 115.

[203] Per questi dati di massima ci siamo serviti della tabella riportata in DpF, *Sussidi*, III, 171. Queste cifre si riferiscono ai *giorni effettivamente impiegati* per le assemblee capitolari.

[204] Osserva a questo punto in una nota lo stesso autore: «Ciò non esclude che Don Bosco, soprattutto nello stile di governo, conservò i tratti di un governo molto personale, sia verso il CG, che verso i membri del CS, o anche verso altri superiori, come gli ispettori e direttori» [M. VERHULST, *Note storiche sul Capitolo Generale I*, 853, nota 16].

Rua ad assistere Don Bosco. Dopo questa data, invece, Don Bosco sentì sempre più l'urgenza che tutti i membri del CS prendessero parte attiva al governo e perciò fossero del tutto esonerati da altri impegni a Valdocco e altrove[205].

Gli argomenti trattati da questi primi quattro capitoli generali sono i più vari. Il primo ed il secondo si preoccuparono principalmente della vita religiosa, del governo e dell'amministrazione della congregazione, delle necessità temporali oltre che dell'organizzazione scolastica, della stampa e delle *associazioni* giovanili, degli studi ecclesiastici, dei rapporti con i *Cooperatori* e con le suore; il terzo ed il quarto rivolsero la loro attenzione, tra l'altro, al regolamento per gli esercizi spirituali, ad alcuni aspetti e «luoghi» caratteristici dell'attività pastorale, agli oratori, alle scuole professionali, alle parrocchie. Altri provvedimenti riguardarono la formazione dei salesiani e, in particolare, una migliore «differenziazione» dei cammini formativi dei chierici e dei coadiutori.

5.1 *Il testo per la meditazione e gli esercizi spirituali nel primo Capitolo Generale*

Il primo Capitolo Generale si svolse in un periodo che va dal 5 settembre al 5 ottobre del 1877, con alcune lunghe interruzioni; i preparativi, però, erano già stati avviati nell'aprile del 1877. Don Bosco, infatti, aveva spedito nelle case, in quel periodo, un libretto stampato con i temi da trattarsi[206], al fine di favorire la discussione nei capitoli locali e giungere al capitolo generale con le opportune proposte e riflessioni.

Primo segretario del capitolo fu Don Giulio Barberis «perché ne redigesse i verbali»[207]; lo collaborarono Don Gioachino Berto, già allora

---

[205] M. VERHULST, *Note storiche sul Capitolo Generale I*, 854.

[206] Si tratta di ventuno titoli: *Vita comune, Sanità e riguardi, Studio, Studio per gli allievi, Libri di testo, Moralità tra i soci salesiani, Moralità tra gli allievi, Abiti e biancheria, Economia nelle provviste, Economia nei lumi, Economia nella cucina e nei legnami, Economie nei viaggi, Economie nei lavori e nelle costruzioni, Rispetto ai superiori, Ispettorati o provincie, Ospitalità inviti e pranzi, Usanze religiose, Abitudini, Limosine, Degli ascritti, Vacanze* (cf. *Capitolo generale della Congregazione Salesiana da convocarsi in Lanzo*, Torino 1877). La materia è varia e abbondante; alcuni di questi temi saranno pertanto ripresi dal secondo Capitolo Generale.

[207] Cf. ACS D 578. Si noti che la presenza di Don Giulio Barberis a questo primo capitolo risulta singolare; egli infatti non appartiene, a norma di diritto, al Consiglio Superiore e non è ancora direttore (lo diventerà solo nel 1879). *Di fatto*, comunque, egli parteciperà anche successivamente alle riunioni del Consiglio Superiore con il titolo di *maestro dei novizi*, nonostante le regole non lo richiedessero espressamente.

segretario di Don Bosco e nominato secondo segretario del capitolo, ed altri amanuensi.

Di Don Barberis conserviamo tre quaderni di verbali, il cui contenuto sarà rivisto, ricopiato, modificato da varie mani (Cagliero, Rua, Bonetti...); questi verbali originali redatti dal maestro dei novizi, comunque, si presentano a volte più ricchi di particolari, rispetto alle copie successive.

I verbali, poi, confluiranno nella redazione dell'edizione a stampa delle *Deliberazioni del Capitolo Generale della Pia Società Salesiana tenuto in Lanzo Torinese nel settembre 1877*, pubblicata l'anno successivo dalla Tipografia e Libreria Salesiana di Torino.

Prima di affrontare alcune questioni particolari ci sembra opportuno sottolineare che a questo primo Capitolo Generale, oltre ai membri di diritto, con voto deliberativo, e ad alcuni altri salesiani *invitati*, parteciparono anche due sacerdoti della Compagnia di Gesù, il Padre Secondo Franco, di cui abbiamo già parlato a proposito dell'insegnamento di Don Barberis sulla meditazione, e il Padre Giovanni Battista Rostagno. «Con essi — afferma Don Ceria nelle *Memorie Biografiche* — (Don Bosco) aveva in sere precedenti tenute parecchie conferenze allo scopo di concertare le cose nel modo più conforme ai sacri canoni e alle consuetudini delle congregazioni religiose»[208]

Il Padre Secondo Franco era nato a Torino il 22 gennaio del 1817. Noto predicatore e autore di numerosissime pubblicazioni, prevalentemente di argomento pastorale e spirituale[209], questo zelante gesuita conosceva Don Bosco già da almeno un decennio[210]. Fondatore della

---

Il vero responsabile dei confratelli in formazione, infatti, è, nel consiglio superiore, il *Direttore Spirituale o Catechista*, il cui ruolo sarà definito dal II Capitolo Generale (cf. *Deliberazioni del Secondo Capitolo Generale della Pia Società Salesiana*, 10-11).

[208] MB XIII, 253.

[209] A partire dal 1882 la Tipografia Pontificia ed Arcivescovile di Modena pubblicò ventitré volumi, gli ultimi dei quali postumi, delle *Opere del P. Secondo Franco rivedute ed aumentate dall'autore*, collana che raccoglieva molti dei libri precedentemente pubblicati, spesso riunendo alcuni titoli in un solo volume.

[210] Numerose le testimonianze delle *Memorie Biografiche*. Nel 1866 Don Bosco avrebbe offerto ospitalità ai gesuiti torinesi, in seguito ad uno sfratto del governo (cf. MB VIII, 414); il gesuita sarebbe stato in seguito invitato più volte a predicare all'oratorio (cf. MB VIII, 623; X, 1170; XII, 181). Alcuni degli scritti del P. Franco furono poi pubblicati a partire dal 1869 dalla tipografia dell'oratorio nella collana delle *Letture Cattoliche* (cf. MB IX, 760; X, 206. 398). Don Bosco avrebbe già altre volte chiesto a lui consiglio in diverse circostanze (cf. MB XI, 161; XII, 508) come testimonierà egli stesso al primo Capitolo Generale.

nuova residenza dei Gesuiti a Torino nel 1869, ne fu superiore praticamente sino alla sua morte, avvenuta nel 1893, fatta eccezione per gli anni dal 1882 al 1885 in cui fu superiore del noviziato di Chieri[211].

Don Barberis, nel primo quaderno dei *Verbali delle Conf. tenute pel primo Capitolo Generale Salesiano* ci riporta il contenuto di un suo intervento alla *conferenza* (assemblea) capitolare:

> Io devo prima di tutto congratularmi e rallegrarmi di loro i quali ebbero la bontà di invitarmi a questo primo capitolo generale Salesiano. Io mi chiamo fortunato di questo, poiché dal momento che il Signore, vedendo le tristezze de' nostri tempi ha mandato D. Bosco alla sua chiesa io presi sempre parte interessata per quanto mi era permesso, alle cose sue; né mi sarei mai aspettato di essere preso da lui in tanta considerazione. Questa congregazione che riempie un vuoto dei nostri tempi non può se non chiamarsi inviata del Signore. Il vedere poi il suo rapidissimo progresso fa dire che *digitus Dei est hic*. Io adunque a nome mio e di tutti i miei confratelli fo un *mi rallegro* ben di cuore a tutti loro ed alla Congregazione intera [...].
>
> Siamo certi che in qualunque cosa in cui ed io ed i miei confratelli, a nome dei quali espressamente dico queste cose, potessimo ajutare in qualche cosa, facciano sempre conto su di noi[212].

La risposta di Don Bosco ci rivela la cordialità delle relazioni instaurate con la Compagnia di Gesù:

> Qui D. Bosco — scrive ancora Don Barberis — prese esso la parola per ringraziare il padre e la Compagnia da parte sua e da parte di tutta la congregazione. Noi siamo nati ieri e perciò inesperti; abbiamo già molte volte fatto ricorso per aiuto e consiglio ai Padri della Compagnia; ora vedendo tanta bontà ricorreremo anche con maggiore frequenza e ci accadrà per certo di dovere spesse volte disturbarlo. Noi poi e tutta la Congregazione vi considereremo sempre come modelli nella vita religiosa e ci teniamo come fratelli minori e servi pronti a qualunque cosa nella nostra pochezza possiamo ad eseguire i loro comandi. Speriamo che così uniti tenderemo con più profitto alla Maggior Gloria di Dio[213].

L'altro gesuita presente a questo primo Capitolo Generale è il Padre Giovanni Battista Rostagno, anch'esso torinese e coetaneo del Padre

---

[211] Per queste notizie biografiche ci siamo serviti di M. COLPO, «Franco (Secondo)», 1014-1016.

[212] Questo intervento si trova alle pagine 77-78 del primo quaderno dei verbali di Barberis in ACS D 578. Notiamo qui che nelle copie dei verbali verranno eliminati i riferimenti a questo come ad altri interventi del P. Franco.

[213] ACS D 578.

Franco; professore di diritto canonico all'università di Lovanio in Belgio e di Verceil in Francia[214], fu probabilmente invitato da Don Bosco o dal suo stesso confratello come consulente per i problemi giuridici. Il suo ruolo, a giudicare dalla lettura dei verbali, fu comunque meno rilevante di quello del Padre Franco.

5.1.1 La questione del testo per la meditazione

Una delle questioni dibattute in questo primo capitolo della congregazione salesiana, di particolare interesse per il nostro studio, fu quella del *testo per la meditazione dei principianti*.

Il verbale di Don Barberis presenta alcune correzioni e aggiustamenti. Mettiamo a confronto il testo originario e quello che risulta dopo le correzioni del medesimo estensore:

TESTO ORIGINARIO	TESTO CORRETTO
Si chiamò in seguito qual libro si conoscesse come più atto a fa la meditazione ai principianti. Si osservò che il Da Ponte ha materia immensa ma non tanto atto ai principianti, fatto per i provetti nell'arte del meditare[215].	Si chiamò in seguito qual libro si conoscesse come più atto a fare la meditazione ai principianti. Per gli altri si ha il Da Ponte e può continuarsi in quello stante la materia immensa, e finito si può ricominciare anche molte volte; ma esso non è tanto atto ai principianti. Per questi utilissimi si trovano *Apparecchio alla morte* di S. Alfonso, *La scuola di Gesù appassionato* di un padre Passionista[217], ecc.
Ma parlandosi del Da Ponte il p. Franco gli fece gli elogi più sperticati[216]; esso non averne trovati dei	Ma parlandosi del Da Ponte gli si fecero gli elogi più sperticati.

---

214 Cf. C. SOMMERVOGEL, *Bibliothèque de la Compagnie de Jésus*, VII, 189.

215 Don Barberis cancella poi questo periodo e lo riscrive come nel seguito (cf. ACS D 578, 116).

216 Nel volume *Istruzioni per le religiose in tempo di esercizi spirituali*, a cui abbiamo già fatto riferimento parlando dell'insegnamento di Don Barberis sulla meditazione, troviamo un elogio del Padre Secondo Franco al testo del De la Puente: «Non posso tuttavia negare — afferma l'autore — che pochi autori sono pari al Ven. Luigi da Ponte il quale ha l'esercizio delle potenze così ben distinto che può offrire tutto insieme il modello da tenere e l'argomento da meditare» (S. FRANCO, *Istruzioni per le religiose*, 27).

217 Il testo di Sant'Alfonso è noto; il secondo testo citato lo è senz'altro di meno. Si tratta di un'opera di Ignazio Del Costato Di Gesù dal titolo completo *La scuola di*

migliori avendone pure fatto passare molti; ed una volta essersi aperto col p. Rotan, che è una vera celebrità, dicendogli sé non aver trovato migliore del Da Ponte sebbene abbia letto molti di simili libri in italiano e in latino e in francese. Ed io, soggiunse il P. Rotan, ne adoperai moltissimi in tedesco, in inglese in polacco, in russo e non ho trovato chi potesse mettersi al pari del Da Ponte. Tuttavia facendosi osservare al P. Franco come sia in vari punti arido e non eccitante, esso rispose: la meditazione bisogna saperla fare. Non è altro che un esercizio delle tre facoltà intelligenza, memoria, volontà come insegna il medesimo Da Ponte nella sua introduzione. Introduzione che andrebbe letta cento volte ed imparata a memoria poiché vale tant'oro. Chi segue bene quanto in quella si dice troverà immensamente facilitato il modo di fare la meditazione; ma bisogna avere pazienza; i principianti vanno istruiti bene; bisogna veder modo che abbiano tutti il libro alla mano, e farli imparare secondo quel metodo.	È da commendarsi specialmente la introduzione. Introduzione che andrebbe letta cento volte ed imparata a memoria poiché vale tant'oro. Chi segue bene quanto in quella si dice troverà immensamente facilitato il modo di fare la meditazione; ma bisogna avere pazienza; i principianti vanno istruiti bene; bisogna veder modo che abbiano tutti il libro alla mano, e farli imparare secondo quel metodo[218].

Si noti che il testo definitivo elimina il riferimento all'autore dell'intervento, oltre che quello al gesuita Padre Roothaan, che fu Generale della Compagnia dal 1829 al 1853, attribuendo così ai capitolari salesiani l'elogio del testo del «Da Ponte»[219].

Gesù Appassionato aperta al cristiano con la quotidiana meditazione delle sue pene, pubblicato a Roma nel 1851 e riedito ancora varie volte nella seconda metà dell'800 a Roma (nel 1855, nel 1861, nel 1888...), e a Genova (1858).

[218] ACS D 578, 116-117.

[219] Le copie di questo verbale riportano il testo così come appare nella sua redazione definitiva, dopo le correzioni apportate dallo stesso Don Barberis (cf. ACS D 578).

Don Barberis, inoltre, aggiunge un'importante informazione sulla prassi di quegli anni: *Per gli altri* (i non principianti) *si ha il Da Ponte e può continuarsi in quello.*

Il «Da Ponte» altri non è che il gesuita spagnolo Padre Luis de La Puente (1554-1624). Il suo diffusissimo *Meditaciones de los misterios de nuestra santa fe, con la práctica de la oración mental sobre ellos*, pubblicato per la prima volta a Valladolid nel 1605[220], conobbe numerosissime edizioni in varie lingue.

Si tratta di un testo scritto in origine per gli studenti della Compagnia di Gesù, e diffusosi rapidamente già durante la vita dell'autore. Il P. Miguel Nicolau, che ha curato la voce «La Puente» nel *Dictionnaire de Spiritualité*, così si esprime:

> Cet ouvrage constitue la collection de méditations la plus importante et, nous semble-t-il, la meilleure qui ait été réalisée depuis le début de l'époque moderne. A sa valeur a répondu le succès de librairie. L'établissement de la bibliographie des éditions, traductions, abrégés et adaptations est difficile. On peut compter au moins quatre cents publications, qui à elles seules témoignent de l'influence très large de l'ouvrage[221].

Nella stessa pagina l'autore aggiunge: «On relève l'influence des *Meditaciones* chez des saints comme Robert Bellarmin, François de Sales, Jeanne de Chantal, Antoine-Marie Claret, Jean Bosco [...]; tous pratiquent et recommandent l'ouvrage de La Puente».

Il piano generale dell'opera mette insieme la «teoria» classica delle tre vie (purgativa, illuminativa, unitiva) con la struttura e la dinamica degli *Esercizi spirituali* di Sant'Ignazio[222]. L'autore presenta, sostanzialmente, il tesoro della rivelazione e della teologia cattolica, ma è attento ad inframezzare preghiere, suppliche, orazioni giaculatorie.

La casa editrice Marietti di Torino, proprio due anni prima di questo primo Capitolo Generale dei salesiani, aveva pubblicato una ottava edizione di quest'opera, tradotta dallo spagnolo da Giulio Cesare Braccini e corretta dal P. Giacomo Bonaretti.

In questa edizione la citata *Introduzione*, la quale *andrebbe letta cento volte ed imparata a memoria poiché vale tant'oro*, occupa trentasei fitte pagine. Si tratta di un vero e proprio trattato sulla orazione mentale, secondo il metodo di Sant'Ignazio. Vista la importanza che il primo

---

[220] Cf. J. SIMON DIAZ, *Jesuitas de los siglos XVI y XVII*, 309
[221] M. NICOLAU, «La Puente», 267-268.
[222] Cf. M. NICOLAU, «La Puente», 267.

Capitolo Generale le ha attribuito riassumiamone schematicamente il contenuto[223].

Nel titolo si specifica: *Introduzione in cui si pone un breve compendio delle cose che abbraccia la pratica ed esercizio dell'orazione mentale.*

La premessa, dal titolo *Lo Spirito Santo primo maestro dell'orazione mentale*, parla dell'eminenza dell'esercizio dell'orazione mentale «colla quale trattiamo familiarmente con Dio nostro Signore»[224]. L'introduzione si presenta poi divisa in tredici paragrafi[225]:

I. *Che cosa sia l'orazione mentale* (pp. 2-5). Essa, si dice, è un esercizio delle tre potenze dell'anima: memoria, intelletto, volontà (che muove gli affetti e spinge alla virtù). Questa prima parte insegna anche ad esercitare, nell'orazione, queste tre potenze.

II. *Come si ha da parlare con Dio nell'orazione mentale* (pp. 5-8). Primo fine dell'orazione è lodarlo e ringraziarlo; il secondo è il domandargli grazie.

III. *Delle virtù che accompagnano l'orazione mentale, e delle sue eccellenze.* (pp. 8-10). L'orazione mentale fa l'uomo simile agli angeli.

IV. *Della materia dell'orazione mentale in ordine alla meditazione* (pp. 10-12). Si parla delle tre vie (purgativa, illuminativa, unitiva) e della materia dell'orazione.

V. *Del principio dell'orazione* (pp. 12-15). L'autore insiste sulla preparazione e sull'«ingresso» nell'orazione.

VI. *Del modo di meditare e discorrere nell'orazione; e come abbiamo da resistere alle distrazioni che quivi ci assalgono* (pp. 15-18). Mezzi per premunirci e per combattere le distrazioni. Confidenza in Dio.

VII. *Del modo con cui dobbiamo valerci dell'immaginazione, lingua ed altre potenze per l'orazione mentale* (pp. 18-19). Come valersi anche dei sensi esterni nell'orazione.

VIII. *Dell'esame dell'orazione, e de' frutti che da lei si hanno da cavare* (pp. 19-20). Finita l'orazione è molto giovevole esaminare quanto ci è accaduto, come è passata, quali siano stati i frutti.

---

[223] Si tratta di pagine di 13,5 x 22.0 cm., scritte su due colonne con corpo molto piccolo. Nella edizione pubblicata a Napoli dallo Stabilimento Tipografico di Andrea Festa nel 1851 la medesima introduzione occupa circa cento pagine.

[224] L. DE LA PUENTE, *Meditazioni del Ven. Padre Ludovico da Ponte*, 1.

[225] Nel prosieguo i corsivi riportano i titoli dei paragrafi nella traduzione del Braccini; vengono aggiunti, poi, alcune note sul contenuto in rapida sintesi.

IX. *De' vari modi, ne' quali si ha da orare in diverse materie, accomodato a diverse persone e tempi* (pp. 20-23). Si insegnano i *tre modi di pregare* di Sant'Ignazio (cf. *Esercizi spirituali*, nn. 238-260).

X. *Della contemplazione, e del modo, come alcuni possono fare orazione mentale senza molti discorsi* (pp. 23-25). La contemplazione è un dono di Dio che d'ordinario non si concede se non dopo un lungo esercizio di meditazione.

XI. *De' modi straordinarî dell'orazione mentale, delle molte maniere, nelle quali Iddio si comunica in essa* (pp. 25-29). L'orazione è un dono speciale dello Spirito Santo. Si parla dei «sensi spirituali» come di un esercizio della contemplazione infusa: vista interiore, udito interiore, odorato spirituale, gusto spirituale, tatto spirituale.

XII. *Del tempo ordinario e straordinario che si dee dare all'orazione mentale, e delle orazioni giaculatorie* (pp. 30-32). Quanto tempo dedicare all'orazione. Fedeltà ai tempi stabiliti. Necessità, convenienza e utilità delle giaculatorie.

XIII. *Alcuni avvertimenti intorno alle meditazioni seguenti* (pp. 32-35). Come utilizzare questo libro: lettura spirituale, materia per l'orazione mentale, meditazioni fatte ad altri, sermoni e prediche. Come queste meditazioni possano aiutare a salire la mistica scala di Giacobbe.

La lunga introduzione si conclude con le *Annotazioni che Sant'Ignazio premette al libro de' suoi Esercizi*.

Questi, dunque, sono i contenuti di massima dell'introduzione; quanto alle meditazioni che seguono, costituiscono, secondo lo stesso verbale di Don Barberis, *materia immensa (che), finita, si può ricominciare molte volte*.

Nel «cuore» di questo testo di meditazione, come peraltro anche negli altri due testi citati, c'è anche il mistero della passione e morte del Redentore; la pietà dell'ottocento fa spesso leva su questa riflessione per eccitare gli *affetti* e muovere la *volontà* a ferme risoluzioni.

5.1.2 Un riferimento ai primi esercizi spirituali di Trofarello

Il tema degli *Esercizi Spirituali* dei Salesiani sarà affrontato più direttamente, come diremo, nel terzo Capitolo Generale. Ciononostante non mancarono, anche nel 1877, alcuni interessanti riferimenti alla prassi di quegli anni, che ci fanno intravedere l'importanza data, in questo particolare momento della vita della congregazione, alla esperienza degli esercizi.

La rapida espansione iniziava a creare dei problemi di *identità*. La divisione in *ispettorie*, e, in particolare, la nuova *ispettoria americana* rendeva impossibile celebrare a Lanzo tutti i corsi per i salesiani; per l'America si stabilì che il seminario di Buenos Aires, col permesso dell'arcivescovo, potesse essere, per la posizione più centrale di quella città, il luogo adatto per celebrarli. Altre sedi opportune furono individuate per la *ispettoria romana* e per la *ligure*.

Ma il problema fondamentale era quello di dare *unità* a queste varie esperienze: «Si vide [...] l'importanza — troviamo scritto nei verbali del primo capitolo — che facendosi d'ora innanzi gli Esercizi Spirituali in più luoghi, si mettessero per iscritto quelle norme che fin d'ora si conservano tradizionalmente, affinché separando le cose poco per volta non si avessero a ingenerare regole e modi discrepanti»[226].

Gli stessi verbali ci riportano anche un'affermazione, che costituisce una chiara conferma di quanto abbiamo cercato di esprimere parlando dei primi esercizi spirituali di Trofarello: «Noi abbiamo visto — si afferma infatti — che qui si può dire la Congregazione aver preso uno sviluppo un po' marcato solo dal tempo in cui cominciarono a fare gli Esercizi Spirituali appositamente»[227].

Era dunque chiara, in relazione alla storia di quegli anni, la coscienza riflessa dell'importanza degli esercizi per il consolidamento della congregazione.

5.1.3 I testi consigliati per la predicazione degli esercizi spirituali

Un'altra questione, cui accenniamo, è relativa al completamento degli studi dei chierici e alla predicazione degli esercizi spirituali.

Facendo riferimento al dettato costituzionale[228], il documento preparatorio aveva formulato una domanda: «I sacerdoti procurino tutti di preparare e scrivere un triduo per le quarant'ore, una serie di meditazioni e d'istruzioni per una muta completa di esercizi spirituali (Capo 12 delle nostre regole). Quali autori sembrano più adatti a prepararsi una muta di esercizi per la gioventù? Quali pel popolo?»[229].

A questa domanda i capitolari rispondono con un lungo elenco di autori e di titoli:

---

[226] ACS D 578. L'espressione si trova alla pagina 310 del voluminoso quaderno dei verbali.
[227] ACS D 578, 304.
[228] Cf. G. BOSCO, *Costituzioni della Società [1858]-1875*, 181.
[229] *Capitolo Generale della Congregazione Salesiana da convocarsi in Lanzo*, 5.

Tra gli autori che sembrano più adatti per prepararsi una muta di esercizi, sia per la gioventù che per il popolo, si suggeriscono ai nostri soci specialmente i seguenti:
a) Per le meditazioni:
- S. Alfonso dei Liguori — specialmente *Apparecchio alla morte* e *Sermoni sui Vangeli*.
- Il Padre Cattaneo.
- S. Leonardo da Porto Maurizio.
- Biamonti — Da Ponte — Segneri Juniore.
- Granata — Guida ovvero scorta dei peccatori.
- Personio — Guida degli uomini alla loro eterna salute.
- Frassinetti — Esercizi spirituali ai giovani.
- Belasio — Conferenze — Meditazioni — Prediche, ecc.
- Belleccio — Esercizi di S. Ignazio tradotti dal Bresciani.
- Bartoli — L'eternità consigliera — L'uomo in punto di morte.
- Nieremberg — La bilancia del tempo.
b) Per le istruzioni
- Le opere di San Francesco di Sales.
- Paolo Segneri — Specialmente *Il cristiano istruito*.
- S. Alfonso — S. Leonardo — Cattaneo — Biamonti soprannominato.
- Giovannini — I doveri cristiani.
- Giordano — I vizi capitali.
- Spiegazioni catechistiche del Piano — Bersani — Guillois — Rayneri — Schmid
- Ferreri — Gaume ecc.
- Rodriguez — Esercizio di perfezione ecc.
- Scaramelli — Direttorio ascetico.
- Method pour confesser les enfants.
- Timon — David — Confession de la jeunesse.
- Bosco — Varie opere specialmente Disputa tra un Avv. e un protestante sul dogma della Confessione.
- Gobinet — Istruzioni per la gioventù.
c) Per le quarant'ore:
- Pagani — L'anime divota della SS.ma Eucarestia.
- Giordano — I giovedì eucaristici.
- Faber — Tutto per Gesù — Il SS.mo Sacramento.
- S. Alfonso — Varie opere — specialm. *Pratica d'amar Gesù*.
- Frassinetti — Il convito Eucaristico.
- Ségur — La presenza reale ecc.

Questo lungo elenco meriterebbe alcuni approfondimenti. Esso potrebbe costituire un punto di riferimento oggettivo per uno studio più approfondito sugli esercizi spirituali nella tradizione salesiana; tutto ciò esula dai compiti che ci siamo proposti. Ci limitiamo qui a notare che più di un terzo degli autori citati sono della Compagnia di Gesù[230], cosa peraltro giustificabile in considerazione della materia in questione.

5.2 Il secondo Capitolo Generale

In continuità con il primo, il secondo Capitolo Generale, celebrato a Lanzo dal 3 al 15 settembre 1880, fu dedicato soprattutto al consolidamento della vita religiosa. Il tema dell'obbedienza, in particolare, sembra costituire uno dei principali interessi del fondatore[231].

Il testo a stampa delle *Deliberazioni del secondo capitolo generale* riprende, sostanzialmente, molta della materia trattata nel primo Capitolo Generale, organizzando le deliberazioni attorno a quattro nuclei fondamentali: *studio, vita comune, pietà e moralità, economia*[232].

In questo testo è possibile trovare alcuni degli argomenti affrontati nel primo Capitolo Generale, di cui non si era dato notizia precedentemente. Aveva scritto infatti lo stesso Don Bosco nella premessa al volume a stampa delle deliberazioni del primo capitolo: «Per ora cominciate a ricevere quello che fu stabilito riguardo a ... Le altre cose vi saranno eziandio fra non molto comunicate»[233].

Troviamo qui, in particolare, nella parte dedicata agli *Studii Ecclesiastici* il lungo elenco degli autori «che sembrano più adatti per una serie di esercizi per la gioventù e pel popolo». L'elenco si presenta sostanzialmente uguale a quello del precedente verbale manoscritto.

5.3 Il terzo Capitolo Generale e il regolamento degli esercizi spirituali

In preparazione al terzo Capitolo Generale, che ebbe luogo a Valsalice dal primo al 7 settembre 1883, venne inviato nelle case un foglio ripiegato in quattro facciate dal titolo *Materie da trattarsi nel III Capitolo Generale nel settembre 1883*.

---

[230] Si tratta, in particolare, di Carlo Ambrogio Cattaneo (1645-1705), di Luis de la Puente (1554-1624), di Paolo Segneri (1624-1694), di Paolo Segneri Iuniore (1673-1713), di Robert Parsons (1546-1610), di Ludwig Bellecius (1704-1754), di Daniello Bartoli (1608-1695), di Juan Eusebio Nieremberg (1595-1658), di Pietro Maria Ferreri (1677-1737), di Alfonso Rodríguez (1537-1616), di Giovanni Battista Scaramelli (1687-1752), di Frank A. Schmid (1806-1873), e, forse, Francesco Maria Giordano (1624-1706).
[231] Cf. F. DESRAMAUT, *Don Bosco en son temps*, 1206-1209.
[232] *Deliberazioni del secondo Capitolo Generale della Pia Società Salesiana*, (pagina non numerata – precede la 1).
[233] *Deliberazioni del Capitolo Generale della Pia Società Salesiana*, 4.

CAP. VI: IL CONSOLIDAMENTO DELLA FONDAZIONE 373

Il foglio è una sorta di schema dove sono annunziati otto «titoli», e si lascia, volta per volta, uno spazio in bianco per le osservazioni dei confratelli; al termine, dopo il posto per la firma, un *Nota Bene* dichiara ai direttori e ai membri dei loro consigli che qualunque altra materia può essere suggerita e aggiunta, anche in fogli a parte, per l'utilità della congregazione e la maggior Gloria di Dio. Questi i temi annunciati:

I. Regolamento per gli Esercizi Spirituali.
II. Regolamento per gli ascritti e per lo studio dei medesimi.
III. Regolamento per le Parrocchie dirette e dirigende dai Salesiani.
IV. Cultura dei confratelli coadiutori.
V. Indirizzo da darsi alla parte operaia nelle case salesiane e mezzi di sviluppare la vocazione dei giovani artigiani.
VI. Norme pel licenziamento dei Soci.
VII. Impianto e sviluppo degli oratori festivi presso le case salesiane
VIII. Revisione e modificazione del Regolamento delle case[234].

Molte di queste schede, compilate in tutto o in parte da salesiani e da loro firmate, si conservano nell'Archivio Centrale; prenderemo qui in esame soltanto qualcosa che dice riferimento al primo tema, il regolamento degli esercizi, unitamente alle successive conclusioni del capitolo sul medesimo argomento.

Sottolineiamo, intanto, che la principale preoccupazione di Don Bosco in questo terzo capitolo sembra rivolta all'ordine e alla moralità della congregazione[235]; lo testimoniano, tra l'altro, i numerosi *regolamenti* varati e le raccomandazioni conclusive del fondatore.

> Nemo repente fit summus, nemo fit malus — avrebbe affermato Don Bosco nella terza delle sei raccomandazioni finali, secondo il verbale del segretario Don Giovanni Marenco —. Quindi attendere ai principi per impedire il male grande dell'avvenire. Lo dice l'esperienza. Se taluno ha messo negli imbrogli il Dir. e la Casa, cominciò a lasciare la medit(azione), le pratiche di pietà, poi qualche giornale, qualche amicizia particolare, disordini insomma[236].

Il processo che conduce al «disordine morale», dunque, inizierebbe con l'abbandono delle pratiche di pietà e, tra queste, innanzi tutto della meditazione.

---
[234] ACS D 579.
[235] Cf. F. DESRAMAUT, *Don Bosco en son temps*, 1223-1226.
[236] ACS D 579. Si tratta della pagina 2 del foglio dei verbali dal titolo *7 Settembre sera. Ultima conferenza*.

Questa attenzione alle vita di preghiera emerge anche dalla discussione relativa al regolamento per gli ascritti:

> Il Santo Padre Pio IX — avrebbe affermato Don Bosco — mi ripetè più volte che nel formare i Salesiani si mirasse a renderli quali dovrebbe essere un sacerdote esemplare in mezzo al mondo. Perciò si richiedono esercizi di pietà conducenti a questo fine: nello stesso tempo è bene che gli ascritti abbiano i loro uffici da disimpegnare, perché si vegga quali siano le loro attitudini e disposizioni. Bisognerà però fare in modo che non siano impedite le pratiche di pietà[237].

Quest'ultima affermazione confermerebbe, nel progetto del fondatore, una armonica *composizione*, e non una *contrapposizione*, tra *noviziato ascetico* e *noviziato apostolico*.

5.3.1 Alcune osservazioni dei salesiani sul regolamento degli esercizi spirituali

Dalle schede compilate da alcuni confratelli, in preparazione a questo terzo capitolo, e dal riassunto delle stesse, che conserviamo riordinato in ventisette osservazioni[238], riportiamo qui *passim* alcuni commenti:

> - [...] che le meditazioni abbiano la forma di tali, cioè che non istruiscano solamente, ma muovano, e quindi anche nella forma abbiano i loro *preludi* fatti dallo stesso predicatore in nome di tutti e finiscano ordinariamente col *colloquio*, cosa che è di tanto profitto (*Don Giuseppe Vespignani*[239]).
> - I SS. Spirituali Esercizi specialmente tra gli Ascritti, Professi triennali e perpetui, dati con quella specie di rigore che si pratica nella Compagnia (di Gesù) producono effetti ammirabili e duraturi (*Carlo Pane*[240]).
> - Perché riescano di vero profitto alle anime sia dei Salesiani, come dei giovani, conviene adottare in tutto il sistema di S. Ignazio. Con questo si verranno formando dei veri Salesiani, i quali attendendo seriamente all'ac-

---

[237] E. CERIA, *Annali*, I, 469.

[238] Le schede e il riassunto in tre fogli si trovano in ACS D 579. Indicheremo con la lettera R, seguita dal relativo numero originale, le osservazioni tratte da questo riassunto.

[239] Don Vespignani (1854-1932) fece parte della terza spedizione missionaria in Argentina, come maestro dei novizi. Nel 1922 fu richiamato a Torino per far parte del Consiglio Superiore (cf. E. VALENTINI - A. RODINÒ, *Dizionario biografico dei salesiani*, 294-295).

[240] Ricevuto da Don Bosco all'oratorio di Valdocco nel 1856, Don Carlo Pane fece parte del prima comunità salesiana in Spagna, per poi raggiungere l'America e fondare la missione del Perù (cf. E. VALENTINI - A. RODINÒ, *Dizionario biografico dei salesiani*, 212).

quisto di ogni virtù, santificheranno sé stessi e i loro dipendenti. Per ottenere ciò è necessario studiarlo profondamente ed applicarlo in tutto compatibilmente alle circostanze particolari della Congregazione Salesiana (*Don Pietro Pozzan*[241]).
- Si raccomanda maggiormente il silenzio e il raccoglimento (R 4).
- Che nessuno li tralasci se non in caso di assoluta impossibilità o malattia (R 15).
- Si propone di dare maggiore importanza e maggior tempo all'esame di coscienza sia generale che particolare affinché i soci conservino l'abitudine di farlo lungo l'anno (R 18).
- Si raccomandi a quelli che dettano gli esercizi un maggiore studio del libro degli Esercizi di S. Ignazio (R 19).

Nel loro complesso tutte le osservazioni raccolte testimoniano la consapevolezza dell'importanza degli esercizi.

Tra gli atti di questo terzo Capitolo Generale si conservano anche un *Regolamento per fare con frutto per otto giorni gli Esercizi Spirituali secondo il metodo di S. Ignazio*, adattato alle esigenze della Congregazione Salesiana, seguito anche da alcune *Norme per chi detta gli esercizi*.

Leggiamo nel regolamento:

> Nel tempo degli esercizi si osservi un perfetto silenzio col mondo esteriore per parlare solo con Dio. Quindi si parli con nessuno, eccetto che col proprio direttore, si lasci qualunque negozio o corrispondenza, si ami la solitudine e il ritiro, si tengano custoditi tutti i sensi, specialmente gli occhi. Quanto più l'anima sarà solitaria, tanto più parlerà con Dio e sentirà la sua voce.
>
> La meditazione si farà con riverenza, con integrità e con fervore, seguendo le norme tracciate da Sant'Ignazio per far bene la meditazione. Con riverenza quanto alla posizione, con integrità quanto al tempo assegnato, con fervore quanto all'applicazione, cercando però di non determinarsi a fare voti, ovvero sforzandosi a lagrime o a sensibili commozioni[242].

Riportiamo anche, qui di seguito, le otto norme per il direttore degli esercizi e la premessa che le introduce:

> Importantissimo il compito di chi è stato incaricato di dettare gli esercizi sia ai giovani, sia ai salesiani; si può dire che da lui può dipendere il maggiore o minore frutto degli esercitanti, perciò s'adopri a praticar quanto segue:

---

[241] Fu amministratore e poi direttore del *Bollettino Salesiano* (cf. MB XV, 670; XVIII, 429).
[242] ACS D 579; vedi anche FDB 1862 D 8-9.

1. Premetta uno studio serio, grave e vasto sull'aureo libretto degli esercizi di Sant'Ignazio. Egli divide la sua opera in quattro settimane. Nella prima comprende le meditazioni per la via purgativa, onde riformare i costumi della vita: «deformata reformare». Nella seconda vi applica le meditazioni della via conformativa, cioè «reformata conformare». Nella terza si trovano quelle della via illuminativa, quindi si può risolvere in «confomata confirmare». L'ultima parla della via unitiva che si può ridurre in «confirmata transformare». Ma non basta uno studio serio e profondo del testo, conviene studiare gli interpreti, specialmente il Bellecio, il Rev.mo padre Roothaan che col P. Viscardini fece uno studio profondissimo sul libro, e altri autori.

2. Converrà dopo lo studio scriversi tutte le meditazioni in forma non di prediche, ma di vere meditazioni. Le istruzioni pure saranno da scriversi, applicandole tanto le une che le altre alla qualità degli uditori.

3. Non dureranno mai più di tre quarti d'ora né meno di mezz'ora.

4. Premettasi sempre una preparazione prossima che sarà uno studio meditato avanti a Dio dell'argomento da trattare.

5. Ecciti sempre a pratiche conclusioni la mente e il cuore degli uditori.

6. Parli chiaro e da vero ministro di Dio, mettendo senza riguardo la mano sulla piaga.

7. Premetta in principio un breve e affettuoso colloquio avanti a Gesù nel Sacramento per domandare lume alla mente e muovere la volontà a ritrarre il frutto che egli propone. Qualche volta si potrà finire la meditazione con una preghiera al Signore.

8. Faccia in modo che si lasci tempo e materia agli esercitanti di fare da se la meditazione, anzi cerchi egli stesso di guidarveli dolcemente[243].

Notiamo qui comunque che questo regolamento e le successive norme non sono da accludere tra le deliberazioni del capitolo, bensì fanno parte delle proposte presentate dai confratelli[244]; in ogni caso esse hanno per noi un certo interesse storico.

5.3.2 Il testo definitivo del Regolamento per gli Esercizi Spirituali

Questo primo *Regolamento degli Esercizi Spirituali nelle case della Pia Società di San Francesco di Sales*, fu preparato da Don Michele Rua. Il testo manoscritto si compone di tredici grandi facciate manoscritte e contiene numerose correzioni dello stesso Don Bosco[245].

---

[243] ACS D 579; FdB 1862 D 9-10.
[244] Si tratta di quattro fogli manoscritti, conservati appunto in ACS D 579; la grafia ci consente di attribuirli a Don Pietro Pozzan di cui si è detto in una nota precedente.
[245] Cf. ACS D 579.

CAP. VI: IL CONSOLIDAMENTO DELLA FONDAZIONE 377

Il regolamento, dettagliato e minuzioso in tutte le sue parti, ci riporta, nel suo contenuto, a quello del Santuario di Sant'Ignazio sopra Lanzo, che abbiamo già citato nel nostro studio; anche Don Rua, del resto, era stato, come abbiamo già detto, tra i frequentatori del santuario in particolare prima del 1866.

Osserviamo innanzi tutto, mettendoli a confronto, alcuni tratti di questi due regolamenti, iniziando dall'orario della giornata:

SANTUARIO DI SANT'IGNAZIO		PRIMO REGOLAMENTO SALESIANO	
5.30	Levata	5.30	Levata
6.00	Prima — Punti di meditazione e ripetizione in camera	6.00	Preghiere del mattino colle litanie e le altre orazioni solite a recitarsi dopo il rosario. Veni Creator, ecc. Meditazione. Messa della comunità Prima e Terza — Colazione in silenzio.
7.45	Messa — Terza Caffè in camera.		
9.30	Sesta — Istruzione Riflessi in camera.	9.00	Sesta e Nona — Lettura per 10 o 15 minuti — Istruzione — Canto di sacra lode Riflesso in camera
11.30	Nona — Lettura in Chiesa	11.30	Visita al SS. Sacramento Esame di coscienza — *Angelus*
12.00	*Angelus* — Pranzo Trattenimento	12.00	Pranzo. Ringraziamento con la recita del Miserere, che si va a terminare in chiesa se si può comodamente;
2.00	Litanie della Madonna in Chiesa, indi riposo	2.00	Litanie dei Santi e riposo.
3.30	Vespro — Istruzione, riflessi in camera	3.00	Vespro e compieta; Istruzione; Canto di una sacra lode; Ricreazione in silenzio.
5.30	Mattutino e Lodi Meditazione e ripetizione.	5.30	Mattutino e Laudi; Veni Creator, ecc. Meditazione; Riflessi per alcuni minuti, Rosario Ave Maris Stella e Tantum Ergo. Benedizione col SS.mo Sacramento e De Profundis; Cena e ricreazione;
7.45	SS. Rosario — *Angelus* Cena e trattenimento.		
9.30	Litanie dei Santi in Chiesa, indi riposo	9.00	Preghiere della sera e riposo

L'orario degli esercizi salesiani, dunque, ricalca sostanzialmente quello degli esercizi del santuario di Sant'Ignazio, secondo il regolamento del Teologo Guala..

Lo schema generale degli esercizi salesiani comprende:

Avvertenze per gli Ispettori
Norme pel Regolatore
Norme per l'Economo
Norme pel Prefetto di Sacristia
Dell'Ebdomadario
Del Lettore
Dell'Assistente ai Predicatori
Assistente di Refettorio e di Dormitorio
Norme Generali

Confrontiamo ancora, a titolo di esempio, le norme per l'ebdomadario, presenti in ambedue i regolamenti[246].

SANTUARIO DI S. IGNAZIO AVVISO ALL'EBDOMADARIO	PRIMO REGOLAMENTO SALESIANO DELL'EBDOMADARIO
	1. L'Ebdomadario deve dirigere il canto e la recitazione dei divini uffizii, intonare le lodi sacre, guidare le orazioni del mattino e della sera ed il Rosario.
1. Invigilerà che l'uffizio si reciti con posatezza, si osservi l'asterisco, e moduli la voce in modo adatto alla maggior parte.	2. Egli dovrà adoperarsi perché tutte queste preghiere e canti si facciano con decoro e gravità ripartendo gli esercitandi in due cori.
2. Sceglierà tra i sei sostenitori del coro uno per leggere il martirologio	3. Gioverà molto il recitare il divino uffizio adagio facendo pausa agli asterischi, per dare comodità a quelli che non avessero molta pratica e prontezza nella lettura del latino.
3. Ogni mattina, giunti gli Esercitandi in Chiesa, avanti di cominciare l'*ora di Prima* reciterà senza ritardo l'*Angelus Domini*.	4. Suo studio speciale dev'essere la puntualità nell'intervenire alla chiesa; prima però d'incominciare lasci

---

[246] Questo testo delle *Norme per la direzione degli Esercizi Spirituali*, come il precedente orario, sono tratti da G. COLOMBERO, *Vita del servo di Dio D. Giuseppe Cafasso*, 367-379.

[247] G. COLOMBERO, *Vita del servo di Dio D. Giuseppe Cafasso*, 367-379.

qualche minuto di tempo per radunarsi.
5. Se si recita l'uffizio del giorno secondo il Calendario, dovrà a vespro e a mattutino leggere ad alta voce e adagio le indicazioni del Calendario stesso.
6. Nell'intonare le lodi e gli inni converrà che scelga quelle che sono più conosciute fra gli esercitandi, e con tono non troppo alto, né troppo basso, ma alla portata generale.
7. Dopo ogni predica lasci cinque minuti di riflesso prima d'incominciare qualsiasi cantico o preghiera.
8. Si ricordi che se il canto è ben eseguito e gli uffizii e preghiere sono ben recitate, serviranno grandemente per ottenere dal Signore buon frutto negli esercizi stessi

4. Alle ore 12 prima del pranzo reciterà in Chiesa l'*Angelus Domini*.
5. Alle ore 2 dopo pranzo reciterà in Chiesa le Litanie della B. V.
6. Alle ore 9.30 di sera, dopo la ricreazione, al suono del campanello reciterà le Litanie dei Santi[247].

Il confronto tra i due testi non sembra mostrare, in quest'ultimo caso, una dipendenza diretta, ma evidenzia, piuttosto, la ricchezza del regolamento dei salesiani, che appare, qui come anche altrove, più dettagliato e curato. Vi sono inoltre alcune singole indicazioni o parti ricorrenti, come le norme per il *Prefetto di Sacrestia* o per il *Vigilatore di tavola*.

Tra le *Norme Generali* con cui si conclude il testo salesiano, leggiamo ad esempio alcuni avvisi, di cui è possibile reperire i corrispettivi:

SANTUARIO DI S. IGNAZIO

I. Fuori dalle ore di ricreazione si osserverà da tutti un rigoroso silenzio [...].

PRIMO REGOLAMENTO SALESIANO

3. Durante gli esercizi si osserverà sempre il silenzio ad eccezione della ricreazione dopo pranzo e dopo

---

[248] G. COLOMBERO, *Vita del servo di Dio D. Giuseppe Cafasso*, 374-375.

	cena, in cui si potrà parlare. Si badi però a non abbandonarsi a divertimenti che possano cagionare dissipazione. Nella ricreazione dopo la messa si potrà solo parlare sotto voce.
VI. È proibito l'allontanarsi dal Santuario [...].	5. Per evitare la dissipazione, che è grave ostacolo alla buona riuscita degli esercizi, nessuno esca fuori del recinto della casa destinata agli esercizi stessi.
IV. [...] chi poi al mattino si alzasse prima del segno è pregato a starsene nella camera, oppure a recarsi in Chiesa a passo lento ed in silenzio per non isvegliare gli altri.	6. Nessuno si alzi al mattino prima del tempo fissato per la levata comune senza plausibile motivo; quando questo vi fosse, faccia in modo di non recar disturbo a quelli, che ancora han bisogno di riposare, e non si fermi in corridoi o cortili, bensì rechisi alla chiesa.
ci siamo radunati in questo luogo di solitudine per seriamente pensare all'anima, a Dio, all'eternità [...].	Si raccomanda a tutti la puntualità nell'osservanza dell'orario, il pensiero di Dio, dell'anima, dell'eternità.
X. Sono pregati di non scrivere né fare alcun segno sui muri[248]	Ciascuno si astenga dal far qualsiasi guasto nel dormitorio, corridoi e specialmente nei giardini, astenendosi eziandio dallo scrivere sulle mura.

In merito al *silenzio* durante gli esercizi il verbale di questo terzo Capitolo Generale afferma: «Si discute se sia conveniente ordinare il silenzio assoluto dopo colazione (sopravvisse a lungo la tradizione che consentiva di parlare sottovoce) o si debba permettere una ricreazione moderata». Il capitolo decise di continuare come prima, con 17 voti favorevoli e 15 contrari.

Ci informa ancora Don Brocardo, a questo proposito:

> Ci fu un tempo in cui in Congregazione si discusse se abolire la ricreazione moderata del pomeriggio e della sera durante gli esercizi. Il Capitolo, presieduto da Don Bosco, vagliò il pro ed il contro e si venne ai voti. Sei si

pronunziarono per lo *status quo*, un voto per il silenzio completo. Si credeva — commentava Don Ceria — che questi fosse stato Don Rua. Ma in una carta di Don Cartier, da me scoperta in archivio si legge «Don Rua mi ha detto che il voto a favore del silenzio totale è stato dato da Don Bosco»[249].

Questa particolare attenzione dedicata da Don Bosco agli *esercizi spirituali* nel terzo Capitolo Generale è in perfetta coerenza con quanto abbiamo sin qui cercato di mettere in evidenza a proposito della stima che il fondatore dei salesiani ha sempre nutrito per questa particolare esperienza dello spirito; la sua personale esperienza al Santuario di Sant'Ignazio, le indicazioni della *introduzione* alle regole, dove gli esercizi sono definiti *la parte fondamentale delle pratiche di pietà*, e la prassi della congregazione lo confermano.

Lo stesso esordio del *regolamento* di cui abbiamo fin qui parlato affermava: «Questi esercizi possono chiamarsi sostegno delle congregazioni religiose e tesoro dei soci che vi attendono»[250].

5.4 *Il quarto Capitolo Generale*

Quest'ultimo Capitolo Generale, vivente Don Bosco, fu celebrato nel medesimo periodo e nella medesima cittadina del precedente.

Tra le diverse questioni affrontate soltanto una è in relazione al nostro studio.

Nella discussione concernente il *Regolamento delle parrocchie*, infatti, venne presentata la difficoltà di trovare il tempo, al mattino, per la quotidiana meditazione. Afferma il verbale:

> Oltre la celebrazione della S. Messa e la recita dell'ufficio è dovere di ogni Salesiano di attendere almeno mezz'ora al giorno alla meditazione. Essendo più difficile in una Parrocchia il poterlo fare in comune alle ore mattutine, vegga il direttore della casa di stabilire questa pratica nelle ore pomeridiane verso le 5, come già si pratica in qualche casa e presso i Filippini con molto frutto[251].

Il testo a stampa delle *Deliberazioni* specifica:

> In una casa parrocchiale è certo più difficile la esatta osservanza delle nostre regole. Però il Parroco ed i suoi Coadiutori debbono attenersi per regola generale alla vita comune sia per le pratiche di pietà, sia per quanto ri-

---

[249] P. BROCARDO, «Gli Esercizi Spirituali nella esperienza di D. Bosco», 42.
[250] ACS D 579. Questo riferimento è sottinteso anche nelle precedenti citazioni, dove manchi una indicazione esplicita.
[251] ACS D 579; FDB 1865 D 10.

guarda il vitto, il vestito e il riposo. Sia premura del Parroco di fissare il tempo più opportuno per la meditazione giornaliera e la lettura spirituale, procurando di intervenire regolarmente co' suoi Coadiutori. Se è possibile, la facciano in Chiesa, perché i parrocchiani ne possano avere edificazione[252].

Anche queste due citazioni testimoniano la attenzione di quegli anni alla osservanza delle pratiche di pietà e, in particolare, della meditazione quotidiana.

6. Ultimi anni

L'ultimo decennio della vita di Don Bosco è dunque «ritmato» dalla celebrazione dei primi quattro capitoli generali della congregazione.

Le preoccupazioni del fondatore, superate le difficoltà relative alla approvazione della società e migliorato, a partire dal 1883[253], il dialogo con la curia torinese, si rivolgono, come abbiamo visto, al consolidamento spirituale e morale della vita religiosa.

Al termine del 1877, nel giorno della solennità dell'Immacolata Concezione, così predicava a professi, ascritti ed aspiranti, a proposito della meditazione del mattino:

> È vero che nel mondo vi sono molti buoni cristiani — leggiamo nella *cronichetta* di Don Barberis — ma vi sono anche molti pericoli, e quante difficoltà si devono superare per fare un po' di bene!
>
> Poniamo per esempio i cristiani che fanno la meditazione, pochissimi sono nel mondo, ma cerchiamo quali dei cristiani la possono fare più bene. Qui per avventura si ha la santa usanza di fare la meditazione, ebbene se la vogliamo fare tutti insieme ci tocca solo di alzarci presto al mattino. Ci leviamo alle cinque e la facciamo tutti insieme senza che alcuno ci disturbi. Nel mondo invece farla in molti non si può; lungo la giornata non si sa qual momento prendere ché le faccende di casa incalzano da tutte parti. Non parliamo del levarsi di buonora, che da alcuni si aspettano le 7 o le 8 e perfin le dieci [...].
>
> Se facessimo anche noi questa cosa, della meditazione, che ne sarebbe? Non si parlerebbe più di meditazione![254]

Le critiche più costanti e severe della curia torinese si erano concentrate sul reclutamento e la formazione dei giovani salesiani; adesso le

---
[252] *Deliberazioni del terzo e quarto Capitolo Generale*, 7.
[253] È l'anno della morte di Monsignor Gastaldi, arcivescovo di Torino.
[254] ACS A 000.04.06, 22.

CAP. VI: IL CONSOLIDAMENTO DELLA FONDAZIONE 383

attenzioni di Don Bosco sembrano concentrarsi proprio in questa direzione. Osserva Don Desramaut: «A partir de 1878, avec l'explosion de sa petite société, il semble que Don Bosco ait dû au moins partiellement reconnaître le bien-fondé de ces remarques. Ses interventions en chapitre en 1878, 1880 et 1883 ne laissent que peu de doutes à ce sujet»[255].

Anche alcuni lunghi *sogni* di Don Bosco, raccontati *ad ammaestramento della Pia Società Salesiana* rivelano questa preoccupazione formativa[256].

Gli anni dopo 1884, poi, sono gli anni del declino fisico.

A partire probabilmente dal gennaio di quell'anno[257] Don Bosco inizia a scrivere alcuni appunti su di un quaderno, sulla cui copertina scrive *Memorie dal 1841 al 1884-5-6 pel Sac. Gio Bosco a' suoi figliuoli salesiani*, ma il cui contenuto è più noto ai figli di Don Bosco con il nome di *Testamento Spirituale*; le ultime pagine scritte da Don Bosco su questo quaderno saranno del 24 dicembre del 1887, dunque poco più di un mese prima della sua morte.

Nella prima parte del quaderno Don Bosco appunta alcuni ricordi dei suoi primi anni di vita sacerdotale, alcune indicazioni per i suoi, le risoluzioni prese: «ogni giorno darò qualche tempo alla meditazione, alla lettura spirituale». «Farò almeno un quarto d'ora di preparazione ed altro quarto d'ora di ringraziamento alla S. Messa». «Procurerò di recitare divotamente il Breviario e recitarlo preferibilmente in chiesa affinché serva come visita al SS. Sacramento»[258].

Dopo queste prime pagine, inizia il vero e proprio *testamento spirituale*, con le indicazioni per i benefattori, le raccomandazioni per il *dopo-morte*, quelle per la pastorale delle vocazioni, per le comunità, per le Figlie di Maria Ausiliatrice, le richieste di suffragio; infine una *professione di fede*, una esortazione alla povertà, al sacrificio e allo zelo apostolico, una richiesta di perdono. «Dimando a Dio umilmente perdono di tutti i miei peccati [...] — scrive Don Bosco probabilmente verso la fine del 1886 —. Debbo però scusarmi se taluno osservò che più volte feci troppo breve preparamento o troppo breve ringraziamento

---

[255] F. DESRAMAUT, *Don Bosco en son temps*, 1203.
[256] Cf. MB XV, 183. Del settembre del 1881 è il cosiddetto *sogno dei dieci diamanti*, raccontato da Don Eugenio Ceria nel quindicesimo volume delle *Memorie Biografiche* (MB XV, 183-187).
[257] La datazione è tratta da F. MOTTO, ed., *Memorie dal 1841 al 1884-5-6 pel Sac. Gio Bosco*, 10-11. Si tratta della edizione critica di questo quadernetto di Don Bosco, il cui originale si trova in ACS A 227.03.08.
[258] Cf. ACS A 227.03.08, 6.

alla S.ta Messa. Io era in certo modo a ciò costretto per la folla di persone che interrompevami in sacristia e mi toglievano la possibilità di pregare sia prima sia dopo la Santa Messa»[259]. «La nostra congregazione — dice poco più avanti — ha davanti un lieto avvenire preparato dalla divina provvidenza, e la sua gloria sarà duratura fino a tanto che si osserveranno le nostre regole»[260].

Un ricordo personale del Beato Don Filippo Rinaldi, che nel 1879 aveva fatto parte del primo gruppo di ascritti della prima vera casa di noviziato a San Benigno Canavese e che, direttore a Torino dal 1883, aveva vissuto, durante gli ultimi anni della vita di Don Bosco, una vera prossimità spirituale con il fondatore[261], conclude questa parte del nostro studio.

Divenuto nel 1922 Rettor Maggiore della congregazione salesiana scrisse, una decina di anni più tardi, una circolare riservata[262], indirizzata a tutti i maestri di noviziato, che inizia proprio con le parole *Cari Maestri degli Ascritti...*

Obiettivo principale della lettera è quello di offrire ai maestri due differenti *metodi* per la scansione dei contenuti e qualche indicazione sui necessari scrutini da distribuire durante l'anno di noviziato.

Tra l'esposizione del primo e del secondo metodo Don Rinaldi inserisce una *caldissima raccomandazione*. Si tratta di cinque pagine, tutte dedicate alla importanza di imparare a far bene la *meditazione* durante il periodo del noviziato; gli argomenti sono presi dalla S. Scrittura, ma soprattutto dalla esperienza personale del fondatore.

> È necessaria la preghiera e lo spirito di unione con Dio — afferma ad un certo punto Don Rinaldi —: dobbiamo pregare e meditare molto; dobbiamo far pregare i novizi ed insegnare loro per tempo a meditare bene [...]. Sia perciò vostra prima grande preoccupazione, al principio del noviziato, quella di insegnare a meditare, ben persuasi che solo quando avranno cominciato a prendere gusto per la meditazione i novizi potranno iniziare veri progressi nella via spirituale[263].

Ai maestri di noviziato, per confermare l'immensa stima che «il nostro caro Padre» aveva della meditazione come elemento di formazione

---

[259] ACS A 227.03.08, 268-269.
[260] ACS A 227.03.08, 271.
[261] Cf. E. VALENTINI – A. RODINÒ, *Dizionario biografico dei salesiani*, 238.
[262] Nella premessa si dice infatti: «Si ricordi che questo lavoro non si deve dare in mano ai Novizi, perché è esclusivamente riservato ai Maestri» (ACS A 384.01.15, 2).
[263] ACS A 384.01.15, 7.

e di perfezionamento nella vita spirituale confida con paterna libertà un suo ricordo personale di un incontro con Don Bosco, ormai prossimo al tramonto.

> Volete ancora un'altra conferma dell'immensa stima che il nostro caro Padre faceva della meditazione — scrive — come elemento di formazione e di perfezionamento nella vita spirituale? La scelgo fra mille, rievocando un ricordo personale, che io voglio confidare con paterna libertà. Recatomi a far visita al caro Padre nell'ultimo anno, anzi negli ultimi mesi della sua vita e desideroso di fare, ancora una volta, da lui, la mia confessione, lo pregai a volermi ascoltare. Sapevo bene che era stata fatta proibizione a tutti di recarsi da Don Bosco per le confessioni; ma io pensai che non avrei trasgredito l'ordine, regolandomi come ora vi dirò. — Ella non deve stancarsi, — dissi a Don Bosco, — non deve parlare: parlerò io; lei poi mi dirà una sola parola. — Notate la mia preghiera, una sola parola. Il buon Padre, dopo che mi ebbe ascoltato, mi rivolse proprio una parola, una sola parola: e sapete quale? *Meditazione!* [...]. Non aggiunse proprio nulla, nessuna spiegazione o commento. Una sola parola: Meditazione! Ma quella parola per me valeva più di un lungo discorso. E dopo tanti anni mi pare ancora di vedere il Padre in quell'atteggiamento di santo e tranquillo abbandono e di sentirlo a ripetere: *Meditazione!* [264].

---

[264] ACS A 384.01.15, 9.

CAPITOLO VII

L'orazione mentale nell'esperienza religiosa di Don Bosco. Testimonianze di contemporanei

1. Una santità vista da vicino

Questa lunga sezione analitica si conclude con un capitolo dedicato ad alcune testimonianze di contemporanei in relazione al ruolo dell'orazione mentale nell'esperienza spirituale del fondatore.

Nell'introduzione al suo volume *Don Bosco con Dio*, Don Eugenio Ceria ammonisce: «No, non s'illuda di comprendere Don Bosco chiunque non sappia quanto egli fosse uomo di preghiera; frutto ben scarso ritrarrebbe dalla sua mirabile vita, chi corresse troppo dietro ai fatti biografici, senza penetrarne a dovere i movimenti intimi e abituali»[1].

Purtroppo, però, il più delle volte questi *movimenti intimi e abituali* sono rimasti gelosamente custoditi nel segreto della sua interiorità.

Già all'inizio di questa sezione ci siamo trovati a sottolineare la *estrema indigenza di fonti* autobiografiche che ci permettano di conoscere

---

[1] E. CERIA, *Don Bosco con Dio*, [1929], 8. Ha scritto il salesiano Don Giorgio Gozzelino, che ne ha curato l'ultima riedizione (extracommerciale) nel 1988, anno centenario della morte del fondatore: «A partire dalla morte di Don Bosco, la preoccupazione dominante dei suoi figli [...] è stata quella di custodire e sviluppare fedelmente, senza deformazioni ma anche senza arresti il suo carisma. Questo prezioso compito ha dato origine ad una massa di scritti a dir poco imponente: si parla di oltre mille biografie del santo, con più di trentamila pubblicazioni divise tra opere di documentazione, studi e lavori di divulgazione. Di questo abbondantissimo materiale non tutto merita di essere ricordato. Ma ormai la tradizione salesiana possiede i propri classici: i libri che si impongono per rigore scientifico, o per finezza di intendimento; i libri che non invecchiano, perché sanno illuminare e scuotere le coscienze oggi quanto lo fecero al loro tempo. Il *Don Bosco con Dio* di Don Ceria rappresenta uno tra i migliori» (G. GOZZELINO, «Presentazione», 5).

più in profondità l'*esperienza spirituale* di Don Bosco. Egli non permette ad alcuno di *togliere il velo* dal santuario della sua vita di preghiera; non si abbandona a confidenze sulla sua vita intima, non scrive una autobiografia spirituale o un diario. Nelle sue numerosissime lettere mai dischiude il suo animo sì da permetterci di comprendere, in profondità, i «ritmi» della sua vita di orazione, i suoi *movimenti* e le sue *consolazioni spirituali*, i suoi stessi stati d'animo.

Ha scritto Padre Armando Castellani, uno dei principali biografi di San Leonardo Murialdo:

> la vita di ogni essere umano, tanto più quella di un santo, anche dopo che il suo ciclo terreno si sia chiuso, nella sua sostanza più profonda, è un fatto tutto intimo, segreto: la parte più preziosa della sua vicenda esteriore ed interiore sfugge ad ogni scandaglio, e rimane fuori d'ogni indagine postuma. Nessun tentativo di esplorazione può raggiungere con sicurezza la più interna zona della sua anima e della sua spiritualità, né cogliere e registrare con esattezza quel mistero che accompagna sempre nei gesti, nelle manifestazioni più comuni, gli amici, gli amanti di Dio[2].

Ciononostante alcuni strumenti, anche se indiretti, ci possono permettere di riconoscere o, almeno, di intravedere il mondo interiore del santo.

L'analisi dell'esperienza formativa di Don Bosco, di alcune costanti nel suo progetto di educazione dei giovani alla preghiera, di alcuni suoi scritti e biografie, della genesi e dello sviluppo dell'*esperienza fondante*, rappresentano infatti per noi un importante quadro di riferimento, che ci consente senz'altro di conoscere la sua concreta proposta di vita cristiana e religiosa, ma anche di distinguere il suo universo spirituale, la sua maniera di *giudicare* e di *sentire*.

Un altro strumento, anch'esso indiretto, per tentare di penetrare nel santuario dell'esperienza spirituale di Don Bosco è costituito dalle testimonianze dei suoi contemporanei che dicono riferimento alla sua vita di preghiera e, in particolare, dalle dichiarazioni giurate che alcuni testimoni hanno depositato presso i tribunali ecclesiastici in occasione della causa di beatificazione e canonizzazione.

Evidentemente anche queste testimonianze vanno sottoposte al vaglio della critica storica o dell'analisi psicologica. Scrive a questo proposito Don Francis Desramaut:

---

[2] A. CASTELLANI, *Il Beato Leonardo Murialdo*, I, XXVII-XXVIII.

De son temps déjà, les témoins avaient orienté en fonction de leurs propres représentations — sur le saint idéal par exemple — leurs reportages directs et surtout indirects sur lui. C'était inévitable. Il ne faut surtout pas croire que les témoins des procès de canonisation, parce que protégés par leurs serments et par l'appareil canonique, furent indemnes de ces sortes d'infirmités. Leurs apologistes inconditionnels, fréquents dans le cas don Bosco, connaissent bien mal la psycologie humaine. Dans ou sous le stuc des témoignages, il convient de remonter aux propos, aux comportements, aux sentiments et aux idées de l'acteur[3].

Pur condividendo l'istanza di fondo di questa osservazione e la necessità di un approccio meno «ingenuo» alle testimonianze dei contemporanei, ci sembra di dovere ribadire il fatto che la storia comune dei primi protagonisti dell'esperienza fondante o i loro reciproci sentimenti non rendono *ipso facto* inutilizzabili le loro affermazioni. Sarebbe infatti inaccettabile, a parer nostro, il principio secondo cui per scrivere la storia di un uomo sia necessario privilegiare le testimonianze più «oggettive» degli *estranei* (o addirittura degli *oppositori*) rispetto a quelle dei *vicini*, di coloro che lo hanno conosciuto ed amato, soltanto perché il loro interiore coinvolgimento li renderebbe di per se stesso meno *neutrali*[4]. Questo pregiudizio ci sembrerebbe ancor meno accettabile nel caso specifico in cui l'indagine abbia per oggetto la *vita intima*, realtà questa certamente meno conosciuta e compresa in profondità da frequentatori occasionali o da quanti non abbiano, con il protagonista della storia che si vuole ricostruire, una particolare *affinità* spirituale.

È per questo che, proprio nel tentativo di avvicinarci *per quanto possibile* alla esperienza spirituale del fondatore dei salesiani, non possiamo pensare che sia nostro compito prescindere dalle testimonianze della causa. La *prossimità* dei testimoni al fondatore e le reciproche influenze tra gli stessi vanno considerate, ma le loro voci costituiscono anche una preziosa, insostituibile *risorsa*; il particolare contesto delle loro dichiarazioni e lo stesso giuramento a cui sono chiamati depone, in ogni caso, a favore della loro sostanziale *buona fede*[5].

---

[3] F. DESRAMAUT, *Don Bosco en son temps*, VIII.

[4] Se ci è consentito un esempio, ci sembrerebbe una sterile forzatura il cercare di scrivere la storia della vita spirituale di un padre di famiglia rinunziando alle testimonianze della sua sposa e dei suoi figli, perché non sufficientemente *neutrali*.

[5] Così inizia, ad esempio, la testimonianza del Vescovo di Aosta, Monsignor Giovanni Tasso, ex alunno dell'oratorio: «Vengo qui a deporre perché citato d'Uffizio e sono ben lieto di poter dare questa dimostrazione di riconoscenza e di stima al Ven. D. Bosco e di rendere testimonianza alla verità e per nessun altro motivo umano.

Un criterio generale di valutazione dei dati che emergono da tali dichiarazioni ci pare possa essere determinato dalla loro *coerenza* con il quadro complessivo dell'esperienza umana e spirituale del fondatore dei salesiani, così come emerge dalla storia della sua vita, dal suo cammino di formazione, dal contenuto dei suoi scritti, dal progetto di santità proposto ai giovani e ai salesiani.

2. La causa di beatificazione e canonizzazione

Prima di accostare alcune delle dichiarazioni dei testimoni, cercheremo di abbozzare, in questo paragrafo, una rapida cronistoria del processo[6], con particolare riferimento al dibattito relativo alla vita di preghiera del santo. Ci fermeremo quindi su alcune testimonianze, raccogliendole tematicamente, e sulla definitiva *Responsio ad alias novas animadversiones*, che aprì la strada alla *Dichiarazione sulla eroicità delle virtù*, pronunciata l'8 febbraio 1927 nella seduta della Congregazione Generale dei Riti alla presenza del papa Pio XI.

Alcune delle difficoltà e delle obiezioni relative alla vita di preghiera di Don Bosco e le relative *responsiones*, rappresentarono anche, a parer nostro, un'occasione propizia per far luce su alcuni aspetti della sua vita spirituale.

2.1 *Breve cronistoria del processo*

Erano trascorse appena ventiquattr'ore dai funerali di Don Bosco, quando il 2 febbraio del 1888 il Capitolo Superiore dei Salesiani, pre-

---

Desidero ardentemente la Beatificazione del Ven. per la maggior gloria di Dio, per la propagazione della sua Comunità e pel bene della Chiesa. Nessuno mi ha edotto intorno a ciò che dovrò deporre» (FDR 2509 E 6).

[6] Oltre che degli atti del processo ci serviremo, nei paragrafi che seguono, dell'unico vero studio monografico esistente su questo tema, pubblicato da Don Pietro Stella nel 1988, studio che costituisce il terzo volume del suo *Don Bosco nella storia della religiosità cattolica*, già più volte citato. Il volume, comunque, secondo la presentazione che lo stesso autore ne fa, più che sulle testimonianze addotte al processo per dimostrare la *eroicità delle virtù* di Don Bosco, si ferma a considerare i nodi problematici, «presta attenzione ai punti chiavi del dibattito processuale; si sofferma cioè in particolare sia sulle "animadversiones" o avvertenze e obiezioni che il promotore della fede propose di vagliare, sia sulle risposte elaborate di volta in volta dagli avvocati della causa» (12). Un altro studio, di più modeste proporzioni, era stato pubblicato nel 1984 da Mons. Giovanni Papa, allora Relatore Generale delle Cause dei Santi, con il titolo *La causa di beatificazione e canonizzazione di S. Giovanni Bosco*.

CAP. VII: ORAZIONE MENTALE ED ESPERIENZA RELIGIOSA   391

sieduto da Don Michele Rua[7], prese in considerazione la possibilità di promuoverne la causa[8].

I preparativi furono così intensi che due anni e cinque mesi dopo, il 4 giugno 1890, ebbe inizio il processo ordinario diocesano[9]. La fama di santità di cui già godeva Don Bosco, la forte prevalenza del «soprannaturale» nella sua vita, accelerarono i tempi e disposero tutti alla convinzione che il processo sarebbe stato uno dei più rapidi di tutta la storia. Ma questo, forse provvidenzialmente, non avvenne[10].

La seconda fase del processo, quella *apostolica*, curata direttamente dalla Sacra Congregazione dei Riti della S. Sede, si apriva ufficialmente con il Decreto di Introduzione della causa, che fu emanato il 24 luglio del 1907.

Tra le prime *animadversiones* alla eroicità delle virtù di Don Bosco mosse dal Promotore della Fede, Monsignor Alessandro Verde e volte ad impedire l'inizio di questa seconda fase, nessuna riguarda la vita di preghiera; piuttosto si metteva in discussione, in modo più globale, la singolare personalità del santo. La replica, affidata all'allora giovane avvocato P. Carlo Salotti, fu convincente e il processo apostolico poté iniziare.

Il cammino verso la dichiarazione dell'*eroicità delle virtù* conobbe invece, nelle tappe successive, due difficoltà fondamentali, riguardanti la vita di preghiera[11].

La prima, in ordine di tempo, è relativa alla dispensa dalla recita del breviario, ottenuta da Don Bosco nel 1858; compare già nelle *animadversiones* presentate dopo la *Positio super virtutibus* del 1923. Questa

---

[7] Sarà, come abbiamo già scritto, il primo successore di Don Bosco alla guida della congregazione, fino alla sua morte avvenuta nel 1910. Il Beato Michele Rua aveva conosciuto Don Bosco nel 1845, ad appena otto anni. Sette anni dopo iniziò a vivere all'Oratorio, indossando la veste chiericale. Fu per 20 anni Prefetto Generale della Congregazione e per 22 Rettor Maggiore.

[8] Cf. G. PAPA, *La causa di beatificazione e canonizzazione di S. Giovanni Bosco*, 5.

[9] L'intero corso della causa, a parte alcune piccole novità introdotte nel 1930 quando il processo era ormai alla conclusione, seguì il tradizionale *iter*, stabilito ai tempi di Urbano VIII con il decreto *Coelestis Hierusalem Cives* del 5 luglio 1634.

[10] La causa durò infatti 44 anni, dal 4 giugno del 1890 al 1° aprile del 1934, data della canonizzazione.

[11] Le altre più importanti obiezioni furono relative ad alcune predizioni, che sembravano non essersi avverate, ai metodi usati per ottenere il denaro per le sue opere, ad una sua eventuale responsabilità morale in relazione a certi opuscoli contro l'arcivescovo di Torino Mons. Gastaldi, che da amico dell'opera salesiana si era trasformato in tenace oppositore.

difficoltà, che sarà ripresentata più volte dal Promotore della Fede, interessa solo indirettamente il nostro tema, in quanto riguarda l'orazione vocale; accenneremo, comunque, alla soluzione della controversia.

La seconda difficoltà dice invece riferimento al tempo dedicato dal Santo alla orazione mentale *formale*. «[...] ab aliquo teste dicatur quod Servus Dei non multum oraret — affermava nelle *Novae animadversiones* il Promotore della Fede — suae institutionis negotiis implicatus. Hoc autem alienum esse ab hominibus vere sanctis et multiplicibus curis oppressis neminem latet; imo sic multiplicatis istis, orationibus illi magis instabant»[12]. Riprendendo poi alcune testimonianze, tra le quali quella di Don Barberis che aveva affermato: «Nella sua vita tanto attiva non lo vedevamo a farla (la meditazione) col libro alla mano od in comune, essendone impossibilitato»[13], il Promotore conclude: «Quaeram iterum, non possit heroicus in *pietate* reputari Sacerdos, Religiosus Congregationis Conditor, de quo ex pluribus de visu testibus sibi addictissimis, constat certissime, ipsum habitualiter orationem mentalem propie dictam praetermisisse?»[14].

Gli argomenti e le testimonianze richiamate, su questo tema, dalla *Responsio ad novas animadversiones* non furono giudicate convincenti.

Si giunse così, il 26 agosto del 1926, alle *Aliae novae animadversiones*, che ripresero ancora una volta le due obiezioni sulla preghiera mentale e vocale. La successiva, definitiva[15] *responsio* aprì la strada all'ultima fase del processo.

«A differenza della procedura odierna — sottolinea Mons. Giovanni Papa — [...] quella seguita per Don Bosco, normale nel suo tempo, spicca per intensità di riunioni e per interventi di gran lunga più numerosi»[16].

Dopo una riunione antipreparatoria e due preparatorie, nelle quali una cinquantina di cardinali dovettero discutere dell'eroicità delle virtù di Don Bosco, si giunse così alla congregazione generale alla presenza

---

[12] *Nova positio super virtutibus. Novae animadversiones*, [1926], 6.
[13] *Positio super virtutibus*, [1923], 562.
[14] *Nova positio super virtutibus. Novae animadversiones*, [1926], 18.
[15] Definitive per quanto riguarda ambedue le obiezioni sulla preghiera (vocale e mentale). Ci saranno infatti ancora delle *Novissimae animadversiones* e la relativa *Responsio* prima della dichiarazione della eroicità delle virtù.
[16] G. PAPA, *La causa di beatificazione e canonizzazione di S. Giovanni Bosco*, 18.

del Santo Padre, l'8 febbraio 1927. «I 33 voti espressi, tutti *affirmative*, spianavano la via al gesto finale»[17].

Le fasi successive *super miraculis* furono senza particolari difficoltà.
Il 2 giugno 1929 Giovanni Bosco venne dichiarato Beato.
Il 1° aprile 1934 il Papa Pio XI presiedette la solenne cerimonia della canonizzazione.

2.2 Alcune testimonianze della causa

In questo paragrafo cercheremo di raccogliere in stile antologico alcune testimonianze sulla vita di preghiera e, più in particolare, sulla preghiera mentale, prese da varie fasi del processo e ordinate in base al loro contenuto. Poiché la attendibilità delle stesse è legata anche alla «qualità» dei testimoni e alla loro «prossimità» al fondatore, cercheremo di fornire su di loro, ove non fosse già stato fatto in precedenza, alcuni brevi riferimenti biografici.

2.1.1 Testimonianze sulla continua unione con Dio

Si tratta di quella che molti autori classici hanno definito *unione semplice* o anche *orazione di attenzione amorosa a Dio*[18] e che rappresenta una forma di *orazione mentale diffusa*[19]. Don Bosco stesso si era mostrato capace di riconoscere questo *dono straordinario*, come abbiamo visto, nella vita di alcuni dei protagonisti delle biografie da lui scritte.

Le testimonianze, a questo proposito, sono numerosissime.

Mons. Giovanni Cagliero, conterraneo di Don Bosco, era stato uno dei primi quattro giovani che nel 1854 aveva aderito all'idea del santo di formare la Società Salesiana. Appartenne anche al primo gruppo di discepoli che, nel dicembre del 1859, sottoscrisse la costituzione della stessa[20]; a quell'epoca Giovanni Cagliero aveva ventun'anni.

---

[17] G. PAPA, *La causa di beatificazione e canonizzazione di S. Giovanni Bosco*, 19.
[18] Cf. A. POULAIN, *Delle grazie d'orazione*, 15. 64-65. 252.
[19] Cf. G. LERCARO, *Metodi di orazione mentale*, 3.
[20] Mons. Cagliero fu il primo vescovo salesiano. Era nato a Castelnuovo d'Asti nel 1838 ed era stato accolto da Don Bosco nell'oratorio di Valdocco all'età di circa tredici anni. Fu Direttore Spirituale della congregazione ed in seguito anche dell'Istituto delle Figlie di Maria Ausiliatrice, prima di partire con la prima spedizione missionaria per la Patagonia, nel 1875. Morì nel 1926 a 88 anni. Fu Vescovo per 41 anni e Cardinale per 10.

Don Bosco lo circondò costantemente di stima e di fiducia[21] e ricevette dalle sue mani il Santo Viatico, poco tempo prima di morire[22].

Numerose le sue testimonianze sul tema della *preghiera continua* e della *unione con Dio*: «Il Ven. D. Bosco pregava sempre perché tutto ciò che faceva era diretto alla gloria di Dio e lo faceva alla sua presenza. Quindi era per lui preghiera anche il lavoro continuo, santo, incredibile, univa con ammirabile perfezione la vita contemplativa all'attiva»[23].

Era imperturbabile in mezzo al mondo — leggiamo nei documenti del processo informativo — perché si era buttato in braccio a Dio. La sua fede era così viva che egli era sempre alla presenza di Dio, e spendeva per la gloria di Dio ogni istante della sua vita. Io ricordo e ricorderò sempre l'ultima visita che [il Cardinale Alimonda] fece a Don Bosco infermo sul finire del 1887 dovendo recarsi a Roma. Fui presente a quella visita. D. Bosco raccomandò al Cardinale, tenendo in mano il suo berrettino da notte, e cogli occhi pieni di lagrime, di pregare per la salvezza dell'anima sua, e poi, accendendosi tutto il suo volto, aggiunse, come ho detto e come egli aveva già detto a me, di dire al Papa che l'opera sua era e sarebbe stata, al pari della sua vita, tutta per la difesa dell'autorità del Vicario di Gesù Cristo. L'Alimonda rimase stupito nel vederlo così tranquillo di spirito, così imperturbabile nei dolori della malattia e così pieno del pensiero di Dio, e nell'uscire si volse a me e disse: Don Bosco è sempre con Dio, è *l'unione intima con Dio*[24].

È ancora Mons. Cagliero ad affermare: «Dio era il pensiero continuo della sua mente, la fiamma del suo cuore, la meta di tutte le sue azioni, la vita della sua vita»[25]. «Era imperturbabile in mezzo al mondo perché si era buttato in braccio a Dio. La sua fede era così viva che egli era sempre alla presenza di Dio e spendeva per la gloria di Dio ogni istante della sua vita»[26].

È di Don Michele Rua, invece, questa dichiarazione riportata nella *Responsio ad novas animadversiones*:

---

[21] Le testimonianze dirette e indirette sono numerose. Don Giovanni Cassano, scrittore salesiano, che ha pubblicato nel 1935 una biografia in due volumi di Don Cagliero, lo definisce «il braccio destro di Don Bosco» e «il suo uomo di fiducia»(cf. G. CASSANO, *Il Cardinale Giovanni Cagliero*, 302).
[22] Cf. MB XVIII, 492.
[23] *Positio super virtutibus. Summarium*, [1923], 571.
[24] *Positio super virtutibus. Informatio*, [1925], 47.
[25] *Positio super virtutibus. Summarium*, [1923], 399.
[26] *Positio super virtutibus. Summarium*, [1923], 399.

Ab hoc autem consilio numquam deflexit, et toto vitae tempore Deo ita vacavit, ut Cardinalis Alimonda Ven. Bosco his verbis definire non dubitaverit: «UNIONE CON DIO». «Questa verità — testatur Rev.mus D. Rua — la dimostrava specialmente col non mai parlare di qualsiasi argomento senza introdurre il pensiero di Dio o di qualche verità di nostra santa religione; così per es. passando per le vie della città si fermava talvolta a rimirare le vetrine di rivenditori di frutta, in cui erano esposte ordinatamente tante sorta di frutta della stagione [...] le stava contemplando e poi commosso volgevasi al vicino e gli diceva: Com'è ammirabile ed amabile la Divina Provvidenza; quanti bei frutti di diverso colore, forma e sapore ci ha preparati e tutto a servizio dell'uomo! Altre volte contemplando il cielo stellato, si tratteneva discorrendo dell'immensità di Dio, facendo notare l'innumerevole quantità di astri, l'immensa loro distanza gli uni dagli altri, la straordinaria loro grandezza, facendo pur risaltare la sua onnipotenza ed infinita sapienza nell'ordine stabilito fra di essi e nella facilità della creazione, avendo bastato un solo fiat». Et iterum: «Il Servo di Dio [...] fu definito l'Unione con Dio, e tale era in realtà, giacché pareva che non potesse discorrere senza introdurre nei suoi discorsi il pensiero di Dio e l'accenno di qualche verità di religione». Similia passim tradunt ceteri testes. Nunc in Deum cogitationem suam iugiter ferre, cum Deo mente et corpore sine intermissione esse unitum, nonne idem est ac orationi mentali continuo vacare?[27].

Anche Don Giulio Barberis mise in evidenza, al processo canonico, questa caratteristica di Don Bosco:

Il venerabile viveva sempre alla presenza di Dio, e pensando a Dio presente, non cercava altro se non quello che era secondo la volontà di lui [...]. Lo vidi potrei dire centinaia di volte montando e scendendo le scale sempre in preghiera. Anche per via pregava. Soffrì per lungo tempo mal d'occhi e il medico gli aveva proibito assolutamente di leggere o scrivere a luce artificiale. Entrai moltissime volte in camera sua in quei tempi e lo trovai sempre che pregava [...]. Nei viaggi, quando non correggeva bozze, lo vedeva sempre in preghiera[28].

Don Francesco Cerruti aveva fatto parte anche lui nel 1859 del primo nucleo della *Società Salesiana*[29]. «Tra gli uomini che la Divina Provvidenza fece sorgere a fianco di Don Bosco — ha scritto Don Amedeo Rodinò — perché lo aiutasse nell'organizzare con mano ferma e sicura

---

[27] *Responsio ad novas animadversiones*, [1926], 59.
[28] *Positio super virtutibus. Summarium*, [1923], 560. 561-2.
[29] Don Francesco Cerruti (1844-1917) fu accettato giovinetto all'oratorio nel 1855. Laureato in lettere, fu uno dei primi direttori e poi Ispettore e Consigliere Generale. Per trentun anni fu Consigliere Scolastico Generale della Congregazione Salesiana.

la giovanissima Congregazione, don Cerruti primeggia con pochi altri»[30].

Al processo Don Cerruti testimoniò: «La vita di Don Bosco, fin dal primo momento che l'ho conosciuto, mi parve sempre un'unione costante con Dio. In qualunque momento lo si interrogasse anche in mezzo agli affari più aridi e distraenti, egli rispondeva come uno che fosse assorto nella meditazione»[31].

«Benché io non possa partitamente rispondere a quanto è richiesto in questo interrogatorio — dichiarò Don Secondo Marchisio, salesiano, il più giovane dei testimoni al processo informativo diocesano[32] —, ché non la finirei più di narrare piccoli fatterelli in prova di ciò, debbo con sicurezza affermare che il Venerabile sempre dimostrò un vero amore e profondo spirito di preghiera e di unione con Dio come ci era dato di assicurarci ogni qual volta lo avessimo avvicinato»[33].

Il lazzarista Giovanni Vincenzo Tasso, exallievo dell'oratorio di Torino dal 1862 al 1865[34], era divenuto poi Vescovo di Aosta nel 1908. Sui suoi rapporti con Don Bosco e con l'opera salesiana egli stesso dichiarava:

> Da Sacerdote e Missionario, durante la mia residenza a Torino, ebbi più volte occasione di vederlo, parlargli e trattare con Lui. Ho pure predicato gli Esercizi ai suoi novizi a S. Benigno Canavese, ed ai suoi giovani studenti nell'oratorio di Torino, convivendo in quei giorni insieme con Lui. Qualche volta fui anche richiesto da Lui di consiglio pel buon andamento della sua Pia Società. Avendo dimorato per circa trent'anni a Torino ebbi molte occasioni di sentire parlare di Lui e delle sue opere, sia da ecclesiastici sia da secolari [...].
>
> Ho sempre avuto grande venerazione pel Servo di Dio fin da ragazzo quando entrai nel suo Oratorio, venerazione che andò sempre crescendo non solo nei tre anni che sono rimasto all'Oratorio, ma anche in seguito per

---

30 E. VALENTINI – A. RODINÒ, *Dizionario biografico dei salesiani*, 82.

31 *Positio super virtutibus. Summarium*, [1923], 551.

32 Anch'egli nativo di Castelnuovo d'Asti, Don Secondo Marchisio aveva conosciuto Don Bosco nel 1873 e con lui era rimasto continuativamente per tredici anni. Alla morte del fondatore raccolse, nelle terre che circondano i *Becchi*, contrada dove era nato Don Bosco, notizie, ricordi e aneddoti sugli anni giovanili che poi furono utilizzati da Don Lemoyne per le *Memorie Biografiche* (cf. MB XVIII, 579).

33 *Positio super virtutibus. Summarium*, [1923], 546.

34 Cf. FDR 2509 E 6-7. Per queste notizie e le citazioni successive si farà riferimento direttamente alle microschede relative alla dichiarazione originale di Mons. Tasso al processo apostolico, depositata dal 22 novembre 1916 al 27 febbraio 1917 presso il tribunale ecclesiastico di Torino.

la maggiore conoscenza che andò formandosi in me delle sue virtù e delle sue opere[35].

Due stralci della sua lunga testimonianza al processo apostolico ci riportano al tema della unione con Dio:

> È sempre stata mia continua convinzione — depose Monsignor Tasso — che le tutte e sì grandi opere iniziate e compiute dal Ven. Servo di Dio, in mezzo a tante difficoltà, abbiano avuto per radice e sorgente feconda la sua fede [...]. Bastava trattenersi un poco con Lui per subito accorgersi che era veramente un vero *homo Dei*; e la fede e il soprannaturale traspariva da ogni sua parola e da tutta la sua persona. Questo l'ho provato per esperienza personale.
> Dai sentimenti che il Ven. manifestava non solo nelle prediche ma anche nei discorsi privati, si vedeva che considerava e meditava continuamente i grandi misteri della Fede[36].

Ancora più esplicita la dichiarazione depositata poco tempo dopo:

> Il Ven. ardeva sempre della più grande carità verso Dio, ed io sono persuaso che viveva in continua unione con Dio. Ricordo che tra noi ragazzi c'era questa persuasione che il Ven. parlasse direttamente col Signore, specialmente quando ci aveva da dar consigli riguardo al nostro avvenire.
> Lo si vedeva, prima di rispondere a qualunque cosa, riflettere qualche poco, alzare gli occhi al cielo come per ricevere da Dio quello che doveva dirci[37].

2.2.1 L'orazione mentale formale

Si tratta, secondo la definizione di Mons. Giacomo Lercaro, di «quel particolare esercizio della vita spirituale, con cui quotidianamente o con regolare frequenza consacriamo, con esclusione di ogni altra occupazione, un determinato spazio di tempo ad intrattenerci con Dio, senza l'uso di formule verbali prefisse»[38]. La sua espressione più comune, come sappiamo, è la *meditazione*, detta anche, nel contesto spirituale dell'ottocento, *orazione mentale*.

Così testimoniò Don Gioachino Berto, che, lo ricordiamo, per oltre vent'anni era stato segretario di Don Bosco:

---

[35] FdR 2509 E 7.
[36] FdR 2510 B 5-6.
[37] FdR 2510 C 1.
[38] G. LERCARO, *Metodi di orazione mentale*, 3.

Il Venerabile aveva una perfetta unione di spirito con Dio [...] e ne dava prova luminosa con l'orazione mentale e vocale di ogni giorno. A riguardo della sua orazione mentale ricordo che dopo la Messa molte volte io stesso gli portai il libro *Regula Cleri* di cui si serviva per la sua meditazione quotidiana[39]. Quando poi non poteva più reggere alla lettura da sé, si faceva leggere da altri i punti della meditazione[40].

Testimoniò ancora Don Francesco Cerruti:

Quando e il mal di capo ed il petto affranto e gli occhi che più non gli servivano, non gli permettevano più affatto di occuparsi, era pur doloroso e confortante spettacolo, vederlo passar le lunghe ore seduto sul suo povero sofà, in luogo talvolta semi-oscuro, che i suoi occhi non pativano il lume, pur sempre tranquillo e sorridente, con la sua corona in mano, le labbra che articolavano giaculatorie e le mani che si alzavano di tratto in tratto, a manifestare nel loro muto linguaggio, quella piena ed intera uniformità alla volontà di Dio, che per troppa stanchezza, non poteva più esternare con le parole. Quanto a me, che ora depongo, sono intimamente persuaso, e l'ho sentito da altri, che lo conobbero da vicino, che la sua vita negli ultimi anni soprattutto, fu una continua preghiera a Dio. Tanto è vero, che, entrato in sua camera, per vederlo e parlargli, lo trovavamo come uno che attende alla più raccolta meditazione, pur senza averne l'esteriore, ché il suo volto era sempre lieto, sereno e tranquillo, come erano di pace, di carità, di fede le parole che gli uscivano dalla bocca[41].

«Quanto alla preghiera mentale — dichiarò Don Giovan Battista Lemoyne— si può dire essere stata una pratica connaturale in lui. Le molte meditazioni scritte nei suoi libretti ne fanno fede»[42].

Anche il tempo che precede e segue la celebrazione eucaristica e il tempo della *visita al SS. Sacramento* sono spazi da lui privilegiati per l'orazione mentale. «Il ringraziamento della Messa — testimoniò Don Michele Rua — durava ordinariamente mezz'ora». «Nei viaggi o visite alle sue case, per quanto poteva la prima visita era per Gesù Sacramen-

---

[39] Si tratta, probabilmente, del testo di Simon Salamo di cui abbiamo reperito una edizione del 1762: *Regula Cleri ex sacris literis, sanctorum patrum monimentis, ecclesiasticisque sanctionibus excerpta. studio, et opera simonis salamo, et melchioris gelabert, presb. doctorum, et Missionariorum Dioecesis Elnensis, Editio prima Taurinensis juxta tertiam Avenionensem, Ab ipsismet Auctoribus post primam, cui titulus erat: Compendiosa Regula Cleri, recognita, emendata, aucta, et in aptiorem methodum redacta* edito a Torino nel 1762.
[40] *Responsio ad novas animadversiones*, [1926], 60.
[41] *Positio super introductione causae. Summarium*, [1923], 495-496.
[42] *Positio super virtutibus. Summarium*, [1923], 568.

tato, andandovi anche nei giorni seguenti, e restandovi con tutta devozione ed edificazione di chi l'accompagnava»[43].

«Il Ven. celebrava la S. Messa con divozione interna ed esterna — è il Servo di Dio Giuseppe Allamano, nipote di San Giuseppe Cafasso a testimoniarlo — con edificazione degli astanti, e lo ammirai abitualmente inginocchiato a fare lunga preparazione e ringraziamento»[44].

Il canonico Giovanni Battista Anfossi[45] dichiarò:

> Da quanto io ho potuto osservare il Servo di Dio nel mattino teneva sempre un atteggiamento raccolto e così elevato che non s'avvedeva neppure delle persone che gli si avvicinavano. Non rivolgeva saluto e, sebbene io non possa dichiarare di averlo veduto genuflesso intento alla meditazione, sono però intimamente persuaso che il Servo di Dio nel mattino, prima di discendere alla celebrazione della Messa, nutrisse la sua mente di pensieri santi. Un segno si aveva di questo stato dell'animo suo intento interamente a pensieri celesti, che, uscito dalla camera, ripeteva tra se stesso delle preghiere e, giunto in sacrestia non s'intratteneva con persona alcuna, ma dopo una preghiera che genuflesso recitava immobile, o attendeva alle confessioni dei giovanetti [...] o si disponeva alla celebrazione della Messa[46].

Il teologo Felice Reviglio era stato frequentatore assiduo dell'oratorio di S. Francesco di Sales sin dai tempi del suo primo insediamento[47]. Al processo informativo diocesano testimoniò: «lo si vedeva pregare con tale raccoglimento e in posizione così divota, che Monsignor Bertagna ebbe a dirmi che *aveva dell'Angelico*. Le già accennate poi opere erano tante emanazioni del suo amore a Dio»[48].

---

[43] *Positio super virtutibus. Summarium*, [1923], 332.333.
[44] *Positio super virtutibus. Summarium*, [1923], 421.
[45] Canonico onorario della Collegiata di Torino negli anni del processo informativo, Don Giovanni Battista Anfossi era stato anch'egli uno dei primi «congregati» del 1859. Entrato poi a far parte del clero diocesano, conservò per Don Bosco una filiale devozione sino alla morte del santo. Insieme ad altri sacerdoti diocesani Giovanni Battista Anfossi dichiarò, in relazione ai dissapori che erano nati con l'arcivescovo di Torino Mons. Gastaldi, che Don Bosco aveva dato prove continue di buona volontà, di prudenza, di rispetto (cf. P. STELLA, *Don Bosco nella storia*, III, 87).
[46] *Positio super virtutibus. Summarium*, [1923], 547-548.
[47] Sacerdote secolare, curato della Chiesa di S. Agostino a Torino ai tempi del processo informativo. Padre Felice Reviglio conobbe Don Bosco nel 1847 all'età di sedici anni e fu convittore della *casa annessa* all'oratorio. Godette poi «per tutta la vita l'intimità del Servo di Dio» (MB XVIII, 573).
[48] *Positio super introductione causae. Summarium*, [1907], 488. Monsignor Giovanni Battista Bertagna (1828-1905), cui fa riferimento la testimonianza del Reviglio, fu il successore del Cafasso come docente di morale al Convitto Ecclesiastico Dioce-

Don Bosco raccomandava ai suoi la meditazione: «Riguardo all'orazione mentale — depose Don Giovan Battista Francesia, anche lui, come Cagliero e Rua, salesiano *della prima ora*[49] — egli la raccomandava a tutti i suoi e quando negli ultimi tempi potè essere esonerato dagli affari della Congregazione, ogni sera si faceva leggere libri spirituali per fare la meditazione»[50]. «Raccomandava molto ai suoi dipendenti — dichiarò anche Don Michele Rua — l'uso della meditazione, della lettura spirituale, della Visita al Sacramento»[51]. Depose Don Luigi Piscetta[52]:

> Posso attestare, e di mia scienza propria e per averlo inteso dire che il Venerabile inculcava la meditazione dei misteri cristiani e specialmente dell'Infanzia di Gesù, della sua Passione, dell'Eucarestia. Di questi misteri l'intesi più volte a parlare, e me ne rimase questa impressione; che tali misteri fossero abitualmente presenti alla sua mente e che l'anima di lui ne fosse penetrata[53].

2.2.3 Le giaculatorie

Nonostante le giaculatorie siano, in senso stretto, preghiere vocali, esse, come abbiamo già detto, rivelano l'*habitus* dell'orazione mentale.

---

sano di Torino, fin dal 1860. Nel 1876 venne esonerato da questo compito da Monsignor Gastaldi, che non condivideva le posizioni del Convitto nel campo della teologia morale e che due anni più tardi lo avrebbe chiuso. Mons. Bertagna «emigrò» allora nella diocesi di Asti. Nel 1884, un anno dopo la nomina del nuovo Arcivescovo di Torino Mons. Gaetano Alimonda, ritornò a Torino dove fu nominato Vescovo ausiliare e riprese il suo posto al Convitto Ecclesiastico che due anni prima era stato riaperto dal canonico Allamano, nipote del Cafasso. Giovanni Battista Bertagna, compaesano di Don Bosco, aveva collaborato con lui da chierico insegnando catechismo a Valdocco; sarà lui a presiedere il funerale del santo, il 2 febbraio del 1888. Per altre notizie si veda VALENTINI, *Mons. Gastaldi e Mons. G.B. Bertagna*, 27-43; 44-107.

[49] Giovan Battista Francesia (1838-1930) conobbe Don Bosco nel 1850. Anche lui fece parte della «assemblea costituente» del 1859. Fu Direttore Spirituale della *Società Salesiana*, ispettore e Consigliere Generale, oltre che letterato e fecondissimo scrittore. Tra i suoi allievi si conta anche Domenico Savio. Godette di una vera familiarità con Don Bosco per cui nutrì un profondo attaccamento. Per altre notizie biografiche si veda E. VALENTINI - A. RODINÒ, *Dizionario biografico dei salesiani*, 128-130.

[50] *Positio super virtutibus. Summarium*, [1923], 543.

[51] *Positio super virtutibus. Summarium*, [1923], 537.

[52] Teologo e moralista, Don Luigi Piscetta (1858-1925), formatosi alla scuola di mons. Bertagna, discepolo di San Giuseppe Cafasso, dopo la morte di Don Bosco fu direttore del chiericato di Valsalice e membro del Consiglio Superiore (cf. E. VALENTINI - A. RODINÒ, *Dizionario biografico dei salesiani*, 223).

[53] *Positio super virtutibus. Summarium*, [1923], 366.

Parecchie testimonianze si riferiscono a questa abitudine di Don Bosco. Ne esaminiamo soltanto alcune:

> La meditazione delle verità eterne — testimonia Mons. Cagliero — era a lui abituale e soventi volte usciva in ardenti sospiri ed infuocate giaculatorie. Noi che l'udivamo e partecipavamo del suo ambiente divoto e fervente ci sentivamo allora scaldarci d'insolito amore per Dio ed anche per Lui che ci amava tanto nel Signore. Di qui si può capire quale fosse la sua unione con Dio, quando attendeva direttamente alla preghiera, celebrando la Santa Messa, recitando il Divino Ufficio od altre preghiere[54].

«L'uso delle giaculatorie — dichiarò Don Francesco Cerruti — era in lui frequentissimo. Dio sia benedetto! ... Tutto per amor di Dio! ... erano invocazioni che uscivano frequentemente dalle sue labbra, dette sempre senza ombra di affettazione e con la più profonda convinzione di un vero credente»[55]. «Molte volte nell'età avanzata — testimoniò ancora Don Giulio Barberis — non potendo più recarsi in Chiesa, lo vidi rivolgere lo sguardo verso di essa e prorompere in fervorose giaculatorie»[56].

Don Francesco Dalmazzo nel 1859 era stato accolto all'oratorio di Valdocco, divenendo poi direttore del collegio di Valsalice, successivamente del Sacro Cuore di Roma e della nuova fondazione di Londra e, infine, Procuratore Generale della *Pia Società Salesiana*. Al processo informativo diocesano dichiarò:

> Aveva poi il Servo di Dio il cuore così pieno d'amore verso il Signore che il suo pensiero, la sua parola erano sempre a lui rivolti. E che così fosse, lo si poteva di leggieri arguire, dal vedere come ogni sua azione fosse unicamente diretta alla gloria di Dio ed alla salute delle anime, al sentire con quanto ardore egli parlasse di Dio, ed alle frequenti giaculatorie e ai sospiri che verso il cielo mandava[57].

2.2.4 Il dono delle lacrime

Abbiamo voluto aggiungere a questa rassegna di testimonianze un paragrafo dedicato al dono delle lacrime ed uno, più generale, che ri-

---

[54] *Positio super virtutibus. Summarium*, [1923], 571.
[55] *Responsio ad novas animadversiones*, [1926], 62.
[56] *Responsio ad novas animadversiones*, [1926], 61.
[57] *Positio super introductione causae*, [1907], 480. Don Francesco Dalmazzo non testimoniò poi durante le successive fasi del processo, perché ferito a morte da uno sconsiderato nel 1895 a Catanzaro, dove era andato a dirigere il seminario della diocesi (cf. E. VALENTINI - A. RODINÒ, *Dizionario biografico dei salesiani*, 104).

guarda alcune altre manifestazioni della *vita mistica*, in particolare quelle legate alla celebrazione dei santi misteri.

Ha scritto Padre Agostino Poulain[58]: «Si dice che qualcuno ha il dono delle lacrime, quando certi pensieri devoti lo fanno piangere spesso e abbondantemente; ed inoltre non si può attribuire questa facoltà che all'azione divina»[59]. «La restrizione che termina la definizione — aggiunge l'autore — è importante. Le lacrime possono venire anche da altre cause [...]. Molto spesso esse possono essere effetto o di una natura troppo sensibile [...] oppure di uno stato nevropatico. Nello stato attuale della scienza è difficile determinare la parte che può avervi il temperamento»[60].

Possiamo affermare con certezza che Don Bosco ebbe il *dono mistico* delle lacrime? Esaminiamo alcune testimonianze della causa, per poi commentarle brevemente.

«Per quanto riguarda la fede — testimoniò Don Carlo Viglietti, segretario di Don Bosco negli ultimi anni della sua vita — è noto con quale fervore e trasporto egli celebrasse la S. Messa. Celebrando nella Chiesa di Maria Ausiliatrice o altrove, negli ultimi anni di sua vita, era cosa ordinaria il vederlo con ambe le mani appoggiate all'altare piangendo dirottamente»[61].

«Nonnunquam — si legge nella *Informatio* del 1925 — in exstasim raptus inter sacra apparuit; alias conspectus est «spargere lagrime da restarne bagnato il corporale» ut refert Testis Rua qui loquitur etiam «di una specie di santo tremore da cui veniva sorpreso nel momento solenne della Consacrazione»». E più avanti: «Tanta erat illius devotio in Iesu Christi passionem ut ad lacrymas commoveretur cum de ea sermonem haberet»[62].

«Nei viaggi specialmente lo vidi — confermò ancora Don Barberis — moltissime volte alzar lo sguardo al cielo, fare sospiri, e sapeva prendere continua occasione da ogni piccola cosa per magnificare ora la sapienza, ora la potenza o bontà di Dio. Lo vidi anche a piangere di

---

[58] Si tratta del gesuita Agustin François Poulain (1836-1919) che abbiamo già citato in una precedente nota. Il suo trattato di teologia mistica *Delle grazie d'orazione* conobbe nove edizioni durante la sua vita. Per queste ed altre notizie biografiche si veda la voce curata da H. DE GENSAC, «Poulain (Augustin - François)», 2025-2027.
[59] A. POULAIN, *Delle grazie d'orazione*, 402.
[60] A. POULAIN, *Delle grazie d'orazione*, 402.
[61] *Positio super fama sanctitatis*, [1915], 101.
[62] *Positio super virtutibus. Informatio*, [1923], 48. 51.

emozione, parlando della bontà del Signore verso di noi»63. E Don Rua: «A Maria ricorreva [...] nelle sue necessità spirituali e temporali [...] ben sovente accadeva che parlando di lei si commovesse fino alle lagrime, eccitando generale commozione nei suoi uditori»64.

Nonostante la ritrosia da lui talvolta espressa nei confronti di ogni manifestazione «visibile» della vita intima, Don Bosco fu dunque visto più volte dai suoi nell'atto di versare abbondanti lacrime, in particolare in occasione della celebrazione eucaristica. Questo è dunque il *fatto*; tentiamo, adesso, di darne una *interpretazione*.

Ha scritto Don Pietro Stella:

> Gesù domina la vita spirituale di Don Bosco [...]. Trattando con lui negli anni della vecchiaia, in cui non riesce più a controllarsi pienamente, Don Bosco tradisce il proprio affetto e le sue Messe sono bagnate di lacrime e interrotte da quei singhiozzi che non aveva approvato in Comollo. Nella difficoltà di muoversi nei suoi ultimi anni trascorreva lunghe ore nelle sue camerette, mentre i suoi salesiani erano occupati con i giovani. In quegli anni avvennero anche quei fenomeni di levitazione e irradiazione del volto che furono testimoniati dal giovane che serviva la Messa e che poi fu salesiano e missionario65.

L'autore, dunque, pur non facendo alcun cenno ad una interpretazione mistica dei numerosi pianti di Don Bosco, si mostra, qui e altrove66 disponibile a interpretare come *straordinari* alcuni episodi della vita di Don Bosco e, in particolare, alcune *levitazioni* avvenute, probabilmente, intorno al 187867.

Di natura del tutto differente sembrano essere i criteri di interpretazione dello storico salesiano Don Francis Desramaut quando, invocando la scienza medica, scrive:

---

63 *Positio super introductione causae. Summarium*, [1907], 500.
64 *Positio super virtutibus. Informatio*, [1927], 53.
65 P. STELLA, *Don Bosco nella storia*, II, 107. Il salesiano di cui parla Don Stella è Don Evasio Garrone (1860-1911), entrato diciottenne all'oratorio di Valdocco. Ricevuto l'abito talare nel 1885 per mano dello stesso Don Bosco, partì per la Patagonia come missionario e lavorò come un vero e proprio medico nell'ospedale salesiano di Viedma; per questo ricevette successivamente dal governo la laurea *honoris causa*. Don Garrone testimoniò di avere assistito per tre volte a queste estasi di Don Bosco durante la celebrazione eucaristica (cf. E. VALENTINI – A. RODINÒ, *Dizionario biografico dei salesiani*, 136; MB XIII, 897).
66 Si veda, in particolare, il capitolo XV del secondo volume dell'opera *Don Bosco nella storia della religiosità cattolica*, dal titolo *I fatti straordinari* (pp. 475-500).
67 Cf. MB XIII, 897.

Il ne refrénait plus ses larmes [...]. Le phénomène est connu des gérontologues. «Le veillard a généralement des réactions émotionnelles intenses, disproportionnées avec la situation qui les déclenche». Quand son cortex cérébral est atteint, ses crises de rire et de pleurs peuvent même être violentes et incoercibles. Ne trasformons donc pas trop vite les signes pathologiques de la débilité d'un vieillard en manifestations d'origine mystique (don des larmes), comme une piété filiale pourrait être tentée de le faire[68].

Opinione, quella del Desramaut, diametralmente contraria a quella espressa dallo psicologo Giacomo Dacquino, autore del volume *La psicologia di Don Bosco*, che in questo studio afferma invece:

Molti testimoni ricordarono le sue lacrime quando, ormai anziano, celebrò la prima messa a Roma, nella chiesa del Sacro Cuore. Del resto negli ultimi anni della vecchiaia, le messe di Don Bosco furono bagnate di lacrime e interrotte da singhiozzi.

Queste sue lacrime non devono essere scambiate per un sintomo di involuzione senile, tantomeno per segni di debolezza. L'adulto evita infatti di piangere poiché identifica il pianto come espressione di fragilità, di femminilità o di infantilismo. Ma chi non riesce a lasciarsi andare al pianto, cioè al dolore, non è capace di abbandonarsi al sorriso, cioè alla serenità. Del resto sia il piangere che il ridere hanno la funzione di scaricare la tensione[69].

L'interpretazione del dottore Dacquino, che non travalica l'ambito delle sue specifiche competenze, non fa cenno a manifestazioni mistiche; egli esclude però decisamente sia la *involuzione senile* che la *debolezza*, la fragilità psicologica.

La nostra personale opinione prende le mosse dal giudizio del Dacquino, che condividiamo sostanzialmente, anche in considerazione del fatto che non tutte le manifestazioni di pianto sono da collocarsi negli ultimi anni della vita di Don Bosco; ci sembrerebbe pertanto del tutto fuori luogo parlare di *corteccia celebrale indebolita* per episodi che si collocano nel periodo giovanile o della maturità[70].

---

68 F. DESRAMAUT, *Don Bosco en son temps*, 1308.
69 G. DACQUINO, *La psicologia di Don Bosco*, 303-304.
70 Racconta, ad esempio, Don Francesco Giacomelli, in relazione agli anni 1849-1851 in cui aveva vissuto all'oratorio di Valdocco: «Se qualcheduno avesse commesso qualche grave mancanza se ne rattristava quanto non avrebbe fatto per qualsiasi disgrazia succedutagli, e tutto addolorato diceva ai colpevoli: – E perché tratti così male Iddio il quale ci vuole tanto bene?– E talora lo vidi piangere» (MB III, 587). Qui, come altrove, la vera origine di questo pianto appare la profonda carità verso Dio che animava la vita di Don Bosco.

Pur affermando la probabilità di essere, almeno in alcuni casi, di fronte ad un *dono mistico*, legato, come altri nella vita di Don Bosco, direttamente ad una iniziativa divina, riteniamo possibile anche il fatto che queste lacrime siano, negli altri casi, l'*espressione sensibile* di quella *carità verso Dio*, che animò la vita spirituale e l'azione apostolica del santo e che continuò a crescere con il passare degli anni.

Manifestazioni di intima commozione accompagnarono, probabilmente senza soluzione di continuità, l'esperienza religiosa e apostolica di Don Bosco. È Don Rua, ad esempio, che testimonia, a proposito di un corso di esercizi spirituali predicati nel 1850: «(Don Bosco) predicava e infiammava le sue narrazioni con tanto affetto per la salute delle anime, che un giorno si commosse al punto di scoppiare in forti singhiozzi»[71].

2.2.5 Altri segni esterni e atteggiamenti del corpo

Alcune testimonianze fanno riferimento ad altri «segni» caratteristici di una particolare intimità con Dio, in particolare durante la celebrazione dei sacri misteri.

Il coadiutore salesiano Pietro Enria[72], accolto da Don Bosco insieme al fratello nel 1854 all'età di tredici anni dopo essere rimasto senza genitori, fu infermiere del santo in diverse occasioni ed anche durante la sua ultima malattia. Nella fase «istruttoria» del processo dichiarò:

> D. Bosco pregava, al vederlo pregare pareva un santo, un serafino; nulla di affettato nel suo atteggiamento, in ginocchio stava ritto sulla persona colle mani giunte, colla testa leggermente china, aveva un'aria sorridente. Chi gli stava vicino non poteva fare a meno di pregare anche lui bene. Son vissuto con lui quasi 25 anni, e l'ho sempre veduto a pregare così anche nelle sue malattie. Quando poi diceva la Messa, pareva un santo. Aveva un contegno dignitoso, senza affettazione, pronunziava bene e chiare le parole; all'elevazione poi si vedeva Don Bosco in tutta la sua santità. Con che fede adorava Gesù Sacramentato! Alle volte il suo volto cambiava colore, tant'era l'amore che portava a Gesù. Io credo che in quei momenti sublimi il cuore

---

[71] MB IV, 117.

[72] Pietro Enria era nato a San Benigno Canavese il 20 giugno del 1841. Perduti i genitori nella epidemia di colera del 1854, fu accolto all'oratorio, dove rimase come aiutante, emettendo poi la sua professione religiosa soltanto nel 1878. All'oratorio esercitò diversi *mestieri*, ma Don Bosco lo volle sempre accanto a sé durante le sue più gravi malattie (cf. E. VALENTINI – A. RODINÒ, *Dizionario biografico dei salesiani*, 116).

di Don Bosco fosse così unito al Cuore di Gesù da formarne uno solo. Si preparava per la Messa e dopo faceva il ringraziamento, e non voleva essere disturbato[73].

Raccontando l'episodio su accennato della *levitazione*, Mons Giovanni Cagliero così si espresse:

Il Sacerdote D. Evasio Garrone missionario nella Patagonia, mi raccontò che quando era chierico ed assistente nell'infermeria di Torino, un dì, servendo la Messa al Servo di Dio, dopo l'elevazione lo vide alzarsi di un palmo sopra la predella, con suo grande stupore. Finita la Messa il Garrone si rivolse a Don Bosco, domandandogli dove egli si trovava dopo l'elevazione. E D. Bosco divenne rosso in faccia e non diede risposta[74].

Lo stesso Don Cagliero alcuni anni più tardi testimonierà:

Di ritorno dall'America, trovai il Servo di Dio più sensibile e più ardente nella sua carità, più unito a Dio, e maggiormente ripieno di spirituale bontà; vidi anzi, se l'amore figliale non m'inganna, la sua veneranda canizie circondata da una specie di celeste aureola e di angelico aspetto, ed in qualche modo quasi già glorificata per la sua vita, spesa tutta nel sacrificio di se stesso per la gloria di Dio e per la salvezza delle anime[75].

In riferimento all'ultimo periodo della sua esistenza terrena Don Francesco Dalmazzo aveva dichiarato: «Malgrado l'età avanzata, ed i mali da cui era travagliato, e specialmente per la gonfiezza straordinaria delle gambe stentava a inginocchiarsi, pure si prostrava sino a terra per adorare il Sacramento»[76].

Oltre a queste testimonianze sulla vita di preghiera ve ne sono molte altre che riguardano differenti manifestazioni della vita mistica come i *sogni* e le *visioni*. Ma su questo terreno delicato e non privo di controversie non intendiamo entrare, perché esula dal nostro studio[77].

2.3 *Le «Aliae novae animadversiones» e le definitive «Responsiones»*

Il 4 luglio del 1922 erano stati riconosciuti validi i processi attinenti la beatificazione di Don Bosco. Iniziava così una nuova fase dello stes-

---

[73] *Positio super introductione causae. Informatio*, [1907], 83-84.
[74] *Positio super introductione causae. Informatio*, [1907], 411.
[75] *Positio super virtutibus. Summarium*, [1923], 320.
[76] *Positio super introductione causae. Summarium*, [1907], 400.
[77] Per un primo approfondimento su questo tema si vedano le pagine di Don Pietro Stella in *Don Bosco nella storia della religiosità cattolica*, II, 507-569.

so con la presentazione della *Positio super virtutibus*.

Nelle successive *animadversiones*[78] compare, per la prima volta, l'obiezione relativa alla dispensa richiesta da Don Bosco per la recita del breviario, obiezione che ritornerà anche in seguito. L'anno successivo, nelle *Novae animadversiones*, e poi ancora nelle *Aliae novae aniamdversiones* compariranno anche le principali obiezioni relative alla vita di preghiera.

Possiamo così riassumerle:
- la grande mole di attività esteriore fa supporre un difetto nel necessario spirito di orazione;
- questa difficoltà non costituisce certamente «materia grave», ma diminuisce la virtù, di cui si deve invece dichiarare l'eroicità;
- nulla prova la continuità e la perseveranza nell'orazione mentale *formale*;
- Don Bosco, pur se con buone intenzioni, «sicut acqua effusus videretur»; egli sembrava cioè disperdere le sue energie interiori in molteplici attività;
- la vera virtù non consiste nella disordinata e tumultuosa attività; questo deve essere ben chiaro in un fondatore, soprattutto in un periodo in cui la mancanza di orazione rappresenta uno dei maggiori problemi nella vita del clero[79].

La risposta in aula venne preceduta da una lettera del Rettor Maggiore in carica, Don Filippo Rinaldi[80], indirizzata al Cardinale Antonio Vico, Prefetto della Sacra Congregazione dei Riti.

Nella lettera, vincolandosi con giuramento, Don Rinaldi tra l'altro affermava:

---

[78] Le *animadversiones*, come del resto è chiaro dal contesto, sono le obiezioni che i consultori oppongono alla beatificazione del candidato.

[79] Promotore Generale della Fede era Mons. Carlo Salotti, già avvocato patrocinatore della causa, e di cui si è detto in una nota precedente. Il Salotti, che aveva dovuto raccogliere una serie di obiezioni sollevate dai consultori e di insoddisfazioni, era da sempre, in effetti, un grande ammiratore di Don Bosco e un conoscitore attento della sua vita. Il suo rammarico, come sottolinea Don Pietro Stella, era che Don Bosco non avesse avuto, sino a quel momento, un avvocato all'altezza della situazione (cf. P. STELLA, *Don Bosco nella storia*, III, 196-197). I suoi consigli, come testimonia il postulatore della causa Don Viglietti, furono preziosi per la conclusione della stessa (cf. F. TOMASETTI, *Memorie confidenziali*).

[80] Il Beato Filippo Rinaldi è il terzo successore di Don Bosco. Morto nel 1931 fu Rettor Maggiore per 9 anni, dopo essere stato per 21 Prefetto Generale e per 9 Ispettore. È riconosciuto fondatore dell'Istituto Secolare delle Volontarie di Don Bosco, che fa parte a pieno titolo della Famiglia Salesiana.

> Negli ultimi anni [...] ogni giorno soleva restarsene ritirato in camera dalle 14 alle 15, e i Superiori non permettevano che in quell'ora venisse disturbato. Ma essendo io, dal 1883 alla morte del Servo di Dio, incaricato di una casa di formazione di aspiranti al Sacerdozio ed avendomi egli detto che andassi a trovarlo ogni volta che ne avessi bisogno, forse con indiscrezione certo per poterlo avvicinare con maggiore comodità, ruppi più volte la consegna, e non solo all'oratorio, ma a Lanzo e a S. Benigno, dove si recava sovente, e a Mathi e nella casa di S. Giovanni Evangelista in Torino più volte mi recai da lui proprio in quell'ora per parlargli. E da quell'ora, dappertutto e sempre, lo sorpresi ogni volta, raccolto, con le mani giunte, in meditazione[81].

La lettera di Don Rinaldi ribadisce anche il fatto che la dispensa chiesta e ottenuta da Don Bosco per quanto riguarda la recita del breviario, era legata ad una malattia agli occhi che, in alcuni periodi, gli aveva impedito di applicarsi a qualsiasi lettura.

Su questo malanno di Don Bosco è possibile reperire numerose testimonianze, di molto antecedenti al processo. Scrive, ad esempio, Don Giulio Barberis nella *Cronichetta* del 6 dicembre del 1878:

> Forse non l'ho ancora accennato altrove. D. Bosco corre pericolo di perdere la vista. Una malattia agli occhi l'aveva fatta tanti anni or sono per la caduta di un fulmine; malattia che si rinnovò varie volte. Forse ancora in conseguenza d'allora l'occhio destro fu quasi sempre mezzo offuscato. Ora e da quando, raccorciatesi le giornate, a lungo si deve lavorare col lume alla sera fu di nuovo preso da mal d'occhi ed una decina di giorni fa questo aggravatosi gli spense quasi intieramente quell'occhio già malato e presentemente da quello non ci vede più nulla. Si fece venire il dottor Reimon in grido di migliore medico oftalmico perché anche il sinistro si indebolisce ognor più: dopo un paio di visite assicurò che anche quello è in vero pericolo di offuscarsi in breve. E comandò a Don Bosco che più non legesse o scrivesse: la trasgressione di questo comando potergli in breve essere assolutamente fatale[82].

Ma la vera novità, in relazione al dibattito sulle obiezioni avanzate nei confronti della vita di orazione di Don Bosco, è contenuta nella *Responsio ad alias novas animadversiones*.

---

[81] La lettera, datata 29 settembre1926, è allegata in appendice ai documenti della causa (cf. *Aliae novae animadversiones et responsiones. Appendix documentorum*, 1, 4).

[82] ACS A 000.02.06, 43.

Un nuovo avvocato patrocinatore, Mons. Giovanni Della Cioppa, fu incaricato di redigere questa nuova *Responsio*[83]. Il suo sforzo fu quello di organizzare in modo più rigoroso la materia; non si limitò, quindi, come si era fatto talvolta in precedenza, ad una semplice ripetizione di alcune testimonianze sull'argomento, ma tentò quella che, in termini attuali, potremmo definire una vera e propria analisi dell'esperienza religiosa del santo, facendo ricorso ad alcuni elementi dell'ascetica classica e ad alcuni accreditati autori.

Le testimonianze vennero così organizzate e quasi «incastonate» in un quadro ampio e dottrinalmente efficace, una sorta di piccolo compendio di teologia spirituale. Proviamo ad isolare ed a schematizzare i successivi passaggi di questa ben organizzata «difesa».

2.3.1 Alcune premesse

Si afferma che, secondo quando asserisce il diritto e confermano Sant'Agostino e San Tommaso, l'eccellenza dell'orazione vocale può essere desunta da alcuni atti esterni, come le lacrime, la compostezza del corpo, il fulgore del viso; cose tutte di cui il Servo di Dio fu adornato.

Facendo riferimento alla dottrina di San Tommaso si dichiara inoltre che l'orazione *mentale* è da anteporsi a quella *vocale* e si divide la prima in *meditativa* e *contemplativa*. Nella *contemplazione delle verità divine*, si afferma, intervengono sia l'intelletto che la volontà.

Attraverso la meditazione si può giungere ad una certa intimità con Dio, ma solo mediante l'*orazione contemplativa* si può giungere ad una vera e propria *unione con Dio*, la quale in questo caso si dice *mistica* e produce unità di spirito tra Dio e l'anima.

Cause morali e prossime di tale unione sono, dalla parte dell'anima, la *perfetta contemplazione* e la *perfetta carità*; dalla parte di Dio il suo influsso nell'anima attraverso il dono dello Spirito che illumina l'intelletto e infiamma la volontà[84].

---

[83] Il Della Cioppa fu aiutato, oltre che dall'allora postulatore della causa, il salesiano Don Tomasetti, anche dallo stesso Mons. Salotti e dallo storico salesiano Don Angelo Amadei, l'autore del decimo volume delle *Memorie Biografiche* (cf. P. STELLA, *Don Bosco nella storia*, III, 197ss).

[84] Cf. *Responsio ad alias novas animadversiones*, [1926], 57.

2.3.2 Distinzione tra contemplazione acquisita e infusa

Viene quindi affermata la distinzione classica tra *contemplazione acquisita* e *contemplazione infusa*, o sposalizio mistico. Inoltre si afferma la eccellenza della *vita mista*, esercitata da Cristo, dagli Apostoli e da alcuni santi[85].

2.3.3 «Ad perfectam cum Deo unionem pervenit»

Fatte queste premesse si passa ad esaminare, in successione cronologicamente ordinata, l'intera serie delle testimonianze sulla vita di orazione di Don Bosco, per dimostrare come, con il passare degli anni, egli sia passato dalla meditazione alla contemplazione sino a giungere alla *perfetta unione con Dio*[86].

Tutte le principali tappe della sua vita vengono esaminate. Vengono citate le testimonianze che riguardano la sua fanciullezza, quelle relative agli anni trascorsi in seminario, i suoi propositi giovanili, e poi le dichiarazioni del coadiutore Pietro Enria, di Don Barberis e di Don Cerruti, del Cardinale Alimonda, Arcivescovo di Torino, che lo aveva definito «l'unione intima con Dio». In qualunque momento lo si avvicinasse, era come se «uscisse in quel momento dal discorrere con Dio»; sentenzia pertanto l'avvocato Della Cioppa: «Nemo dat quod non habet».

«Sono vissuto con lui QUASI 25 ANNI — aveva dichiarato il coadiutore Pietro Enria — e L'HO SEMPRE *veduto pregare*»[87]. «Nonne constat igitur de constanti et perpetuo orationis spiritu? — commenta allora con energia il patrocinatore della causa — Quomodo non probata dici licet Ven. Dei Famuli oratio, praesertim quod attinet ad continuitatem et ad perseverantiam?»[88].

2.3.4 Conformazione alla volontà divina

A questo punto la *Responsio*, rifacendosi alla dottrina del gesuita Franz Neumayr, afferma che è perfetto, in senso spirituale, l'uomo la cui volontà non differisce in nulla dalla volontà divina. Dagli atti pro-

---

[85] Cf. *Responsio ad alias novas animadversiones*, [1926], 58. Il termine «mista» vuol dire, in questo caso, attiva e contemplativa insieme.

[86] Cf. *Responsio ad alias novas animadversiones*, [1926], 58.

[87] Cf. *Responsio ad alias novas animadversiones*, [1926], 61. Qui e nel seguito rispetteremo il carattere tipografico adoperato nella edizione a stampa.

[88] *Responsio ad alias novas animadversiones*, [1926], 61.

cessuali sul Servo di Dio, viene affermato, consta proprio che tale fu sempre la sua volontà. Alcune testimonianze vengono portate a comprova.

Solo da questo atteggiamento di abbandono alla volontà divina scaturiva quindi la sua meravigliosa operosità[89].

2.3.5 Sollecitudine apostolica e presenza continua a Dio

Un'altra citazione chiarisce l'ultima affermazione del paragrafo precedente. Si tratta di un commentario agli *Esercizi Spirituali* di Sant'Ignazio del gesuita P. Antonio Ciccolini. Sottolineando la sollecitudine dell'Apostolo Paolo per le chiese da lui fondate, Padre Ciccolini afferma:

> siccome queste sollecitudini e pene NASCONO DALLA CARITÀ così non vi è cosa PIÙ DOLCE, NÉ più soave, NÉ più piena di DIVOZIONE, né che MENO ALLONTANI DALLA PRESENZA di Dio. Questa è la cagione, perché la carità medesima, che solleva l'Apostolo sopra sé stesso per CONTEMPLARE ED AMARE DIO, faceva sì che si ottemperasse ed accomunasse al bene dei suoi fratelli [...]. Quando abbiamo qualche mentale eccesso di contemplazione e di amore, esso è nel tratto che abbiamo con Dio: e quando ci accomodiamo al tratto comune e umano, egli è per riguardo di voi e del vostro profitto; perché la carità di Cristo ci spinge e ci dà forza[90].

Non vi è contrapposizione, quindi, tra sollecitudine apostolica e presenza continua a Dio.

2.3.6 Vita contemplativa e vita attiva

A partire da questi argomenti si affronta finalmente la questione centrale, se, cioè, la vita attiva impedisca la vita contemplativa. Viene citata, innanzi tutto, una massima di San Gregorio Magno: *Qui contemplationis arcem tenere desiderant, prius se in campo operis per exercitium probent* (6 Moral. cap. 17). A questo punto si afferma, invocando l'autorità di San Tommaso, che non soltanto la vita attiva non impedisce la contemplativa, ma quella *conviene* a questa, perché contribuisce

---

[89] Cf. *Responsio ad alias novas animadversiones*, [1926], 63-65.
[90] A. CICCOLINI, *Raccolta di meditazioni e documenti*, II, 227; cf. *Responsio ad novas animadversiones*, [1926], 66. Anche qui il *grassetto* ed il *maiuscolo* non sono nostri ma del testo così come è riportato dalla *Responsio*.

ad acquietare le umane passioni[91]. Si giunge così alla seguente conclusione:

> Concludendum est Ven. Dei Famulum, quamvis in operibus exterioribus fuerit implicatus, constanter tamen et perpetuo orasse, adeo ut eius opera cum a caritate procederent, magis ac magis in dies eius orationis ac meditationis spiritum fortius corroborarent, atque, caritate Christi semper urgente, eius cum Deo unionem intimius firmarent, et ita per contemplationem ipse summum perfectionis gradum est assecutus[92].

Il Servo di Dio sebbene fosse impegnato in azioni esterne, tuttavia pregava continuamente e, come aveva testimoniato Don Rua, «pareva non potesse discorrere senza introdurre nei suoi discorsi il pensiero di Dio».

2.3.7 I doni straordinari

Le virtù esercitate da Don Bosco crebbero con l'avanzarsi degli anni, sino alla *unione con Dio*.

Questo, si afferma, è provato dal grande numero di doni straordinari che testimoniano l'azione di Dio in lui: «Ven Dei Famulo — si afferma — non solum per Spiritum sermo sapientiae, et sermo scientiae secundum eumdem spiritum et fides in eodem spiritu *sed et gratia sanitatum; operatio virtutum, prophetia, discretio spirituum*, fere sicut habitus, data fuere»[93].

Di questi doni straordinari furono consapevoli i suoi contemporanei e lo stesso Don Bosco.

«Quare Ven. Dei Famulus — sicut aqua effusu minime erat —, immo semper funditus in Deo erat immersus»[94]. Questa affermazione è comprovata, durante la difesa, dalle parole di Mons. Manacorda:

> *Chiunque studia* la storia del Servo di Dio D. Giovanni Bosco, la sua origine, la sua condizione, i mezzi di fortuna e l'indole stessa della sua persona e poi passa a rassegna le sue grandi opere, non può fare a meno di esclamare: È DIO CHE OPERA NEL SUO SERVO; È DIO CHE NE DIRIGE I PASSI; È DIO CHE NE ISPIRA I DISEGNI. LO SPIRITO DI DIO OPERAVA IN DON BOSCO, NE ISPIRAVA LA MENTE, NE REGGEVA LA VOLONTÀ E NE INFIAMMAVA IL CUORE, CONSERVANDO

---

[91] Cf. *Responsio ad novas animadversiones*, [1926], 66-67.
[92] *Responsio ad novas animadversiones*, [1926], 67.
[93] *Responsio ad novas animadversiones*, [1926], 67-68.
[94] *Responsio ad novas animadversiones*, [1926], 68. Il maiuscolo è nell'originale.

SEMPRE IN LUI UNA CALMA INALTERABILE E UNA COSTANZA IRREMOVIBILE[95].

Quest'ultima testimonianza (la cui «forza probante» sembra essere sottolineata dall'estensore anche attraverso il carattere tipografico) chiude le pagine della *Responsio* relative al tema dello *spirito di orazione* del fondatore dei salesiani e, in modo definitivo, il dibattito processuale su questo argomento[96].

2.4 *Conclusioni*

La «qualità» della sua vita, i doni soprannaturali, gli atti esterni, la perfetta uniformità alla divina volontà, la eccellenza della carità testimoniano nei confronti della graduale corrispondenza del Santo al dono della *contemplazione infusa*, e il raggiungimento della *mistica unione con Dio*.

Poiché, come si era affermato nelle premesse, questa mistica unione presuppone il *dono* (che deriva da Dio e quindi è *infuso*, passivo) della *orazione contemplativa*, che è, in senso eminente, *orazione mentale*, la lunga articolata *responsio* raggiunse efficacemente il suo obiettivo e nessun'altra replica dei consultori ritornò sul tema della *orazione mentale formale*.

Queste pagine rappresentano ancora oggi un interessante contributo verso l'analisi dell'esperienza spirituale del fondatore.

3. **Altre testimonianze autorevoli**

A conclusione di questo capitolo abbiamo voluto riportare alcune altre testimonianze di persone che furono in relazione con Don Bosco.

3.1 *Don Paolo Albera*

Don Paolo Albera era nato a None nel 1845[97]. All'età ci circa tredici anni era entrato all'Oratorio di San Francesco di Sales e due anni più tardi era stato ammesso tra gli ascritti della *Pia Società*.

---

[95] *Responsio ad novas animadversiones*, [1926], 69. Il maiuscolo è del testo a stampa.

[96] A questo punto la *Responsio* passa ad esaminare la questione relativa alla dispensa dalla recita dell'Ufficio Divino.

[97] Per le notizie biografiche che seguono ci siamo serviti in particolare delle note di Don Brenno Casali in G. BARBERIS, *Lettere a Don Paolo Albera e a Don Giacomo Gusmano*, 26-27.

Nel 1862 fu tra i primi ventidue salesiani di cui Don Bosco accolse i voti (triennali) di povertà, castità e obbedienza; pochi anni più tardi, proprio durante i primi esercizi di Trofarello, a cui altre volte abbiamo fatto riferimento, emise la sua professione perpetua, un mese dopo avere ricevuto la ordinazione presbiterale.

Nel 1871, all'età di ventisei anni, fu inviato da Don Bosco a Genova per aprire e dirigere la nuova fondazione di Marassi, che l'anno successivo si trasferì a Sampierdarena. In Liguria rimase per dieci anni, prima di essere inviato a Marsiglia come direttore e primo ispettore delle case della Francia e del Belgio.

Quattro anni dopo la morte di Don Bosco, che sul suo letto di morte ne aveva invocata la cara presenza[98], il 6° Capitolo Generale lo elesse Direttore Spirituale della congregazione, carica che conservò sino al 16 agosto del 1910; in quel giorno, infatti, il 9° Capitolo Generale lo elesse Rettor Maggiore della *Società di San Francesco di Sales*, secondo successore di Don Bosco dopo Don Michele Rua, che era morto alcuni mesi prima. Mantenne questa responsabilità sino alla sua morte, avvenuta a Torino il 29 ottobre del 1921.

Da una pagina di Don Guido Favini, che ha pubblicato nel 1975 una sua biografia, emerge la particolare stima di cui Don Albera godeva da parte di Don Bosco:

> tre dei suoi primi fedelissimi amava Don Bosco fino alla trasparenza della predilezione: Michele, Giovanni, Paolino: Rua, Cagliero, Albera.
> Basta leggere con attenzione la storia della Società Salesiana.
>
> [...] egli seppe affidare, a ciascuno di quelli che si legarono a lui per la vita, la missione che, meglio a lui confacendo, gli permettesse di prestare alla Congregazione, alla Chiesa, alla società contemporanea, il servizio adeguato alle sue capacità, abilità e competenze. Fu così che strutturò una Congregazione a giorno, di particolare attualità per i suoi tempi e per l'avvenire, dotata di un dinamismo intelligente e fedele [...].

Ma le funzioni di maggiore responsabilità a raggio internazionale Don Bosco le riserbò a tre che a distanza di tempo sembrano proprio scelti con intelligenza e valutazione carismatica: a Don Michele Rua, a Don Giovanni Cagliero, a Don Paolo Albera[99].

---

[98] Cf. MB XVIII, 534. Don Albera non giunse in tempo al capezzale dell'amato padre. Quando ricevette il telegramma di Don Francesco Cerruti, Don Bosco era già spirato.

[99] G. FAVINI, *Don Paolo Albera. «Le petit Don Bosco»*, SEI, Torino 1975, 13.

CAP. VII: ORAZIONE MENTALE ED ESPERIENZA RELIGIOSA 415

Meno di un anno dopo la sua elezione a Rettor Maggiore, Don Albera spedisce ai confratelli una circolare dal titolo *Sullo spirito di pietà*, la seconda del suo magistero alla guida della congregazione.

La lettera è un'accorata esortazione a considerare i pericoli di una vita attiva che non sia animata da una vero e solido *spirito di pietà*. «Questo spirito — scrive Don Albera — fa sì che mai sia interrotta la nostra unione con Dio, anzi comunica ad ogni atto, anche profano, un carattere intimamente religioso, lo solleva a merito soprannaturale, sicché quale odoroso incenso fa parte di quel culto non mai interrotto che noi dobbiamo prestare a Dio»[100]. «Tutto il sistema di educazione insegnato da Don Bosco — aggiunge più avanti — si poggia sulla pietà»[101].

Nel paragrafo dal titolo *La nota caratteristica di Don Bosco*, dopo aver accennato alle dichiarazioni che pochi anni prima erano state pronunciate al processo informativo diocesano, egli stesso testimonia:

> Si sarebbe detto che la vita del Servo di Dio era una preghiera continua, una non mai interrotta unione con Dio. Ne era indizio quella inalterabile eguaglianza di umore che traspariva dal suo volto invariabilmente sorridente. In qualunque momento ricorressimo a Lui per consiglio, sembrava interrompesse i suoi colloqui con Dio per darci udienza, e che da Dio gli fossero ispirati i pensieri e gli incoraggiamenti che ci regalava [...].
> Non si scancellerà mai dalla mia memoria l'impressione che mi faceva nell'atto che dava la benedizione di Maria Ausiliatrice agli infermi. Mentre pronunziava l'*Ave Maria* e le parole della benedizione, si sarebbe detto che il suo volto si trasfigurasse; i suoi occhi si riempivano di lacrime e gli tremava la voce sul labbro. Per me erano indizi che *virtus de illo exibat*; perciò non mi meravigliava degli effetti miracolosi che ne seguivano, se cioè erano consolati gli afflitti, risanati gli infermi[102].

«Il nostro Ven. Padre — scrive ancora più avanti Don Albera — si slanciò in Dio fin dalla sua prima fanciullezza, e poi per il resto della sua vita non fece più altro che aumentare questo suo slancio, fino a raggiungere l'intima unione abituale con Dio in mezzo ad occupazioni ininterrotte e disparatissime».

Al termine del suo mandato e pochi mesi prima della sua morte, in un'altra circolare, dal titolo *Don Bosco modello del Sacerdote Salesiano*, Don Albera ritorna più ampiamente sulla vita di preghiera del fondatore e sul cammino da lui tracciato per la congregazione. Nel para-

---
[100] *Lettere circolari di Don Paolo Albera*, 29.
[101] *Lettere circolari di Don Paolo Albera*, 32.
[102] *Lettere circolari di Don Paolo Albera*, 34.

grafo dal titolo *Metodo per far bene l'orazione*, dopo aver spiegato come «a ciascun grado di perfezione corrisponda un modo speciale di orazione», l'autore afferma:

> A misura [...] che la forza delle passioni va in noi scemando, e si fa più vivo il desiderio del progresso spirituale e più ardente l'amor di Dio, il lavoro dell'intelletto avrà una parte sempre minore nella nostra orazione, mentre prevarranno i movimenti del cuore, i santi desideri, le domande supplici e le risoluzioni fervorose. Questa è la cosiddetta orazione affettiva, e che a sua volta conduce all'orazione unitiva, chiamata dai maestri di spirito orazione contemplativa ordinaria.
>
> Qualcuno forse penserà che un Salesiano non debba mirare tant'alto, e che D. Bosco non abbia voluto questo dai suoi figli, giacché da principio non impose loro neanche la meditazione metodica in comune.
>
> Ma io posso assicurarvi che fu sempre suo desiderio di vedere i suoi figli elevarsi, per mezzo della meditazione, a quell'intima unione con Dio ch'egli aveva così mirabilmente attuata in se stesso, e a questo non si stancò mai d'incitarci in ogni occasione propizia[103].

Autorevole è anche l'esegesi del dettato costituzionale, fatta da Don Albera nella medesima circolare: «L'*orazione*, che le Costituzioni ci prescrivono a nutrimento dello spirito — afferma — è la mentale, che secondo S. Teresa è "una pura comunione d'amicizia, per mezzo della quale l'anima s'intrattiene da sola a solo con Dio, e non si stanca di manifestare il suo amore a Colui dal quale sa di essere amata"»[104]. «Noi perciò, miei cari, per conformarci allo spirito delle Costituzioni, dobbiamo dare all'orazione mentale il carattere di vero trattenimento intimo, di conversazione semplice ed affettuosa con Dio»[105].

3.2 *Don Filippo Rinaldi*

Don Filippo Rinaldi aveva soltanto trentadue anni alla morte del fondatore. Divenuto nel 1883, alcuni mesi dopo la sua ordinazione presbiterale, direttore della casa salesiana di Mathi Torinese, l'anno successi-

---

[103] *Lettere circolari di Don Paolo Albera*, 406-407. Può essere interessante notare che molti anni più tardi il quarto successore di Don Bosco, Don Pietro Ricaldone, riportando questo brano di Don Albera commentava: «Si degni il Signore di concedere la grazia della contemplazione a molti figli di Don Bosco, affinché imitino sempre più perfettamente il loro Padre e Fondatore col ravvivare nell'orazione contemplativa le fiamme del proprio zelo» (P. RICALDONE, *La pietà*, 185).
[104] *Lettere circolari di Don Paolo Albera*, 443.
[105] *Lettere circolari di Don Paolo Albera*, 443.

vo dovette trasferire l'opera, una sorta di seminario per vocazioni adulte, a S. Giovanni Evangelista a Torino e poté vivere accanto a Don Bosco durante l'ultimo periodo della vita di lui.

Abbiamo già fatto riferimento, nel capitolo precedente, alla testimonianza di Don Rinaldi, in merito all'ultima sua confessione ascoltata da Don Bosco poco tempo prima di morire, e a quell'unica parola pronunciata dal fondatore e considerata come una sorta di testamento spirituale: «Meditazione!». Racconta Don Eugenio Ceria: «Don Rinaldi, narrando il fatto, soleva notare che nella sua accusa non c'era stato nulla che si riferisse alla meditazione; onde soggiungeva: — Perciò questa parola mi fece grande impressione e fu come una rivelazione dell'importanza che Don Bosco dava alla meditazione»[106].

Ai maestri di noviziato Don Rinaldi, divenuto alla morte di Don Albera terzo successore di Don Bosco, scrive, riportando un brano delle *Memorie dell'Oratorio*:

> «Da quell'epoca — scrive il Beato [Don Bosco] — ho cominciato a gustare che cosa sia vita spirituale, giacchè prima agiva piuttosto materialmente e come macchina, che fa una cosa senza saperne la ragione».
>
> Degna di gran conto e considerazione questa parola, scritta dal nostro Santo Fondatore tanti anni dopo, già consumato in santità e nella piena maturità della sua esperienza[107]. E noi dobbiamo ricordarla frequentemente ai nostri novizi, ed anche ai neo-professi: *Senza la meditazione non si può ben comprendere e gustare la vita spirituale*. E notate che per meditazione Don Bosco non vuole intendere solo quel raccoglimento o concentrazione nella preghiera che fuga le distrazioni volontarie: egli intende parlare della meditazione vera e propria così come ora noi la facciamo, quella cioè che è fatta di riflessioni e di pie considerazioni su verità della fede, sulla Vita di Gesù Cristo, sulle virtù cristiane e religiose, per ricavarne pii sentimenti ed efficaci propositi di vita migliore.
>
> E sappiamo come egli abbia poi sempre continuato a far la sua meditazione, anche in mezzo alle peripezie di quegli anni così duri e difficili[108].

---

[106] E. CERIA, *Vita del Servo di Dio Sac. Filippo Rinaldi*, 54-55.

[107] Questa considerazione di Don Rinaldi ci riporta alle considerazioni sui differenti *livelli* di lettura delle *Memorie dell'Oratorio* cui abbiamo fatto cenno nel terzo capitolo.

[108] ACS A 384.01.15. La lettera, dal titolo *Cari maestri degli ascritti* non è datata, ma collocabile tra il 1930 (viene citata una circolare di Don Luigi Tirone di quell'anno) e il 1931 (anno di morte di Don Rinaldi).

3.3 Pio XI e il Cardinale Salotti

Il papa Pio XI, il 1° aprile 1934, proclamò solennemente la santità di Don Bosco.

Eletto al soglio pontificio il 6 febbraio del 1922, Achille Ratti concesse il 25 giugno di quello stesso anno un'udienza ai salesiani dell'Istituto Sacro Cuore di Roma e ai loro alunni. In quella occasione disse tra l'altro:

> Noi siamo con profonda compiacenza tra i più antichi amici personali del venerabile Don Bosco. Lo abbiamo visto, questo vostro glorioso padre e benefattore, lo abbiamo visto con gli occhi nostri. Siamo stati cuore a cuore vicino a lui. È stato tra noi non breve e non volgare scambio di idee, di pensieri, di considerazioni. Lo abbiamo visto questo grande propugnatore dell'educazione cristiana, lo abbiamo osservato in quel medesimo posto che egli si dava tra i suoi, e che era pure un così eminente posto di comando, vasto come il mondo e quanto vasto altrettanto benefico[109].

Da giovane sacerdote Achille Ratti aveva infatti conosciuto Don Bosco. Recatosi a Torino, probabilmente per chiedere notizie di un giovane che era stato alunno dell'oratorio, si era trattenuto in un lungo colloquio con lui. «Aveva ammirato in Don Bosco — raccontò il salesiano Giovan Battista Borino, che ne aveva personalmente raccolto la confidenza nel 1915, quando Monsignor Achille Ratti era Prefetto della Biblioteca Vaticana — l'umano coraggio, la confidenza in Dio e quel bonario modo di trasfonderla nell'ascoltatore. Aveva avuto la sensazione immediata e precisa della sua santità. Al ricordare, ogni volta che nominava Don Bosco, la sua voce aveva prima una leggera sospensione, poi un'affettuosa inflessione, poi come un accento di orgoglio»[110].

Circa due anni prima della canonizzazione di Don Bosco, il 17 giugno 1932, Pio XI così si espresse durante una udienza agli alunni dei Pontifici Seminari Romani:

> La sua vita di tutti i momenti era un'immolazione continua di carità, un continuo raccoglimento di preghiera: è questa l'impressione che si aveva più viva della sua conversazione: un uomo che era attento a tutto quello che accadeva dinanzi a lui. C'era gente che veniva da tutte le parti, chi con una cosa e chi con un'altra: ed egli in piedi, su due piedi, come se fosse cosa di

---

[109] L'intero discorso è riportato nel «Bollettino Salesiano» 46 (luglio 1922) 172 ss.

[110] G.B. BORINO, *Don Bosco. Sei scritti e un modo di vederlo*, 191. L'appendice, che contiene il racconto di questo ricordo personale di Don Borino, non contiene i numeri delle pagine.

un momento, sentiva tutto, afferrava tutti, e sempre in alto raccoglimento. Si sarebbe detto che non attendeva a niente di quello che si diceva intorno a lui: si sarebbe detto che il suo pensiero era altrove: era con Dio con spirito di unione; ma poi eccolo a rispondere a tutti: e aveva la parola esatta per tutto e per se stesso, così proprio da meravigliare: prima infatti sorprendeva e poi proprio meravigliava. Questa la vita di santità e di raccoglimento, di assiduità nella preghiera che il Beato menava nelle ore notturne e fra tutte le occupazioni continue e implacabili delle ore diurne[111].

Un'altra voce autorevole farà riferimento, qualche anno più tardi, alla preghiera incessante, al raccoglimento abituale. Si tratta di quella del Cardinale Carlo Salotti, che ebbe un ruolo decisivo nella causa di beatificazione e canonizzazione del santo, prima come avvocato e, nel periodo più importante, come Promotore della Fede. Il Salotti aveva appena diciotto anni alla morte di Don Bosco e non ci risulta che lo avesse mai incontrato personalmente; un salesiano, Don Matteo Ottonello, era stato Rettore del seminario di Orvieto, dove il Salotti era chierico, e questo gli aveva consentito di apprezzare il metodo educativo dei salesiani[112]. La sua particolare posizione al processo gli consentì di conoscere le testimonianze e i testimoni della causa.

Una pagina de *Il Beato Don Bosco*, da lui pubblicato nel 1930, anno successivo alla beatificazione di Don Bosco, sintetizza così la vita di orazione del beato:

Il suo lavoro fu una continua preghiera; e la sua preghiera fu il fondamento e l'anima di tutto il suo lavoro.

E preghiera per lui non importava soltanto dire l'uffizio, recitare rosarii, esprimere formule liturgiche e pie giaculatorie, o celebrare ogni giorno la santa Messa, o coltivare devozioni care al cuore d'ogni credente; ma significava far tutto questo in una maniera così eccelsa, da farlo vivere interamente e continuamente in Dio. La preghiera per lui era elevazione dello spirito, astrazione da ogni cura terrena, unione intima e profonda del suo pensiero e della sua volontà col pensiero e la volontà stessa di Dio. In questo senso la sua vita fu tutta un assorbimento nel divino e nell'eterno, anche quando attendeva a quelle cose ordinarie, che pur sembrano così lontane da idealità spirituali. Perciò in qualunque momento si andava a lui per consigli, sembrava che interrompesse i suoi colloqui con Dio, e che dal medesimo gli venissero ispirati i consigli e gli incoraggiamenti che dava.

I giorni e molte ore della notte, venivan trascorsi da lui in un lavoro incessante; e quando sentiva il bisogno di un po' di sollievo, pregava. Calmo

---
[111] Il discorso di Pio XI è riportato dall'*Osservatore Romano* del 19 giugno 1932.
[112] Cf. P. STELLA, *Don Bosco nella storia*, III, 136.

e soave era il suo raccoglimento nella preghiera. Immobile e ritto nella persona, le mani giunte posate sull'inginocchiatoio o appoggiate al petto, la testa leggermente china, lo sguardo fisso, il volto sorridente[113].

Questo riferimento alle ore notturne, che si trova anche nella testimonianza precedente e in alcuni passi delle *Memorie biografiche*[114] rimane, per lo storico «positivista», privo di riscontri oggettivi. Eppure più volte, nelle biografie scritte da Don Bosco, o in altri scritti della tradizione salesiana, come abbiamo già visto, si presentano le ore della notte come un tempo privilegiato per la preghiera[115]. È una sorta di *fil rouge* che percorre «discretamente» la storia delle origini e avvalora certamente queste parole di Pio XI e del Salotti.

4. Un tentativo di analisi dell'esperienza spirituale. Il *Don Bosco con Dio* di Don Ceria

Al termine di questo capitolo dedicato ad alcune testimonianze sulla vita di preghiera del fondatore dei salesiani, abbiamo voluto dedicare un paragrafo ad alcune pagine di Don Eugenio Ceria, che rappresentano, a parer nostro, il primo vero tentativo di analisi dell'esperienza spirituale del fondatore con gli strumenti della teologia spirituale.

Qualche considerazione preliminare ci sembra necessaria al fine di comprendere meglio e, in qualche modo, di fondare il procedimento seguito da Don Ceria nel *Don Bosco con Dio*.

Oggetto della *teologia spirituale* è, come è noto, l'*esperienza spirituale cristiana*; suo compito, dunque, è quello di descriverne lo sviluppo progressivo e di farne conoscere le *strutture* e le *leggi*[116].

Queste *leggi* dell'esperienza spirituale, evidentemente, non hanno carattere di necessità assoluta o di determinismo; si tratta di leggi *statistiche* o *qualitative*, che salvano sempre la libertà di Dio e dell'uomo, ma che *nella maggior parte dei casi*, trovano un riscontro nella vita spiri-

---

[113] C. SALOTTI, *Il Beato Giovanni Bosco*, 485.

[114] In MB III, 589 leggiamo ad esempio: «D. Savio Ascanio era persuaso che Don Bosco vegliasse, molte ore della notte e talvolta la notte intera, pregando».

[115] Si vedano ad esempio, in questo studio, i brani riportati dalle biografie del Comollo, del Besucco, della Beata Maria degli Angeli, dall'introduzione de *Il cattolico provveduto* e dalla biografia del Cafasso, come pure alcuni biografie di confratelli defunti.

[116] Cf. C.A. BERNARD, *Teologia spirituale*, 70. Si veda anche tutto il capitolo III dal titolo *La teologia spirituale come disciplina scientifica* (69 ss.) e, in particolare, le pagine 69-88.

tuale dei cristiani e, in modo particolare, dei santi. Ha scritto Charles André Bernard S.I.: «*Legge*, qui, non significa legge fisica, misurabile, ma piuttosto legge psicologica o norma che viene enunciata con la clausola "ut in pluribus", e lascia spazio alla libertà umana»[117].

Dal particolare *oggetto* della teologia spirituale e dal suo specifico obiettivo scaturisce il suo *metodo* caratteristico; si tratta di operare, come affermava Hans Urs von Balthasar, «sulla scorta del metodo fenomenologico, che, per quanto è possibile all'uomo, nel fenomeno concreto coglie l'essenza, la forma, l'intelligibile nel sensibile»[118].

A questo quadro teorico di riferimento è da ricondurre il tentativo di Don Eugenio Ceria e, in particolare, l'*argomento a priori* che prepara la sua lunga argomentazione e le *leggi* del Poulain e del Vallgornera che vengono invocate a comprova delle sue ipotesi.

4.1 *Notizie sull'autore e genesi del libro*

Entrato nel 1885, all'età di quindici anni, nel collegio salesiano di S. Benigno Canavese, Don Ceria fu dal 1929, anno della beatificazione di Don Bosco, lo storico ufficiale della Congregazione. In questo ruolo egli curò gli ultimi nove volumi delle *Memorie Biografiche*, i quattro volumi degli *Annali della Società Salesiana*, i quattro dell'*Epistolario di San Giovanni Bosco* e numerosi profili e biografie di Salesiani[119].

Il suo nome rimane soprattutto legato ad una piccola biografia del Santo che per la prima volta ne mise chiaramente in evidenza l'esperienza «mistica».

La prefazione della prima edizione porta la data del 26 maggio 1929; dunque appena una settimana prima della beatificazione di Don Bosco. Così lo stesso autore racconta l'occasione che lo spinse a lavorare a questa opera:

> Mi rammentai [...] che il benedettino Don Chautard nel suo notissimo libro *L'âme de tout apostolat* annovera Don Bosco fra quei sacerdoti e religiosi moderni, i quali, dediti a vita intensamente attiva, promossero assai il bene delle anime sol perché furono insieme uomini di profonda vita interiore. Ricordava pure come Mons. Virili, postulatore nella causa del beato Cafasso, testimoniando in quella di Don Bosco, avesse dichiarato di reputare

---

[117] C.A. BERNARD, *Teologia spirituale*, 88.
[118] H.U. VON BALTHASAR, *Sorelle nello spirito*, 23.
[119] Don Ceria fu anche valente umanista, cultore e commentatore di classici greci e latini e scrittore di ascetica. Per altre notizie biografiche su Don Ceria e sulla sua opera letteraria si veda E. VALENTINI, *Don Ceria scrittore*, 1957.

> Don Bosco un santo, non solo per le opere fatte, ma anche per il suo spirito di preghiera e di raccoglimento nel Signore. Ecco, dissi tra me, ecco un lato di Don Bosco, che, non messo forse finora abbastanza in luce, meriterebbe di essere mostrato nell'anno della sua probabilissima beatificazione.
> Rapiti dalla vista dei prodigi della sua multiforme attività ne ammirarono i trionfi senza quasi por mente che era *omnis gloria eius ab intus*. Anche la generazione venuta su dopo la sua morte ha guardato di preferenza alle opere di Don Bosco, studiandone le forme e gli sviluppi senza darsi guari pensiero di scrutarne a fondo il principio animatore, quello che ha costituito il gran segreto dei santi: lo spirito di preghiera e di unione con Dio[120].

Questa constatazione previa e la convinzione profonda che «non si dà santità senza vita interiore, né si darà mai vita interiore senza spirito di orazione»[121], oltre ad una certa polemica con i *seguaci del metodo storico*, che pretendono di studiare la storia di un santo *prescindendo dalla santità*[122], lo guidano a ripercorrere l'esperienza umana di Don Bosco, al fine di sottolineare tutti gli elementi che ne mettano finalmente in evidenza la sua vera *vita* e non soltanto la *storia*.

Le pagine del *Don Bosco con Dio* di Don Ceria risentono a tratti dello stile entusiastico ed edificante, comune in quella particolare fase della storia della congregazione che accompagnò il cammino verso la canonizzazione del fondatore, oltre che dei limiti propri legati ad un uso non sempre sufficientemente documentato del metodo storico. Si indulge poi, a volte nel descrivere alcuni fatti straordinari e soprannaturali; in ogni caso è un testo che ha già compiuto i settanta anni di età.

Ciononostante rimane, a parer nostro, il primo documentato tentativo di rileggere nel *fenomeno* che è l'esistenza concreta di Don Bosco il mistero divino, la *forma* che viene dall'alto[123].

Scrive lo stesso Don Ceria:

---

[120] E. CERIA, *Don Bosco con Dio*, [1929], 7-8. Il *Don Bosco con Dio* di Don Ceria ha conosciuto parecchie edizioni e ristampe nelle sue due «versioni», che differiscono non soltanto per alcuni dettagli ma soprattutto per la aggiunta, nella seconda, di cinque nuovi capitoli; la prima venne pubblicata per la prima volta dalla SEI a Torino nel 1929. Questa prima edizione è divisa in tre parti, dai titoli suggestivi: I. *Aurora consurgens* (fanciullezza e formazione); II. *Sol in meridie* (la maturità); III. *Lucis ante terminum* (i doni straordinari). L'ultima riedizione del libro risale al 1988. Nella seconda edizione del 1946, che risulta ampliata con l'aggiunta di cinque nuovi capitoli, scompare la struttura tripartita.
[121] E. CERIA, *Don Bosco con Dio*, [1929], 14.
[122] Cf. E. CERIA, *Don Bosco con Dio*, [1929], 13.
[123] Cf. A. SICARI, *La vita spirituale del cristiano*, 66.

CAP. VII: ORAZIONE MENTALE ED ESPERIENZA RELIGIOSA   423

Nello studio dei Santi come mai prescindere dalla santità? E chi dice santità dice una realtà, su cui sorvoli pure leggermente la scienza positiva, sia essa storica o psicologica, ma non mai chi abbia occhi esercitati nell'indagine di fatti appartenenti a un ordine superiore, dove l'umano si incontra col divino e intimamente vi si unisce[124].

Per dividere la materia, Don Ceria, prendendo le mosse da un'immagine biblica, distingue tre fasi o periodi nella vita del santo: l'aurora, il meriggio e il luminoso tramonto, il passaggio al firmamento della chiesa trionfante[125]. L'ultimo capitolo della terza parte, capitolo con il quale si conclude la prima edizione del *Don Bosco con Dio*, è intitolato *Dono di orazione*.

Sono queste, a parer nostro, le pagine migliori del testo di Ceria.

L'autore tenta un'analisi rigorosa della vita di preghiera del santo, con l'ausilio di alcuni riferimenti dottrinali e di alcuni autori di ascetica: il domenicano Tomás Vallgornera, i gesuiti Agoustin Poulain e Giovanni Battista Scaramelli, il sulpiziano Adolphe Tanquerey, Santa Teresa d'Avila, Sant'Alfonso, San Francesco di Sales e altri.

Su questo capitolo, una quindicina di pagine nella prima edizione con qualche piccolo ampliamento nella successiva, fermeremo adesso la nostra attenzione, «visitando» anche alcuni dei riferimenti suggeriti dall'autore.

4.2 *Il capitolo sul «dono di orazione»*

L'obiettivo fondamentale di queste pagine di Don Ceria è contenuto nella domanda che egli stesso si pone verso l'inizio del capitolo:

Ora noi ci domandiamo: dato che in Don Bosco si ravvisano le manifestazioni esterne solite ad accompagnare la vita mistica, si può senz'altro ritenere che egli sia stato realmente elevato alla mistica unione?[126] E fino a quale grado? In altri termini, poiché la cosa si attua mediante la contemplazione infusa, è possibile venire a capo di scoprire se e in che misura questo dono della contemplazione infusa abbia insignito l'anima elettissima di Don Bosco?[127]

---

[124] E. CERIA, *Don Bosco con Dio*, [1929], 13.
[125] Cf. E. CERIA, *Don Bosco con Dio*, [1929], 17.
[126] Lo stesso autore, in nota, chiarisce: «Vita mistica noi diremo, sull'autorità di insigni maestri, *la percezione immediata, amorosa del mondo della fede, in particolare della presenza eminentemente attiva di Dio nell'anima*» (E. CERIA, *Don Bosco con Dio*, [1929], 207). Il capitolo precedente era stato dedicato a *sogni, estasi, visioni*.
[127] E. CERIA, *Don Bosco con Dio*, [1929], 207-208.

Il capitolo precedente era stato dedicato a *sogni, estasi, visioni*; fenomeni mistici nei quali «le forze superiori dell'intelligenza e della volontà restano come assorbite dalla luce e dalle operazioni divine, i sensi vengono meno né più sono in grado di operare»[128]. Qui, invece, l'obiettivo si sposta su manifestazioni che non comportano «smarrimenti nelle potenze inferiori», su quella presenza abituale di Dio nell'anima, su quella «percezione sperimentale della vita soprannaturale» che si verificava anche nell'umanità di Gesù e Maria durante la loro vita terrena.

È possibile, si chiede allora Don Ceria, *scoprire se e in che misura questo dono della contemplazione infusa* sia stato fatto da Dio anche a Don Bosco?

Le sue argomentazioni si articolano, sostanzialmente, così:
- premette, innanzi tutto, un *argomento a priori*, fondato sugli insegnamenti del papa Benedetto XIV e del teologo Agostino Poulain;
- in secondo luogo mette a fuoco il *tipo* o *grado* di *unione mistica* che si ipotizza abbia raggiunto Don Bosco, utilizzando le definizioni di Teresa d'Avila, di Alfonso Maria de' Liguori e ancora le riflessioni del Poulain. Si ipotizza che sia stata la cosiddetta *unione interna* o *semplice* o *piena*; si esaminano inoltre le testimonianze della causa;
- facendo poi ricorso alla dottrina del sulpiziano Vallgornera, che a sua volta si rifà a San Tommaso d'Aquino, Don Ceria enumera e descrive i *sette effetti dell'unione semplice*, riscontrandone poi la presenza in Don Bosco;
- infine trae alcune conclusioni.

Osserviamo adesso i particolari della sua argomentazione, ampliandola con i necessari riferimenti.

4.2.1 Premessa: un argomento a priori

L'esordio è costituito da una sorta di *assioma*, che viene fondato su queste parole del papa Benedetto XIV: «Quasi tutti i Santi e specialmente i fondatori d'ordini hanno ricevuto visioni divine e rivelazioni»[129].

Si tratta propria di una di quelle *leggi* caratteristiche della teologia spirituale, cui abbiamo fatto riferimento più sopra.

---

[128] E. CERIA, *Don Bosco con Dio*, [1929], 207.
[129] E. CERIA, *Don Bosco con Dio*, [1929], 207.

La sentenza, riportata anche dal Poulain nel suo trattato di *teologia mistica* dal titolo *Delle grazie d'orazione*, viene comunque chiarita dallo stesso autore. «I santi — si chiede egli — hanno avuto tutti lo stato mistico?»[130]. «La questione che propongo — continua l'autore — è *puramente storica*. Io non domando se lo stato mistico sia indispensabile per arrivare ad un'alta perfezione; la risposta sarebbe negativa, poiché le grazie mistiche sono un mezzo, e Dio può adoperarne altri. Si tratta semplicemente di sapere se, *in pratica*, si è servito ordinariamente di questo mezzo»[131].

Dopo alcune distinzioni, il Poulain giunge a formulare la *tesi*: «*Quasi tutti i santi canonizzati* hanno avuto l'unione mistica e, generalmente, con abbondanza»[132]. Se a volte sembra che qualcuno ne sia stato privo, questo è piuttosto perché non sempre esistono documenti storici per dimostrarlo. Cita, quindi, la sentenza di Benedetto XIV, ripresa dallo stesso Don Ceria, e l'opinione di Francesco di Sales e arriva, infine, alla *prova della tesi*:

> Questa salta agli occhi quando si percorre una raccolta di vite di santi. Se pare che qualcuno di essi sia sprovvisto di grazie straordinarie, ci accorgiamo che ci mancano documenti a loro riguardo, dimodoché non abbiamo prove positive contro la conclusione sopraindicata. La mancanza più o meno grande di documenti è facile a spiegarsi rispetto ai preti [...]. Le donne è più difficile che rimangano ignorate, poiché hanno bisogno di consigli, ed anzi hanno lasciato spesso, loro malgrado, autobiografie particolareggiate scritte dietro l'ordine dei loro direttori[133].

A questo punto del discorso il Poulain passa ad esaminare alcuni *esempi* di santi «che talora sono stati creduti meno favoriti»: S. Vincenzo de' Paoli, S. Giovanni Battista de la Salle, S. Giovanni Maria Vianney, S. Giovanni Berchmans, S. Francesco di Sales e altri, mostrando come alcune caratteristiche della loro vita di preghiera non appartengano alla *orazione ordinaria* e siano dunque segno di grazie straordinarie.

Torniamo adesso al *Don Bosco con Dio*. Don Ceria, dopo aver espresso la tesi del Poulain e il rammarico di questo autore perché mancano talvolta i documenti storici che testimonino che di ordinario tutti i santi canonizzati sono stati favoriti da doni straordinari, conclude: «Fortunatamente le precauzioni di Don Bosco non valsero a sottrarci,

---

[130] A. POULAIN, *Delle grazie d'orazione*, 556.
[131] A. POULAIN, *Delle grazie d'orazione*, 556.
[132] A. POULAIN, *Delle grazie d'orazione*, 557.
[133] A. POULAIN, *Delle grazie d'orazione*, 559.

come si è veduto, tutte le manifestazioni esteriori della sua vita mistica, sicché non difettiamo anche di argomenti *a posteriori*[134]. Piuttosto si amerebbe avere egual sicurezza per determinare il grado della sua mistica unione con Dio»[135].

A quest'ultima questione Don Ceria dedica adesso la sua attenzione.

4.2.2 Tipo o grado dell'unione mistica.
L'unione semplice e la conferma delle testimonianze della causa

La terza parte del volume *Delle grazie di orazione* è dedicata dal Poulain allo *Studio particolare di ciascun grado dell'azione mistica*. Egli distingue quattro gradi di contemplazione (passiva), cui fa corrispondere le ultime quattro *mansioni* del *Castello Interiore* di Santa Teresa d'Avila:

1. la *quiete* o unione incompleta, dove l'azione divina non impedisce ancora le distrazioni;

2. l'*unione piena* o *semplice*, dove l'anima è pienamente occupata dall'oggetto divino, non ha distrazioni, ma i sensi continuano ad operare;

3. l'*estasi*, dove anche i *sensi esterni* sono alienati;

4. il *matrimonio spirituale* o *unione trasformante*, che è la meta suprema di tutte le azioni mistiche[136].

Lasciamo la parola a Don Ceria:

Dopo maturo esame ci sembra che, prescindendo da speciali momenti, in cui l'intensità potè essere maggiore, crederemmo cosa dimostrabile aver egli posseduto abitualmente quella grazia di orazione che è detta da Santa Teresa *unione interna*, dal Poulain *unione piena*, da altri e specialmente italiani, quali lo Scaramelli e sant'Alfonso de' Liguori, *unione semplice*.

Sant'Alfonso la descrive così: «Nell'unione semplice, le potenze sono sospese, non i sensi corporei, benché questi siano molto impediti nelle loro operazioni». Quindi un tal dono d'orazione presenta due caratteri: l'anima è tutta assorbita dall'oggetto divino, senza che altro pensiero ne la distorni, non ha, in una parola, distrazioni; i sensi, invece, continuano più o meno ad agire, non viene cioè tolta loro la possibilità di comunicare con il mondo esterno, sicché la persona può vedere, udire, parlare, camminare e perciò anche uscire liberamente dallo stato di orazione[137].

---

[134] E. CERIA, *Don Bosco con Dio*, [1929], 208.
[135] E. CERIA, *Don Bosco con Dio*, [1929], 208.
[136] Cf. A. POULAIN, *Delle grazie d'orazione*, 213-316.
[137] E. CERIA, *Don Bosco con Dio*,[1929], 208-209.

Questa, dunque, l'opinione di Don Ceria: dell'unione con Dio l'anima di Don Bosco fruiva *senza discontinuità*: «Sembra infatti essere stato questo il suo dono, di non lasciarsi mai distrarre dal pensiero amoroso del Signore, per molte e gravi e ininterrotte che fossero le sue occupazioni»[138]. Nel suo caso si può quindi parlare *almeno di unione piena*[139].

A comprova di questa sua affermazione l'autore inizia a scorrere il *Summarium* della *Positio super virtutibus*, ritrovando alcune delle testimonianze più significative: quelle dei primi tre successori di Don Bosco, di altri sette salesiani, di due prelati[140]. «In conclusione — afferma al termine dell'*excursus* — come di san Bonaventura l'antico cronista dice che ne' suoi scritti faceva d'ogni verità una preghiera, così per Don Bosco si deve estendere tale affermazione a ogni atto della sua mirabile vita: checchè facesse, era preghiera»[141].

4.2.3 I sette effetti dell'unione semplice nella vita Don Bosco

Dopo l'argomento *a priori* e l'esame di alcune testimonianze, Don Ceria fa ricorso alla dottrina del domenicano Padre Tomás de Vallgornera, per completare la sua «dimostrazione» con un argomento *a posteriori*[142]. «Autorevoli scrittori mistici — afferma — raccogliendo da San Tommaso le nozioni fondamentali su questa delicata materia, enumerano e descrivono sette effetti dell'unione semplice; e noi [...] li passe-

---

[138] E. CERIA, *Don Bosco con Dio*, [1929], 209.

[139] Il Poulain specifica così la differenza tra il primo e il secondo grado, tra la *quiete* e l'*unione piena*: «La differenza fondamentale è che [nell'unione piena] l'anima è immersa più profondamente in Dio, e il legame unitivo è molto più forte. Quindi provengono varie conseguenze: la prima [...] è l'assenza delle distrazioni; la seconda è che il lavoro personale è ridotto presso a poco a nulla; la terza è che si ha una certezza molto più ferma della presenza di Dio nell'anima. E quest'ultimo carattere è riguardato da S. Teresa come il segno più sicuro di questa orazione» (A. POULAIN, *Delle grazie d'orazione*, 253).

[140] Si tratta di Monsignor Tasso e del Cardinale Cagliero.

[141] E. CERIA, *Don Bosco con Dio*, [1929], 212.

[142] Tomás de Vallgornera (1595-1675), ottimo conoscitore della *Summa* di San Tommaso, con la sua opera *Mystica theologia divi Thomae* è il primo autore che abbia cercato di esporre l'insieme dell'itinerario mistico dell'anima a Dio facendo ricorso alla dottrina di San Tommaso; la sua opera in due volumi si distingue per la ricchezza e la essenzialità delle formule sintetiche elaborate (cf. S. LOPEZ SANTIDRIÁN, «Vallgornera (Tomás de)», 213-216).

remo rapidamente in rassegna riscontrandone la presenza in Don Bosco»[143].

Ci troviamo di fronte, anche questa volta, ad una tipica *legge* della teologia spirituale[144], dedotta con l'ausilio del metodo induttivo a partire dall'analisi del vissuto, così come accade, ad esempio, nel campo della psicologia sperimentale. Queste *leggi spirituali*, come questa dei *Sette effetti dell'unione semplice* formulata dal Vallgornera, o, ad esempio, quelle per il *discernimento degli spiriti* di Sant'Ignazio, una volta dedotte a partire dalla esegesi del *mistero divino* rivelato nell'esistenza dei santi[145], hanno poi lo scopo di guidare alla comprensione dell'esperienza spirituale di altri credenti.

Passiamo allora in rassegna le pagine di Vallgornera del secondo *articolus* della seconda *disputatio* della quarta *quaestio*, dal titolo *De effectibus orationis unionis passivae*; sorvoleremo invece sulle testimonianze della causa, a noi per lo più già note, e che Don Ceria riporta punto per punto a comprova della presenza di questi sette *effetti* nell'esperienza spirituale di Don Bosco.

- Il primo effetto della *orazione di unione passiva* è la cosiddetta *liquefazione*.

«Primus effectus huius orationis est maximum animae gaudium, quod aliquando sic naturam liquefaciendo debilitat, quod anima languens penitus deficere videatur [...]. Et propter hoc amor dicitur liquefacere cor, quia liquidum suis terminis non continetur»[146]. «Si direbbe — afferma Don Ceria — uno struggimento del cuore per ardentissimo fuoco di carità o, fuor di metafora, un dolcissimo sentimento d'amor divino, che riempie l'anima di gioia inesprimibile»[147].

- «Secundus effectus est tenerissimus devotionis sensus; transacta siquidem hac oratione, vellet anima se totam consumere, non poenis, sed deliciosis quibusdam lachrymis, se saepius illis madefactam reperit, non advertens quando vel quomodo sparserit»[148]. Questo «soave biso-

---

[143] E. CERIA, *Don Bosco con Dio*, [1929], 209.
[144] Ribadiamo qui il fatto che queste *leggi* rappresentano, in fondo, delle fondate ipotesi, più che delle leggi deterministiche e assolute; il loro valore scientifico è equiparabile, ad esempio, a quello della psicologia sperimentale (cf. C.A. BERNARD, *Teologia spirituale*, 91).
[145] Cf. A. SICARI, *La vita spirituale del cristiano*, 64.
[146] T. VALLGORNERA, *Mystica theologia*, 140-141.
[147] E. CERIA, *Don Bosco con Dio*, [1929], 289.
[148] T. VALLGORNERA, *Mystica theologia*, II, 141.

CAP. VII: ORAZIONE MENTALE ED ESPERIENZA RELIGIOSA

gno di pianto» da cui l'anima viene presa era già stato messo in evidenza da San Tommaso:

> lachrymae prorumpunt non solum ex tristitia, sed etiam ex quadam affectus teneritudine, praecipue consideratur aliquid delectabile cum permixtione alicujus tristabilis: sicut solent homines lachrymari ex pietatis affectu, cum recuperant filios vel charos amicos [...]. Et per hunc modum lachrymae ex devotione procedunt[149].

«Don Bosco — afferma con sicurezza Don Ceria — ebbe il dono delle lacrime alle quali non gli bastavano spesso le forze di comandare»[150];

- «Terzius effectus est memoria celestium communicationum, quas tempore huius unionis recipit anima». «Deus autem ita se intimis velut animae praecordiis imprimit, quod in se ipsam reversa, nullo modo dubitare potest quin fuerit in Deo et Deus in ipsa; quae veritas tam firmiter inhaeret ei, quod quamvis per multum tempus Deus eamdem gratiam ei non faceret, non tamen posset anima illius oblivisci»[151].

Questo «sentire la presenza di Dio con una certezza che esclude fin la possibilità del dubbio»[152], come sottolinea lo stesso Don Ceria, è stato descritto anche da Santa Teresa che nel primo capitolo della *Quinta mansione* del *Castello interiore* afferma:

> Dio viene a porsi nell'intimo dell'anima siffattamente, che essa, rientrata in sé, non può in verun modo dubitare di essere stata in Dio né che Dio è stata in lei; la qual verità le rimane così saldamente impressa, che, quand'anche passasse più anni senza venire di bel nuovo elevata a quello stato, non le sarebbe possibile né dimenticare il favore ricevuto né dubitare della sua realtà[153].

- «Quartus effectus est ingens animus, ita ut si propter Deum aliquid foret animae tolerandum, imo patiendum usque ad mortem, velut magnum solamen et mirabile beneficium arbitraretur»[154]. È «forza, coraggio, inalterabile pazienza — sottolinea Don Ceria — a tutto soffrire per amore di Dio. Anzi, queste anime sono tanto accese del divino amore,

---

[149] T. VALLGORNERA, *Mystica theologia*, II, 141. Cf. S. THOMAE AQVINATIS, *Summa totius Theologiae*, II. II, q. 82, art. 4, ad. 3.
[150] E. CERIA, *Don Bosco con Dio*, [1929], 215.
[151] T. VALLGORNERA, *Mystica theologia*, II, 141.
[152] E. CERIA, *Don Bosco con Dio*, [1929], 215.
[153] E. CERIA, *Don Bosco con Dio*, [1929], 215.
[154] T. VALLGORNERA, *Mystica theologia*, II, 142.

che ardono nella brame di patire per Iddio; la qual brama va ognor crescendo insieme con quella di essere più sue. Don Bosco fu così»[155];

- «Quintus effectus est desiderium laudandi Deum: vellet anima in linguas converti, et sic tota in laudando Deum occuparetur, unde seipsam non capit, et suavem in hoc patitur inquietudinem»[156]. Questo «desiderio ardente di lodare Dio» fa sì che l'anima non provi maggiore delizia che nell'onorare, adorare, ringraziare Dio.

«Don Bosco — scrive Don Ceria — aveva tre modi suoi per invitare e incitare a lodar Dio: poneva la più scrupolosa diligenza nel decoro del culto divino, parlava con unzione di Dio e delle cose divine a tutti quelli che anche solo di sfuggita lo avvicinassero, e si sacrificava con zelo invitto a promuovere sempre la divina gloria[157];

- «Sextus effectus est desiderium juvandi proximum, et quasi nesciens illum adjuvat, per hoc quod alii virtutum ejus odore tracti, ad desiderabilem ac suavissimum earum fructum carpendum currunt»[158]. «Dire Don Bosco — nota Don Ceria — è dire carità: carità inesauribile nel trattare coi prossimi, carità ineffabile nel sollevare afflitti e confortare moribondi, carità eroica nell'andare in cerca dei mezzi per praticare la carità»[159].

- Settimo ed ultimo effetto dell'orazione di unione semplice, è la pratica abituale delle virtù teologali, cardinali e morali in grado eroico. «Septimus effectus est gradus heroicus omnium virtutum, ut ipsamet advertit anima, se enim mutatam et totaliter renovatam miratur, quia nescit quomodo factum hoc fuerit [...]: Deus enim coelestis hortulanus illas plantavit, illas rigavit, et illas ad gradum heroicum auxit»[160]. «In tale stato — precisa Don Ceria — per la pioggia sovrabbondante delle grazie celesti all'anima non resta altro da fare che cooperarvi mediante il semplice suo consentimento»[161]. E citando ancora il Padre Poulain aggiunge:

> Dio non viene solo nell'anima. La sua azione santificatrice è tanto maggiore quanto più alta è l'orazione. L'anima, saturandosi di Dio nell'unione mistica, si sente insieme, e non ne sa il come, saturare d'amore, d'umiltà e dello spirito di sacrificio [...]. Dio stesso le dà occasione di esercitarvisi,

---

[155] E. CERIA, *Don Bosco con Dio*, [1929], 216.
[156] T. VALLGORNERA, *Mystica theologia*, II, 143.
[157] E. CERIA, *Don Bosco con Dio*, [1929], 217.
[158] T. VALLGORNERA, *Mystica theologia*, II, 144.
[159] E. CERIA, *Don Bosco con Dio*, [1929], 218.
[160] T. VALLGORNERA, *Mystica theologia*, II, 144-145.
[161] E. CERIA, *Don Bosco con Dio*, [1929], 219.

mandandole prove su prove: tentazioni, malattie, insuccessi, ingiustizie, disprezzi[162].

Tali prove di amore, conclude Don Ceria, Don Bosco le ebbe in tutto il corso della sua vita.

4.2.4 La conclusione di Don Ceria

Dopo avere dunque mostrato, con argomenti tratti dalle testimonianze processuali e dalla sua approfondita conoscenza del santo, la presenza di ciascuno di questi «effetti», Don Ceria si chiede: «Ma dunque anche Don Bosco è stato un mistico? Sappiamo bene che a non pochi sembrerà questa, per non dir peggio, un'idea peregrina; ma la colpa non è della mistica certamente»[163].

Qui la seconda edizione ampliata del 1946 presenta alcune aggiunte. Osserviamo ambedue i testi:

1929	1946
la colpa non è della mistica certamente.	la colpa non è della mistica certamente.
	Due false idee stravolgono la mente dei profani. Credono che *mistico* si opponga a *reale* mentre si oppone a *fisico* ossia naturale. Mistico si dice di ciò che costituisce una realtà soprannaturale. E poi s'immaginano che gli uomini detti mistici vivano così assorti nelle loro contemplazioni che nulla vedano e nulla intendano delle cose di questo mondo.
Un autore[164] che se ne intende tratteggia così la figura dei mistici: «I veri mistici sono uomini di pratica e di azione, non di ragionamento e di teoria. Hanno il senso	Invece un autore, che fa testo in materia, tratteggia così la figura dei mistici «I veri mistici sono uomini di pratica e di azione, non di ragionamento e di teoria. Hanno il senso

---

[162] E. CERIA, *Don Bosco con Dio*, [1929], 219. Cf. A. POULAIN, *Delle grazie d'orazione*, 162.

[163] E. CERIA, *Don Bosco con Dio*, [1929], 220-221.

[164] Si tratta di Maxime de Montmorand, citato da A. TANQUEREY, *Précis de théologie ascétique et mystique*, e autore di *Psychologie des mystiques catholiques ortodoxes* edito a Parigi nel 1920.

[165] E. CERIA, *Don Bosco con Dio*, [1929], 221

dell'organizzazione, il dono del comando e si rivelano forniti di ottime doti per gli affari...». Questo, se non mi inganno, è il vivo ritratto di Don Bosco nel quale la contemplazione illuminava e dirigeva l'azione[165].

dell'organizzazione, il dono del comando e si rivelano forniti di ottime doti per gli affari...». Questo, se non mi inganno, è il vivo ritratto di Don Bosco, nel quale la contemplazione illuminava e dirigeva l'azione[166].

E nell'edizione ampliata Don Ceria così conclude il capitolo:

Si può applicare a Don Bosco quello che fu detto di san Bernardo, sempre occupato in tanti affari: «La periferia, in quella sua vita, non dava noia al centro, e il centro non dava noia alla periferia». Periferia era l'attività esteriore, centro il mistico raccoglimento interno. Che le anime pure e illuminate non siano buone a nulla, dice l'autore citato[167], è una scoperta moderna[168].

4.3 *Linee di valutazione dell'analisi di Don Ceria*

Abbiamo voluto dedicare parecchie pagine a questa analisi di Don Ceria perché, nonostante risenta certamente dell'atmosfera entusiastica delle origini e utilizzi non sempre in modo critico le «fonti» disponibili, rappresenta, a parer nostro, il primo e forse, fin qui, unico tentativo di approccio alla esperienza spirituale di Don Bosco che utilizzi il metodo della teologia spirituale.

Ha scritto nel 1991 il teologo Don Giorgio Gozzelino: «Emerge dalle pagine di Don Ceria un ritratto interiore di Don Bosco penetrante e convincente, lucido nel mostrare le vere radici della grandezza del santo»[169]. Lo stesso autore, nella prefazione alla ultima edizione del 1988, sottolinea:

Grazie al proprio carattere di studio critico della appropriazione soggettiva personale del messaggio oggettivo della fede [...] la teologia spirituale coniuga il metodo induttivo storico, rivolto alla concreta vicenda di un soggetto spirituale, con il metodo deduttivo sistematico, richiesto dalla presenza di una forma autentica di vita cristiana. Fondandosi sulla storia essa sup-

---

[166] E. CERIA, *Don Bosco con Dio*, [1946], 347-348.
[167] Il testo a cui fa riferimento qui e più avanti Don Ceria è, nella sua traduzione italiana, E. HELLO, *Profili di santi*, pubblicato a Firenze nel 1929.
[168] E. CERIA, *Don Bosco con Dio*, [1946], 348-349
[169] G. GOZZELINO, *Don Bosco con Dio. Ritratto di un santo*, 6.

CAP. VII: ORAZIONE MENTALE ED ESPERIENZA RELIGIOSA 433

pone una biografia. Interpretandola in chiave di fede essa esige un accostamento teologico.

In tale prospettiva, non mancano autori — ad esempio H.U. von Balthasar — che identificano la teologia spirituale con l'agiografia teologica. Ebbene, i venti capitoli del saggio di Don Ceria si muovono interamente su questa linea, includendo e componendo in unità, tanto la biografia quanto la riflessione sistematica di indole teologica[170].

Quest'ultima osservazione in relazione al metodo seguito da Don Ceria, mentre ci conferma sulla attendibilità delle sue conclusioni, apre la strada ad altri possibili approfondimenti sulla esperienza spirituale del fondatore dei salesiani.

---

[170] G. GOZZELINO, «Presentazione», 7-8.

PARTE SINTETICA

CAPITOLO VIII

Il ruolo dell'orazione mentale
nel carisma di fondazione di San Giovanni Bosco

1. Una coerente unità

Lo studio analitico delle *fonti* in relazione al ruolo dell'*orazione mentale diffusa e formale* nel carisma di fondazione di San Giovanni Bosco e, dunque, nella *spiritualità* della congregazione da lui fondata, lascia emergere, in prima istanza, un'ampia convergenza e unità ad alcuni differenti livelli:

- innanzi tutto è possibile osservare una vitale armonia tra la *formazione* ricevuta da Don Bosco, durante tutto l'arco che va dalla fanciullezza al termine del periodo trascorso al Convitto Diocesano di Torino, e i tratti dell'*esperienza spirituale* che ci è dato di intravedere attraverso i suoi scritti autobiografici e non, la storia della sua vita e le testimonianze di quanti condivisero con lui, in modo significativo, un periodo della sua vicenda umana;

- in secondo luogo la medesima coerenza può essere osservata nei suoi numerosi *scritti spirituali* che, pur non essendo dei *trattati* di teologia ma, piuttosto, degli scritti popolari o edificanti, che non sempre possiedono la prerogativa della *originalità*, rivelano, lungo tutto l'arco della sua vita, il suo giudizio costante sul valore dell'orazione mentale nella vita cristiana e religiosa;

- un altro importante indicatore di continuità è ricavabile dalla lunga esperienza pastorale di Don Bosco e, in particolare, dal «progetto» di *educazione dei giovani alla preghiera* che è possibile ricostruire a partire dalla prassi educativa, dall'analisi di qualche diffuso *manuale* e di alcune biografie di giovani e dalla proposta spirituale contenuta nel programma delle *compagnie* o associazioni giovanili;

– un ultimo indicatore di continuità, il più importante in relazione al fine di mettere a fuoco il *carisma di fondazione*, è costituito dalla coerenza che guida la manifestazione e lo sviluppo del progetto di fondazione, così come emerge, in particolare, dalle prime costituzioni, dai testi che ne accompagnano la pubblicazione e ne favoriscono la corretta ermeneutica, dal magistero che guida il consolidamento della fondazione, dagli insegnamenti del primo noviziato ed anche da alcuni tratti dell'esperienza spirituale dei primi «interpreti» del carisma del fondatore.

Questi quattro differenti aspetti, che cercheremo di osservare nel loro sviluppo lungo tutto l'arco della vita di Don Bosco, convergono poi verso una medesima, coerente unità di pensiero e di prassi, che ci consente di rileggere alcuni *frammenti* della sua esperienza spirituale, la sua produzione letteraria e le testimonianza sulla sua vita di preghiera all'interno di una *totalità complessiva* che ci avvicina alla *conoscenza* del fondatore e ritorna poi ad illuminare ogni singolo frammento, restituendocelo come la *parte* di un *tutto* ordinato e coerente.

Intendiamo qui fare riferimento a quello che, nel campo dell'ermeneutica contemporanea, viene descritto come il *principio della totalità*. Ha scritto Emilio Betti:

> Che la correlazione tra parti e tutto, vale a dire la loro sintesi e la loro coerenza interna, risponda a un'esigenza del nostro spirito — esigenza comune all'autore e all'interprete — si può dare per ammesso anche dal senso comune [...].
> Il criterio della illuminazione reciproca delle parti e del tutto può essere ulteriormente sviluppato se si guarda a come ogni discorso e ogni scritto può essere considerato a sua volta quasi anello di una catena, pienamente comprensibile solo alla luce di una concatenazione più comprensiva. La totalità complessiva nella quale si deve integrare la singola parte va intesa, con Schleiermacher, con soggettivo e personale riferimento alla vita dell'autore, come l'intera sua vita; infatti ciascuno dei sui atti, collegato al complesso degli altri nella misura della reciproca influenza e illuminazione, va inteso come un momento legato a tutti gli altri momenti di vita di una intera personalità[1].

Il procedimento che ci proponiamo qui di seguire applica due volte il *principio della totalità* al nostro particolare problema ermeneutico: riconoscere il ruolo che assume l'orazione mentale nel carisma di fondazione attraverso l'esperienza spirituale del fondatore dei salesiani, i

---
[1] E. BETTI, *L'ermeneutica come metodica generale*, 67-68.

suoi insegnamenti, la sua esperienza pastorale, le indicazioni date alla congregazione da lui fondata.

In un primo momento cercheremo di verificare una *coerenza di contenuti* all'interno delle quattro differenti prospettive di osservazione che abbiamo descritto, a ciascuna delle quali sarà dedicato uno dei prossimi paragrafi:
- l'orazione mentale tra formazione iniziale ed esperienza spirituale adulta;
- orazione mentale e scritti spirituali;
- educazione dei giovani alla fede e orazione mentale;
- l'orazione mentale nel progetto di fondazione della congregazione salesiana.

In secondo luogo, tenteremo brevemente, in un successivo paragrafo, di comporre i quattro punti di osservazione in un unico sguardo di insieme per giungere ad una ipotesi interpretativa più globale che, in ultima analisi, tornerà ad illuminare ciascuno dei punti di osservazione considerati ed anche ogni singolo elemento della nostra analisi.

1.1 *L'orazione mentale tra formazione iniziale ed esperienza spirituale adulta*

Al termine del lungo *iter* della causa di beatificazione di San Giovanni Bosco le affermazioni sulla «qualità» della sua vita spirituale, i doni soprannaturali, la perfetta adesione e uniformità alla volontà divina, la eccellenza della carità testimoniano nei confronti della corrispondenza del santo al dono della *contemplazione passiva* e al raggiungimento della *unione mistica con Dio*[2].

Questa prerogativa dell'esperienza spirituale adulta di Don Bosco, pur non essendo confortata dal contenuto di testimonianze autobiografiche, si muove sulle tracce di alcuni importanti indizi, che ci permettono di riconoscere i prodromi dell'esperienza contemplativa.

Le *sorgenti* della religiosità di Don Bosco vanno innanzi tutto ricercate nell'educazione alla fede ricevuta nell'ambiente familiare e contadino dei Becchi. Il senso religioso della vita, in lui trasfuso dalla madre, sua prima «catechista», e i doni di natura e di Grazia contribuirono ad orientare e a «raccogliere» la sua esperienza umana verso una consapevolezza riflessa della presenza costante e amorevole di Dio.

---

[2] Si veda, in particolare, la *Responsio ad alias novas animadversiones* del 1926, alle pagine 56-69.

L'esperienza di Dio — ha scritto André Godin — non è mai primaria. Essa ha sempre una lunga preistoria e, nella maggior parte dei casi, una preistoria religiosa (o antireligiosa). Psicologicamente, ogni ragazzo, ogni ragazza giunge a parlare di Dio a partire da una rete di relazioni umane grazie alle quali ciascuno cresce, per la via traversa di quello che si dice di Dio nel suo ambiente: famiglia scuola, ambiente di vita o di lavoro, di svago [...]. Nell'aria che il bambino respira[...] c'è della religione o dell'antireligione[3].

L'esperienza spirituale di Don Bosco si caratterizza inoltre, fin dall'inizio, per la sua particolare *intensità* o *risonanza emotiva*. «Dio [...] domina come un sole meridiano nella mente di Don Bosco»[4]. Il *valore religioso* viene presto percepito come *assoluto* e, imponendosi, organizza tutto l'universo dei significati e delle motivazioni e orienta, fin dalla fanciullezza, le prime fondamentali scelte di vita.

Durante i lunghi periodi di solitudine trascorsi da ragazzo in campagna o come custode di greggi, l'abitudine al *pensiero di Dio* dovette radicarsi in lui più profondamente. Di quegli anni Don Stella ha scritto: «Furono anni non inutili non di parentesi, nei quali si radicò più profondo in lui il senso di Dio e della contemplazione, a cui poté introdursi nella solitudine o nel colloquio con Dio durante il lavoro dei campi»[5].

Questa «naturale» inclinazione di Don Bosco alla *orazione mentale diffusa* fu sempre testimoniata da quanti lo accostarono lungo la sua esistenza; egli stesso, inoltre, cercò a sua volta di «riempire» della consapevolezza di questa amorevole presenza il cuore e la mente dei giovani che vissero l'esperienza oratoriana.

Il cammino di formazione alla *orazione mentale formale* o meditazione sembra, invece, avere la sua origine storica, nella coscienza riflessa di Don Bosco, in una sollecitazione a «fare ogni giorno una breve meditazione»[6] che gli venne dal cappellano di Morialdo, Don Calosso, che lo introdusse a «gustare che cosa sia vita spirituale»[7].

Soltanto dopo il suo ingresso nel seminario di Chieri, dove l'orazione mentale formale era prevista dal regolamento[8], il ritmo quotidiano della meditazione inizierà però, probabilmente, ad essere più regolare.

Il giudizio di Don Bosco adulto su questo aspetto della vita del seminario è positivo. «Le pratiche di pietà — scrive dopo il 1873 nelle *Me-*

---

[3] A. GODIN, *Psychologie des expériences religieuses*, 17, [nostra traduzione].
[4] P. STELLA, *Don Bosco nella storia*, II, 19.
[5] P. STELLA, *Don Bosco nella storia*, I, 74.
[6] MO 47.
[7] MO 47.
[8] Cf. A. GIRAUDO, *Clero seminario e società*, 371.

morie dell'Oratorio di S. Francesco di Sales, a proposito degli anni trascorsi in seminario — si adempivano assai bene. Ogni mattino messa, meditazione, la terza parte del rosario; a mensa lettura edificante»[9]; ma ancora più positivo e motivato è il giudizio da lui espresso, con continuità, sulla intensa vita di orazione di alcuni suoi giovani compagni di seminario. «Appena cominciava qualche sacra funzione, od esercizio consueto — racconterà nel 1843 di Giuseppe Burzio, poi divenuto Oblato di Maria Vergine — per esempio, della preghiera, o della meditazione, o pur solamente metteva il piede in cappella, componeva subito ad una santa apprensione tutti i suoi sensi, pel qual suo divoto contegno ognuno ben vedeva quanto vi partecipasse il suo cuore, e quanto fosse lo spirito di fede che lo animava»[10]. «Io ammirai la carità del collega — affermerà molti anni più tardi Don Bosco nelle *Memorie dell'Oratorio* a proposito dell'amico Luigi Comollo — e mettendomi affatto nelle sue mani mi lasciava guidare dove, come egli voleva. D'accordo con l'amico Garigliano, andavamo insieme a confessarci, comunicarci, fare la meditazione, la lettura spirituale, la visita al SS. Sacramento»[11].

La convinzione di Don Bosco che la *orazione mentale formale* sia un mezzo normalmente *necessario* alla vita sacerdotale è espressa nei propositi da lui formulati durante il cammino di formazione, in particolare in occasione della sua ordinazione presbiterale: «Ogni giorno darò qualche tempo alla meditazione»[12]; propositi che egli stesso ricopiò all'inizio di un quaderno autografo di memorie nel 1884, ormai al termine della sua esperienza terrena.

Anche il regolamento del Convitto Ecclesiastico Diocesano di Torino, dove Don Bosco rimase per tre anni dopo l'ordinazione presbiterale, assicurava un tempo alla meditazione quotidiana[13]. Il clima di religioso raccoglimento veniva poi garantito espressamente da una norma: «Si osserverà il silenzio in tutte le ore — leggiamo nel regolamento composto dal Teologo Guala — a riserva del tempo di ricreazione, nel quale però non si alzerà di troppo la voce»[14].

Il progetto formativo del Convitto ebbe un influsso decisivo sulla esperienza spirituale di Don Bosco. «Qui si impara ad essere preti —

---

[9] MO 92.
[10] F. GIORDANO, *Cenni istruttivi di perfezione proposti a' giovani*, 139-140.
[11] MO 70.
[12] F. MOTTO, ed., *Memorie dal 1841 al 1884-5-6 pel Sac. Gio Bosco*, 21.
[13] Cf. G. COLOMBERO, *Vita del Servo di Dio D. Giuseppe Cafasso*, 358.
[14] G. COLOMBERO, *Vita del Servo di Dio D. Giuseppe Cafasso*, 359.

dirà egli stesso molti anni più tardi —. Meditazione, lettura, due conferenze al giorno, lezioni di predicazione, vita ritirata»[15].

In questo «meraviglioso semenzaio»[16] egli farà suoi gli insegnamenti del Cafasso, che per circa diciassette anni ancora, dopo la sua dimissione dal Convitto, sarà suo confessore ebdomadario e direttore spirituale.

«Pregare [...] non basta al sacerdote — recita una istruzione preparata dal Cafasso per un corso di esercizi spirituali — si ricerca di più sia uomo di preghiera, e per divenirlo non giovano le molte parole, non serve né l'arte, né l'industria, ci vuol distacco e ritiro dal mondo, ci vuole l'uso delle pratiche di pietà e di mortificazione, ci vuole infine e principalmente l'uso del riflettere e meditare»[17]. «L'unione con Dio la purità di coscienza, l'esemplarità della vita, che sono così proprie del sacerdote, è inutile sperarle, cercarle fuori del ritiro e della solitudine»[18].

Ci sarà ancora un tempo di *ritiro* e di *solitudine* per Don Bosco, dopo l'inizio della sua complessa e fervente attività apostolica?

Si potrebbe rispondere, con la voce di un testimone della causa, che «la sua fede era così viva che egli era sempre alla presenza di Dio e spendeva per la gloria di Dio ogni istante della sua vita»[19].

Occorre dire, però, che alcuni altri positivi indizi ci permettono di intuire che quella *ritiratezza*, di cui parla sovente egli stesso nelle *Memorie dell'Oratorio*[20] e che aveva promesso di *amare e praticare* in occasione della sua vestizione chiericale[21], sia rimasta per lui quel luogo sicuro dove *superare gli ostacoli*[22] e *conservare la vocazione*[23]. «Ritiro e orazione — predicava il Cafasso — ecco le due ali che hanno da sollevare tant'alto il sacerdote da renderlo come un Dio in terra. Ritiro ed orazione sono due qualità inseparabili»[24]. «Nella camera solo troveremo quella quiete — afferma ancora il direttore spirituale di Don Bosco

---

[15] MO 116.
[16] MO 117.
[17] G. CAFASSO, *Manoscritti*, [CORGIATTI], VII, 2693-2694.
[18] G. CAFASSO, *Manoscritti*, [CORGIATTI], V, 2028-2029.
[19] *Positio super virtutibus. Informatio*, Romae 1925, 47. Si tratta di un brano di una testimonianza di Mons. Giovanni Cagliero.
[20] Cf. a titolo di esempio MO 62. 85. 89. 110.
[21] Cf. MO 89.
[22] Cf. MO 85.
[23] Cf. MO 110.
[24] G. CAFASSO, *Istruzioni per Esercizi Spirituali al clero*, 88-89.

— quella tranquillità, quella calma così necessaria per formare un buon sacerdote»[25].

Un primo importante indizio è costituito dalla sua abitudine di recarsi ogni anno al Santuario di Sant'Ignazio sopra Lanzo per i suoi annuali esercizi spirituali, anche dopo l'inizio dell'esperienza salesiana degli esercizi di Trofarello, e dalla stima costantemente dimostrata per questo tempo privilegiato di silenzio e di raccoglimento. «La parte poi fondamentale delle pratiche di pietà — dirà egli stesso nell'introduzione alle costituzioni della Società — quella che in certo modo tutte le abbraccia, consiste in fare ogni anno gli esercizi spirituali, ogni mese l'esercizio della buona morte»[26].

Un'altra interessante indicazione può essere costituita dalla «relazione» che lega Don Bosco alla sua *camera*. «Siccome giunto in sacristia per lo più si fanno richieste di parlare o di ascoltare in confessione — scrive egli stesso nel taccuino che contiene anche il suo *testamento spirituale* — così prima di uscire di camera procurerò sia fatta una breve preparazione alla S. Messa»[27]. «Entrai moltissime volte in camera sua in quei tempi — testimonierà il primo maestro dei novizi, Don Giulio Barberis in relazione all'ultimo periodo della vita del fondatore — e lo trovai sempre che pregava»[28]. «Entrato in sua camera, per vederlo e parlargli — dirà anche Don Francesco Cerruti al processo canonico — lo trovavamo come uno che attende alla più raccolta meditazione, pur senza averne l'esteriore, ché il suo volto era sempre lieto, sereno e tranquillo, come erano di pace, di carità, di fede le parole che gli uscivano dalla bocca[29]. Testimonierà ancora Don Filippo Rinaldi:

> Negli ultimi anni [...] ogni giorno soleva restarsene ritirato in camera dalle 14 alle 15, e i Superiori non permettavano che in quell'ora venisse disturbato. Ma essendo io, dal 1883 alla morte del Servo di Dio, incaricato di una casa di formazione di aspiranti al Sacerdozio ed avendomi egli detto che andassi a trovarlo ogni volta che ne avessi bisogno [...] più volte mi recai

---

[25] G. CAFASSO, *Manoscritti*, V, 2085 B, 85. Per questa citazione ci siamo serviti del lavoro di Flavio Accornero, *La dottrina spirituale di san Giuseppe Cafasso*, riportando la citazione dai nove volumi di manoscritti del Cafasso, così come è segnalata dall'autore, e, tra parentesi quadre, la pagina del testo dove abbiamo riscontrato la citazione.
[26] *Regole o Costituzioni*, [1875], XXXII-XXXIV.
[27] F. MOTTO, ed., *Memorie dal 1841 al 1884-5-6 pel Sac. Gio Bosco*, 22.
[28] *Positio super virtutibus. Summarium*, [1923], 560. 561-2.
[29] *Positio super introductione causae. Summarium*, [1907], 495-496.

da lui proprio in quell'ora per parlargli. E da quell'ora, dappertutto e sempre, lo sorpresi ogni volta, raccolto, con le mani giunte, in meditazione[30].

Un ultimo cenno può essere fatto anche al tempo della *notte* come tempo che Don Bosco considera privilegiato per il raccoglimento e la preghiera; numerose le indicazioni che emergono, in questa direzione, da alcuni dei suoi scritti.

Tra i segreti della santità del suo direttore spirituale, San Giuseppe Cafasso, Don Bosco annovera, nel 1860, la sua volontà di «guadagnare tempo nella parsimonia del riposo».

> La sera — scrive Don Bosco — era sempre l'ultimo a coricarsi e al mattino sempre il primo a levarsi. La durata del riposo notturno non eccedeva mai le cinque ore, spesso era quattro e talvolta soltanto tre. Egli era solito a dire che un uomo di Chiesa deve una sola volta svegliarsi lungo la notte. Colle quali parole ci assicura che egli svegliatosi, qualunque ora fosse, tosto alzavasi di letto per pregare, meditare, o compiere qualche altro suo affare[31].

Riportando il ricordo della notte che precedette la prima confessione del giovane Michele Magone, Don Bosco, l'anno successivo, scrive:

> È difficile, soleva dire (il Magone), di esprimere gli affetti che occuparono il mio povero cuore in quella notte memoranda. La passai quasi interamente senza prendere sonno [...]. Giunto poi alla metà del tempo stabilito pel riposo, io era così pieno di contentezza, di commozione e di affetti diversi, che per dare qualche sfogo all'animo mio mi alzai, mi posi ginocchioni[32].

Tre anni più tardi così egli stesso descrive le notti che precedevano ogni confessione del giovane Besucco Francesco: «Passava tutta (la) notte nel pregare o nell'esaminarsi per meglio disporsi quantunque la sua vita fosse una continua preparazione. La mattina poi senza più parlare con alcuno recavasi in chiesa, ove col massimo raccoglimento preparavasi alla grande azione»[33]. «Per la contentezza — racconterà ancora nella biografia del Besucco — non poté chiuder occhio in quella notte, che passò in continua orazione ed unione con Dio»[34].

Ancora più esplicita ci appare la sua intenzione di suscitare, nei lettori, l'emulazione della vita di questo pastorello quando scrive, in rela-

---

[30] La lettera, datata 29 settembre1926, è in appendice ai documenti della causa (cf. *Aliae novae animadversiones et responsiones. Appendix documentorum*, 1, 4).
[31] G. BOSCO, *Biografia del Sacerdote Giuseppe Caffasso*, 95.
[32] G. BOSCO, *Cenno biografico sul giovanetto Magone Michele*, 21-22.
[33] G. BOSCO, *Il pastorello delle Alpi*, 36.
[34] G. BOSCO, *Il pastorello delle Alpi*, 80.

zione al periodo trascorso da questo giovane all'oratorio:

> Mi è più di una volta accaduto di dovermi recare dopo cena in chiesa per qualche mio dovere, mentre appunto i giovanetti della casa facevano la più allegra ed animata ricreazione nel cortile. Non avendo tra mano il lume inceppai in cosa che sembravami sacco di frumento con rischio prossimo di cadere stramazzone. Ma quale non era la mia sorpresa, quando mi accorgeva aver urtato nel divoto Besucco, che in un nascondiglio dietro, ma vicino all'altare in mezzo alle tenebre della notte pregava l'amato Gesù a favorirlo de' celesti lumi per conoscere le verità, farsi ognor più buono, farsi Santo[35].

Anche la Beata Maria degli Angeli, nel racconto di Don Bosco, «quando gli altri erano nel più profondo sonno, sorgeva vigilante, e in ginocchioni sul duro pavimento godeva col suo Gesù un più dolce e salutare riposo»[36]. Ella «consumava parte della notte in orazione, e al mattino i suoi primi sospiri erano pel suo Gesù Sacramentato»[37].

Non molto diversa dovette essere la maniera di sentire dei primi salesiani, se Don Bonetti, nell'introduzione a *Il cattolico provveduto*, rivista e corretta dallo stesso Don Bosco, scriveva:

> I santi di tutti i tempi deploravano di dover passare una gran parte della vita in codeste occupazioni senza poter tenere il loro pensiero ed affetto sempre rivolto a Dio. Essi perciò amavano meglio passare le notti intiere o almeno una gran parte di esse nell'orazione, che abbandonarsi al riposo, e cessare di pensare a Dio. Leggiamo nella sacra Scrittura che il re Davide sorgeva dal letto di mezza notte a fine di pregare, rincrescendogli di passare tanto tempo colla mente non occupata del suo Dio. Leggiamo nelle vite dei Santi che sant'Antonio abate passava le intiere notti nella preghiera e nella contemplazione, e quando compariva il giorno, egli si lamentava col sole perché veniva a disturbarlo. S. Luigi Gonzaga, figlio di un principe, giovanetto ancora, nel cuor della notte anche nella fredda stagione si alzava di letto, e inginocchiato sulla nuda terra passava più ore a pregare[38].

«Fu sorpreso nella sua adolescenza — leggiamo infine nella lettera mortuaria di un giovane chierico — più volte ad orare di notte ed anche molto prolungatamente»[39].

---

[35] G. BOSCO, *Il pastorello delle Alpi*, 111-112.
[36] G. BOSCO, *Vita della Beata Maria degli Angeli*, 19.
[37] G. BOSCO, *Vita della Beata Maria degli Angeli*, 110-111.
[38] *Il Cattolico Provveduto* [manoscritto Bonetti], ACS A 229.03.02, 9-10.
[39] *Società di S. Francesco di Sales. Anno 1877*, 36. Don Desramaut ci informa che il manoscritto (che non abbiamo reperito in archivio) porta delle correzioni di Don Bosco (cf. F. DESRAMAUT, *Don Bosco en son temps*, 1380).

Questi testi rivelano il sentire di Don Bosco e della giovane congregazione; ma sono sufficienti per testimoniare l'abitudine di Don Bosco alla preghiera notturna?

Evidentemente, mancando i riscontri oggettivi, è possibile soltanto formulare delle ipotesi; non mancano, però, degli «indizi» che rendono ragionevoli tali ipotesi.

Fino all'età di quarantacinque anni, infatti, secondo una confidenza fatta da lui stesso a Don Lemoyne il 5 aprile del 1884, Don Bosco non dormì più di cinque ore per notte, saltando ogni settimana una notte intera[40]; solo in seguito, vinto dalla malattia, egli mitigò questo impegnativo *standard* di vita. Lo stesso Don Lemoyne scrive «Il fervore nella preghiera incessante teneva D. Bosco sempre unito con Dio. Savio Ascanio era persuaso che D. Bosco vegliasse molte ore della notte e talora la notte intera, pregando»[41].

Questa *parsimonia nel riposo* che egli stesso aveva indicato come uno dei segreti della vita spirituale del suo maestro, il Cafasso, che *svegliatosi, qualunque ora fosse, tosto alzavasi di letto per pregare*, rappresenta, a parer nostro, un argomento sufficiente, nel contesto più ampio degli altri elementi emersi, per ritenere che anche le notti di Don Bosco fossero accompagnate dalla stessa *carità verso Dio* che informava il suo quotidiano apostolato a favore della gioventù.

1.2 *Orazione mentale e scritti spirituali*

L'impegno di Don Bosco a favore della diffusione della *buona stampa* si sviluppa, senza soluzione di continuità, per più di quaranta anni. La sua produzione letteraria, in particolare, è ricca di espressioni non sempre originali, ma costantemente animate dalla carità pastorale e ispirate da intenti edificanti.

Questa particolare intenzionalità e la totale assenza di pretese letterarie e stilistiche, contribuiscono a rendere piuttosto omogenea la produzione di Don Bosco. Al di là della varietà di argomenti e di destinatari o dei differenti generi letterari, si potrebbe dire che, praticamente, tutti i suoi scritti hanno un intento spirituale, anche se il loro estensore non può essere definito un vero e proprio *autore spirituale*, in senso moderno.

---

[40] G.B. LEMOYNE, *Ricordi di gabinetto*, aprile 1884; il contenuto di questa confidenza fu poi inserito da lui stesso nelle *Memorie Biografiche* (cf. IV, 187).
[41] MB III, 589.

In relazione al tema della preghiera, in particolare, ci sembra di poter cogliere, in tutto l'arco della sua produzione, una coerenza di pensiero e di giudizio.

La pedagogia spirituale di Don Bosco non si serve di presentazioni teoriche. Egli si sforza, invece, di *insegnare con i fatti a produrre altri fatti*[42]; per questo motivo non scrive *trattati*, ma, piuttosto, predilige il genere letterario della *biografia*.

Questi racconti edificanti rappresentano anche, generalmente, la produzione letteraria più originale di Don Bosco, quella che dipende in misura minore da altre fonti letterarie.

Al di là della rigorosa *storicità* di alcuni degli avvenimenti narrati, l'analisi di queste biografie, spesso riedite durante l'intero arco dell'esistenza di Don Bosco, ci consentirebbe di scrivere quel *trattato sulla preghiera* che il loro autore non ha mai cercato di scrivere.

Il giudizio espresso da Don Bosco emerge, in ogni caso, concorde nel valutare positivamente le differenti manifestazioni dell'orazione mentale, anche mistiche, nell'indicarle esplicitamente o implicitamente alla imitazione del lettore, nel considerarle i segni di un'esperienza spirituale matura.

Racconta Don Bosco di Luigi Comollo:

> Pregava ma ne era interrotto da singhiozzi, interni gemiti e lagrime, né poteva acquietare i trasporti di tenera commozione [...]. Da ciò ognuno vede chiaramente come il Comollo fosse avanzato nella via della perfezione, giacché quei movimenti di tenera commozione, di dolcezza, di contento per le cose spirituali sono un effetto di quella fede viva e carità infiammata, che altamente gli era radicata nel cuore[43].

«Per lo più — afferma di Savio Domenico — se non era chiamato dimenticava la colazione, la ricreazione e talvolta fino la scuola, standosi in orazione, o meglio in contemplazione della divina bontà che in modo ineffabile comunica agli uomini i tesori della sua infinita misericordia»[44]. «Io resto fuori di me — fa dire Don Bosco al Besucco — al considerare come al giorno della comunione mi senta tanto desiderio di pregare. Parmi di parlare col mio stesso Gesù. E ben poteva dirgli — commenta —: *Loquere, Domine, quia audit servus tuus*»[45]. «Andate al santuario della Consolata — esorta idealmente Don Bosco durante

---

[42] Cf. A. CAVIGLIA, *Opere e scritti editi e inediti di Don Bosco*, VI, XXXIX.
[43] *Cenni storici sulla vita del chierico Luigi Comollo*, 33-34.
[44] G. BOSCO, *Vita del giovanetto Savio Domenico*, 71.
[45] G. BOSCO, *Il pastorello delle Alpi*, 67.

l'elogio funebre del Cafasso — e vedete D. Caffasso in esercizio di devozione; visitate le chiese dove sono le quarant'ore, e là egli pure prostrato disfoga i suoi dolci affetti con l'amato suo Gesù»[46].

> Tanto era assidua nel pensare a Dio — afferma Don Bosco della Beata Maria degli Angeli — che giunse al punto che anche volendo non avrebbe potuto allontanarne il pensiero. Con Lui conversava anche nelle occupazioni più atte a divagarla [...]. Fosse pure inferma, fosse sana, in azione, in riposo, stando in cella, alla mensa, nella ricreazione, al parlatorio, in qualsiasi luogo, ella trovavasi sempre dolcemente unita con Dio[47].

«Sa foi, naïve et forte — scrive Don Bosco del giovane Louis Colle — enflammait toutes ses puissances et les tenait concentrées et ravies dans l'unité d'un pur regard d'amour; comme les Séraphins, elle contemplait des yeux du coeur le Dieu caché dont elle ne connaissait encore que la sainte présence et la souveraine bonté»[48].

Dai *Cenni storici sulla vita del chierico Luigi Comollo* del 1844 a *Le sei domeniche e la novena di S. Luigi Gonzaga*, dalla *Vita del giovanetto Savio Domenico* del 1859, alla *Biografia del Sacerdote Giuseppe Cafasso* dell'anno successivo, dal *Cenno biografico sul giovanetto Magone Michele* al *Pastorello delle Alpi*, rispettivamente del 1861 e del 1864, dalla *Vita della Beata Maria degli Angeli* alle biografie dei confratelli defunti, da lui scritte o riviste, fino alla tardiva *Biographie du jeune Fleury Antoine Colle* del 1884 è possibile far emergere una concezione della preghiera che è dialogo intimo e affettivo, prima che petizione o richiesta, prolungato intrattenimento con Dio, prima che ricorso ad un manuale o una formula.

Le numerose piccole biografie di confratelli defunti, particolarmente importanti perché ci permettono, anche attraverso certe loro enfatizzazioni, di ricostruire il modello di santità proposto alla giovane congregazione, sono poi una ulteriore conferma dell'importanza data alla preghiera silenziosa, alla meditazione, alla dimensione contemplativa della vita spirituale e religiosa.

1.3 *Educazione dei giovani alla fede e orazione mentale*

Il richiamo fatto precedentemente ad alcune biografie di giovanetti ci riporta ad un altro indicatore di continuità che emerge dallo studio delle

---

[46] G. BOSCO, *Biografia del Sacerdote Giuseppe Caffasso*, 90.
[47] G. BOSCO, *Vita della Beata Maria degli Angeli*, 59-60.
[48] G. BOSCO, *Biographie du jeune Louis Fleury Antoine Colle*, 40.

fonti e che è contenuto negli insegnamenti di Don Bosco e nella prassi concreta dell'educazione alla fede, in particolare dei giovani.

La diffusione di queste biografie costituisce infatti una delle risorse più caratteristiche del progetto educativo di Don Bosco, che credeva nella necessità di suscitare nei giovani, negli adulti, nei salesiani la simpatia e l'emulazione di alcuni significativi modelli. La stessa *Compagnia dell'Immacolata*, altro prezioso strumento della pedagogia giovanile di Don Bosco, affidava a questo meccanismo psicologico la crescita dei suoi aderenti, che esprimevano la promessa di «voler imitare per quanto lo permetteranno le nostre forze Luigi Comollo»[49].

San Luigi Gonzaga, il Comollo e San Domenico Savio rappresentano probabilmente i modelli più costantemente indicati ai giovani; tutti e tre, come del resto anche Francesco Besucco, e Antoine Colle Fleury si distinguono particolarmente per lo spirito di orazione, le lunghe adorazioni e preghiere silenziose, le manifestazioni affettive e persino mistiche.

È questo il modello di santità giovanile costantemente presentato da Don Bosco.

Questa considerazione ci sembra densa di conseguenze anche in relazione al carisma di fondazione della congregazione da lui fondata, se riflettiamo sulla circostanza che la maggior parte dei primi discepoli conobbero Savio, Besucco, Magone o fecero parte della *Compagnia dell'Immacolata* o vissero comunque in quel clima di forte tensione spirituale sapientemente creato da Don Bosco attorno a queste figure di giovanetti. Scriveva nel 1932 Don Alessio Barberis:

> Con intuizione geniale volle che le pietre fondamentali del suo Istituto fossero scelte tra quei giovanetti che venuti a Lui dopo i primi anni della puerizia, non avevano conosciuta, si può dire, altra famiglia che quella dell'Oratorio [...]. Era provvidenzialmente certo che tali giovanetti, divenuti Sacerdoti, non avrebbero potuto avere altre vedute che quelle del loro Padre, avrebbero riposto in lui fiducia assoluta, e meglio avrebbero potuto così tramandare ai posteri inalterato lo spirito[50].

Ai giovani Don Bosco raccomandava anche la meditazione. Gli *avvisi per le vacanze*, dettati ai convittori fin dalla metà degli anni cinquanta e costantemente replicati negli anni successivi, consigliano: «Ogni

---

[49] FdB 1868 D 6; cf. G. BOSCO, *Vita del giovanetto Savio Domenico*, 77.
[50] A. BARBERIS, *Don Giulio Barberis*, 26.

giorno: servire la santa messa se si può, meditazione ed un po' di lettura spirituale»[51].

La distinzione, fatta qui come in altri testi[52], tra *meditazione* e *lettura spirituale* ci permette di comprendere che, nonostante Don Bosco non pretendesse, probabilmente, dai suoi giovani una vera e propria meditazione, così come è concepita dalle diverse scuole di ascetica, esistono fondati motivi per credere che, né nel suo sentire né in quello dei suoi giovani uditori, ci fosse una confusione teorica o reale tra le due differenti *pratiche di pietà*. I testi costantemente consigliati per la lettura spirituale dal diffuso manuale *Il giovane provveduto*, d'altronde, e in particolare la *Filotea* di Francesco di Sales e *Gesù al cuore del giovane* di Giuseppe Zama-Mellini, possono essere considerati, in relazione al significato della meditazione nella vita del cristiano ed anche al *metodo* per farla, un comune riferimento teorico.

Alcuni altri elementi si ritrovano costantemente nella prassi di Don Bosco in relazione alla *educazione alla preghiera mentale*.

L'esortazione al ricordo costante della presenza di Dio, la semplice confidenza suggerita dall'avviamento alla preghiera supplice, l'invito a fare spesso ricorso alle giaculatorie, l'insistenza nei confronti di una preghiera vocale *ben fatta*, l'attenzione al *silenzio* serale, la diffusione della *pietà* eucaristica, la valorizzazione del clima di silenzio nel tempo dell'*esercizio della buona morte* o degli *esercizi spirituali*, rappresentano infatti alcune altre risorse costantemente utilizzate da Don Bosco durante tutto l'arco della sua esperienza pastorale.

Le visite al SS. Sacramento, in particolare, contribuivano, nella pedagogia spirituale di Don Bosco, ad alimentare quella pietà affettiva che apriva il cuore del giovane ad una fiducia semplice e profonda in Colui che è il *Sempre Presente* ed è «ricco di grazie da distribuirsi a chi le implora»[53]. Gli slanci eucaristici da lui descritti nei suoi migliori giovani, ci rivelano, così, una intimità dove spesso la preghiera vocale e le ordinarie devozioni non sono che una preparazione ad una preghiera più personale e profonda, che è espressione di *carità verso Dio*.

«Durante la Messa — scrive ad esempio del Besucco — tutto assorto nel contemplare, come egli diceva, l'infinita degnazione di Gesù, non leggeva nemmeno il solito libro di divozione, ma impiegava quel pre-

---

[51] FDB 446 A 3.
[52] Si ricordi, a titolo di esempio, il sogno raccontato da MB IX, 169-170.
[53] G. BOSCO, *Il Giovane Provveduto*, 103.

zioso tempo, nascosto il capo tra le mani, in continui atti d'amore di Dio»[54].

1.4 L'orazione mentale nel progetto di fondazione della congregazione salesiana

La genesi e lo sviluppo della congregazione salesiana si presentano in continuità con l'opera educativa di Don Bosco in favore della gioventù, iniziata fin dagli anni delle sue prime esperienze pastorali al Convitto Ecclesiastico Diocesano di Torino.

Questo convincimento, più volte manifestato dallo stesso Don Bosco[55], e la constatazione che nel graduale processo evolutivo che porta dalla formazione dei giovani a quella del primo gruppo di discepoli non è possibile riconoscere dei bruschi «salti di qualità» nei contenuti o nella «pedagogia spirituale», ci incoraggia a considerare il progetto di vita religiosa proposto dal fondatore nel contesto più generale dell'ambiente dell'oratorio al termine degli anni cinquanta[56]. Egli coinvolge, infatti, in un unico *movimento spirituale* giovani, salesiani, primi collaboratori laici[57].

Questo intenso clima spirituale rimane «da sottofondo» al processo di istituzionalizzazione, il cui inizio può essere fatto risalire alla prima stesura del testo costituzionale. Tale processo favorirà lo sviluppo o il manifestarsi di alcune differenziazioni[58] e il progredire di un modello più tradizionale di vita religiosa, nel quale il ruolo dell'orazione mentale *formale* si strutturerà secondo alcune sue modalità caratteristiche.

Quando, intorno al 1858, Don Bosco lavora alla prima bozza di costituzioni, ha probabilmente dinanzi, come obiettivo principale, quello di

---

54 G. BOSCO, *Il pastorello delle Alpi*, 66-67.

55 Si vedano, a titolo di esempio, G. BOSCO, *Cenno istorico sulla Congregazione di S. Francesco di Sales*; MB VIII, 809; P. BRAIDO, *Don Bosco per i giovani: l'«Oratorio»*, 112.

56 Michele Rua, Giovanni Cagliero, Giovanni Bonetti, Celestino Durando, Carlo Ghivarello, Francesco Cerruti, Giovanni Battista Francesia: sono alcuni dei primi diciotto salesiani che aderirono il 18 dicembre 1859 alla Società Salesiana e dei molti altri che vissero i primi tempi della *Compagnia dell'Immacolata*, la prossimità con Savio, Besucco, Magone, Cafasso.

57 La sostanziale unità di questo progetto emerge anche dal tentativo fatto da Don Bosco di unire con le medesime *regole* consacrati e collaboratori laici.

58 Nel 1874, ad esempio, l'intervento dei consultori farà scomparire dal dettato costituzionale il capitolo dei cosiddetti *soci esterni*. Per loro Don Bosco fonderà l'*Unione dei Cooperatori Salesiani*, riconosciuta da Pio IX nel 1876.

dare continuità alla *istituzione* da lui fondata *a vantaggio della gioventù povera*. La nuova *società* nasce fondamentalmente con l'intento «di fare, coll'aiuto del Signore e di S. Francesco di Sales una prova di esercizio pratico della carità verso il prossimo»[59].

In questa prima fase, dunque, Don Bosco è probabilmente più preoccupato di legare a sé alcuni dei suoi giovani collaboratori che di *formalizzare* i tempi della preghiera. Il *manoscritto Rua*[60], così, parla dello *scopo* della congregazione, della sua *forma*, dei *voti*, del *governo*, dei *soci esterni*, ma nulla dice delle *pratiche di pietà* della nuova congregazione.

La *prassi*, del resto, è già ricca e la *centralità della religione*[61] non è in discussione nella nuova istituzione. «Egli — scriverà qualche anno più tardi Don Barberis nella sua *cronichetta* descrivendo l'ambiente dell'oratorio — imbeve talmente i giovani delle pratiche di pietà che, quasi direi, li ubriaca. L'atmosfera stessa che respirano è impregnata delle pratiche della nostra santa religione»[62].

Quest'ultima considerazione ci permette di *interpretare*, senza indebite «riduzioni», la prima formulazione del terzo articolo del capitolo sulle *pratiche di pietà*, aggiunto dalla mano di Don Bosco al termine del *manoscritto Rua*. Il testo afferma: «Ogni giorno vi sarà non meno di mezz'(ora) di preghiera mentale o almeno vocale»[63]. Un testo di poco successivo dice addirittura: «non meno di mezz'ora di preghiera tra mentale e vocale»[64].

Sarebbe dunque veramente così *minuscola* la durata della vita di preghiera della prima giovane generazione di salesiani?

Chi lo affermasse commetterebbe, a parer nostro, un grosso errore di valutazione. Cerchiamo di metterne schematicamente in evidenza le ragioni:

- innanzi tutto è opportuno ricordare che questa mezz'ora di preghiera *mentale o almeno vocale* va ad aggiungersi alle devozioni ordinarie che strutturavano la vita dell'oratorio, ai doveri generali del buon cristiano, alle preghiere del mattino e della sera, ai doveri particolari dei

---

[59] E. CERIA, *Vita del servo di Dio Don Michele Rua*, 29.
[60] Si tratta del primo manoscritto delle costituzioni da noi conservato, trascritto da Don Michele Rua probabilmente nel 1858 (cf. G. BOSCO, *Costituzioni della Società [1858]-1875*, 17).
[61] Cf. P. STELLA, *Valori spirituali nel «Giovane Provveduto»*, 82-84.
[62] G. BARBERIS, *Cronichetta autografa*, 27/11/1878 in ACS A 000.02.06.
[63] ACS D 472.01.01.
[64] G. BOSCO, *Costituzioni della Società [1858]-1875*, 184.

chierici, alla Santa Messa quotidiana, al rosario, alla visita al SS. Sacramento, alle preghiere prima e dopo i pasti o prima e dopo la scuola o lo studio, alla recita dell'*Angelus*, alla adorazione eucaristica, ai vespri della Madonna, e poi, periodicamente, alle quarantore, all'esercizio della buona morte, agli esercizi spirituali, ai tridui, alle novene e a tutte le pratiche e devozioni private e non di cui è ricca la pietà dell'ottocento;

– in secondo luogo ci sembra importante sottolineare il fatto che la norma costituzionale costituisce, in ogni caso, un riferimento *di minima*; regolamenta le pratiche *in comune* e non la vita di preghiera personale; non ci dà alcuna indicazione sulla effettiva *prassi* di questa prima generazione di salesiani; prassi che, da altre fonti, conosciamo ricca delle manifestazioni di quello *spirito di orazione* costantemente inculcato dal fondatore[65].

Ancora una volta si tratta di interpretare il *frammento* storico che abbiamo dinanzi senza perdere il riferimento al *tutto* della proposta spirituale del fondatore. Proprio in quei mesi in cui nasce la congregazione salesiana tra i compagni del Savio, Don Bosco scrive nella sua biografia: «Era per lui una vera delizia il poter passare qualche ora dinanzi a Gesù sacramentato»[66]. E ancora: «Avvenne più volte, che andando in Chiesa, specialmente nel giorno che Domenico faceva la santa comunione, oppure vi era esposto il santissimo Sacramento egli restava come rapito dai sensi, sicché lasciava passare tempo anche troppo lungo, se non era chiamato per compiere i suoi ordinari doveri»[67]. E nella premessa aveva esortato: «Intanto cominciate a trar profitto di quanto qui vi verrò descrivendo; e dite in cuor vostro quanto diceva S. Agostino: *Si ille, cur non ego?* [...] Non contentatevi di dire: *questo è bello, questo mi piace*: dite piuttosto: *voglio adoperarmi per fare quelle cose che, lette di altri, mi eccitano alla meraviglia* »[68];

---

[65] Si veda, a titolo di esempio, l'orario della giornata di Don Giovanni Bonetti in un suo appunto autografo in ACS B 516. Oltre alla recita della *liturgia delle ore* l'orario di Bonetti, giovane direttore del collegio di Lanzo, prevede: una meditazione al mattino ed una al pomeriggio, la S. Messa con il ringraziamento, la visita al SS. Sacramento, quattro differenti momenti quotidiani di lettura spirituale (*Memoriale Sacerdotum, Bibbia, Imitazione di Cristo*, vita di un santo), la terza parte del Rosario, le orazioni con i giovani, lo studio di un trattato di teologia ...
[66] G. BOSCO, *Vita del giovanetto Savio Domenico*, 71.
[67] G. BOSCO, *Vita del giovanetto Savio Domenico*, 94.
[68] G. BOSCO, *Vita del giovanetto Savio Domenico*, 9. 10.

- in terzo luogo è importante non dimenticare che questo primo testo costituzionale subirà delle evoluzioni. Nulla ci consente di affermare che esso contiene, solo perché è il più antico, la vera *mens* del fondatore in relazione al particolare aspetto che abbiamo preso qui in esame. Gli articoli relativi alle *pratiche di pietà* si evolveranno, anche grazie alle osservazioni dei consultori della Congregazione dei Vescovi e Regolari, osservazioni che Don Bosco accoglierà *libenti animo* per il *miglior bene* della Società[69], fissando, secondo la prassi in uso in altre congregazioni, a *non meno di mezz'ora* il tempo per l'orazione mentale formale.

Nel 1858 Don Bosco ha compiuto il suo quarantatreesimo anno di età; il processo di istituzionalizzazione e di consolidamento della *Società di San Francesco di Sales* lo vedrà protagonista ancora per altri trent'anni, gli anni della piena maturità umana e spirituale.

Quando ebbe inizio tale processo, alcuni dei suoi «religiosi» non raggiungono neanche i sedici anni di età[70]. Un sano realismo e il principio della gradualità, oltre che il desiderio di evitare di caricare sulla coscienza di qualcuno di loro degli obblighi morali superiori alle proprie forze, ispira probabilmente a Don Bosco una sana prudenza.

Con l'andare degli anni il programma del fondatore si *svilupperà* o si *rivelerà* sempre più chiaramente; non ci è dato, infatti, di sapere fino a che punto il suo progetto di vita religiosa sia andato maturando con il trascorrere degli anni, o quanto, piuttosto, sia cresciuta gradualmente la «manifestazione» di un disegno già concepito da tempo, ma partecipato con gradualità ai primi giovani collaboratori.

Quando nel 1866 la congregazione inizia l'esperienza degli esercizi spirituali «autogestiti»[71], il processo che dovrà portare alla formazione della *coscienza di essere religiosi* è già iniziato; l'impegno in questa direzione diverrà prioritario per Don Bosco quando, dopo l'approvazione definitiva delle costituzioni, sarà finalmente libero da preoccupazioni istituzionali.

---

[69] Cf. G. BOSCO, *Costituzioni della Società [1858]-1875*, 233.

[70] Il 18 dicembre del 1859, quando viene firmato l'atto di adesione alla Società di S. Francesco di Sales, Francesco Cerruti ha quindici anni, Luigi Chiapale sedici, Antonio Rovetto diciassette. L'età media di questo primo gruppo di aderenti, fatta eccezione per Don Bosco e Don Alasonatti, è di meno di ventun anni (cf. P. STELLA, *Don Bosco nella storia economica e sociale*, 296-297).

[71] Prima del 1866 i salesiani avevano partecipato agli esercizi spirituali insieme ai giovani; qualcuno di loro, poi, aveva accompagnato Don Bosco ai suoi esercizi annuali a Sant'Ignazio sopra Lanzo.

Le prime esperienze di esercizi a Trofarello rimarranno, nella coscienza riflessa della congregazione, come una tappa fondamentale nel cammino verso il consolidamento. «Noi abbiamo visto — leggiamo nel quaderno dei verbali del primo Capitolo Generale del 1877 — che qui si può dire la Congregazione aver preso uno sviluppo un po' marcato solo dal tempo in cui cominciarono a fare gli Esercizi Spirituali appositamente»[72].

Durante quegli esercizi il tema della vita religiosa viene affrontato da Don Bosco nelle *istruzioni* apertamente, senza indugi; e nel porre le fondamenta del nuovo edificio Don Bosco non trascura di parlare dell'orazione mentale:

> Il demonio si adopera sempre per impedire la preghiera. Dobbiamo adunque combatterlo, pregando per evitarne le insidie. Necessita: *Sine intermissione orate...* Meditazione: più breve o più lunga farla sempre [...]. Sia per noi uno specchio, dice S. Nilo, per conoscere i nostri vizi, e la mancanza delle virtù; ma non si ometta mai. L'uomo che non ha orazione è uomo di perdizione (Santa Teresa). *In meditatione mea exardescet ignis.* All'anima è come il calore al corpo [...]. Orazione vocale senza che vi intervenga la mentale, è come un corpo senz'anima [...]. Tutti quelli che si diedero al servizio del Signore fecero costantemente uso dell'orazione mentale, vocale, giaculatorie[73].

Il 26 luglio del 1866 egli stesso aveva scritto agli studenti del piccolo seminario di Mirabello: «Fate a casa la solita meditazione, messa, lettura quotidiana come facevate in collegio»[74]. E a Don Giovanni Anfossi, l'anno successivo, «La meditazione e la visita al SS. Sacramento saranno per te due salvaguardie potentissime: approfittane»[75]. Sempre in quel 1867 così ammoniva il chierico Luigi Vaccaneo: «Ti raccomando tre cose: attenzione nella meditazione del mattino; frequenza di compagni maggiormente dati alla pietà; temperanza nei cibi»[76]. «Non mai omettere ogni mattina la meditazione»[77] scriverà ancora nei *ricordi confidenziali ai direttori* nel 1871.

---

[72] La consapevolezza della importanza di queste prime esperienze a Trofarello è espressa negli atti del primo Capitolo Generale della congregazione salesiana (cf. ACS D 578, 304).

[73] Si vedano gli insegnamenti di Don Barberis in ACS A 225.04.03.

[74] G. Bosco, *Epistolario*, [Motto], II, 280.

[75] G. Bosco, *Epistolario*, [Motto], II, 446.

[76] G. Bosco, *Epistolario*, [Motto], II, 458.

[77] MB X, 1041; cf. F. Motto, *I «Ricordi confidenziali ai direttori»*, 28.

Non mancano, dunque, in quegli anni, i riferimenti espliciti alla meditazione quotidiana di cui le costituzioni, approvate nel 1874, stabiliranno definitivamente la durata: *saltem per dimidium horae*[78]. Gli insegnamenti del primo noviziato canonico, che per i primi cinque anni dopo l'approvazione delle costituzioni sarà ancora nella casa madre di Valdocco sotto la guida del maestro Don Giulio Barberis e sotto lo sguardo attento del fondatore, ribadiranno la *necessità* dell'orazione mentale e introdurranno adeguatamente ad un *metodo* per farla[79].

Il primo Capitolo Generale, poi, indicherà alcuni testi per la meditazione dei principianti e confermerà l'uso del testo di meditazioni del gesuita Luis de la Puente come sussidio per i più provetti e come guida per gli uni e gli altri[80].

Scrive Don Ceria, nel contesto dell'anno 1875:

> In quell'anno il noviziato venne sospinto molto innanzi sulla via della normalità [...]. Nell'opera di normalizzazione la pietà rappresentava la pietra basilare dell'edificio religioso, e nella pietà due pratiche sono di capitale importanza: gli annui esercizi spirituali e la quotidiana meditazione[81].

Eppure, quando nel 1877 Don Bosco annette alla edizione italiana delle Regole o Costituzioni della Società di S. Francesco di Sales la lunga *Lettera di S. Vincenzo de' Paoli a' suoi religiosi sul levarsi tutti all'ora medesima* ha forse dinanzi ancora alcuni disordini da correggere. Riflettendo su questa lettera, scriverà nella premessa all'edizione delle costituzioni del 1885: «i Salesiani possono imparare l'importanza di essere fedeli alle loro regole, e di badare alla piccole cose, vivendo da buoni religiosi e perseverando nella propria vocazione»[82].

L'autorità di San Vincenzo, che può essere considerato il più «accreditato» dei *santi della carità* nel sentire dell'ottocento piemontese, viene invocata non per indicare alla giovane congregazione che *se lasciate l'orazione per assistere un povero questo è servire Dio*[83], bensì per ricordare che «coloro che amano levarsi al mattino, d'ordinario perseverano, non si rilassano, e fanno rapidi progressi» e che «la grazia della

---

[78] G. BOSCO, *Costituzioni della Società [1858]-1875*, 185.
[79] Si veda in particolare il quaderno delle conferenze di Don Barberis ai novizi del 1875 in ACS B 509.03.01.
[80] Cf. ACS D 578.
[81] MB XI, 273.
[82] Cf. *Regole o costituzioni*, [1885], 87.
[83] Cf. VINCENT DE PAUL, *Correspondance, entretiens, documents*, lettera 2546.

vocazione è legata alla orazione, e la grazia dell'orazione a quella di levarsi»[84].

Don Bosco intende probabilmente ribadire la unità profonda che esiste tra vita di preghiera e carità apostolica, tra osservanza religiosa alla quotidiana meditazione e fedeltà alla vocazione. «La trascuranza — si legge ancora nella lettera — ne ha fatto uscire molti, i quali non potendo dormire a lor piacimento, non potevano pure affezionarsi al loro stato. Quale aiuto ad andar volentieri all'orazione, se non si leva che a malincuore? Come meditar volentieri quando non si è in chiesa che a metà ed unicamente per convenienza?»[85].

L'importanza data da Don Bosco alle pratiche di pietà emerge ancora, in quegli anni, dalla introduzione *Ai soci salesiani* alla prima edizione italiana delle costituzioni:

> Se noi pertanto, o figliuoli, amiamo la gloria della nostra Congregazione, se desideriamo che si propaghi, e si conservi fiorente a vantaggio delle anime nostre e dei nostri fratelli, diamoci la massima sollecitudine di non mai trascurare la meditazione, la lettura spirituale, la visita quotidiana al SS. Sacramento [...]. Sebbene ciascuna di queste pratiche separatamente non sembri gran cosa, tuttavia contribuisce efficacemente al grande edifizio della nostra perfezione e della nostra salvezza[86].

Questi interventi di Don Bosco nel tempo del *consolidamento* acquistano una grande importanza e sono, a parer nostro, i più idonei a svelarci i tratti caratteristici del carisma di fondazione e la sua concezione di vita religiosa.

L'iter per la approvazione si è concluso nel 1874; le *animadversiones* dei consultori lasciano definitivamente il posto alle preoccupazioni di governo. Don Bosco ha quasi sessanta anni e ha dinanzi una famiglia religiosa ancora giovane e, certamente, con ancora molti problemi di crescita. Occorre adesso pensare a rendere più solida la nuova fondazione.

I problemi formativi sono prioritari; le osservazioni della curia torinese in relazione al troppo facile «reclutamento» di alcuni giovani chierici e alla scarsa consistenza del cammino formativo, hanno forse contribuito a dargliene una più chiara percezione.

---

[84] *Regole o costituzioni*, [1877], 47.
[85] *Regole o costituzioni*, [1877], 47.
[86] *Regole o Costituzioni*, [1875], XXXII-XXXIV.

Alcune espressioni, che Don Ceria mette in bocca a Don Bosco, esprimono bene il superamento del tempo della «tolleranza» e l'inaugurarsi di quello della «osservanza».

Io vedeva tutti quei disordini — avrebbe detto Don Bosco intorno al 1875, riferendosi al periodo delle origini — e lasciava che si tirasse avanti come si poteva. Se avessi voluto togliere tutti i disordini in una volta, avrei dovuto chiudere l'oratorio e mandare via tutti i giovani, perché i chierici non si sarebbero adattati a un serio regolamento, e se ne sarebbero andati tutti [...]. È da notarsi però che quelli erano tempi diversi; allora la Congregazione non si sarebbe potuta fondare secondo le norme consuete[87].

Anche le brevi biografie dei confratelli defunti, scritte o riviste da Don Bosco, che vennero pubblicate a partire dal 1872, testimoniano l'importanza data in quegli anni all'orazione mentale formale e al metodo per farla. Esse rivelano in modo semplice e immediato, nonostante le enfatizzazioni e l'intenzionalità parenetica, il modello di vita religiosa caro a quel primo nucleo della Società di San Francesco di Sales.

Ritornano, in queste piccole biografie, i temi dell'orazione mentale diffusa, del continuo pensiero di Dio, della preghiera come lungo, affettivo intrattenimento con Dio, dell'orazione contemplativa. «Fu sorpreso nella sua adolescenza — afferma il manoscritto del necrologio del chierico Giacomo Vigliocco, certamente rivisto da Don Bosco — più volte ad orare di notte ed anche molto prolungatamente»[88]. «Appena conobbe l'importanza della meditazione pel progresso della vita spirituale — afferma ancora il biografo più avanti — l'abbracciò con tale amore, che più non lasciò di farla [...]. Era bello il vederlo al principio di ogni meditazione raccogliersi talmente in sé da non udire o vedere più altro»[89].

Di Giacomo Delmastro, morto nel 1879, Don Rua racconta: «E la colazione? E il pranzo? Non ci pensa per nulla; egli è col suo Gesù, tutto assorto in Lui e non pensa che alle celesti cose»[90].

«Avanti al SS. Sacramento — scrive il biografo del chierico Giovanni Arata nel 1884 — avrebbe passato i giorni interi; e passava la notte intera dal Giovedì Santo al Venerdì in ginocchio presso al Santo Sepol-

---

[87] MB XI, 272.
[88] *Società di S. Francesco di Sales. Anno 1877*, 36. Il manoscritto porta delle correzioni di Don Bosco (cf. F. DESRAMAUT, *Don Bosco en son temps*, 1380).
[89] *Società di S. Francesco di Sales. Anno 1877*, 42-43.
[90] *Società di S. Francesco di Sales. Anno 1880*, 74-75.

CAP. VIII: IL RUOLO DELL'ORAZIONE MENTALE 459

cro e sarebbe stato pronto a passarne ben altre, se ciò gli fosse stato concesso»[91].

Leggiamo ancora di lui:

> Se lo spirito d'orazione nel nostro Giovanni era già grande e direi continuo, più grande lo fu in questi esercizi nei quali pareva proprio non potersi staccare dalla Chiesa non solo di giorno ma neppure di notte. In vero dopo le orazioni della sera egli prolungava siffattamente la sua preghiera, che se non veniva avvertito da qualcuno che si curava di lui, avrebbe forse dimenticato di andare a riposo[92].

Del chierico Carlo Becchio si dice, infine, nel 1879:

> La frequente Comunione le lunghe e divote visite a Gesù in Sacramento, l'esercizio continuo di tutte le pratiche di religione, mantenevano in lui accese le due fiamme dell'amor di Dio e del prossimo [...]. Per questa guisa cresceva questo bel fiore, che in breve doveva colle sue virtù mandare soave fragranza da attirare sopra di sé gli occhi del Signore, rendersi degno di essere trapiantato nel giardino mistico della Congregazione Salesiana[93].

Rileggendo questi frammenti di biografie ci sembra di potere affermare che la congregazione fondata da San Giovanni Bosco «con l'intento di fare [...] una prova di esercizio pratico della carità verso il prossimo»[94], non si preoccupava per nulla, al termine dell'esistenza del suo fondatore, di prendere le distanze da una concezione della preghiera che includesse anche l'esperienza contemplativa.

2. Esperienza spirituale, carisma di fondazione e orazione mentale

Il percorso che abbiamo cercato di compiere, nella prima parte di questo capitolo, ci ha permesso di entrare in contatto con la persona del fondatore e il suo vissuto, con la sua maniera di sentire in relazione all'orazione mentale, con i suoi scritti e i suoi «percorsi spirituali», con alcuni aspetti del suo progetto di fondazione.

La conoscenza di questi elementi, soprattutto in mancanza di altri riscontri autobiografici, è determinante al fine di una corretta ermeneutica del carisma di fondazione. Ha scritto Padre Fabio Ciardi:

---

[91] *Biografie dei Salesiani defunti negli anni 1883 e 1884*, 5. Possediamo di questa biografia il manoscritto originale di Don Giulio Barberis (cf. ACS B 196.33.02) ed alcune testimonianze e documenti, oltre ad alcune lettere e scritti autografi.
[92] *Biografie dei Salesiani defunti negli anni 1883 e 1884*, 25-26.
[93] *Società di S. Francesco di Sales. Anno 1879*, 38.
[94] E. CERIA, *Vita del servo di Dio Don Michele Rua*, 29.

Il vissuto esperienziale è il primo *locus theologicus* dove va attinto il carisma. Il carisma è infatti una esperienza dello Spirito; un'esperienza, dunque, prima ancora di una elaborazione dottrinale. Anche nel caso, tutt'altro che infrequente, che fondatori e fondatrici non abbiano lasciato scritti, possiamo ugualmente accedere all'esperienza fondante. Il loro magistero è tutto nel vissuto[95].

È proprio su questo *vissuto* che abbiamo cercato fin qui di indagare, utilizzando tutte le *fonti* disponibili.

La nostra sintesi ha cercato di mettere in evidenza i diversi elementi di *continuità* all'interno di alcune particolari prospettive, osservate lungo tutto l'arco di vita del fondatore dei Salesiani. Si tratta adesso di comporre questi diversi contributi per cogliere, in un *tutto* unitario, il dono particolare che lo Spirito, attraverso il fondatore, ha voluto comunicare in modo permanente alla congregazione da lui fondata, per il bene della Chiesa.

Le testimonianze della causa di beatificazione e canonizzazione concordano nel riconoscere a Don Bosco il *dono* di unire in modo efficace la vita *attiva* e quella *contemplativa*. Queste dichiarazioni, oltre che nell'autorità dei testimoni, trovano dei significativi riscontri nei diversi elementi che sono emersi dalla nostra analisi e, in particolare, nei contenuti della formazione alla preghiera da lui ricevuta, nei giudizi da lui espressi, nella sua capacità di riconoscere e nella sua volontà di mettere in evidenza, nell'esperienza spirituale di altri, i doni della *vita mistica*, negli stessi contenuti della sua *proposta formativa* ai giovani, che si fonda sulla *emulazione* di un modello di santità che non contrappone mai l'apostolato verso i compagni ad una significativa vita di preghiera, la carità verso il prossimo alla carità verso Dio.

Per una corretta ermeneutica del carisma di fondazione, però, rimane da chiedersi se questo particolare *dono*, concesso da Dio al fondatore dei salesiani, sia da considerarsi come un dono «personale» o faccia parte, invece, di quel *proprium* che, consegnato per mezzo del fondatore alla congregazione da lui fondata, deve essere custodito e sviluppato come un patrimonio caratteristico di tutto l'Istituto.

Per comprendere questo, diventa di primaria importanza considerare, in uno sguardo di insieme, anche il *magistero* esercitato dal fondatore, le indicazioni date alla congregazione, in particolare nel periodo di consolidamento della fondazione; periodo in cui la mancanza di preoccupazioni istituzionali e la maturità umana e spirituale permettono a Don

---

[95] F. CIARDI, *In ascolto dello Spirito*, 97.

Bosco di dedicarsi, in modo più organico, alla formazione, nei suoi, della coscienza di religiosi.

Gli insegnamenti di Don Bosco alla giovane congregazione, comunque, vanno letti in continuità con tutto il movimento spirituale da lui suscitato; è proprio tra i suoi giovani e tra i suoi primi collaboratori, infatti, che egli forma il primo nucleo della congregazione.

Quest'ultima osservazione ci consente di riflettere sul fatto che non esistono soluzioni di continuità, né grossi «salti di qualità» nelle strategie formative e nei contenuti mediati nella fase di inizio del processo di istituzionalizzazione; pochi mesi separano la stesura della prima bozza del capitolo costituzionale sulle *pratiche di pietà*, dove Don Bosco non chiede ai suoi che *mezz'ora di preghiera tra vocale e mentale*, dalla pubblicazione della *Vita del giovanetto Savio Domenico*, compagno di quei primi salesiani, e dal racconto delle sue estasi mistiche e delle sue lunghe adorazioni, indicate alla emulazione dei lettori.

Qual è, dunque, il progetto di Don Bosco per la sua congregazione? La sua proposta rimane soltanto quella di «fare una prova di esercizio pratico della carità verso il prossimo»[96]?

A noi sembra che il progetto di Don Bosco sia ben altro.

Già nella prima bozza del 1858, nel capitolo dedicato agli *scopi* per cui nasce la Società di S. Francesco di Sales, leggiamo:

> 1. Lo scopo di questa congregazione si è di riunire insieme i suoi membri ecclesiastici, chierici ed anche laici a fine di perfezionare se medesimi imitando per quanto è possibile le virtù del divin Salvatore.
> 2. Gesù Cristo cominciò fare ed insegnare, così i congregati cominceranno a perfezionare se stessi colla pratica delle interne ed esterne virtù e coll'acquisto della scienza, di poi si adopreranno a benefizio del prossimo[97].

A questi primi due scopi seguono altri tre scopi *apostolici*, che fanno riferimento agli oratori festivi, ai convitti, e, infine, all'apostolato della buona stampa e alla predicazione degli esercizi spirituali.

Utilizzando una categoria teologica attuale, potremmo dire che già in questo primo testo, che non si distacca molto dalle successive versioni, risulta chiara, nella concezione della vita religiosa di Don Bosco, la priorità della *consacrazione* rispetto alla *missione*.

Al di là di questo testo, comunque, ci sembra di poter affermare che al primo nucleo di giovani collaboratori Don Bosco non trasmette sol-

---

[96] E. CERIA, *Vita del servo di Dio Don Michele Rua*, 29.
[97] G. BOSCO, *Costituzioni della Società [1858]-1875*, 72.

tanto la consapevolezza di una *urgenza*, la salvezza della gioventù povera e abbandonata, bensì anche la sua esperienza spirituale e l'esempio di una vita «raccolta su Dio», la convinzione della *centralità della religione* in un'opera autenticamente educativa, una prassi che li abitua al costante pensiero di Dio, ed anche l'amore al silenzio e alla *ritiratezza*, la sua stima per l'esperienza degli esercizi spirituali, il suo apprezzamento per quelle manifestazione della vita mistica che riconosce in alcuni dei suoi giovani migliori.

È proprio in questo *vissuto*, come afferma il Ciardi, che siamo chiamati a cogliere le indicazioni di Don Bosco per la congregazione da lui fondata.

La carità verso i giovani e l'intuito educativo, in sintonia con una prospettiva morale distante dal volere imporre obblighi superiori a quelli che la coscienza del singolo potesse sopportare, gli ispirarono quel principio di *gradualità* che governa, a parer nostro, non tanto lo sviluppo della sua concezione di vita religiosa, quanto il suo progressivo «disvelamento» alla nascente società.

Sarebbe pertanto riduttivo, secondo noi, fermarsi a considerare, in modo statico, un qualsiasi momento della storia delle origini o dello stesso testo costituzionale, senza cogliere quella dinamica «spinta in avanti» che costituisce il cuore della «strategia formativa» di Don Bosco, strategia che accomuna giovani e collaboratori e che si ostina a presentare quella «santità possibile a tutti» come unica norma comune, come unico, vero *testo costituzionale*.

Ai suoi salesiani, comunque, Don Bosco non farà mancare le indicazioni chiare sui percorsi e gli strumenti *ordinari* di santificazione nella vita religiosa. A partire dalla seconda metà degli anni sessanta, in particolare, l'importanza delle pratiche di pietà, della meditazione, degli esercizi spirituali saranno costantemente oggetto dei suoi insegnamenti e della riflessione comune anche nelle sedi istituzionali adeguate, i primi capitoli generali della congregazione.

La vita attiva pensata da Don Bosco per la sua congregazione, pur non dando spazio a molte pratiche in comune, non esclude una significativa vita di orazione. Le biografie dei confratelli defunti, che furono curate a partire dagli anni settanta, ci permettono anzi di intuire un progetto di vita religiosa che coniughi insieme la vita attiva e quella contemplativa.

Nulla di sorprendente, in questo, se si abbraccia, in uno sguardo di insieme, gli insegnamenti ricevuti da Don Bosco, l'esperienza religiosa del suo formatore Don Cafasso, la proposta educativa fatta ai giovani dell'oratorio di Valdocco, la sua produzione letteraria e, in definitiva, i

CAP. VIII: IL RUOLO DELL'ORAZIONE MENTALE 463

tratti caratteristici della sua stessa esperienza spirituale. Tutto ci sembra ricomporsi in una coerente unità.

3. Breve trattato sulla meditazione nella tradizione salesiana delle origini

Il termine *trattatello* è caro alla tradizione salesiana, perché richiama alla memoria le poche pagine nelle quali Don Bosco traccia le linee portanti del *sistema preventivo* per la educazione della gioventù[98].

Cercheremo adesso, a partire dagli scritti di Don Bosco e da qualche altra pagina della tradizione salesiana delle origini, di compilare, in stile antologico, una sorta di *trattatello sull'orazione mentale formale* o meditazione, allo scopo di organizzare la materia presa in esame e di metterne in evidenza alcune conclusioni[99].

3.1 Necessità della meditazione nella vita religiosa

Negli appunti autografi di Don Bosco utilizzati ai primi esercizi spirituali di Trofarello leggiamo: «Meditazione. Più breve o più lunga farla sempre»[100]. «Tutti quelli che si diedero al servizio del Signore fecero costantemente uso dell'orazione mentale, vocale, giaculatorie[101]».

Le pratiche di pietà, per Don Bosco, rappresentano per l'anima il nutrimento che la rende forte. «Perciò — scrive nell'introduzione alle costituzioni — fino a tanto che noi saremo zelanti nell'osservanza delle pratiche di pietà, il nostro cuore è in buona armonia con tutti e vedremo il salesiano allegro, contento della sua vocazione». «Diamoci la massima sollecitudine di non mai trascurare la meditazione, la lettura spirituale, la visita quotidiana al SS. Sacramento, la confessione ebdomadaria, il rosario della s. Vergine, la piccola astinenza del venerdì. Sebbene ciascuna di queste pratiche separatamente non sembri gran cosa,

---

[98] cf. G. BOSCO, *Scritti sul sistema preventivo nell'educazione della gioventù*, 291-299.

[99] A questo scopo ci siamo serviti, in particolare, del testo del Cardinale Giacomo Lercaro, *Metodi di orazione mentale*, Editrice Massimo, Milano 1969. Non ci preoccuperemo, in questa sede, di una indagine critica sulle *fonti* utilizzate da Don Bosco, indagine che esula dai limiti del nostro studio.

[100] ACS A 225.04.03; cf. MB IX, 997.

[101] ACS A 225.04.03.

tuttavia contribuisce efficacemente al grande edifizio della nostra perfezione e della nostra salvezza»[102].

La «necessità»[103] della meditazione nella vita religiosa, poi, è sottolineata da Don Giulio Barberis fin dai primi anni in cui si impiantò il noviziato regolare per gli ascritti della nuova congregazione.

Scorriamo, *passim*, alcuni dei suoi quaderni di appunti, utilizzati per le conferenze ai novizi. «Per comprendere le cose di Dio, penetrarne il midollo, mostrarci pieni dello Spirito Santo è di tutta necessità l'orazione mentale»[104]. «Niente più necessario all'uomo che la meditazione. E prima di tutto G.(esù) Cr.(isto) ce ne diede l'esempio. *Erat pernoctans in oratione Dei.* Lungo il giorno predicava, guariva, ecc., lungo la nottata meditava e si noti bene: tutto quello che fece G. Cr. è a nostra istruzione. Stette quaranta giorni in meditazione continua ed in silenzio»[105]. «S. Ignazio di Loyola: che cos'è che compì la sua conversione, che lo innalzò a tanta vita? La meditazione!»[106]. «Meditando si riaccende il fervore come ferventissima pianura di fuoco. Ma che la meditazione abbia proprio questa virtù? Che sia tanto utile? Così necessaria? Oh, è proprio così, è proprio così. Ce lo fa sempre più rassicurare il Signore per David nel salmo: *Beatus vir qui in lege Domini meditatur in die ac nocte*[107].

Ancora più esplicito è un brano del 1882, tratto da un quaderno di appunti del chierico Ducatto e relativo ad una istruzione degli esercizi spirituali di quell'anno.

> Miei cari confratelli — vi leggiamo — la meditazione è cosa, è pratica di pietà non dirò solo importante, non solo utile, non solo utilissima, ma sto per dire necessaria a noi religiosi. Or non è mio compito il discorrervi di questa importanza, di questa necessità; ma pur veggo che non se ne può fare a meno e quindi spero di potervene parlare proprio di proposito in qualcuna delle restanti istruzioni future ed intanto parlarvi della necessità che noi religiosi abbiamo di farla, dei beni grandissimi che ci arreca, quando è ben fatta e come uno si deve regolare per farla veramente bene[108].

---

102 *Regole o costituzioni*, [1875], XXXII-XXXIV.
103 Si tratta, qui, di una necessità di ordine *morale*. Si vedano le 5-6 e 11-114 del testo di Lercaro già citato.
104 ACS B 509.03.01.
105 ACS A 000.01.08.
106 ACS A 000.01.08.
107 ACS B 509.03.01.
108 ACS B 509.04.12.

3.2 *Meditazione e progresso nelle virtù teologali*

Alla meditazione «salesiana» è assegnato il compito di favorire il progresso nelle virtù teologali. Le *Memorie Biografiche* ci riportano una istruzione di Don Bosco a conclusione degli esercizi spirituali del 1867.

> Tale meditazione — afferma Don Bosco — è anche l'esame di coscienza. Alla sera prima di coricarci esaminiamoci se abbiamo messo in pratica i proponimenti già fatti su qualche difetto determinato: se siamo in guadagno o se siamo in perdita. Sia un po' di bilancio spirituale; se vediamo di aver mancato ai proponi menti si ripetano per l'indomani, fintantoché non siamo giunti ad acquistare quella virtù e ad estinguere o fuggire quel vizio o quel difetto[109].

Gli appunti di Don Gioachino Berto, allora segretario di Don Bosco, relativi agli esercizi di quello stesso anno, in modo ancora più esplicito avvalorano questa convinzione del fondatore: «Uno che abbia fede e che faccia questa visita a G(esù) S.(acramentato) e che faccia la sua meditazione tutti i giorni purché non faccia questo per qualche fine mondano è impossibile che pecchi»[110].

La medesima dottrina, anche questa volta, trova corrispondenza negli insegnamenti del noviziato: «Quel che è più per noi religiosi — scrive Don Barberis nel 1875 — che di professione tendiamo a perfezione si è questo che senza meditazione non si viene nemanco a capire che cosa sia perfezione, parlando in modo pratico; invece non può essere che uno il quale mediti bene e non s'invogli non tenda gravemente alla perfezione»[111].

> Pertanto al mattino — afferma egli stesso in una conferenza di qualche anno successiva — allorché si fa la meditazione, nessuno sen vada per le proprie occupazioni, se prima non si sarà ben impresse nella mente alcune di queste verità e non avrà con se stesso fermamente proposto di ben ricordarle durante la giornata che sta per incominciare e di osservarle puntualmente.
>
> Ad ogni pranzo, quando si va per la visita a Gesù Sacramentato, allora ai piedi dell'altare rinnoviamo i proponimenti del mattino, ricordiamo le massime imparate, le verità conosciute, e persuasi sempre del gran bene di cui ci è apportatrice la Santa Meditazione, proponiamo sempre più fermamente

---
[109] MB IX, 355-356.
[110] ACS A 025.01.03.
[111] ACS B 509.03.01.

di volerci regolar meglio nel resto della giornata, terminarle nella grazia del Signore, compiendo tutti quegli atti a cui siamo tenuti per dovere. Alla sera poi dopo la cena, quando abbiam detto le nostre preghiere, all'ascoltar queste parole: Fermiamoci alcuni istanti a considerare lo stato di nostra coscienza, subito raccogliamoci in noi stessi, pensiamo alla meditazione del mattino, riandiamo nella nostra mente (al)le risoluzioni prese e ricordate il dopo pranzo, e se con si fatto esame vediamo di averle praticate, continuiamo a far altrettanto per l'avvenire[112].

Questa pratica doveva essere diffusa tra i salesiani, se il biografo del chierico Pietro Scappini scrive:

In ispecial modo lo aiutò a progredire nella via della virtù ed a star costante nella vocazione la quotidiana meditazione delle verità eterne. Era solito dire che senza meditazione non mai avrebbe potuto vincersi dei tanti e radicati suoi difetti. Assai sforzi gli costò la pratica di questo esercizio, poiché la viva immaginazione lo portava naturalmente ad altri pensieri; ma colla costanza riuscì a farla così bene da poter dire che molte meditazioni le passava senza alcuna distrazione[113].

Analogamente, leggiamo nella biografia di Giacomo Vigliocco:

Fu nella frequente Comunione e nella meditazione, che imparò a vincere talmente se stesso, che i suoi compagni e superiori non trovavano neppure la più piccola cosa da appuntargli ! Fu a queste due fonti che attinse quell'amore ai disprezzi, per cui non solo non si offendeva quando era ingiuriato o disprezzato, ma che gli fecero domandare più volte al suo maestro licenza di fare qualche stranezza, per poterne aver dispregio dai compagni[114].

3.3 *Importanza della sua pratica quotidiana*

L'orazione mentale per essere efficace deve essere *quotidiana*. La perdita di questa *abitudine* può essere gravida di conseguenze per la vita religiosa.

Il verbale del terzo Capitolo Generale ci riporta questa convinzione del fondatore dei salesiani: «*Nemo repente fit summus, nemo fit malus* — avrebbe affermato Don Bosco nella terza delle sei raccomandazioni finali, secondo il verbale del segretario Don Giovanni Marenco —. Quindi attendere ai principi per impedire il male grande dell'avvenire.

---

[112] ACS B 509.04.12.
[113] *Società di S. Francesco di Sales. Anno 1880*, 51
[114] *Società di S. Francesco di Sales. Anno 1877*, 43-44.

Lo dice l'esperienza. Se taluno ha messo negli imbrogli il Dir.(ettore) e la Casa, cominciò a lasciare la medit(azione), le pratiche di pietà, poi qualche giornale, qualche amicizia particolare, disordini insomma»[115].

Egli stesso, secondo gli appunti di Don Berto, aveva affermato alcuni anni prima agli esercizi di Trofarello: «Per preghiera s'intende tutto ciò che solleva i nostri affetti a Dio. Come la meditazione del mattino è la prima. Ciascuno la faccia sempre»[116].

L'insegnamento di Don Barberis ricalca, ancora una volta, il pensiero del fondatore: «Voi siete quasi tutti Salesiani o vi entrate ora e qui la meditazione si fa. Bene, fatela volentieri. Ma vivono di coloro che non lo sono e che sono liberi di sé o lo saranno: vi cale d'andare in paradiso? Volete condurre vita cristiana, non avere poi i rimorsi in morte? Fate sempre un po' di meditazione quotidiana»[117].

3.4 *Utilità di fare la meditazione al mattino*

È conveniente che la meditazione sia fatta al mattino, prima di dare inizio alle occupazioni della giornata. La *cronichetta* di Don Barberis riporta questa opinione di Don Bosco:

> È vero che nel mondo vi sono molti buoni cristiani ma vi sono anche molti pericoli, e quante difficoltà si devono superare per fare un po' di bene!
>
> Poniamo per esempio i cristiani che fanno la meditazione, pochissimi sono nel mondo, ma cerchiamo quali dei cristiani la possono fare più bene. Qui per avventura si ha la santa usanza di fare la meditazione, ebbene se la vogliamo fare tutti insieme ci tocca solo di alzarci presto al mattino. Ci leviamo alle cinque e la facciamo tutti insieme senza che alcuno ci disturbi. Nel mondo invece farla in molti non si può; lungo la giornata non si sa qual momento prendere ché le faccende di casa incalzano da tutte parti. Non parliamo del levarsi di buonora, che da alcuni si aspettano le 7 o le 8 e perfin le dieci.
>
> [...] se facessimo anche noi questa cosa, della meditazione, che ne sarebbe? Non si parlerebbe più di meditazione![118]

La lunga lettera di San Vincenzo de' Paoli, annessa per la prima volta alla edizione italiana delle costituzioni nel 1877, è una conferma della volontà di Don Bosco di ribadire questo principio.

---

[115] ACS D 579. Si tratta della 2 del foglio dei verbali dal titolo *7 Settembre sera. Ultima conferenza.*
[116] ACS A 025.01.10.
[117] ACS A 000.01.08.
[118] ACS A 000.04.06.

La grazia della vocazione — vi si legge — è legata alla orazione, e la grazia dell'orazione a quella di levarsi. Se noi siamo fedeli a questa prima azione, se ci troviamo insieme ed avanti al nostro Signore, ed insiememente ci presentiamo a lui, come facevano i primi cristiani, egli Si darà reciprocamente a noi, ci rischiarerà co' suoi lumi e farà egli stesso in noi e per noi il bene che abbiamo obbligo di fare nella sua chiesa e finalmente ci farà la grazia di giungere al grado di perfezione che egli desidera da noi, per poterlo un giorno pienamente possedere nell'eternità dei secoli[119].

3.5 *Meditazione in comune e in privato*

La prassi della meditazione, come pratica di pietà da compiere in comune, divenne regolare probabilmente a partire dagli anni settanta. Pochi anni prima, sempre a Trofarello, Don Bosco aveva affermato: «Chi può faccia questa visita e questa lettura in comune, chi non potesse in comune anche in privato. La meditazione può anche farla in camera»[120].

Alcuni insegnamenti del noviziato ribadiscono, oltre all'importanza della meditazione, la necessità di farla in privato, quando non si potesse farla in comune con gli altri.

> Dopo la levata — leggiamo tra gli appunti di Don Barberis del 1877 — si venga insieme a fare la meditazione; e questa si faccia bene. Alcuni non sapranno ancora guari il modo, questo si imparerà quanto prima; ma l'impegno si veda fin d'ora e si faccia volentieri ed il meglio possibile. Si sappia che è proprio di regola farne mezz'ora al giorno da tutti. Chi può venga a farla qui con gli altri; chi non potesse farla in comune veda il modo di trovare il tempo di farla in privato; ma si faccia sempre[121].

E ancora sullo stesso tema:

> Invero svariatissime sono le occupazioni a cui devono attendere i soci salesiani nelle singole case; e chi fa scuola, chi assiste nei laboratori, e chi assiste o nelle elementari o nel ginnasio o nel liceo; e chi esce sempre a far compere e chi lavora da artigiano [...]; oltre di che ne viene per conseguenza che non tutti possono uniformarsi ad un solo e medesimo orario, stante che i bisogni richieggono altamente e quindi le regole non obbligano punto che tutti e singoli i soci salesiani prendano sempre parte insieme a tutte e singole le pratiche di pietà. Ad esempio la meditazione si fa al mattino al tempo della levata, oppure alle nove; la lettura spirituale alle 2 pomeridia-

---

119 *Regole o costituzioni*, [1877], 47.
120 ACS A 025.01.03.
121 ACS B 509.03.02.

ne, l'esercizio della buona morte al fine di ogni mese; ebbene vi sarà uno che non potrà andare alla meditazione perché forse si sentirà male; neppure potrà andare a quella delle nove, poiché avrà da far scuola, da assistere nei laboratori, da uscire per commissioni e via dicendo [...].

Or bene, stando così le cose, perché non si ha il tempo necessario, perché non si può praticare questa o quell'altra pratica di pietà in comune, dimando io, si potrà per questo tralasciarla del tutto? No certamente; imperciocché se badiamo allo spirito della regola, questa ci avverte che se non possiamo adempiere alle pratiche di pietà in comune, il dobbiamo fare privatamente, ciascuno da sé appena che può e non mai tralasciarla[122].

Anche la prassi dei salesiani dovette orientarsi verso questo principio, se è vero che di Giovanni Battista Caraglio il biografo scrive:

Non tralasciava mai la Meditazione e la Recita del santo Rosario; e fatto sacerdote, lorché le sue occupazioni non gli permettevano di prendervi parte in comune non mancava mai di supplirvi privatamente prima di andare a riposo. Era solito dire che la Meditazione ed il S. Rosario sono pratiche indispensabili al Religioso ed al Sacerdote[123].

Ci sembra si possa affermare, comunque, che nel sentire comune del fondatore e della congregazione, è, comunque, da preferirsi la meditazione in comune, probabilmente anche a motivo di una sana «prudenza». Questo concetto è contenuto nella *Lettera di San Vincenzo de' Paoli* ai religiosi della sua congregazione *sul levarsi tutti all'ora medesima*, che abbiamo già menzionato. Proprio in un passo di questa, San Vincenzo dice di avere individuato il motivo del decadimento di alcune case della sua congregazione proprio nello smarrimento dell'*habitus* della meditazione in comune. Afferma il fondatore della Congregazione per la Missione:

Per iscoprirla è stata necessaria un po' di pazienza e di attenzione dalla parte nostra; infine Dio ci ha fatto vedere che la libertà d'alcuni a riposare più che la regola non accordi ha prodotto questo cattivo effetto; col di più che non trovandosi all'orazione cogli altri, essi erano privati de' vantaggi che si hanno dal farla in comune, e spesso poco o nulla ne facevano in privato[124].

Il desiderio di mantenere la prassi della meditazione in comune è testimoniato anche da alcune deliberazioni del quarto Capitolo Generale del 1886, a proposito dell'orario della giornata da praticarsi nelle par-

---

[122] ACS B 509.04.12.
[123] *Biografie dei Salesiani defunti nel 1882*, 49.
[124] *Regole o costituzioni*, [1877], 43-44.

rocchie. Per salvare, infatti, la opportunità di partecipare insieme a questa pratica di pietà si stabilì di collocarla nel pomeriggio o in qualsiasi altro orario più opportuno[125].

3.6 *Durata della meditazione*

La durata della meditazione, prescritta dalle costituzioni, viene definitivamente fissata dal testo approvato nel 1874: «Singulis diebus unusquisque praeter orationes vocales saltem per dimidium horae orationi mentali vacabit, nisi quisquam impediatur ob exercitium sacri ministerii»[126].

Una precisazione di Don Barberis, che risale al 1882, esplicita il dettato costituzionale: «L'articolo terzo del capo XII discorre dell'orazione mentale, altrimenti detta meditazione, di cui se ne deve fare mezz'ora almeno tutti i giorni. E questo almeno indica che se ne può fare anche di più, secondo che ci sentiamo, ma che però non siamo tenuti a farne di più; però tutti dobbiamo sempre farne almeno una mezz'ora tutti i giorni[127].

Ancora una volta può essere utile uno sguardo alla prassi. Del chierico Giovanni Arata così scrive Don Luigi Deppert, suo compagno al primo corso di filosofia:

> Per quanto fosse occupato non tralasciava mai e poi mai la meditazione quotidiana per una buona mezz'ora. Oh! quante volte il vidi rinchiuso nel suo gabinetto del laboratorio tutto assorto in profonda meditazione! E per vieppiù concentrarsi nelle cose che leggeva, teneva sempre davanti a sé un piccolo crocifisso, benedetto dal Papa, e di tanto in tanto fissava in quello gli occhi bagnati di lacrime[128].

3.7 *Meditazione, orazione affettiva e immaginazione*

L'ultima citazione del paragrafo precedente ci introduce ad una riflessione sul ruolo degli affetti nella meditazione «salesiana».

«*In meditatione mea exardescet ignis* (Salmo 38,4). All'anima è co-

---

[125] Cf. ACS D 579; FDB 1865 D 10; *Deliberazioni del terzo e quarto Capitolo Generale*, 7.
[126] G. BOSCO, *Costituzioni della Società [1858]-1875*, 185.
[127] G. BOSCO, *Costituzioni della Società [1858]-1875*, 185.
[128] ACS B 196.33.01. Si tratta di una lettera su un foglio solo, scritto su tre facciate e datato 21/1/79, che porta l'intestazione della *Arciconfraternita di Maria Ausiliatrice*.

me il calore al corpo»[129]. Questa convinzione di Don Bosco, espressa negli appunti autografi di Trofarello e spesso ripetuta nella letteratura salesiana delle origini, assegna alla meditazione il ruolo specifico di *eccitare gli affetti*. «Dobbiamo anche eccitarci ad affetti di amore — leggiamo negli appunti di Don Gioachino Berto presi durante una istruzione di Don Bosco —, di riconoscenza, di umiltà verso Dio; chiedergli tante grazie delle quali abbisogniamo; e domandargli colle lagrime perdono dei nostri peccati. Ricordiamoci sempre che Dio è Padre e noi siamo i suoi figliuoli. Raccomando adunque l'orazione mentale»[130].

Nella meditazione ignaziana, che veniva insegnata nel noviziato di Valdocco dopo l'approvazione delle costituzioni[131], il ruolo degli affetti è particolarmente importante. Scrive il Padre Secondo Franco, dopo aver parlato del ruolo dell'*intelletto* e della *memoria* nella meditazione: «Dietro a tutte queste considerazioni viene finalmente la volontà, la quale deve prorompere in affetti proporzionati a quel che si è meditato, ed in risoluzioni generose di quello che si dovrà in avvenire poi praticare. E questa è la parte più importante della meditazione»[132].

La consapevolezza di questa importanza attraversa molti degli insegnamenti di Don Giulio Barberis:

L'anima nostra non si trova nelle stesse circostanze? Perché è desolata, perché non ha virtù, perché ha tante imperfezioni? *Nemo est qui recogitet corde*. Adunque come fare per rimetterci noi nel fervore? Ce lo dice Davide ne' suoi salmi: *In meditatione mea exardescet ignis*, meditando si riaccende il fervore come ferventissima pianura di fuoco[133].

In un'altra occasione egli stesso scrive:

Ricordiamoci di quelle parole: *In meditatione mea exardescet ignis*; s'accende sempre maggiore il fuoco del mio spirito nel meditare [...]. Ci sarà pur vantaggioso il portarci in spirito sul monte Calvario, quando Cristo vi sta pendente in croce, in mezzo a due ladroni, carico e coperto di piaghe, incoronato di spine, trafitto da mille punture e mille, insanguinato per ogni parte, si chè ohi più non havvi aspetto di uomo; ed allora diciamo a noi

---

[129] ACS A 225.04.03; cf. MB IX, 997.
[130] MB IX, 355-356.
[131] Si veda la lunga conferenza del 1875 di Don Giulio Barberis sul *modo di fare la meditazione* in ACS B 509.03.01.
[132] S. FRANCO, *Istruzioni per le religiose in tempo di esercizi*, 18. Si tratta del ventitreesimo volume della collana che raccoglie le opere del gesuita Padre Franco, che partecipò al primo Capitolo Generale dei Salesiani nel 1877.
[133] ACS B 509.03.01.

stessi: Anima mia, il tuo Dio sta appeso ad un duro tronco di croce; or meditare il perché[134].

Quest'ultimo insegnamento di Don Barberis ci offre anche la possibilità di mettere in evidenza il ruolo assegnato alla *immaginazione*. «Bisogna immaginarsi presenti al mistero — insegnava egli stesso nel 1875 in una delle prime conferenze dell'anno di noviziato 75-76 — e considerare, le persone, le azioni, le parole, che intervengono o si dicono ponderando quel mistero»[135].

Il *portarsi in spirito sul monte Calvario*, ha evidentemente lo scopo di muovere la volontà ed il cuore, oltre a quello di tenere maggiormente concentrate tutte le altre *potenze*.

La meditazione del chierico Giacomo Vigliocco sembra mettere in atto questi insegnamenti, che ricalcano, peraltro, la tradizione ignaziana[136]. Il «risultato» segnalato dal biografo è, ancora una volta, una crescita nella virtù teologale della carità verso Dio e verso il prossimo.

> Un suo secreto per far bene la meditazione era questo: sul principio, nel porsi alla presenza di Dio, si figurava proprio che gli comparisse visibilmente Gesù Crocifisso, e che dalla Croce stesse osservandolo se la faceva con tutto l'impegno possibile [...].
> Il pensare continuamente a Gesù Crocifisso nelle sue meditazioni, era ciò che gli faceva prendere le grandi risoluzioni pratiche, le quali cercava poi con ogni possa di eseguire, che gli faceva scrutare ogni più recondito ripostiglio del suo cuore, per vedere se vi fosse ancora il germe di qualche vizio da estirpare, o di quali virtù maggiormente abbisognasse per arricchirsene. Oh quanto volte non potendo contenere la piena del cuore andava poi sfogandosi col maestro, indicando il desiderio di dare la vita per salvar anime; il desiderio di patire per amor di Gesù Cristo, più che tutti gli uomini del mondo; il desiderio di slanciarsi tra gli uomini procurando la loro conversione![137]

3.8 *Importanza e utilità di un metodo*

Un metodo, essenziale ma ben strutturato nelle sue parti, viene suggerito già nel 1867 da Don Bosco ai giovani salesiani di Trofarello. Leggiamo negli appunti di Don Berto:

---

[134] ACS B 509.04.12.
[135] ACS B 509.03.01.
[136] Cf. IGNAZIO DI LOYOLA, *Esercizi spirituali*, nn. 194-197.
[137] *Società di S. Francesco di Sales. Anno 1877*, nn. 43-44.

CAP. VIII: IL RUOLO DELL'ORAZIONE MENTALE   473

La meditazione si potrebbe fare in questo modo. Scegliere il soggetto con scienza, mettendosi prima alla presenza di Dio, quindi meditarvi bene sopra, quindi venire a scegliere quelle cose per applicarle a noi, venire alla conclusione cioè risolvere a lasciar quei difetti o a praticar quelle virtù, eccitarci ad affetti. Ringraziare poi Iddio e praticare o fuggire lungo il giorno quel che abbiamo risolto al mattino[138].

Saranno poi gli insegnamenti del primo noviziato canonico a dare ampio spazio alla istruzione sul *modo* per fare la meditazione. Il primo Capitolo Generale, infine, indicherà per tutti i salesiani un «riferimento teorico» nell'introduzione al testo di meditazioni del Padre Luis de la Puente. Leggiamo infatti nei verbali:

(La meditazione) non è altro che un esercizio delle tre facoltà intelligenza, memoria, volontà come insegna il medesimo Da Ponte nella sua introduzione. Introduzione che andrebbe letta cento volte ed imparata a memoria poiché vale tant'oro. Chi segue bene quanto in quella si dice troverà immensamente facilitato il modo di fare la meditazione; ma bisogna avere pazienza; i principianti vanno istruiti bene; bisogna veder modo che abbiano tutti il libro alla mano, e farli imparare secondo quel metodo»[139].

3.9 *Rendiconto e meditazione*

Uno dei punti sui quali deve versare il periodico rendiconto del salesiano, secondo quanto afferma il primo Capitolo Generale, riguarda il «come (egli) si diporti nelle Orazioni e nelle Meditazioni»[140].

Analogamente, nella prima bozza di costituzioni delle Figlie di Maria Ausiliatrice, che risale al 1871, troviamo scritto:

Per avanzarsi nella via della virtù e della perfezione religiosa gioverà loro molto una grande apertura di cuore colla Sup(erio)ra siccome quella che dopo il Confessore è destinata da Dio a dirigerle nella via della perfezione. Pertanto almeno una volta al mese le manifesteranno il loro interno con tutta semplicità e chiarezza, e ne riceveranno avvisi e consigli per ben riuscire

---

[138] ACS A 025.01.03.
[139] ACS D 578, 116-117.
[140] *Deliberazioni del Capitolo Generale della Pia Società Salesiana*, 49-50. Le medesime indicazioni si trovano ripetute anche nelle deliberazioni del secondo Capitolo Generale dei Salesiani del 1880 (*Deliberazioni del Secondo Capitolo Generale della Pia Società Salesiana*, 53) e in quelle del secondo Capitolo Generale delle Figlie di Maria Ausiliatrice del 1886 (*Deliberazioni del secondo Capitolo Generale delle Figlie di Maria SS. Ausiliatrice*).

nell'esercizio dell'orazione mentale, nella pratica della mortificazione e nell'osservanza delle Sante Regole dell'Istituto[141].

Un rendiconto del chierico Giovanni Arata, fatto per iscritto al suo direttore Don Giulio Barberis, ci conferma il fatto che la meditazione quotidiana costituiva, nella prassi, oggetto di periodica verifica.

> Le cose di cui mi ricordo — scrive egli — e mi sembrano atte all'importanza del rendiconto mensile, sono le seguenti. In verità (non saprei per quali particolari accidenti, ma certo sarà per mia negligenza) non sono contento della condotta che ho tenuta in questo mese.
> Cosa che mi addolora grandemente è la distrazione che ho avuta nell'orazione.
> Nella meditazione non posso senza grande difficoltà raccogliermi in me stesso, considerarmi veramente alla presenza di Dio, pensare seriamente alla materia, svolgerla, e quel che è più, mi commuove poco il soggetto che medito. Ben poco mi sembra il profitto della meditazione; intorno a ciò poi influirà forse molto questo, che lungo il giorno di rado mi ricordo di ciò che ho meditato al mattino. Riguardo all'orazione vocale sono stato molto distratto, e non ne saprei il perché[142].

---

[141] *Costituzioni Regole Dell'Istituto Delle figlie di Maria Ausiliatrice*, [Regole manoscritte], quaderno 1, 42.
[142] ACS B 196.33.01.

PARTE CONCLUSIVO - VALUTATIVA

CAPITOLO IX

Valutazioni conclusive e prospettive di ricerca

1. Uno sguardo di insieme al percorso fatto

Il nostro studio ha preso le mosse dalla convinzione che la ricerca su Don Bosco, nella seconda metà del secolo ventesimo, non ha privilegiato l'ambito contenutistico e metodologico della teologia spirituale. Da questo punto di vista, ci sembra che questo lavoro si presenti come un utile contributo per una rilettura dell'esperienza spirituale del fondatore nel quadro complessivo della sua vita, della sua produzione letteraria, della sua esperienza apostolica, del progetto di vita religiosa proposto alla congregazione da lui fondata.

Uno dei contributi più generali della nostra indagine ci pare sia legato ad una rivalutazione, nell'ambito del ricchissimo patrimonio delle fonti edite e inedite, di alcune risorse non sempre sufficientemente valorizzate oltre che per una certa perdita di interesse per alcuni temi caratteristici della teologia spirituale, anche per la cautela che talvolta ha accompagnato l'approccio ad alcuni scritti del fondatore e dei primi discepoli, che, pur non essendo originali o pur possedendo un incerto valore letterario o storico, ci restituiscono, in ogni caso, il progetto di vita cristiana e religiosa delle origini e ci lasciano intravedere il modello di santità proposto.

In modo particolare ci siamo sforzati di comprendere quale ruolo sia stato assegnato in tale progetto alla orazione mentale formale e diffusa. L'ampia analisi e le conclusioni del nostro studio orientano, a questo proposito, verso una valorizzazione della *dimensione contemplativa* nell'esperienza spirituale di San Giovanni Bosco e nel carisma di fondazione della congregazione salesiana.

Queste considerazioni ci spingono a prendere le distanze da ogni interpretazione riduttiva dell'esperienza del fondatore e del progetto da lui concepito per la *Società di S. Francesco di Sales*[1].

Certamente la vita attiva a cui tende la Società implica il fatto che non siano state prescritte molte *pratiche in comune*; tra queste, comunque, è costantemente raccomandata l'*orazione mentale formale* o meditazione. Ben oltre la essenzialità di alcuni *obblighi* emerge, però, la proposta del fondatore che si muove verso una concezione della vita di preghiera che incoraggia l'orazione mentale *diffusa*, il continuo pensiero di Dio, l'orazione affettiva e silenziosa «senza limiti di tempo», e non esclude l'orizzonte dell'esperienza contemplativa; fatto, questo, ancor più rilevante nel contesto della spiritualità dell'ottocento piemontese, non particolarmente incline alle manifestazioni della vita mistica.

Il carisma del fondatore dei salesiani e il progetto da lui proposto alla *Società di S. Francesco di Sales* e, più in generale, al *movimento spirituale* a cui diede vita, non contrappone la *vita attiva* alla *vita contemplativa*, ma, semmai, le coniuga ambedue come differenti manifestazioni della medesima *carità verso Dio* che Don Bosco stesso, secondo quando la Chiesa ha dichiarato canonizzandolo, ha vissuto in modo *eroico*.

In questo senso ci sembra che l'espressione *contemplativi nell'azione*, fatti i dovuti chiarimenti, renda ragione adeguatamente dell'esperienza spirituale proposta alla congregazione salesiana.

Si tratta innanzi tutto di precisare che il servizio e la missione non includono, *ipso facto*, l'ispirazione *spirituale*; una confusione teorica o pratica tra preghiera e azione apostolica non può trovare alcun fondamento negli insegnamenti del fondatore né, tantomeno, nel recente magistero della Chiesa sulla vita religiosa[2].

Una pagina, molto conosciuta, di spiritualità ignaziana ci aiuta a penetrare il significato di questa espressione. Scrive Pietro Favre, uno dei primi compagni di Ignazio di Loyola:

> La tua vita deve seguire Marta e Maria insieme, fondarsi sull'orazione ma anche sulle buone azioni, essere attiva ma anche contemplativa. Se però un tipo di vita devi praticarlo in vista dell'altro e non per se stesso, come spesso capita, cioè se tu intraprendi la preghiera come mezzo per agire meglio,

---

[1] Scriveva ad esempio Don Francis Desramaut nel 1967: «(Don Bosco) ha scelto per sé e per i suoi la santità per mezzo dell'azione, senza tuttavia, rinunciare ad una specie di contemplazione abituale» (F. DESRAMAUT, *Don Bosco e la vita spirituale*, 219; si tratta di una traduzione dall'originale francese del 1967).

[2] Si vedano, ad esempio, i seguenti riferimenti: *Mutuae Relationes* 15; *Evangelica Testificatio* 42. 45. 46; *CIC* 663; *Orientale Lumen* 16; *Vita Consecrata* 38.

oppure al contrario l'azione è in vista della preghiera, sarà più conveniente, tutto sommato, che tu orienti le tue orazioni verso i tesori delle buone opere che non, e viceversa tu miri nell'agire ai tesori che si conquistano con la preghiera[3].

Possiamo poi, più esplicitamente, affermare che l'*orazione di contemplazione*, nel senso più stretto del termine, non è «contraria» alla vita religiosa salesiana; abbiamo constatato, infatti, che non soltanto la contemplazione *infusa* e le sue caratteristiche manifestazioni, dono peculiare di Dio, bensì anche altre forme di contemplazione *acquisita*, di orazione di *semplicità* o di orazione *affettiva*, non sono per nulla estranee alla eredità tracciata dagli scritti e dalla esperienza spirituale del fondatore dei salesiani per la congregazione da lui fondata.

Una pagina, già citata, di Don Paolo Albera, secondo successore di Don Bosco, conforta queste nostre conclusioni:

> A misura [...] che la forza delle passioni va in noi scemando — afferma questo autorevole interprete di Don Bosco in una circolare del 1921 — e si fa più vivo il desiderio del progresso spirituale e più ardente l'amor di Dio, il lavoro dell'intelletto avrà una parte sempre minore nella nostra orazione, mentre prevarranno i movimenti del cuore, i santi desideri, le domande supplici e le risoluzioni fervorose. Questa è la cosiddetta orazione affettiva, e che a sua volta conduce all'orazione unitiva, chiamata dai maestri di spirito orazione contemplativa ordinaria.
>
> Qualcuno forse penserà che un Salesiano non debba mirare tant'alto, e che D. Bosco non abbia voluto questo dai suoi figli, giacché da principio non impose loro neanche la meditazione metodica in comune.
>
> Ma io posso assicurarvi che fu sempre suo desiderio di vedere i suoi figli elevarsi, per mezzo della meditazione, a quell'intima unione con Dio ch'egli aveva così mirabilmente attuata in se stesso, e a questo non si stancò mai d'incitarci in ogni occasione propizia[4].

Questa pagina è stata così commentata trent'anni più tardi da Don Pietro Ricaldone, quarto successore di Don Bosco: «Si degni il Signore di concedere la grazia della contemplazione a molti figli di Don Bosco, affinché imitino sempre più perfettamente il loro Padre e Fondatore col ravvivare nell'orazione contemplativa le fiamme del proprio zelo»[5].

---

[3] Questa pagina, tratta dal *Memoriale* del Favre, è riportata in J. DE GUIBERT, *La spiritualità della compagnia di Gesù*, 463.

[4] *Lettere circolari di Don Paolo Albera*, 406-407.

[5] P. RICALDONE, *La pietà*, 185.

Il nostro tentativo di *valorizzazione del ruolo dell'orazione mentale nel carisma di fondazione di San Giovanni Bosco, fondatore della Società di S. Francesco di Sales*, poi, ci sembra possa avere dei significativi riflessi anche in una migliore comprensione della *missione* affidata alla congregazione salesiana, in particolare per quanto riguarda l'ambito dell'educazione dei giovani alla preghiera e l'importanza data dal fondatore all'apostolato degli *esercizi spirituali*, la cui predicazione è costantemente considerata, in tutte le differenti redazioni delle costituzioni, uno dei principali *scopi* della congregazione[6].

2. Contributi particolari e prospettive di ricerca

La nostra ricerca ha richiesto uno sguardo molto ampio non soltanto sulle fonti, bensì anche su tutto il panorama degli studi precedenti, i cui contributi sono stati spesso accolti e integrati nello sviluppo della ricerca, altre volte discussi criticamente.

Questa prospettiva ha richiesto un lungo lavoro previo di preparazione e ha reso possibile il tentativo di applicare, al termine del nostro percorso, il principio ermeneutico della *totalità* o della *coerenza dei significati* all'intera esperienza spirituale e apostolica del fondatore dei salesiani, in modo che ogni *frammento*, emerso nella parte analitica, contribuisse a illuminare il *tutto* e, nel medesimo tempo, acquistasse esso stesso luce da questa visione più generale.

Questo sguardo di insieme ha permesso anche di intravedere, lungo il percorso, alcuni obiettivi intermedi, che costituiscono al tempo stesso dei contributi particolari e delle possibili prospettive di approfondimento.

Esaminiamone rapidamente alcuni.

2.1 *Influssi della spiritualità ignaziana sull'esperienza spirituale e apostolica di San Giovanni Bosco*

Uno degli apporti che il nostro studio, anche se indirettamente, fornisce alla ricerca su Don Bosco è costituito da una migliore intelligenza degli influssi diretti o indiretti della spiritualità di Sant'Ignazio di Loyola sull'esperienza spirituale e apostolica di Don Bosco e sul progetto di vita religiosa proposto ai suoi salesiani[7].

---

[6] Cf. G. BOSCO, *Costituzioni della Società [1858]-1875*, 78-79.

[7] Abbiamo reperito alcuni cenni relativi a tale influenza in altri studi, ma il tema, in realtà, risulta a volte appena enunciato. «Le sue affinità – scriveva ad esempio Don

CAP. IX: VALUTAZIONI E PROSPETTIVE 481

Numerosi gli «indizi» emersi, in questa direzione, nella parte analitica. Raccogliamone rapidamente alcuni:

- l'ambiente formativo del Convitto Ecclesiastico Diocesano di Torino subisce l'influenza indiretta del gesuita Nicolaus Joseph Albert von Diessbach e quella diretta del suo discepolo Pio Brunone Lanteri. In particolare nel *progetto formativo* del Convitto occupano un posto di rilievo gli *esercizi spirituali ignaziani* dei quali il Diessbach, il Lanteri, il Guala e il Cafasso furono convinti diffusori. L'attenzione data alla *sacra eloquenza*, all'esercizio pratico della predicazione, alla pratica del ministero della riconciliazione orientavano i giovani ecclesiastici verso l'apostolato degli esercizi;

- all'età di ventinove anni, al termine del triennio passato al Convitto Don Bosco decide di «entrare in religione» con gli Oblati di Maria Vergine di Pio Brunone Lanteri, congregazione la cui unica missione è quella di dettare corsi di esercizi secondo il metodo di Sant'Ignazio;

- per trent'anni Don Bosco fece i suoi esercizi annuali al santuario di Sant'Ignazio sopra Lanzo. Questa sua pratica continuò anche dopo l'inizio degli esercizi «autogestiti» per la nascente congregazione;

Desramaut nel 1970 – con santa Teresa e sant'Ignazio di Loyola sono certe: della prima, egli aveva la tenera devozione alla maestà di Dio; del secondo, l'energia nella lotta contro il male; e il suo culto della maggior gloria di Dio affondava verosimilmente le sue radici nella spiritualità ignaziana» (F. DESRAMAUT, *Don Bosco nella vita spirituale*, 221). In realtà le «proporzioni» di queste due differenti influenze, quella di Teresa d'Avila e di Ignazio di Loyola, sono, a parer nostro, notevolmente diverse. Molto più interessanti sono invece le considerazioni di don Giovanni Pignata che nell'articolo dal titolo *La scuola dei santi piemontesi dell'800*, in relazione alla numerosa schiera di santi che caratterizza l'ottocento torinese e, in particolare, al canonico Giuseppe Allamano, nipote del Cafasso, scrive: «Questa scuola di santi che trovava le sue basi principali a Sant'Ignazio e al Convitto, quali *caratteristiche* presenta, come si è sviluppata, come è stata continuata dall'Allamano? Il Bona, parlando degli statuti dell'*Amicizia Cristiana* del Diessbach, dice che erano pervasi dallo spirito di soavità di S. Francesco di Sales, che tradivano una netta impronta ignaziana, ma che traevano alimento anche dalla *pietas* oltre che dalla morale del contemporaneo S. Alfonso de' Liguori. *S. Ignazio, S. Francesco di Sales, S. Alfonso* furono veramente i tre Santi che influenzarono in modo notevolissimo, anche se diverso, questa aiuola di santità piemontese [...]. L'attingere da tre Santi, capiscuola di tre spiritualità diverse, dà pertanto al nostro gruppo *una connotazione di sincretismo, a sua volta frutto di pragmatismo* molto connaturale al temperamento piemontese, che non è speculativo, né brillante, ma tenace, modesto, di poche parole e soprattutto realizzatore e organizzatore» (G. PIGNATA, in «La scuola dei santi piemontesi», 528-529). Alcuni interessanti riferimenti alla spiritualità della Compagnia si trovano *passim* in P. STELLA, *Don Bosco nella storia*, II, LAS, Roma 1981.

- alcune pratiche e devozioni che sono nate nell'ambito della spiritualità della Compagnia di Gesù costituiranno alcuni dei principali punti di riferimento della *vita di pietà* salesiana delle origini. In particolare menzioniamo il *mese di maggio* e l'*esercizio della buona morte*;

- l'orizzonte, costantemente ricordato ai suoi[8], di una vita impiegata *ad maiorem Dei gloriam*[9], viene espresso nella prima formula di professione della nascente congregazione salesiana, formula che deriva direttamente dalle costituzioni della Compagnia di Gesù;

- gli insegnamenti del primo noviziato sulla meditazione si rifanno al metodo ignaziano, come del resto alcuni dei primi testi adoperati come sussidio per la stessa, in particolare quello del gesuita Luis de la Puente;

- la decisione di Don Bosco di invitare due padri della Compagnia al primo Capitolo Generale come consulenti per i problemi giuridici e della vita spirituale e i giudizi da lui espressi in quella occasione esprimono la stima da lui nutrita per la esperienza spirituale della Compagnia;

- la medesima stima Don Bosco nutrì costantemente per l'esperienza degli esercizi. La predicazione di esercizi spirituali risulta anche tra gli scopi principali della congregazione in tutte le differenti versioni delle costituzioni, sino alla morte di Don Bosco;

- la stessa scelta di San Luigi Gonzaga come patrono della congregazione salesiana, accanto a San Francesco di Sales, può essere letta nella medesima convergente direzione.

Anche la semplice elencazione di questi elementi, che emergono tutti direttamente dalla parte analitica del nostro studio, stimola lo studioso ad ulteriori approfondimenti[10]. Si potrebbero anche individuare, a parer

---

[8] Si veda la testimonianza del teologo Felice Reviglio al processo di beatificazione nel *Summarium* della *Positio super introductione causae*, [1907], 488.

[9] In parecchi documenti ufficiali, in particolare in quelli relativi ai primi capitoli generali, è possibile trovare l'intestazione *Ad maiorem Dei gloriam* a volte completata dalla dizione ...*et Salesianae Societatis incrementum*. Si vedano, a titolo di esempio, FDB 1853 A 1; 1853 A 4; 1859 A 7; 1868 A 4.

[10] Ci si potrebbe chiedere come mai nella letteratura salesiana delle origini, nonostante i numerosi elementi emersi, scarseggino i rimandi espliciti a Sant'Ignazio e alla spiritualità della Compagnia. La nostra ipotesi è che quella certa diffidenza, che caratterizzava il giudizio di alcuni ambienti, anche clericali, dell'ottocento piemontese nei confronti della Compagnia, abbia suggerito a Don Bosco di evitare, prudentemente, tali riferimenti. Su questo clima di «antigesuitismo» si vedano, ad esempio, le pagine 40 e 269-270 di F. DESRAMAUT, *Don Bosco en son temps*. Ciononostante Le *Memorie Biografiche* ci riportano un testo molto esplicito di una conferenza di Don Bosco ai

nostro, alcune altre corrispondenze cui non si è fatto cenno in questa conclusione, perché non direttamente approfondite nel corso della nostra indagine[11].

2.2 Valorizzazione del ruolo formativo del Convitto Ecclesiastico di Torino

L'influenza formativa del Convitto Ecclesiastico Diocesano di Torino, che emerge particolarmente nella parte analitica della nostra ricerca, non è stata trascurata da alcuni studi precedenti[12]. Rimangono però allo studioso, a parer nostro, alcune importanti piste di approfondimento:
- innanzi tutto ci sembrerebbe più urgente uno studio storico completo ed esauriente su questa ragguardevole istituzione che ebbe così grande influenza sul clero piemontese dell'ottocento e che fu vera scuola di vita presbiterale; lo studio del particolare «modello» di presbitero che cresceva alla scuola del Convitto, oltre che far luce sulla esperienza spirituale di Don Bosco e di quanti, come lui, si formarono in questa «fucina sacerdotale»[13], potrebbe anche dare delle interessanti indicazioni per la odierna formazione pastorale dei giovani presbiteri;

---

salesiani del 12 gennaio 1873: «Se è mio grandissimo desiderio che questa nostra Congregazione cresca e moltiplichi i figli degli Apostoli, è pure mio grandissimo e maggior desiderio che questi membri siano zelanti ministri di essa, figli degni di S. Francesco di Sales, come già i Gesuíti, degni figli del valoroso S. Ignazio di Loyola. Il mondo intero e più di tutti i malvagi, che per odio satanico vorrebbero spento questo seme santissimo, stupiscono. Le persecuzioni, le stragi più orrende non muovono questi magnanimi. Son divisi per modo che uno non sa più dell'altro: eppure in sì gran distanza dell'uno dall'altro adempiono perfettamente alle regole dettate dal loro primo Superiore, non altrimenti che se fossero in comunità. Là dove è un gesuita, là, dico, è un modello di virtù, un esemplare di santità: là si predica, là si confessa, là si annunzia la parola di Dio. Che più? Quando i cattivi credono di averli spenti, egli è appunto allora che più si moltiplicano, è allora che il frutto delle anime è maggiore» (MB X, 1062).

[11] Citiamo, a titolo di esempio, la concezione «boschiana» del *rendiconto*, la cui derivazione dalla concezione ignaziana della vita religiosa emerge nel recente volume di P. BROCARDO, *Maturare in dialogo fraterno*, 22-26, le omelie giovanili di Don Bosco, di chiara ispirazione ignaziana, i cui manoscritti si conservano nell'Archivio Centrale, o i numerosi quaderni di omelie approntati per i corsi di esercizi dal primo gruppo di discepoli, anch'essi conservati alla Casa Generalizia.

[12] Si vedano, ad esempio: P. STELLA, *Don Bosco nella storia*, I, 85-102; DpF, ed., *Sussidi*, II, 67-80; F. DESRAMAUT, *Don Bosco en son temps*, 131-178.

[13] L'espressione è di Giuseppe Tuninetti in *Don Clemente Marchisio [1833-1903]*, 20. Questo testo contiene molte interessanti considerazioni di questo studioso sul Convitto di Torino e sul suo progetto formativo.

– anche i principali «protagonisti» dell'esperienza formativa del Convitto esigerebbero di essere accostati con maggiore cura. In particolare, per conoscere più a fondo l'esperienza spirituale di Don Bosco, ci sembra essenziale uno studio biografico del Cafasso e una più attenta conoscenza dei suoi scritti, in buona parte inediti, e del suo particolare «percorso» teologico che ebbe certamente grande influenza sul pensiero e sulla prassi di Don Bosco;

– uno degli elementi che resero più difficili, per molti anni, i rapporti di Don Bosco con la curia torinese è, a parer nostro, l'insanabile distanza tra le due differenti scuole di vita sacerdotale: quella rigorista e gallicana del seminario torinese e quella alfonsiana e ultramontana del Convitto. Ci sembra che questo aspetto del problema sia stato spesso sottovalutato dagli studiosi nel considerare le ragioni di un contrasto, troppo spesso attribuito quasi esclusivamente a cause temperamentali o a volontà di supremazia. Non si dimentichi che fu lo stesso Monsignor Gastaldi, che rivendicava a sé e al seminario di Torino la cura della formazione sacerdotale dei chierici salesiani, a chiudere nel 1878 il Convitto Ecclesiastico di Torino[14].

2.3 *Il primo gruppo di discepoli*

Un altro possibile approfondimento nell'ambito proprio della teologia spirituale, strettamente legato ad una corretta ermeneutica del carisma di fondazione, potrebbe essere fatto in direzione di una migliore conoscenza del *primo gruppo di discepoli*.

Nonostante la rapida espansione della congregazione salesiana, non sarebbe difficile mostrare, a parer nostro, che questa espressione può essere più propriamente ristretta ad alcuni dei primi salesiani, che occuparono spesso, per volontà dello stesso fondatore, i più importanti ruoli istituizionali; la dizione *primi discepoli*, quindi, non sarebbe a

---

[14] Cf. DpF, ed., *Sussidi*, II, 68-69. Lo stesso Padre Giuseppe Tuninetti, in un contributo dal titolo «Gli arcivescovi di Torino e Don Bosco fondatore» ci informa sulle ragioni che Don Bosco stesso oppose nel 1868, con un promemoria indirizzato alla Congregazione dei Vescovi e Regolari, all'obbligo imposto ai chierici salesiani di frequentare il seminario come convittori: «Tra le varie ragioni addotte nel promemoria — scrive il Tuninetti — per respingere tale obbligo compariva la non affidabilità (dal punto di vista della ortodossia) dei professori del seminario: teologia morale, ermeneutica sacra e storia ecclesiastica» (in M. MIDALI, ed., *Don Bosco Fondatore*, 263).

parer nostro legata a criteri puramente cronologici, bensì alla significatività del ruolo assunto nella nascente istituzione prima del 1888[15].

Veramente poche sono state finora le risorse scientifiche impiegate nello studio biografico di questi primi discepoli e in quello critico dei loro manoscritti, che si conservano numerosi nell'Archivio Centrale; questo fatto, probabilmente, si spiega considerando che la dominante figura di Don Bosco ha naturalmente catalizzato l'interesse degli studiosi. L'analisi di alcune figure, in particolare, come quella del primo maestro dei novizi Don Giulio Barberis, contribuirebbe a restituire una migliore comprensione del progetto di vita religiosa delle origini.

2.4 *Il modello di vita religiosa alle origini della Società*

Un'altra possibile traccia di approfondimento che scaturisce dalla nostra ricerca ci sembra possa essere costituita da uno studio più completo sulla concezione di vita religiosa che emerge dagli scritti del fondatore e in particolare dalle costituzioni approvate, dalla prassi della nascente congregazione, dal primo magistero salesiano.

Gli odierni insegnamenti del magistero e le attuali acquisizioni della teologia della vita consacrata ci consentirebbero di rileggere i risultati di una tale indagine e di valorizzare alcuni contributi; ogni generazione, infatti, è chiamata a far progredire l'interpretazione del proprio carisma a partire dal passato, oltre che dalla propria attuale esperienza di vita e dalla rinnovata realtà ecclesiale. Questo continuo *ritorno alle fonti* realizzerebbe quel *circolo ermeneutico* che fa del carisma una realtà viva e che consente di evitare ogni eventuale *riduzione* dello stesso.

In relazione alla concezione di vita religiosa delle origini di particolare interesse potrebbe essere uno studio sui *necrologi* e le *lettere mortuarie* che si iniziarono a scrivere nel periodo di consolidamento della fondazione.

2.5 *Ulteriori studi su altri aspetti del carisma di fondazione*

I criteri generali per la ermeneutica del carisma di fondazione, enunciati nel secondo capitolo del nostro studio ed applicati al nostro tema

---

[15] Tra questi ci sembra, in particolare, di poter segnalare Michele Rua, Giovanni Cagliero, Giovanni Bonetti, Paolo Albera, Giulio Barberis: poi Giuseppe Bertello, Gioachino Berto, Francesco Cerruti, Giacomo Costamagna, Francesco Dalmazzo, Celestino Durando, Giuseppe Fagnano, Carlo Ghivarello, Luigi Lasagna, Giuseppe Lazzero, Giovanni Battista Lemoyne, Francesco Provera, Filippo Rinaldi.

specifico, rimandano, a parer nostro, ad una coraggiosa revisione di alcuni altri aspetti del carisma di fondazione.

Il continuo *ritorno alle fonti* e la volontà di rivivere costantemente, in modo creativo, la storia delle origini sono un efficace antititodo contro il pericolo di una *riduzione del carisma* e uno stimolo efficace per *rifondare* continuamente la vita religiosa.

Quanto abbiamo cercato di fare, nel nostro studio, in relazione al *ruolo dell'orazione mentale nel carisma di fondazione*, dovrebbe dunque essere esteso ad altri aspetti significativi della vita religiosa delle origini, come il contenuto dei *voti* o il ruolo della *ascesi* o, ancora, la particolare concezione della *vita comunitaria*.

È quanto, molto recentemente, ha contribuito a fare il salesiano Don Pietro Brocardo in relazione al tema del *rendiconto* che egli definisce coraggiosamente, a conclusione del suo studio, «un dato carismatico irrinunciabile»[16], denunziando con garbo quanti, troppo semplicisticamente, ne giustificano l'abbandono nella prassi.

«Di fronte alla tentazione non ipotetica — afferma infatti egli stesso — di ritenere il rendiconto un argomento ormai superato, non dobbiamo dimenticare che l'ideale, se è umano, ci supera sempre; e vale più della vita, se è carisma e dono di grazia»[17].

2.6 *Ruolo dell'orazione mentale nel carisma di fondazione delle Figlie di Maria Ausiliatrice*

Il medesimo percorso fatto sulle fonti per la Società di S. Francesco di Sales potrebbe essere realizzato utilmente anche per la congregazione delle Figlie di Maria Ausiliatrice, nonostante la differente genesi di questa famiglia religiosa e la minore disponibilità di fonti documentali.

3. Difficoltà e limiti del nostro studio

L'abbondantissima produzione edita e inedita di Don Bosco, il lungo periodo di oltre settantadue anni della sua vita, i documenti della causa di beatificazione e canonizzazione, la complessa storia delle origini e del difficile *iter* fino alla approvazione definitiva della Società Salesiana, la grande quantità di materiale inedito relativo al primo gruppo di discepoli: tutto questo ha richiesto un lungo e paziente lavoro di preparazione, indispensabile per tentare di penetrare nel tema specifico del

---

[16] Cf. P. BROCARDO, *Maturare in dialogo fraterno*, 210.
[17] P. BROCARDO, *Maturare in dialogo fraterno*, 16.

nostro studio e per inserirlo in un quadro di riferimento più generale e ha reso più vasta e impegnativa la parte analitica.

La nostra indagine, inoltre, ha richiesto uno studio molto ampio non solo sulle fonti bensì anche su tutto il panorama degli studi precedenti, i cui contributi sono stati spesso accolti e integrati nello sviluppo della ricerca, altre volte discussi criticamente.

Questo approccio «globale», che ha reso possibile il tentativo di applicare, al termine del nostro percorso, il principio ermeneutico della *totalità* o della *coerenza dei significati* all'intera esperienza spirituale e apostolica del fondatore dei salesiani, talvolta ci ha costretto a rinunziare ad alcuni specifici approfondimenti, che sarebbero stati di grande interesse per il nostro studio. In particolare il contatto con la esperienza storica e spirituale dei primi discepoli non ha potuto avvantaggiarsi di adeguati studi biografici o critici.

Nella parte sintetica, inoltre, il tentativo di organizzare in modo sistematico il pensiero di Don Bosco sulla *orazione mentale formale* o *meditazione* avrebbe potuto essere esteso, più in generale, alla sua *teologia della preghiera*. Questo ulteriore approfondimento, così come lo studio della particolare «concezione di Dio» che emerge dal suo pensiero e dalla sua prassi in relazione alla educazione alla preghiera, potrebbe essere oggetto di uno studio specifico, che integri gli elementi emersi in relazione alla *orazione mentale* con lo studio degli altri aspetti e delle altre forme della preghiera cristiana, come la preghiera *vocale* o quella *liturgica*.

Un altro limite del nostro studio, che rimanda anch'esso ad ulteriori approfondimenti e a specifiche competenze, è l'uso limitato delle *scienze psicologiche*, che costituiscono un importante contributo al metodo nello studio dell'esperienza spirituale. Una più approfondita *analisi del contenuto* degli scritti del fondatore dei salesiani e, in particolare, delle numerose *biografie*, ci avrebbe probabilmente restituito delle interessanti ipotesi su alcuni altri aspetti del suo vissuto spirituale.

Al termine di questo percorso, che avvertiamo interiormente come un nuovo inizio nella nostra personale esperienza spirituale, apostolica e scientifica, il nostro lavoro si presenta, pur con i suoi inevitabili limiti, come un tentativo di recuperare, in modo significativo e vitale, l'*esperienza fondante* in tutta la sua globalità, in obbedienza al «mandato» del magistero della Chiesa che insistentemente ha chiesto, in questi anni, ad ogni famiglia religiosa di rimanere fedele a se stessa.

EPILOGO

Dio dei padri e Signore di misericordia,
che tutto hai creato con la tua parola,
che con la tua sapienza hai formato l'uomo,
perché domini sulle creature fatte da te,
e governi il mondo con santità e giustizia
e pronunzi giudizi con animo retto,
dammi la sapienza, che siede in trono accanto a te
e non mi escludere dal numero dei tuoi figli,
perché io sono tuo servo e figlio della tua ancella,
uomo debole e di vita breve,
incapace di comprendere la giustizia e le leggi.
Se anche uno fosse il più perfetto tra gli uomini,
mancandogli la tua sapienza, sarebbe stimato un nulla.
Con te è la sapienza che conosce le tue opere,
che era presente quando creavi il mondo;
essa conosce che cosa è gradito ai tuoi occhi
e ciò che è conforme ai tuoi decreti.
Inviala dai cieli santi, mandala dal tuo trono glorioso,
perché mi assista e mi affianchi nella mia fatica
e io sappia ciò che ti è gradito.
Essa infatti tutto conosce e tutto comprende,
e mi guiderà prudentemente nelle mie azioni
e mi proteggerà con la sua gloria *[Sap 9, 1-6. 9-11]*.

ABBREVIAZIONI E SIGLE

AAS	*Acta Apostolicae Sedis*
ACS	Archivio Centrale Salesiano presso la Casa Generalizia
AGFMA	Archivio Centrale delle Figlie di Maria Ausiliatrice presso la Casa Generalizia
Boll. UISG	*Bollettino dell'Unione Internazionale delle Superiori Generali*
CAP.	Capitolo
cf.	confronta
CG	Capitolo Generale dei Salesiani
CIC	*Codice di Diritto Canonico* (1983)
Clar.	*Claretianum*
CReS	*Cahier du Group Lyonnais de recherches salésiennes*
DESp	*Dizionazio Enciclopedico di Spiritualità*, I-III, ed. E. Ancilli, Roma 1990
DIP	*Dizionario degli Istituti di Perfezione*, I-IX, ed. G. Rocca, Roma 1974-1997
DpF	Dicastero per la Formazione della Congregazione Salesiana
DSp	*Dictionnaire de spiritualité ascétique et mystique*, I-XVII, ed. M. Viller, Paris 1932-1995
DTVC	*Dicionario teológico de la vida consagrada*, ed. A. Aparicio Rodríguez – J.M. Canals Casas, Madrid 1989
EC	*Enciclopedia Cattolica*, I-XII, ed. C. Fabro, Città del Vatiano 1948-1954
ed.	a cura di
EF	*Enciclopedia Filosofica*, I-VIII, ed. Centro di Studi Filosofici di Gallarate, Firenze 1979
EV	*Enchiridion Vaticanum*
FDB	*Fondo Don Bosco. Microschedatura e descrizione*, ed A. Torras, Roma 1980
FDR	*Fondo Don Rua. Con annessi Don Bosco (complementi) e Maria Domenica Mazzarello. Microschede — Descrizione*, ed. A. Torras, Roma 1996

GLNT	*Grande Lessico del Nuovo Testamento,* I-XVI, ed. G. Kittel, Brescia 1965-1992
Iti	*Itinerarium*
MB	*Memorie biografiche di San Giovanni Bosco,* I-XIX, San Benigno Canavese (TO) 1898-1948
MO	*Memorie dell'Oratorio di S.Francesco di Sales dal 1815 al 1855,* ed. A. da Silva Ferriera, Roma 1991
NDT	*Nuovo Dizionario di Teologia,* ed. di G. Barbaglio – S. Dianich, Cinisello Balsamo 1988^5
n./nn.	numero/numeri
OR	*Osservatore Romano*
p./pp.	pagina/pagine
QSS	*Quaderni di Spiritualità Salesiana*
RAMi	*Rivista di ascetica e mistica*
RfR	*Review for Religious*
RPSR	*Rivista di pedagogia e scienze religiose*
RRelRes	*Review of religious research*
RSEd	*Rivista di scienze dell'educazione*
RStS	*Ricerche Storiche Salesiane*
RVS	*Rivista di vita spirituale*
Sal.	*Salesianum*
S.D.B.	Salesiani di Don Bosco
Serv.	*Servitium*
ss.	seguenti
UISG	Unione Internazionale delle Superiori Generali
USG	Unione dei Superiori Generali
VitaCon	*Vita Consacrata*
VThB	*Dizionario di teologia biblica,* ed. X. Léon-Dufour, Torino 1972
v./vv.	volume/volumi
WaS	*The Way Supplement*
[…]	omissis

BIBLIOGRAFIA

ACCORNERO, F., *La dottrina spirituale di san Giuseppe Cafasso*, Torino 1958.

AGUILERA, A., *Ensayos sobre el Espíritu del Ven. don Bosco*, Punta Arenas 1918.

ALBERDI, R., «Don Bosco fondatore dei salesiani», in M. MIDALI, ed., *Don Bosco fondatore della Famiglia Salesiana*, Roma 1989, 149-196.

ALBERTOTTI, G., *Chi era Don Bosco ossia Biografia fisio-psico-patologica di Don Bosco scritta dal suo medico Dott. Albertotti Giovanni*, Genova 1929.

ALBINO DEL BAMBINO GESÙ, *Compendio di Teologia Spirituale*, Torino 1966.

ALFONSO DE' LIGUORI, *Opere ascetiche*, Torino 1845.

ALONSO SCHÖKEL, L. – BRAVO ARAGON, J.M., *Appunti di ermeneutica*, Bologna 1994.

AMADEI, A. – CERIA, E. – LEMOYNE, G.B., *Memorie biografiche di San Giovanni Bosco*, I-XIX, S. Benigno Canavese (TO) 1898-1948.

ANSART, A.J., *L'esprit de S. Vincent de Paul, ou modéle de conduite proposé a tous les ecclésiastiques, dans ses vertus, ses actions et ses paroles*, Paris 1780.

——, *Lo spirito di s. Vincenzo de' Paoli, ossia Modello di condotta proposto a tutti gli ecclesiastici, religiosi e fedeli nelle sue virtù, nelle sue azioni e nelle sue parole*, Genova 1840.

ANSELMO DI S. LUIGI GONZAGA, *Vita della B. Maria degli Angeli religiosa professa Carmelitana scalza*, Torino 1866^2.

APPENDINO, F.N., *Chiesa e società nella II metà del XIX secolo in Piemonte*, Casale Monferrato 1982.

ARNÁIZ, J.M. – CRISTOREY GARCÍA PAREDES, J. – MACCISE, C., «Come comprendere e presentare la Vita Consacrata oggi nella Chiesa e nel mondo», in USG, ed., *Carismi nella Chiesa per il mondo*, Cinisello Balsamo 1994, 198-214.

AUBRY, J., «Il ruolo della preghiera nel religioso di vita attiva», in L. CHIANDOTTO, ed., *La vita di preghiera del religioso salesiano*, Torino 1969, 139-157.

―――, «La prière de la communauté salesienne», *CReS* 33 (1972) 1-39.

―――, ed., *Giovanni Bosco. Scritti spirituali*, I-II, Roma 1976.

―――, «La fondamentale dimensione carismatica della vita consacrata», in J. AUBRY – S. BISIGNANO, *Vita consacrata*, Leumann (TO) 1993, 137-154.

―――, «Teologia della vita consacrata», in J. AUBRY – S. BISIGNANO, *Vita consacrata*, Leumann (TO) 1993, 129–170.

―――, *Mamma Margherita la prima collaboratrice di Don Bosco*, Leumann (TO) 1994.

VON BALTHASAR, H.U., *Sorelle nello Spirito. Teresa di Lisieux e Elisabetta di Digione*, Milano 1991³.

BARBERIS, A., *Don Giulio Barberis direttore spirituale della Società di San Francesco di Sales*, San Benigno Canavese (TO) 1932.

BARBERIS, G., *Il vade mecum degli ascritti salesiani. Ammaestramenti e consigli esposti agli ascritti della Pia Società di S. Francesco di Sales*, I-II, S. Benigno Canavese (TO) 1901.

―――, *Il vade mecum dei giovani salesiani. Ammaestramenti e consigli esposti agli ascritti e agli studenti della Pia Società di S. Francesco di Sales*, I-III, S. Benigno Canavese (TO) 1905.

―――, *Lettere a don Paolo Albera e a Don Calogero Gusmano durante la loro visita alle case d'America (1900-1903)*, Roma 1998.

BARTOLOMÉ, J.J., «La vita apostolica come preghiera salesiana», *QSS* 6 (1991) 61-72.

Beatificationis et canonizationis Servi Dei Dominici Savio adolescentis laici alumni oratorii salesiani. Summarium super dubio, Taurinen 1926.

Beatificationis et canonizationis Servi Dei Josephi Cafasso sacerdotis saecularis Collegii ecclesiastici Taurinensis moderatoris, Romae 1906.

BENZIGER, M., *Mamma Margherita, st. John Bosco's mother*, Altadena 1979.

BERNARD, C.A., *Teologia spirituale*, Roma 1993.

BETTI, E., *L'ermeneutica come metodica generale delle scienze dello spirito. Saggio introduttivo, scelta antropologica e bibliografie a cura di Gaspare Mura*, Roma 1987.

BEYER, J., «Il rinnovamento attuale delle famiglie religiose: realizzazioni e difficoltà», in P. BROCARDO – M. MIDALI, ed., *La famiglia salesiana riflette sulla sua vocazione attuale nella Chiesa di oggi. Casa Generalizia (Roma 21-27 gennaio 1973)*, Leumann (TO) 1973, 19-62.

BIANCARDI, G. – GIRAUDO, A., *Qui è vissuto Don Bosco. Itinerari storico-geografici e spirituali*, Leumann (TO) 1988.

Biografie dei Salesiani defunti nel 1882, S. Pier d'Arena (GE) 1883.

Biografie dei Salesiani defunti negli anni 1883 e 1884, Torino 1885.

BLEICHER, J., *L'ermeneutica contemporanea*, Bologna 1986.

BONA, C., *Le «Amicizie». Società segrete e rinascita religiosa (1770-1830)*, Torino 1962.

BONETTI, G., *Cinque lustri di storia dell'Oratorio S. Francesco di Sales*, Torino 1887.

BORINO, G.B., *Don Bosco. Sei scritti e un modo di vederlo. Con una appendice: Pio XI e Don Bosco*, Roma 1940^2.

BOSCO, G., *Cenni storici sulla vita del giovane Luigi Comollo morto nel seminario di Chieri ammirato da tutti per le sue virtù, scritti dal sacerdote Bosco Giovanni suo collega*, Torino 1854.

———, *Il mese di maggio consacrato a Maria SS. Immacolata ad uso del popolo*, Torino 1858.

———, *Porta teco cristiano ovvero avvisi importanti intorno ai doveri del cristiano acciocché ciascuno possa conseguire la propria salvezza nello stato in cui si trova*, Torino 1858.

———, *Vita del giovanetto Savio Domenico allievo dell'Oratorio di San Francesco di Sales*, Torino 1859.

———, *Biografia del Sacerdote Giuseppe Caffasso esposta in due ragionamenti funebri*, Torino 1860.

———, *Il pontificato di S. Sisto II e le glorie di S. Lorenzo martire*, Torino 1860.

———, *Cenno biografico sul giovanetto Magone Michele allievo dell'Oratorio di S. Francesco di Sales*, Torino 1861.

———, *Il pastorello delle Alpi ovvero vita del giovane Besucco Francesco d'Argentera*, Torino 1864.

———, *Vita della Beata Maria degli Angeli carmelitana scalza torinese*, 1865.

———, «Invito alla frequente comunione», in *Pratiche divote per l'adorazione del SS. Sacramento*, Torino 1866, 12-21.

———, *Angelina o l'orfanella degli Appennini pel sacerdote Giovanni Bosco*, Torino 1869.

———, *Cenno istorico sulla Congregazione di S. Francesco di Sales e relativi chiarimenti*, Roma 1874.

BOSCO, G., *Il cristiano guidato alla virtù ed alla civiltà secondo lo spirito di San Vincenzo de' Paoli. Opera che può servire a consacrare il mese di luglio in onore del medesimo Santo pel sacerdote Giovanni Bosco*, Torino 1876.

———, *Regolamento per le case di S. Francesco di Sales*, Torino 1877.

———, *Biographie du jeune Louis Fleury Antoine Colle*, Turin 1882.

———, *Memorie dell'Oratorio di S.Francesco di Sales dal 1815 al 1855*, Torino 1946.

———, *La «Buona Notte»*, Brescia 1951.

———, *Epistolario di San Giovanni Bosco. Per cura di D. Eugenio Ceria Salesiano*, I-IV, Torino 1955-1959.

———, *Buona notte*, Roma 1981.

———, *Costituzioni per l'Istituto delle Figlie di Maria Ausiliatrice (1872-1885)*, Roma 1983.

———, *Opere edite*. Prima serie: *Libri e opuscoli*, I-XXXVII (ristampa anastatica), Roma 1977-1978. Seconda serie: *Contributi su giornali e periodici*, XXXVIII, Roma 1987.

———, *Memorie dell'Oratorio di S.Francesco di Sales dal 1815 al 1855. Introduzione, note e testo critico a cura di A. da Silva Ferriera*, Roma 1991.

———, *Costituzioni della Società di S.Francesco di Sales [1858] - 1875. Testi critici a cura di Francesco Motto SDB*, Roma 1992.

———, *Epistolario. Introduzione, testi critici e note a cura di Francesco Motto S.D.B.*, I-II, Roma 1991-1996.

BOTTINO, F., *San Giuseppe Cafasso maestro e modello del clero*, Chieri 1960.

BOUQUIER, H., *Les pas dans les pas de Don Bosco ou la spiritualité salésienne*, Marseille 1953.

DU BOYS, A., *Dom Bosco et la Pieuse Société des Salésiens*, Paris 1884.

BRAIDO, P., «Due biografie», in G. BOSCO, *Scritti sul sistema preventivo nell'educazione della gioventù*, Brescia 1965, 175-178.

———, *L'inedito «Breve catechismo per i fanciulli ad uso della Diocesi di Torino» di Don Bosco*, Roma 1979.

———, *Il progetto operativo di don Bosco e l'utopia della società cristiana*, Roma 1982.

———, *La lettera di Don Bosco da Roma del 10 maggio 1884*, Roma 1984.

———, *Il «sistema preventivo» in un «decalogo» per educatori*, Roma 1985.

———, *Il sistema preventivo nella educazione della gioventù*, Roma 1985.

BRAIDO, P., *Don Bosco nella Chiesa a servizio dell'umanità : studi e testimonianze*, Roma 1987.

———, *Scritti pedagogici e spirituali di Giovanni Bosco*, Roma 1987.

———, *Don Bosco per i giovani: l'«Oratorio». Una «Congregazione degli Oratori». Documenti*, Roma 1988.

———, *L'esperienza pedagogica di Don Bosco*, Roma 1988.

———, «Prospettive di ricerca su don Bosco», *RStS* 9 (1990) 254-267.

———, *Don Bosco educatore*, Roma 1992.

———, «"Memorie" del futuro», *RStS* 11 (1992) 20, 97-127.

———, *Breve storia del «Sistema preventivo»*, Roma 1993.

———, *Don Bosco fondatore. «Ai soci salesiani» (1875-1885). Introduzione e testi critici*, Roma 1995.

Brevi biografie dei Confratelli Salesiani chiamati da Dio alla vita eterna, Torino 1876.

BROCARDO, P., «Gli esercizi spirituali in Piemonte nel secolo XIX e Don Bosco», in L. CHIANDOTTO, ed., *La vita di preghiera del religioso salesiano*, Torino 1969, 175-183.

———, «Gli Esercizi Spirituali nella esperienza di D. Bosco e della vita salesiana», in P. BROCARDO – I. CAPITANIO, ed., *Il rinnovamento degli Esercizi Spirituali.* Simposio salesiano europeo, Leumann (TO) 1975, 23-77.

———, «Don Bosco profeta di santità per la nuova cultura», in M. MIDALI, ed., *Spiritualità dell'azione*, Roma 1977, 179-206.

———, *Don Bosco profondamente uomo, profondamente santo*, Roma 1985.

———, *Maturare in dialogo fraterno*, Roma 1999.

BROCARDO, P. – CAPITANIO, I., ed., *Il rinnovamento degli esercizi spirituali. Simposio salesiano europeo*, Torino 1975.

BRUSTOLON, A., *Alle origini della Congregazione degli Oblati di Maria Vergine. Punti chiari e punti oscuri*, Torino 1995.

BUCCELLATO, G., «Agiografia, dogmatica e teologia spirituale, secondo l'intuizione di H. U. von Balthasar. Riflessioni e contributi verso una nuova sintesi», *Iti* 11(2003) 57-67.

———, «Gli esercizi spirituali nell'esperienza di Don Bosco», in M. KO – A. MENEGHETTI, *È tempo di ravvivare il fuoco. Gli Esercizi Spirituali nella vita delle Figlie di Maria Ausiliatrice,* Roma 2000, 99-134.

CAFASSO, G., *Manoscritti*, [Copia Corgiatti], I-IX, Biblioteca del Centro Studi Don Bosco della Università Pontificia Salesiana – Piazza dell'Ateneo Salesiano 1 – Roma.

CAFASSO, G., *Meditazioni per esercizi spirituali al clero. Pubblicate per cura del Can. Giuseppe Allamano*, Torino 1892.

―――, *Istruzioni per Esercizi Spirituali al clero pubblicate per cura del Can. Giuseppe Allamano*, Torino 1893.

―――, *Sacre missioni al popolo*, Torino 1923.

CALLIARI, P., *Pio Bruno Lanteri, fondatore degli Oblati di Maria Vergine nella storia religiosa del suo tempo*, San Vittorino 1980.

CAMILLERI, N., *La grande indulgenza del lavoro*, Leumann (TO) 1962.

CAPETTI, G., *Istituto Figlie di Maria Ausiliatrice. Cronistoria*, I-V, Roma 1974-1978.

Capitolo generale della Congregazione Salesiana da convocarsi in Lanzo nel prossimo settembre 1877, Torino 1877.

CASELLE, S., *Cascinali e contadini in Monferrato. I Bosco di Chieri nel secolo XVIII*, Roma 1974.

―――, *Giovanni Bosco a Chieri. 1831-1841. Dieci anni che valgono una vita*, Torino 1988.

CASSANO, G., *Il Cardinale Giovanni Cagliero*, I-II, Torino 1935.

CASTELLANI, A., *Il Beato Leonardo Murialdo*, I, Roma 1966.

Il Cattolico Provveduto per le pratiche di pietà con analoghe istruzioni secondo il bisogno dei tempi, Torino 1868.

CAVIGLIA, A., «Il "Magone Michele". Una classica esperienza educativa», *Sal.* 11 (1949) 450-481. 588-614.

―――, ed., *Opere e scritti editi e inediti di Don Bosco nuovamente pubblicati e riveduti secondo le edizioni originali e manoscritti superstiti. A cura della Pia Società Salesiana*, I/I-VI, Torino 1929-1965.

―――, «La vita di Savio Domenico scritta da Don Bosco», in A. CAVIGLIA, ed., *Don Bosco. Opere e scritti editi ed inediti*, IV, Torino 1943, IX-XLIII.

―――, «Savio Domenico e Don Bosco», in A. CAVIGLIA, ed., *Don Bosco. Opere e scritti editi ed inediti*, IV, Torino 1943, 1-609.

―――, «Nota preliminare ai "Cenni sulla vita di Luigi Comollo"», in A. CAVIGLIA, ed., *Don Bosco. Opere e scritti editi ed inediti*, V, Torino 1965, 9-29.

―――, *Conferenze sullo spirito salesiano*, Torino 1985.

CECCA, F., *Le veglie dei contadini cristiani. Dialoghi familiari, istruttivi, morali sopra le quattro parti della dottrina cristiana*, Torino 1806.

Cenni storici sulla vita del chierico Luigi Comollo morto nel seminario di Chieri ammirato da tutti per le sue singolari virtù, scritti da un suo collega, Torino 1844.

CERIA, E., *Don Bosco con Dio*, Torino 1929.

———, *San Giovanni Bosco nella vita e nelle opere*, Torino 1938.

———, *Annali della Società Salesiana*, I-IV, Torino 1941-1951.

———, *Vita del Servo di Dio Sac. Filippo Rinaldi*, Torino 1948.

———, *Vita del servo di Dio Don Michele Rua, primo successore di San Giovanni Bosco*, Torino 1949.

———, *Profili dei capitolari salesiani*, Colle Don Bosco (AT) 1951.

———, *Don Bosco con Dio*, Roma 1988.

CERRATO, N., *Don Bosco e il suo mondo*, Roma 1994.

———, *Don Bosco e le virtù della sua gente*, Roma 1985.

CHIANDOTTO, L., ed., *La vita di preghiera del religioso salesiano*, Leumann (TO) 1969.

CIARDI, F., «Riscoperta del carisma dei fondatori», *VitaCon* 29 (1993) 660-670.

———, *In ascolto dello Spirito. Ermeneutica del carisma dei fondatori*, Roma 1996.

CICCOLINI, A., *Raccolta di meditazioni e documenti secondo la materia e la forma proposte da S.Ignazio di Loyola nei suoi esercizi spirituali*, Roma 1880.

COGNET, L., *Introduction à la vie chrétienne*, Paris 1967.

COLLI, C., «Elementi di spiritualità salesiana contenuti nelle costituzioni SDB. Sintesi e verifica», in *Contributi di studio su costituzioni e regolamenti SDB – CG XXII – Sussidi*, Roma 1982.

COLOMBERO, G., *Vita del servo di Dio D. Giuseppe Cafasso, con cenni storici sul Convitto ecclesiastico di Torino*, Torino 1895.

COLPO, M., «Franco (Secondo)», *DSp*, V, 1014-1016.

Confratelli chiamati da Dio alla vita eterna nell'anno 1875, Torino 1876.

CONGREGATIO DE CAUSIS SANCTORUM, ed., *Beatificationis et Canonizationis Ven. Servi Dei Joannis Bosco Sacerdotis Fundatoris Piae Societatis Salesianae et Instituti Filiarum Mariae Auxiliatricis*, I. *Positio super revisione scriptorum*. II. *Positio super introductione causae*. III. *Positio super non cultu*. IV. *Positio super fama sanctitatis*. V. *Positio super dubium*. VI. *Positio super virtutibus. Summarium*. VII. *Informatio. Animadversiones. Responsiones*. VIII. *Nova positio super virtutibus*. IX. *Alia nova positio super virtutibus*. X. *Novissima positio super virtutibus*. XI. *Positio super validitatem processuum*, Romae 1906-1927.

Constitutiones congregationis Sacerdotum Saecularium Scholarum Charitatis, Venezia 1837.

Costituzioni della Società di san Francesco di Sales, Roma 1984.

Costituzioni della Società di S. Francesco di Sales secondo il decreto d'approvazione del 3 aprile 1874, S. Benigno Canavese, 1903.

CONZELMANN, H., «Charisma», *GLNT*, XV, 606-616.

Costituzioni e regole della Congregazione degli Oblati di Maria V., Torino 1851.

Costituzioni Regole dell'Istituto delle figlie di Maria Ausiliatrice. Sotto la protezione di S. Giuseppe, di S. Francesco di Sales e di Sa. Teresa, [Regole manoscritte], AGFMA

Costituzioni e Regole dell'Istituto delle Suore di S. Anna della Provvidenza, Torino 1846.

Il cristiano guidato alla virtù ed alla civiltà secondo lo spirito di San Vincenzo De' Paoli. Opera che può servire a consacrare il mese di luglio in onore del medesimo Santo, Torino 1848.

DACQUINO, G., *La psicologia di Don Bosco*, Torino 1988.

DE CANDIDO, L. M., «Carisma dei religiosi», *Serv.* 4 (1970) 810-820.

DE ROSA, G., *Il movimento cattolico in Italia. Dalla Restaurazione all'età giolittiana*, Bari 1988².

DELEIDI, A., «Don Bosco e Maria Domenica Mazzarello: rapporto storico-spirituale», in M. MIDALI, ed., *Don Bosco nella storia*. Atti del 1° Congresso Internazionale di Studi su Don Bosco, Roma 1990, 205-216.

Deliberazioni del Capitolo Generale della Pia Società Salesiana tenuto in Lanzo Torinese nel settembre 1877, Torino 1878.

Deliberazioni del Secondo Capitolo Generale della Pia Società Salesiana tenuto in Lanzo Torinese nel settembre 1880, Torino 1882.

Deliberazioni del secondo Capitolo Generale delle Figlie di Maria SS. Ausiliatrice tenuto in Nizza Monferrato nell'agosto del 1886, Torino 1886.

Deliberazioni del terzo e quarto Capitolo Generale della Pia Società Salesiana tenuti in Valsalice nel settembre 1883-86, S. Benigno Canavese (TO) 1887.

DEROO, A., *Saint Charles Borromée cardinal réformateur*, Paris 1963.

DESRAMAUT, F., «Il capitolo delle "Pratiche di pietà" nelle costituzioni salesiane», in L. CHIANDOTTO, ed., *La vita di preghiera del religioso salesiano*, Torino 1969, 57-88.

——, «Le rôle de la prière chez le religieux actif», *CReS* 18 (1969) 1-29.

——, *Don Bosco e la vita spirituale*, Leumann (TO) 1970.

DESRAMAUT, F., «Don Bosco fondatore», in M. MIDALI, ed., *Don Bosco fondatore della Famiglia Salesiana*, Roma 1989, 113-145.

——, *Don Bosco en son temps (1815-1888)*, Torino 1996.

DICASTERO PER LA FORMAZIONE, ed., *Sussidi. I. Il tempo di Don Bosco. II. Dizionarietto. Alcune situazioni, istituzioni e personaggi dell'ambiente in cui visse Don Bosco. III. Per una lettura di Don Bosco*, Roma 1986-1989.

DIEKMANN, H., *Bibliografia generale di Don Bosco. Deutschsprachige Don-Bosco-Literatur 1883-1994*, Roma 1997.

Don Bosco santo e le sue opere nell'augusta parola di S.S. Pio PP. XI, Roma 1934.

DUPUY, M., «Oraison», *DSp*, XI, 831-846.

ELIA DI SANTA TERESA, *La diletta del Crocifisso. Vita della Venerabile Madre Suor Maria degli Angioli religiosa nel monistero di Santa Cristina delle Carmelitane Scalze*, Torino 1729.

D'ESPINEY, C., *Don Bosco*, Nice 1888.

FABRO, C., «Esperienza religiosa», *EC*, V, 601-607.

FANTOZZI, A., *Mamma Margherita. La madre di Don Bosco*, Leumann (TO) 1992.

FARINA, R., «Gli scritti di Don Bosco», in P. BROCARDO – M. SODI, ed., *La formazione permanente interpella gli Istituti religiosi*, Leumann (TO) 1976, 349-387.

——, «Leggere Don Bosco oggi», in P. BROCARDO – M. SODI, ed., *La formazione permanente interpella gli istituti religiosi*, Leumann (TO) 1976, 349-404.

FAVINI, G., ed., *Virtù e glorie di S.Giovanni Bosco*, Torino 1934.

——, *Don Paolo Albera. «Le petit Don Bosco»*, Torino 1975.

FIAT, A., ed., *Avvisi e conferenze spirituali di San Vincenzo de' Paoli ai membri della congregazione*, Torino 1898.

FRANCESCO DI SALES, *Introduzione alla vita devota*, Torino 1969.

FRANCO, S., *Istruzioni per le religiose in tempo di esercizi*, Modena [?].

FUTRELL, J.C., «Discovering the founder's charism», *WaS* 14 (1971) 62-70.

Il Galantuomo e le sue avventure. Almanacco nazionale per l'anno 1865. Strenna offerta ai cattolici italiani, Torino 1864.

GALLAGHER, T., *Gli Esercizi di S. Ignazio nella spiritualità e carisma di fondatore di Pio Brunone Lanteri*, Roma 1983.

GALOT, J., «Il carisma della vita religiosa e le sue note specifiche», *VC* 15 (1979) 501-511.

GASTALDI, P., *Della Vita del Servo di Dio Pio Brunone Lanteri*, Torino 1870.

GAUTHIER, A., «Pratiche di pietà», *DIP*, 418-422.

DE GENSAC, H., «Poulain (Augustin– François)», *DSp*, XII/II, 2025-2027.

GEORGE, A. – GRELOT, P., «Charismes», *VThB*, 117-121.

GHIRLANDA, G., «Ecclesialità della vita consacrata», in G. GHIRLANDA – V. DE PAOLIS – A. MONTAN, *La vita consacrata*, Bologna 1983, 13-52.

———, «Carisma di un istituto e sua tutela», *VitaCon* 28 (1992) 465-477; 554-562.

GIANOTTI, S., *Bibliografia generale di Don Bosco, Bibliografia italiana 1844-1992*, Roma 1995.

GIORDANO, F., *Cenni istruttivi di perfezione proposti a' giovani desiderosi della medesima nella vita edificante di Giuseppe Burzio*, Torino 1846.

Il Giovane Provveduto per la pratica de' suoi doveri degli esercizi di cristiana pietà, per la recita dell'Uffizio della Beata Vergine e de' principali Vespri dell'anno coll'aggiunta di laudi sacre ecc., Torino 1847.

GIOVANNI PAOLO II, «L'influsso dello Spirito Santo nella Vita Consacrata», *OR* 23/3/1995.

GIRAUDI, F., *L'oratorio di Don Bosco*, Torino 1935.

GIRAUDO, A., *Clero, seminario e società*, Roma 1992.

GODIN, A., *Psychologie des expériences religieuses*, Paris 1986.

GOFFI, T., *La spiritualità dell'Ottocento*, Bologna 1989.

GONZALES SILVA, S.M., «Nuovi criteri di lettura nei santi Fondatori (secoli XVIII-XIX)», *Clar.* 26 (1986) 97-123.

———, «Carisma de los fundatores: una experiencia del Espíritu», in J. ÁLVAREZ GÓMEZ, ed., *En el aprieto me diste anchura. ¿Cómo regenerar y adiestrar la vida consacrada para el próximo futuro?*, Madrid 1992.

GORDINI, G., *Santità e agiografia*. Atti dell'VIII Congresso di Terni, Genova 1991.

GOZZELINO, G., «La pratica della meditazione: precisazioni e consigli», *QSS* 3 (1986) 33-53.

———, «Presentazione», in E. CERIA., *Don Bosco con Dio*, Roma 1988, 5-25.

———, «Don Bosco con Dio. Ritratto di un santo», *QSS* 6 (1991) 5-37.

GRANERO, J.M.,«La meditación ignaciana», *Manresa* 41 (1969) 255-264.

GRAZIOLI, A., *La pratica dei confessori nello spirito di san Giuseppe Cafasso*, Colle Don Bosco (AT) 1953.

GREGOIRE, R., *Manuale di agiologia : introduzione alla letteratura agiografica*, Fabriano (AN) 1987.

DE GUIBERT, J., *Theologia spiritualis ascetica et mistica. Quaestiones selectae in praelectionum usum*, Romae 1952^4.

———, *La spiritualità della Compagnia di Gesù. Saggio storico*, Roma 1992.

HASENHÜTTL, G., *Carisma. Principio fondamentale per l'ordinamento della Chiesa*, Bologna 1973.

HELLO, E., *Profili di santi*, Firenze 1929.

HENRION, A., *Mamma Margherita, la collaboratrice di Don Bosco*, Roma 1928.

HERRERA, J. - PARDO, V., *San Vicente de Paul: biografía y selección de escritos*, Madrid 1955.

IGNAZIO DI LOYOLA, *Esercizj spirituali di S. Ignazio di Loyola col Direttorio pel buon uso de' suddetti Esercizj*, Torino 1829.

———, «Costituzioni», in GIOIA M., ed., *Gli scritti di Ignazio di Loyola*, Torino 1988, 387-652.

JOERGENSEN, J.J., *Don Bosco*, Torino 1930.

KEUSCH, K., *La dottrina spirituale di sant'Alfonso Maria de' Liguori*, Milano 1931.

KLEIN, J. - VALENTINI, E., «Una rettificazione cronologica delle "Memorie di San Giovanni Bosco"», *Sal.* 17 (1955) 581-610.

LABONTE, L., «Charisme du fondateur et "souci primordial" d'un institut» in CONFERENCE RELIGIEUSE CANADIENNE, ed., *L'esprit des fondateurs et notre renouveau religieux*, Ottawa 1976, 373-399.

LAPPIN, P., *Sunshine in the shadows*, New Rochelle N.Y. 1980.

LEMOYNE, G.B., *Ricordi di gabinetto*, ACS A 006.

———, *Scene morali di famiglia esposte nella vita di Margherita Bosco. Racconto ameno ed edificante*, Torino 1886.

———, *Vita del Venerabile Servo di Dio Giovanni Bosco Fondatore della Pia Società Salesiana, dell'Istituto delle Figlie di Maria Ausiliatrice e dei Cooperatori Salesiani*, I-II, Torino 1913.

———, *San Giovanni Bosco seminarista*, Torino 1941.

LEONARD, A., «Expérience», *DSp*, IV, 2004-2026.

LERCARO, G., *Metodi di orazione mentale*, Milano 1969.

Lettere circolari di Don Paolo Albera ai Salesiani, Torino 1922.

Letture amene ed edificanti ossia biografie salesiane, Torino 1880.

LIEVIN, G., «Alphonse de Liguori (Saint)», *DSp*, I, 357-389.

LOPEZ SANTIDRIAN, S., «Vallgornera (Tomás de)», *DSp*, XVI, 213-216.

LOTZ, J.B., «Esperienza religiosa», *EF*, III, 258-263.

LOZANO, J.M., «Carisma», *DTVC*, 142-158.

——, «Founder and Community», *RfR* 37 (1978) 214-236.

LUDOLPHE LE CHARTREUX, *La grande vie de Jésus Christ*, Paris 1883.

MAINKA, R., «Carisma e storia nella vita religiosa», *Boll. UISG* 58 (1981) 34-48.

MALFAIT, D. – SCHEPENS, J., «"Il cristiano guidato alla virtù e alla civiltà secondo lo spirito di San Vincenzo de' Paoli". Analisi del lavoro redazionale compiuto da Don Bosco», *RStS* 15 (1996) 377-378.

MARCOCCHI, M., «Alle radici della spiritualità di Don Bosco», in M. MIDALI, ed., *Don Bosco nella storia*. Atti del 1° Congresso Internazionale di Studi su Don Bosco, Roma 1990, 157-176.

MARITAIN, J., *Per una filosofia della storia*, Brescia 1979^4.

MARSILI, S., «Storia del movimento liturgico italiano dalle origini all'Enciclica "Mediator Dei"», in O. ROUSSEAU, *Storia del movimento liturgico*, Roma 1961, 263-369.

MIDALI, M., *Il carisma permanente di Don Bosco*, Leumann (TO) 1970.

——, «Attuali correnti teologiche», in J. ALVAREZ – G. GARDAROPOLI – M. MIDALI – B. OLIVIER, *Il carisma della vita religiosa dono dello Spirito alla Chiesa per il mondo*, Milano 1981, 44-92.

——, «Tipi di approccio a Don Bosco fondatore. Rilievi valutativi alla luce della riflessione contemporanea», in M. MIDALI, ed., *Don Bosco fondatore della Famiglia Salesiana*, Roma 1989, 27-80.

——, «Carisma del fondatore e della fondatrice» in M. MIDALI – H. SCHALÜCK, ed., *Come rileggere oggi il carisma fondazionale. XX Convegno del «Claretianum»*, Roma 1995, 31-90.

MOIOLI, G., *L'esperienza spirituale. Lezioni introduttive*, Milano 1994^2.

DE MONTMORAND, M., *Psychologie des mystiques catholiques ortodoxes*, Paris 1920.

MORETTI, G.M., *I santi dalla loro scrittura*, Roma 1975.

MOTTO, F., *I «Ricordi confidenziali ai direttori» di Don Bosco*, Roma 1984.

——, *Memorie dal 1841 al 1884-5-6 pel Sac. Gio Bosco a' suoi figliuoli salesiani*, Roma 1985.

——, «Don Bosco fondatore e la curia romana», in M. MIDALI, ed., *Don Bosco fondatore della Famiglia Salesiana*, Roma 1989, 225-246.

——, «Introduzione», in *Costituzioni della Società di S. Francesco di Sales [1858] - 1875. Testi critici a cura di Francesco Motto SDB*, Roma 1992, 13-55.

MUGNAI, L., *S. Giuseppe Cafasso prete torinese*, Siena 1972.

MURA, G., *Ermeneutica e verità*, Roma 1990.

NICOLAI, G., *Il buon rettore del seminario*, Torino 1863.

NICOLAU M., «La Puente (Louis de)», *DSp*, IX, 265-276.

PACHO, E., «Preghiera», *DIP*, VII, 671-690.

———, *Storia della spiritualità moderna*, Roma 1984.

PAOLO VI, *Insegnamenti di Paolo VI*, VII, Roma 1969.

PAPA, G., *La causa di beatificazione e canonizzazione di S.Giovanni Bosco*, Roma 1984.

PEDRINI, A., «L'unione con Dio nella dottrina e nella prassi salesiana», *RVS* 36 (1982) 189-201; 576-588.

———, *Il ven. Pio Brunone Lanteri e la spiritualità salesiana nel Piemonte del primo Ottocento. Aspetti storico-ascetici*, Rovigo 1982.

———, «Giovanni Bosco (santo)», *DESp*, 1132-1144.

———, «Contemplativo nell'azione», *RVS* 45 (1991) 186-203.

———, «Don Bosco guida all'esperienza dello Spirito. Ricerca storico-ascetica», *RAMi* 20 (1995) 88-113.

PENCO, G., *Storia della Chiesa in Italia*, II, Milano 1978.

PICCA, J., «La meditazione nel pensiero e nella prassi di Don Bosco», *QSS* 2 (1985) 16-40.

PICCOLA SORELLA MAGDELAINE, *Il Padrone dell'impossibile*, Casale Monferrato 1994.

PIGNATA, G., «La scuola dei santi piemontesi dell'800», *Il Servo di Dio Giuseppe Allamano* 22 (1981) 528-529.

PIO XI, *Don Bosco santo e le sue opere nell'augusta parola di S.S. Pio PP. XI*, Roma 1934.

POSADA, M. E., «L'Istituto delle Figlie di Maria Ausiliatrice in rapporto a Don Bosco», in M. MIDALI, ed., *Don Bosco nella storia. Atti del 1° Congresso Internazionale di Studi su Don Bosco*, Roma 1990, 217-229.

POULAIN, A., *Delle grazie d'orazione. Trattato di Teologia mistica. Versione riveduta dall'autore sulla settima edizione francese*, Torino 1912.

DE LA PUENTE, L., *Meditazioni del P. Ludovico Da Ponte della Compagnia di Gesù già tradotte dall'idioma castigliano nel nostro volgare da Giulio Cesare Braccini e poi rivedute e corrette e a miglior forma ridotte dal P. Giacomo Bonaretti*, Napoli 1851.

———, *Meditazioni del Ven. Padre Ludovico da Ponte della Compagnia di Gesù tradotte dallo spagnolo dal Signor Giulio Cesare Braccini cor-*

rette e a miglior forma ridotte dal P. Giacomo Bonaretti della stessa Compagnia, Torino 1875[8].

QUINZIO, S., *Domande sulla santitá : Don Bosco, Cafasso, Cottolengo*, Torino 1986.

REGAMEY, P.R., «Carismi», *DIP*, II, 299-315.

Regole della Compagnia di Gesù, Roma 1834.

Regole o Costituzioni della Società di S. Francesco di Sales. Secondo il decreto di approvazione del 3 aprile 1874, Torino 1875.

Regole o Costituzioni della Società di S. Francesco di Sales. Secondo il decreto di approvazione del 3 aprile 1874, Torino 1877.

Regole o Costituzioni della Società di S. Francesco di Sales. Secondo il decreto di approvazione del 3 aprile 1874, S. Benigno Canavese (TO) 1985.

Regulae seu Constitutiones Societatis S. Francisci Salesii juxta approbationis decretum die 3 aprilis 1874, Augustae Taurinorum 1874.

RICALDONE, P., *Don Bosco educatore*, I-II, Colle Don Bosco (AT) 1952.

———, *La pietà*, Colle Don Bosco (AT) 1955.

DI ROBILANT, L.N., *Vita del Venerabile Giuseppe Cafasso confondatore del Convitto ecclesiastico di Torino*, I-II, Torino 1912.

ROCCA, G., *Il carisma del fondatore*, Milano 1998.

ROCCO, U., *Morale e pastorale alla luce di san Giuseppe Cafasso*, Torino 1961.

RODINÒ, A. – VALENTINI, E., *Dizionario biografico dei salesiani*, Torino 1969.

ROMANO, A., *I fondatori profezia della storia*, Milano 1989.

———, «Carisma», *DESp*, I, 422-430.

———, «Carisma dei fondatori e processo di istituzionalizzazione», in *Come rileggere oggi il carisma fondazionale*, Roma 1995.

RUA, M., *Lettere circolari ai salesiani*, Torino 1910.

RUFFINO, D., *Cronache dell'Oratorio di S. Francesco di Sales*, ACS A 012, quaderni I-II, 1860.

RUIZ JURADO, M., «Vita consacrata e carisma dei fondatori», in R. LATOURELLE, ed., *Vaticano II: bilancio e prospettive venticinque anni dopo (1962-1987)*, II, Assisi 1987, 1063-1083.

SALOTTI, C., *Il Beato Giovanni Bosco*, Torino 1929.

———, *Il santo Giuseppe Cafasso. La perla del clero italiano*, Torino 1947[3].

SARTORI, D., *Opere di Antonio Rosmini. Costituzioni dell'Istituto della Carità*, Roma 1996.

SARTORI, L., «Carismi», *NDT*, 79-98.

SCOLA, A., «Esperienza cristiana e teologia», in G. ALBERIGO – G. BAGET BOZZO – G., BOUCHARD, *Teologi in rivolta*, Roma 1990, 5-20.

Le sei domeniche e la novena di S.Luigi Gonzaga con un cenno sulla vita del Santo, Torino 1846.

VON SEVERUS, E. – SOLIGNAC, A., «Meditation», *DSp*, X, 306-334.

SICARI, A., *La vita spirituale del cristiano*, Milano 1997.

———, *Ritratti di Santi*, Milano 1988.

SIMON DIAZ, J., *Jesuitas de los siglos XVI y XVII: escritos localizados*, Madrid 1975.

SINODO DEI VESCOVI, *La vita consacrata e la sua missione nel mondo*, Roma 1992.

Società di S. Francesco di Sales. Anno 1875, Torino 1875.

Società di S. Francesco di Sales. Anno 1877, Torino 1877.

Società di S. Francesco di Sales. Anno 1879, Torino 1879.

Società di S. Francesco di Sales. Anno 1880, Torino 1881.

SOMMERVOGEL, C., *Bibliothèque de la Compagnie de Jésus*, Bruxelles 1894.

STELLA, P., «I tempi e gli scritti che prepararono il "Mese di maggio" di don Bosco», *Sal.* 20 (1958) 648-694.

———, *Crisi religiose nel primo ottocento piemontese*, Torino 1959.

———, *Valori spirituali del Giovane Provveduto di San Giovanni Bosco*, Roma 1960.

———, «Le pratiche di pietà dei salesiani dalle origini della congregazione alla morte di Don Bosco», in L. CHIANDROTTO, ed., *La vita di preghiera del religioso salesiano*, Torino 1969, 13-28.

———, «Don Bosco e le trasformazioni sociali e religiose del suo tempo», in P. BROCARDO – M. MIDALI, ed., *La Famiglia salesiana riflette sulla sua vocazione nella chiesa di oggi*, Leumann (TO) 1973, 145-170.

———, *Gli scritti a stampa di San Giovanni Bosco*, Roma 1977.

———, *Don Bosco nella storia economica e sociale (1815-1870)*, Roma 1980.

———, «Le ricerche su Don Bosco nel venticinquennio 1960-1985: bilancio, problemi e prospettive», in BRAIDO P., ed., *Don Bosco nella Chiesa a servizio dell'umanità. Studi e testimonianze*, Roma 1987, 373-396.

———, *Don Bosco nella storia della religiosità cattolica*, I-III, Roma 1979-1988.

STELLA, P., «Bilancio delle forme di conoscenza e degli studi su Don Bosco», in M. MIDALI, ed., *Don Bosco nella storia*. Atti del 1° Congresso Internazionale di Studi su Don Bosco, Roma 1990, 21-36.

STICKLER, G., «Dalla perdita del padre a un progetto di paternità. Studio della evoluzione psicologica della personalità di Don Bosco», *RSEd* 25 (1987) 337-375.

———, «Lo sviluppo dell'identità paterna di Don Bosco», *VitaCon* 24 (1988) 443-459.

STRANIERO, M.L., *Don Bosco rivelato*, Milano 1987.

STRUS, J., «La meditazione «salesiana» nell'itinerario cristiano verso la contemplazione», *QSS* 2 (1985) 5-15.

TANQUEREY, A., *Précis de théologie ascétique et mystique*, Paris 1924.

TEPPA, A.M., *Vita della venerabile Maria degli Angeli carmelitana scalza*, Torino 1864.

TERRONE, L., *Il Salesiano. Piccolo trattato di vita religiosa*, Genova 1932.

TOMASETTI, F., *Memorie confidenziali in margine alle cause di D. Bosco e di D. Savio redatte da D.Francesco Tomasetti* (giugno 1944), Dattiloscritto di 37 fogli, presso l'archivio del Postulatore delle cause di beatificazione, Archivio Casa Generalizia, Roma.

TORRAS, A., ed., *Fondo Don Bosco. Microschedatura e descrizione*, Roma 1980.

———, *Fondo Don Rua. Con annessi Don Bosco (complementi) e Maria Domenica Mazzarello. Microschede – Descrizione*, Roma 1996.

TUBALDO, I., *Giuseppe Allamano. Il suo tempo, la sua opera*, Torino 1982.

TUNINETTI, G., «Mons. Lorenzo Gastaldi, vescovo di Saluzzo [1867-1871] ed arcivescovo di Torino [1871-1883] tra rosminianesimo ed ultramontanesimo», in F.N. APPENDINI, *Chiesa e società nella II metà del XIX secolo in Piemonte*, Casale Monferrato (AL) 1982, 106-135.

———, *Don Clemente Marchisio*, Torino 1986.

———, «Gli arcivescovi di Torino e don Bosco fondatore», in M. MIDALI, ed., *Don Bosco fondatore della Famiglia Salesiana*, Roma 1989, 247-278.

USSEGLIO, G., *Il Teologo Guala e il convitto ecclesiastico di Torino*, Torino 1948.

VALENTINI, E., *La pedagogia eucaristica di S. Giovanni Bosco*, Torino 1952.

———, *La spiritualità di Don Bosco*, Torino 1952.

———, *Don Ceria scrittore*, Torino 1957.

———, «Presentazione», in *San Giuseppe Cafasso. Memorie pubblicate nel 1860 da San Giovanni Bosco*, Torino 1960, 5-11.

VALENTINI, E., «Mons. Gastaldi e Mons. G.B. Bertagna», *RPSR* 7 (1969) 27-43; 44-107.

———, *Don Bosco e Sant'Alfonso*, Pagani (SA) 1972.

———, «Joseph Cafasso (saint)», *DSp*, VIII, 1330-1331.

VALLGORNERA, T., *Mystica Theologia D. Thomae*, Torino 1889.

———, *Mystica theologia divi Thomae utriusque theologiae scholasticae et mysticae principis*, I-II, Augustae Taurinorum 1911³.

DE LA VARENDE, J., *Don Bosco, le XIXe saint Jean*, Paris 1951.

VENTURUZZO, O., *A mãe de Dom Bosco*, Guiratinga 1985.

VERHULST, M., «Note storiche sul Capitolo Generale I della Società Salesiana (1877)», *Sal.* 43 (1981) 849-882.

VIGANO, E., *Lettere circolari di don Egidio Viganò ai Salesiani*, I-III, Roma 1996.

WEYERGANS, F., *Mistici del nostro tempo*, Roma 1960.

WHYTLEY, C.M., «Revitalizing religious life», *RRelRes* 36 (1997) 70-77.

VINCENT DE PAUL, *Correspondance, entretiens, documents*, Paris 1922-1925.

VINCENZO DE' PAOLI, *Regole overo Constituzioni comuni della Congregazione della Missione*, [?] 1658.

WEYERGANS, F., *Mistici del nostro tempo*, Edizioni Paoline, Roma 1960.

WHYTLEY, C.M., «Revitalizing religious life», *Review for Religious* 36 (1997) 64-80.

WIRTH, M., *Don Bosco e i salesiani. Centocinquant'anni di storia*, Leumann (TO) 1970.

ZAMA MELLINI, G., *Gesù al cuore del giovane. Con aggiunta di un metodo per fare l'orazione mentale. Modo per ascoltare con frutto la S. Messa. Un breve apparecchio alla S. Confessione e Comunione. Adorazione alle sacratissime piaghe di Gesù Cristo. Suppliche a San Luigi Gonzaga ecc.*, Vercelli 1847.

ZANZI, L., *Lo spirito interiore del beato Giuseppe Cafasso: proposto ai sacerdoti e ai militanti nell'Azione cattolica*, Bassano del Grappa 1928.

INDICE DEGLI AUTORI

Accornero: 121, 123, 127, 128, 130, 132, 133
Albera: 415, 416, 417
Alberdi: 152, 154, 223, 226, 227, 232
Albertotti: 72
Albino del Bambino Gesù: 25
Alfonso de' Liguori: 166
Alonso Schökel: 57
Amadei: 69, 92, 140, 141, 144, 145, 299, 320, 352, 359, 363, 455, 483
Ansart: 341
Anselmo di S. Luigi Gonzaga: 247, 248
Arata: 358
Arnáiz: 49
Aubry: 39, 43, 81, 235, 292
von Balthasar: 49, 77, 421
Barberis A.: 217, 218, 303, 304, 307, 347, 449
Barberis G.: 158, 175, 299, 300, 303, 304, 305, 306, 311, 312, 313, 314, 321, 322, 323, 324, 325, 326, 328, 330, 337, 351, 353, 355, 362, 364, 365, 366, 408, 413, 452, 455, 456, 459, 464, 465, 466, 467, 468, 469, 470, 471, 474
Benziger: 81
Bernard: 61, 420, 421, 428

Berto: 284, 285, 286, 288, 290, 291, 467, 471
Betti: 57, 438
Beyer: 58
Biancardi: 79
Bleicher: 57
Bona: 111, 113, 134, 147
Bonetti: 253, 260, 261, 262, 276, 327, 445, 453
Borino: 418
Bottino: 121
du Boÿs: 85, 340
Braido: 16, 18, 82, 84, 86, 87, 152, 153, 154, 156, 169, 210, 220, 227, 331, 333, 334, 451
Bravo Aragon: 57
Brocardo: 134, 173, 295, 381, 483, 486
Brustolon: 111, 114, 135
Buccellato: 6, 7
Cafasso: 108, 122, 127, 128, 129, 130, 131, 132, 133, 442, 443
Calliari: 112
Capitanio: 134, 173
Caselle: 79, 94, 96, 98
Cassano: 394
Castellani: 69, 388
Caviglia: 168, 190, 193, 194, 195, 201, 202, 203, 207, 235, 447
Cecca: 79
Ceria: 5, 69, 76, 78, 92, 141, 144, 154, 169, 170, 181, 201, 215,

229, 283, 298, 302, 303, 306,
307, 315, 329, 350, 353, 359,
363, 374, 375, 383, 387, 394,
396, 399, 403, 414, 417, 422,
423, 424, 426, 427, 428, 429,
430, 431, 432, 452, 456, 458,
458, 459, 461
Cerrato: 75, 79, 86
Ciampi: 284
Ciardi: 33, 34, 38, 42, 51, 55, 57,
58, 60, 63, 64, 65, 66, 460
Ciccolini: 411
Cognet: 23
Colli: 274
Colombero: 113, 121, 126, 127,
137, 138, 228, 378, 379, 441
Colpo: 364
Dacquino: 72, 81, 221, 404
De Candido: 41
De Rosa: 111, 113
Deleidi: 220
Deppert: 357, 470
Deroo: 100
Desramaut: 73, 80, 86, 91, 93, 95,
97, 98, 100, 114, 136, 139,
145, 165, 171, 183, 186, 191,
199, 221, 223, 224, 229, 233,
236, 238, 267, 268, 272, 273,
282, 297, 300, 308, 309, 311,
333, 346, 353, 372, 373, 383,
389, 404, 445, 478, 481, 482,
483
Ducatto: 464
Dupuy: 20, 21
Elia di Santa Teresa: 247, 248
d'Espiney: 75
Fantozzi: 81, 83, 85
Farina: 82, 234
Favini: 74, 414
Francesco di Sales: 277
Franco: 320, 365, 471
Futrell: 45, 55
Gallagher: 115, 134, 135
Galot : 41

Gastaldi: 112
Gauthier: 21
de Gensac: 402
George: 32
Ghirlanda: 36, 40, 52
Gianotti: 102, 157, 158, 165, 189,
199, 219, 237, 242, 246
Giordano: 120, 441
Giovanni Paolo II: 34, 52, 53
Giraudo: 79, 90, 98, 99, 100, 107,
440
Godin: 440
Goffi: 116
González Silva: 46, 62
Gordini: 77
Gozzelino: 387, 432, 433
Grazioli: 121
Gregoire: 77
Grelot: 32
de Guibert: 20, 24, 133, 134
Hasenhüttl: 32
Hello: 432
Henrion: 81
Herrera: 77
Ignazio di Loyola: 135, 140, 167,
266, 274, 314, 315, 472
Joergensen: 81
Keusch: 164
Klein: 90, 125
Labonté: 41
Lappin: 81
Lemoyne: 69, 73, 75, 81, 82, 108,
120, 126, 137, 139, 141, 142,
143, 144, 145, 152, 153, 156,
159, 160, 161, 162, 164, 165,
168, 169, 171, 172, 173, 174,
179, 180, 181, 182, 183, 184,
217, 221, 222, 223, 225, 229,
230, 233, 240, 246, 253, 258,
259, 274, 281, 282, 284, 285,
286, 289, 290, 291, 292, 320,
340, 359, 363, 404, 405, 420,
450, 451, 463, 446, 465, 471
Léonard: 61

Lercaro: 21, 22, 23, 24, 204, 314, 393, 397, 463
Liévin: 164
Lopez Santidrián: 427
Lotz: 61
Lozano: 40, 44, 46
Ludolphe le Chartreux: 23
Maccise: 49
Magdelaine: 55
Magrassi: 55
Mainka: 18, 45, 55, 56, 63
Marcocchi: 342
Marenco: 467
Maritain: 78
Marsili: 163
Midali: 34, 37, 38, 42, 43, 54, 61, 220, 221, 264, 484
Moioli: 71
Montmorand: 431
Moretti: 72
Motto: 108, 109, 110, 227, 255, 256, 257, 263, 264, 267, 269, 271, 272, 331, 383, 441, 443, 455
Mugnai: 121
Mura: 65
Nicolai: 133
Nicolau: 367
Pacho: 15, 235, 236
Paolo VI: 15, 16, 69
Papa: 391, 392, 393
Pardo: 77
Pedrini: 76, 116, 181
Penco: 342
Picca: 174, 175, 254
Pignata: 481
Posada: 220
Poulain: 24, 393, 402, 425, 426, 427
Puente de la (da Ponte): 278, 368
Ratti (Pio XI): 418
Regamey: 32, 38
Ricaldone: 233, 416, 479
Rinaldi: 384, 385, 408, 417

Rocca A.M.: 309
Rocca G.: 32, 37, 38, 41, 45
Rocco: 121
Rodinò: 162, 167, 224, 245, 259, 269, 285, 304, 307, 327, 374, 384, 396, 400, 401, 403, 405
Romano: 31, 32, 37, 39, 46, 50, 51, 54, 55, 56, 57, 58, 64, 66
Romero: 102
Rua: 338, 349, 352, 376, 452
Ruffino: 242
Ruiz Jurado: 31, 32, 41, 44
Salotti: 121, 132, 420
Sartori: 32, 264
Schepens: 339
Scola: 61
von Severus: 22, 23
Sicari: 49, 62, 77, 422, 428
da Silva Ferreira: 85
Simon Diaz: 367
Solignac: 22, 23
Sommervogel: 365
Stella: 5, 16, 17, 69, 72, 75, 80, 85, 93, 94, 95, 97, 98, 102, 104, 113, 114, 124, 136, 143, 145, 155, 156, 157, 158, 159, 160, 163, 169, 177, 181, 185, 186, 191, 199, 203, 204, 224, 225, 233, 236, 237, 238, 248, 252, 254, 257, 279, 294, 339, 347, 349, 399, 403, 407, 409, 419, 440, 452, 454, 481, 483
Stickler: 81
Straniero: 72
Tanquerey: 431
Teppa: 247
Tomasetti: 407
Tommaso d'Aquino: 429
Trione: 308
Tubaldo: 122, 265
Tuninetti: 111, 113, 265, 301, 483
Usseglio: 111, 112, 113
Valentini: 76, 90, 122, 125, 127, 162, 164, 167, 224, 245, 259,

269, 280, 285, 304, 307, 327, 374, 384, 396, 400, 401, 403, 405, 421
Vallgornera: 428, 429, 430
de la Varende: 80
Venturuzzo: 81
Verlhust: 361, 362
Viganò: 14
Vincenzo de' Paoli: 342, 343, 344, 345, 467, 468, 469
Weyergans: 182
Whytley: 48
Wirth: 227, 231, 277, 298, 300, 301
Zama-Mellini: 177, 178, 179
Zanzi: 121, 132

INDICE GENERALE

Presentazione 5

Parte Introduttiva

Capitolo I: *L'orazione mentale nel contesto ecclesiale attuale e nell'ambito della ricerca in spiritualità salesiana* 13

1. Presupposti e motivazioni 13
2. Uno sguardo alla ricerca attuale su Don Bosco
   nell'ambito della teologia spirituale 16
3. Note sul metodo 19
4. L'orazione mentale: chiarimenti semantici 20
       4.1 Alcune distinzioni 23
       4.2 L'oggetto del nostro studio 24
5. Piano generale dello studio 25

Capitolo II: *Il carisma di fondazione e la sua ermeneutica* 31

1. La vita consacrata come carisma per la chiesa 31
       1.1 Carisma e vita religiosa nei documenti ufficiali 33
       1.2 Il termine carisma nell'esortazione apostolica «Vita Consecrata» 35
2. L'uso del termine carisma nel dibattito teologico sulla vita religiosa 37
       2.1 Carisma del fondatore 38
       2.2 Carisma collettivo o permanente dell'Istituto,
       carisma dell'Istituto 40
       2.3 Carisma di fondazione o fondazionale, carisma originario 45
3. Tra fedeltà e rinnovamento 47
       3.1 Un dono da conoscere 50
       3.2 Un dono da discernere 51
       3.3 Un dono da custodire 52
       3.4 Un dono da sviluppare 53
4. L'ermeneutica del carisma di fondazione 55
       4.1 Ermeneutica contemporanea e discernimento spirituale 57

4.2 Il cammino ermeneutico	58
4.2.1 Lo studio delle fonti per la identificazione del carisma....	59
4.2.2 L'interpretazione del carisma	65

PARTE ANALITICA

CAPITOLO III: *Alle sorgenti dell'esperienza spirituale.* *La fanciullezza e il periodo della formazione*	69
1. Nel santuario dell'esperienza spirituale	69
2. Verso un'agiografia documentata e senza pregiudizi	75
3. Al sorgere dell'aurora. L'ambiente familiare dei Becchi	79
3.1 In principio era la madre	81
3.2 Le Memorie dell'Oratorio di San Francesco di Sales	85
3.3 Un criterio generale per rileggere gli «scritti spirituali»	87
3.4 Educazione alla preghiera	89
3.5 Lavoro e preghiera: il primo germe di una sintesi vitale	91
4. Adolescenza e giovinezza: la stagione delle scelte	93
4.1 Amicizie spirituali a Chieri	94
4.2 Elezione dello stato di vita ed ingresso in seminario	96
4.3 La vestizione chiericale	98
5. In seminario	98
5.1 Pratiche di pietà al Seminario di Chieri	99
5.2 La «scoperta» del De imitatione Christi	101
5.3 Il seminarista Luigi Comollo	102
5.4 Gli ordini sacri	106
6. Al Convitto Ecclesiastico di Torino	110
6.1 Il progetto formativo del Convitto Ecclesiastico	114
6.2 Le pratiche di pietà al Convitto	116
6.3 Il giudizio di Don Bosco sull'esperienza del Convitto	118
7. San Giuseppe Cafasso	121
7.1 Don Cafasso e Don Bosco	123
7.2 Alcuni insegnamenti del Cafasso sull'orazione mentale	127
8. Gli Esercizi Spirituali in Piemonte nel XIX secolo	133
8.1 Gli esercizi spirituali al santuario di Sant'Ignazio sopra Lanzo	136
8.2 Don Bosco a Sant'Ignazio	139
8.3 Gli esercizi nell'esperienza personale e apostolica di Don Bosco	143
9. Conclusione. L'orazione mentale nella fanciullezza e nell'esperienza formativa	148
CAPITOLO IV: *Il cammino verso la fondazione*	151
1. Gli inizi: un semplice catechismo	151
2. Educazione dei giovani alla preghiera	155

INDICE GENERALE

2.1 Quale preghiera alla scuola di Don Bosco	158
2.2 Il pensiero della presenza di Dio	161
2.3 La devozione eucaristica	163
2.4 Gli esercizi spirituali e l'esercizio della buona morte	168
2.5 La meditazione	174
2.5.1 La meditazione ne «Il Giovane Provveduto»	175
2.5.2 Gli avvisi per le vacanze	179
2.6 Il silenzio dopo la «buona notte»	182
2.7 L'orazione vocale attenta e le giaculatorie	183
3. Orazione mentale e modello di santità giovanile. Le prime biografie di giovani	184
3.1 I «Cenni storici sulla vita del chierico Luigi Comollo»	193
3.1.1 Il «tempo» della preghiera. Orazione affettiva	195
3.1.2 Importanza della meditazione	196
3.1.3 Ascesi e preghiera mentale	196
3.1.4 Estasi, lacrime e rapimenti. Orazione contemplativa	197
3.1.5 Il metodo nella preghiera	198
3.2 Le «Sei domeniche in onore di San Luigi Gonzaga»	199
3.3 Vita del giovanetto Savio Domenico	201
3.3.1 Orazione contemplativa	203
3.3.2 Locuzioni e visioni.	205
3.4 Il «Cenno biografico sul giovanetto Magone Michele»	207
3.5 Vita del giovane Besucco Francesco	209
3.5.1 Amore alla preghiera	211
3.5.2 Tempo della preghiera e unione con Dio	212
3.5.3 La preghiera notturna	213
3.5.4 Rapimenti ed estasi	214
3.6 La «Biographie du jeune Fleury Antoine Colle»	215
4. Conclusione: santità giovanile e santità salesiana	215
CAPITOLO V: *Don Bosco fondatore e autore spirituale*	219
1. Fondatore	219
2. Uno sguardo ai principali avvenimenti	228
3. Autore spirituale	232
3.1 «Il Mese di Maggio» e il «Porta teco» del 1858	237
3.2 Appunti per un'omelia: Quarantore e pietà eucaristica	239
3.3 La «Biografia del sacerdote Giuseppe Cafasso» del 1860	242
3.4 La biografia della Beata Maria degli Angeli (1865)	246
3.5 Dall'epistolario	252
3.6 La revisione de «Il cattolico provveduto» di Don Bonetti	258
4. Orazione mentale e pratiche di pietà nelle costituzioni di Don Bosco	263

    4.1 Evoluzione del dettato costituzionale.
         Pratiche di pietà e meditazione quotidiana 268
    4.2 Valutazioni sul testo costituzionale 272
    4.3 Verso la formazione della coscienza di religiosi 279
5. Gli esercizi spirituali dei salesiani. Gli inizi 284
    5.1 Dagli appunti di Don Berto del 1867 287
    5.2 Dal quaderno manoscritto di Don Bosco del 1869
         e dal corrispondente quaderno di appunti di Don Berto 290
    5.3 Due fogli manoscritti senza data... 291
    5.4 Alcune sintetiche conclusioni sui testi degli esercizi di Trofarello 292
6. Gli esercizi spirituali e l'esercizio della buona morte
    nelle costituzioni di Don Bosco 294

CAPITOLO VI: *Il consolidamento della fondazione*................................ 297

1. Consolidamento ed espansione 297
2. Il primo noviziato canonico
    e gli insegnamenti sull'orazione mentale... 302
    2.1 Cenni biografici su Don Giulio Barberis maestro degli ascritti..... 303
    2.2 Personalità di Don Barberis e identità del primo noviziato 308
    2.3 Prime conferenze di Don Giulio Barberis ai novizi...................... 312
    2.4 Orazione mentale e pratiche di pietà
         in alcuni altri appunti di Don Barberis.. 325
    2.5 Noviziato e orazione mentale: conclusioni 330
3. Le edizioni italiane delle costituzioni
    e l'introduzione «Ai soci salesiani» 330
    3.1 Pratiche di pietà e meditazione
         nell'introduzione alle costituzioni «Ai soci salesiani» 335
    3.2 La «Lettera di San Vincenzo de' Paoli
         sul levarsi tutti all'ora medesima» 338
         3.2.1 «Il cristiano guidato alla virtù ed alla civiltà
              secondo lo spirito di San Vincenzo de' Paoli» 340
         3.2.2 Il contenuto della lettera 342
         3.2.3 Alcune considerazioni conclusive 345
    3.3 Le lettere di Sant'Alfonso. Cenni 346
4. Preghiera e orazione mentale nelle prime necrologie di salesiani 347
    4.1 Alcuni temi ricorrenti in relazione alla preghiera 350
    4.2 Sulla meditazione 354
5. I primi quattro Capitoli Generali
    della Società di San Francesco di Sales 360
    5.1 Il testo per la meditazione e gli esercizi spirituali
         nel primo Capitolo Generale 362
         5.1.1 La questione del testo per la meditazione.......................... 365

5.1.2 Un riferimento ai primi esercizi spirituali di Trofarello ...	369
5.1.3 I testi consigliati per la predicaz. degli esercizi spirituali	370
5.2 Il secondo Capitolo Generale	372
5.3 Il terzo Capitolo Generale e il regolamento degli esercizi spirituali	372
5.3.1 Alcune osservazioni dei salesiani sul regolamento degli esercizi spirituali	374
5.3.2 Il testo definitivo del Regolamento per gli Esercizi Spirituali	376
5.4 Il quarto Capitolo Generale	381
6. Ultimi anni	382

CAPITOLO VII: *L'orazione mentale nell'esperienza religiosa di Don Bosco. Testimonianze di contemporanei* 387

1. Una santità vista da vicino	387
2. La causa di beatificazione e canonizzazione	390
2.1 Breve cronistoria del processo	390
2.2 Alcune testimonianze della causa	393
2.1.1 Testimonianze sulla continua unione con Dio	393
2.2.1 L'orazione mentale formale	397
2.2.3 Le giaculatorie	400
2.2.4 Il dono delle lacrime	401
2.2.5 Altri segni esterni e atteggiamenti del corpo	405
2.3 Le «Aliae novae animadversiones» e le definitive «Responsiones»	406
2.3.1 Alcune premesse	409
2.3.2 Distinzione tra contemplazione acquisita e infusa	410
2.3.3 «Ad perfectam cum Deo unionem pervenit»	410
2.3.4 Conformazione alla volontà divina	410
2.3.5 Sollecitudine apostolica e presenza continua a Dio	411
2.3.6 Vita contemplativa e vita attiva	411
2.3.7 I doni straordinari	412
2.4 Conclusioni	413
3. Altre testimonianze autorevoli	413
3.1 Don Paolo Albera	413
3.2 Don Filippo Rinaldi	416
3.3 Pio XI e il Cardinale Salotti	418
4. Un tentativo di analisi dell'esperienza spirituale. Il Don Bosco con Dio di Don Ceria	420
4.1 Notizie sull'autore e genesi del libro	421
4.2 Il capitolo sul «dono di orazione»	423

520 ALLA PRESENZA DI DIO

4.2.1 Premessa: un argomento a priori	424
4.2.2 Tipo o grado dell'unione mistica. L'unione semplice e la conferma delle testimonianze della causa	426
4.2.3 I sette effetti dell'unione semplice nella vita Don Bosco	427
4.2.4 La conclusione di Don Ceria	431
4.3 Linee di valutazione dell'analisi di Don Ceria	432

PARTE SINTETICA

CAPITOLO VIII: *Il ruolo dell'orazione mentale nel carisma di fondazione di San Giovanni Bosco* 437

1. Una coerente unità	437
1.1 L'orazione mentale tra formazione iniziale ed esperienza spirituale adulta	439
1.2 Orazione mentale e scritti spirituali	446
1.3 Educazione dei giovani alla fede e orazione mentale	448
1.4 L'orazione mentale nel progetto di fondazione della congregazione salesiana	451
2. Esperienza spirituale, carisma di fondazione e orazione mentale	459
3. Breve trattato sulla meditazione nella tradizione salesiana delle origini	463
3.1 Necessità della meditazione nella vita religiosa	463
3.2 Meditazione e progresso nelle virtù teologali	465
3.3 Importanza della sua pratica quotidiana	466
3.4 Utilità di fare la meditazione al mattino	467
3.5 Meditazione in comune e in privato	468
3.6 Durata della meditazione	470
3.7 Meditazione, orazione affettiva e immaginazione	470
3.8 Importanza e utilità di un metodo	472
3.9 Rendiconto e meditazione	473

PARTE CONCLUSIVO - VALUTATIVA

CAPITOLO IX: *Valutazioni conclusive e prospettive di ricerca* 477

1. Uno sguardo di insieme al percorso fatto	477
2. Contributi particolari e prospettive di ricerca	480
2.1 Influssi della spiritualità ignaziana sull'esperienza spirituale e apostolica di San Giovanni Bosco	480
2.2 Valorizzazione del ruolo formativo del Convitto Ecclesiastico di Torino	483
2.3 Il primo gruppo di discepoli	484
2.4 Il modello di vita religiosa alle origini della Società	485

    2.5 Ulteriori studi su altri aspetti del carisma di fondazione 485
    2.6 Ruolo dell'orazione mentale nel carisma di fondazione
        delle Figlie di Maria Ausiliatrice 486
3. Difficoltà e limiti del nostro studio 486

EPILOGO 489
ABBREVIAZIONI E SIGLE 491
BIBLIOGRAFIA 493
INDICE DEGLI AUTORI 511
INDICE GENERALE... 515

TESI GREGORIANA

Dal 1995, la collana «Tesi Gregoriana» mette a disposizione del pubblico alcune delle migliori tesi elaborate alla Pontificia Università Gregoriana. La composizione per la stampa è realizzata dagli stessi autori, secondo le norme tipografiche definite e controllate dell'Università.

Volumi pubblicati [Serie: Spiritualità]

1. D'SOUZA, Rudolf V., *The Bhagavadgītā and St. John of the Cross. A Comparative Study of the Dynamism of Spiritual Growth in the Process of God-Realisation*, 1996, pp. 484.

2. PONNUMUTHAN, Selvister, *The Spirituality of Basic Ecclesial Communities in the Socio-Religious Context of Trivandrum/Kerala, India*, 1996, pp. 360.

3. WINTERS, Bartholomew, *Priest as Leader. The Process of the Inculturation of a Spiritual-Theological Theme of Priesthood in a United States Context*, 1997, 368 pp.

4. CACHIA, Nicholas, *«I am the good shepherd. The good shepherd lays down his life for the sheep» (John 10,11). The Image of the Good Shepherd as a Source for the Spirituality of the Ministerial Priesthood*, 1997, pp. 392.

5. ZAS FRIZ, Rossano, *La teología del símbolo de San Buenaventura*, 1997, pp. 354.

6. PLATOVNJAK, Ivan, *La direzione spirituale oggi. Lo sviluppo della sua dottrina dal Vaticano II a* Vita consecrata *(1962-1996)*, 2001, pp. 510.

7. VIAGULAMUTHU, Xavier Paul Bowlis, *«Offering Our Bodies as a Living Sacrifice to God». A Study in Pauline Spirituality Based on Romans 12,1*, 2002, pp. 528.

8. JACIÓW, Krystyna Elżbieta, *La spiritualità delle Suore Missionarie della Consolata. Origine storico-spirituale – Sviluppo – Rilettura alla luce della teologia spirituale contemporanea*, 2004, pp. 356.

9. BUCCELLATO, Giuseppe, *Alla presenza di Dio. Ruolo dell'orazione mentale nel carisma di fondazione di San Giovanni Bosco*, 2004, pp. 524.

Finito di stampare
nel mese di Marzo 2004

presso la tipografia
"Giovanni Olivieri" di E. Montefoschi
00187 Roma • Via dell'Archetto, 10, 11, 12
Tel. 06 6792327 • E-mail: tip.olivieri@libero.it

RUBEN CABRERA LÓPEZ

El Derecho de Asociación del Presbitero Diocesano

pp. 2360 € 15,00

TESI GREGORIANA SERIE DIRITTO CANONICO 58

MARCELO CRISTIAN HEINZMANN

Le Leggi Irritanti e Inabilitanti
Natura e applicazione secondo il CIC 1983

pp. 232 € 15,00

TESI GREGORIANA SERIE DIRITTO CANONICO 59

BASSIANO UGGE'

La Fase Preliminare/Abbreviata del processo di Nullità del Matrimonio in Secondo Grado di Giudizio a norma del can.1682§2

pp. 368 € 21,00

TESI GREGORIANA SERIE DIRITTO CANONICO 60

ANDREJ SAJE

La Forma Straordinaria e il Ministro della Celebrazione del Matrimonio secondo il Codice latino e orientale

pp. 276 € 17,00

TESI GREGORIANA SERIE DIRITTO CANONICO 61

GIOVANNA MARIA COLOMBO

Sapiens Aequitas
L'equità nella Riflessione canonistica tra i due codici

pp. 452 € 25,00

TESI GREGORIANA SERIE DIRITTO CANONICO 62

DOMINGOS SEQUEIRA

Os Presbíteros Diocesanos e o Seu Envolvimento na Política: Proibicão e Excepcão a norma del can.1682§2

pp. 384 € 23,00

TESI GREGORIANA SERIE DIRITTO CANONICO 63

MICHAEL BYRNES

Conformation to the Death of Christ and the Hope of Resurrection

pp. 328 € 20,00

TESI GREGORIANA SERIE TEOLOGIA 99

MARIA LUISA RIGATO

Il Titolo della Croce di Gesu'

pp. 392 € 25,00

TESI GREGORIANA SERIE TEOLOGIA 100

FABIO LA GIOIA

La Glorificazione di Gesù Cristo ad Opera dei Discepoli

pp. 346 € 21,00

TESI GREGORIANA SERIE TEOLOGIA 101

EDUARDO LOPEZ-TELLO GARCIA

Simbologis y Logica de la Redencion:
Ireneo de Lyon, Hans Küng y Hans Urs Balthasar Leidos con la ayuda de Paul Ricoeur

pp. 396 € 24,00

TESI GREGORIANA SERIE TEOLOGIA 102

ALEKSANDER MAZUR

L'insegnamento di Giovanni Paolo II sulle altre religioni

pp. 354 € 22,00

TESI GREGORIANA SERIE TEOLOGIA 103

ARTUR SANECKI SCJ

Approccio canonico: tra storia e teologia, alla ricerca di un nuovo paradigma post-critico

pp. 480 € 25,00

TESI GREGORIANA SERIE TEOLOGIA 104